Mutterschutz für GmbH-Geschäftsführerinnen

Schriften zum Arbeitsrecht und Wirtschaftsrecht

Herausgegeben von Abbo Junker

Band 99

PL ACADEMIC RESEARCH

Christine Hepp

Mutterschutz für GmbH-Geschäftsführerinnen

Rechtslage de lege lata im Lichte verfassungsrechtlicher und europäischer Vorgaben

PL ACADEMIC RESEARCH

Bibliografische Information der Deutschen Nationalbibliothek
Die Deutsche Nationalbibliothek verzeichnet diese Publikation in der DeutschenNationalbibliografie; detaillierte bibliografische Daten sind im Internet über http://dnb.d-nb.de abrufbar.

Zugl.: Hamburg, Bucerius Law School, Diss., 2015

Gedruckt mit Unterstützung
der Johanna und Fritz Buch Gedächtnis-Stiftung.

H 360
ISSN 1433-4666
ISBN 978-3-631-66579-4 (Print)
E-ISBN 978-3-653-06018-8 (E-Book)
DOI 10.3726/978-3-653-06018-8

PL Academic Research ist ein Imprint der Peter Lang GmbH.

Peter Lang – Frankfurt am Main · Bern · Bruxelles · New York · Oxford · Warszawa · Wien

Diese Publikation wurde begutachtet.

www.peterlang.com

Vorwort

Die vorliegende Arbeit wurde im Frühjahrstrimester 2015 von der Bucerius Law School Hamburg als Dissertation angenommen. Das Rigorosum fand am 9. Juni 2015 statt. Die Arbeit entstand vorwiegend in den Jahren 2010 bis 2013 während meiner Zeit als wissenschaftliche Mitarbeiterin. Die Arbeit befindet sich auf dem Stand von März 2014, allerdings konnten Literatur und Rechtsprechung bis Dezember 2015 berücksichtigt werden.

Mein besonderer Dank gilt zunächst meinem Doktorvater, Herrn Prof. Dr. Matthias Jacobs, der mich schon während meiner Zeit als Studentin seines Schwerpunktbereiches Arbeit, Wirtschaft und Soziales dazu ermutigt hat, eine Dissertation anzufertigen. Ihm danke ich für die Anregung und Betreuung der Arbeit.

Überdies gilt mein Dank Herrn Prof. Dr. Stefan Lunk für die zügige Erstellung des Zweitgutachtens sowie Herrn Prof. Dr. Abbo Junker für die Aufnahme dieser Arbeit in die Schriftenreihe „Schriften zum Arbeitsrecht und Wirtschaftsrecht". Bedanken möchte ich mich weiterhin bei der Johanna und Fritz Buch Gedächtnis-Stiftung für die großzügige finanzielle Unterstützung der Drucklegung dieser Arbeit.

Mein größter Dank gebührt meiner Familie, insbesondere meinen Eltern, denen ich diese Arbeit widme. Sie haben mich stets in all' meinen Vorhaben unterstützt und die Erstellung dieser Arbeit ermöglicht. Nicht unerwähnt bleiben darf schließlich der liebevolle Zuspruch, den ich von meinem Verlobten und von Freunden während der besonderen Lebensphase der juristischen Ausbildung und Promotion erfahren habe.

Hamburg, im Dezember 2015 Christine Hepp

Inhaltsverzeichnis

Abkürzungsverzeichnis

A. A.	Andere(r) Auffassung
a. a. O.	am angeführten / angegebenen Ort
a. E.	am Ende
a. F.	alte Fassung
ABl.	Amtsblatt der Europäischen Union
Abs.	Absatz
AG	Aktiengesellschaft
AGG	Allgemeines Gleichbehandlungsgesetz
AktG	Aktiengesetz
Alt.	Alternative
Anm.	Anmerkung
AP	Arbeitsgerichtliche Praxis
ArbGG	Arbeitsgerichtsgesetz
ArbRAktuell	Arbeitsrecht Aktuell
ArbRB	Der Arbeits-Rechts-Berater
ArbuR	Arbeit und Recht
Art.	Artikel
BAG	Bundesarbeitsgericht
BArbBl.	Bundesarbeitsblatt
BB	Betriebs-Berater
Bearb.	Bearbeiter
BEEG	Gesetz zum Elterngeld und zur Elternzeit (Bundeselterngeld- und Elternzeitgesetz)
Begr.	Begründer
BetrVG	Betriebsverfassungsgesetz
BFH	Bundesfinanzhof
BFHE	Sammlung der Entscheidungen des Bundesfinanzhofs
BGB	Bürgerliches Gesetzbuch
BGBl. I	Bundesgesetzblatt Teil I
BGBl. II	Bundesgesetzblatt Teil II
BGH	Bundesgerichtshof
BGHZ	Entscheidungen des Bundesgerichtshofs in Zivilsachen
BMFSFJ	Bundesministerium für Familie, Senioren, Frauen und Jugend
BPersVG	Bundespersonalvertretungsgesetz
BR	Bundesrat
BSG	Bundessozialgericht
BSGE	Entscheidungen des Bundessozialgerichts
BT	Bundestag

BT-Drs.	Drucksachen des Bundestages
BUrlG	Mindesturlaubsgesetz für Arbeitnehmer (Bundesurlaubsgesetz)
BVerfG	Bundesverfassungsgericht
BVerfGG	Gesetz über das Bundesverfassungsgericht (Bundesverfassungsgerichtsgesetz)
BVerfGE	Entscheidungen des Bundesverfassungsgerichts
BVerwG	Bundesverwaltungsgericht
BVerwGE	Entscheidungen des Bundesverwaltungsgerichts
bzgl.	bezüglich
bzw.	beziehungsweise
C	Bedeutet im Amtsblatt der Europäischen Union »Communications et informations«, Mitteilungen und Bekanntmachungen
CDU	Christlich Demokratische Union Deutschlands
d.	Des / der; der / die / das
d. h.	das heißt
DB	Der Betrieb
DDR	Deutsche Demokratische Republik
ders.	derselbe
dies.	dieselbe(n)
DP	Deutsche Partei
DR	Deutsche Reichspartei
DrittelbG	Gesetz über die Drittelbeteiligung der Arbeitnehmer im Aufsichtsrat (Drittelbeteiligungsgesetz)
DRP	Deutsche Reichspartei
DStR	Deutsches Steuerrecht
DStRE	DStR-Entscheidungsdienst
EFZG	Gesetz über die Zahlung des Arbeitsentgelts an Feiertagen und im Krankheitsfall (Entgeltfortzahlungsgesetz)
EG	Europäische Gemeinschaften
Einf.	Einführung
Einl.	Einleitung
endg.	endgültig
EStG	Einkommensteuergesetz
EU	Europäische Union
EuG	Gericht der Europäischen Union
EuGH	Gerichtshof der Europäischen Union
EuGRZ	Europäische Grundrechte-Zeitschrift
EuZA	Europäische Zeitschrift für Arbeitsrecht
EuZW	Europäische Zeitschrift für Wirtschaftsrecht
EWG	Europäische Wirtschaftsgemeinschaft
FDP	Freie Demokratische Partei

FEMM	Ausschuss des Europäischen Parlaments für die Rechte der Frau und Gleichstellung der Geschlechter
ff.	und folgende
Fn.	Fußnote
FS	Festschrift
GewO	Gewerbeordnung
GG	Grundgesetz
GmbH	Gesellschaft mit beschränkter Haftung
GmbHG	Gesetz betreffend die Gesellschaften mit beschränkter Haftung
GmbHR	GmbH-Rundschau
GMBl.	Gemeinsames Ministerialblatt
GmS-OGB	Gemeinsamer Senat der obersten Gerichtshöfe des Bundes
GRUR	Gewerblicher Rechtsschutz und Urheberrecht
GWR	Gesellschafts- und Wirtschaftsrecht
h. M.	Herrschende Meinung
HGB	Handelsgesetzbuch
Hrsg.	Herausgeber
HS	Halbsatz
HStA-NW	Hauptstaats- / Landesarchiv Nordrhein-Westfalen
i. d. F.	in der Fassung
i. E.	im Ergebnis
i. V. m.	in Verbindung mit
ILO	International Labour Organization; Internationale Arbeitsorganisation
InsO	Insolvenzordnung
JA	Juristische Arbeitsblätter
JöR	Jahrbuch des öffentlichen Rechts
JuS	Juristische Schulung
JZ	Juristenzeitung
KOM	Dokumentenreferenz für Berichte, Mitteilungen, Dokumente der Europäischen Kommission
KPD	Kommunistische Partei Deutschlands
KSchG	Kündigungsschutzgesetz
KSzW	Kölner Schrift zum Wirtschaftsrecht
L	Bedeutet im Amtsblatt der Europäischen Union »Législation«, Gesetzgebung
Legislaturp.	Legislaturperiode
lit.	Buchstabe
LStDV	Lohnsteuer-Durchführungsverordnung in der Fassung der Bekanntmachung v. 10.10.1989 (BGBl. I 1989, S. 1848)
m. w. N.	mit weiteren Nachweisen
Mio.	Millionen

MitbestG	Gesetz über die Mitbestimmung der Arbeitnehmer (Mitbestimmungsgesetz)
MontanMitbestErgG	Gesetz zur Ergänzung des Gesetzes über die Mitbestimmung der Arbeitnehmer in den Aufsichtsräten und Vorständen der Unternehmen des Bergbaus und der Eisen und Stahl erzeugenden Industrie
MontanMitbestG	Gesetz über die Mitbestimmung der Arbeitnehmer in den Aufsichtsräten und Vorständen der Unternehmen des Bergbaus und der Eisen und Stahl erzeugenden Industrie
MuSchArbV	Verordnung zum Schutze der Mütter am Arbeitsplatz
MuSchEltZV	Verordnung über den Mutterschutz für Beamtinnen des Bundes und die Elternzeit für Beamtinnen und Beamte des Bundes (Mutterschutz- und Elternzeitverordnung)
MuSchG	Gesetz zum Schutze der erwerbstätigen Mutter (Mutterschutzgesetz)
NJOZ	Neue Juristische Online-Zeitschrift
NJW	Neue Juristische Wochenschrift
NJW-RR	Neue Juristische Wochenschrift Rechtsprechungs-Report Zivilrecht
Nr.	Nummer
NVwZ	Neue Zeitschrift für Verwaltungsrecht
NZA	Neue Zeitschrift für Arbeitsrecht
NZA-RR	Neue Zeitschrift für Arbeitsrecht Rechtsprechungs-Report Arbeitsrecht
NZG	Neue Zeitschrift für Gesellschaftsrecht
ParlRat	Parlamentarischer Rat
PDS	Partei des Demokratischen Sozialismus
PersR	Der Personalrat
RArbBl.	Reichsarbeitsblatt
RdA	Recht der Arbeit
RGBl.	Reichsgesetzblatt
RIW	Recht der Internationalen Wirtschaft
RL	Richtlinie
Rn.	Randnummer
Rs.	Rechtssache
RT	Reichstag
RT-Drs.	Drucksachen des Reichstages
RVO	Reichsversicherungsordnung
S.	Satz, Seite
SAE	Sammlung arbeitsrechtlicher Entscheidungen
SEC	Dokumentenreferenz für Dokumente des Generalsekretariats der Europäischen Kommission

SGB	Sozialgesetzbuch
Slg.	Sammlung der Rechtsprechung des Gerichtshofes und des Gerichts Erster Instanz
sog.	sogenannte (r, s)
SPD	Sozialdemokratische Partei Deutschlands
st. Rspr.	Ständige Rechtsprechung
Str.	streitig
StudZR	Studentische Zeitschrift für Rechtswissenschaft Heidelberg
TVG	Tarifvertragsgesetz
u. a	und andere, unter anderem
Unterabs.	Unterabsatz
Urt.	Urteil
UStG	Umsatzsteuergesetz
v.	vom
Verh. d. BT	Verhandlungen des Bundestages
Verh. d. RT.	Verhandlungen des Reichstages
vgl.	vergleiche
Vorbem.	Vorbemerkung
VwGO	Verwaltungsgerichtsordnung
VVG	Gesetz über den Versicherungsvertrag (Versicherungsvertragsgesetz)
Wahlp.	Wahlperiode
z. B.	zum Beispiel
Zentrum	Deutsche Zentrumspartei
ZESAR	Zeitschrift für europäisches Sozial- und Arbeitsrecht
ZfA	Zeitschrift für Arbeitsrecht
ZGR	Zeitschrift für Unternehmens- und Gesellschaftsrecht
Ziff.	Ziffer
ZIP	Zeitschrift für Wirtschaftsrecht
zit.	zitiert
ZPO	Zivilprozessordnung

Verzeichnis abgekürzt zitierter europäischer Rechtsakte, völkerrechtlicher Verträge und Übereinkommen

AEUV		Vertrag über die Arbeitsweise der Europäischen Union (konsolidierte Fassung)
ArbSchRL	Arbeitsschutzrahmenrichtlinie oder Rahmenrichtlinie 89/391/EWG	Richtlinie 89/391/EWG des Rates vom 12. Juni 1989 über die Durchführung von Maßnahmen zur Verbesserung der Sicherheit und des Gesundheitsschutzes der Arbeitnehmer bei der Arbeit, ABl. L 183 v. 29.6.1989, S. 1.
BÜRL		Richtlinie 2001/23/EG des Rates vom 12. März 2001 zur Angleichung der Rechtsvorschriften der Mitgliedstaaten über die Wahrung von Ansprüchen der Arbeitnehmer beim Übergang von Unternehmen, Betrieben oder Unternehmens- oder Betriebsteilen, ABl. L 82 v. 22.3.2001, S. 16 ff.
EGRC	Grundrechtecharta	Charta der Grundrechte der Europäischen Union
EntsRL		Richtlinie 96/71/EG des Europäischen Parlaments und des Rates vom 16. Dezember 1996 über die Entsendung von Arbeitnehmern im Rahmen der Erbringung von Dienstleistungen, ABl. L 18 v. 21.1.1997, S. 1 ff.
ESC		Europäische Sozialcharta
EUV		Vertrag über die Europäische Union (konsolidierte Fassung)
GbEthnieRL		Richtlinie 2000/43/EG des Rates vom 29. Juni 2000 zur Anwendung des Gleichbehandlungsgrundsatzes ohne Unterschied der Rasse oder der ethnischen Herkunft, ABl. L 180 v. 19.7.2000, S. 22 ff.

GbRL	Gleichbehandlungsrichtlinie oder Richtlinie 2006/54/EG	Richtlinie 2006/54/EG des Europäischen Parlaments und des Rates vom 5. Juli 2006 zur Verwirklichung des Grundsatzes der Chancengleichheit und Gleichbehandlung von Männern und Frauen in Arbeits- und Beschäftigungsfragen (Neufassung), ABl. L 204 v. 26.7.2006, S. 23 ff.
GbRL-Selbst.	Gleichbehandlungsrichtlinie für Selbstständige oder Richtlinie 2010/41/EU	Richtlinie 2010/41/EU des europäischen Parlaments und des Rates vom 7. Juli 2010 zur Verwirklichung des Grundsatzes der Gleichbehandlung von Männern und Frauen, die eine selbstständige Erwerbstätigkeit ausüben, und zur Aufhebung der Richtlinie 86/613/EWG des Rates, ABl. L 180 v. 15.7.2010, S. 1 ff.
GbRL-Selbst. a. F.	Gleichbehandlungsrichtlinie für Selbstständige, a. F.	Richtlinie 86/613/EWG des Rates vom 11. Dezember 1986 zur Verwirklichung des Grundsatzes der Gleichbehandlung von Männern und Frauen, die eine selbstständige Erwerbstätigkeit – auch in der Landwirtschaft – ausüben, sowie über den Mutterschutz, ABl. L 359 v. 19.12.1986, S. 56.
ILO-Übereinkommen Nr. 3	Washingtoner Übereinkommen	Washingtoner Übereinkommen betreffend die Beschäftigung vor und nach der Niederkunft, RGBl. II 1927, S. 497.
ILO-Übereinkommen Nr. 103		Übereinkommen Nr. 103 betreffend den Mutterschutz, BArbBl. 1952, S. 391.
ILO-Übereinkommen Nr. 183		Übereinkommen Nr. 183 über die Neufassung des Übereinkommens über den Mutterschutz, abrufbar unter: http: //www.ilo.org.
JArbSchRL		Richtlinie 94/33/EG des Rates vom 22. Juni 1994 über den Jugendarbeitsschutz, ABl. L 216 v. 20.8.1994, S. 12 ff.
KOM (2008) 636		Vorschlag für eine Richtlinie des Europäischen Parlaments und des Rates zur Verwirklichung des Grundsatzes der Gleichbehandlung von Männern und Frauen, die eine selbstständige Erwerbstätigkeit ausüben, und zur Aufhebung der Richtlinie 86/613/EWG, KOM (2008) 636 endg.

KOM (2008) 637		Vorschlag für eine Richtlinie des Europäischen Parlaments und des Rates zur Änderung der Richtlinie 92/85/EWG des Rates vom 19. Oktober 1992 über die Durchführung von Maßnahmen zur Verbesserung der Sicherheit und des Gesundheitsschutzes von schwangeren Arbeitnehmerinnen, Wöchnerinnen und stillenden Arbeitnehmerinnen am Arbeitsplatz, KOM (2008) 637 endg.
MEntRL		Richtlinie 98/59/EG des Rates vom 20. Juli 1998 zur Angleichung der Rechtsvorschriften der Mitgliedstaaten über Massenentlassungen, ABl. L 225 v. 12.8.1998, S. 16 ff.
MuSchRL	Mutterschutzrichtlinie oder Richtlinie 92/85/EWG	Richtlinie 92/85/EWG vom 19. Oktober 1992 über die Durchführung von Maßnahmen zur Verbesserung der Sicherheit und des Gesundheitsschutzes von schwangeren Arbeitnehmerinnen, Wöchnerinnen und stillenden Arbeitnehmerinnen am Arbeitsplatz, ABl. L 348 v. 28.11.1992, S. 1 ff.
Richtlinie 2003/88/EG		Richtlinie 2003/88/EG des Europäischen Parlaments und des Rates vom 4. November 2003 über bestimmte Aspekte der Arbeitszeitgestaltung, ABl. L 299 v. 18.11.2003, S. 9 ff.

Einleitung

Die Arbeitnehmereigenschaft von GmbH-Geschäftsführern und sonstigen Organvertretern birgt seit jeher eine Problematik, über die auch heute noch lebhaft gestritten wird. In der arbeitsrechtlichen Praxis ist die Arbeitnehmereigenschaft von GmbH-Geschäftsführern und sonstigen Organvertretern juristischer Personen ein Dauerbrenner – sei es, dass der zulässige Gerichtsweg vor dem Hintergrund von § 5 Abs. 1 S. 3 ArbGG bestimmt werden muss oder die Anwendung einzelner Arbeitnehmerschutzgesetze, wie das KSchG oder das AGG, im gerichtlichen Verfahren streitig ist.[1] Die Nachhaltigkeit dieses Themas wird dabei durch den Mangel an gesetzlichen Regelungen zum Arbeitnehmerbegriff im Allgemeinen und zum schuldrechtlichen Status des GmbH-Geschäftsführers im Besonderen bedingt.[2] Auch wenn die Einordnung des Anstellungsverhältnisses mittlerweile zahlreiche Dissertationen und Monografien füllt,[3] ist sie immer noch von besonderem wissenschaftlichem und praktischem Gewicht.

1. Problemstellung

Eine Auseinandersetzung mit den zur Klassifikation des Anstellungsvertrages von GmbH-Geschäftsführern vertretenen Rechtsauffassungen lässt relativ schnell eine je nach Rechtsgebiet variierende Beurteilung des Status des GmbH-Geschäftsführers erkennen. So gelten GmbH-Geschäftsführer vor allem in der gesellschaftsrechtlichen Literatur und Rechtsprechung des BGH grundsätzlich nicht als Arbeitnehmer. Wegen der Verantwortlichkeit des GmbH-Geschäftsführers als Organ, das die nicht selbst handlungsfähige Gesellschaft im Außenverhältnis vertritt und für die Geschäftsführung der Gesellschaft verantwortlich ist, gebühre der Organstellung der Vorrang vor bestehenden dienstvertraglichen Regelungen.[4] Zudem müssten die Funktionstüchtigkeit der Gesellschaft und die Organisationsfreiheit der Gesellschafter gewahrt werden.[5] Etwaige Weisungen der Gesellschafter bezögen sich daher lediglich auf die im Innenverhältnis zwischen Gesellschaft und Geschäftsführer

---

1 Vgl. jüngst BGH v. 23.4.2012, II ZR 163/10, NJW 2012, 2346 (2347); OLG Düsseldorf v. 18.10.2012, I-6 U 47/12, GmbHR 2012, 1347 (1349); *Dzida/Naber*, ArbRB 2012, 373; *Hohenstatt/Naber*, ZIP 2012, 1989; *Lingemann/Weingarth*, DB 2012, 2325; *Reufels/Molle*, NZA-RR 2011, 281; *Tempelmann/Stiebert*, DStR 2011, 577; *Thüsing/Siebert*, NZG 2011, 641; *Wilsing/Meyer*, DB 2011, 341.

2 Ebenso *Hueck*, FS Hilger/Stumpf, S. 365 (374).

3 Vgl. nur die Dissertationen von *Diller*, *Gissel*, *Groß*, *Kitzinger*, *Kuhn* und *Namendorf*.

4 Vgl. BGH v. 29.5.1989, II ZR 220/88, NJW 1989, 2683; vgl. zur Bedeutung der Organstellung auch BGH v. 24.11.1980, II ZR 182/79, NJW 1981, 757.

5 Vgl. statt vieler nur *Fleck*, FS Hilger/Stumpf, S. 197 (202 ff.) und *Goette*, FS Schneider, S. 353 (356), jeweils m. w. N.

beschränkte Geschäftsführungsbefugnis des Geschäftsführers und zeitigten keinen unmittelbaren Folgen für das Anstellungsverhältnis.[6]

Das BAG setzt hingegen bei der Frage nach dem Status des GmbH-Geschäftsführers bei der Definition des Arbeitnehmerbegriffes an, wonach jeder, der *»auf Grund eines privatrechtlichen Vertrags zur Arbeit im Dienste eines anderen zur Leistung weisungsgebundener, fremdbestimmter Arbeit in persönlicher Abhängigkeit verpflichtet ist«* als Arbeitnehmer gilt.[7] Die Abgrenzung zu Dienstnehmerinnen erfolgt im Umkehrschluss zu § 84 Abs. 1 S. 2 HGB danach, ob der jeweilige Beschäftigte seine Tätigkeit frei gestalten und seine Arbeitszeit individuell bestimmen kann, oder ob er in eine fremde Arbeitsorganisation derart eingebunden ist, dass dem Arbeitgeber ein Weisungsrecht hinsichtlich Art, Zeit, Ort und Umfang der Tätigkeit zukommt.[8] Entscheidendes Kriterium ist damit das Vorliegen der Weisungsgebundenheit. Obwohl insbesondere die Weisungsgebundenheit eines Fremdgeschäftsführers, der wie ein leitender Angestellte in die Arbeitsorganisation einer GmbH eingegliedert ist und kaum über eigene unternehmerische Entscheidungsbefugnisse verfügt, sondern vielmehr jede seine Entscheidungen mit der Gesellschafterversammlung abstimmen muss, auf der Hand zu liegen scheint, hat das BAG bisher in jedem der ihm zur Entscheidung vorliegenden Fälle eine über § 37 GmbHG hinausgehende Weisungsgebundenheit abgelehnt. Eine von der Rechtsprechung des BGH abweichende Beurteilung sei nur in seltenen Ausnahmefällen möglich.[9]

An dieser primär durch das Gesellschaftsrecht geprägten Betrachtungsweise wird seit mehr als 60 Jahren festgehalten,[10] obwohl sie nicht unwidersprochen geblieben ist.[11] Tatsächlich würdigt die herrschende Ansicht zur fehlenden Arbeitnehmereigenschaft von GmbH-Geschäftsführern die Doppelstellung des Geschäftsführers als Organ der Gesellschaft und als natürliche Person, die zur Gesellschaft in einem Anstellungsverhältnis steht, nur ungenügend. Sie vermag daher nicht das Spannungsverhältnis zwischen Gesellschaftsrecht- und Dienstvertrags- bzw. Arbeitsrecht auflösen.

---

6 Grundlegend *Hueck*, ZfA 1985, 25 (29 f.); ausführliche Nachweise bei *Holthausen/Steinkraus*, NZA-RR 2002, 281 (282).

7 BAG v. 16.2.2000, 5 AZB 71/99, AP Nr. 70 zu § 2 ArbGG 1979; BAG v. 26.9.2002, 5 AZB 19/01, AP Nr. 83 zu § 2 ArbGG 1979; BAG v. 15.2.2012, 10 AZR 301/10, AP Nr. 123 zu § 611 BGB Abhängigkeit.

8 BAG v. 22.4.1998, 5 AZR 342/97, AP Nr. 26 zu § 611 BGB Rundfunk; BAG v. 19.1.2000, 5 AZR 644/98, AP Nr. 33 zu § 611 BGB Rundfunk; BAG v. 25.5.2005, 5 AZR 347/04, AP Nr. 117 zu § 611 BGB Abhängigkeit; BAG v. 17.4.2013, 10 AZR 272/12, NZA 2013, 903.

9 BAG v. 26.5.1999, 5 AZR 664/98, AP Nr. 10 zu § 35 GmbHG; BAG v. 24.11.2005, 2 AZR 614/04, AP Nr. 19 zu § 1 KSchG 1969 Wartezeit.

10 Vgl. BGH v. 7.12.1961, II ZR 117/60, NJW 1962, 340 (3439) als eines der ersten BGH-Urteile, in denen die funktionale Arbeitgeberstellung von Vertretungsorganen juristischer Personen zum Ausschluss der Arbeitnehmereigenschaft führte; vgl. zum sog. Beharrungsvermögen *Wank*, FS Wiedemann, S. 587 (602).

11 Nachweise bei *Hueck*, FS Hilger/Stumpf, S. 365 (368).

Die Frage, wie die teilweise divergierenden Wertungen des Arbeits- und Gesellschaftsrecht beim GmbH-Geschäftsführer in Ausgleich zu bringen sind, hat durch die EuGH-Entscheidung in der Rechtssache *Danosa* an Brisanz gewonnen.[12] Die Entscheidung des EuGH zur Anwendbarkeit der Mutterschutzrichtlinie 92/85/EWG auf schwangere Organvertreterinnen traf mitten in die teilweise ambitioniert geführte gesellschaftspolitische Diskussion über die Einführung von Frauenquoten und über die sogenannte »gläserne Decke« für Frauen in Führungspositionen, die von dem seit 2008 andauernden politischen Tauziehen um eine Revision der Mutterschutzrichtlinie 92/85/EWG zwischen europäischen Parlament, Kommission, Rat und nationalen Verbänden wie der Bundesvereinigung der Deutschen Arbeitgeberverbände überschattet wurde.[13]

Obgleich die im Einzelnen noch näher zu betrachtende Entscheidung des EuGH geeignet ist, die von den nationalen Gerichten bis dato entwickelten Grundsätze zur fehlenden Arbeitnehmereigenschaft von GmbH-Geschäftsführern auf den Kopf zu stellen, hat sie bisher lediglich in einzelnen praxisnahen Beiträgen Beachtung gefunden.[14] Die im nationalen Recht verhaltene Reaktion auf die Entscheidung des EuGH in der Rechtssache *Danosa* ist kaum nachvollziehbar, wirft sie doch zahlreiche Fragen auf, wie etwa »Gelten GmbH-Geschäftsführerinnen zukünftig als Arbeitnehmer?«, »Müssen Gesellschafter einer GmbH künftig das MuSchG im Blick behalten? Wenn ja, welche Folgerungen ergeben sich für die einzelne GmbH-Geschäftsführerin hieraus?«, »Sind GmbH-Geschäftsführerinnen zukünftig nicht mehr frei abberufbar?«, oder »Müssen neben dem MuSchG noch weitere Arbeitnehmerschutzgesetze bei schwangeren GmbH-Geschäftsführerinnen beachtet werden?«.

Ungeachtet der möglichen Konsequenzen der *Danosa*-Entscheidung für die arbeitsrechtliche Stellung von GmbH-Geschäftsführer im Allgemeinen gibt das EuGH-Urteil in seinen Entscheidungsgründen Anlass, sich dezidiert und fundiert mit dem nationalen Mutterschutz auseinanderzusetzen. Denn dem gesetzlichen Mutterschutz kommt in Deutschland seit seiner Einführung in § 135 der

---

12 EuGH v. 11.11.2010, Rs. C-232/09, Slg. 2010, I-11405 – Danosa.

13 Vgl. zu den unterschiedlichen Positionen beispielhaft die Pressemitteilung des Ausschusses für die Rechte der Frau und Gleichstellung der Geschlechter (FEMM) v. 23.2.2010, abrufbar unter: http://archive.greensefa.eu/cms/pressreleases/-dok/328/328648.mutterschutzrichtlinie@fr.htm (Stand: 31.8.2013), die EU-Berichterstattung von EurActiv v. 24.2.2010, abrufbar unter: http://www.euractiv.com/de/soziales-europa/regeln-zum-mutterschutz-nach-eunews-282243 (Stand: 31.8.2013), die Pressemitteilung der Fraktion der Europäischen Volkspartei v. 26.2.2010, abrufbar unter: http://www.eppgroup.eu (Stand: 20.8.2013), den Beitrag in der »Welt« v. 18.10.2010; abrufbar unter: http://www.welt.de/wirtschaft/article10366059/Arbeitgeber-wollen-keinen-laengeren-Mutterschutz.html (Stand: 20.2.2014) sowie den Bericht der Tagesschau v. 18.10.2010, abrufbar unter: http://www.tagesschau.de/wirtschaft/hundt112.html (Stand: 31.8.2013).

14 Einige wenige Besprechungen finden sich bei *Bauer*, GWR 2010, 586; *Fischer*, NJW 2011, 2329; *Oberthür*, NZA 2011, 253; *Schubert*, EuZA 2011, 362; *von Medem*, ArbAktuell 2010, 654.

Gewerbeordnung von 1878 eine zentrale soziale und rechtspolitische Bedeutung zu. Während Sozialgesetze früher als notwendiges Korrektiv zur Vormachstellung der Unternehmen angesehen wurden, und insbesondere der Mutterschutz als Ausprägung des Arbeitnehmerinnenschutzes der Wiederherstellung der Sittlichkeit und der traditionellen Form der Familie diente,[15] sieht sich der Mutterschutz heute der Herausforderung gegenüber, durch kinderfreundliche Rahmenbedingungen der nachteiligen demografischen Entwicklung der letzten Jahrzehnte entgegenwirken zu müssen.[16] Zudem nehmen immer mehr berufstätige Frauen vom klassischen Modell der Einversorgerehe und der traditionellen Rollenverteilung in der Kindererziehung Abstand, sodass sie auch im Falle der Schwangerschaft und Mutterschaft berufstätig bleiben. Für alle berufstätigen Mütter stellen aber die aus der Mutterschaft resultierenden Verpflichtungen und Aufgaben ein besonderes Problem dar. Sie befinden sich im permanenten Widerstreit zwischen ihren mütterlichen Pflichten und ihrer Stellung im Berufsleben. Insbesondere während der Schwangerschaft und in der unmittelbaren Zeit nach der Geburt des Kindes erscheint ein natürlicher Ausgleich der Interessenlage der Mutter auf der einen Seite mit den Anforderungen der Berufswelt auf der anderen Seite unmöglich. Um gerade diesen Ausgleich zu ermöglichen, bedarf es gesetzlicher Schutzbestimmungen im Interesse der Gesunderhaltung von Mutter und Kind. Irrelevant ist dabei, ob eine schwangere Frau in einem abhängigen Beschäftigungsverhältnis weisungsfrei oder weisungsgebunden tätig ist. Entscheidend ist vielmehr, dass sie aufgrund ihrer Erwerbstätigkeit in die benannte Konfliktsituation geraten kann.

Dies hat schon der Verfassungsgesetzgeber erkannt und das Mutterschutzgebot unter Art. 6 Abs. 4 GG in den ersten Abschnitt des Grundgesetzes eingefügt. Durch die Einräumung eines Anspruchs auf Schutz und Fürsorge durch die Gemeinschaft wird die erhöhte Schutz- und Hilfebedürftigkeit von (werdenden) Müttern hervorgehoben. Zudem wird der besonderen Bedeutung der Mutterschaft für die Gesellschaft Ausdruck verliehen. Aus diesem Grund entfaltet das Mutterschutzgebot neben seinem subjektiv-öffentlichen Charakter eine weitergehende, für alle Bereiches

---

15 Vgl. Redebeitrag des Abgeordneten Graf von Galen (Zentrum) in der 22. RT-Sitzung am 16.4.1877, Verh. d. RT., 3. Legislaturp., S. 503; Redebeitrag des Abgeordneten Motteler (SPD) in der 43. RT-Sitzung am 8.5.1878, Verh. d. RT., 3. Legislaturp., S. 1146; Redebeitrag des Abgeordneten Lieber (Zentrum) in der 43. RT-Sitzung am 8.5.1878, Verh. d. RT., 3. Legislaturp., S. 1161; Redebeitrag des Abgeordneten von Hertling (Zentrum) in der 72. RT-Sitzung am 26.4.1883, Verh. d. RT., 5. Legislaturp., S. 2106; ebenso Redebeitrag des Abgeordneten Hammacher (National-Liberale Partei) in der 72. RT-Sitzung am 26.4.1883, Verh. d. RT., 5. Legislaturp., S. 2106. Siehe auch *Hausen*, S. 717.

16 Erklärung des Bundesministers für Arbeit und Sozialordnung Dr. Ehrenberg in der 469. BR-Sitzung am 16.2.1979, Plenarprotokoll 469, S. 24; Redebeitrag der Bundesministerin für Jugend, Familie und Gesundheit Huber in der 151. BT-Sitzung am 10.5.1979, Verh. d. BT., 8. Wahlp., S. 12084 ff.

des Rechts verbindliche Wirkung als objektive Wertentscheidung.[17] Damit enthält Art. 6 Abs. 4 GG den bindenden Auftrag an den Gesetzgeber, das Mutterschutzgebot zu verwirklichen und durch gesetzliche Regelungen die Belastungen von Müttern, die im Zusammenhang mit ihrer Schwangerschaft und Mutterschaft stehen, auszugleichen.[18]

Einen Teil seines Schutzauftrages hat der Gesetzgeber durch das MuSchG erfüllt. – Einen Teil? – Ja, bereits bei einem Blick in das derzeit geltende MuSchG fällt auf, dass der persönliche Anwendungsbereich in § 1 MuSchG auf *»Frauen, die in einem Arbeitsverhältnis stehen«* sowie auf *»weibliche in Heimarbeit Beschäftigte und ihnen Gleichgestellte«* beschränkt ist.[19] Zwar verbietet Art. 6 Abs. 4 GG grundsätzlich keine am jeweiligen Schutzgrad orientierte Abstufung bei der Intensität des Mutterschutzes.[20] Ein Mindestmaß an gesetzlichen Schutzbestimmungen muss jedoch für jede Frau gewährleistet sein.[21] Ob dieses Mindestmaß durch andere mutterschutzrechtliche Regelungen außerhalb des MuSchG erreicht wird, ist fraglich.

Offensichtlicher wird die Diskrepanz zwischen verfassungsrechtlicher Wertung und gesetzlicher Ausgestaltung, wenn die Situation der GmbH-Geschäftsführerin betrachtet wird. Nach der im Einzelnen noch darzustellenden Rechtslage *de lege lata* ist das MuSchG auf GmbH-Geschäftsführerinnen nicht anwendbar.[22] Dieser Status quo zeitigt weitreichende Folgen. So sind GmbH-Geschäftsführerinnen grundsätzlich nicht berechtigt, Mutterschutz oder Elternzeit in Anspruch zu nehmen. Ferner haben sie – abgesehen von der Regelung des § 616 BGB[23] – keinen Anspruch darauf, für die Zeit der Geburt und der unmittelbaren Zeit danach bezahlt freigestellt zu werden, denn auch der Anwendungsbereich des EFZG knüpft an die Arbeitnehmereigenschaft an.[24] Zudem kommt die Geschäftsführerin nicht in den Genuss der Entgeltsicherung durch Mutterschaftsgeld nach § 13 Abs. 1 MuSchG i. V. m.

---

17 BVerfG v. 25.1.1972, 1 BvL 3/70, BVerfGE 32, 273 (277); BVerfG v. 8.6.2004, 2 BvR 785/04, NJW 2005, 2382; BVerfG v. 24.5.2005, 1 BvR 906/04, NJW 2005, 2383.

18 BVerfG v. 10.2.1982, 1 BvL 116/78, BVerfGE 60, 68 (74).

19 § 1 MuSchG.

20 Vgl. BVerwG v. 23.6.1977, V C 51.74, BVerwGE 54, 124 (130 f.).

21 Vgl. BVerwG v. 23.6.1977, V C 51.74, BVerwGE 54, 124 (130); BAG v. 23.10.1991, 7 AZR 56/91, AP Nr. 45 zu § 611 BGB Bühnenengagementsvertrag; BAG v. 20.8.2002, 9 AZR 353/01, AP Nr. 10 zu Art. 6 Abs. 4 GG Mutterschutz; *Aubel*, S. 213 f. Gamillscheg geht sogar so weit, dass der gewährte Mutterschutz lückenlos sein muss, vgl. *Gamillscheg*, FS Molitor, S. 57 (58).

22 *Buchner/Becker*, § 1 MuSchG Rn. 94, 96; *Graue*, § 1 MuSchG Rn. 16; *Heilmann*, § 1 MuSchG Rn. 37; *Meisel/Sowka*, § 1 MuSchG Rn. 20; *Lenz*, § 1 MuSchG Rn. 2; *Willikonsky*, § 1 MuSchG Rn. 12; *Zmarzlik/Zipperer/Viethen/Vieß*, § 1 MuSchG Rn. 14; anders jetzt *Pepping* in HK-MuSchG/BEEG, § 1 MuSchG Rn. 9, 28.

23 Str. ob hierauf ein Anspruch der GmbH-Geschäftsführerin auf Entgeltfortzahlung im Krankheitsfalle gestützt werden kann, vgl. statt vieler nur ErfK-*Preis*, § 616 BGB Rn. 7; *Haase*, GmbHR 2005, 1260 ff.; Staudinger-*Oetker* (2011), § 616 BGB Rn. 203, 236.

24 § 1 Abs. 2 EFZG.

§ 24i Abs. 2 S. 1 bis S. 6 SGB V, sondern kann nur dann Mutterschaftsgeld nach § 24i Abs. 1 1. Alt., Abs. 2 S. 7 SGB V in Höhe des Krankengeldes beanspruchen, wenn sie Mitglied der gesetzlichen Krankenversicherung ist.[25] Als besonders erschwerend dürfte schließlich die fehlende Beschäftigungssicherung durch einen Sonderkündigungsschutz während der Schwangerschaft und das Risiko einer jederzeitigen Abberufung als Geschäftsführerin nach § 38 Abs. 1 GmbHG gelten. Ergänzung findet diese Situation darin, dass *de lege lata* das AGG aufgrund der Regelung in § 6 Abs. 3 AGG auf Organmitglieder nur eingeschränkt Anwendung findet.[26]

Folglich unterliegt der Schutz der GmbH-Geschäftsführerin im Schwangerschafts- und Mutterschaftsfalle primär der privatautonomen Vertragsgestaltung. In der Praxis müssen deshalb vor allem Frauen, die bereits vor ihrer Berufung zur GmbH-Geschäftsführerin im Rahmen eines regulären Arbeitsverhältnisses bei der GmbH angestellt waren und zur Geschäftsführerin befördert werden, eine vertragliche Regelung zum Mutterschutz oder zur Freistellung für Schwangerschaft und Geburt forcieren. Indes werden Gesellschafter einer GmbH regelmäßig kein ausgeprägtes Interesse daran haben, einer GmbH-Geschäftsführerin kraft vertraglicher Vereinbarung besondere Beschäftigungs- und Kündigungsverbote einzuräumen und ihr dadurch das gleiche Schutzniveau wie einer Arbeitnehmerin zu gewähren. Die Durchsetzung des gleichen Schutzniveaus hängt damit ausschließlich von der individuellen Durchsetzungsfähigkeit der GmbH-Geschäftsführerin bei den Vertragsverhandlungen ab.[27]

Inwiefern dieses Ergebnis mit den gesetzgeberischen Intentionen und höherrangigen Recht – insbesondere mit der in Art. 6 Abs. 4 GG zum Ausdruck kommenden verfassungsrechtlichen Wertentscheidung – zu vereinbaren ist, ist zweifelhaft. Neben Art. 6 Abs. 4 GG bedarf insbesondere Art. 3 Abs. 2 GG der Beachtung. Er gebietet den Ausgleich faktischer Nachteile, die typischerweise Frauen treffen,

---

25 BSG v. 16.2.2005, B 1 KR 13/03 R, zit. nach Juris; *Wagner* in Soziale KV/PV, § 24i SGB V Rn. 3. Vgl. zur Verfassungsmäßigkeit der fehlenden Verpflichtung privater Krankenversicherer, für Zeiten von Beschäftigungsverboten Krankentagegeld zu zahlen, BVerfG v. 18.3.1993, 1 BvR 1927/92, NJW 1994, 785.

26 Vgl. zu dieser Problematik jüngst BGH v. 23.4.2012, II ZR 163/10, NJW 2012, 2346 sowie aus der Literatur statt vieler nur *Bauer/Arnold*, ZIP 2008, 993 ff.; *Lutter*, BB 2007, 725 ff.; *Reichold/Heinrich*, FS Westermann, S. 1315 ff.; *Reufels/Molle*, NZA-RR 2011, 281 ff.

27 Wie selten dies in der Praxis der Fall ist, deuten Zeitungsartikel an, wie dem der »Welt« v. 14.6.2013 mit dem Titel »Wenn Mutterschutz zur Karrierefalle wird – Führungskräfte haben in der Schwangerschaft weniger Rechte« [abrufbar unter: http://www.welt.de/print/welt_kompakt/print_wirtschaft/article117114096/Wenn-Mutterschutz-zur-Karrierefalle-wird.html (Stand: 20.2.2014)] oder der »Berliner Morgenpost« v. 30.6.2013 mit dem Titel »Mutterschutz als Karrierefalle – Schwangere Frauen in Führungspositionen müssen häufig um ihre Rechte kämpfen« [abrufbar unter: http://www.genios.de/presse-archiv/artikel/BMP/20130630/mutterschutz-als-karrierefalle/101443520.html (Stand: 20.2.2014)].

durch begünstigende Regelungen,[28] um hierdurch langfristig Chancengleichheit herzustellen.[29] Tradierte Rollenverteilungen zwischen Männern und Frauen, infolge derer Frauen höhere Belastungen auferlegt werden oder infolge der sie auf eine andere Art und Weise nachteilig behandelt werden, müssen im Interesse der Gleichberechtigung der Geschlechter aufgebrochen werden.[30]

Aber nicht nur das Grundgesetz hat einen maßgeblichen Einfluss auf das MuSchG. Vielmehr sind, wie die Entscheidung des EuGH in der Rechtssache *Danosa* eindrucksvoll verdeutlicht hat, die europäischen Regelungen zum Arbeits- und Sozialrecht von zunehmender Bedeutung. Im Mittelpunkt stehen dabei die sich aus der bereits 1992 als »*kohärentes Maßnahmenbündel im Interesse der Gesundheit und Sicherheit*«[31] verabschiedeten Richtlinie 92/85/EWG ergebenden Umsetzungsverpflichtungen. Ergänzend treten die Gleichbehandlungsrichtlinien 2006/54/EG und 2010/41/EU hinzu, durch welche die Gleichheit von Männern und Frauen für das Arbeitsleben umfassend erreicht werden soll. Europäische Richtlinien entfalten zwar als sekundärrechtlichen Regelungen keine unmittelbare Wirkung. Allerdings begründet die Verpflichtung der Mitgliedstaaten zur Unionstreue nach Art. 4 Abs. 3 EUV das Gebot richtlinienkonformer Auslegung, das von den Gerichten bei der Anwendung nationalen Rechts stets zu beachten ist.[32]

2. Gang der Untersuchung

Zur Beantwortung der Frage nach der Vereinbarkeit der mutterschutzrechtlichen Rechtslage *de lege lata* für GmbH-Geschäftsführerinnen mit höherrangigem Recht unternimmt es die vorliegende Arbeit, den Mutterschutz für GmbH-Geschäftsführerinnen einer eingehenden Betrachtung zu unterziehen. Hierzu sollen die aktuelle Rechtslage zur Anwendung des MuSchG auf die GmbH-Geschäftsführerin untersucht, die historischen und rechtlichen Grundlagen des MuSchG näher betrachtet, und die gefundenen Ergebnisse unter verfassungsrechtlichen und europarechtlichen

28 Noch offen gelassen von BVerfG v. 28.1.1987, 1 BvR 455/82, BVerfGE 74, 163 (179 f.); klarstellend dann aber BVerfG v. 28.1.1992, 1 BvR 1025/82 u. a., BVerfGE 85, 191 (207); BVerfG v. 25.10.2005, 2 BvR 524/01, BVerfGE 114, 357 (370).

29 Art. 3 Abs. 2 GG verpflichtet nur zur Herstellung von Chancengleichheit, nicht Ergebnisgleichheit, vgl. *Jarass/Pieroth*, Art. 3 GG Rn. 90; Sachs-*Osterloh/Nußberger*, Art. 3 GG Rn. 282.

30 BVerfG v. 28.1.1992, 1 BvR 1025/82 u. a., BVerfGE 85, 191 (207); BVerfG v. 17.11.1992, 1 BvL 8/87, BVerfGE 87, 234 (258); BVerfG v. 24.1.1995, 1 BvL 18/93 u. a., BVerfGE 92, 91 (112); BVerfG v. 25.10.2005, 2 BvR 524/01, BVerfGE 114, 357 (370); BVerfG v. 26.10.2011, 1 BvR 2075/11, NJW 2012, 216.

31 Stellungnahme des Wirtschafts- und Sozialausschusses zum Vorschlag für eine Richtlinie des Rates über den Schutz von Schwangeren oder Wöchnerinnen am Arbeitsplatz, ABl. C 41 v. 18.2.1991, S. 29.

32 Grundlegend EuGH v. 10.4.1984, Rs. C-14/83, Slg. 1984, 1891 – von Colson und Kamann; EuGH v. 10.4.1984, Rs. C-79/83, Slg. 1984, 1921 – Harz.

Gesichtspunkten gewürdigt werden. Ausgangspunkt der Untersuchung ist der Anwendungsbereich des MuSchG, wie er sich aus § 1 MuSchG ergibt. Dabei bildet die fehlende Arbeitnehmereigenschaft von GmbH-Geschäftsführerinnen nach der Rechtsprechung und der überwiegenden Ansicht der Literatur die zentrale Problematik. Da die übergeordneten Ziele und Leitprinzipien des Mutterschutzes bei der Überprüfung der Rechtslage *de lege lata* am höherrangigen Recht berücksichtigt werden müssen, sind in einem nächsten Schritt die Grundlagen des deutschen Mutterschutzes auf nationaler und europäischer Ebene zu betrachten. Die Darstellung darf sich nicht auf die gesetzgeberischen Intentionen des aktuellen MuSchG beschränken, sondern muss dem Umstand, dass das MuSchG zu den ältesten deutschen Sozialgesetzen gehört, Rechnung tragen. Das heutige MuSchG beruht auf der Bismarck'schen Sozialgesetzgebung, sodass seine Wurzeln bis ins 19. Jahrhundert zurückreichen. Vor diesem Hintergrund ist ein gesonderter Blick auf die historische Entwicklung des Mutterschutzes, insbesondere des Anwendungsbereiches, bis zum heutigen Tage zu werfen. Hierbei spielen vor allem die gesetzgeberischen Intentionen, wie sie sich aus den jeweiligen Gesetzgebungsmaterialien ergeben, und die Hintergründe der verschiedenen gesetzlichen Regelungen eine besondere Rolle. Im sich daran anschließenden dritten Teil der Untersuchung soll sodann analysiert werden, ob der Gesetzgeber mit dem Ausschluss von GmbH-Geschäftsführerinnen aus dem MuSchG, hervorgerufen durch die Anknüpfung des Geltungsbereiches in § 1 Nr. 1 MuSchG an den Arbeitnehmerbegriff, seinen verfassungsrechtlichen und europarechtlichen Bindungen entsprochen hat. In Bezug auf die gegenüber der Rechtslage *de lege lata* bestehenden verfassungsrechtlichen Bedenken hat sich die nachfolgende Prüfung sowohl an Art. 6 Abs. 4 GG als auch an Art. 3 Abs. 1 GG und Art. 3 Abs. 2 GG auszurichten.[33] Daneben ist wegen des Vorrangs des Unionsrechts ein Blick auf die europäischen Harmonisierungsvorschriften zu werfen. Insbesondere die Mutterschutz- und Gleichbehandlungsrichtlinien erstrecken ihren Anwendungsbereich ebenfalls auf Arbeitnehmerinnen, sodass ein Abgleich des nationalen Anwendungsbereichs mit den europäischen Regelungen erforderlich ist. Wesentliches Kriterium ist dabei – wie auch auf nationaler Ebene – das Vorliegen einer Weisungsgebundenheit. Konkretisierung hat dieses Kriterium in Bezug auf Organvertreterinnen durch das EuGH-Urteil in der Rechtssache *Danosa* erfahren. Hierauf ist ein gesondertes Augenmerk zu richten. Die Reichweite und Folgen dieser Entscheidung für die nationale vertragliche und gesellschaftsrechtliche Ebene, und insbesondere die Frage, inwiefern eine Differenzierung zwischen Fremdgeschäftsführerinnen und Gesellschaftergeschäftsführerinnen vorgenommen werden muss, werden am Ende dieser Arbeit betrachtet. Abschließend wird der Frage nachgegangen, welche Folgen sich insbesondere für die Individualrechtsschutzmöglichkeiten betroffener GmbH-Geschäftsführerinnen ergeben.

Diese Arbeit möchte fernab der zwischen Gewerkschaften und Arbeitgeber auf der einen Seite und Arbeits- und Gesellschaftsrechtlern auf der anderen Seite

33 So auch *Aubel*, S. 75 ff.

emotional geführten Debatten um Mutterschutz im Allgemeinen und das Verhältnis zwischen gesellschaftsrechtlicher Organisationsfreiheit und erforderlichem Schutz der als abhängig beschäftigt geltenden Organvertreter im Besonderen aufgrund einer rein rechtlichen Argumentation etwaige Unzulänglichkeiten des derzeitigen nationalen Mutterschutzes aufzeigen. Die nachfolgenden Ausführungen beschränken sich auf GmbH-Geschäftsführerinnen als eine mögliche Form der weiblichen Organvertreterinnen. Andere Organvertreter, wie weibliche Vorstandsmitglieder einer Aktiengesellschaft, sind außer Betracht geblieben. Insgesamt gelten die in dieser Arbeit getroffenen Aussagen zum Arbeitnehmerbegriff von GmbH-Geschäftsführerinnen lediglich in Bezug auf das MuSchG und die ihm zugrunde liegenden Rechtsnormen. Darüber hinaus stehen die Untersuchungsergebnisse in einem untrennbaren Zusammenhang mit der spezifischen Historie sowie mit den besonderen sozial- und rechtspolitischen Erwägungen und Gesetzgebungsintentionen zum MuSchG, sodass eine Verallgemeinerung oder eine automatische Übertragung der Untersuchungsergebnisse auf andere Arbeitnehmerschutzgesetze nicht erfolgen kann.

Erstes Kapitel: Rechtslage de lege lata – Kein Mutterschutz für GmbH-Geschäftsführerinnen

»Der Richter ist der eigentliche Herr des Arbeitsrechts.«[1]

Das Arbeitsrecht im Allgemeinen und der Arbeitnehmerbegriff im Besonderen stellen ein Gebiet dar, dem es an Kodifikationen und Definitionen fehlt. Aufgrund der gesetzgeberischen Zurückhaltung in diesem Bereich besteht eine besondere Abhängigkeit zur dritten Gewalt, der Rechtsprechung.[2] Dies gilt auch – wie das erste Kapitel zeigen wird – in Bezug auf den Untersuchungsgegenstand dieser Arbeit, den gesetzlichen Mutterschutz für GmbH-Geschäftsführerinnen.

Das MuSchG verwirklicht auf dem Gebiet des Arbeitsrechts die in Art. 6 Abs. 4 GG zum Ausdruck kommende verfassungsrechtliche Wertentscheidung, welche für das gesamte öffentliche und private Recht bindende Wirkung entfaltet.[3] Es bildet in privatrechtlichen Anstellungsverhältnissen neben §§ 195 ff. RVO, nunmehr § 24 ff. SGB V,[4] die alleinige Basis für einen einfachgesetzlichen Mutterschutz. Auch der Mutterschutz für GmbH-Geschäftsführerinnen richtet sich somit primär nach dem MuSchG. Dies wirft die Frage auf, inwieweit das MuSchG nach der Rechtslage *de lege lata* überhaupt auf GmbH-Geschäftsführerinnen Anwendung finden kann. Die Beantwortung dieser Frage richtet sich im Wesentlichen danach, inwiefern GmbH-Geschäftsführerinnen dem persönlichen Geltungsbereich des MuSchG unterfallen. Dies soll im Rahmen dieses Kapitels eingehend untersucht werden. Dabei vollzieht sich die Prüfung in zwei Schritten: Zunächst ist die Ausgestaltung des persönlichen Geltungsbereiches in § 1 MuSchG zu betrachten, bevor anschließend untersucht werden kann, ob die GmbH-Geschäftsführerin diese Voraussetzungen erfüllt. Ziel des ersten Kapitels ist es, einen umfassenden Überblick über die Rechtslage *de lege lata* hinsichtlich des Mutterschutzes für GmbH-Geschäftsführerinnen zu geben.

---

1 *Gamillscheg*, AcP 164, S. 385 (388).

2 *Brand*, Band 1, S. 1.

3 BVerfG v. 25.1.1972, 1 BvL 3/70, BVerfGE 32, 273 (277); BVerfG v. 8.6.2004, 2 BvR 785/04, NJW 2005, 2382; BVerfG v. 24.5.2005, 1 BvR 906, NJW 2005, 2383.

4 §§ 195–200 RVO aufgehoben durch Art. 7 des Gesetzes zur Neuausrichtung der Pflegeversicherung (Pflege-Neuausrichtungs-Gesetz-PNG) v. 23.10.2012, BGBl. I 2012, S. 2246 (2262).

1. Abschnitt: Persönlicher Geltungsbereich des MuSchG

Ausgangspunkt für die Darstellung der Rechtslage *de lege lata* bildet der persönliche Geltungsbereich des MuSchG. Er wird in § 1 MuSchG definiert. Hiernach erstreckt sich das MuSchG auf Frauen, die in einem Arbeitsverhältnis stehen (Nr. 1) sowie auf weibliche, in Heimarbeit Beschäftigte und ihnen Gleichgestellte, soweit sie am Stück mitarbeiten (Nr. 2). Wenn der Gesetzgeber in Nr. 1 von Frauen und in Nr. 2 von weiblichen Beschäftigten spricht, so wollte er den Geltungsbereich möglichst umfassend ausgestalten.[5] Aus diesem Grund werden zunächst von § 1 MuSchG alle Personen weiblichen Geschlechts erfasst, auf die das deutsche Arbeits- und Sozialversicherungsrecht Anwendung findet.[6] Hierin erschöpft sich die Ausgestaltung des persönlichen Geltungsbereiches in § 1 MuSchG jedoch nicht. Vielmehr ist das Vorliegen eines Arbeitsverhältnisses oder eines Heimarbeitsbeschäftigungsverhältnisses weitere Voraussetzung für die Anwendung des MuSchG. Dabei enthalten aber weder das MuSchG noch die ergänzenden Rechtsvorschriften der MuSchArbV und der §§ 24 ff. SGB V eine Spezifikation dieser weiteren Anwendungsvoraussetzungen.

Einzig § 2 Abs. 1 S. 1 HAG kann in Bezug auf den in § 1 Nr. 2 MuSchG verwendeten Begriff der Heimarbeiterin eine Legaldefinition entnommen werden. Allerdings erstreckt sich der Begriff der Heimarbeiterin nur auf eine spezifische Beschäftigungsform, von der lediglich ein Bruchteil aller erwerbstätigen Frauen erfasst werden.[7] Für den Großteil der erwerbstätigen Frauen[8] ist daher eine Anknüpfung an § 1 Nr. 2 MuSchG nicht möglich. Dies gilt umso mehr, als dass die Legaldefinition in § 2 Abs. 1 S. 1 HAG keine weitergehende Negativabgrenzung zu anderen Beschäftigungsarten ermöglicht. Insbesondere können aufgrund von § 1 Nr. 2 MuSchG keine Schlussfolgerungen hinsichtlich der Rechtsnatur des Vertragsverhältnisses von in Heimarbeit Beschäftigten gezogen werden.[9] Von primärer Bedeutung für die Eröffnung des Geltungsbereiches des MuSchG ist daher § 1 Nr. 1 MuSchG, der als zentrales Merkmal den Terminus des Arbeitsverhältnisses verwendet.

---

5 Ebenso *Buchner/Becker*, § 1 MuSchG Rn. 1; *Roggenkamp*, PersR 1999, 444 (445).

6 Leitfaden des BMFSFJ zum Mutterschutz, S. 7; vgl. auch *Meisel/Sowka*, § 1 MuSchG Rn. 3.

7 Zum Jahresende 2014 waren laut Statistik des Bundesministeriums für Arbeit und Soziales lediglich 21.269 Frauen in Heimarbeit beschäftigt oder Heimarbeiterinnen gleichgestellt; vgl. Bekanntmachung des Bundesministeriums für Arbeit und Soziales v. 30.7.2015, GMBl. 2015, 1044.

8 Im Jahr 2013 waren 18,4 Mio. Frauen erwerbstätig, davon 13,9 Mio. in sozialversicherungspflichtigen Beschäftigungsverhältnissen; vgl. Frauen und Männer am Arbeitsmarkt 2014, S. 5, 9.

9 Vgl. insoweit Hinweis der Berichterstatterin Frau Dr. Rehling (CDU) in der 180. BT-Sitzung v. 12.12.1951 darauf, dass das Heimarbeitsverhältnis bei Erlass des MuSchG nicht als *echtes* Arbeitsverhältnis galt, Verh. d. BT., 1. Wahlp., S. 7519 C; vgl. zum heutigen Meinungsstand BAG v. 20.1.2004, 9 AZR 291/02, NZA 2004, 1058 (1061) sowie *Buchner/Becker*, § 1 MuSchG Rn. 64; *Heilmann*, § 1 MuSchG Rn. 27; *Meisel/Sowka*, § 1 MuSchG Rn. 34.

I. Begriff des Arbeitsverhältnisses

Zu klären ist zunächst, welches Begriffsverständnis dem Terminus des Arbeitsverhältnisses zugrunde liegt. Gestützt wird die Notwendigkeit einer vorangestellten terminologischen Einordnung durch einen Blick auf die erläuternden Informationsmaterialien des heutigen Gesetzgebers zum MuSchG. So lässt sich dem »Leitfaden des Bundesministeriums für Familie, Senioren, Frauen und Jugend zum Mutterschutz« folgendes zum Anwendungsbereich entnehmen:

> *»Das Mutterschutzgesetz gilt für alle (werdenden) Mütter, die in einem Arbeitsverhältnis stehen. Es gilt für Teilzeitbeschäftigte, Hausangestellte und Heimarbeiterinnen und für Frauen, die sich in der beruflichen Ausbildung befinden, wenn das Ausbildungsverhältnis auf einem Arbeitsvertrag beruht. Auch auf Frauen in sozialversicherungsfreien Arbeitsverhältnissen [...] findet das Mutterschutzgesetz grundsätzlich Anwendung.«*[10]

Dies legt den Schluss nahe, dass § 1 Nr. 1 MuSchG ein arbeitsrechtliches Begriffsverständnis zugrunde zu legen ist. Maßgeblich für die Anwendbarkeit des MuSchG wäre sodann das Vorliegen eines Arbeitsverhältnisses im arbeitsrechtlichen Sinne. An anderer Stelle heißt es aber sogleich:

> *»Der gesetzliche Mutterschutz hat die Aufgabe, die in einem abhängigen Beschäftigungsverhältnis stehende (werdende) Mutter und ihr Kind vor Gefährdungen [...] zu schützen.«*[11]

Hiernach fände eine Anknüpfung an das Vorliegen eines abhängigen Beschäftigungsverhältnisses statt – einem Begriff, der dem Sozialrecht entliehen ist. Anhand der gesetzlichen Formulierung in § 7 Abs. 1 SGB IV wird deutlich, dass der sozialversicherungsrechtliche Begriff des abhängigen Beschäftigungsverhältnisses weitergehender ist als der des Arbeitsverhältnisses im arbeitsrechtlichen Sinne. Beide Begriffe sind nach heutigem Verständnis grundsätzlich nicht deckungsgleich. Da der Wortlaut von § 1 Nr. 1 MuSchG Raum für beide Bedeutungsalternativen lässt, ist ein Rückgriff auf die Gesetzgebungshistorie des aktuellen MuSchG erforderlich. So verrät ein Blick in die Gesetzgebungsmaterialien zum »Gesetz zum Schutze der erwerbstätigen Mutter« von 1952, auf welchem das heutige MuSchG im Wesentlichen basiert, dass die ursprüngliche Regelungsabsicht des Gesetzgebers auf Schaffung eines Arbeitsschutzgesetzes gerichtet war. Während der ursprüngliche Gesetzesentwurf den Anwendungsbereich noch auf

> *»alle erwerbstätigen Frauen in den Betrieben und Verwaltungen, in der Hauswirtschaft, Land- und Fortwirtschaft und für Heimarbeiterinnen«*[12]

erstreckte, wurde der Geltungsbereich im Gesetzgebungsprozess dahingehend überarbeitet, dass

10 Leitfaden des BMFSFJ zum Mutterschutz, S. 7.
11 Leitfaden des BMFSFJ zum Mutterschutz, S. 8.
12 § 1 Abs. 1 des Gesetzesentwurfes der SPD v. 18.7.1950, BT-Drs. 1/1182, S. 1.

»Frauen, die in einem Arbeitsverhältnis stehen«[13]

von ihm erfasst werden. Dieser endgültigen Fassung vorausgegangen waren diverse Debatten, in denen die Begriffe des Arbeitsverhältnisses und Beschäftigungsverhältnisses zunächst noch synonym verwendet wurden.[14] Durch die Begrenzung des Geltungsbereiches auf »*Frauen, die in einem Arbeitsverhältnis stehen*« sollte aber sodann im Interesse der Vermeidung von möglichen Mehrdeutigkeiten eine klare Abgrenzung zum sozialversicherungsrechtlichen Begriff des Beschäftigungsverhältnisses vorgenommen werden.[15] Daneben sollten durch eine Beschränkung des Geltungsbereichs auf die in abhängiger Stellung tätige, erwerbstätige Frau alle Beamtinnen vom Geltungsbereich des Mutterschutzgesetzes ausgeschlossen werden.[16] Erläuternd führte die Berichterstatterin des federführenden Ausschusses für Sozialpolitik hierzu aus:

»Der Mutterschutz gehört als Teil des Arbeitsschutzes [...] in das Gebiet des Arbeitsrechts, dessen Bestimmungen nur für Personen in einem privatrechtlichen Arbeitsverhältnis gelten.«[17]

Aus diesen Gründen hat der Gesetzgeber in der endgültigen Gesetzesfassung des »Gesetz zum Schutze der erwerbstätigen Mutter« von 1952 dem verwendeten Terminus des *Arbeitsverhältnisses* bewusst einen arbeitsrechtlichen Sinngehalt beigemessen.[18] Da die im Jahr 1952 in § 1 MuSchG eingeführten Begrifflichkeiten bis heute beibehalten wurden, ohne dass ein Wandel der ursprünglichen Regelungsabsichten des Gesetzgebers stattgefunden hat,[19] stehen die verwendeten Bezeichnungen weiterhin in dem ursprünglichen arbeitsrechtlichen Bedeutungszusammenhang.[20] Folglich liegt § 1 Nr. 1 MuSchG keine besondere mutterschutzrechtliche Definition zugrunde. Vielmehr ist der Begriff des Arbeitsverhältnisses wie im allgemeinen Arbeitsrecht zu verstehen und auszulegen.

Nach der Rechtslage *de lege lata* ist mithin für die Anwendbarkeit des MuSchG maßgeblich, ob die werdende oder stillende, erwerbstätige Mutter Arbeitnehmerin

---

13 Vgl. BT-Drs. 1/2876, S. 2 sowie die endgültige Fassung des Gesetzes, BGBl. I 1952, S. 69 ff.

14 Vgl. Kurzprotokoll der gemeinsamen Sitzung des Ausschusses für Sozialpolitik und des Ausschusses für Arbeit v. 5.10.1950, HStA-NW 50/1021, S. 12 und Kurzprotokoll der gemeinsamen Sitzung des Ausschusses für Sozialpolitik, des Ausschusses für Arbeit und des Ausschusses für Fragen des Gesundheitswesens v. 26.1.1951, HStA-NW 50/1021, S. 32.

15 180. BT-Sitzung v. 12.12.1951, Verh. d. BT., 1. Wahlp., S. 7519 C.

16 180. BT-Sitzung v. 12.12.1951, Verh. d. BT., 1. Wahlp., S. 7519 A.

17 180. BT-Sitzung v. 12.12.1951, Verh. d. BT., 1. Wahlp., S. 7519 A.

18 Ebenso unter ausdrücklicher Inbezugnahme der Gesetzgebungshistorie BSG v. 16.2.2005, B 1 KR 13/03 R, zit. nach Juris; vgl. hierzu auch BSG v. 24.11.1983, 3 RK 35/82, zit. nach Juris.

19 Hierzu sogleich ausführlich im 2. Kapitel, 1. Abschnitt, IV., S. 76 ff.

20 Vgl. BSG v. 9.11.1977, 3 RK 63/76, AP Nr. 2 zu § 13 MuSchG 1968.

ist.[21] Im Umkehrschluss bedeutet dies, dass Frauen, die auf Basis eines Werkvertrages (§ 631 BGB), Werklieferungsvertrages (§ 651 BGB) oder freien Dienstverhältnisses (§ 611 BGB) tätig werden, nicht dem Anwendungsbereich des MuSchG unterfallen.

Im Folgenden sind daher die mit Blick auf den Untersuchungsgegenstand dieser Arbeit wesentlichen Kriterien der Rechtsprechung zur Feststellung der Arbeitnehmereigenschaft in gebotener Kürze herauszuarbeiten.

II. Bestimmung der Arbeitnehmereigenschaft

Nach der ganz herrschenden Meinung[22] gilt als Arbeitnehmerin, wer aufgrund eines privatrechtlichen Vertrags im Dienste eines anderen zur Leistung weisungsgebundener, fremdbestimmter Arbeit in persönlicher Abhängigkeit verpflichtet ist.[23] Bei der Abgrenzung von Arbeitsverhältnissen zu anderen Rechtsverhältnissen verwendet das BAG eine Vielzahl von Einzelmerkmalen, die sich grundsätzlich nach der Eigenart der jeweiligen Tätigkeit richten. Eine Liste abstrakter, für alle Arbeitsverhältnisse geltender Merkmale existiert nicht. Vielmehr sind für die Beantwortung der Frage, ob im konkreten Fall ein Arbeitsverhältnis vorliegt, alle tatsächlichen Umstände des Einzelfalls in eine Gesamtwürdigung einzubeziehen. Das BAG nimmt insofern eine typologische Betrachtung dahingehend vor, ob die entsprechende Tätigkeit regelmäßig nur im Rahmen eines Arbeitsverhältnisses ausgeübt wird.[24]

Dabei unterscheidet sich das Arbeitsverhältnis von einem Dienstverhältnis allgemeinhin durch den Grad der persönlichen Abhängigkeit, in der sich die zur Dienstleistung Verpflichtete befindet.[25] Maßgeblich ist die Eingliederung in eine fremdbestimmte Arbeitsorganisation.[26] Diese zeigt sich vor allem darin, dass der Dienstgeber ein Weisungsrecht gegenüber der Dienstnehmerin hat, aufgrund dessen er Ort, Zeit, Dauer und sonstige Modalitäten der konkreten Tätigkeit ausgestalten

---

21 So auch die h. M.: *Ambs* in Erbs/Kohlhaas, M 150 § 1 Rn. 7; *Buchner/Becker*, § 1 MuSchG Rn. 10; *Geyer/Knorr/Krasny*, § 11 MuSchG Rn. 7, 10 ff.; *Graue*, § 1 MuSchG Rn. 4; *Heilmann*, § 1 MuSchG Rn. 7; *Lenz*, Einl. Rn. 6; MünchArbR-*Heenen*, § 305 Rn. 5; *Willikonsky*, § 1 Rn. 3; *Zmarzlik/Zipperer/Viethen/Vieß*, § 1 Rn. 5. Differenzierend nunmehr ErfK-*Schlachter*, § 1 MuSchG Rn. 3, wonach es nicht mehr auf den nationalen Arbeitnehmerbegriff ankommen soll.

22 Eine auch auf in der Literatur vertretene andere Ansätze zur Bestimmung der Arbeitnehmereigenschaft eingehende Auseinandersetzung kann an dieser Stelle wegen des Fokus auf die Rechtslage *de lege lata* nicht erfolgen.

23 BAG v. 16.2.2000, 5 AZB 71/99, AP Nr. 70 zu § 2 ArbGG 1979; BAG v. 26.9.2002, 5 AZB 19/01, AP Nr. 83 zu § 2 ArbGG 1979; BAG v. 15.2.2012, 10 AZR 301/10, AP Nr. 123 zu § 611 BGB Abhängigkeit.

24 Vgl. BAG v. 16.3.1994, 5 AZR 447/92, AP Nr. 68 zu § 611 BGB Abhängigkeit; BAG v. 12.9.1996, 5 AZR 104/95, AP Nr. 122 zu § 611 BGB Lehrer, Dozenten.

25 Grundlegend: *Hueck/Nipperdey*, S. 41; kritisch hierzu insbesondere *Reuter*, FS Dieterich, S. 473; *Richardi*, FS Juristische Gesellschaft Berlin, S. 607; *Wank*, S. 24 ff.

26 So bereits BAG v. 28.2.1962, 4 AZR 141/61, AP Nr. 1 zu § 611 BGB Abhängigkeit.

kann.[27] Insbesondere das Vorliegen einer Weisungsbefugnis hinsichtlich der Arbeitszeit[28] und der konkreten Art und Weise der Arbeitserledigung[29] kann ein starkes Indiz für die Arbeitnehmerinneneigenschaft einer Beschäftigten sein. Spiegelbildlich ergänzt wird eine vorliegende Weisungsbefugnis durch arbeitnehmertypische Pflichten der Dienstnehmerin, wie z. B. durch Berichts- und Bewilligungspflichten, die über die bloße Abstimmung von Tätigkeiten hinausgehen. Auch etwaige Pflichten zur Krankmeldung sowie die Bewilligungspflichtigkeit des Urlaubs können ausschlaggebend sein.[30] Wesentlich für die Eingliederung in eine fremde Arbeitsorganisation ist ferner, ob die Beschäftigte organisatorisch abhängig von Einrichtungen des Dienstgebers und die Zusammenarbeit mit anderen Beschäftigten notwendig ist.[31] Eine regelmäßige Kontrolle über die Aufgabenerledigung spricht ebenfalls für das Vorliegen eines Arbeitsverhältnisses.[32]

Da der Grad der persönlichen Abhängigkeit je nach Tätigkeit variieren kann, wird der Eigenart oder Organisation der Tätigkeit[33] sowie der Pflicht, die Tätigkeit persönlich unter Zurverfügungstellung der gesamten Arbeitskraft zu verrichten,[34] besonderer Bedeutung beigemessen. Hierbei hat die Frage, ob die Arbeit als Hauptberuf oder Nebenbeschäftigung, in Teilzeit oder Vollzeit, befristet oder unbefristet erledigt wird, jedoch keinerlei Relevanz.[35] Das Vorliegen eines etwaigen unternehmerischen Risikos der Beschäftigten ist nach Ansicht des BAG ebenso irrelevant. Allenfalls bei der Feststellung einer wirtschaftlichen Abhängigkeit welche aber nach der Rechtsprechung des BAG weder erforderlich noch ausreichend ist – soll

---

27 Vgl. § 84 HGB Abs. 1 S. 2 HGB.

28 BAG v. 13.11.1991, 7 AZR 31/91, AP Nr. 60 zu § 611 BGB Abhängigkeit; BAG v. 24.6.1992, 5 AZR 384/91, AP Nr. 61 zu § 611 BGB Abhängigkeit; BAG v. 20.8.2003, 5 AZR 610/02, NZA 2004, 39.

29 BAG v. 13.12.1962, 2 AZR 255/06, AP Nr. 3 zu § 611 BGB Abhängigkeit; BAG v. 16.3.1972, 5 AZR 460/71, AP Nr. 10 zu § 611 BGB Lehrer, Dozenten.

30 BAG v. 20.8.2003, 5 AZR 610/02, NZA 2004, 39.

31 BAG v. 15.3.1978, 5 AZR 819/76, AP Nr. 26 zu § 611 BGB Abhängigkeit.

32 *Pepping* in HK-MuSchG/BEEG, § 1 MuSchG Rn. 5.

33 Z. B. für studentische Hilfspfleger im Krankenhaus BAG v. 13.2.1985, 7 AZR 345/82, zit. nach Juris; für Copiloten: BAG v. 16.3.1994, 5 AZR 447/92, AP Nr. 68 zu § 611 BGB Abhängigkeit; für Rundfunkmitarbeiter: BAG v. 30.11.1994, 5 AZR 704/93 AP Nr. 74 zu § 611 BGB Abhängigkeit; für Lehrer: BAG v. 12.9.1996, 5 AZR 104/95, AP Nr. 122 zu § 611 BGB Lehrer, Dozenten; für Zeitungszusteller: BAG v. 16.7.1997, 5 AZR 312/96, AP Nr. 4 zu § 611 BGB Zeitungsträger.

34 BAG v. 12.12.2001, 5 AZR 253/00, AP Nr. 111 zu § 611 BGB Abhängigkeit; BAG 20.1.2010, 5 AZR 99/09, AP Nr. 119 zu § 611 BGB Abhängigkeit.

35 Zur Nebenberuflichkeit ausdrücklich BAG v. 16.3.1972, 5 AZR 460/71, AP Nr. 10 zu § 611 BGB Lehrer, Dozenten; zur Teilzeit und Befristung BAG 16.1.1985, 7 AZR 435/83, zit. nach Juris; BAG v. 30.10.1991, 7 ABR 19/91, AP Nr. 59 zu § 611 BGB Abhängigkeit; siehe auch Staudinger-*Richardi/Fischinger* (2011), Vorbem. zu §§ 611 ff. Rn. 291 ff. mit weiteren zahlreichen Nachweisen.

ein unternehmerisches Risiko zu berücksichtigen sein.[36] Teilweise wird das Fehlen eines unternehmerischen Risikos mit dem vom BAG postulierten Kriterium der Fremdnützigkeit der Arbeit gleichgesetzt.[37] Hierfür sei maßgeblich darauf abzustellen, ob eine Beschäftigte in eigener Verantwortung und mit eigenem Risiko so am Markt auftreten kann, dass sie unternehmerische Chancen schafft und diese nutzen kann.[38] Der Bezug eines leistungs- oder erfolgsabhängigen Entgelts spielt keine Rolle.[39] Der wesentliche Unterschied zwischen einer freien Mitarbeiterin und einer Arbeitnehmerin besteht vielmehr darin, dass eine Arbeitnehmerin ihr Entgelt auch dann bekommt, wenn der Arbeitgeber die angebotene Arbeitsleistung der Arbeitnehmerin nicht verwerten kann,[40] während die freie Mitarbeiterin das Risiko, aufgrund mangelnder Nachfrage kein Einkommen erwirtschaften zu können, selbst trägt. Welcher Vertragstyp im Einzelfall vorliegt, ergibt sich aus dem wirklichen Geschäftsinhalt, der sich grundsätzlich nicht nach den subjektiven Vorstellungen und Wünschen der Vertragsparteien oder der Vertragsbezeichnung richtet.[41] Allerdings können die sozial- und steuerrechtliche Behandlung sowie die gewählte Vertragsbezeichnung Indizwirkung entfalten.[42] Dies gilt umso mehr in Fällen, in denen die vertraglich vereinbarte Tätigkeit typologisch sowohl in einem Arbeitsverhältnis als auch in selbstständiger Erwerbstätigkeit erbracht werden kann.[43] Stehen vertragliche Vereinbarung und praktische Durchführung in einem Widerspruch zueinander, so wird Letzterer der Vorrang eingeräumt.[44]

---

36 BAG 25.5.2005, 5 AZR 347/04, AP Nr. 117 zu § 611 BGB Abhängigkeit; a. A.: ErfK-*Preis*, § 611 BGB Rn. 74; *Wank*, S. 122 ff.

37 BAG v. 15.3.1978, 5 AZR 819/76, AP Nr. 26 zu § 611 BGB Abhängigkeit.

38 So ErfK-*Preis*, § 611 BGB Rn. 72, 75; Staudinger-*Richardi/Fischinger* (2011), Vorbem. zu §§ 611 ff. BGB Rn. 233, 243, und *Vogelsang* in Schaub, ArbR-Hb., § 8 Rn. 26 unter Verweis auf BAG v. 15.3.1978, 5 AZR 819/76, AP Nr. 26 zu § 611 BGB Abhängigkeit; ebenso *Geyer/Knorr/Krasny*, § 11 MuSchG Rn. 32g.

39 Staudinger-*Richardi/Fischinger* (2011), Vorbem. zu §§ 611 ff. BGB Rn. 224, 286; *Vogelsang* in Schaub, ArbR-Hb., § 8 Rn. 29.

40 Sog. Betriebsrisikolehre (§ 615 S. 3 BGB); vgl. hierzu ausführlich ErfK-*Preis*, § 615 BGB Rn. 120 ff.

41 BAG v. 13.11.1991, 7 AZR 31/91, AP Nr. 60 zu § 611 BGB Abhängigkeit; BAG v. 20.7.1994, 5 AZR 627/93, AP Nr. 73 zu § 611 BGB Abhängigkeit.

42 Vgl. BAG v. 30.9.1998, 5 AZR 563/97, AP Nr. 103 zu § 611 BGB Abhängigkeit; BAG v. 26.5.1999, 5 AZR 469/98, AP Nr. 104 zu § 611 BGB Abhängigkeit; BAG v. 25.5.2005, 5 AZR 347/04, AP Nr. 117 zu § 611 BGB Abhängigkeit; *Buchner/Becker*, § 1 MuSchG Rn. 16; ErfK-*Preis*, § 611 BGB Rn. 49; *Zmarzlik/Zipperer/Viethen/Vieß*, § 1 MuSchG Rn. 2.

43 Vgl. BAG v. 10.6.1992, 7 AZR 446/91, zit. nach Juris; BAG v. 9.6.2010, 5 AZR 332/09, AP Nr. 121 zu § 611 BGB Abhängigkeit.

44 BAG v. 20.5.2009, 5 AZR 31/08, AP Nr. 16 zu § 611 BGB Arbeitnehmerähnlichkeit; BAG v. 20.1.2010, 5 AZR 106/09, AP Nr. 120 zu § 611 BGB Abhängigkeit; BAG v. 15.2.2012, 10 AZR 111/11, AP Nr. 122 zu § 611 BGB Abhängigkeit.

Bei jeder erwerbstätigen Frau, die nicht schon von § 1 Nr. 2 MuSchG erfasst wird, hat eine Gesamtwürdigung aller Umstände des Einzelfalls nach den vorstehend genannten, allgemeinen arbeitsrechtlichen Grundsätzen zu erfolgen. Ergibt diese, dass eine erwerbstätige Mutter als Arbeitnehmerin einzustufen ist, so ist der persönliche Geltungsbereich des MuSchG nach § 1 Nr. 1 MuSchG eröffnet.

Damit noch nicht beantwortet ist die Frage, wie zu verfahren ist, wenn die zur Definition des Arbeitnehmerbegriffes verwendeten Merkmale keine eindeutige Aussage zur Arbeitnehmerinneneigenschaft einer erwerbstätigen Frau zulassen. Insbesondere ist fraglich, ob nach der Rechtslage *de lege lata* das MuSchG über den Wortlaut von § 1 Nr. 1 MuSchG hinaus auch auf Personenkreise Anwendung finden kann, die zwar nicht aufgrund eines Arbeitsvertrages tätig sind, sich aber in einer vergleichbaren schutzbedürftigen Situation wie Arbeitnehmerinnen befinden. Zu denken ist hier in erster Linie an erwerbstätige Frauen, die infolge ihrer wirtschaftlichen Abhängigkeit als arbeitnehmerähnliche Personen gelten.

III. Erstreckung auf arbeitnehmerähnliche Personen?

Der Begriff der arbeitnehmerähnlichen Person findet in verschiedenen arbeitsrechtlichen Vorschriften Erwähnung, zum Beispiel in § 2 S. 2 BUrlG, § 5 Abs. 1 S. 2 ArbGG und § 6 Abs. 1 S. 2 Nr. 3 AGG. Im Mittelpunkt aller benannten Vorschriften steht das Kriterium der wirtschaftlichen Unselbstständigkeit, das jedoch nicht näher konkretisiert wird. Einzig § 12a TVG enthält eine gesetzliche Definition des Begriffes der arbeitnehmerähnlichen Person. Obgleich die Legaldefinition in § 12a TVG nur Geltung innerhalb des Anwendungsbereiches des TVG beanspruchen kann,[45] können die genannten Merkmale auch über das TVG hinaus rechtlich qualifizierende Wirkung entfalten.[46]

Grundsätzlich unterscheiden sich arbeitnehmerähnliche Personen von Arbeitnehmern durch den Grad der persönlichen Abhängigkeit. Sie sind – in der Regel wegen ihrer fehlenden oder gegenüber Arbeitnehmern geringeren Weisungsgebundenheit, oft auch wegen fehlender oder geringerer Eingliederung in eine betriebliche Organisation – wesentlich weniger persönlich abhängig als Arbeitnehmer.[47] Allerdings tritt bei Ihnen an die Stelle der persönlichen Abhängigkeit das Merkmal der wirtschaftlichen Abhängigkeit, die sich in der zeitlichen oder finanziellen Konzentration der Erwerbstätigkeit auf einen Auftraggeber zeigt. Die aus dem Rechtsverhältnis resultierende Vergütung ist die entscheidende Existenzgrundlage.[48] Arbeitnehmerähnliche Personen gelten generell als Selbstständige. Sie

45 BAG v. 15.3.1978, 5 AZR 819/76, AP Nr. 26 zu § 611 BGB Abhängigkeit; BAG v. 17.1.2006, 9 AZR 61/05, NJOZ 2006, 3821.

46 Vgl. hierzu ausführlich *Schubert*, S. 9, S. 23 ff. m. w. N.

47 BAG v. 30.8.2000, 5 AZB 12/00, AP Nr. 75 zu § 2 ArbGG 1979; BAG v. 15.11.2005, 9 AZR 626/04, AP Nr. 12 zu § 611 BGB Arbeitnehmerähnlichkeit.

48 So schon BAG v. 28.6.1973, 5 AZR 568/72, AP Nr. 2 zu § 2 BUrlG; BAG v. 15.11.2005, 9 AZR 626/04, AP Nr. 12 zu § 611 BGB Arbeitnehmerähnlichkeit; BAG v. 21.2.2007,

werden jedoch durch einzelne gesetzliche Regelungen, wie § 5 Abs. 1 S. 2 ArbGG, § 2 S. 2 BUrlG, § 2 Abs. 2 Nr. 3 ArbSchG oder § 6 Abs. 1 S. 1 Nr. 3 AGG, partiell in den technischen und sozialen Arbeitsschutz einbezogen,[49] soweit sie eine mit Arbeitnehmern vergleichbare soziale Schutzbedürftigkeit aufweisen. Eine solche ist nach der Rechtsprechung des BAG dann anzunehmen, wenn das Maß der Abhängigkeit nach der Verkehrsanschauung einen solchen Grad erreicht, wie er im Allgemeinen nur in einem Arbeitsverhältnis vorkommt.[50] Die geleisteten Dienste der Erwerbstätigen müssen nach ihrer sozialen Typik mit denen eines Arbeitnehmers vergleichbar sein.[51] Typischerweise werden vom Begriff der arbeitnehmerähnlichen Person freie Mitarbeiter im künstlerischen und wissenschaftlichen Bereich sowie im gesamten Medienbereich erfasst, sofern sie nicht bereits dem Arbeitnehmerbegriff unterfallen.

Eine über die expliziten gesetzlichen Anordnungen hinausgehende grundsätzliche Gleichstellung von arbeitnehmerähnlichen Personen mit Arbeitnehmern wird abgelehnt. Die benannten gesetzlichen Regelungen stellten besondere Schutzbestimmungen zugunsten von arbeitnehmerähnlichen Personen dar, die nicht verallgemeinerungsfähig seien. Die gesetzlichen Regelung in § 5 Abs. 1 ArbGG, § 2 S. 2 BUrlG oder § 12a TVG setzten die Unterscheidung zwischen Arbeitnehmern auf der einen und arbeitnehmerähnlichen Personen auf der anderen Seite voraus.[52] Durch die Anwendungsbefehle habe der Gesetzgeber unmissverständlich zum Ausdruck gebracht, dass er diese Beschäftigten nicht als Arbeitnehmer ansehe.[53] Darüber hinaus würde die generelle Einbeziehung arbeitnehmerähnlicher Personen in den Geltungsbereich von Arbeitnehmerschutzgesetzen den grundsätzlich bestehenden Unterschied zwischen Arbeitnehmern und sonstigen arbeitnehmerähnlichen Beschäftigten nihilieren. Die Terminologie des Arbeitnehmerbegriffs würde *ad absurdum* geführt.[54]

Diese Argumentation wird von der herrschenden Meinung auf den Geltungsbereich des MuSchG übertragen. Insbesondere die Regelung in § 1 Nr. 2 MuSchG verdeutliche den gesetzgeberischen Willen, andere, nicht als Arbeitnehmer beschäftigte

---

5 AZB 52/06, AP Nr. 64 zu § 5 ArbGG 1979; BAG v. 21.12.2010, 10 AZB 14/10, AP Nr. 68 zu § 5 ArbGG 1979.

49 *Schubert*, S. 11; MünchArbR-*Richardi*, § 20 Rn. 2.

50 BAG v. 2.10.1990, 4 AZR 106/90, AP Nr. 1 zu § 12a TVG; BAG v. 15.11.2005, 9 AZR 626/04, AP Nr. 12 zu § 611 BGB Arbeitnehmerähnlichkeit; BAG v. 17.1.2006, 9 AZR 61/05, NZA-RR 2006, 616.

51 So schon BAG v. 13.12.1962, 2 AZR 128/62, AP Nr. 3 zu § 611 BGB Abhängigkeit.

52 BAG v. 15.3.1978, 5 AZR 819/76, AP Nr. 26 zu § 611 BGB Abhängigkeit; BAG v. 20.1.2004, 9 AZR 291/02, AP Nr. 1 zu § 112 LPVG Rheinland-Pfalz; ebenso MünchArbR-*Richardi*, § 20 Rn. 12.

53 Vgl. BAG v. 20.1.2004, 9 AZR 291/02, AP Nr. 1 zu § 112 LPVG Rheinland-Pfalz; BAG v. 8.5.2007, 9 AZR 777/06, AP Nr. 15 zu § 611 BGB Arbeitnehmerähnlichkeit; Staudinger-*Richardi/Fischinger* (2011), Vorbem. zu §§ 611 ff. Rn. 352.

54 Vgl. *Beuthien/Wehler*, RdA 1978, 2 (10); *Buchner/Becker*, § 1 MuSchG Rn. 90; *Neuvians*, S. 118.

Personen aus dem Anwendungsbereich des MuSchG auszuschließen. Denn obgleich dem Gesetzgeber die Problematik der arbeitnehmerähnlichen Personen bekannt war,[55] habe er nur für den Bereich der Heimarbeiterinnen Regelungsbedarf gesehen und den Geltungsbereich in § 1 Nr. 2 MuSchG erweitert. Hierdurch seien Heimarbeiterinnen willentlich aus dem Kreis der arbeitnehmerähnlichen Personen herausgehoben worden.[56] Aufgrund dieser bewussten,[57] »planmäßigen Unvollständigkeit«[58] des MuSchG sei eine Analogie zugunsten der arbeitnehmerähnlichen Personen nicht möglich.[59] Arbeitnehmerähnlich beschäftigte Frauen würden daher über den Wortlaut von § 1 Nr. 1 MuSchG hinaus nicht vom Anwendungsbereich des MuSchG erfasst.[60]

Diesem Ergebnis der ganz überwiegenden Ansicht treten nur wenige Literaturstimmen[61] entgegen. Zum Teil wird sogar nur eine Einbeziehung der arbeitnehmerähnlichen Einfirmenvertreterinnen (§ 92a Abs. 1 HGB) befürwortet.[62] Als Begründung für die Erweiterung des Geltungsbereiches des MuSchG auf arbeitnehmerähnliche Personen wird lediglich auf die bestehenden Schwierigkeiten bei der Differenzierung zwischen Arbeitnehmern und arbeitnehmerähnlichen Personen verwiesen.[63] Eine darüber hinausgehende Auseinandersetzung mit den Argumenten der herrschenden Ansicht erfolgt nicht. Auch wenn der Mindermeinung insoweit zuzugeben ist, dass eine schlüssige gesetzgeberische Konzeption fehlt, anhand derer erkennbar ist, wann Arbeitnehmerschutzgesetze auf arbeitnehmerähnliche

55 Vgl. BAG v. 8.5.2007, 9 AZR 777/06, AP Nr. 15 zu § 611 BGB Arbeitnehmerähnlichkeit.

56 *Buchner/Becker*, § 1 MuSchG Rn. 64, 90; in diese Richtung ebenso *Geyer/Knorr/Krasny*, § 11 MuSchG Rn. 32y; Roos/Bieresborn-*Evers-Bosgerau*, § 1 MuSchG Rn. 12, 44.

57 Vgl. BAG v. 12.2.1992, 7 ABR 42/91, AP Nr. 52 zu § 5 BetrVG 1972; *Hromadka*, NZA 1997, 1250 (1256).

58 Vgl. zum spiegelbildlichen Begriff der planwidrigen Unvollständigkeit als Voraussetzung für eine Analogie BAG v. 8.5.2007, 9 AZR 777/06, AP Nr. 15 zu § 611 BGB Arbeitnehmerähnlichkeit.

59 *Buchner/Becker*, § 1 MuSchG Rn. 96; *Neuvians*, S. 121; *Lunk*, FS Bauer, S. 705 (707); *Pepping* in HK-MuSchG/BEEG, § 1 MuSchG Rn. 30; Roos/Bieresborn-*Evers-Vosgerau*, § 1 MuSchG Rn. 12; i. E. ebenso *Beuthien/Wehler*, RdA 1978, 2 (10), die zwar ausführen, dass § 1 Nr. 2 MuSchG entsprechend – mangels Regelungslücke aber nicht im Wege der Analogie – auf arbeitnehmerähnliche Personen angewendet werden sollte, gleichzeitig aber darauf hinweisen, dass eine solche Lösung rechtsystematisch sehr zweifelhaft sei.

60 *Ambs* in Erbs/Kohlhaas, M 150 § 1 Rn. 12; *Buchner/Becker*, § 1 MuSchG Rn. 90; *Lenz*, § 1 Rn. 2; *Linck* in Schaub, ArbR-Hb., § 166 Rn. 8; *Meisel/Sowka*, § 1 MuSchG Rn. 21; MünchArbR-*Heenen*, § 305 Rn. 7; Tillmanns/Mutschler-*Tillmanns*, § 1 MuSchG Rn. 20; *Willikonsky*, § 1 Rn. 17; *Zmarzlik/Zipperer/Viethen/Vieß*, § 1 Rn. 5.

61 *Heilmann*, § 1 MuSchG Rn. 32; zögerlich *Zeuner*, RdA 1975, 84 (86), der im Ergebnis lediglich ein Leistungsverweigerungsrecht für erwerbstätige arbeitnehmerähnliche Frauen fordert, die wider der Beschäftigungsverbote des MuSchG beschäftigt werden.

62 *Graue*, § 1 MuSchG Rn. 17.

63 So etwa *Heilmann*, § 1 MuSchG Rn. 32.

Personen erstreckt werden und wann eine Ausdehnung des Schutzes nicht erforderlich ist,[64] vermag dies allein eine Abweichung vom Wortlaut des § 1 Nr. 1 MuSchG nicht begründen.[65] Eine im Wege der Analogie zu schließende Gesetzeslücke liegt nicht vor, weil der Gesetzgeber die Ausweitung des MuSchG auf sonstige Beschäftigte bewusst ausgeschlossen hat.[66] Aus diesem Grund kann *de lege lata* keine Ausdehnung des Anwendungsbereichs des MuSchG auf arbeitnehmerähnliche Personen erfolgen.

Demnach können Zweifel hinsichtlich der Arbeitnehmereigenschaft einer erwerbstätigen Frau nicht dadurch umgangen werden, dass eine eindeutige Zuordnung zum Arbeitnehmerbegriff im Sinne des § 1 Nr. 1 MuSchG unterbleibt, das MuSchG aber gleichwohl wegen der vergleichbaren Schutzwürdigkeit der erwerbstätigen Frau für anwendbar erklärt wird. Damit steht eine etwaige Arbeitnehmereigenschaft der GmbH-Geschäftsführerin im Zentrum der Problematik. Diese entscheidet über die Eröffnung des Geltungsbereiches des MuSchG.

IV. Ergebnis

Der Geltungsbereich des MuSchG nach § 1 Nr. 1 MuSchG beschränkt sich nach der Rechtslage *de lege lata* auf Arbeitnehmerinnen im arbeitsrechtlichen Sinne. Die Arbeitnehmereigenschaft einer erwerbstätigen Frau ist ausschließlich anhand der allgemeinen arbeitsrechtlichen Kriterien zu bestimmen. Besondere Bedeutung kommt dabei dem Kriterium der persönlichen Abhängigkeit zu, anhand welchem zwischen Arbeitnehmerinnen und Dienstnehmern zu differenzieren ist. Dabei ist für Arbeitnehmerinnen die Weisungsgebundenheit hinsichtlich Umfang, Inhalt und organisatorischer Einbindung der Arbeitsleistung kennzeichnend. Eine Einbeziehung von vergleichbar schutzwürdigen, arbeitnehmerähnlichen Beschäftigten ist nach überwiegender Ansicht nicht möglich.

---

64 Kritisch insoweit *Buchner/Becker*, § 1 MuSchG Rn. 90; in diese Richtung ebenfalls *Graue*, die aber nur darauf verweist, dass diese Grenzziehung keinen Sinn mache; vgl. § 1 MuSchG Rn. 17.

65 Eine Auseinandersetzung mit weiteren möglichen Argumenten erfolgt an späterer Stelle, siehe hierzu im 2. Abschnitt unter IV., S. 40 ff. Der Frage, inwiefern eine Ausdehnung verfassungsrechtlich geboten sein könnte, wird im 3. Kapitel, 1. Abschnitt, S. 126 ff. sowie im 4. Kapitel, 1. Abschnitt, S. 238 ff. nachgegangen.

66 Vgl. etwa Bericht der Abgeordneten Dr. Rehling (CDU) in der 180. BT-Sitzung am 12.12.1951, Verh. d. BT., 1. Wahlp., S. 7519 ff.; Bericht der Abgeordneten Dr. Lepsius für den Ausschuss für Arbeit und Sozialordnung (11. Ausschuss) zu dem von der Bundesregierung eingebrachten Entwurf eines Gesetzes zur Einführung des Mutterschaftsurlaubs, BT-Drs. 8/2797, S. 15 ff. sowie Redebeitrag der Bundesministerin für Jugend, Familie und Gesundheit Huber in der 151. BT-Sitzung am 10.5.1979, Verh. d. BT., 8. Wahlp., S. 12084 ff.; ausführlich hierzu im 2. Kapitel, 1. Abschnitt, IV., S. 70 ff. Siehe zur vergleichbaren Argumentation hinsichtlich einer analogen Anwendung auf Adoptiveltern BAG v. 27.7.1983, 5 AZR 282/81, AP Nr. 3 zu § 8a MuSchG 1968 und auf Väter BAG v. 31.1.1985, 2 AZR 486/83, AP Nr. 6 zu § 8a MuSchG 1968.

Somit hängt die Anwendbarkeit des MuSchG von der Qualifikation der GmbH-Geschäftsführerin als Arbeitnehmerin ab. Inwiefern dies nach der Rechtslage *de lege lata* der Fall ist, soll im nächsten Abschnitt untersucht werden.

2. Abschnitt: Rechtsnatur des Anstellungsvertrages der GmbH-Geschäftsführerin

Die Bestimmung der Rechtsnatur der internen Rechtsbeziehung zwischen der Gesellschaft und der Geschäftsführerin birgt besondere Schwierigkeiten. Ein Grund hierfür ist die Doppelstellung der GmbH-Geschäftsführerin. Sie vertritt die als juristische Person selbst nicht handlungsfähige Gesellschaft im Außenverhältnis. Diese Rechtsposition wird der GmbH-Geschäftsführerin durch den körperschaftlichen Rechtsakt der Bestellung übertragen und erst durch Amtsniederlegung, Tod, den Ablauf einer Befristung, den Eintritt einer auflösenden Bedingung oder durch Abberufung (§ 38 GmbHG) wieder entzogen.[67] Hiervon zu unterscheiden ist die Ausgestaltung der Tätigkeit durch die Begründung gegenseitiger Rechte und Pflichten im Anstellungsvertrag.[68] Es handelt es sich um zwei verschiedene Rechtsverhältnisse, die unabhängig voneinander beurteilt werden müssen. Beide Rechtsbeziehungen können zwar durch vertragliche Vereinbarungen miteinander verbunden werden,[69] im Grundsatz finden aber auf jedes Rechtsverhältnis die jeweils einschlägigen Vorschriften Anwendung.[70] Aufgrund ihrer Doppelstellung als Organ der Gesellschaft und als natürliche Person, die zur Gesellschaft in einem Anstellungsverhältnis steht, bewegt sich die GmbH-Geschäftsführerin an der Schnittstelle des Gesellschafts- und Dienstvertrags- bzw. Arbeitsrechts. Beiden Rechtsgebieten wohnen grundverschiedene, teilweise gegenläufige Wertungen inne, in Anbetracht derer sich die Zuordnung der GmbH-Geschäftsführerin zu einem Vertragstyp und die Entscheidung über die hierfür maßgeblichen Kriterien als Herausforderung erweist.

Ergänzung finden die bei der Einordnung der GmbH-Geschäftsführerin bestehenden Schwierigkeiten in der Doppelfunktion des Arbeitnehmerbegriffes als Schlüssel zur Eröffnung der Arbeitnehmerschutzvorschriften auf der einen und als Kriterium zur Abgrenzung der Rechtswegzuständigkeiten auf der anderen Seite. Infolge der

67 MüKo-GmbHG/*Stephan/Tieves*, § 35 Rn. 39.

68 BAG v. 6.5.1999, 5 AZB 22/98, AP Nr. 46 zu § 5 ArbGG 1979; BAG v. 23.8.2001, 5 AZB 9/01, AP Nr. 54 zu § 5 ArbGG; BAG v. 20.8.2003, 5 AZB 79/02, AP Nr. 58 zu § 5 ArbGG 1979.

69 Vgl. zu der seit dem Urteil des BAG zur Verbrauchereigenschaft von Fremdgeschäftsführerinnen (BAG v. 19.5.2010, 5 AZR 253/09, AP Nr. 13 zu § 310 BGB) an Aktualität gewonnen Problematik sogenannter Koppelungsklauseln MüKo-GmbHG/*Jaeger*, § 35 Rn. 394 ff. m. w. N.

70 BGH v. 28.5.1990, II ZR 245/89, NJW-RR 1990, 1123; BGH v. 26.6.1995, II ZR 109/94, NJW 1995, 2850; BGH v. 10.5.2010, II ZR 70/09, NJW 2010, 2343; BAG v. 26.5.1999, 5 AZR 664/98, AP Nr. 10 zu § 35 GmbHG; BAG v. 25.10.2007, 6 AZR 1045/06, AP Nr. 11 zu § 14 KSchG 1969.

gesetzlichen Zuständigkeitsanordnung in § 2 Abs. 1 Nr. 3, § 5 Abs. 1 S. 3 ArbGG treffen zwei durch divergierende Kompetenz- und Selbstverständnisse getragene Gerichtszweige aufeinander.[71] Dies trägt ebenfalls dazu bei, dass die Diskussion um die Einordnung des Anstellungsverhältnisses einer GmbH-Geschäftsführerin zu den umstrittensten Fragen der letzten Jahrzehnte gehört.

I. Keine gesetzlichen Regelungen zur Rechtsnatur des Anstellungsvertrages

Eine Auseinandersetzung mit der Klassifikation von Anstellungsverhältnissen der GmbH-Geschäftsführerinnen hat systematisch zunächst die gesetzlichen Grundlagen zu betrachten. Aber bereits ein flüchtiger Blick in das GmbHG und BGB verrät, dass beide Gesetze keinerlei Hilfestellung bei der Bestimmung der Rechtsnatur des Anstellungsverhältnisses der GmbH-Geschäftsführerin bieten können. Spezifische Regelungen zu den zwischen Gesellschaft und Geschäftsführerin bestehenden, synallagmatischen vertraglichen Rechten und Pflichten sucht man ähnlich wie eine Legaldefinition des Arbeitnehmerbegriffes vergeblich.[72] Zwar enthält das GmbHG in den §§ 35 ff. GmbHG Regelung zum Organverhältnis der Geschäftsführerin. Allerdings beziehen sich die Regelungen primär auf die gesellschaftsrechtlichen Rechtsverhältnisse und enthalten hinsichtlich der konkret-vertraglichen Ebene keine spezifischen Regelungen zur Tätigkeit der Geschäftsführerin. Auch die Vorschriften des BGB zum Dienst- und Geschäftsbesorgungsvertrag enthalten keine Regelungen, aus denen die Rechtsnatur des Anstellungsverhältnisses der GmbH-Geschäftsführerin abgeleitet werden könnte. Diese Lücken können nicht durch andere gesetzliche Regelungen geschlossen werden.

71 Der *Kampf um den Arbeitnehmerbegriff* ist keineswegs nur ein neuzeitliches Phänomen, sondern teilweise historisch bedingt. Bereits im 19. Jahrhundert diente die Arbeitnehmereigenschaft zur Abgrenzung der Zuständigkeiten zwischen den erst neu etablierten Fabrik- und Gewerbegerichten als »arbeitsrechtliche Sondergerichte« und den alteingesessenen Handelsgerichten, die ihre Ursprünge in der Entwicklung der Zünfte hatten. So wurde 1840 die fehlende Bindungswirkung eines gegen einen Wollfabrikanten ergangenen Versäumnisurteils des »Rats der Gewerbeverständigen in Köln« vom Handelsgericht mit der fehlenden Zuständigkeit des Gewerberates begründet. Da der Rechtsstreit zwischen einem Färber und einem Wollfabrikanten entfacht war und beide nach Ansicht des Handelsgerichts als Fabrikanten zu bezeichnen seien, sei das Gewerbegericht unzuständig gewesen. In einem Grundsatzurteil des Handelsgerichts Ebersfeld aus dem Jahre 1842 findet sich daher folgende Passage: *»Die Fabrikengerichte sind nicht befugt, über Streitigkeiten solcher Personen zu erkennen, zwischen welchen ein Verhältnis der Unterordnung nicht besteht, namentlich also nicht über eine Bestellung, welche ein Handelsmann bei einem anderen selbständigen Handelstreibenden oder Handwerker gemacht hat.«* Siehe hierzu *Brand,* Band 3, S. 23 ff.

72 *Wank,* FS Wiedemann, S. 587 (604).

1. *Neutralität arbeitsrechtlicher Bereichsausnahmen*

Keinen Anhaltspunkt zum Status der GmbH-Geschäftsführerin können die in einer Vielzahl arbeitsrechtlicher Gesetze enthaltenen Bereichsausnahmen für Organvertreter und Geschäftsführer geben. Zwar sieht beispielsweise § 14 Abs. 1 Nr. 1 KSchG den Ausschluss von Organvertretern einer juristischen Person vor, mit der Folge, dass die §§ 1–13 KSchG nicht zur Anwendung kommen, wenn die Geschäftsführerin im Zeitpunkt des Zugangs der Kündigung ihr Geschäftsführeramt noch innehat.[73] § 5 Abs. 2 Nr. 1 BetrVG[74] und § 5 Abs. 1 S. 3 ArbGG schließen ebenfalls Organmitglieder vom Geltungsbereich des jeweiligen Gesetzes aus, indem sie bestimmen, dass Organe juristischer Personen nicht als Arbeitnehmer gelten. Schließlich ist das AGG nach § 6 Abs. 3 AGG nur insoweit auf Geschäftsführerinnen anwendbar, als dass der Zugang zum Geschäftsführeramt und der berufliche Aufstieg betroffen sind.[75] Allerdings erfolgen die partielle Ausschlüsse von GmbH-Geschäftsführern aus dem Geltungsbereich der benannten Arbeitnehmerschutzgesetze unabhängig davon, ob das der Organstellung der Geschäftsführerin zugrunde liegende Anstellungsverhältnis ein freies Dienstverhältnis oder ein Arbeitsverhältnis ist. Auch dann, wenn ein Organmitglied tatsächlich hinsichtlich Zeit, Ort und konkreter Art der Tätigkeit weisungsgebunden ist, bleibt es aufgrund der gesetzlichen Regelungen zur Beschränkung der jeweiligen Geltungsbereiche vom Schutzbereich der entsprechenden arbeitsrechtlichen Schutzgesetze ausgeschlossen.[76]

Eine über die negative Fiktionswirkung hinausgehende, allgemein gültige Vorgabe des Gesetzgebers hinsichtlich der rechtlichen Einordnung von GmbH-Geschäftsführerinnen lässt sich deshalb aus den Bereichsausnahmen nicht ableiten.[77] Zum einen hätte es der ausdrücklichen Herausnahme von Organvertretern aus dem Geltungsbereich der jeweiligen Arbeitnehmerschutzgesetze nicht bedurft, wenn – wie teilweise angenommen[78] – aus den benannten Normen folge, dass Organe juristischer Personen keinesfalls als Arbeitnehmer gelten können. Insofern würden die Normen ihres Anwendungsinhalts beraubt und hätten rein

---

73 BAG v. 17.1.2002, 2 AZR 719/00, AP Nr. 8 zu § 14 KSchG 1969; BAG v. 25.10.2007, 6 AZR 1045/06, AP Nr. 11 zu § 14 KSchG 1969; BGH v. 25.7.2002, III ZR 207/01, NJW 2002, 3104.

74 Auf diese Regelung nimmt § 3 Abs. 1 S. 2 MitbestG Bezug, sodass Geschäftsführerinnen auch vom Anwendungsbereich des MitbestG ausgeschlossen sind.

75 Vgl. hierzu jüngst BGH v. 23.4.2012, II ZR 163/10, NJW 2012, 2346.

76 BAG v. 23.8.2001, 5 AZR 9/01, AP Nr. 54 zu § 5 ArbGG 1979; BAG v. 20.8.2003, 5 AZB 79/02, AP Nr. 58 zu § 5 ArbGG 1979; BAG v. 3.2.2009, 5 AZB 100/08, AP Nr. 66 zu § 5 ArbGG 1979; BAG v. 15.3.2011, 10 AZB 32/10, AP Nr. 95 zu § 2 ArbGG 1979; BAG v. 23.8.2011, 10 AZB 51/10, AP Nr. 69 zu § 5 ArbGG 1979.

77 BAG v. 9.5.1985, 2 AZR 330/84, AP Nr. 3 zu § 5 ArbGG 1979; BAG v. 12.3.1987, 2 AZR 336/86, AP Nr. 6 zu § 5 ArbGG 1979; ebenso *Diller*, S. 66 f.; *Groß*, S. 57 ff., 342; *Henssler*, RdA 1992, 289 (293); *Hueck*, FS Hilger/Stumpf, S. 365 (370); *Lücke*, NJOZ 2009, 3469 (3473).

78 Vgl. etwa BSG v. 18.12.2001, B 12 KR 10/01 R, GmbHR 2002, 324.

deklaratorischen Charakter.[79] Zum anderen ist nicht nachvollziehbar, weshalb der Gesetzgeber – wenn er doch von der grundsätzlichen Arbeitnehmereigenschaft der GmbH-Geschäftsführerin ausgeht – hinsichtlich einzelner Gesetze eine solche explizite Klarstellung für notwendig erachten sollte, während er andere Arbeitnehmerschutzgesetze außen vorließ. Vielmehr ist davon auszugehen, dass der Gesetzgeber von vornherein etwaigen Kollisionen mit gesellschaftsrechtlichen Wertungen im spezifischen Anwendungsbereich des jeweiligen Gesetzes durch die Regelungen in § 14 KSchG, § 5 BetrVG, § 5 ArbGG vorbeugen wollte, ohne eine positive oder negative Aussage zum Arbeitnehmerstatus von Geschäftsführerinnen treffen zu wollen.[80] Daher verhalten sich die benannten arbeitsrechtlichen Bereichsausnahmen neutral hinsichtlich der Qualifikation des Anstellungsverhältnisses.[81] Sie sind somit nicht geeignet, zur Klärung des Status der GmbH-Geschäftsführerin beizutragen.

2. *Bloße Indizwirkung sozialversicherungs- und steuerrechtlicher Normen*

Das Anstellungsverhältnis der GmbH-Geschäftsführerin bewegt sich jedoch nicht nur an der Schnittstelle des Arbeits- und Gesellschaftsrechts, sondern wird wie kein anderes Vertragsverhältnis durch das Sozialversicherungsrecht und Steuerrecht bestimmt.[82] Dies wirft die Frage auf, ob sozialversicherungs- oder steuerrechtliche Normen eine ausdrückliche Regelung zum Status der GmbH-Geschäftsführerin enthalten.

Ein Blick in das Sozialrecht zeigt indes, dass abweichend von den arbeitsrechtlichen Terminologien der Begriff des abhängigen Beschäftigungsverhältnisses ein zentraler Begriff des sozialrechtlichen Versicherungs- und Beitragsrechts ist. So wird beispielsweise die Versicherungspflichtigkeit in der Kranken-, Pflege-, Renten- und Arbeitslosenversicherung an das Vorliegen eines sozialversicherungspflichtigen Beschäftigungsverhältnisses geknüpft.[83] Nach der Legaldefinition in § 7 Abs. 1 SGB IV, die für alle Sozialversicherungszweige gleichermaßen gilt, wird unter (abhängiger) Beschäftigung die nichtselbstständige Tätigkeit, insbesondere in einem Arbeitsverhältnis, verstanden. Als Anhaltspunkte für ein abhängiges Beschäftigungsverhältnis nennt § 7 Abs. 1 S. 2 SGB IV eine Tätigkeit nach Weisungen und eine Eingliederung in die Arbeitsorganisation des Weisungsgebers. Damit knüpft das Sozialversicherungsrecht an arbeitsrechtliche Begrifflichkeiten an, die wesentliche Kriterien für

---

79 Ähnlich *Oberthür*, NZA 2011, 253 (256).

80 Vgl. *Diller*, S. 69; in diese Richtung auch *Kitzinger*, S. 24.

81 Ebenso *Frisch*, S. 115 f.; *Henssler*, RdA 1992, 289 (293); *Hueck*, FS Hilger/Stumpf, S. 365 (372); *ders.*, ZfA 1985, 25 (28); *Kuhn*, S. 42 f.; *Müller-Glöge*, FS Hromadka, S. 255 (258); *Strelau*, S. 38.

82 *Schneider/Sethe* in Scholz (10. Aufl.), § 35 GmbHG Rn. 168.

83 Vgl. § 5 Abs. 1 Nr. 1 SGB V für die gesetzliche Krankenversicherung, § 20 Abs. 1 Nr. 1 SGB IX für die Pflegeversicherung, § 1 Abs. 1 Nr. 1 SGB VI für die Rentenversicherung und § 25 Abs. 1 S. 1 SGB III für die Arbeitslosenversicherung.

die Arbeitnehmereigenschaft darstellen, ohne jedoch einen spezifischen Bezug zur Geschäftsführerin herzustellen. Aus der Formulierung des § 7 Abs. 1 S. 1 SGB IV ergibt sich lediglich, dass der Begriff des abhängigen Beschäftigungsverhältnisses als Oberbegriff weitergehend ist als der des Arbeitsverhältnisses. Ein Umkehrschluss vom Vorliegen eines versicherungspflichtigen Beschäftigungsverhältnisses auf die Arbeitnehmereigenschaft der Geschäftsführerin verbietet sich daher.

Einzig § 7a Abs. 1 S. 2 SGB IV nimmt Bezug auf geschäftsführende Gesellschafter einer Gesellschaft mit beschränkter Haftung, und statuiert eine Pflicht der Einzugsstelle[84] zur Durchführung eines Statusfeststellungsverfahrens für alle Neueinstellungen nach dem 31. Dezember 2004. Eine Aussage über die rechtliche Natur des Anstellungsverhältnisses wird hierdurch aber nicht getroffen. Vielmehr wird die bestehende Klärungsbedürftigkeit verdeutlicht.[85] Das Sozialversicherungsrecht enthält mithin keine spezifische Regelung zur Versicherungspflicht von Organvertretern und Geschäftsführern.[86] Darüber hinaus kann der sozialversicherungsrechtliche Status der GmbH-Geschäftsführerin allenfalls als Indiz zur arbeitsrechtlichen Beurteilung des Anstellungsverhältnisses von GmbH-Geschäftsführerinnen herangezogen werden.[87]

Gleiches gilt für das Steuerrecht. Eine primäre Anknüpfung an den Arbeitnehmerbegriff findet nicht statt. Entscheidende Abgrenzungsbegrifflichkeiten sind hier indessen die Selbstständigkeit,[88] die Unternehmereigenschaft,[89] die Freiberuflichkeit[90] und der Gewerbebetrieb.[91] Die Arbeitnehmereigenschaft tritt ähnlich wie im Sozialversicherungsrecht lediglich als Unterfall der Nichtselbstständigkeit auf, an die verschiedene Normen, wie § 3b EStG und die §§ 38 ff. EStG, besondere

---

84 Das Verfahren führt nach § 28h Abs. 2 S. 1 SGB IV entweder die Krankenkasse oder nach § 28p Abs. 1 S. 5 SGB IV die Deutsche Rentenversicherung Bund im Rahmen der Arbeitgeberprüfung durch.

85 Die bestehende Rechtsunsicherheit verdeutlicht besonders das Rundschreiben des GKV-Spitzenverbandes, der Deutschen Rentenversicherung Bund und der Bundesagentur für Arbeit v. 13.4.2010 zur Statusfeststellung von Erwerbstätigen, Anlage 3 (Versicherungsrechtliche Beurteilung von Gesellschaftergeschäftsführern, Fremdgeschäftsführern und mitarbeitenden Gesellschaftern einer GmbH sowie Geschäftsführern einer Familien-GmbH); abrufbar unter: http://www.deutsche-rentenversichrung.de/cae/servlet/contentblob/205764/publicationFile/1615/april-top1_rs_selbstaendigkeit.pdf (Stand: 20.2.2014).

86 Ebenso *Ebert*, ArbRB 2012, 24; *Freckmann*, DStR 2008, 52.

87 Vgl. BAG v. 30.9.1998, 5 AZR 563/97, AP Nr. 103 zu § 611 BGB Abhängigkeit; BAG v. 26.5.1999, 5 AZR 469/98, AP Nr. 104 zu § 611 BGB Abhängigkeit; BAG v. 25.5.2005, 5 AZR 347/04, AP Nr. 117 zu § 611 BGB Abhängigkeit; *Hueck*, FS Hilger/Stumpf, S. 365 (372 f.).

88 Vgl. § 18 EStG. Das Spiegelbild bildet die nichtselbstständige Arbeit, vgl. § 19 EStG.

89 Vgl. § 2 Abs. 1 S. 1 UStG.

90 Vgl. § 18 Abs. 1 Nr. 1 EStG.

91 Vgl. § 15 EStG.

Rechtsfolgen, Befreiungen und Vergünstigungen anknüpfen.[92] Soweit die Arbeitnehmereigenschaft für die Besteuerung von Einkünften relevant ist – wie z. B. bei der Frage, ob Arbeitgeberanteile zur Sozialversicherung als steuerfreies Einkommen nach § 3 Nr. 62 S. 1 EStG zu behandeln sind – erfolgt regelmäßig eine Anknüpfung an die sozialversicherungsrechtlich-geprägten Begriffe.[93] Eine gesetzliche Regelung zur Steuerpflicht von GmbH-Geschäftsführern, aus der sich Rückschlüsse auf die Arbeitnehmereigenschaft ziehen lassen, sehen die Steuergesetze dagegen nicht vor.

Nach alledem können auch aus den sozialversicherungsrechtlichen und steuerrechtlichen Normen keine positiven oder negativen, rechtlich verbindlichen Aussagen zur Arbeitnehmereigenschaft der GmbH-Geschäftsführerin abgeleitet werden. Damit existieren weder im Arbeitsrecht noch im Sozialversicherungs- und Steuerrecht gesetzliche Regelungen, die eine abschließende rechtliche Einordnung des zwischen GmbH und der Geschäftsführerin als natürliche Person bestehenden Anstellungsverhältnisses ermöglichen.[94] Es ist daher Aufgabe der Gerichte, die gesetzgeberische Entscheidung zu konkretisieren und Zweifelsfragen im Wege der Auslegung zu klären.[95] Aus diesem Grund besteht in dieser Kernfrage eine besondere Abhängigkeit zur Rechtsprechung. Somit ist in einem nächsten Schritt die Rechtsprechung zum Status der GmbH-Geschäftsführerin zu betrachten.

II. Meinungsstand in der höchstrichterlichen Rechtsprechung

Wie bereits eingangs angedeutet, ergeben sich die Schwierigkeiten bei der Einordnung der GmbH-Geschäftsführerin nicht nur daraus, dass im Wege der Rechtsgebietskonkurrenz zwei unterschiedlich strukturierte und von unterschiedlichen Wertungen getragene Rechtsgebiete – das Gesellschaftsrecht und Dienstvertrags- bzw. Arbeitsrecht – aufeinandertreffen, sondern auch zwei Gerichtszweige um die *»zutreffende«* Beurteilung des Anstellungsvertrages der Geschäftsführerin miteinander konkurrieren.[96] Zwar begründet die gesetzliche Fiktion in § 5 Abs. 1 S. 3 ArbGG eine ausschließliche Zuständigkeit der Zivilgerichte für alle zwischen der Gesellschaft und der GmbH-Geschäftsführerin aufgrund des Anstellungsverhältnisses bestehenden Streitigkeiten. Die Zivilgerichte sind deshalb primär für die Qualifikation der GmbH-Geschäftsführerin zuständig. Nichtsdestotrotz haben zahlreiche

92 Vgl. insoweit auch die LStDV.

93 Vgl. BFH v. 2.12.2005, VI R 16/03, DStR 2006, 365; zur Bindungswirkung der Entscheidung der Sozialversicherungsträger siehe auch BFH v. 21.1.2010, VI R 52/08, NZA-RR 2010, 427.

94 Ebenso *Freckmann*, DStR 2008, 52.

95 BVerfG v. 7.7.1971, 1 BvR 775/66, BVerfGE 31, 255 (264); vgl. auch BVerfG v. 17.11.1992, 1 BvL 8/87, BVerfGE 87, 234 (269) und BVerfG v. 20.5.1996, 1 BvR 21/96, NJW 1996, 2644.

96 So bereits *Henssler*, RdA 1992, 289.

Rechtswegstreitigkeiten sowie besondere Fallgestaltungen[97] zur Entwicklung einer eigenen arbeitsgerichtlichen Rechtsprechung geführt. In der Folge haben sich zum Status der GmbH-Geschäftsführerin unterschiedliche, zum Teil kontradiktorische Grundsätze in der zivilgerichtlichen und arbeitsgerichtlichen Rechtsprechung herausgebildet. Einigkeit besteht lediglich insoweit, als dass der zwischen Gesellschaft und Geschäftsführerin abgeschlossene Anstellungsvertrag regelmäßig als Dienstvertrag anzusehen ist, auf den die §§ 611 ff. BGB Anwendung finden.[98] Inwiefern aber darüber hinaus die GmbH-Geschäftsführerin als Arbeitnehmerin qualifiziert werden kann, ist insbesondere zwischen dem für das Gesellschaftsrecht zuständigen Zweiten Senats des BGH und dem BAG lebhaft umstritten. Das aus diesem Spannungsverhältnis resultierende Streitpotential[99] wird noch erhöht, werden die Rechtsprechung des BSG und des BFH zur GmbH-Geschäftsführerin einbezogen.

Nachfolgend werden daher die Grundsätze zur rechtlichen Einordnung des Anstellungsverhältnisses einer GmbH-Geschäftsführerin je nach Gerichtszweig getrennt voneinander dargestellt.

1. *Bundesgerichtshof*

Nach der Rechtsprechung des BGH ist der Geschäftsführeranstellungsvertrag stets ein auf die Geschäftsbesorgung durch Ausübung des Geschäftsführeramtes gerichteter freier Dienstvertrag.[100] Er regele diejenigen Rechtsbeziehungen zwischen Gesellschaft und Geschäftsführerin, die nicht bereits durch die organschaftliche Stellung des Geschäftsführers vorgegeben sind. Zwischen beiden Rechtsverhältnissen müsse unterschieden werden,[101] da beide Rechtsbeziehungen in ihrem Bestand unabhängig voneinander seien.[102] Jedes Rechtsverhältnis werde grundsätzlich nach den auf ihn anwendbaren Vorschriften begründet und beendet.[103] Aus diesem Grund sei die

---

97 Insbesondere der Aufstieg eines Arbeitnehmers zum Organmitglied hat wiederholt die Arbeitsgerichte beschäftigt, vgl. sogleich die Ausführungen unter II. 2. auf S. 27.

98 Vgl. BAG v. 24.11.2005, 2 AZR 614/04, AP Nr. 19 zu § 1 KSchG 1969 Wartezeit; BAG v. 25.10.2007, 6 AZR 1045/06, AP Nr. 11 zu § 14 KSchG 1969; BAG v. 15.3.2011, 10 AZB 32/10, AP Nr. 95 zu § 2 ArbGG 1979; BGH v. 29.1.1981, II ZR 92/80, AP Nr. 14 zu § 622 BGB; BGH v. 10.5.2010, II ZR 70/09, NJW 2010, 2343.

99 *Henssler*, RdA 1992, 289.

100 BGH v. 11.7.1953, II ZR 126/52, BGHZ 10, 187; BGH v. 9.11.1967, II ZR 64/67, NJW 1968, 396; BGH v. 29.1.1981, II ZR 92/80, NJW 1981, 1270; BGH v. 10.9.2001, II ZR 14/00, NJW-RR 2002, 173; BGH v. 10.5.2010, II ZR 70/09, NJW 2010, 2343.

101 Sog. Trennungstheorie, vgl. BGH v. 10.5.2010, II ZR 70/09, NJW 2010, 2343; BGH v. 11.10.2010, II ZR 266/08, NJW 2011, 920.

102 BGH v. 9.2.1978, II ZR 189/76, NJW 1978, 1435; BGH v. 26.6.1995, II ZR 109/94, NJW 1995, 2850.

103 So bereits BGH v. 8.12.1977, II ZR 219/75, NJW 1978, 756; BGH v. 28.10.2002, II ZR 146/02, NJW 2003, 351; BGH v. 10.5.2010, II ZR 70/09, NJW 2010, 2343; BGH v. 11.10.2010, II ZR 266/08, NJW 2011, 920.

Wirksamkeit der Bestellung einer GmbH-Geschäftsführerin unabhängig von der Frage zu beurteilen, ob auch ein wirksames Schuldverhältnis vorliege. Umgekehrt führe die Abberufung als Geschäftsführerin nicht automatisch zur Beendigung des Anstellungsverhältnisses. Insoweit gebühre aber der Organstellung der Vorrang vor etwaig bestehenden dienstvertraglichen Regelungen.[104] Hierdurch soll eine unabhängige, allein an den Unternehmensinteressen orientierte Leitung und Vertretung der Gesellschaft auf Dauer sichergestellt werden.[105] Aus der Trennungstheorie folge ferner, dass eine Differenzierung zwischen den korporativen Weisungsbefugnissen (§ 46 Nr. 6 GmbHG), welche sich die Gesellschafter im Innenverhältnis zur Beschränkung der Geschäftsführungsbefugnis haben einräumen lassen, und einem etwaig vertraglichen fundiertem Direktionsrecht vorzunehmen sei. Die gesellschaftsrechtliche Weisungsabhängigkeit beeinflusse lediglich die unternehmerischen Entscheidungsbefugnisse und sei von einer aufgrund der Verfügungsgewalt hinsichtlich der Arbeitskraft begründeten persönlichen Abhängigkeit strikt zu trennen.[106] Aus der Verantwortlichkeit für die Geschäftsführung der Gesellschaft folge eine eigenverantwortliche, im Kern weisungsfreie Stellung der GmbH-Geschäftsführerin. Dies führe dazu, dass die Organstellung und die damit verbundene Funktion der Geschäftsführerin als Repräsentantin und Vertreterin des Arbeitgebers nicht mit einer etwaigen Arbeitnehmereigenschaft der Geschäftsführerin vereinbar seien.[107] Ferner erzielten Geschäftsführerinnen in der Regel ein gegenüber Arbeitnehmern deutlich höheres, erfolgsabhängiges Einkommen, wodurch sie unmittelbar am Erfolg ihrer unternehmerischen Entscheidungen teilhätten.[108] Zudem übe die GmbH-Geschäftsführerin das arbeitgeberseitige Weisungsrecht gegenüber den bei der Gesellschaft beschäftigten Arbeitnehmern aus. In der Folge stehe die GmbH-Geschäftsführerin nicht in gleicher Weise in einem sozialen Abhängigkeitsverhältnis wie ein Arbeitnehmer,[109] sondern sei vielmehr dem Arbeitgeber zuzuordnen. [110]

Dementsprechend ist nach Ansicht des BGH das Anstellungsverhältnis einer GmbH-Geschäftsführerin grundsätzlich als ein freier Dienstvertrag anzusehen. Eine Subsumtion der Umstände des Einzelfalls unter die von der Rechtsprechung

---

104 Vgl. BGH v. 29.5.1989, II ZR 220/88, NJW 1989, 2683; vgl. zur Bedeutung der Organstellung auch BGH v. 24.11.1980, II ZR 182/79, NJW 1981, 757.

105 BGH v. 29.5.1989, II ZR 220/88, NJW 1989, 2683.

106 Grundlegend *Hueck*, ZfA 1985, 25 (29 f.).

107 Vgl. BGH v. 7.12.1961, II ZR 117/60, NJW 1962, 340; BGH v. 9.11.1967, II ZR 64/67, NJW 1968, 396; BGH v. 10.1.2000, II ZR 251/98, NJW 2000, 1864; BGH v. 25.7.2002, III ZR 207/01, NJW 2002, 3104; ebenso *Bauer/Gragert*, ZIP 1997, 2177 f.; *Hümmerich*, NJW 1995, 1177 (1178); *Kleindiek* in Lutter/Hommelhoff, Anhang zu § 6 GmbHG Rn. 3, 5.

108 *Henssler*, RdA 1992, 289 (291).

109 Vgl. BGH v. 11.7.1953, II ZR 126/52, BGHZ 10, 187; BGH v. 7.12.1961, II ZR 117/60, NJW 1962, 340; BGH v. 8.12.1977, II ZR 219/75, NJW 1978, 756.

110 Vgl. BGH v. 16.12.1953, II ZR 41/53, NJW 1954, 505; BGH v. 9.11.1967, II ZR 64/67, NJW 1968, 396; BGH v. 9.2.1978, II ZR 189/76, NJW 1978, 1435.

des BAG herausgebildeten Kriterien der Arbeitnehmereigenschaft nimmt der BGH nicht vor. Vielmehr wird pauschal auf die Unvereinbarkeit der Arbeitnehmerstellung mit dem Vorrang der gesellschaftsrechtlichen Regelungen und mit der Organstellung als solcher verwiesen. Dabei schließt der BGH die Arbeitnehmerstellung der GmbH-Geschäftsführerin nicht nur für die Dauer der Organschaft, sondern auch für die Zeit danach aus. Die Abberufung als Organvertreterin führe nämlich nicht zu einer Änderung des rechtlichen Charakters des Anstellungsverhältnisses. Das Anstellungsverhältnis werde daher grundsätzlich nicht zum Arbeitsverhältnis.[111] Nur ausnahmsweise seien einzelne arbeitsrechtliche Schutzvorschriften, wie § 622 BGB,[112] § 630 BGB[113] und der Gleichbehandlungsgrundsatz,[114] auf Fremdgeschäftsführerinnen entsprechend anwendbar, wenn sich diese in einer vergleichbaren schutzbedürftigen Situation befänden.[115]

Mithin wird nach der BGH-Rechtsprechung eine Geschäftsführerin zu keinem Zeitpunkt in einem Arbeitsverhältnis beschäftigt.

2. *Bundesarbeitsgericht*

Das BAG teilte die Auffassung des BGH im Grundsatz in seiner früheren Rechtsprechung und sah das Anstellungsverhältnis einer GmbH-Geschäftsführerin regelmäßig als freies Dienstverhältnis an.[116] Allerdings wich das BAG in Fällen, in denen eine Arbeitnehmerin zur Geschäftsführerin »*befördert*« wurde, in einem wesentlichen Punkt von der Rechtsprechung des BGH ab. So sollte ein zwischen der Gesellschaft und der Arbeitnehmerin begründetes Arbeitsverhältnis auch nach der Bestellung der Arbeitnehmerin zur Geschäftsführerin im Zustand des Ruhens der beiderseitigen Rechte und Pflichten fortbestehen.[117] Als Begründung für diese Rechtsprechung zog das BAG eine Vermutungsregel heran. Es sei im Zweifel davon auszugehen, dass die Arbeitnehmerin nicht ohne Weiteres mit der Bestellung zur Geschäftsführerin auf den bisher erworbenen Besitzstand, insbesondere den Bestandsschutz ihres Arbeitsverhältnisses, verzichten wolle, ohne dafür einen finanziellen Ausgleich

---

111 BGH v. 10.1.2000, II ZR 251/98, NJW 2000, 1864; BGH v. 23.1.2003, IX ZR 39/02, NZA 2003, 439; BGH v. 8.1.2007, II ZR 267/05, NJW-RR 2007, 1632.

112 BGH v. 29.1.1981, II ZR 92/80, NJW 1981, 1270; BGH v. 29.5.1989, II ZR 220/88, NJW 1989, 2683.

113 BGH v. 9.11.1967, II ZR 64/67, NJW 1968, 396.

114 BGH v. 14.5.1990, II ZR 122/89, NJW-RR 1990, 1313.

115 Vgl. bereits BGH v. 11.7.1953, II ZR 126/52, BGHZ 10, 187; BGH v. 29.1.1981, II ZR 92/80, NJW 1981, 1270; BGH v. 26.3.1984, II ZR 229/83, NJW 1984, 2366.

116 Vgl. etwa BAG v. 9.5.1985, AP Nr. 3 zu § 5 ArbGG 1979; BAG v. 12.3.1987, 2 AZR 336/86, AP Nr. 6 zu § 5 ArbGG 1979; BAG v. 28.9.1995, 5 AZB 4/95, AP Nr. 24 zu § 5 ArbGG 1979.

117 BAG v. 17.8.1972, 2 AZR 359/71, AP Nr. 4 zu § 626 BGB Ausschlussfrist; BAG v. 9.5.1985, AP Nr. 3 zu § 5 ArbGG 1979; BAG v. 12.3.1987, 2 AZR 336/86, AP Nr. 6 zu § 5 ArbGG 1979.

zu erhalten.[118] Entscheidend sollte somit sein, ob die Vertragsbedingungen des bisherigen Arbeitsverhältnisses auch nach der Bestellung zum Organ unverändert blieben. In Anwendung dieser Grundsätze gelangte das BAG regelmäßig doch noch zur Annahme eines neben dem Geschäftsführerdienstverhältnis bestehenden Arbeitsverhältnisses.[119]

Das BAG sah sich jedoch in Bezug auf diese Rechtsprechungsgrundsätze einer regen Kritik ausgesetzt.[120] In der Folge äußerte es bereits in den Urteilen vom 7. Oktober 1993[121] und vom 28. September 1995[122] Zweifel, die schließlich zu einer Aufgabe der bisherigen Vermutungsregel führten. Fortan nahm das BAG an, dass die Vertragsparteien mit dem Abschluss eines Geschäftsführervertrages ihre vertraglichen Beziehungen auf eine neue Grundlage stellten. Denn das der Organstellung zugrundliegende Rechtsverhältnis erhalte durch die mit der Bestellung zum Organ von Gesetzes wegen verbundenen Rechte und Pflichten einen neuen Inhalt.[123] Zudem sei vor dem Hintergrund, dass zum Zeitpunkt der Bestellung zur Geschäftsführerin regelmäßig die Dauer der Organstellung und damit der Zeitpunkt einer etwaigen Abberufung nicht abgesehen werden könne, davon auszugehen, dass nach dem Willen der Vertragsparteien neben dem aktuellen Vertragsverhältnis nicht noch ein Arbeitsverhältnis ruhend fortbestehen soll.[124] Indizien für einen entsprechenden Parteiwillen könnten insbesondere die zeitlich unbefristete Bestellung zur GmbH-Geschäftsführerin und eine Steigerung der Vergütung sein.[125] Dieses Auslegungsergebnis gelte grundsätzlich auch in Fällen von vorformulierten Vertragsbedingungen[126] und vertraglichen Schriftformklauseln.[127]

---

118 BAG v. 9.5.1985, 2 AZR 330/84, AP Nr. 3 zu § 5 ArbGG 1979; BAG v. 12.3.1987, 2 AZR 336/86, AP Nr. 6 zu § 5 ArbGG 1979.

119 Vgl. etwa BAG v. 9.5.1985, 2 AZR 330/84, AP Nr. 3 zu § 5 ArbGG 1979; BAG v. 12.3.1987, 2 AZR 336/86, AP Nr. 6 zu § 5 ArbGG 1979; BAG v. 20.10.1995, 5 AZB 5/95, AP Nr. 36 zu § 2 ArbGG 1979.

120 Vgl. LAG Köln v. 26.2.1997, 8 S. 1368/96, zit. nach Juris; *Bauer/Gragert*, ZIP 1997, 2177 (2181 f.); *Henssler*, RdA 1992, 289 (298 f.); *Hueck*, ZfA 1985, 25 (32); *Hümmerich*, NJW 1995, 1177 (1181 f.); *Kitzinger*, S. 38 m. w. N.; *Martens*, Anm. zu AP Nr. 3 zu § 5 ArbGG 1979; *Reiserer*, DB 1994, 1822 (1824).

121 BAG v. 7.10.1993, 2 AZR 260/93, AP Nr. 16 zu § 5 ArbGG 1979.

122 BAG v. 28.9.1995, 5 AZB 4/95, AP Nr. 24 zu § 5 ArbGG 1979.

123 BAG v. 19.7.2007, 6 AZR 774/06, AP Nr. 18 zu § 35 GmbHG.

124 Vgl. BAG v. 14.6.2006, 5 AZR 592/05, AP Nr. 62 zu § 5 ArbGG 1979.

125 BAG v. 8.6.2000, 2 AZR 207/99, AP Nr. 49 zu § 5 ArbGG 1979; BAG v. 25.4.2002, 2 AZR 352/01, AP Nr. 11 zu § 543 ZPO 1977; BAG v. 24.11.2005, 2 AZR 614/04, AP Nr. 19 zu § 1 KSchG 1969; BAG v. 14.6.2006, 5 AZR 592/05, AP Nr. 62 zu § 5 ArbGG 1979.

126 BAG v. 19.7.2007, 6 AZR 774/06, AP Nr. 18 zu § 35 GmbHG; vgl. zur Verbrauchereigenschaft des Fremdgeschäftsführers einer GmbH bei Abschluss seines Anstellungsvertrages BAG v. 19.5.2010, 5 AZR 253/09, AP Nr. 13 zu § 310 BGB.

127 BAG v. 14.6.2006, 5 AZR 592/05, AP Nr. 62 zu § 5 ArbGG 1979; vgl. auch BAG v. 28.2.1980, 2 AZR 330/78, zit. nach Juris; BAG v. 16.5.2000, 9 AZR 245/99, AP Nr. 15 zu § 125 BGB.

Somit wird nach heutiger Rechtsprechung des BAG ein bestehendes Arbeitsverhältnis grundsätzlich durch den Abschluss eines Geschäftsführervertrages aufgehoben.[128] Wegen des Schriftformerfordernisses nach § 623 BGB muss der Geschäftsführeranstellungsvertrag schriftlich abgeschlossen werden.[129] Der neue Vertrag bildet fortan die alleinige Grundlage der rechtlichen Beziehungen der Parteien. Eine andere Auslegung kommt nur in Betracht, wenn zusätzliche Umstände hinzutreten, aus denen erkennbar ist, dass die Vertragsparteien das bestehende Arbeitsverhältnis nicht aufheben, sondern fortführen wollten.[130]

Hieraus folgt, dass nach heutiger Rechtsprechung des BAG sowohl bei der Beförderung einer Arbeitnehmerin zur Geschäftsführerin als auch in Fällen der Berufung einer Externen zur Geschäftsführerin allein die rechtliche Einordnung des Anstellungsverhältnisses als Geschäftsführerin ausschlaggebend ist. Grundsätzlich qualifiziert das BAG dieses wie der BGH als freies Dienstverhältnis.[131] Allerdings hält das BAG die Einordnung des Anstellungsvertrages einer GmbH-Geschäftsführerin als Arbeitsvertrag im Ausnahmefall für möglich.[132] Organstellung und der damit verbundene Status als Repräsentantin der Gesellschaft seien nicht per se mit einer etwaigen Arbeitnehmereigenschaft unvereinbar. Insbesondere würden bei der Mehrpersonengeschäftsführung die Repräsentation der Gesellschaft, die

---

128 BAG v. 8.6.2000, 2 AZR 207/99, AP Nr. 49 zu § 5 ArbGG 1979; Fortführung durch BAG v. 25.4.2002, 2 AZR 352/01, AP Nr. 11 zu § 543 ZPO 1977; BAG v. 24.11.2005, 2 AZR 614/04, AP Nr. 19 zu § 1 KSchG 1969; BAG v. 14.6.2006, 5 AZR 592/05, AP Nr. 62 zu § 5 ArbGG 1979. In der Entscheidung v. 3.2.2009 hat das BAG sogar eine solche Ablösung angenommen, wenn ein für die Beendigung des Arbeitsverhältnisses normalerweise unzuständiges Organ den Geschäftsführervertrag abschließt, vgl. BAG v. 3.2.2009, 5 AZB 100/08, AP Nr. 66 zu § 5 ArbGG 1979.

129 Noch offen gelassen von BAG v. 24.11.2005, 2 AZR 614/04, AP Nr. 19 zu § 1 KSchG 1969; BAG v. 19.7.2007, 6 AZR 774/06, AP Nr. 18 zu § 35 GmbHG; BAG v. 5.6.2008, 2 AZR 754/06, AP Nr. 211 zu § 626 BGB; BAG v. 3.2.2009, 5 AZB 100/08, AP Nr. 66 zu § 5 ArbGG 1979; BAG v. 15.3.2011, 10 AZB 32/10, AP Nr. 95 zu § 2 ArbGG 1979.

130 BAG v. 19.7.2007, 6 AZR 774/06, AP Nr. 18 zu § 35 GmbHG; BAG v. 5.6.2008, 2 AZR 754/06, AP Nr. 211 zu § 626 BGB; BAG v. 15.3.2011, 10 AZB 32/10, AP Nr. 95 zu § 2 ArbGG 1979. Ein solcher außergewöhnlicher Umstand kann auch im Auseinanderfallen von Organverhältnis und Anstellungsverhältnis liegen; in diese Richtung bereits BAG v. 17.8.1972, 2 AZR 359/71, AP Nr. 4 zu § 626 BGB Ausschlussfrist; BAG v. 15.4.1982, 2 AZR 1101/79, AP Nr. 1 zu § 14 KSchG 1969; BAG v. 25.10.2007, 6 AZR 1045/06, AP Nr. 11 zu § 14 KSchG 1969.

131 BAG v. 6.5.1999, 5 AZB 22/98, AP Nr. 46 zu § 5 ArbGG 1979; BAG v. 26.5.1999, 5 AZR 664/98, AP Nr. 10 zu § 35 GmbHG; BAG v. 24.11.2005, 2 AZR 614/04, AP Nr. 19 zu § 1 KSchG 1969 Wartezeit.

132 BAG v. 6.5.1999, 5 AZB 22/98, AP Nr. 46 zu § 5 ArbGG 1979; BAG v. 26.5.1999, 5 AZR 664/98, AP Nr. 10 zu § 35 GmbHG; BAG v. 20.8.2003, 5 AZR 79/02, AP Nr. 58 zu § 5 ArbGG 1979; BAG v. 25.10.2007, 6 AZR 1045/06, AP Nr. 11 zu § 14 KSchG 1969.

unternehmerische Willensbildung und die Wahrnehmung von Arbeitgeberfunktionen nicht allein dadurch unmöglich, dass einzelne Mitglieder der Geschäftsführung aufgrund ihrer Weisungsgebundenheit als Arbeitnehmer anzusehen wären.[133] Hingegen sei eine Einzelfallbetrachtung anhand der allgemeinen arbeitsrechtlichen Grundsätze vorzunehmen. Entscheidend sei folglich der Grad der persönlichen Abhängigkeit der Geschäftsführerin.[134] Die GmbH-Geschäftsführerin müsse einem umfassenden Direktionsrecht hinsichtlich Inhalt, Durchführung, Zeit, Dauer, Ort und sonstiger Modalitäten ihrer Geschäftsführertätigkeit unterliegen. Für die Feststellung der Weisungsgebundenheit sei aber nach Ansicht des BAG irrelevant, in welchem Umfang eine Geschäftsführerin von ihrer im Außenverhältnis wegen § 37 Abs. 2 S. 1 GmbHG unbeschränkten Vertretungsmacht Gebrauch machen darf. Insbesondere könne nicht maßgeblich auf § 37 GmbHG abgestellt werden, denn § 37 GmbHG besage als Norm zur Abgrenzung der Kompetenzen der einzelnen Gesellschaftsorgane zueinander nichts über eine etwaige Weisungsbindung der Geschäftsführerin als Arbeitnehmerin.[135] Unterdessen müsse zwischen organschaftlicher und der auf dem Anstellungsvertrag beruhenden Weisungsbefugnis differenziert werden. Nur wenn die Weisungsgebundenheit der Geschäftsführerin über die aus § 37 GmbHG resultierende, gesellschaftsrechtliche Weisungsgebundenheit deutlich hinausgehe und die Gesellschafter neben dem unternehmerischen Weisungsrecht noch arbeitsbegleitende und verfahrensorientierte Weisungen erteilen könnten, könne das Geschäftsführeranstellungsverhältnis ein Arbeitsverhältnis sein.[136] Dies gelte aber nur soweit die Geschäftsführerin nicht aufgrund einer eigenen Beteiligung am Gesellschaftskapital einen wesentlichen Einfluss auf die unternehmerischen Entscheidungen nehmen könne.[137]

Mithin ist nach Ansicht des BAG die Arbeitnehmereigenschaft der GmbH-Geschäftsführerin nicht kategorisch ausgeschlossen. Vielmehr sei grundsätzlich vom Vorliegen eines Dienstvertrages auszugehen, der in Ausnahmefällen aufgrund besonderer Weisungsgebundenheit ein Arbeitsverhältnis begründen könne.

Von diesen zivil- und arbeitsrechtlichen Grundsätzen weicht – wie bereits bei der Betrachtung der gesetzlichen Grundlagen deutlich wurde – die sozialversicherungsrechtliche und steuerrechtliche Behandlung von GmbH-Geschäftsführerinnen ab. Gleiches spiegelt sich in der Rechtsprechung des BSG und des BFH wieder.

---

133 BAG v. 26.5.1999, 5 AZR 664/98, AP Nr. 10 zu § 35 GmbHG.

134 BAG v. 13.5.1992, 5 AZR 344/91, GmbHR 1993, 35; BAG v. 13.7.1995, 5 AZB 37/94, AP Nr. 23 zu § 5 ArbGG 1979; BAG v. 26.5.1999, 5 AZR 664/98, AP Nr. 10 zu § 35 GmbHG.

135 BAG v. 26.5.1999, 5 AZR 664/98, AP Nr. 10 zu § 35 GmbHG; BAG v. 24.11.2005, 2 AZR 614/04, AP Nr. 19 zu § 1 KSchG 1969 Wartezeit.

136 BAG v. 26.5.1999, 5 AZR 664/98, AP Nr. 10 zu § 35 GmbHG; BAG v. 24.11.2005, 2 AZR 614/04, AP Nr. 19 zu § 1 KSchG 1969 Wartezeit.

137 Vgl. BAG v. 13.5.1992, 5 AZR 344/91, GmbHR 1993, 35.

3. *Bundessozialgericht*

Nach ständiger Rechtsprechung des BSG setzt ein Arbeitsverhältnis im Sinne des § 7 Abs. 1 S. 1 2. HS. SGB IV eine persönliche Abhängigkeit des Beschäftigten voraus. Dies soll bei einer Beschäftigung in einem fremden Betrieb dann der Fall sein, wenn der Beschäftigte in den Betrieb eingegliedert ist und dabei einem Zeit, Dauer, Ort und Art der Ausführung umfassenden Weisungsrecht des Arbeitgebers unterliegt.[138] Das BSG wendet diese Grundsätze in ständiger Rechtsprechung ebenso bei Geschäftsführerinnen an. Auch bei ihnen soll entscheidend sein, ob sie von der Gesellschaft persönlich abhängig sind.[139] Weder die Organstellung als solche noch die benannten gesetzlichen Bereichsausnahmen[140] schlössen die sozialversicherungsrechtliche Arbeitnehmereigenschaft der Geschäftsführerin aus.[141] Insoweit besteht Einvernehmen zwischen der Rechtsprechung des BAG und des BSG.

Eine Abweichung ergibt sich jedoch daraus, dass nach Ansicht des BSG bei Diensten höherer Art berücksichtigt werden müsse, dass regelmäßig das Weisungsrecht des Arbeitgebers eingeschränkt und zur dienenden Teilhabe am Arbeitsprozess verfeinert sei.[142] Ausreichend sei deshalb die Eingliederung der Geschäftsführerin in einen Betrieb, dessen Ordnung maßgeblich durch einen Dritten – z. B. die Gesellschafterversammlung oder eine Muttergesellschaft – bestimmt wird.[143] Insoweit werden die Weisungen der Gesellschafterversammlung bei der Beurteilung einer

---

138 Vgl. § 7 Abs. 1 S. 2 SGB IV sowie st. Rspr. des BSG, vgl. nur BSG v. 13.12.1960, 3 RK 2/56, BSGE 13, 196; BSG v. 31.7.1974, 12 RK 26/72, BSGE 38, 53; BSG v. 25.1.2006, B 12 KR 30/04 R, GmbHR 2006, 645.

139 BSG v. 24.6.1982, 12 RK 45/80, zit. nach Juris; BSG v. 8.12.1987, 7 RAr 25/86, BB 1989, 72; BSG v. 30.6.1999, B 2 U 35/98 R, zit. nach Juris; BSG v. 18.12.2001, B 12 KR 10/01 R, GmbHR 2002, 324.

140 Siehe die vorausgegangenen Ausführungen zur Neutralität der Bereichsausnahmen unter I. 1., S. 24 f.

141 Grundlegend BSG v. 13.12.1960, 3 RK 2/56, BSGE 13, 196 und BSG v. 29.3.1962, 3 RK 74/57, BSGE 16, 289; BSG v. 18.4.1991, 7 RAr 32/90, GmbHR 1992, 172; BSG v. 14.12.1999, B 2 U 48/98 R, GmbHR 2000, 618; BSG v. 18.12.2001, B 12 KR 10/01 R, GmbHR 2002, 324; BSG v. 6.3.2003, B 11 AL 25/02 R, GmbHR 2004, 494; BSG v. 4.7.2007, B 11a AL 5/06 R, GmbHR 2007, 1324; vgl. hierzu auch das Rundschreiben des GKV-Spitzenverbandes, der Deutschen Rentenversicherung Bund und der Bundesagentur für Arbeit v. 13.4.2010 zur Statusfeststellung von Erwerbstätigen, Anlage 3 (Versicherungsrechtliche Beurteilung von Gesellschaftergeschäftsführern, Fremdgeschäftsführern und mitarbeitenden Gesellschaftern einer GmbH sowie Geschäftsführern einer Familien-GmbH).

142 BSG v. 15.12.1971, 3 RK 67/68, BB 1972, 404; BSG v. 29.10.1986, 7 RAr 43/85, GmbHR 1987, 351; BSG v. 8.12.1987, 7 RAr 25/86, BB 1989, 72; BSG v. 30.6.1999, B 2 U 35/98 R, zit. nach Juris; BSG v. 14.12.1999, B 2 U 48/98 R, GmbHR 2000, 618; BSG v. 18.12.2001, B 12 KR 10/01 R, GmbHR 2002, 324; BSG v. 29.8.2012, B 12 R 14/10 R, zit. nach Juris.

143 Vgl. BSG v. 9.12.1981, 12 RK 4/81 u. 12 RK 34/81, zit. nach Juris; BSG v. 4.6.1998, B 12 KR 5/97, zit. nach Juris; BSG v. 18.12.2001, B 12 KR 10/01 R, GmbHR 2002, 324.

etwaigen Weisungsgebundenheit der Geschäftsführerin mit einbezogen.[144] Ferner ist der Umfang der Kapitalbeteiligung der Geschäftsführerin am Stammkapital maßgeblich. Eine Eingliederung in eine fremdbestimmte betriebliche Organisation scheide aus, wenn die Geschäftsführerin die Unternehmenspolitik maßgeblich bestimme und die Geschäfte faktisch wie eine Alleininhaberin nach eigenem Gutdünken führen könne.[145] Aus diesem Grund betrachtet das BSG die Kapitalbeteiligungsquote der Geschäftsführerin am Stammkapital als Index für die Möglichkeit der Einflussnahme auf die Belange der Gesellschaft.[146] In der Folge haben sich verschiedene Fallgruppen in der Rechtsprechung des BSG herausgebildet: Fremdgeschäftsführerinnen, die keinerlei Einfluss auf die unternehmerischen Ziele der Gesellschaft nehmen können und auch nicht am Stammkapital beteiligt sind, sind grundsätzlich im Rahmen eines abhängigen Beschäftigungsverhältnisses für die GmbH tätig.[147] Das Spiegelbild hierzu bilden die Allein- und Mehrheitsgesellschaftergeschäftsführerin. Bei diesen geht das BSG in ständiger Rechtsprechung davon aus, dass die mehrheitliche Beteiligung am Stammkapital der Gesellschaft ihnen genügend Einflussmöglichkeiten verleiht, unangenehme Entscheidungen zu verhindern. Sie seien sodann keinen fremdbestimmten Weisungen unterworfen und in der Folge nicht abhängig Beschäftigte.[148] Nicht unmittelbar von den Fallgruppen erfasst werden Geschäftsführerinnen, die mit weniger als 50 Prozent am Stammkapital beteiligt sind. Bei diesen nimmt das BSG eine Gesamtschau aller Umstände des Einzelfalls vor. Entscheidend soll in Anwendung der allgemeinen Grundsätze sein, ob die Geschäftsführerin belastende Entscheidungen durch eine Sperrminorität verhindern könnte.[149]

Je nach Einzelfall können Geschäftsführerinnen somit als abhängig Beschäftigte im Sinne des Versicherungs- und Beitragsrechts der Sozialversicherungen gelten. Allerdings lassen sich aus der Rechtsprechung des BSG keine definitive Aussagen zur Arbeitnehmereigenschaft von Geschäftsführerinnen treffen. Grund hierfür

---

144 BSG v. 9.8.1990, 11 RAr 119/88, GmbHR 1991, 463; BSG v. 18.12.2001, B 12 KR 10/01 R, GmbHR 2002, 324; BSG v. 6.3.2003, B 11 AL 25/02 R, GmbHR 2004, 494.

145 BSG v. 29.10.1986, 7 RAr 43/85, GmbHR 1987, 351; BSG v. 8.12.1987, 7 RAr 25/86, BB 1989, 72; BSG v. 18.12.2001, B 12 KR 10/01 R, GmbHR 2002, 324.

146 Vgl. BSG v. 20.3.1984, 7 RAr 70/82, zit. nach Juris; BSG v. 27.7.1989, 11/7 RAr 71/87, zit. nach Juris; ebenso *Freckmann*, DStR 2008, 52 (57); vgl. zu weiteren Indikatoren *Schlegel*, FS Küttner, S. 36 ff. m. w. N.

147 BSG v. 22.8.1973, 12 RK 24/72, BB 1973, 1310; BSG v. 24.6.1982, 12 RK 45/80, zit. nach Juris; BSG v. 18.12.2001, B 12 KR 10/01 R, GmbHR 2002, 324; vgl. auch BSG v. 16.2.2005, B 1 KR 13/03 R, zit. nach Juris.

148 BSG v. 24.6.1982, 12 RK 43/81, BB 1984, 1049; BSG v. 13.5.1986, 4a RJ 31/85, GmbHR 1987, 350; BSG v. 9.11.1989, 11 RAr 39/89, GmbHR 1990, 300; BSG v. 8.8.1990, 11 RaR 77/89, GmbHR 1991, 461; BSG v. 30.1.1997, 10 RAr 6/95, GmbHR 1997, 696; BSG v. 14.12.1999, B 2 U 48/98, GmbHR 2000, 618; BSG v. 25.1.2006, B 12 KR 30/04 R, GmbHR 2006, 645.

149 BSG v. 27.7.1989, 11/7 RAr 71/87, zit. nach Juris; BSG v. 18.4.1991, 7 RAr 32/90, GmbHR 1992, 172; BSG v. 14.12.1999, B 2 U 48/98, GmbHR 2000, 618; BSG v. 6.3.2005, B 11 AL 25/02 R, GmbHR 2004, 494.

ist, dass das BSG keine klare Abgrenzung zwischen dem Begriff des abhängigen Beschäftigungsverhältnisses und dem Arbeitnehmerbegriff vornimmt. Vielmehr werden die Begrifflichkeiten als Synonyme verwendet.[150] Schließlich verbietet sich ein Umkehrschluss vom Vorliegen eines versicherungspflichtigen Beschäftigungsverhältnisses auf die Arbeitnehmereigenschaft der Geschäftsführerin wegen § 7 Abs. 1 S. 1 SGB IV. Folglich ist die Frage nach der sozialversicherungsrechtlichen Arbeitnehmereigenschaft der GmbH-Geschäftsführerin in der Rechtsprechung des BSG noch nicht abschließend entschieden.

4. Bundesfinanzhof

Die rechtliche Qualifizierung der Tätigkeit der GmbH-Geschäftsführerin als selbstständig oder nichtselbstständig und die damit verbundene Einordnung des Anstellungsverhältnisses der GmbH-Geschäftsführerin bereitet auch im Steuerrecht erhebliche Probleme. Insbesondere ist fraglich, ob die spezifischen steuerrechtlichen Regelungen für Arbeitnehmer als unselbstständig Tätige[151] auf Geschäftsführerinnen Anwendung finden können. Wie bereits bei der Betrachtung der gesetzlichen Grundlagen festgestellt wurde, enthalten die Steuergesetze keine spezifischen gesetzlichen Regelungen zur Steuerpflicht von GmbH-Geschäftsführerinnen, aus denen sich Rückschlüsse auf eine etwaige Arbeitnehmereigenschaft ziehen lassen. Vielmehr ist ein Rückgriff auf den steuerrechtlichen Arbeitnehmerbegriff erforderlich, der seinen Anknüpfungspunkt in § 1 Abs. 1 und Abs. 2 der Lohnsteuer-Durchführungsverordnung (LStDV) findet.[152] Hiernach werden vom Arbeitnehmerbegriff Personen erfasst, die in der Betätigung ihres geschäftlichen Willens unter der Leitung des Arbeitgebers stehen oder im geschäftlichen Organismus des Arbeitgebers dessen Weisungen zu befolgen haben.[153] Die Frage, wer im Steuerrecht als Arbeitnehmer gilt, ist nach ständiger Rechtsprechung des BFH nach dem Gesamtbild der Verhältnisse des Einzelfalls zu beurteilen.[154] Dies bedeutet, dass die für und gegen die Arbeitnehmereigenschaft sprechenden Merkmale gegeneinander

---

150 Vgl. etwa BSG v. 18.12.2001, B 12 KR 10/01 R, GmbHR 2002, 324: Der Begriff des abhängigen Beschäftigungsverhältnisses wird mithilfe des Arbeitnehmerbegriffes definiert. Als Ergebnis der Subsumtion wird aber folgender Leitsatz formuliert: *»Der Geschäftsführer einer GmbH, der am Stammkapital nicht beteiligt ist (Fremdgeschäftsführer), ist grundsätzlich abhängig Beschäftigter der GmbH und versicherungspflichtig.«*

151 Vgl. hierzu z. B. die §§ 38 ff. EStG.

152 I. V. m. § 19 Abs. 1 S. Nr. 1 EStG.

153 BFH v. 14.6.1985, VI R 150–152/82, BFHE 144, 225; BFH v. 23.10.1992, VI R 59/91, BFHE 170, 48; BFH v. 2.12.1998, X R 83/96, DStR 1999, 711; BFH v. 14.6.2007, VI R 5/06, BFHE 218, 233; BFH v. 29.5.2008, VI R 11/07, DStR 2008, 1526; BFH v. 22.7.2008, VI R 51/05, DStR 2008, 1923.

154 In Abkehr von der bisherigen Rechtsprechung BFH v. 10.3.2005, V R 29/03, DStR 2005, 919; BFH v. 23.4.2009, VI R 81/06, DStR 2009, 1355; BFH v. 20.10.2010, VIII R 34/08, DStR 2011, 911.

abzuwägen sind,[155] wobei § 1 Abs. 3 LStDV ergänzend herangezogen werden kann. Nach dieser Negativabgrenzung ist nicht Arbeitnehmer, wer Lieferungen oder sonstige Leistungen innerhalb der von ihm selbstständig ausgeübten gewerblichen oder beruflichen Tätigkeit gegen Entgelt erbringt. Daraus ergeben sich die wesentlichen Kriterien eines steuerrechtlichen Arbeitsverhältnisses: das Schulden der Arbeitskraft, die persönliche Weisungsgebundenheit, die organisatorische Eingliederung und das fehlende Unternehmerrisiko.[156] Für eine Arbeitnehmereigenschaft könnten ferner feste Arbeitszeiten sprechen.[157]

Gleichsam wie das BSG misst der BFH den gesellschaftsrechtlichen Weisungen der Gesellschafterversammlung eine besondere Bedeutung zu. Nach Ansicht des BFH gebiete die Folgepflicht der Geschäftsführerin, zulässigen Weisungen der Gesellschafter, die sich aus dem Anstellungsvertrag und aus den Gesellschafterbeschlüssen in Verbindung mit den gesetzlichen Vorschriften ergäben, zu beachten.[158] Auch eine etwaige Personenidentität von Geschäftsführerin und (Mehrheits-) Gesellschafterin ändere an der Rechtsmacht der Gesellschafter und der Weisungsgebundenheit der Geschäftsführerin nichts. Eine Mehrheitsbeteiligung, aufgrund derer die Geschäftsführerin in der Lage sei, allein bestimmenden Einfluss auf die Unternehmensentscheidungen auszuüben, stehe somit einer Weisungsgebundenheit nicht entgegen.[159] Allerdings sei in die Gesamtwürdigung mit einzubeziehen, inwiefern die Geschäftsführerin Unternehmerinitiative entfalte und das Unternehmer- und Vergütungsrisiko trage. Denn in Negativabgrenzung zur steuerrechtlichen Arbeitnehmereigenschaft sei von einer selbstständigen Tätigkeit der Geschäftsführerin auszugehen, wenn sie auf eigene Rechnung und eigene Verantwortung tätig wird.[160] Allein die Vereinbarung einer erfolgsbezogenen Entlohnung bedeutete jedoch noch nicht die Übernahme eines Unternehmerrisikos.[161] Vielmehr seien weitere Indizien, wie das Fehlen von Urlaubs- und Lohnfortzahlungsansprüchen, heranzuziehen.[162]

155 BFH v. 10.10.2006, X B 110/06, zit. nach Juris; BFH v. 22.7.2008, VI R 51/05, DStR 2008, 1923; BFH v. 11.8.2009, VI B 46/08, zit. nach Juris.

156 BFH v. 20.2.1979, VIII R 52/77, DStR 1979, 416; BFH v. 22.7.2008, VI R 51/05, DStR 2008, 1923; BFH v. 20.10.2010, VIII R 34/08, DStR 2011, 911.

157 Für eine Aufstellung aller Kriterien, die bei der Abgrenzung Bedeutung haben können vgl. BFH v. 14.6.1985, VI R 150–152/82, BFHE 144, 225.

158 BFH v. 9.10.1996, XI R 47/96, DStR 1997, 374; BFH v. 19.2.2004, VI R 122/00, DStRE 2004, 632; BFH v. 23.4.2009, VI R 81/06, DStR 2009, 1355.

159 BFH v. 23.4.2009, VI R 81/06, DStR 2009, 1355.

160 Vgl. statt vieler nur BFH v. 10.3.2005, V R 29/03, DStR 2005, 919.

161 BFH v. 23.4.2009, VI R 81/06, DStR 2009, 1355.

162 BFH v. 14.12.1978, I R 121/76, BFHE 126, 311; BFH v. 2.12.1998, X R 83/96, DStR 1999, 711; BFH v. 2.12.2005, VI R 16/03, DStR 2006, 365; BFH v. 23.4.2009, VI R 81/06, DStR 2009, 1355; BFH v. 20.10.2010, VIII R 34/08, DStR 2011, 911.

Ein weiteres Indiz könne die sozialversicherungs- und arbeitsrechtliche Einordnung der Tätigkeit sein.[163] Eine rechtliche Bindung bestehe insoweit aber nicht.[164]

Somit werden Geschäftsführerinnen regelmäßig durch den BFH als weisungsgebunden hinsichtlich Ort, Zeit und Inhalt ihrer Tätigkeit und als in die betriebliche Organisation eingegliedert beurteilt. Sie gelten daher grundsätzlich als Arbeitnehmer im Sinne des Steuerrechts.[165]

III. Schlussfolgerungen aus der Rechtsprechung

Die vorstehenden Darstellungen haben eindrucksvoll verdeutlicht, dass die Rechtsprechung der obersten Gerichtshöfe hinsichtlich der Beurteilung des Anstellungsverhältnisses der GmbH-Geschäftsführerin unterschiedlicher nicht sein könnte.

1. Bestehende Divergenzen in der höchstrichterlichen Rechtsprechung

So lässt sich zunächst je nach Rechtsgebiet eine unterschiedliche rechtliche Einordnung der Geschäftsführerin feststellen. Während nach Ansicht des BGH GmbH-Geschäftsführerinnen aufgrund ihrer Organstellung bereits keine Arbeitnehmerinnen sein können, hält das BAG die Beschäftigung in einem Arbeitsverhältnis grundsätzlich für möglich. BSG und BFH neigen wiederum dazu, Geschäftsführerinnen generell als Arbeitnehmerinnen im sozialversicherungs- und steuerrechtlichen Sinne zu behandeln.

Die vorangestellte Unterschiedlichkeit der Ergebnisse der jeweiligen Rechtsauffassung – zivilrechtlich ist die Geschäftsführerin *nie* Arbeitnehmerin, arbeitsrechtlich *kann* die Geschäftsführerin Arbeitnehmerin sein, sozialversicherungs-[166] und steuerrechtlich *ist* sie es regelmäßig – deutet auf ein unterschiedliches Verständnis des Arbeitnehmerbegriffes hin. Dabei impliziert die Verwendung des Arbeitnehmerbegriffes prima facie, dass die vom BAG in ständiger Rechtsprechung herausgebildeten, wesentlichen Kriterien zur Feststellung der Arbeitnehmereigenschaft herangezogen werden würden.[167] Entscheidend wäre dann die persönliche Abhängigkeit der Geschäftsführerin. Dem tragen BGH, BSG und BFH auch zunächst

---

163 BFH v. 10.3.2005, V R 29/03, DStR 2005, 919.

164 BFH v. 20.10.2010, VIII R 34/08, DStR 2011, 911; siehe aber zur Ausnahme bei § 3 Nr. 62 EStG BFH v. 21.1.2010, VI R 52/08, DStR 2010, 947.

165 BFH v. 9.10.1996, XI R 47/96, DStR 1997, 452; BFH v. 19.2.2004, VI R 122/00, DStRE 2004, 632; BFH v. 23.4.2009, VI R 81/06, DStR 2009, 1355.

166 Auf die unklare Haltung des BSG in dieser Frage ist bereits zuvor unter II. 3. auf S. 36 hingewiesen worden.

167 Vgl. *Krause*, S. 39, der ausführt, dass es grundsätzlich legitim ist, bei einer Bezugnahme auf einen normübergreifenden Begriff wie den Arbeitnehmerbegriff als Ausgangspunkt die jeweilige Dienstleitung nach allgemeinen Kriterien zu qualifizieren. Eine solche Vorgehensweise entspräche dem Postulat des einheitlichen Arbeitnehmerbegriffes. Siehe die ausführliche Darstellung dieser Kriterien im 1. Abschnitt, II., S. 15 ff.

insoweit Rechnung, als dass sie die persönliche Abhängigkeit, die sich in der Weisungsgebundenheit und Eingliederung in einen Betrieb zeigen könne, als wesentliches Merkmal für eine Arbeitnehmereigenschaft heranziehen. Bei einer näheren Betrachtung der Urteile des BGH fällt jedoch auf, dass der BGH anders als das BAG keine Betrachtung der Gesamtumstände des Einzelfalls vornimmt. Vielmehr bricht er die Subsumtion unter den Arbeitnehmerbegriff nach Nennung der arbeitsrechtlichen Kriterien für die Arbeitnehmereigenschaft ab und verweist pauschal auf die Unvereinbarkeit der Arbeitnehmereigenschaft mit dem Vorrang der gesellschaftsrechtlichen Regelungen und mit der Organstellung als solcher.[168] Mit der eigenverantwortlichen, im Kern weisungsfreien Repräsentantenstellung eines gesetzlichen Organvertreters sei die Existenz eines Arbeitsverhältnisses unabhängig von den konkreten Umständen des Einzelfalls nicht zu vereinbaren.[169] Dieser Argumentation des BGH haben BSG und BFH ausdrücklich für das Sozialversicherungs- und Steuerrecht widersprochen.[170] Nach Ansicht beider Gerichte steht die Organstellung als solche nicht der Arbeitnehmereigenschaft der Geschäftsführerin im Sozialversicherungs- und Steuerrecht entgegen. Allerdings erfolgt die Auslegung des Arbeitnehmerbegriffes in der Rechtsprechung der beiden Gerichtshöfe ebenfalls abweichend von den arbeitsrechtlichen Grundsätzen. Besonders deutlich zeigt sich dies darin, dass sich die Weisungsgebundenheit nach Ansicht von BSG und BFH trotz allgemeiner Anerkennung des Trennungsgrundsatzes nicht ausschließlich aus dem schuldvertraglichen Rechtsverhältnis ergeben muss, sondern auch die auf gesellschaftsrechtlicher Ebene bestehenden Weisungen einbezogen werden. Mit dem BSG wäre die persönliche Abhängigkeit nur dann abzulehnen, wenn die Geschäftsführerin auf die Unternehmenspolitik einen bedeutenden Einfluss ausüben könnte. In diesem Sinne stellt das BSG maßgeblich auf die Kapitalbeteiligungsquote ab, während eine Kapitalbeteiligung nach Ansicht des BFH nicht zum Ausschluss der Arbeitnehmereigenschaft im steuerrechtlichen Sinne führe. Der Rechtsprechung beider Gerichte ist schließlich gemein, dass sie im Rahmen der Gesamtwürdigung betrachten, ob die Geschäftsführerin Unternehmerinitiative entfaltet und somit unternehmerisch auftritt.[171] Sie ziehen folglich das unternehmerische Risiko zur Abgrenzung heran

---

168 Ebenso *Kuhn*, S. 28; *Lücke*, NJOZ 2009, 3469 (3474); *Wank/Maties*, NZA 2007, 353.

169 Vgl. zur sog. Lehre vom Prinzipal BGH v. 9.11.1967, II ZR 64/67, NJW 1968, 396; *Bauer/Gragert*, ZIP 1997, 2177 f.; *Hümmerich*, NJW 1995, 1177 (1178).

170 Grundlegend BSG v. 13.12.1960, 3 RK 2/56, BSGE 13, 196; BSG v. 29.10.1986, 7 RAr 43/85, GmbHR 1987, 351; BSG v. 27.7.1989, 11/7 RAr 71/87, zit. nach Juris; BSG v. 30.6.1999, B 2 U 35/98 R, zit. nach Juris; BSG v. 6.3.2003, B 11 AL 25/02 R, GmbHR 2004, 494; BFH v. 20.10.2010, VIII R 34/08, DStR 2011, 911.

171 BSG v. 18.12.2001, B 12 KR 10/01 R, GmbHR 2002, 324; BSG v. 25.1.2006, B 12 KR 30/04 R, GmbHR 2006, 645; BSG v. 4.7.2007, B 11a AL 5/06 R, GmbHR 2007, 1324; BFH v. 10.3.2005, V R 29/03, DStR 2005, 919; BFH v. 2.12.2005, VI R 16/03, DStR 2006, 365; BFH v. 23.4.2009, VI R 81/06, DStR 2009, 1355; BFH v. 14.4.2010, XI R 14/09, DStR 2010, 1985.

– ein Kriterium, dass sich nach Ansicht des BAG nicht für die Bestimmung der Arbeitnehmereigenschaft eigne und damit weder erforderlich noch ausreichend sei.[172]

Je nach Rechtsgebiet werden somit unterschiedliche Aspekte bei der Auslegung des Arbeitnehmerbegriffes berücksichtigt. Während nach dem arbeitsrechtlichen Verständnis die persönliche Abhängigkeit von zentraler Bedeutung für die Eröffnung besonderer (Arbeitnehmer-) Schutzvorschriften ist, räumt der BGH den gesellschaftsrechtlichen Regelungen im Interesse der Wahrung der Funktionsfähigkeit der Gesellschaft den Vorrang ein. Indessen ist für den sozialversicherungsrechtlichen Beschäftigtenbegriff in Abgrenzung zur (partiell-) versicherungsfreien Tätigkeit als Selbstständiger die Eingliederung in eine fremdbestimmte Organisation besonders wichtig. In der Rechtsprechung des BFH dient der Arbeitnehmerbegriff schließlich der Abgrenzung und Konkretisierung der unterschiedlichen Steuerarten zueinander. Er wird insoweit als Typusbegriff verwendet.[173] Folglich haben sich je nach Rechtsgebiet unterschiedliche Arbeitnehmerbegriffe herausgebildet, die mit dem arbeitsrechtlichen Arbeitnehmerbegriff nicht zwingend übereinstimmen müssen.[174]

Neben den bestehenden Unterschieden hinsichtlich des Arbeitnehmerbegriffes ist schließlich auch in Bezug auf den Terminus der Geschäftsführerin ein Bruch in den Begrifflichkeiten erkennbar.[175] So wird der Begriff der GmbH-Geschäftsführerin in der zivilgerichtlichen Rechtsprechung als Einheitsbegriff verwendet. Eine Differenzierung zwischen Fremdgeschäftsführerin oder Gesellschaftergeschäftsführerin, Minderheitsgesellschaftergeschäftsführerin oder Mehrheitsgesellschaftergeschäftsführerin erfolgt nicht. Auch in der Rechtsprechung des BAG wurde die Geschäftsführerin hinsichtlich ihres Status lange Zeit als einheitliche Figur behandelt. Allerdings nahm das BAG in seiner Entscheidung vom 24. November 2005 eine erste Differenzierung vor und deutete an, dass allenfalls die Fremdgeschäftsführerin so stark weisungsgebunden sein könnte, dass sie als Arbeitnehmerin einzustufen sei.[176] Damit näherte sich das BAG der Rechtsprechung des BSG an, in der aufgrund der Behandlung der Kapitalbeteiligung als maßgebliches Indiz für das Vorliegen eines abhängigen Beschäftigungsverhältnisses mehrere Untertypen der Geschäftsführerin herausgebildet wurden. Anhand der Kapitalbeteiligungsquote differenziert das BSG zwischen Fremdgeschäftsführerinnen, Gesellschaftergeschäftsführerinnen mit und ohne Sperrminorität und Mehrheitsgesellschaftergeschäftsführerinnen. Diese Fallgruppen gelten aber nicht unwidersprochen. So ist der Umkehrschluss,

---

172 Ausdrücklich BAG v. 25.5.2005, 5 AZR 347/04, AP Nr. 117 zu § 611 BGB Abhängigkeit.

173 Vgl. Hinweis 19.0. zu § 19 EStG in Lohnsteuer-Richtlinien 2011/2013 mit Hinweisen 2013.

174 So für § 1 LStDV ausdrücklich BFH v. 2.12.1998, X R 83/96, DStR 1999, 711; BFH v. 17.2.2006, V B 103/05, zit. nach Juris; ebenso ErfK-*Preis*, § 611 Rn. 103; *Vogelsang* in Schaub, ArbR-Hb., § 8 Rn. 59, § 10 Rn. 11.

175 In diese Richtung auch *Groß*, S. 45.

176 BAG v. 24.11.2005, 2 AZR 614/04, AP Nr. 19 zu § 1 KSchG 1969 Wartezeit.

dass bei einer Minderheitsgesellschaftergeschäftsführerin mangels eines durch die Kapitalbeteiligung hervorgerufenen beherrschenden Einflusses auf die Gesellschaft regelmäßig ein abhängiges Beschäftigungsverhältnis anzunehmen ist, ausdrücklich abgelehnt worden.[177] Vielmehr schuf das BSG anhand der feingliedrigen Differenzierung zwischen den verschiedenen Unterkategorien von Geschäftsführerinnen ein Regel-Ausnahme-Verhältnis, das typische Sachverhaltsgestaltungen erfasst und allgemeine Regeln aufstellt.[178] In gleicher Weise verwendet der BFH die Begrifflichkeiten der Fremd- und Gesellschaftergeschäftsführerin, ohne dass sich hieraus zwingende Schlüsse für die steuerrechtliche Arbeitnehmereigenschaft ergeben.[179] Mithin wird auch der Begriff der Geschäftsführerin je nach Rechtsgebiet unterschiedlich präzisiert.

Angesichts der je nach Rechtsgebiet variierenden Typik und der unterschiedlichen Grundsätze stellt sich die Frage, weshalb trotz der offensichtlichen Abweichungen in der zivil-, arbeits-, sozialversicherungs- und steuerrechtlichen Rechtsprechung und des sich hierin zeigenden unterschiedlichen Begriffsverständnisses keine Entscheidung des Gemeinsamen Senats der obersten Gerichtshöfe (Art. 95 Abs. 3 GG) zum Anstellungsverhältnis der GmbH-Geschäftsführerin existiert.

2. Erforderlichkeit einer Entscheidung des Gemeinsamen Senats der obersten Gerichtshöfe?

Nach Art. 95 Abs. 3 GG ist der Gesetzgeber verfassungsrechtlich verpflichtet, zur Wahrung der Einheitlichkeit der Rechtsprechung einen Gemeinsamen Senat der obersten Gerichtshöfe zu bilden und die verfahrensrechtlichen Einzelheiten, wie die Zuständigkeit und Besetzung des Senates, in einem Bundesgesetz[180] zu regeln.[181] Gleichzeitig normiert Art. 95 Abs. 3 GG die Vorlagepflicht eines obersten Gerichtshofes, wenn dieser in einer Entscheidung von einer Entscheidung eines anderen obersten Gerichtshofes abweichen will.[182] Dem Gemeinsamen Senat der obersten Gerichtshöfe kommt insoweit bei der sogenannten Außendivergenz eine Ausgleichsfunktion zu.[183] Eine Entscheidung des Gemeinsamen Senats wäre daher

177 BSG v. 14.12.1999, B 2 U 48/98 R, GmbHR 2000, 618 unter Verweis auf BSG v. 13.12.1960, 3 RK 2/56, BSGE 13, 196.

178 Ebenso *Ebert*, ArbRB 2012, 24 (25).

179 BFH v. 23.4.2009, VI R 81/06, DStR 2009, 1355.

180 Gesetz zur Wahrung der Einheitlichkeit der Rechtsprechung der obersten Gerichtshöfe des Bundes v. 19.6.1968 (RsprEinhG), BGBl. I 1968, S. 661.

181 Dreier-*Schulze-Fielitz*, Art. 95 GG Rn. 33; Maunz/Dürig-*Jachmann*, Art. 95 GG Rn. 155; *Voßkuhle* in v. Mangoldt/Klein/Starck, Art. 95 GG Rn. 42.

182 *Amberg*, S. 267 ff.; Dreier-*Schulze-Fielitz*, Art. 95 GG Rn. 35; Maunz/Dürig-*Jachmann*, Art. 95 GG Rn. 160; *Voßkuhle* in v. Mangoldt/Klein/Starck, Art. 95 GG Rn. 44.

183 *Pietzner* in Schoch/Schneider/Bier, Anhang zu § 11 VwGO Rn. 3.

grundsätzlich geeignet, eine einheitliche Rechtsprechung zum Status der GmbH-Geschäftsführerin zu gewährleisten.

Allerdings wurde eine Vorlage an den Gemeinsamen Senat der obersten Gerichtshöfe bisher stets für entbehrlich gehalten. Als Begründung wird auf das Fehlen von Umständen, die eine Vorlage an den Gemeinsamen Senat erforderlich machen, verwiesen. Tatsächlich verpflichtet nicht jede Rechtsprechungsabweichung zur Vorlage, sondern nur eine solche, bei der sich in *ein- und derselben* Rechtsfrage eine Abweichung abzeichnet. *Ein- und dieselbe* Rechtsfrage ist lediglich dann betroffen, wenn die unterschiedliche Auffassungen und Handhabungen des gleichen Rechtssatzes ein je nach Gerichtshof abweichendes Ergebnis bedingen.[184] Irrelevant ist insoweit, ob der Rechtsgrundsatz aus derselben Norm oder aber aus zwei verschiedenen Normen abgeleitet wird, solange den herangezogenen Gesetzen derselbe Regelungsgehalt und Rechtsgedanke zugrunde liegt.[185] Dies ist aber gerade zwischen Arbeits- und Sozialversicherungsrecht auf der einen und dem Steuerrecht auf der anderen Seite nicht der Fall. Während das Arbeits- und Sozialversicherungsrecht beispielsweise vom Gedanken der sozialen Schutzbedürftigkeit getragen werden, ist dem Steuerrecht ein solcher Regelungszweck grundsätzlich fremd.[186] Alle Rechtsgebiete verfolgen insgesamt unterschiedliche Regelungszwecke, sodass ein Transfer der Aussagen eines Rechtsgebiets auf ein anderes nicht möglich ist.[187] Zudem ist eine einheitliche Determination des Arbeitnehmerbegriffes methodisch nicht erreichbar,[188] sind bei der Gesetzesauslegung doch die Regelungsabsichten, Zwecke und Normvorstellungen des Gesetzgebers in Bezug auf das jeweilige Gesetz zu berücksichtigen.[189] Diese können und müssen je nach Rechtsgebiet und Gesetz aber unterschiedlich ausfallen.[190] Mithin können – obgleich das Anstellungsverhältnis der GmbH-Geschäftsführerin in besonderem Maße durch das Sozialversicherungs- und Steuerrecht beeinflusst wird – eine bestehende Sozialversicherungspflichtigkeit der Geschäftsführerin als abhängige Beschäftigte und eine etwaige Pflicht zur Abführung der Einkommenssteuer als lohnsteuerpflichtige Arbeitnehmerin allenfalls Indizien für das Vorliegen eines Arbeitsverhältnisses im arbeitsrechtlichen Sinne darstellen. Es besteht insoweit keine

---

184 Vgl. zur Entscheidungserheblichkeit die sehr anschaulichen Ausführungen des Gemeinsamen Senats in seinem Beschluss vom 27.1.1983, GmS-OGB 2/82, AP Nr. 4 zu § 14 BBiG.

185 GmS-OGB v. 6.2.1973, GmS-OGB 1/72, AP Nr. 1 zu § 4 RsprEinhG; GmS-OGB v. 12.3.1987, GmS-OGB 6/86, AP Nr. 35 zu § 5 BetrVG 1972; *Späth*, BB 1977, S. 153 (154); *Schulte*, S. 100 f.

186 BFH v. 23.4.2009, VI R 81/06, DStR 2009, 1355.

187 Vgl. BSG v. 17.10.1990, 11 BAr 39/90, zit. nach Juris; in diese Richtung auch *Frisch*, S. 113; *Hueck*, FS Hilger/Stumpf, S. 365 (372 ff.).

188 *Amberg*, S. 153 ff., 254.

189 Statt vieler nur *Larenz/Canaris*, S. 149 f.

190 Vgl. z. B. zur unterschiedlichen Auslegung des Geltungsbereiches des BetrVG und des BPersVG GmS-OGB v. 12.3.1987, GmS-OGB 6/86, AP Nr. 35 zu § 5 BetrVG 1972.

Bindung zwischen Arbeits-, Sozialversicherungs- und Steuerrecht.[191] BAG, BSG und BFH bewegen sich somit in den Grenzen ihres richterlichen Ermessensspielraumes.[192]

In Bezug auf die zwischen BAG und BGH bestehenden Abweichungen in den Rechtsprechungsgrundsätzen zum Status der Geschäftsführerin hat das BAG eine Vorlage an den Gemeinsamen Senat der obersten Gerichtshöfe bis zum heutigen Tage erfolgreich verhindern können. Denn eine vorlagepflichtige Rechtsprechungsabweichung wird regelmäßig nur insoweit angenommen, als dass die für die Entscheidung kausalen und die sie tragenden Gründe – die *Ratio decidendi* – voneinander abweichen.[193] Dementsprechend ist eine Divergenz dann abzulehnen, wenn zwar die Begründungen zweier Entscheidungen unterschiedlich ausfallen, im Ergebnis aber gleich entschieden wurde.[194] Zwar hält das BAG die Arbeitnehmereigenschaft einer Geschäftsführerin grundsätzlich für möglich und begibt sich insoweit in Widerspruch zum BGH.[195] Allerdings setzt sich das BAG wegen der zuständigkeitsausschließenden, negativen gesetzlichen Fiktion in § 5 Abs. 1 S. 3 ArbGG nur selten mit dem Status der GmbH-Geschäftsführerin auseinander und hat die Arbeitnehmerstellung einer Geschäftsführerin im Ergebnis stets abgelehnt.[196] Deshalb hatte die variierende Rechtsauffassung des BAG bisher keinen Einfluss auf das Entscheidungsergebnis, mit der Folge, dass bisher keine entscheidungserhebliche Abweichung von den Grundsätzen des BGH erfolgte.[197] Begünstigt wird diese Haltung in der Rechtsprechung durch die bestehenden Schwierigkeiten, eine vorlagepflichtige Rechtsprechungsabweichung festzustellen,[198] sowie durch die beschränkte Überprüfungskompetenz des Bundesverfassungsgerichts.[199]

---

191 Besonders für das Steuerrecht eine fehlende Bindung betonend: BFH v. 17.2.2006, V B 103/05, zit. nach Juris; BFH v. 23.4.2009, VI R 81/06, DStR 2009, 1355; BFH v. 20.10.2010, VIII R 34/08, DStR 2011, 911.

192 Vgl. BVerfG v. 3.11.1992, 1 BvR 1243/88, BVerfGE 87, 273 (278), das betont, dass ein Gericht nicht einmal dann daran gehindert sei, eine eigene Auslegung einer Norm vorzunehmen, wenn die im Rechtszug übergeordneten Gerichte eine gegenteilige Auslegung vornehmen.

193 *Amberg*, S. 252 f.; Maunz/Dürig-*Jachmann*, Art. 95 GG Rn. 160; *Schulte*, S. 109, 113; a. A.: *Späth*, BB 1977, 153 (157).

194 *Amberg*, S. 269.

195 BAG v. 6.5.1999, 5 AZB 22/98, AP Nr. 46 zu § 5 ArbGG 1979; BAG v. 26.5.1999, 5 AZR 664/98, AP Nr. 10 zu § 35 GmbHG; BAG v. 20.8.2003, 5 AZB 79/02, AP Nr. 58 zu § 5 ArbGG 1979; BAG v. 25.10.2007, 6 AZR 1045/06, AP Nr. 11 zu § 14 KSchG 1969.

196 Ebenso *Frisch*, S. 110.

197 So explizit BAG v. 26.5.1999, 5 AZR 664/98, AP Nr. 10 zu § 35 GmbHG; hierauf auch hinweisend HK-AGG/Däubler, § 6 Rn. 10q; *Schrader/Schubert*, BB 2007, 1617 (1618). Ebenso *Lücke*, NJOZ 2009, 3469 (3471); *Reiserer*, DStR 2000, 31 (34).

198 *Amberg*, S. 267 ff.; *Pietzner* in Schoch/Schneider/Bier, Anhang zu § 11 VwGO Rn. 12; *Schulte*, S. 114; *Voßkuhle* in v. Mangoldt/Klein/Starck, Art. 95 GG Rn. 44.

199 *Voßkuhle* in v. Mangoldt/Klein/Starck, Art. 93 GG Rn. 64, Art. 95 GG Rn. 44.

Zusammenfassend lässt sich somit zunächst feststellen, dass mangels Bindungswirkung zwischen dem Arbeitsrecht auf der einen und dem Sozialversicherungs- sowie Steuerrecht auf der anderen Seite keine Vorlagepflicht nach Art. 95 Abs. 3 GG hinsichtlich der Rechtsprechung des BAG, BSG und BFH besteht. Vielmehr stellen sich die existierenden Rechtsprechungsabweichungen – zumindest in Bezug auf den Arbeitnehmerbegriff – als systemimmanent und Folge des Fehlens einer für alle drei Rechtsgebiete gleichermaßen geltenden, gesetzlichen Definition dar. Dies kann aber auf die zwischen zivil- und arbeitsgerichtlicher Rechtsprechung bestehenden Abweichungen nicht per se übertragen werden. Denn anders als BSG und BFH legen BGH und BAG ihren Urteilen zumindest denselben arbeitsrechtlichen Arbeitnehmerbegriff zugrunde. Jedoch hatte die variierende Rechtsauffassung des BAG bisher keinen Einfluss auf das Entscheidungsergebnis. Eine Entscheidung des Gemeinsamen Senats der Obersten Gerichtshöfe war deshalb bisher noch nicht erforderlich. Da die Divergenznegation auch in Zukunft der gerichtlichen Praxis entsprechen wird,[200] ist eine baldige Entscheidung des Gemeinsamen Senats der obersten Gerichtshöfe nicht zu erwarten.

Unter dem Gesichtspunkt der Rechtssicherheit ist diese Rechtslage bedenklich. Zudem erweist sich die Rechtslage *de lege lata* bei einer genaueren Betrachtung einzelner Aspekte der herrschenden Meinung zum Status der Geschäftsführerin als unbefriedigend und wenig plausibel.

IV. Kritik an der zivilgerichtlichen und arbeitsrechtlichen Rechtsprechung

Die Darstellung der Rechtsprechung zum Status der Geschäftsführerin hat gezeigt, dass sich die in Bezug auf die Arbeitnehmereigenschaft der GmbH-Geschäftsführerin vorherrschende[201] ablehnende Haltung im Wesentlichen auf drei Argumente stützt. Kernthese bildet dabei die Inkompatibilität von Organstellung der GmbH-Geschäftsführerin und einer etwaigen Arbeitnehmereigenschaft.[202] Dies ergebe sich schon aus dem generellen Vorrang des Organverhältnisses gegenüber dem Anstellungsverhältnis.[203] Unterstützend wird auf die Ausübung der Weisungskompetenz durch die Geschäftsführerin und die damit verbundene Vorgesetztenfunktion

200 Vgl. Auswertung der Rechtsprechung bei *Amberg*, S. 366 ff.; Dreier-*Schulze-Fielitz*, Art. 95 GG Rn. 35; *Schulte*, S. 117 ff.; *Voßkuhle* in v. Mangoldt/Klein/Starck, Art. 95 GG Rn. 46. Vgl. zu dem in diesem Zusammenhang verwendeten Begriff des Horror pleni *Jungmann*, JZ 2009, 380 (382).

201 Vgl. *Kuhn*, S. 26 m. w. N.

202 *Boemke*, ZfA 1998, 209 (213 f.); *Martens*, FS Hilger/Stumpf, S. 437 (441); Staudinger-*Richardi/Fischinger* (2011), Vorbem. zu §§ 611 ff. BGB Rn. 330.

203 *Martens*, FS Hilger/Stumpf, S. 437 (443).

verwiesen, infolge derer die Geschäftsführerin selbst als funktionale Arbeitgeberin und nicht etwa als Arbeitnehmerin gelte.[204]

An dieser pauschalen Einordnung der Geschäftsführerin als Dienstnehmerin wird zumindest im Zivil- und Arbeitsrecht seit mehr als 60 Jahren festgehalten.[205] Nichtsdestotrotz zeigt sich bei einer genaueren Untersuchung der Argumente der herrschenden Ansicht, dass im Mittelpunkt der Argumentation lediglich die repräsentationsrechtliche Formalstruktur der Geschäftsführerin als Vertretungsorgan steht.[206] Eine Subsumtion unter den Arbeitnehmerbegriff und eine Gesamtbetrachtung aller Umstände des Einzelfalls erfolgen nicht. Innere Widersprüche und Kategorienverwechslungen[207] führen schließlich dazu, dass die Argumente der herrschenden Meinung kaum oder nur mit erheblichem Aufwand rechtsdogmatisch nachvollziehbar sind. Aus diesem Grund bedarf es einer kritischen Auseinandersetzung mit der herrschenden Ansicht. Dabei ist zunächst ein Blick auf die verwendete Terminologie zu werfen.

1. Doppeldeutigkeit der »Arbeitgeberfunktionen«

Die herrschende Ansicht stützt ihre Argumentation – wie bereits gezeigt – im Wesentlichen auf die Ausübung von Arbeitgeberfunktionen durch die Geschäftsführerin. Sie sei als Organ selbst Vorgesetzte und folglich der Arbeitgeberseite zuzurechnen.[208] Dabei ergibt sich aus dem Kontext der Diskussionen über den Status der GmbH-Geschäftsführerin, dass der Begriff der Arbeitgeberfunktionen in zweierlei Hinsicht verwendet wird: Gemeint ist nicht nur die funktionale Wahrnehmung von Arbeitgeberaufgaben gegenüber anderen bei der Gesellschaft beschäftigten Arbeitnehmern – sogenannte Personalführungsaufgaben –, sondern auch die Ausübung unternehmerischer Entscheidungskompetenzen. Besonders deutlich wird dies bei *Goette*, der zu den Arbeitgeberfunktionen ausführt:

---

204 *Buchner/Becker*, § 1 MuSchG Rn. 92; *Fleck*, FS Hilger/Stumpf, S. 197 (203, 208); *Geyer/Knorr/Krasney*, § 11 MuSchG Rn. 32j; *Gissel*, S. 12; *Heilmann*, § 1 MuSchG Rn. 37; *Hueck*, FS Hilger/Stumpf, S. 365 (375); *ders.*, ZfA 1985, 25 (31); *Hümmerich*, NJW 1995, 1177 (1178); *Meisel/Sowka*, § 1 MuSchG Rn. 20; *Willikonsky*, § 1 MuSchG Rn. 12.

205 Vgl. BGH v. 7.12.1961, II ZR 117/60, NJW 1962, 340 (3439) als eines der ersten BGH-Urteile, in denen die funktionale Arbeitgeberstellung von Vertretungsorganen juristischer Personen zum Ausschluss der Arbeitnehmereigenschaft führte; vgl. zum sog. Beharrungsvermögen *Wank*, FS Wiedemann, S. 587 (602).

206 *Bauer/Gragert*, ZIP 1997, 2177 f.; *Gissel*, S. 12; *Henssler*, RdA 1992, 289 (292); *Martens*, FS Hilger/Stumpf, S. 437 (441).

207 *Wank*, FS Wiedemann, S. 587 (601).

208 *Buchner/Becker*, § 1 MuSchG Rn. 92; *Fleck*, FS Hilger/Stumpf, S. 197 (203, 208); *Geyer/Knorr/Krasney*, § 11 MuSchG Rn. 32j; *Gissel*, S. 12; *Heilmann*, § 1 MuSchG Rn. 37; *Hueck*, FS Hilger/Stumpf, S. 365 (375); *ders.*, ZfA 1985, 25 (31); *Hümmerich*, NJW 1995, 1177 (1178); *Meisel/Sowka*, § 1 MuSchG Rn. 20; *Willikonsky*, § 1 MuSchG Rn. 12.

»Die organschaftliche Leitungsmacht umschließt vornehmlich die Wahrnehmung der Unternehmerfunktionen.«[209]

Im gleichen Sinne führt *Fleck* zum Anstellungsverhältnis der Geschäftsführerin aus, dass sie

»als Träger von Unternehmerfunktionen [...] nach heutigem Verständnis eher der Arbeitgeber- als der Arbeitnehmerseite zuzurechnen [...]«

sei.[210] In der Folge sei die Geschäftsführerin

»[...] dort, wo ihre organschaftliche Vertretungsmacht und ihre Geschäftsführungsbefugnis oder die Funktionen eines Arbeitgebers im Vordergrund stehen, als Unternehmer zu behandeln.«[211]

Diese aus der umfangreichen Literatur zum Status der Geschäftsführerin beispielhaft ausgewählten Zitate weisen auf ein Terminologiedefizit bei der Abgrenzung zwischen Arbeitgeberin und Arbeitnehmerin hin.

Grundsätzlich bezeichnet der Arbeitgeberbegriff rein formaljuristisch lediglich den anderen Vertragspartner des Arbeitsverhältnisses als Person, die einen Arbeitnehmer beschäftigt und der diesem gegenüber Weisungskompetenzen zukommen. Arbeitgeber ist derjenige, der die Dienstleistungen vom Arbeitnehmer kraft des Arbeitsvertrages fordern kann.[212] Insoweit ist es zwar zutreffend, dass die GmbH-Geschäftsführerin nach § 35 Abs. 1 GmbHG korporationsrechtlich zur Vertretung der juristischen Person, die als solche nicht selbst handeln kann, berufen ist. Sie tritt im Rechtsverkehr als Repräsentantin der GmbH auf und übt in der Folge unter anderem auch die Leitungsbefugnisse gegenüber allen Arbeitnehmern aus. Allerdings verkennt die herrschende Ansicht, dass nach § 35 Abs. 1 GmbHG allein die Gesellschaft unmittelbar berechtigt und verpflichtet wird. Nur sie ist Gläubigerin und Schuldnerin aller Rechtsgeschäfte, sodass allein die Gesellschaft Vertragspartnerin der mit den Beschäftigten der Gesellschaft abgeschlossenen Arbeitsverträge ist.[213] Darüber hinaus gibt der Arbeitgeberbegriff keine Antwort auf die Frage, wem die unternehmerische Entscheidungsfreiheit zukommt und wem die Folgen des unternehmerischen Handels zugerechnet werden. Hierfür ist vielmehr auf den Unternehmer- oder Kaufmannsbegriff im Sinne des § 1 Abs. 1 HGB abzustellen. Obgleich in der Regel Arbeitgeber- und Unternehmereigenschaft zusammenfallen, ist das Bestehen eines Unternehmens keine Voraussetzung für die Arbeitgebereigenschaft. Ferner trägt nicht die (Fremd-) Geschäftsführerin das unternehmerische

---

209 *Goette*, FS Wiedemann, S. 873 (881).

210 *Fleck*, FS Hilger/Stumpf, S. 197 (208).

211 *Fleck*, FS Hilger/Stumpf, S. 197 (210).

212 BAG v. 9.9.1982, 2 AZR 253/80, AP Nr. 1 zu § 611 BGB Hausmeister.

213 So auch *Kuhn*, S. 44. Fleck regt diesbezüglich wenig überzeugend an, von einer Aufspaltung der Arbeitgeberfunktionen zu sprechen, *Fleck*, FS Hilger/Stumpf, S. 197 (203 a. E.).

Risiko der wirtschaftlichen Aktivitäten, sondern wegen § 35 Abs. 1 GmbHG treffen die Folgen des rechtsgeschäftlichen und vermeintlich unternehmerischen Handelns der Geschäftsführerin ausschließlich die Gesellschaft.

Rechtsdogmatisch ist somit zwischen Arbeitgeberbegriff und Unternehmerbegriff zu unterscheiden.[214] Dies zeitigt eine terminologische Differenzierung zwischen Arbeitgeberfunktionen auf der einen Seite und unternehmerischer Entscheidungsfreiheit auf der anderen Seite.[215] Hiergegen verstößt die herrschende Ansicht, indem sie maßgeblich auf unternehmerische Entscheidungskompetenzen abstellt. Bei der Bestimmung der Arbeitnehmereigenschaft wäre daher in Abgrenzung zum Arbeitgeberbegriff lediglich die Wahrnehmung von Personalführungsaufgaben als Arbeitgeberfunktionen in die Gesamtbetrachtung einzubeziehen. Unternehmerische Entscheidungskompetenzen wären dagegen bei der Beurteilung eines etwaigen Arbeitnehmerstatus der Geschäftsführerin irrelevant. Dies gilt umso mehr, als dass nach Ansicht des BAG bei der Bestimmung der Arbeitnehmereigenschaft wirtschaftliche Gestaltungsmöglichkeiten und unternehmerische Risiken nicht zu berücksichtigen sind.[216] Diese könnten allenfalls eine wirtschaftliche Abhängigkeit begründen, die aber für den Arbeitnehmerstatus weder erforderlich noch ausreichend ist.[217] In diesem Sinne ist folglich terminologisch zwischen unternehmerischem Handeln der Gesellschaft *durch* die Geschäftsführerin und *eigenem* unternehmerischen Handeln der Geschäftsführerin zu unterscheiden.[218]

Neben der Doppeldeutigkeit des Begriffes der Arbeitgeberfunktionen weist die Argumentation der herrschenden Ansicht noch ein weiteres terminologisches Defizit auf.

2. Sonderstellung aufgrund »originärer« Funktionsgewalt?

Der zweite terminologische Mangel in der Begründung der herrschenden Ansicht betrifft den ergänzenden Hinweis auf eine Sonderstellung von Organmitgliedern gegenüber »*gewöhnlichen*« leitenden Angestellten. Eine solche ergäbe sich maßgeblich aus der Art der Funktionsgewalt der Geschäftsführerin. Die Geschäftsführerin übe die »*oberste*« Befehlsgewalt und die »*obersten*« Exekutivbefugnisse innerhalb des Unternehmens aus.[219] Diese würden ihr »*originär*«, qua Gesetzes übertragen, während leitende Angestellte und Prokuristen lediglich eine rechtsgeschäftlich

214 MünchArbR-*Richardi*, § 21 Rn. 5.

215 Vgl. *Henssler*, RdA 1992, 289 (292); MünchArbR-*Richardi*, § 21 Rn. 5; *Wank*, FS Wiedemann, S. 587 (596); *ders.*, RdA 2011, 178 (180).

216 So auch *Wank*, RdA 2011, 178 (180).

217 BAG v. 25.5.2005, 5 AZR 347/04, AP Nr. 117 zu § 611 BGB Abhängigkeit.

218 Vgl. *Kamanabrou*, DB 2002, 146 (147).

219 *Hueck*, ZfA 1985, 25 (31); *Martens*, FS Hilger/Stumpf, S. 437; *Vogelsang* in Schaub, ArbR-Hb., § 14 Rn. 2.

übertragene, »*abgeleitete*« Leitungsmacht innehätten.[220] Aufgrund dieses Unterschieds sei eine Parallele zwischen leitenden Angestellten und sonstigen möglichen Vertretern von Formkaufmännern,[221] wie dem Prokuristen, auf der einen Seite und Organmitgliedern auf der anderen Seite zu negieren.

Auch wenn der herrschenden Ansicht zunächst darin zu folgen ist, dass sich die Rechte und Pflichten der Geschäftsführerin unmittelbar aus dem GmbHG ergeben und mit Wirksamwerden der Bestellung eingreifen,[222] erweist sich die Argumentation bereits aufgrund der verwendeten Terminologie als angreifbar. So übersieht die herrschende Ansicht, dass die Gesellschafter als oberstes Organ der Gesellschaft gelten.[223] Sie bestimmen in der Satzung der Gesellschaft und in der Gesellschafterversammlung den Unternehmensgegenstand, die unternehmerischen Ziele und die unternehmerische Organisation der Gesellschaft. Ihnen kommt sowohl die originäre Sachentscheidungs- und Organisationskompetenz als auch die Berechtigung zur Letztentscheidung zu. Darüber hinaus haben sie in allen Geschäftsführungsangelegenheiten ein unbeschränktes Weisungsrecht gegenüber der Geschäftsführerin.[224] Die Gesellschafter sind als oberstes Organ für die Willens*bildung* zuständig, während die Geschäftsführerin lediglich die Aufgabe zur Willens*ausführung* nach den Weisungen der Gesellschafter hat.[225] Aus diesem Grund ist es unzutreffend, von der obersten Befehlsgewalt der Geschäftsführerin zu sprechen.[226]

Im gleichen Maße terminologisch irreführend ist der Verweis der herrschenden Meinung auf die Rechtsnatur der übertragenen Leitungsmacht. Anders als die Gesellschafter erhält die GmbH-Geschäftsführerin ihre Organstellung erst durch Bestellung. Sie ist somit keine »*originäre*« Organträgerin,[227] sondern gilt als »*gekorene*« Organträgerin.[228] Originäre Leitungsmacht kann der Geschäftsführerin daher bereits begrifflich nicht zukommen.

---

220 Vgl. *Bauer/Gragert*, ZIP 1997, 2177 f.; *Gissel*, S. 12; *Holthausen/Steinkraus*, NZA-RR 2002, 281 (282); *Hueck*, ZfA 1985, 25 (31); *ders.*, FS Hilger/Stumpf, S. 365 (375); *Hümmerich*, NJW 1995, 1177 (1178).

221 Die GmbH ist nach § 13 Abs. 3 GmbHG i. V. m. § 6 Abs. 1 HGB Kaufmann kraft Rechtsform.

222 Siehe hierzu etwa die Pflicht zur Vertretung (§ 35 GmbHG), zur ordnungsgemäßen Buchführung (§ 41 GmbHG) sowie Berichts- und Unterrichtungspflichten (§ 42a, § 51a GmbHG) sowie die Organhaftung nach 43 GmbHG.

223 Vgl. BGH v. 7.2.1972, II ZR 169/69, BGHZ 58, 115 (120); BGH v. 14.7.2004, VIII ZR 224/02, NJW-RR 2004, 1408; *Bayer* in Hummelhoff/Lutter, § 45 GmbHG Rn. 4; *Hirte*, Rn. 3.228; *Namendorf*, S. 53; *Raiser/Veil*, § 31 Rn. 2; vgl. zur Streitfrage, ob die *Gesellschafterversammlung* oder die *Gesamtheit der Gesellschafter* oberstes Willensbildungsorgan ist, MüKo-GmbHG/*Liebscher*, § 45 Rn. 78 ff. m. w. N.

224 Vgl. statt vieler nur *Hirte*, Rn. 3.42 und Rn. 3.228.

225 MünchGesR-*Riemenschneider/Freitag*, § 6 Rn. 2; ebenso *Groß*, S. 248.

226 Ebenso *Diller*, S. 91 f.; *Kuhn*, S. 45; *Reichold/Heinrich*, FS Westermann, S. 1315 (1318); *Wank*, FS Wiedemann, S. 587 (595).

227 *Diller*, S. 92.

228 *Schmidt*, GesR, S. 416.

Schließlich eignet sich die Art der Übertragung der Leitungsmacht nicht als Kriterium, um zwischen leitenden Angestellten und Geschäftsführerinnen zu unterscheiden. Soweit die herrschende Ansicht betont, dass die Leitungsmacht von leitenden Angestellten lediglich rechtsgeschäftlich übertragen werde, verkennt sie, dass der Bestellung zur GmbH-Geschäftsführerin letztlich ebenfalls ein zweiseitiges Rechtsgeschäft zugrunde liegt.[229] Denn anders als von der herrschenden Ansicht impliziert, stellt die Bestellung nicht nur einen einseitigen körperschaftlichen Rechtsakt dar, durch welchen der Bestellten die Organstellung als Geschäftsführerin nach außen verliehen wird. Vielmehr bedarf die Bestellung zur Geschäftsführerin der Annahme durch die Auserwählte.[230] Eine Übertragung der Leitungsmacht gegen den Willen der zu Bestellenden ist aufgrund der mit der Organträgerschaft verbundenen Pflichten nicht möglich. Die Bestellung wird daher erst wirksam, wenn sie der ausgewählten Organträgerin zugegangen und von dieser angenommen worden ist.[231] Von einer Übertragung qua Gesetzes kann somit gleichsam nicht gesprochen werden.

Folglich vermag die ablehnende Argumentation der herrschenden Ansicht, soweit sich diese auf die Ausübung oberer oder originärer Leitungsmacht stützt, nicht die Negation der zwischen Geschäftsführerin und anderen leitenden Angestellten – vor allem gegenüber der Prokuristin, welche grundsätzlich als Arbeitnehmerin gilt[232] – bestehenden Parallelen begründen. In diesem Zusammenhang ist besonders die fehlende terminologische Differenzierung zwischen der internen Entscheidungszuständigkeit der Gesellschafterversammlung als oberstes Organ und der gesetzlichen Vertretung der GmbH im Rechtsverkehr durch die Geschäftsführerin zu kritisieren. Darüber hinaus können weder die Rechtsnatur noch die Art der Übertragung der Vorgesetztenfunktion als maßgebliches Abgrenzungskriterium fungieren. Dies gilt umso mehr als dass die Modalitäten der Vertretungsbefugnisse bei der Geschäftsführerin und der Prokuristin vergleichbar ausgestaltet sind.[233] Somit wird

---

229 MünchGesR-*Riemenschneider/Freitag*, § 6 Rn. 33.

230 *Kelber* in SWK ArbR, Geschäftsführer Rn. 48.

231 *Kleindiek* in Lutter/Hommelhoff, § 6 GmbHG Rn. 42, Vorbem. zu § 35 Rn. 6; *Marsch/Barner/Diekmann*, § 42 Rn. 20; MünchGesR-*Riemenschneider/Freitag*, § 6 Rn. 33; *Raiser/Veil*, § 32 Rn. 42.

232 Vgl. § 5 Abs. 3 Nr. 2 BetrVG, wonach Prokuristen als leitende Angestellte gelten können; zur Arbeitnehmerstellung von Prokuristen vgl. auch BAG v. 27.4.1988, 7 ABR 5/87, AP Nr. 37 zu § 5 BetrVG 1972; BAG v. 13.7.1995, 5 AZB 97/94, AP Nr. 23 zu § 5 ArbGG 1979. In diese Richtung auch *Wank*, RdA 2011, 178 (180).

233 Beispielsweise sieht § 50 Abs. 1 HGB die Unbeschränkbarkeit der Prokura im Außenverhältnis vor. Eine entsprechende Regelung findet sich hinsichtlich der Geschäftsführerin in § 37 Abs. 2 S. 1 GmbHG. Nach § 39 Abs. 1 GmbHG und § 53 Abs. 1 S. 1 HGB sind sowohl die Bestellung zur Geschäftsführerin als auch die Prokuraerteilung ins Handelsregister einzutragen.

der Geschäftsführerin entgegen der herrschenden Ansicht keine gegenüber anderen leitenden Angestellten herausgehobene Sonderstellung verliehen.[234]

Die herrschende Ansicht vermag somit bereits aufgrund der verwendeten Terminologie nicht zu überzeugen. Insbesondere muss sie sich begriffliche Mängel vorwerfen lassen, die erste grundlegende Zweifel an der juristischen Methodik der Begründung rechtfertigen. Diese Zweifel werden bei genauerer Betrachtung der Argumentation der herrschenden Ansicht bestätigt. So sind auch Defizite bei der Auslegung und Anwendung des Trennungsgrundsatzes erkennbar.

3. Defizite bei der Anwendung des Trennungsgrundsatzes

Zunächst fehlt es der herrschenden Ansicht an Stringenz, wenn sie argumentiert, dass grundsätzlich zwischen Anstellungs- und Organverhältnis strikt zu trennen sei; sie die Rechtsnatur des Anstellungsverhältnisses sodann aber unter Zuhilfenahme der aus der Organstellung resultierenden Aufgaben bestimmt. Denn wenn als Folge des Trennungsgrundsatzes zwischen der Organstellung auf der einen Seite und der Stellung der Geschäftsführerin als natürliche Person zur Gesellschaft auf der anderen Seite zu differenzieren ist, müsste gleichermaßen zwischen dem Außenverhältnis der GmbH zu den anderen Arbeitnehmern und dem Innenverhältnis zwischen GmbH und Geschäftsführerin unterschieden werden.[235] Die Trennung darf nicht nur zugunsten der gesellschaftsrechtlichen Einschätzung gelten, sondern muss vis-à-vis auch hinsichtlich der herangezogenen Kriterien für das Anstellungsverhältnis zur Anwendung gelangen.[236] Bei einer konsequenten Anwendung des Trennungsgrundsatzes dürften daher die Ausübung von Geschäftsführungsaufgaben und von Arbeitgeberkompetenzen im Verhältnis der GmbH zu ihren anderen Arbeitnehmern nicht auf das Rechtsverhältnis der Geschäftsführerin zur GmbH übertragen werden.[237] Vor diesem Hintergrund stellt sich der rigide Hinweis des BGH darauf, dass Organstellung und Vorliegen eines Arbeitsverhältnisses nicht miteinander vereinbar seien, selbst als Verletzung des Trennungsprinzips zwischen Organstellung und Anstellungsverhältnis dar.

---

234 Ebenso *Diller*, S. 91 f.; *Groß*, S. 85 und S. 102; *Meyer-Landruth/Miller/Niehus*, §§ 35–38 GmbHG Rn. 98 f.; *Reichold/Heinrich*, FS Westermann, S. 1315 (1318); *Schneider/Sethe* in Scholz (10. Aufl.), § 35 GmbHG Rn. 176; *Schrader/Schubert*, DB 2005, 1457 (1460); *Wank*, FS Wiedemann, S. 587 (595 f.).

235 In diese Richtung auch *Boemke*, ZfA 1998, 209 (210, 212).

236 Ebenso *Henssler*, RdA 1992, 289 (294); *Strelau*, S. 36; *Wank*, FS Wiedemann, S. 587 (599), der insoweit von einer Kategorienverwechslung spricht.

237 *Lücke*, NJOZ 2009, 3469 (3473 f.); *Miller*, BB 1977, 723 (725); *Trinkhaus*, DB 1968, 1756 (1758). In diese Richtung auch *Groß*, S. 85, der darauf hinweist, dass es auf die tatsächliche und rechtliche Einordnung des Schuldverhältnisses zwischen Geschäftsführerin und Gesellschaft, nicht aber auf die subjektive Sicht der übrigen Arbeitnehmer ankommt.

Daneben erweist sich die Anwendung des Trennungsgrundsatzes durch die herrschende Ansicht auch aus anderen Gründen als problematisch. Dabei ist insbesondere die im Einklang mit *Hueck* zur Lösung der Rechtsgebietskonkurrenz vorgenommene Konkretisierung des Trennungsgrundsatzes zu kritisieren, nach welcher bei der Beurteilung einer etwaigen Weisungsunterworfenheit der Geschäftsführerin zwischen *korporationsrechtlichen* und *arbeitsrechtlichen* Weisungen unterschieden wird.[238] Für eine Weisungsabhängigkeit im Sinne des Arbeitnehmerbegriffes seien *arbeitsrechtliche* Weisungen erforderlich, die das Ob, Wann und Wie der vertraglich geschuldeten Tätigkeit bestimmen. Die Weisungen der Gesellschafter bezögen sich indessen lediglich auf Inhalt, Art und Ausübung der Geschäftsführung und der Vertretung. Sie könnten keine arbeitsrechtlich relevante Abhängigkeit begründen, da sie bloße Folge der bestehenden Kompetenzverteilung zwischen den beiden Gesellschaftsorganen seien. Die *korporationsrechtlichen* Weisungen der Gesellschafter seien daher außer Betracht zu lassen.[239]

Bereits anhand dieser Kurzwiedergabe werden die in vielerlei Hinsicht bestehenden Schwächen der Argumentation deutlich. Einen ersten Angriffspunkt gegen die strikte Anwendung des Trennungsgrundsatzes lässt sich anhand eines Vergleichs mit dem Handelsvertreter nach § 84 HGB formulieren, denn anders als das HGB enthält § 37 GmbHG keine Anhaltspunkte für die von der herrschenden Meinung vorgenommene Differenzierung hinsichtlich der Rechtsnatur der Weisungsgebundenheit. Dabei besteht zwischen der Handelsvertreterin und der Geschäftsführerin zunächst insofern eine Parallele, als dass der Handelsvertreterin gleichsam wie der Geschäftsführerin kraft Gesetzes – z. B. in § 86 HGB und § 90 HGB – Pflichten auferlegt werden, welche als Indizien für eine persönliche Abhängigkeit und damit für eine Arbeitnehmereigenschaft sprechen könnten. Einer vorschnellen Schlussfolgerung tritt das HGB aber mit § 84 Abs. 1 S. 2 HGB entgegen und betont im Umkehrschluss, dass der Handelsvertreter für eine Arbeitnehmereigenschaft weitergehenden, arbeitsverhältnisbezogenen Bindungen unterliegen muss. Die Differenzierung zwischen arbeitsrechtlichen und sonstigen Weisungen beruht beim Handelsvertreter somit auf gesetzlicher Anordnung. Dem GmbHG lässt sich hingegen keine Aussage dazu entnehmen, dass die in § 37 Abs. 1 GmbHG genannten Weisungen der Gesellschafter keine arbeitsrechtlichen Weisungen sind.[240] Auch existieren für die GmbH-Geschäftsführerin keine zu § 76 Abs. 1 AktG oder § 84 Abs. 3 AktG vergleichbaren Regelungen, welche für die Aktiengesellschaft

238 Grundlegend *Hueck*, ZfA 1985, 25 (29 f.).

239 Vgl. BAG v. 26.5.1999, 5 AZR 664/98, AP Nr. 10 zu § 35 GmbHG; BAG v. 24.11.2005, 2 AZR 614/04, AP Nr. 19 zu § 1 KSchG 1969 Wartezeit; *Boemke*, ZfA 1998, 209 (213); *Buchner/Becker*, § 1 MuSchG Rn. 94; *Hümmerich*, NJW 1995, 1177 (1178); *Nägele*, BB 2001, 305 (306).

240 *Strelau*, S. 37; *Wank/Maties*, NZA 2007, 353 (354). In diese Richtung auch *Krause*, S. 316 ff.

strukturell die eigenverantwortliche Leitungsmacht des Vorstands absichern.[241] Die strikte Trennung zwischen arbeits- und korporationsrechtlicher Ebene lässt sich folglich auf keine gesetzliche Grundlage stützen.

Ferner gestaltet sich die Abgrenzung zwischen korporations- und arbeitsrechtlichen Weisungen schwierig. Denn soweit die herrschende Ansicht pauschal darauf verweist, dass allein eine bestehende Bindung der Geschäftsführerin bei der Ausgestaltung der vertraglich geschuldeten Tätigkeit entscheidend sei, verkennt sie, dass im Falle eines Geschäftsführeranstellungsvertrages die *vertraglich geschuldete* Tätigkeit gerade darin besteht, das Amt der Geschäftsführerin zu übernehmen und alle damit verbundenen Pflichten und Geschäftsführungsaufgaben zu erfüllen.[242] Die Weisungen der Gesellschafter, welche sich auf Geschäftsführung und Vertretung beziehen, konkretisieren daher nicht nur die Organaufgaben der Geschäftsführerin, sondern zugleich auch die vertraglich geschuldete Tätigkeit.[243] Insoweit räumt *Hueck* selbst ein, dass die Anstellung als Geschäftsführerin in ihrer Struktur und ihrem Inhalt vom Organverhältnis geprägt wird.[244] Dies gilt umso mehr, als dass die Geschäftsführerin regelmäßig auch vertraglich durch Inbezugnahme der gesellschaftsrechtlichen Pflichten zur Befolgung der Weisungen der Gesellschafter verpflichtet ist.[245] Die vertragliche Inkorporation der gesellschaftsrechtlichen Pflichten kann schließlich eine derartige Koppelung der gesellschaftsrechtlichen und arbeitsvertraglichen Ebene zeitigen, dass die Verletzung einer Pflicht auf gesellschaftsrechtlicher Ebene – z. B. das Überschreiten der Geschäftsführungsbefugnis – nicht nur zur Abberufung als Geschäftsführerin nach § 38 Abs. 1 GmbHG, sondern auch zur Kündigung des Anstellungsverhältnisses führen kann.[246] In Anbetracht dessen vermag die künstliche und strikte Trennung zwischen gesellschaftsrechtli-

---

241 Auf die Unterschiede zwischen Vorstand einer AG und GmbH-Geschäftsführer bereits hinweisend *Trinkhaus*, DB 1968, 1756 (1759) und *Miller*, BB 1977, 723 (724); vgl. auch *Groß*, S. 121; *Henssler*, RdA 1992, 289 (297); *Strelau*, S. 36.

242 Dies erkennt auch Fleck, ohne hieraus aber die erforderlichen Schlüsse zu ziehen, vgl. *Fleck*, FS Hilger/Stumpf, S. 197 (204). In diese Richtung auch *Kraus*, S. 55, der ausführt, dass die Bestellung für sich genommen kein ausreichendes Fundament für die Geschäftsführungstätigkeit darstellt.

243 In diese Richtung auch *Meyer-Landruth/Miller/Niehus*, §§ 35–38 GmbHG Rn. 100; *Namendorf*, S. 88; *Strelau*, S. 35.

244 *Hueck*, ZfA 1985, 25 (30). Auch *Boemke* räumt insoweit die Beeinflussung des Inhalts des Anstellungsverhältnisses durch die Organstellung ein, vgl. ZfA 1998, 209 (216).

245 Vgl. *Diller*, S. 134; siehe hierzu auch die Vertragsmuster von *Bross* in Bross/Flohr, Teil 4, Vertragsmuster A, von *Stephan* in Hoffmann-Becking/Rawert, Formular IX. 48., von *Gerber* in Lorz/Pfisterer/Gerber, Formular E. V. 1 und von *Zander* in Walz, Formular E. 3.

246 Vgl. BGH v. 10.9.2001, II ZR 14/00, NJW-RR 2002, 173; BGH v. 2.7.2007, II ZR 71/06, NJW-RR 2007, 1520; OLG München v. 14.7.2005, 6 U 5444/04, zit. nach Juris; OLG Hamm v. 28.2.2008, 27 U 115/06, zit. nach Juris; ebenso *Diller*, S. 134 sowie *Henssler*, RdA 1992, 289 (293), der herausstellt, dass die organschaftliche Pflichtenstellung zugleich das Pflichtenprogramm des Anstellungsverhältnisses

chen Weisungen und Weisungsgebundenheit innerhalb des Anstellungsverhältnisses nicht zu überzeugen.[247]

Diese Auffassung findet darin Bestätigung, dass der BGH die strikte Anwendung des Trennungsgrundsatzes und des daraus folgenden Primats der Organstellung selbst nicht stets für erforderlich hält. So führte der BGH in seinem Urteil zur individualvertraglich vereinbarten Anwendbarkeit des KSchG auf GmbH-Geschäftsführer aus, dass zwar im Interesse der Gewährleistung der Funktionstüchtigkeit der Gesellschaft von einer Nachrangigkeit des Anstellungsverhältnisses auszugehen sei.[248] Allerdings würden die Grenzen privatautonomer Gestaltung nicht schon dann überschritten, wenn arbeitsrechtliche Normen gleichermaßen neben gesellschaftsrechtlichen Regelungen zur Anwendung auf das Anstellungsverhältnis der Geschäftsführerin kommen. In Bezug auf die Bestellungs- und Abberufungsfreiheit der Gesellschafterversammlung folge aus dem Trennungsgrundsatz nach § 38 Abs. 1 GmbHG, dass die Beschränkung der Kündigungsmöglichkeiten keinen Eingriff in die gesetzliche oder statutarische, organisationsrechtliche Binnenstruktur der Gesellschaft darstelle, welcher deren Funktionstüchtigkeit beeinträchtige. Die Bestellungs- und Abberufungsfreiheit werde indessen nur *mittelbar* berührt. Im Anstellungsvertrag eines GmbH-Geschäftsführers könne daher die Anwendung des KSchG vereinbart werden.[249]

Dieses Urteil verdeutlicht in besonderem Maße, dass die korporationsrechtliche Autonomie der Gesellschafter nicht schon per se durch die Anwendung arbeitsrechtlicher Normen unmittelbar beeinträchtigt wird. Der herrschenden Meinung ist insoweit zwar zuzugeben, dass die Vereinigung von Organmitgliedschaft und Arbeitnehmerstellung in einer Person »*wesensmäßige funktionelle Gegensätze*«[250] enthält. Allerdings führen die hieraus resultierenden Spannungen nicht zu einer unlösbaren Interessenkollision, infolge derer die Arbeitnehmereigenschaft der Geschäftsführerin von vornherein ausgeschlossen wäre. Vielmehr ist eine Prüfung im Einzelfall erforderlich, ob die Anwendung arbeitsrechtlicher Vorschriften im Interesse einer Gewährleistung der Funktionstüchtigkeit der Gesellschaft begrenzt werden muss.[251] Die von der herrschenden Ansicht forcierte Abgrenzung zwischen

---

konkretisiert. Vgl. auch *Schneider/Schneider/Hohenstatt* in Scholz (11. Aufl.), § 35 GmbHG Rn. 473 f.

247 In diese Richtung *Schubert*, ZESAR 2013, 5 (8). So im Ergebnis auch *Wank*, FS Wiedemann, S. 587 (598), der aber die Weisungsgebundenheit als Abgrenzungskriterium aufgrund der Unschärfe des Begriffs in der Gänze ablehnt.

248 BGH v. 10.5.2010, II ZR 70/09, NJW 2010, 2343 (2344).

249 BGH v. 10.5.2010, II ZR 70/09, NJW 2010, 2343 (2344).

250 BSG v. 13.12.1960, 3 RK 2/56, BSGE 13, 196.

251 Ebenso *Diller*, S. 84 f.; *Groß*, S. 104; *Henssler*, RdA 1992, 289 (292 f.); *Martens*, FS Hilger/Stumpf, S. 437 (450); *Wank*, FS Wiedemann, S. 587 (594); *Wank/Maties*, NZA 2007, 353 (358).

organbezogenen und anstellungsbezogenen Weisungen stellt somit eine unnötige Überspitzung des Trennungsgrundsatzes dar.[252]

4. *Fehlende Entscheidungsharmonie*

Schließlich vermag die herrschende Ansicht – wie bereits zuvor mit Verweis auf das Urteil des BGH vom 10. Mai 2010[253] angedeutet – auch wegen ihrer fehlenden Entscheidungsharmonie nicht zu überzeugen. Aus diesem Grund sollen in einem letzten Schritt die von der herrschenden Ansicht geschaffenen und geduldeten Wertungswidersprüche[254] anhand zwei jüngerer Urteile des BGH und des BAG aufgezeigt werden.

Zunächst verdeutlicht besonders ein Urteil aus dem Jahr 2003 die Inkonsequenz des BGH bei der Anwendung seiner eigenen Grundsätze.[255] Während der für das Gesellschaftsrecht zuständige Zweite Senat die Arbeitnehmereigenschaft einer GmbH-Geschäftsführerin stets kategorisch ablehnt, hat der Neunte Senat die insolvenzrechtliche Arbeitnehmerstellung einer Fremdgeschäftsführerin anerkannt. So führt der Neunte Senat aus, die Fremdgeschäftsführerin einer GmbH ohne Kapitalbeteiligung befinde sich aufgrund der aus § 45 Abs. 1 GmbHG resultierenden, direkten Einflussmöglichkeiten der Gesellschafter auf die Geschäftsführung in einer persönlichen Abhängigkeit von der Gesellschaft. Die bloße Nähe zur Geschäftspolitik der Gesellschaft reiche nicht aus, um die Arbeitnehmereigenschaft einer Fremdgeschäftsführerin zu verneinen. Vielmehr könnten die Umstände des Einzelfalls, wie die Weisungsgebundenheit in Grundstücks-, Kreditgeschäften und Personalangelegenheiten, die Verpflichtung der Geschäftsführerin, ihre ganze Arbeitskraft der Gesellschaft zur Verfügung zu stellen, die vertragliche Ausgestaltung der Vergütungs- und die Urlaubsregelungen sowie die Höhe des Bruttoeinkommens, für eine Abhängigkeit der Fremdgeschäftsführerin von der Gesellschaft sprechen. In der Folge könne eine Fremdgeschäftsführerin als Arbeitnehmerin im insolvenzrechtlichen Sinne anzusehen sein.[256]

Ein ähnliches Gewicht misst das BAG den Gesellschafterweisungen in seiner Entscheidung zur Verbrauchereigenschaft der GmbH-Geschäftsführerin bei.[257] In Abgrenzung zur Verbrauchereigenschaft sei für die Einordnung einer beruflichen Tätigkeit als selbstständig und unternehmerisch im Sinne des § 14 BGB neben einer weitgehenden Weisungsungebundenheit maßgeblich, ob die Tätigkeit im eigenen Namen, auf eigene Rechnung und im eigenen Verantwortungsbereich ausgeübt wird. Der Unternehmer müsse das wirtschaftliche Risiko der Tätigkeit unmittelbar selbst tragen. Hiervon unterscheide sich die Geschäftsführerin einer GmbH. Sie

---

252 *Diller*, S. 135.
253 BGH v. 10.5.2010, II ZR 70/09, NJW 2010, 2343.
254 *Groß*, S. 48 f.
255 BGH v. 23.1.2003, IX ZR 39/02, GmbHR 2003, 472.
256 BGH v. 23.1.2003, IX ZR 39/02, GmbHR 2003, 472.
257 BAG v. 19.5.2010, 5 AZR 253/09, AP Nr. 13 zu § 310 BGB.

werde gerade nicht im eigenen Namen tätig, sondern übe ihre Tätigkeit im Namen und auf Rechnung der Gesellschaft aus. Überdies unterliege sie *im Innenverhältnis den Weisungen der Gesellschafter.* Daher sei die Tätigkeit einer GmbH-Geschäftsführerin, der nicht zugleich als Gesellschafterin über mindestens die Sperrminorität verfügt und keine Leitungsmacht über die Gesellschaft ausüben kann, als unselbstständig im Sinne des § 13 BGB einzustufen.[258]

Diese beiden Urteile verdeutlichen eindrucksvoll, dass in der Rechtsprechung des BGH und BAG je nach Rechtsgebiet die Erforderlichkeit zur Differenzierung nach der Rechtsnatur der Weisungsbindung oder die Zuordnung der Geschäftsführerin zur Arbeitgeberseite unterschiedlich beurteilt wird. Der Eindruck der Widersprüchlichkeit verstärkt sich noch, wird die Rechtsprechung des BGH zur entsprechenden Anwendbarkeit einzelner arbeitsrechtlicher Vorschriften wie § 622 BGB,[259] § 630 BGB[260] oder des Gleichbehandlungsgrundsatzes[261] berücksichtigt. Es stellt sich die Frage, weshalb die Rechtsprechung außerhalb des Anwendungsbereiches der §§ 611 ff. BGB die Gesellschafterweisungen berücksichtigt, während sie bei der Beurteilung des Anstellungsverhältnisses der Geschäftsführerin als Ganzes an der künstlichen Trennung zwischen Weisungsgebundenheit auf korporationsrechtlicher und vertraglicher Ebene festhält und im Ergebnis die Arbeitnehmereigenschaft der Geschäftsführerin weiterhin stets ablehnt. Ebenfalls nicht nachvollziehbar ist, dass bei der Bevorrechtigung nach § 59 Abs. 1 Nr. 3a, § 61 Abs. 1 Nr. 1 KO a. F.[262] und dem hierin verwendeten Begriff des Arbeitnehmers als eine Person, die in einem Arbeitsverhältnis weisungsgebunden abhängige Arbeit verrichtet,[263] etwas anderes als hinsichtlich des arbeitsrechtlichen Status der Geschäftsführerin gelten soll. Auch aus diesen Gründen zeichnet sich die Rechtsprechung zur Rechtsnatur des Anstellungsverhältnisses der Geschäftsführerin durch mangelnde Stringenz aus.

Die vorstehende Betrachtung hat offengelegt, dass sich die herrschende Ansicht als eine beziehungslose Aneinanderreihung der verschiedenen in Rechtsprechung und Schrifttum vertretenen Standpunkte zum Status der Geschäftsführerin und nicht als eine in sich konsistente Wertung von bestehenden Konvergenzen darstellt, die von gleitenden Übergängen und Fallgruppen geprägt ist.[264] Die herrschende Meinung versäumt es, das gesamte juristisch-methodische Instrumentarium in die Untersuchung einzubeziehen und hierdurch den inneren Zusammenhang der

---

258 BAG v. 19.5.2010, 5 AZR 253/09, AP Nr. 13 zu § 310 BGB. Vgl. hierzu auch BGH v. 15.7.2004, III ZR 315/03, NJW 2004, 3039.

259 BGH v. 29.1.1981, II ZR 92/80, NJW 1981, 1270; BGH v. 29.5.1989, II ZR 220/88, NJW 1989, 2683.

260 BGH v. 9.11.1967, II ZR 64/67, NJW 1968, 396.

261 BGH v. 14.5.1990, II ZR 122/89, NJW-RR 1990, 1313.

262 Diese Regelungen hat die InsO nicht übernommen. Vergütungsansprüche von Arbeitnehmern, die vor Eröffnung der Insolvenz begründet wurden, werden nicht mehr privilegiert, vgl. § 108 Abs. 3 InsO.

263 Statt vieler nur *Kilger/Schmidt*, § 59 KO 5. Abschnitt.

264 Vgl. *Krause*, S. 1, 12.

unterschiedlichen Teildisziplinen im Blick zu behalten. Eine Entwirrung der bestehenden Diskussionslinien der herrschenden Ansicht wird insbesondere durch die aufgezeigten, bestehenden terminologischen und methodischen Unsauberkeiten erschwert.

5. *Alternative Lösungsansätze*

Deshalb sind die Argumente der herrschenden Ansicht sowohl aus terminologischer als auch aus methodischer Sicht einer Einschränkung zu unterziehen. Freilich muss bei der Bestimmung des Status der Geschäftsführerin die Doppelstellung der Geschäftsführerin als repräsentatives Organ und als natürliche Person, die in einem Anstellungsverhältnis zu der Gesellschaft steht, berücksichtigt werden. In ihr treffen im Wege der Rechtsgebietskonkurrenz Gesellschaftsrecht und Dienstvertrags- bzw. Arbeitsrecht aufeinander.[265]

Einen ersten Ansatz zur Lösung der bestehenden Wechselwirkungen bietet dabei trotz der vorstehenden Kritik weiterhin der Trennungsgrundsatz, der zwischen Organverhältnis und Anstellungsverhältnis rechtlich unterscheidet. Aus dieser Trennung folgt grundsätzlich, dass beide Rechtsverhältnisse selbstständig voneinander sind und sich ihr Bestand nach den jeweils für sie geltenden Vorschriften richtet.[266] Für die Bestimmung des Status der Geschäftsführerin ist somit allein die anstellungsvertragliche Ebene relevant, die sich ausschließlich an der Abgrenzung zwischen Dienstnehmer und Arbeitnehmer zu orientieren hat.[267] Hierfür sind die Merkmale des Arbeitnehmerbegriffes[268] und die hieraus resultierenden Rechtsfolgen den Kriterien für die Dienstnehmereigenschaft gegenüberzustellen.[269] Alle tatsächlichen Umstände des Einzelfalls sind in eine Gesamtwürdigung einzubeziehen.

Gleichzeitig ist zwischen Tatbestandsvoraussetzungen auf der einen und den an die Begriffsbestimmung anknüpfenden Rechtsfolgen auf der anderen Seite zu differenzieren. Aus diesem Grund darf eine etwaige, mit einem Arbeitnehmer vergleichbare Schutzbedürftigkeit der Geschäftsführerin nicht als Argument oder Kriterium für eine Arbeitnehmereigenschaft ins Feld geführt werden. Sie ist nur Folge der Arbeitnehmereigenschaft, nicht deren Voraussetzung.[270] Die Schutzbedürftigkeit der Geschäftsführerin ist allenfalls geeignet, eine arbeitnehmerähnliche Position der Geschäftsführerin zu begründen, infolge derer eine entsprechende Anwendung der

---

265 *Wank*, FS Wiedemann, S. 587 (593); *Wank/Maties*, NZA 2007, 353.

266 BGH v. 9.2.1978, II ZR 189/76, NJW 1978, 1435; BGH v. 26.6.1995, II ZR 109/94, NJW 1995, 2850; BGH v. 28.10.2002, II ZR 146/02, NJW 2003, 351; BGH v. 10.5.2010, II ZR 70/09, NJW 2010, 2343; BGH v. 11.10.2010, II ZR 266/08, NJW 2011, 920.

267 Ebenso *Boemke*, ZfA 1998, 209 (212); *Kamanabrou*, DB 2002, 146 (147).

268 Vgl. hierzu die Darstellungen im 1. Abschnitt, II., S. 15 ff.

269 Vgl. *Lücke*, NJOZ 2009, 3469 (3474); *Wank*, FS Wiedemann, 587 (592); im Ansatz auch zustimmend *Hueck*, ZfA 1985, 25 (29).

270 Ebenso *Hueck*, ZfA 1985, 25 (31); *Hümmerich*, NJW 1995, 1177 (1178); *Kuhn*, S. 31; in diese Richtung auch *Holthausen/Steinkraus*, NZA-RR 2002, 281 (282).

Arbeitnehmerschutzvorschriften oder eine Analogie zu erwägen wären. Dies betrifft jedoch eine andere Prüfung und ist von der Gesamtbetrachtung hinsichtlich einer etwaigen Arbeitnehmereigenschaft der Geschäftsführerin klar zu differenzieren.[271]

Folgerichtig müsste für eine rechtsdogmatisch zutreffende Einordnung der Geschäftsführerin als Arbeitnehmerin oder Dienstnehmerin allein entscheidend sein, ob die Geschäftsführerin persönlich abhängig, d. h. weisungsgebunden und betrieblich eingegliedert ist.[272] Dabei ist zu beachten, dass je nach Eigenart der Tätigkeit der Arbeitnehmerin ein hohes Maß an Gestaltungsfreiheit, Eigeninitiative und fachlicher Selbstständigkeit übertragen werden kann.[273] Deshalb kann bei Diensten höherer Art die fachliche Weisungsgebundenheit verkürzt sein. Ein im Vergleich zu einem gewöhnlichen Arbeitnehmer weniger weitreichendes Weisungsrecht der Gesellschafter wäre daher unschädlich.[274] Zu betrachten wäre folglich, inwiefern die Geschäftsführerin bei ihrer Tätigkeit der Kontrolle und Überwachung durch die Gesellschafter (-versammlung) unterliegt.[275] In diesem Zusammenhang ist gleichsam wie beim Arbeitnehmer zu untersuchen, ob die Geschäftsführerin so in den Betrieb eingegliedert ist, dass Zeit, Dauer, Art und Umfang der Tätigkeit einem umfassenden Direktionsrecht der Gesellschafter unterliegt. Als Indizien können insbesondere die Pflicht zur Meldung von Fehlzeiten sowie die Bewilligungspflichtigkeit des Urlaubs herangezogen werden.[276] Ferner könnte bei der Bestimmung der Weisungsgebundenheit – in entsprechender Anwendung der Grundsätze des BSG – berücksichtigt werden, inwiefern die Geschäftsführerin infolge ihrer gesellschaftsrechtlichen Beteiligung Weisungen der Gesellschafter (-versammlung) durch ihr eigenes Stimmrecht

---

271 Vgl. *Boemke*, ZfA 1998, 209 (217 ff.); *Groß*, S. 254.

272 Soweit *Schrader/Schubert*, BB 2007, 1617 das Kriterium der Weisungsgebundenheit ablehnen und alternativ als Abgrenzungskriterien auf bestehende Entscheidungsspielräume und die Höhe der Gesellschaftsanteile abstellen, ist darauf hinzuweisen, dass diese Vorschläge letztlich nur Konkretisierungen des Merkmals der persönlichen Abhängigkeit darstellen.

273 BAG v. 20.7.1994, 5 AZR 627/93, AP Nr. 73 zu § 611 BGB Abhängigkeit; vgl. auch BSG v. 23.9.1982, 10 RAr 10/81, zit. nach Juris; BSG v. 14.12.1999, B 2 U 48/98 R, GmbHR 2000, 618; BSG v. 18.12.2001, B 12 KR 10/01 R,GmbHR 2002, 324; ebenso *Staudinger-Richardi/Fischinger* (2011), Vorbem. zu §§ 611 ff. BGB Rn. 237; MünchArbR-*Richardi*, § 16 Rn. 27.

274 LAG Düsseldorf v. 12.1.2011, 12 S. 1411/10, zit. nach Juris; *Trinkhaus*, DB 1968, 1756 (1759). In diese Richtung auch *Lücke*, NJOZ 2009, 3469 (3475); *Oberthür*, NZA 2011, 253 (256).

275 In diese Richtung SG Kassel v. 23.2.2006, S 11 AL 1435/03, DB 2006, 1567; *Kamanabrou*, DB 2002, 146 (147); *Schrader/Schubert*, DB 2005, 1457 (1460); *Strelau*, S. 37; vgl. auch Schlussanträge des Generalanwalts Bot v. 2.9.2010, Rs. C-232/09, Slg. 2010, I-11408 und Urteil des EuGH v. 11.11.2010, Rs. C-232/09, Slg. 2010, I-11405 – Danosa. Hierzu nähere Ausführungen im 3. Kapitel, 2. Abschnitt, II. 1. b., S. 195 ff.

276 Vgl. *Stagat*, NZA-RR 2011, 617 (619), der insoweit darauf verweist, dass sich entsprechende arbeitsvertragliche Klauseln als besonders risikoreich für die Gesellschaft erweisen.

verhindern kann. Weitere Merkmale können die Verpflichtung der Geschäftsführerin, ihre ganze Arbeitskraft der Gesellschaft zur Verfügung zu stellen und aufgrund derer eine anderweitige Einkommenserzielung ausgeschlossen ist, sowie die Höhe der Vergütung sein.[277] Irrelevant wäre infolge der Aufweichung des Trennungsgrundsatzes[278] indessen, inwiefern sich die Weisungen allein aus § 37 Abs. 1 GmbHG ergeben oder ob die Geschäftsführerin neben den korporationsrechtlichen Weisungen der Gesellschafter zusätzlich anstellungsbezogenen Weisungen unterliegt.[279] Entscheidend muss vielmehr sein, ob sich die Weisungen der Gesellschafter konkret auf die Tätigkeit der Geschäftsführerin auswirken, mit der Folge, dass sie als *tätigkeitsbezogene Weisungen* zu betrachten wären. Dementsprechend könnte zumindest die Fremdgeschäftsführerin als bloßes Ausführungsorgan, welches lediglich die unternehmerischen Ziele, die von der Gesellschafterversammlung nach § 45 Abs. 1 GmbHG in Verbindung mit der Gesellschaftssatzung festgesetzt werden, fremdnützig in die Tat umsetzt, dem Arbeitnehmerbegriff unterfallen.[280]

Gleichzeitig ist aber nicht von der Hand zu weisen, dass eine unreflektierte Anwendung aller Arbeitnehmerschutzvorschriften im Einzelfall geeignet wäre, die Funktionstüchtigkeit der Gesellschaft und die Entscheidungsfreiheit der Gesellschafter zu beeinträchtigen.[281] Daneben sind zwingende Vorschriften und Grundsätze des GmbHG zu berücksichtigen. Soweit die herrschende Ansicht – allen voran der BGH – jedoch pauschal auf den Vorrang des Organverhältnisses sowie auf die Position der Geschäftsführerin als funktionale Arbeitgeberin verweist, ohne das Vorliegen einer etwaigen persönlichen Abhängigkeit dezidiert anhand einer Gesamtschau der Umstände des Einzelfalls zu prüfen, bleibt sie eine rechtsdogmatisch fundierte und überzeugende Begründung schuldig.[282] Insbesondere vermag es nicht zu überzeugen, wenn einzelne Beispiele in der Rechtsprechung, wie die Verzichtbarkeit des Abmahnungserfordernisses,[283] als Paradigmen für die Unanwendbarkeit

---

277 Vgl. BGH v. 23.1.2003, IX ZR 39/02, GmbHR 2003, 472; vgl. auch LG Wuppertal v. 6.6.2006, 19 O 405/05, zit. nach Juris; LAG Düsseldorf v. 12.1.2011, 12 Sa 1411/10, zit. nach Juris; *Trinkhaus*, DB 1968, 1756 (1760).

278 Siehe hierzu die vorstehenden Ausführungen unter IV. 5., S. 5047 ff.

279 Dies verkennt Kuhn bei seiner Schlussfolgerung, wonach neben der umfassenden und unbeschränkten Weisungsbefugnis der Gesellschafter nach § 37 Abs. 1 GmbHG für ausschließlich arbeitsrechtlich relevante Weisungen kein Raum mehr bleibe, vgl. *Kuhn*, S. 61, 63 ff.

280 So bereits *Trinkhaus*, DB 1968, 1756 (1759). Vgl. auch *Schneider/Sethe* in Scholz (10. Aufl.), § 35 GmbHG Rn. 175; *Mankowski*, RIW 2004, 167 (170 f.); *Schulze/Hintzen*, ArbRAktuell 2012, 263; *Strelau*, S. 42 ff.

281 Vgl. hierzu die Beispiele bei *Goette*, FS Wiedemann, S. 873 (880 ff.); *Hueck*, ZfA 1985, 25 (32 ff.) und *Fleck*, FS Hilger/Stumpf, S. 197 (210 ff.) sowie zur nur mittelbaren Berührung der Bestellungs- und Abberufungsfreiheit der Gesellschafterversammlung durch die Einschränkung der Möglichkeit zur ordentlichen Kündigung des Anstellungsvertrages BGH v. 10.5.2010, II ZR 70/09, NJW 2010, 2343.

282 So i. E. auch *Martens*, FS Hilger/Stumpf, S. 437 (440 f.); *Strelau*, S. 35.

283 BGH v. 10.9.2001, II ZR 14/00, NJW-RR 2002, 173.

arbeitsrechtlicher Prinzipien herangezogen werden.[284] Diese Haltung verkehrt die juristische Methodik hinsichtlich des Verhältnisses von Tatbestand und Rechtsfolge sowie von Grundsatz und Ausnahme.[285] Auch sind Arbeitsrecht und Gesellschaftsrecht materielles Recht der gleichen Stufe.

Aus diesen Gründen darf der Vorrang des Organverhältnisses nicht als umfassende Verdrängung des Vertragsrechts verstanden werden. Auch dürfte ein solches – wie von der herrschenden Meinung angenommenes – Primat der Organstellung wohl kaum mit dem Trennungsgrundsatz vereinbar sein, wäre dieser bei einem generellen Vorrang des Gesellschaftsrechts doch obsolet. In Ermangelung einer entsprechenden gesetzlichen Anordnung im GmbHG besteht somit kein genereller Vorrang der Funktionsfähigkeit der Gesellschaft vor gesetzlichen Regelungen des Anstellungsverhältnisses. Vielmehr sind etwaige Interessenkollisionen dadurch zu lösen, dass beide Rechtsgebiete so in Einklang gebracht werden, dass die jeweiligen Besonderheiten berücksichtigt werden können.[286] Den gesellschaftsrechtlichen Gewährleistungen ist dadurch Rechnung zu tragen, dass nach Bejahung einer etwaigen Arbeitnehmereigenschaft auf der Rechtsfolgenseite eine Überprüfung dahingehend vorzunehmen ist, ob aufgrund möglicher Wertungskollisionen eine Einschränkung der arbeitsrechtlichen Grundsätze erforderlich ist.[287] Entgegen der herrschenden Ansicht besteht somit kein genereller Vorrang der Funktionsfähigkeit der Gesellschaft vor gesetzlichen Regelungen des Anstellungsverhältnisses, sondern Arbeitsrecht und Gesellschaftsrecht können grundsätzlich nebeneinander zur Anwendung kommen.[288]

---

284 So aber *Goette*, FS Wiedemann, S. 873 (880 ff.).

285 In diese Richtung *Wank*, FS Wiedemann, S. 587 (592, 601). Eine solche kann auch nicht, wie von *Hueck* versucht, mit Begründungsschwierigkeiten und wesentlichen Erleichterungen bei der Rechtsanwendung gerechtfertigt werden, vgl. *Hueck*, ZfA 1985, 25 (27). Vgl. auch *Frisch*, S. 106.

286 *Jansen*, S. 49 f.; *Wank*, S. 386 f., 388; *Wank/Maties*, NZA 2007, 353 (358).

287 Ebenso *Diller*, S. 84 f.; *Groß*, S. 104; *Henssler*, RdA 1992, 289 (292 f.); *Kuhn*, S. 49, S. 60; *Martens*, FS Hilger/Stumpf, S. 437 (450); *Schneider/Schneider/Hohenstatt* in Scholz (11. Aufl.), § 35 GmbHG Rn. 267; *Wank*, FS Wiedemann, S. 587 (594); *Wank/Maties*, NZA 2007, 353 (358). Vgl. nunmehr hierzu auch als Vertreter der herrschenden Ansicht *Goette*, FS Schneider, S. 353 (356), der insoweit von der Wahrung des Vorrangs der Organstellung trotz Zuerkennung von Arbeitnehmerschutzrechten spricht. Es gelte insoweit der Grundsatz, dass für den »*Fall, in dem das gesellschaftsrechtliche Organisationsrecht und die Berücksichtigung von Arbeitnehmerschutzrechten konfligieren, sich die Erfordernisse der Funktionsfähigkeit des Organverhältnisses durchsetzen.*«

288 In diese Richtung argumentierte das BSG bereits 1960, vgl. BSG v. 13.12.1960, 3 RK 2/56, BSGE 13, 196. Vgl. auch *Wank*, FS Wiedemann, S. 587 (593, 600 f.); *Wank/Mathies*, NZA 2007, 353 (358).

V. Ergebnis

Nach alledem bleibt nach geltendem Gesetzesrecht offen, ob GmbH-Geschäftsführerinnen als Arbeitnehmerinnen anzusehen sind. Mangels einer alle Bereiche umfassenden Definition und gesetzlichen Regelung besteht eine besondere Abhängigkeit von der Rechtsprechung. Die Auseinandersetzung mit der zivil-, arbeits-, sozialversicherungs- und steuerrechtlichen Rechtsprechung hat verdeutlicht, dass sich in der Rechtsprechung je nach betroffenem Rechtsgebiet unterschiedliche Grundsätze zum Status der GmbH-Geschäftsführerin herausgebildet haben. Dabei bedingt die Abweichung der Rechtsansichten in der Rechtsprechung der obersten Gerichtshöfe eine Variation in der Begründung der jeweiligen Rechtsauffassung. Dennoch besteht in der zivilgerichtlichen und arbeitsrechtlichen Rechtsprechung Einigkeit dahingehend, dass der zwischen Gesellschaft und Geschäftsführerin abgeschlossene Anstellungsvertrag regelmäßig als Dienstvertrag anzusehen ist, auf den die §§ 611 ff. BGB bis auf Ausnahme der Arbeitnehmerschutzvorschriften Anwendung finden.[289] Dem hat sich ein Großteil der Literatur angeschlossen. Damit gelten GmbH-Geschäftsführerinnen nach der Rechtslage *de lege lata* nicht als Arbeitnehmerinnen.

Wie vorstehend gezeigt, besticht die herrschende Ansicht zum Status der Geschäftsführerin aber nicht durch eine rechtsdogmatisch begründete Argumentation. So ist der Hinweis auf die Ausübung der obersten und originären Funktionsgewalt, infolge derer die Geschäftsführerin insbesondere nicht mit Prokuristen vergleichbar sei, bereits aus terminologischen Gründen unzutreffend. Ferner eignen sich weder die Ausübung von Unternehmerfunktionen noch die Wahrnehmung von Personalführungsaufgaben als Kriterien für die Ablehnung der Arbeitnehmereigenschaft. Der Verweis auf die Personalführungsaufgaben als typische Arbeitgeberfunktionen steht im Konflikt zur bisherigen Auslegung des Trennungsgrundsatzes. Darüber hinaus übersieht die herrschende Ansicht, dass der Inhalt des Anstellungsverhältnisses wesentlich vom Organverhältnis geprägt wird. Eine Trennung zwischen einer korporationsrechtlichen und arbeitsrechtlichen Weisungsgebundenheit ist obsolet und lässt sich rechtsdogmatisch nicht mit dem Primat der Organstellung begründen. Dem entspricht es, dass die von der herrschenden Ansicht als erforderlich ins Feld geführte strikte Trennung zwischen gesellschaftsrechtlicher und anstellungsrechtlicher Weisungsebene keinen Niederschlag im GmbHG gefunden hat. Schließlich bestehen angesichts der je nach Rechtsgebiet variierenden Auslegung des Arbeitnehmerbegriffes und der unterschiedlichen Typik des Geschäftsführerbegriffes auf rechtstheoretischer Ebene Divergenzen, die vor dem Hintergrund des Verfassungsrangs des Grundsatzes der Einheitlichkeit der Rechtsprechung bedenklich sind.

---

289 Vgl. BAG v. 24.11.2005, 2 AZR 614/04, AP Nr. 19 zu § 1 KSchG 1969 Wartezeit; BAG v. 25.10.2007, 6 AZR 1045/06, AP Nr. 11 zu § 14 KSchG 1969; BAG v. 15.3.2011, 10 AZB 32/10, AP Nr. 95 zu § 2 ArbGG 1979; BGH v. 29.1.1981, II ZR 92/80, NJW 1981, 1270; BGH v. 10.5.2010, II ZR 70/09, NJW 2010, 2343.

3. Abschnitt: Zusammenfassung

Trotz der zahlreichen methodisch und rechtsdogmatisch fundierten Kritikpunkte vermag die vorstehende Kritik die aktuelle Rechtslage nicht zu beeinflussen. Eine baldige Änderung der Rechtsauffassung – insbesondere des BGH – ist nicht zu erwarten. Vielmehr richtet sich die Auslegung des Arbeitnehmerbegriffes auch gegenwärtig weiterhin nach den bisherigen Grundsätzen des BGH und BAG. Während der BGH die Arbeitnehmereigenschaft der Geschäftsführerin kategorisch ablehnt, nimmt das BAG eine Subsumtion der Umstände des Einzelfalls unter die wesentlichen Kriterien der Rechtsprechung zur Feststellung der Arbeitnehmereigenschaft vor. Allerdings hat dieses von den Grundsätzen des BGH abweichende Vorgehen des BAG bisher zu keiner abweichenden Entscheidung geführt. Somit gelten GmbH-Geschäftsführerinnen nach der Rechtsprechung des BGH und BAG gleichermaßen aufgrund ihrer Organstellung und aufgrund einer fehlenden Weisungsgebundenheit im arbeitsrechtlichen Sinne grundsätzlich nicht als Arbeitnehmerinnen. Zudem wird eine entsprechende Anwendung der Arbeitnehmerschutzgesetze auf Organmitglieder regelmäßig abgelehnt.[290] Dies hat zur Folge, dass solche arbeitsrechtlichen Gesetze keine Anwendung finden können, die in ihrem Geltungsbereich an die Arbeitnehmereigenschaft anknüpfen. Aus diesem Grund werden vom Geltungsbereich des MuSchG GmbH-Geschäftsführerinnen als Organmitglied einer juristischen Person regelmäßig nicht erfasst. Da das MuSchG auch nicht auf arbeitnehmerähnliche Personen anwendbar ist, scheidet eine entsprechende Anwendung im Einzelfall aufgrund vergleichbarer Schutzbedürftigkeit ebenfalls aus.[291] Das MuSchG findet somit nach der Rechtslage *de lege lata* keine Anwendung auf GmbH-Geschäftsführerinnen.[292]

Dies zeitigt für schwangere Geschäftsführerinnen weitreichende negative Folgen. Von besonderem Gewicht dürfte dabei vor allem der fehlende Gesundheitsschutz durch Beschäftigungsverbote während der Schwangerschaft und für die unmittelbare Zeit vor und nach der Geburt sowie der fehlende Anspruch auf Mutterschaftsurlaub, nunmehr als Elternzeit in §§ 15 ff. BEEG geregelt, sein. Zudem wird insbesondere stillenden Geschäftsführerinnen die baldige Rückkehr in

290 Vgl. etwa zum Arbeitnehmererfindungsgesetz: BGH v. 22.10.1964, Ia ZR 8/64, GRUR 1965, 302; zu § 613a BGB: BGH v. 11.4.2000, X ZR 185/97, NJW-RR 2001, 472 a. E.; zu § 74 HGB: BGH v. 26.3.1984, II ZR 229/83, NJW 1984, 2366; BGH v. 4.3.2002, II ZR 77/00, NJW 2002, 1875; zum Schwerbehindertenrecht: BGH v. 9.2.1978, II ZR 189/76, NJW 1978, 1435.

291 Vgl. zur Frage, ob Geschäftsführerinnen arbeitnehmerähnliche Personen sein könnten, ausführlich *Boemke*, ZfA 1998, 209 (218 ff.) m. w. N.

292 So auch *Boemke*, ZfA 1998, 209 (226); *Buchner/Becker*, § 1 MuSchG Rn. 94, 96; *Henssler*, NJW 1995, 1177 (1181); *Graue*, § 1 MuSchG Rn. 16; *Heilmann*, § 1 MuSchG Rn. 37; *Meisel/Sowka*, § 1 MuSchG Rn. 20; *Kelber* in SWK ArbR, Geschäftsführer Rn. 50; *Lenz*, § 1 MuSchG Rn. 2; Roos/Bieresborn-*Evers-Vorsgerau*, § 1 MuSchG Rn. 24; *Willikonsky*, § 1 MuSchG Rn. 12; *Zmarzlik/Zipperer/Viethen/Vieß*, § 1 MuSchG Rn. 14.

die Erwerbstätigkeit aufgrund des Mangels an Stillpausen erschwert. Zwar wird man der Geschäftsführerin bei akuter Gefährdung der Gesundheit des Kindes oder ihrer eigenen ein Leistungsverweigerungsrecht nach § 275 Abs. 3 BGB zugestehen müssen. Gleiches wird man auch für kurzzeitige Abwesenheiten infolge von Arztbesuchen und Vorsorgeuntersuchungen annehmen können (§ 616 BGB). Allerdings sieht sich die Geschäftsführerin bei längerfristigen Abwesenheiten der Gefahr von erheblichen Einkommenseinbußen ausgesetzt. Denn anders als im Anwendungsbereich des MuSchG kommt die Geschäftsführerin nicht in den Genuss der Entgeltsicherung durch Mutterschaftsgeld nach § 13 Abs. 1 MuSchG i. V. m. § 24i Abs. 2 S. 1 bis 6 SGB V, sondern kann nur dann Mutterschaftsgeld nach § 24i Abs. 1 1. Alt., Abs. 2 S. 7 SGB V in Höhe des Krankengeldes beanspruchen, wenn sie Mitglied der gesetzlichen Krankenversicherung ist.[293] Geschäftsführerinnen werden auf diese Weise mit einer erheblichen Interessen- und Pflichtenkollision konfrontiert: Im Zweifel müssen sie zwischen der Fürsorgepflicht für das (ungeborene) Kind sowie dem eigenen Gesundheitsschutz auf der einen und der Erfüllung ihrer vertragsgemäßen Pflichten auf der anderen Seite abwägen. Als besonders erschwerend dürfte in diesem Zusammenhang die fehlende Beschäftigungssicherung durch einen Sonderkündigungsschutz während der Schwangerschaft und das Risiko einer jederzeitigen Abberufung als Geschäftsführerin nach § 38 Abs. 1 GmbHG gelten. Ergänzung findet diese Situation darin, dass *de lege lata* das AGG aufgrund der Regelung in § 6 Abs. 3 AGG auf Organmitglieder nur eingeschränkt Anwendung findet.[294] Ein Schutz vor schwangerschaftsbedingten Nachteilen im bestehenden Beschäftigungsverhältnis kann somit allenfalls über eine Anwendung der zivilrechtlichen Generalklauseln in §§ 138, 242 BGB gewährleistet werden.

Inwiefern dieses Ergebnis mit den gesetzgeberischen Intentionen und höherrangigen Recht – insbesondere mit der in Art. 6 Abs. 4 GG zum Ausdruck kommenden verfassungsrechtlichen Wertentscheidung – zu vereinbaren ist, ist zweifelhaft. Allerdings besteht Anlass, vor einer konkreten Analyse der Rechtslage *de lege lata* den Sinn und Zweck des MuSchG sowie die in die Prüfung einzubeziehenden verfassungsrechtlichen und europarechtlichen Gesichtspunkte herauszuarbeiten. Im Folgenden wird daher eine funktional-teleologische Betrachtung der Grundlagen des MuSchG vorgenommen. Hierfür werden die Historie des MuSchG sowie die verfassungsrechtlichen und europäischen Grundlagen des deutschen Mutterschutzes näher beleuchtet.

---

293 BSG v. 16.2.2005, B 1 KR 13/03 R, zit. nach Juris; *Wagner* in Soziale KV/PV, § 24i SGB V Rn. 3. Vgl. zur Verfassungsmäßigkeit der fehlenden Verpflichtung privater Krankenversicherer, für Zeiten von Beschäftigungsverboten Krankentagegeld zu zahlen, BVerfG v. 18.3.1993, 1 BvR 1927/92, NJW 1994, 785.

294 Vgl. zu dieser Problematik jüngst BGH v. 23.4.2012, II ZR 163/10, NJW 2012, 2346 sowie aus der Literatur statt vieler nur *Bauer/Arnold*, ZIP 2008, 993 ff.; *Lutter*, BB 2007, 725 ff.; *Reichold/Heinrich*, FS Westermann, S. 1315 ff.; *Reufels/Molle*, NZA-RR 2011, 281 ff.

Zweites Kapitel: Grundlagen des deutschen Mutterschutzes

Das MuSchG verfolgt – neben der Verwirklichung des aus Art. 6 Abs. 4 GG resultierenden Schutz- und Fürsorgeanspruchs einer jeden Mutter für das Arbeitsrecht – die Intention, einen wesentlichen Beitrag zur Lösung der gesellschaftspolitischen Probleme der Neuzeit zu leisten. Dabei beschränken sich die demografische Herausforderungen wie sinkende Geburtenraten und die Zunahme der Einkindfamilien bei gleichzeitiger Erhöhung der Lebenserwartung nicht auf das nationale Territorium, sondern stellen gleichsam jede Gesellschaft vor neue Herausforderungen. Aus diesem Grund haben sich sowohl der nationale Gesetzgeber als auch der europäische Gesetzgeber dem Schutz der werdenden und stillenden Mutter verschrieben. Auch die völkerrechtlichen Übereinkommen der Internationalen Arbeitsorganisation (ILO) haben – wie die Historie des deutschen Mutterschutzes zeigen wird – ihren Beitrag zu Verbesserung des Schutzniveaus geleistet.

Im Mittelpunkt dieses Kapitels steht die Untersuchung der Grundlagen des MuSchG. Dabei wird den verschiedenen Einflüssen auf das heutige MuSchG Rechnung getragen. Ziel ist es, den rechtlich als maßgeblich zu erachtenden Sinn und Zweck des Gesetzes anhand einer Gesamtschau der Regelungsabsichten des historischen Gesetzgebers, verfassungsrechtlicher Wertungen und europarechtlicher Gebote herauszuarbeiten. Hierzu erfolgt zunächst eine Untersuchung der historischen Entwicklung des Mutterschutzes in Deutschland, wobei ein besonderer Blick auf die (sozial-) historischen Hintergründe gerichtet wird. Kern der Untersuchung bildet dabei die Frage, inwiefern die Beschränkung des Geltungsbereiches auf Arbeitnehmerinnen historisch bedingt ist. Im Anschluss hieran werden die verfassungsrechtlichen Grundlagen dargestellt, bevor in einem nächsten Schritt der Blick auf die EU gerichtet wird und die unionsrechtlichen Vorgaben betrachtet werden, die bei der Auslegung und Anwendung der einzelnen Mutterschutzvorschriften und insbesondere des persönlichen Geltungsbereiches des MuSchG zu beachten sind. Schließlich werden die völkerrechtlichen Einflüsse mit einem kurzen Exkurs gewürdigt.

1. Abschnitt: Historische Entwicklung des Mutterschutzes

Zunächst erfordert ein umfassendes Begriffsverständnis von § 1 Nr. 1 MuSchG, dass die Prinzipien und Regelungen des MuSchG verstanden werden.[1] Dabei können sich die Regelungsabsicht des Gesetzgebers und die von ihm in Verfolgung dieser Absicht gewählten Begriffe und Formulierungen aus der Historie des MuSchG ergeben,[2] welche bis ins 19. Jahrhundert zurückgeht. Das heutige MuSchG gehört

1 Vgl. MünchArbR-*Richardi*, § 2 Rn. 1.

2 Vgl. *Larenz/Canaris*, S. 149; Staudinger-*Richardi* (1993), Vorbem. zu § 611 Rn. 662.

zu den ältesten deutschen zivil- und sozialrechtlichen Gesetzen und war durch die mit der Herausbildung der zentralisierten Fertigung im Wege der Industrialisierung einhergehenden prekären Entwicklung der sozialen Verhältnisse bedingt. Das auf diesem Wege geschaffene Sonderrecht der Arbeiter wurde zur Definitionsgrundlage für die heutige arbeitsrechtliche Dogmatik.[3] Vor diesem Hintergrund ist fraglich, inwieweit die Begrifflichkeiten des § 1 Nr. 1 MuSchG historisch gewachsen sind und im Einklang mit der Intention des Gesetzgebers stehen. Es sind die (sozial-) historischen Hintergründe des Anwendungsbereichs, die schließlich zur gegenwärtigen Ausgestaltung des § 1 Nr. 1 MuSchG geführt haben, zu untersuchen. In einem letzten Schritt findet eine Überprüfung der Rechtslage *de lege lata* dahingehend statt, ob aufgrund einer historisch bedingten Abstraktion des Begriffes des Arbeitsverhältnisses in § 1 Nr. 1 MuSchG eine Korrektur vorzunehmen ist.

I. Anfänge des Mutterschutzes

Grundstein des heutigen Mutterschutzes bildet die Gewerbeordnungsnovelle von 1878, die im engen zeitlichen Zusammenhang mit der Bismarck'schen Sozialgesetzgebung steht. Sie etablierte in § 135 S. 5 GewO a. F. erstmals ein dreiwöchiges Beschäftigungsverbot für in Fabriken beschäftigte Wöchnerinnen.[4]

Obgleich das Beschäftigungsverbot durchaus positive Ziele verfolgte, wie den Gesundheitsschutz von Mutter und Kind und die Senkung der Säuglingssterblichkeitsrate,[5] blieb der Mutterschutz zunächst weitestgehend wirkungslos.[6] Ein erhebliches Manko lag in der fehlenden finanziellen Absicherung der Frauen während der Zeit des Beschäftigungsverbotes.[7] Erst 1883 wurde durch das »Gesetz betreffend die Krankenversicherung für Arbeiter« Abhilfe geschaffen und eine finanzielle Unterstützung für Wöchnerinnen für die Dauer von drei Wochen durch die Ortskrankenkassen eingeführt.[8] In den darauffolgenden Jahren wurde der Mutterschutz kontinuierlich ausgebaut. Die Gesetzesnovelle von 1891 sah eine Verlängerung des Beschäftigungsverbotes auf mindestens vier Wochen nach der

---

3 *Brand*, Band 2, S. 12.

4 RGBl. 1878, S. 199 ff.

5 47. Bericht der Kommission für die Petitionen v. 14.5.1907, Anlage Nr. 467 zu Verh. d. RT., 12. Legislaturp., S. 2523; Redebeiträge der Abgeordneten Schmidt (DR), Stadthagen (SPD) und Giesberts (Zentrum) in der 172. RT-Sitzung am 30.11.1908, Verh. d. RT., 12. Legislaturp., S. 5843 ff., S. 5862 f. u. S. 5865 f.

6 *Edel*, S. 31; *Hauser*, S. 40 ff.

7 Dies wurde bereits von einigen Reichstagsabgeordneten während des Gesetzgebungsprozesses zur Novellierung der Gewerbeordnung von 1878 problematisiert, vgl. hierzu Bericht der Kommission über den Gesetzesentwurf zur Gewerbeordnungsnovelle v. 11.4.1878, Anlage Nr. 177 zu Verh. d. RT., 3. Legislaturp., S. 1164 (1182).

8 § 20 Ziff. 2 des Gesetzes betreffend die Krankenversicherung für Arbeiter v. 15.6.1883, RGBl. 1883, S. 73.

Geburt vor.[9] Die Schutzfristen wurden verlängert und der Kreis der Wochenhilfe-Berechtigten erweitert.[10] Schließlich etablierte die Gewerbeordnungsnovelle von 1908 einen vorgeburtlichen Mutterschutz.[11]

Trotz der Intensivierung des Schutzniveaus und der für die damalige Zeit fortschrittlichen Regelungen zugunsten schwangerer Arbeiterinnen wiesen die Mutterschutzvorschriften bis 1927 erhebliche Schwachstellen auf. So wurde bei der Einführung des vorgeburtlichen Mutterschutzes eine entsprechende Anpassung des Krankenversicherungsgesetzes versäumt.[12] Da bis 1914 die finanzielle Wöchnerinnenunterstützung für lediglich sechs Wochen gewährt wurde, konnte die Ausdehnung der Schutzfristen nur von wenigen Frauen in Anspruch genommen werden. Ferner fehlte bis 1927 ein gesetzliches Kündigungsverbot.[13] Darüber hinaus betrug die finanzielle Unterstützung durch die Wochenhilfe nur 50 Prozent des ohnehin geringen Einkommens der Frauen.[14] Eine Existenzsicherung war folglich nicht gewährleistet. Dennoch bildeten die bis 1908 erlassenen Schutzvorschriften einen wichtigen Grundstein für den Ausbau der Säuglings- und Mutterfürsorge und für die Einführung der Reichswochenhilfe.[15] Insbesondere Letztere blieb als wesentliches Element des Mutterschutzes bis in die Neuzeit erhalten.

II. Vom Mutterschutz für Fabrikarbeiterinnen zum Mutterschutz für Arbeiterinnen

Der Mutterschutz war bereits in seinen Anfängen vielen Gesetzesänderungen unterworfen. Er wurde nicht nur kontinuierlich fortentwickelt, sodass sich das Schutzniveau zugunsten der schwangeren erwerbstätigen Frau intensivierte, sondern auch die Begrifflichkeiten des Geltungsbereichs variierten.

---

9 § 137 Gewerbeordnung, geändert durch Gesetz betreffend die Abänderung der Gewerbeordnung v. 1.6.1891, RGBl. 1891, S. 261 ff.

10 Vgl. Gesetz betreffend Abänderung der Gewerbeordnung v. 26.7.1900, RGBl. 1900, S. 871.

11 Künftig hatten mindestens zwei Wochen des Beschäftigungsverbotes vor der Niederkunft zu liegen, vgl. § 137 Abs. 6 Gewerbeordnung in der Fassung v. 28.12.1908, RGBl. 1908, S. 667 ff.

12 Ein entsprechender Antrag der Sozialdemokraten auf Anpassung des Krankenversicherungsgesetzes an die ausgedehnten Schutzzeiten fand 1908 keine Mehrheit, vgl. 176. RT-Sitzung am 4.12.1908, Verh. d. RT., 12. Legislaturp., S. 5993 f.

13 Ein solches war zwar bereits 1908 gefordert worden, fand allerdings keine Mehrheit, vgl. 1. Teil des Berichts der 16. Kommission zur Vorberatung des Gesetzesentwurfes zur Abänderung der Gewerbeordnung v. 27.11.1908, Anlage Nr. 1050 zu Verh. d. RT., 12. Legislaturp., S. 5904.

14 § 21 Ziff. 4 des Gesetzes betreffend die Krankenversicherung für Arbeiter v. 15.6.1883. Durch die RVO wurde der Kreis der Pflichtversicherten auf Feldarbeiterinnen, Dienstbotinnen, Heim- und Wanderarbeiterinnen etc. erweitert, vgl. § 165 RVO in der Fassung v. 19.7.1911, RGBl. 1911, S. 508 (540).

15 Vgl. *Zmarzlik/Zipperer/Viethen/Vieß*, Einf. Rn. 7.

1. *Mutterschutz für Fabrikarbeiterinnen*

Der erste Wöchnerinnenschutz in § 135 der Gewerbeordnung von 1878 war in seinem Anwendungsbereich erheblich begrenzt. Das Beschäftigungsverbot in § 135 GewO a. F. gehörte dem Abschnitt »Verhältnisse der Fabrikarbeiter« an und kam somit nur Fabrikarbeiterinnen zugute. Eine Legaldefinition der *Fabrikarbeiterin* enthielt das Gesetz nicht. Allerdings findet sich eine erste Definition zum Fabrikbegriff in dem bereits 1873 erschienenen arbeitsmedizinischen Werk »Die gewerbliche Thätigkeit [Tätigkeit] der Frauen vom hygienischen Standpunkte aus« des Breslauer Professors für Hygiene Dr. Ludwig Hirt. *Hirt* definierte Fabriken als

> *»Lokale, Etablissements, wo mehr als eine gewisse Anzahl weiblicher Individuen während einer Reihe von Tage im Jahr mit derselben, von dem Arbeitgeber mit einer gewissen Summe belohnten Arbeit beschäftigt sind.«*[16]

Wenig später wurde im Rahmen der Beratungen zur Novelle der Gewerbeordnung von 1878 die Aufnahme folgender Definition beantragt:

> *»Als Fabriken im Sinne dieses Gesetzes [der Gewerbeordnung] gelten Gewerbeunternehmungen, welche in geschlossenen Etablissements unter Verwendung von mehr als zehn Arbeitern mit Hilfe elementarer Betriebskräfte oder nach dem Prinzip* der *Arbeitsteilung betrieben werden, ferner Hüttenwerke, Bauhöfe und Werften«.*[17]

Den Gesetzgebungsmaterialien zur Gewerbeordnungsnovelle von 1878 lässt sich eine weitere Definition entnehmen:

> *»Als Fabrik gilt jede industrielle Anstalt, in welcher gleichzeitig und regelmäßig eine Mehrzahl* von *Arbeitern außerhalb ihrer Wohnungen in geschlossenen Räumen beschäftigt wird.«*[18]

Obgleich die vorgenannten Definitionen keinen Eingang in die Gewerbeordnung gefunden haben, lassen sie Rückschlüsse auf das damalige Begriffsverständnis zu. *Brand* stellt in seiner rechtshistorischen Untersuchung der Arbeitsgerichtsbarkeit heraus, dass sich der Fabrikbegriff im Sprachgebrauch zu Beginn des 19. Jahrhunderts nach der Absatzform richtete.[19] Anders als das Handwerk, welches den lokalen Markt bediente, stellte die Fabrik einen Gewerbebetrieb dar, dessen Produkte nicht auf den lokalen Markt begrenzt waren, sondern auch im In- und Ausland abgesetzt wurden.[20] Folglich fand mithilfe des Fabrikbegriffes eine Abgrenzung der außerhäuslichen gewerblichen Tätigkeit von Handwerksbetrieben, häuslichen

---

16 *Hirt*, S. 37.

17 Bericht der Kommission über den Gesetzesentwurf zur Gewerbeordnungsnovelle v. 11.4.1878, Anlage Nr. 177 zu Verh. d. RT., 3. Legislaturp., S. 1164 (1179).

18 Ebenfalls Bericht der Kommission über den Gesetzesentwurf zur Gewerbeordnungsnovelle v. 11.4.1878, Anlage Nr. 177 zu Verh. d. RT., 3. Legislaturp., S. 1164 (1179).

19 *Brand*, Band 1, S. 155.

20 *Brand*, Band 1, S. 155.

Tätigkeiten sowie von Tätigkeiten in der Landwirtschaft statt. Daneben diente der Begriff der Fabrikarbeit zur Bezeichnung einer Produktionsform, bei der anders als bei der Manufaktur mechanische und maschinelle Hilfsmittel zu einer Automatisierung der Arbeitsabläufe beitrugen.[21]

Von diesem Begriffsverständnis ausgehend erschließt sich der Anwendungsbereich des siebten Abschnittes der Gewerbeordnung von 1878. Die Regelungen dieses Abschnittes galten für alle Personen, die einer gewerblichen Tätigkeit außerhalb ihrer Wohnstätte nachgingen und ihre Arbeitskraft innerhalb einer fremden, automatisierten (und damit anonymisierten) Arbeitsorganisation zur Verfügung stellten, ohne dem klassischen Handwerk oder der Landwirtschaft anzugehören. Der Wöchnerinnenschutz in § 135 GewO a. F. erstreckte sich somit nur auf gewerblich und außerhäuslich beschäftigte, schwangere Frauen. Der Großteil der erwerbstätigen Frauen war aber 1878 noch in der Hauswirtschaft oder Landwirtschaft tätig,[22] sodass vom Geltungsbereich des § 135 GewO a. F. nur ein Bruchteil der weiblichen Erwerbstätigen erfasst wurde.

Diese Beschränkung wurde schließlich bei der Einführung einer finanziellen Unterstützung für Wöchnerinnen durch das »Gesetz betreffend die Krankenversicherung der Arbeiter« vom 15. Juni 1883 beibehalten. Zwar fand das Gesetz nach den Regelungen in § 1 auf alle »*Personen, die gegen Lohn oder Gehalt beschäftigt*« werden und damit auf alle Arbeiter Anwendung. Allerdings richtete sich die Wöchnerinnenunterstützung nach § 20 am gewerberechtlichen Arbeitsverbot des § 135 GewO a. F. aus und beschränkte sich damit ebenfalls auf Fabrikarbeiterinnen.[23] Diese Beschränkung galt bis 1908.

2. Gründe für Beschränkung auf Fabrikarbeiterinnen

Vor diesem Hintergrund stellt sich die Frage, wie es bis 1908 zur Einschränkung des Wöchnerinnenschutzes auf Fabrikarbeiterinnen kam. Hierzu geben die Gesetzesmaterialien zunächst keinen Aufschluss. Vielmehr enthielt der ursprüngliche Gesetzesentwurf Bismarcks vom 23. Februar 1878 überhaupt keine Bestimmung zum Wöchnerinnenschutz. Eine solche ist in § 135 GewO a. F. erst durch die zur Beratung des Gesetzesentwurfes eingesetzte Kommission in den Unterabschnitt »Verhältnisse der Fabrikarbeiter« der Gewerbeordnung eingefügt worden.[24] In der anschließend stattfindenden Lesung im Reichstag hat kaum eine Diskussion zu

21 *Duden*, S. 1147; *Kluge*, S. 269.

22 Vgl. Statistiken bei *Braun*, S. 252, 254.

23 Vgl. hierzu Redebeitrag des Abgeordneten von Hertling (Zentrum) in der 72. RT-Sitzung am 26.4.1883, Verh. d. RT., 5. Legislaturp., S. 2106.

24 Bericht der Kommission über den Gesetzesentwurf zur Gewerbeordnungsnovelle v. 11.4.1878, Anlage Nr. 177 zu Verh. d. RT., 3. Legislaturp., S. 1164 (1182).

diesem Punkt stattgefunden.[25] Allerdings lassen die sozialen und wirtschaftlichen Umstände, die zur Gesetzesnovelle 1878 geführt haben, Schlüsse zu.

a. *Ausgangslage*

Als sozialer Ausgangspunkt für den im Rahmen der Gesetzesnovelle von 1878 eingeführten Mutterschutz gilt die in der zweiten Hälfte des 19. Jahrhunderts einsetzende Industrialisierung, welche zu einem wachsenden Arbeitskräftebedarf bei gleichzeitigen Wandel der Beschäftigungsmöglichkeiten für Frauen führte. Die Veränderung der Produktionsweise hatte eine Zunahme der abhängigen Erwerbstätigkeit von Frauen in automatisierten Arbeitsorganisationen zur Folge.[26] Diese Entwicklung hatte teilweise erhebliche negative Konsequenzen für das Gewerbe und Handwerk sowie für die bisherigen sozialen Verhältnisse. Die Bedingungen der Erwerbstätigkeit verschlechterten sich für Arbeiter deutlich. Tägliche Arbeitszeiten von 12 Stunden und mehr, Sonn-, Feiertags- und Nachtarbeit gehörten zum Arbeitsalltag. Die Verschärfung der sozialen Lebensverhältnisse sollte später als sogenannte »*soziale Frage*« in die Geschichte der Industrialisierung eingehen.[27] Ungeachtet der prekären Verhältnisse für Arbeiter im Allgemeinen sahen sich Frauen und Kinder einer besonderen Gefährdung ihrer Gesundheit ausgesetzt. Die Kinder- und Säuglingssterblichkeit betrug zur Zeit der Reichsgründung 1871 je nach Region zwischen 25 und 40 Prozent.[28] Frauen hatten überdies nicht nur mit dem Nachteil ihrer Klassenzugehörigkeit zu kämpfen, sondern mussten auch die gesellschaftlich akzeptierte Diskriminierung ihres Geschlechts hinnehmen.[29] Sie nahmen primär gering vergütete Tätigkeiten für ungelernte Arbeiter auf.[30] Höherqualifizierte Positionen waren beinahe ausschließlich von Männern besetzt.[31] Aufgrund der doppelten Belastung durch ihre Geschlechts- und Klassenzugehörigkeit gehörten Frauen somit regelmäßig zu der untersten Einkommensklasse. Am Aufschwung der

---

25 Lediglich der Reichstagsabgeordnete Wiggers (Liberale Reichspartei) betonte in der 43. RT-Sitzung am 8.5.1878, dass eine Ausdehnung des Schutzes der erwerbstätigen Frau nicht in Betracht zu ziehen sei. Um eine Schädigung der Industrie zu vermeiden, sei lediglich das notwendige Maß an gesetzlichen Schutzvorschriften einzuführen. Verh. d. RT., 3. Legislaturp., S. 1143 ff.

26 Während Anfang des 19. Jahrhunderts in der Industrie und im Bergbau fast ausschließlich Männer beschäftigt waren, drängten nach Entwicklung der Textilindustrie im 19. Jahrhundert immer mehr Frauen infolge der Landflucht in die Städte und damit zugleich in die Industrie. Vgl. hierzu die Statistiken bei *Braun*, S. 217, 253 und S. 262 f.. Ebenso *Edel*, S. 21; in diese Richtung auch *Denecke*, GRe III/1, S. 475 ff.

27 Vgl. zur Bedeutung der sozialen Frage für das Arbeitsrecht im Allgemeinen Staudinger-*Richardi/Fischinger* (2011), Vorbem. zu § 611 Rn. 557; vgl. zum Sozialstaatsprinzip auch Maunz/Dürig- *Grzeszick*, Art. 20 GG VIII Rn. 6.

28 Vgl. Statistik bei *Berghahn*, S. 93 f.

29 *Berghahn*, S. 80.

30 *Braun*, S. 100 f.

31 So auch *Kocka*, S. 464 f., S. 473 f.

Industrialisierung konnten sie nur begrenzt teilnehmen. Die »großen Depression« von 1873 bis 1895 führte schließlich zu einem erheblichen Personalabbau bei gleichzeitig stattfindender starker technischer Rationalisierung. Aufgrund der fehlenden Möglichkeit für untere Einkommensklassen, finanzielle Rücklagen für Notsituationen zu bilden, befanden sich viele Familien regelmäßig am Existenzminimum.

b. Mutterschutz als Instrument zum Machterhalt

Vor dem Hintergrund dieser sich aus der Industrialisierung entwickelnden sozialprekären Verhältnisse der Arbeiter im Allgemeinen und von Frauen und Kindern im Besonderen, bildete sich Mitte des 19. Jahrhunderts eine immer stärker werdende Arbeiterbewegung, welche politische Unterstützung in der »Sozialistischen Arbeiterpartei Deutschland« fand. Die Forderung nach Gesetzen zum Schutze der Arbeiter, insbesondere nach Schutzgesetzen zugunsten beschäftigter Kinder und Jugendlicher sowie zugunsten erwerbstätiger Frauen rückte in den politischen Mittelpunkt. Während die Arbeiterbewegung primär ein Problem für die Unternehmer darstellten, die sich auf einmal Forderungen von Gewerkschaften ausgesetzt sahen,[32] drohte der wachsende Einfluss der Sozialdemokraten eine Gefahr für die konstitutionelle Monarchie und somit für die politische Führung des Kaiserreichs zu werden. Die Reichsführung fürchtete einen Arbeiteraufstand und sah sich bereits 1873 zum Einsetzen einer Enquete über die Verhältnisse in der Fabrikarbeit gezwungen.[33] Die Ergebnisse wurden dem Reichstag schließlich im Februar 1877 zugeleitet.[34] Aber auch nach Einsetzen der Enquete verringerte sich der politische Druck auf die Reichsführung nicht. Die Anzahl der eingereichten Petitionen, die sich fast ausschließlich mit den prekären Zuständen in der Industrie beschäftigten, verringerte sich nicht.[35] Vielmehr wurden nach der Veröffentlichung der Enquete-Ergebnisse zunehmend Interpellationen an den Reichskanzler von Bismarck gerichtet.[36] Obgleich die Reichsregierung zunächst versuchte, die in der Enquete

32 Während 1891 nur 51 Tarifverträge galten, waren es kurz vor dem Weltkrieg bereits mehr als 10.000; vgl. hierzu *Berghahn*, S. 82 ff.

33 3. Bericht der Kommission für Petitionen, Anlage Nr. 60 Verh. d. RT., 1. Legislaturp., S. 351 ff.

34 Schreiben des Reichskanzlers von Bismarck v. 27.2.1877, 4. RT-Sitzung am 2.3.1877, Verh. d. RT., 3. Legislaturp., S. 21.

35 Vgl. etwa 8. Bericht der Kommission für Petitionen v. 20.3.1874, Anlage Nr. 40 zu Verh. d. RT., 2. Legislaturp., S. 320 ff.; 13. Bericht der Kommission für Petitionen v. 15.1.1875, Anlage Nr. 190 zu Verh. d. RT., 2. Legislaturp., S. 1142 ff.; 10. Bericht der Kommission für Petitionen v. 13.9.1875, Anlage Nr. 135 zu Verh. d. RT., 2. Legislaturp., S. 435 ff.; 4. Bericht der Kommission für Petitionen v. 14.4.1877, Anlage Nr. 104 zu Verh. d. RT., 3. Legislaturp., S. 348 ff.

36 Vgl. z. B. Interpellation der Abgeordneten Ackermann und Genossen (DRP) v. 7.5.1874, Anlage Nr. 107 zu Verh. d. RT., 2. Legislaturp., S. 909 ff.; Interpellation des Abgeordneten Günther (DRP) v. 3.4.1877, Anlage Nr. 20 zu Verh. d. RT., 3. Legislaturp., S. 48.

benannten Unzulänglichkeiten als Einzelfälle darzustellen,[37] gab sie dem politischen Druck schließlich widerwillig nach und fügte den siebten Abschnitt in die Gewerbeordnung ein, der sich auf das notwendige Mindestmaß und somit ausschließlich auf Fabrikarbeiter beschränkte.[38]

Die erste soziale Gesetzgebung darf mithin nicht als Ausfluss der sozialen Bemühungen der damaligen Reichsregierung verstanden werden, sondern ist vielmehr das Ergebnis politischen Kalküls. Die Verabschiedung geringfügiger Arbeiterschutzgesetze diente dem Machterhalt und der Eindämmung des zunehmenden politischen Einflusses der Sozialdemokraten.[39]

c. *Weitere Faktoren*

Neben diese primär politische Motivation traten weitere Faktoren, die zum begrenzten Anwendungsbereich des Wöchnerinnenschutzes führten. Zum einen diente das Beschäftigungsverbot in § 135 GewO a. F. der Stabilisierung der Familienverhältnisse,[40] die – so das christlich-häusliche Verständnis – durch eine zehn- bis zwölfstündige außerhäusliche Tätigkeit der Frau in ihrem Bestand gefährdet seien. Dem könne nur dadurch Abhilfe geschaffen werden, dass die Frau auch weiterhin trotz der durch die Industrialisierung, den Produktionsaufschwung und der Marktwirtschaft hervorbrechenden Individualisierungstendenzen hauptsächlich der Familie zur Verfügung stünde.[41] Die Frauenerwerbstätigkeit sollte deshalb verringert werden.[42]

---

37 Vgl. etwa den Redebeitrag des Abgeordneten Rickert (National-Liberale Partei) in der 22. Sitzung am 16.4.1877, Verh. d. RT., 3. Legislaturp., S. 504 (505 f.).

38 Dies ergibt sich bereits aus den Motiven des Gesetzesentwurfs v. 23.2.1878, Anlage Nr. 41 zu Verh. d. RT., 3. Legislaturp., S. 496 (501 f.); ebenso Bericht der Kommission über den Gesetzesentwurf zur Gewerbeordnungsnovelle v. 11.4.1878, Anlage Nr. 177 zu Verh. d. RT., 3. Legislaturp., S. 1164 ff.; vgl. hierzu die Kritik des Abgeordneten Most (SPD) in der 40. Sitzung des Reichstages am 4.5.1878, Verh. d. RT., 3. Legislaturp., S. 1056; vgl. hierzu ebenfalls den Redebeitrag des Abgeordneten Wiggers (Deutsche Fortschrittspartei) in der 43. RT-Sitzung am 8.5.1878, der betonte, dass der Schutz durch gesetzliche Regelungen nicht auf alle Arbeiter ausgedehnt werden dürfe als unbedingt notwendig sei, um eine Schädigung der Industrie zu vermeiden. Notwendig seien Schutzbestimmungen aber nur im Fabrikbereich. Vgl. Verh. d. RT., 3. Legislaturp., S. 1143 ff.

39 Dies ergibt sich auch aus der kaiserlichen Botschaft zur Eröffnungssitzung des Reichstages am 17.11.1881, Verh. d. RT, 5. Legislaturp., S. 1 ff.; vgl. hierzu auch *Ritter/Tenfelde*, S. 696, S. 702.

40 Der Bericht der Kommission über den Gesetzesentwurf zur Gewerbeordnungsnovelle v. 11.4.1878 sprach hinsichtlich der übrigen Schutzbestimmung zugunsten erwerbstätiger Frauen und Mädchen noch vom »Interesse der Familie und der weiblichen Sitte«, vgl. Anlage Nr. 177 zu Verh. d. RT., 3. Legislaturp., S. 1164 (1178).

41 Vgl. hierzu *Hausen*, S. 717.

42 Vgl. Redebeitrag des Abgeordneten Graf von Galen (Zentrum) in der 22. RT-Sitzung am 16.4.1877, Verh. d. RT., 3. Legislaturp., S. 503; Redebeitrag des Abgeordneten

Zum anderen bestand aufgrund des liberalen Verständnisses der Wirtschaftsordnung von Seiten des Gesetzgebers eine erhebliche Scheu vor einer zu weit gehenden Regulierung der Wirtschaft.[43] Der Gesetzgeber war bestrebt, im Interesse der internationalen und europäischen Wettbewerbsfähigkeit einen Ausgleich mit den Unternehmerinteressen herzustellen.[44]

Die Gesamtheit der vorgenannten Umstände führte schließlich dazu, dass der Wöchnerinnenschutz am Ende des 19. Jahrhunderts lediglich einen Bruchteil aller erwerbstätigen Frauen erfasste.[45]

3. *Mutterschutz für Arbeiterinnen*

Der persönliche Anwendungsbereich des Wöchnerinnenschutzes in der Gewerbeordnung blieb in den darauffolgenden Jahren weitestgehend unverändert. Erst 1908 wurde im Rahmen der Gewerbeordnungsnovelle der Kreis der Frauen, die fortan in den Genuss der Mutterschutzvorschriften kommen sollten, erweitert.[46] Zunächst wurde der Wöchnerinnenschutz – mittlerweile geregelt im § 137 GewO – von sechs auf acht Wochen ausgedehnt. Damit einher ging eine Anpassung der Terminologie von *Wöchnerin* zur *Arbeiterin*. Die Begriffsänderung war der Ausdehnung der Schutzfristen geschuldet. Zukünftig sollte der Mutterschutz anders als beim

---

Motteler (SPD) in der 43. RT-Sitzung am 8.5.1878, Verh. d. RT., 3. Legislaturp., S. 1146; Redebeitrag des Abgeordneten Lieber (Zentrum) in der 43. RT-Sitzung am 8.5.1878, Verh. d. RT., 3. Legislaturp., S. 1161; Redebeitrag des Abgeordneten von Hertling (Zentrum) in der 72. RT-Sitzung am 26.4.1883, Verh. d. RT., 5. Legislaturp., S. 2106; ebenso Redebeitrag des Abgeordneten Hammacher (National-Liberale Partei) in der 72. RT-Sitzung am 26.4.1883, Verh. d. RT., 5. Legislaturp., S. 2106. Vgl. zu den unterschiedlichen Motiven auch *Braun*, S. 189 ff., S. 221 ff.

43 Vgl. etwa Redebeitrag des Abgeordneten Ackermann (DRP) in der 22. RT-Sitzung am 16.4.1877, Verh. d. RT., 3. Legislaturp., S. 498, (500 f.) sowie Redebeitrag des Staatsministers Hofmann, Verh. d. RT., 3. Legislaturp., S. 509 ff.; Redebeitrag des Abgeordneten Paasche (National-Liberale Partei) in der 72. RT-Sitzung am 26.4.1883, Verh. d. RT., 5. Legislaturp. S. 2106.

44 Vgl. etwa Redebeitrag des Staatsministers Hofmann in der 22. RT-Sitzung am 16.4.1877, Verh. d. RT., 3. Legislaturp., S. 509 (511) sowie Redebeiträge der Abgeordneten Buhl und Penzig (National-Liberale Partei) in der 43. RT-Sitzung am 8.5.1878, Verh. d. RT., 3. Legislaturp. S. 1151 u. S. 1152.

45 Bis zum Ende des 19. Jahrhunderts war ein Großteil der weiblichen Beschäftigten weiterhin in der Landwirtschaft (über 2,3 Mio. Frauen) und im häuslichen Dienst (1,3 Mio. Frauen) tätig, während sich der Anteil der weiblichen Beschäftigten in der Industrie erst der 1,0 Mio. Grenze näherte; vgl. Statistiken bei *Braun*, S. 252 ff.

46 Gesetzesentwurf v. 16.12.1907, Anlage Nr. 552 zu Verh. d. RT., 12. Legislaturp., S. 24.

§ 135 GewO a. F. bereits *vor* der Niederkunft einsetzen.[47] Der Begriff der *Wöchnerin* war mithin nicht mehr zutreffend.[48]

Darüber hinaus wurde die Überschrift des siebten Abschnitts der Gewerbeordnung umbenannt. Dem Abschnitt wurde die Überschrift »Besondere Bestimmungen für Betriebe, in denen in der Regel mindestens zehn Arbeiter beschäftigt werden« vorangestellt. Die Mutterschutzvorschriften fanden nun nicht mehr nur Anwendung auf Fabrikarbeiterinnen, sondern auf alle Frauen, die in einem Betrieb von mindestens zehn Arbeitern beschäftigt wurden. Damit war für die Anwendbarkeit der Mutterschutzregelung in § 137 Abs. 6 GewO a. F. allein die Betriebsgröße entscheidend. Eine Differenzierung nach Art des gewerblichen Betriebes sollte nicht mehr erfolgen.[49] Hintergrund dieser Umbenennung war die Feststellung, dass die bisherige Überschrift des siebten Abschnitts der Gewerbeordnung seit 1878 kontinuierlich »*zu einer in hohem Maße unerwünschten Einschränkung der Anwendung der Arbeiterschutzvorschriften*« geführt hatte.[50] Mit der Umbenennung des Abschnittes sollte deshalb der Geltungsbereich der Arbeiterschutzvorschriften erweitert und eine klare Definition desselben ermöglicht werden.[51]

Schließlich kann die Ausdehnung des Anwendungsbereiches auch als Ergebnis eines zwischenzeitlich stattgefundenen Umdenkens des Gesetzgebers angesehen werden. Stand der Wöchnerinnenschutz bislang unter dem Bestreben nach der Wiederherstellung der christlich-häuslichen Gemeinschaft,[52] so hatte man Anfang des 20. Jahrhunderts bereits realisiert, dass der Gesundheitsschutz von Mutter und Kind im Vordergrund zu stehe habe.[53] Auch zeigten sich infolge der Frauenbewegung die ersten Anzeichen[54] für das Bestreben, durch einen umfassenden Mutterschutz zur besseren Vereinbarkeit von Erwerbstätigkeit und Familie im Interesse einer ausgeglichenen demographischen Entwicklung beizutragen.[55]

---

47 Diese Neuregelung ging auf eine Petition aus dem Jahre 1907 zurück, vgl. 47. Bericht der Kommission über Petitionen v. 14.5.1907, Anlage Nr. 467 zu Verh. d. RT., 12. Legislaturp., S. 2522 ff.

48 Vgl. § 137 Abs. 6 der Gewerbeordnung in der Fassung v. 28.12.1908, RGBl. 1908, S. 667 ff.; 1. Teil des Berichts der 16. Kommission zur Vorberatung des Gesetzesentwurfes zur Abänderung der Gewerbeordnung v. 27.11.1908, Anlage Nr. 1050 zu Verh. d. RT., 12. Legislaturp., S. 5904.

49 Gesetzesentwurf v. 16.12.1907, Anlage Nr. 552 zu Verh. d. RT., 12. Legislaturp., S. 24.

50 Ebenda.

51 Ebenda.

52 So bereits vorstehend unter II. 2. c., S. 70 f.

53 47. Bericht der Kommission für die Petitionen v. 14.5.1907, Anlage Nr. 467 zu Verh. d. RT., 12. Legislaturp., S. 2523 sowie Redebeiträge der Abgeordneten Schmidt (DR), Stadthagen (SPD) und Giesberts (Zentrum) in der 172. RT-Sitzung am 30.11.1908, Verh. d. RT., 12. Legislaturp., S. 5843 ff., S. 5862 f. u. S. 5865 f.

54 Vgl. z. B. Redebeitrag des Abgeordneten Erzberger (Zentrum) in der 173. RT-Sitzung am 1.12.1908, Verh. d. RT., 12. Legislaturp., S. 5875.

55 Der *Bund für Mutterschutz* reichte bereits 1907 eine Petition zur Einführung einer Mutterschaftsversicherung ein, welche jedoch aus finanziellen Bedenken

Die schlichte Umbenennung des Abschnittes hatte somit eine Ausdehnung des Anwendungsbereiches des Mutterschutzes zur Folge. Diese modernen Tendenzen hielten jedoch nicht lange an, wie ein Blick auf die weitere Entwicklung des Mutterschutzes, insbesondere zu Zeiten des Nationalsozialismus, zeigt.

III. Mutterschutz in der Weimarer Republik und zu Zeiten des Nationalsozialismus – Mutterschaft als Leistung für die Volksgemeinschaft

Nach der Gesetzgebungsnovelle von 1908 erfuhr der Mutterschutz keine weiteren Ausgestaltungen, sondern blieb bis zum Kriegsbeginn unverändert. Politische Forderungen nach einem Ausbau des Mutterschutzes konnten sich nicht durchsetzen.[56] Erst im Verlaufe des Krieges wurde der Mutterschutz im weiteren Sinne auf der sozialversicherungsrechtlichen Ebene durch die Reichswochenhilfe für Wöchnerinnen, deren Männer zum Kriegsdienst einberufen wurden, ausgedehnt.[57] Obgleich die Einführung der Reichswochenhilfe eine weitere Ausgestaltung des Mutterschutzes darstellte, sank das Schutzniveau für (schwangere) Arbeiterinnen signifikant.[58] Erst durch die Demobilmachungsverordnungen von 1918[59] und 1919[60] konnte den bisherigen Arbeitsschutzbestimmungen schließlich wieder zur Geltung verholfen werden. Allerdings liefen mit Ende des Krieges die für die Kriegszeiten erlassenen

---

unbehandelt blieb, vgl. 177. Bericht der Kommission für die Petitionen v. 18.2.1909, Anlage Nr. 1212 zu Verh. d. RT., 12. Legislaturp., S. 7467; vgl. zur Mutterschaftsversicherung auch ausführlich *Hauser*, S. 73 ff.

56 Vorstöße zur Ausweitung des Schutzniveaus wurden immer wieder zurückgewiesen. So hatten die Sozialdemokraten bereits 1878 die Aufnahme eines Kündigungsverbotes für die Zeit des Wöchnerinnenschutzes gefordert, vgl. Abänderungsanträge des Abgeordneten Motteler und Genossen (SPD) v. 4.5.1878, Anlage Nr. 205 zu Verh. d. RT., 3. Legislaturp., S. 1348; Ablehnung durch den Reichstag in der 43. RT-Sitzung am 8.5.1878, Verh. d. RT., 3. Legislaturp., S. 1165; vgl. ebenfalls Bericht der Kommission v. 11.4.1878, Anlage Nr. 177 zu Verh. d. RT., 3. Legislaturp., S. 1164 (1182).

57 Bekanntmachung betreffend Ausweitung der Wochenhilfe während des Krieges v. 3.12.1914, RGBl. 1914, S. 492.

58 Dies beruht nicht zuletzt auf der Notverordnung betreffend die »Ausnahmen von Beschäftigungsbeschränkungen gewerblicher Arbeiter« v. 4.8.1914, RArbBl. II 1914, S. 667; vgl. ausführlich *Edel*, S. 49 ff.

59 Anordnung über die Regelung der Arbeitszeit der gewerblichen Arbeiter v. 23.11.1918, RGBl. I 1918, S. 1334; Anordnung zur Ergänzung der Anordnung v. 23.11.1918, RGBl. I 1918, S. 1436; vgl. zur Wochenhilfe auch Verordnung über die Wochenhilfe aus Mitteln des Reiches v. 21.12.1918, RGBl. I 1918, S. 1467 sowie die Ausführungen zur Wochenhilfe unmittelbar nach Kriegsende in der Denkschrift v. 21.3.1919, Anlage Nr. 215 zu Verh. d. RT., Nationalversammlung, S. 48 ff.

60 Verordnung über die Regelung der Arbeitszeit der Angestellten während der Zeit der wirtschaftlichen Demobilmachung, RGBl. I 1919, S. 315.

Verordnungen und somit unter anderem auch die Verordnungen über die Kriegswochenhilfe aus.

Der langjährige Stillstand bei der Entwicklung der arbeitsrechtlichen Komponente des Mutterschutzes sollte 1927 endgültig durch das »Gesetz über die Beschäftigung vor und nach der Niederkunft«[61] beendet werden. Dieses Gesetz diente der Umsetzung des bis dato noch nicht ratifizierten »Washingtoner Übereinkommens über die Beschäftigung der Frauen vor und nach der Niederkunft«[62] von 1919.[63] Hierdurch sollte der als unzureichend empfundene Mutterschutz den aktuellen Entwicklungen des Arbeitsmarktes angepasst werden.[64] Die Tendenzen des Vorkriegsmutterschutzes wurden aufgegriffen, um den Mutterschutz erstmals seit fast zwanzig Jahren zu intensivieren und im Sinne des Washingtoner Abkommens weiter zu entwickeln. So etablierte das Gesetz erstmalig ein gesetzliches Kündigungsverbot für sechs Wochen vor und nach der Entbindung.[65] Gleichzeitig wurde der Schutz der Schwangeren und Wöchnerinnen auf alle Arbeitnehmerinnen ausgedehnt, ausgenommen solche, die in der Land- und Hauswirtschaft beschäftigt wurden.[66] Damit fand zukünftig ausschließlich eine Anknüpfung an den Begriff der Arbeitnehmerin statt; auf die Betriebsgröße kam es fortan nicht mehr an.

Obgleich das Gesetz nicht allen Forderungen, insbesondere denen nach einem weitreichenderem Geltungsbereich[67] und einer Einführung einer

---

61 RGBl. I 1927, S. 184 ff.

62 ILO-Übereinkommen Nr. 3 v. 29.10.1919, RGBl. II 1927, S. 497.

63 Das Washingtoner Übereinkommen ging deutlich über die damaligen deutschen Schutzbestimmungen zugunsten schwangerer Arbeitnehmerinnen und Wöchnerinnen hinaus, sodass erhebliche Gesetzesänderungen zur Ratifizierung für erforderlich gehalten wurden. Die Bedenken, die hinsichtlich dieser Gesetzesänderungen bestanden, nutzte das Reichsarbeitsministerium, um die Ratifizierung erheblich zu verzögern; vgl. hierzu Mitteilungen des Reichsarbeitsministers Braun v. 16.3.1923, RT-Drs. I/5708 und v. 27.2.1925, RT-Drs. III/601 sowie Redebeitrag des Abgeordneten Remitz (SPD) in der 33. RT-Sitzung am 10.3.1925, Verh. d. RT., 3. Wahlp., S. 972 ff. sowie die nachfolgenden Ausführungen im 3. Abschnitt, II. 1. a. , S. 111 f.

64 Mündlicher Bericht des 9. Ausschusses (Soziale Angelegenheiten) durch die Abgeordnete Schroeder (SPD) in der 213. RT-Sitzung am 21.6.1926, Verh. d. RT., 3. Wahlp., S. 7488 ff.

65 § 4 des Gesetzes über die Beschäftigung vor und nach der Niederkunft v. 16.7.1927, RGBl. I 1927, S. 184 ff.

66 § 1 Abs. 2 des Gesetzes über die Beschäftigung vor und nach der Niederkunft v. 16.7.1927, a. a. O.

67 Das Washingtoner Abkommen fand nach Art. 2 Anwendung auf alle Frauen, die in öffentlichen, privaten, gewerblichen oder Handelsbetrieben beschäftigt waren. Dieser erweiterte Geltungsbereich sollte nach Forderungen der SPD und KP auch für die deutschen Mutterschutzbestimmungen maßgeblich sein, vgl. hierzu z. B. Redebeitrag des Abgeordneten Remitz (SPD) in der 33. RT-Sitzung am 10.3.1925, Verh. d. RT., 3. Wahlp., S. 972 ff. sowie Bericht des Sozialpolitischen Ausschusses v. 5.5.1927 zu den Entwürfen eines Gesetzes über die Beschäftigung vor und nach der

Mutterschaftsversicherung[68] nachkam, stellt das »Gesetz über die Beschäftigung vor und nach der Niederkunft« von 1927 einen weiteren Meilenstein bei der Entwicklung des Mutterschutzes in Deutschland dar. Es blieb in den Folgejahren unverändert.[69]

Erst 1942 wurde ein neues mutterschutzrechtliches Gesetz, das »Gesetz zum Schutze der erwerbstätigen Mutter«,[70] erlassen, welches auf den ersten Blick eine erhebliche Verbesserung des Schutzes und der finanziellen Absicherung von schwangeren erwerbstätigen Frauen darstellte. Denn anders als die Vorgängerregelungen beschränkt sich das Mutterschutzgesetz von 1942 nicht auf die Regelung eines Beschäftigungsverbotes für die Zeit vor und nach der Geburt,[71] sondern vereint erstmalig arbeitsrechtliche und sozialversicherungsrechtliche Regelungen in einem Gesetz. Diese wesentliche Neuerung war in § 7 enthalten, mit welchem erstmals die sozialversicherungsrechtliche Komponente des Mutterschutzes, namentlich das Wochen- und Stillgeld, in ein Mutterschutzgesetz inkorporiert wurden. Dabei wurde ausdrücklich die Lohnersatzfunktion des Wochengeldes herausgestellt, um die in der Vergangenheit – nicht zuletzt wegen der prekären finanziellen Situation der schwangeren Frauen übliche – Umgehung des Mutterschutzes durch die Weiterarbeit der Frau zu verhindern.

Daneben enthielt das Gesetz eine Reihe von Neuregelungen, die über das Mutterschutzgesetz von 1927 hinausgingen, beispielsweise ein allgemeines Beschäftigungsverbot für den Fall, dass durch die Beschäftigung die Gesundheit von Mutter oder Kind gefährdet wird.[72] § 2 Abs. 2 enthielt ein besonderes Beschäftigungsverbot, in dem Arbeiten, welche für Frauen generell ungeeignet waren, definiert und Arbeitsplätze genannt wurden, an denen Frauen nicht beschäftigt werden durften. Der Schutz der Gesundheit der werdenden Mutter und des ungeborenen Kindes wurde schließlich ergänzt durch das Verbot von Mehr-, Nacht- und Feiertagsarbeit für werdende und stillende Mütter.[73] Neben diesen neuen Regelungen griff das Gesetz Regelungen des Mutterschutzgesetzes von 1927, wie das Kündigungsverbot, auf und erweiterte den Kündigungsschutz. Darüber hinaus nahm das Gesetz eine

---

Niederkunft, RT-Drs. III/3521, S. 6 ff. Zur Wirkung von ILO-Übereinkommen vgl. 3. Abschnitt, II. 1. c., S. 124 ff.

68 Die Rückübertragung der Wochenfürsorge von den Krankenkassen auf das Reich wurde bereits 1925 von der SPD gefordert, konnte sich aber nicht durchsetzen; vgl. Redebeitrag der Abgeordneten Schroeder (SPD) in der 16. RT-Sitzung am 6.2.1925, Verh. d. RT., 3. Wahlp., S. 385 ff.; vgl. zur Mutterschaftsversicherung auch Bericht des Sozialpolitischen Ausschusses v. 5.5.1927, RT-Drs. III/3521, S. 6 ff.

69 Lediglich auf sozialversicherungsrechtlicher Ebene fand 1929 eine Anpassung der Wochenhilfe statt; vgl. Gesetz über Wochenhilfe v. 18.5.1929, RGBl. I 1929, S. 98.

70 RGBl. I 1942, S. 321 ff.

71 § 2 Abs. 3 und § 3 Abs. 1 des Gesetzes zum Schutze der erwerbstätigen Mutter v. 17.5.1942, RGBl. I 1942, S. 321 ff.

72 § 2 Abs. 1 des Gesetzes zum Schutze der erwerbstätigen Mutter v. 17.5.1942, a. a. O.

73 § 4 des Gesetzes zum Schutze der erwerbstätigen Mutter v. 17.5.1942, a. a. O.

neue Ausgestaltung des Geltungsbereiches vor.[74] Anders als das Vorgängergesetz von 1927 fand keine Anknüpfung mehr an den Begriff der Arbeitnehmerin statt, sondern es wurde der Begriff der *erwerbstätigen Mutter* verwendet.[75] Dieser erfasste alle Frauen, »*die in Betrieben und Verwaltungen jeder Art beschäftigt*« waren. Eine Unterscheidung nach Art der Arbeit oder des Betriebes fand nicht mehr statt.

Allerdings darf das Mutterschutzgesetz von 1942 entgegen der vermeintlich modernen Ansätze einzelner Regelungen nicht als Ausdruck eines Einverständnisses der Politik mit der weiblichen Erwerbstätigkeit verstanden werden.[76] Obgleich prima facie die Vereinbarkeit von Familie und Beruf für Frauen erleichtert wurde, rückte das Gesetz das nationalsozialistische Frauenbild in den Vordergrund. Dies verdeutlicht eindrucksvoll die Präambel, welche die

> *»[...] größte Leistung der Frau für die Volksgemeinschaft, die Geburt gesunder Kinder [...]«*[77]

betont. Frauen sollten sich vollumfänglich ihrer natürlichen Aufgabe als Frau und Mutter widmen können.[78] Bereits in den 30er Jahren hatte unter dem nationalsozialistischen Einfluss auf gesellschaftlicher Ebene eine Rückbesinnung auf vormals bürgerliche Familienmodelle stattgefunden, in denen Frauen ausschließlich die Mütterlichkeitsrolle zukam. Das Klischee der volkswirtschaftlichen Mütterlichkeit diente dabei der ideologischen Begrenzung der Frauenrolle.[79] Nach dem propagierten Frauenbild sollten sich die Aufgaben der Frau auf Heim, Familie und Kindererziehung beschränken.

Das unter nationalsozialistischem Einfluss entstandenem Mutterschutzgesetz von 1942 wurde erst 1952 durch das »Gesetz zum Schutze der erwerbstätigen Mutter« abgelöst.

IV. Entwicklung des Mutterschutzes in der Neuzeit – Mutterschutz für Arbeitnehmerinnen

Das heutige MuSchG basiert im Wesentlichen auf der Neufassung des »Gesetzes zum Schutze der erwerbstätigen Mutter« im Jahr 1952. Da seit 1945 infolge der

---

74 § 6 und § 1 des Gesetzes zum Schutze der erwerbstätigen Mutter v. 17.5.1942, a. a. O.

75 § 1 Abs. 1 des Gesetzes zum Schutze der erwerbstätigen Mutter v. 17.5.1942, a. a. O.

76 Ebenso *Edel*, S. 85 f.; *Niehuss* S. 854.

77 Präambel des Gesetzes zum Schutze der erwerbstätigen Mutter v. 17.5.1942, RGBl. I 1942, S. 321 ff.

78 So auch *Niehuss*, S. 854.

79 Vgl. zur gesellschaftlichen Rolle der Frauen und der dahinterstehenden Ideologie während des Nationalsozialismus: Macht und Gesellschaft – Männer und Frauen in der NS-Zeit: Eine Perspektive für ein künftiges NS-Dokumentationszentrum München, Tagungsband der Tagung v. 18./19.6.2004, abrufbar unter: http://www.ns-dokumentationszentrum-muenchen.de/veranstaltungen/dateien/tagungsband-gendertagung.pdf (Stand: 20.2.2014).

Unanwendbarkeit nationalsozialistischer Gesetze[80] faktisch kein Mutterschutz bestand, beantragte die SPD bereits 1949 den Erlass eines *»zeitgemäßen Gesetzes zum Schutze der erwerbstätigen Mutter«*.[81] Infolge der andauernden Untätigkeit des Gesetzgebers erarbeitete die SPD schließlich einen Gesetzesentwurf mit dem Titel »Gesetz zum Schutze der Mutter«.[82]

1. Mutterschutzgesetz von 1952

Entgegen der ursprünglichen gesetzgeberischen Intention entsprachen die mutterschutzrechtlichen Regelungen des SPD-Entwurfes im Wesentlichen den Bestimmungen des Mutterschutzgesetzes von 1942. Ein bedeutender Unterschied ergab sich jedoch aus der Präambel des Gesetzesentwurfes, welcher auf Art. 6 Abs. 4 GG rekurrierte. Aus diesem Grund sah der Gesetzesentwurf einen weitreichenden Geltungsbereich vor. Das MuSchG sollte sich auf

> *»alle erwerbstätigen Frauen in den Betrieben und Verwaltungen, in der Hauswirtschaft, Land- und Forstwirtschaft und auf alle Heimarbeiterinnen«*

erstrecken.[83] Hintergrund dieses ausgedehnten Geltungsbereichs war die Auffassung, dass das Mutterschutzgesetz von 1942 dem zwischenzeitlich erlassenen Grundgesetz und insbesondere dem in Art. 6 GG verankerten Schutz jeder Mutter durch die Gemeinschaft nicht gerecht wurde. Mit dem in Art. 6 GG verbürgten Schutz der Mütter sei es nicht vereinbar, Personenkreise vom »sachlichen« Geltungsbereich des Mutterschutzgesetzes auszuschließen. Aus diesem Grund sollten alle erwerbstätigen Frauen dem Mutterschutz unterfallen.[84]

Zwar bestand hinsichtlich der Schutzbedürftigkeit aller Mütter politisches Einvernehmen, dennoch war der Gesetzesentwurf der SPD, und insbesondere der Geltungsbereich, Gegenstand einer Vielzahl von parlamentarischen Diskussionen und Auseinandersetzungen und wurde schließlich in den nachfolgenden Ausschuss- und Plenarsitzungen erheblich beschränkt. So begrenzte der Entwurf des Ausschusses für Sozialpolitik den persönlichen Anwendungsbereich auf

> *»Frauen, die in einem Arbeitsverhältnis stehen«*.[85]

---

80 Art. 1 Abs. 2 des Gesetzes Nr. 1 der Militärregierung Deutschland, abrufbar unter: http://reichsamt.info/justizamt/vorlagen/SHAEF_Militaergesetze.pdf (Stand: 7.3.2016).

81 Antrag der SPD v. 5.10.1949, BT-Drs. 1/79.

82 Gesetzesentwurf der SPD v. 18.7.1950, BT-Drs. 1/1182.

83 Gesetzesentwurf der SPD v. 18.7.1950, BT-Drs. 1/1182.

84 Redebeiträge der Abgeordneten Kipp-Kaule (SPD), Thiele (KPD) und Kalinke (DP) in der 12. BT-Sitzung am 20.10.1949, Verh. d. BT., 1. Wahlp., S. 273 ff.

85 Mündlicher Bericht des Ausschusses für Sozialpolitik (21. Ausschuss) über den von der Fraktion der SPD eingebrachten Entwurf eines Gesetzes zum Schutze der Mutter (Mutterschutzgesetz), BT-Drs. Nr. 1/2876.

Hiermit sollten zunächst Beamtinnen vom Geltungsbereich des Mutterschutzgesetzes ausgeschlossen werden, denn Beamte unterfielen aufgrund ihres öffentlich-rechtlichen Dienstverhältnisses nicht den arbeitsschutzrechtlichen Bestimmungen, zu denen auch das Mutterschutzgesetz gezählt wurde. Ferner kamen Beamte bereits nach dem Beamtengesetz und aufgrund ihres besonderen Treueverhältnisses in den Genuss der Fürsorge und des Schutzes des Staates, sodass ein gesonderter gesetzlicher Schutz für nicht erforderlich gehalten wurde.[86] Daneben erfolgte die Einschränkung des Anwendungsbereichs auch unter dem Gesichtspunkt der Finanzierbarkeit. Die von der SPD im Entwurf vorgesehene Ausweitung des Mutterschutzes auf alle erwerbstätigen Mütter[87] sei wegen der finanziellen Auswirkungen nicht angebracht gewesen.[88] Gleichzeitig wurde im Hinblick auf eine einheitliche Terminologie innerhalb des Mutterschutzgesetzes der Begriff des *Arbeitsverhältnisses* dem Begriff des *Beschäftigungsverhältnisses* im Sinne der RVO vorgezogen. Hierdurch sollten Mehrdeutigkeiten verhindert werden.[89]

Allerdings wurde während des Gesetzgebungsverfahrens ausdrücklich betont, dass die Einschränkungen des Geltungsbereiches etwaig später folgenden gesetzlichen Regelungen nicht vorgreifen sollten.[90] Die Beschränkung des Mutterschutzes auf Arbeitnehmerinnen sollte bis zur Einigung über ein »Gesetz für Mutter und Kind« lediglich zeitlich begrenzt erfolgen.[91] Erst aufgrund dieser Zusicherung

---

86 Gemeinsame Sitzung der Ausschüsse für Sozialpolitik, für Arbeit und für Fragen des Gesundheitswesen am 26.1.1951, Kurzprotokoll der Sitzung am 26.1.1951, HStA-NW 50/1021; siehe auch Bericht der Abgeordneten Dr. Rehling (CDU) in der 180. BT-Sitzung am 12.12.1951, Verh. d. BT., 1. Wahlp., S. 7519 ff. Dem widersprachen die Abgeordneten Albrecht (SPD) und Schroeder (SPD), siehe Verh. d. BT., 1. Wahlp., S. 7523 C u. S. 7525 f.

87 Gesetzesentwurf der SPD v. 18.7.1950, BT-Drs. 1/1182.

88 Bericht der Abgeordneten Dr. Rehling (CDU) in der 180. BT-Sitzung am 12.12.1951, Verh. d. BT., 1. Wahlp., S. 7519 ff.

89 Gemeinsame Sitzung der Ausschüsse für Sozialpolitik, für Arbeit und für Fragen des Gesundheitswesen am 26.1.1951, Kurzprotokoll der Sitzung am 26.1.1951, HStA-NW 50/1021; siehe auch Bericht der Abgeordneten Dr. Rehling (CDU) in der 180. BT-Sitzung am 12.12.1951, Verh. d. BT., 1. Wahlp., S. 7519 ff. Die Redebeiträge der Abgeordneten Albrecht und Schroeder (SPD) verdeutlichen, dass die Intention des Gesetzgebers auch weiterhin die Schaffung eines Mutterschutzes für alle erwerbstätigen Mütter gewesen ist, vgl. Verh. d. BT., 1. Wahlp., S. 7523 C und S. 7525 D.

90 Bericht der Abgeordneten Dr. Rehling (CDU) in der 180. BT-Sitzung am 12.12.1951, Verh. d. BT., 1. Wahlp., S. 7519.

91 Vgl. gemeinsame Sitzung der Ausschüsse für Sozialpolitik, für Arbeit und für Fragen des Gesundheitswesens am 26.1.1951, Kurzprotokoll der Sitzung am 26.1.1951, HStA-NW 50/1021; siehe auch Bericht der Abgeordneten Dr. Rehling (CDU) in der 180. BT-Sitzung am 12.12.1951, Verh. d. BT., 1. Wahlp., S. 7519.

fanden die Beschränkungen des Geltungsbereiches die notwendige Mehrheit.[92] Schließlich wurde der Titel des Gesetzes wieder in »Gesetz zum Schutz der erwerbstätigen Mutter (Mutterschutzgesetz)« geändert. Als solches wurde der Gesetzesentwurf am 12. Dezember 1951 verabschiedet[93] und trat zum 1. Februar 1952 in Kraft.[94]

Die Gesetzgebungshistorie für die Neufassung des Mutterschutzgesetzes im Jahr 1952 lässt folglich deutlich erkennen, dass die ursprüngliche Intention des Gesetzgebers auf eine Verbesserung der Lage *aller* erwerbstätigen Mütter gerichtet war. Zwar hat das Gesetz den Kreis der einbezogenen Frauen erheblich erweitert, jedoch war das Vorliegen eines Arbeitsverhältnisses wesentliche Voraussetzung. Obgleich diese Beschränkung zunächst nur temporäre Wirkung entfalten sollte, blieb sie in den darauffolgenden Jahren unverändert bestehen. Dies war Anlass für erneute umfangreiche politische Auseinandersetzungen im Rahmen der Novelle des Mutterschutzgesetzes im Jahr 1979.

2. Gesetz zur Einführung eines Mutterschaftsurlaubs von 1979

Ziel der ersten großen Gesetzgebungsnovelle[95] zum Mutterschutzgesetz war die Einführung eines viermonatigen, bezahlten Mutterschaftsurlaubes im Anschluss an die vorhandenen Schutzfristen.[96] Hierdurch sollte die Doppelbelastung[97] von erwerbstätigen Müttern durch eine Verbesserung der Vereinbarkeit von Familie und Beruf abgemildert werden. In Anbetracht der steigenden Beschäftigtenzahlen von Frauen wurde ein Ausbau des Mutterschutzes für erforderlich gehalten. Der Gesetzgeber hatte erkannt, dass ein umfassender Mutterschutz einen wesentlichen

---

92 Bericht der Abgeordneten Dr. Rehling (CDU) in der 180. BT-Sitzung am 12.12.1951, a. a. O.; vgl. hierzu auch Redebeitrag der Abgeordneten Dr. Ilk (DP) in der 180. BT-Sitzung am 12.12.1951: *»Was wollen wir denn mit dem Mutterschutzgesetz in erster Linie erreichen? Doch wohl das, dass die erwerbstätige Mutter gegen materielle Not gesichert ist.«*, Verh. d. BT., 1. Wahlp., S. 7526. Gleichzeitig wurde mit der Verabschiedung des Gesetzes in der 180. BT-Sitzung eine Entschließung verabschiedet, wonach *»der Bundestag der Erwartung Ausdruck gibt, dass der vom Bundesinnenministerium vorbereitete Gesetzesentwurf zum Schutze von Mutter und Kind eine über den derzeitigen Stand hinausgehende Fürsorge für solche werdenden Mütter vorsieht, die im Gesetz zum Schutze der erwerbstätigen Mutter nicht erfasst werden.«* BT-Drs. 1/2876, S. 1. Beschluss hierüber in der 180. BT-Sitzung am 12.12.1951, Verh. d. BT., 1. Wahlp., S. 7530 A.

93 180. BT-Sitzung am 12.12.1951, Verh. d. BT., 1. Wahlp., S. 7530 A.

94 BGBl. I 1952, S. 69 ff.

95 Zwar sah das Gesetz zur Änderung des MuSchG und der RVO v. 24.8.1965 wesentliche Änderungen vor; dieses ist jedoch nie in Kraft getreten, vgl. hierzu *Buchner/Becker*, Einf. MuSchG Rn. 22 ff.

96 Entwurf eines Gesetzes zur Einführung eines Mutterschaftsurlaubs v. 5.3.1979, BT-Drs. 8/2613.

97 Vgl. zum Begriff und den damit verbundenen, etwaig gravierenden negativen Folgen *Schulte Langforth*, RdA 1961, 315 ff.

Bestandteil kinderfreundlicher Rahmenbedingungen in der Gesellschaft darstellt und damit für eine vorteilhafte demographische Entwicklung unerlässlich ist.[98] Die Einführung eines Mutterschaftsurlaubs bei gleichzeitiger Entgeltsicherung zielte darauf ab, durch eine längere Erholungsphase nach der Geburt den Gesundheitsschutz von Mutter und Kind zu verbessern. Erwerbstätigen Müttern sollte Zeit gegeben werden, um die infolge der Schwangerschaft aufgetretenen »seelischen und körperlichen Veränderungen« abzubauen.[99] Beide Elemente – Mutterschaftsurlaub und Mutterschaftsgeld – wurden somit als wesentliche Schritte zur Verbesserung der arbeitsrechtlichen Absicherung der erwerbstätigen Frau angesehen.[100]

Obgleich hinsichtlich der Ziele des Gesetzes Einigkeit bestand, entfachte der Geltungsbereich des geänderten Mutterschutzgesetzes zahlreiche Debatten. Insbesondere der Bundesrat vertrat die Position, dass es ein

> *»Gebot sozialer Gerechtigkeit und familienpolitischer Notwendigkeit darstelle, allen Müttern die gleichen Vergünstigungen zu gewähren.«*[101]

Zudem würde durch die Gleichbehandlung aller Mütter der Entscheidungsraum zugunsten der Familien vergrößert werden.[102] Der bayerische Staatsminister Schmidhuber führte hierzu in der 474. Sitzung des Bundesrates aus:

> *»Der in der Verfassung gebotene Schutz der Familie durch den Staat und die notwendige Stärkung ihrer Erziehungskraft fordern,* dass *jeder Familie ohne unzumutbare wirtschaftliche Nachteile die Möglichkeit eingeräumt wird, dass sich ein Elternteil in dem für die Entwicklung des Kindes entscheidenden ersten Lebensjahr voll dessen Pflege und Erziehung widmen kann. Eine Unterscheidung danach, ob die Mutter Arbeitnehmerin ist oder nicht, ist völlig willkürlich.«*[103]

Diese Kritik konnte sich jedoch erneut nicht gegenüber den Verweisen auf eine mangelnde Finanzierbarkeit durchsetzen.[104] Eine arbeitsschutzrechtliche Ausgestaltung

---

98 Erklärung des Bundesministers für Arbeit und Sozialordnung Dr. Ehrenberg in der 469. BR-Sitzung am 16.2.1979, Plenarprotokoll 469, S. 24; Redebeitrag der Bundesministerin für Jugend, Familie und Gesundheit Huber in der 151. BT-Sitzung am 10.5.1979, Verh. d. BT., 8. Wahlp., S. 12084 ff.

99 Erklärung des Bundesministers für Arbeit und Sozialordnung Dr. Ehrenberg in der 469. BR-Sitzung am 16.2.1979, Plenarprotokoll 469, S. 24.

100 Erklärung des Bundesministers für Arbeit und Sozialordnung Dr. Ehrenberg in der 144. BT-Sitzung am 15.3.1979, Verh. d. BT., 8. Wahlp., S. 11383.

101 Unterrichtung über Anrufung des Vermittlungsausschusses v. 5.6.1979, BT-Drs. 8/2937, S. 2.

102 Unterrichtung durch den Bundesrat zur Anrufung des Vermittlungsausschusses, BT-Drs. 8/2937, S. 2; Redebeitrag der baden-württembergischen Ministerin Griesinger in der 474. BR-Sitzung am 22.6.1979, Plenarprotokoll 474, S. 163.

103 Plenarprotokoll 474, S. 165 A.

104 Bericht der Abgeordneten Dr. Lepsius für den Ausschuss für Arbeit und Sozialordnung (11. Ausschuss) zu dem von der Bundesregierung eingebrachten Entwurf

des Mutterschutzes wurde für vordringlich gehalten. Dabei stellte der Gesetzgeber erneut in Aussicht, den Forderungen hinsichtlich weitergehender Schutzbestimmungen zugunsten aller Mütter alsbald nachgehen zu wollen.[105] Da auch die CDU/CSU-Fraktion erst kurz zuvor mit einem Änderungsantrag auf Einführung eines flächendeckenden Familiengeldes im Bundestag gescheitert war,[106] entschloss sich der Bundesrat im Vermittlungsverfahren keinen Einspruch zu erheben um eine – wenn auch zunächst auf Arbeitnehmerinnen begrenzte – Verbesserung des Mutterschutzes nicht gänzlich zu verhindern.[107]

Wiederum wurde somit eine Ausdehnung des Geltungsbereiches gesetzlich nicht verankert. Obgleich der Gesetzgeber eine Verbesserung der Lage erwerbstätiger Mütter im Allgemeinen anstrebte und somit die Maßnahmen im Besonderen auf einen Ausbau des Gesundheitsschutzes unter Verringerung der Doppelbelastung kindererziehender weiblicher Beschäftigter gerichtet waren, erfolgte keine Umformulierung des Geltungsbereiches. Zwar war im Rahmen der parlamentarischen Debatten stets die Rede von den erwerbstätigen Frauen und Müttern,[108] diese Formulierung hat jedoch keinen Eingang ins MuSchG gefunden. Vielmehr blieb die Anknüpfung an den Begriff der Arbeitnehmerinnen auch durch die nachfolgenden Gesetzesänderungen 1992,[109] 1996[110] sowie durch die Neufassung des Mutterschutzgesetzes 2002[111] unberührt[112] und somit bis zum heutigen Tage erhalten.

---

eines Gesetzes zur Einführung des Mutterschaftsurlaubs, BT-Drs. 8/2797, S. 15 ff.; Redebeitrag der Bundesministerin für Jugend, Familie und Gesundheit Huber in der 151. BT-Sitzung am 10.5.1979, Verh. d. BT., 8. Wahlp., S. 12084 ff.

105 Bericht der Abgeordneten Dr. Lepsius für den Ausschuss für Arbeit und Sozialordnung (11. Ausschuss), BT-Drs. 8/2797, S. 15 ff.; Redebeitrag des bayerischen Staatsministers Schmidhuber in der 474. BR-Sitzung am 22.6.1979, Plenarprotokoll 474, S. 165.

106 Vgl. hierzu Antrag der CDU/CSU v. 9.5.1979, BT-Drs. 8/2828; Ablehnung des Antrags in der 151. BT-Sitzung am 10.5.1979, Verh. d. BT., 8. Wahlp., S. 12120.

107 474. BR-Sitzung am 22.6.1979, Plenarprotokoll 474, S. 162 ff.

108 Vgl. 144. BT-Sitzung am 15.3.1979, Verh. d. BT., 8. Wahlp., S. 11382 ff. sowie 151. BT-Sitzung am 10.5.1979, Verh. d. BT., 8. Wahlp., S. 12071 ff.

109 Erstes Gesetz zur Änderung des Mutterschutzgesetzes v. 3.7.1992, BGBl. I 1992, S. 1191.

110 Gesetz zur Änderung des Mutterschutzrechts v. 20.12.1996, BGBl. I 1996, S. 2110.

111 Zweites Gesetz zur Änderung des Mutterschutzrechts v. 16.6.2002, BGBl. I 2002, S. 1812.

112 Dies führte zu wiederholter Kritik: Z. B. mahnte die PDS im Rahmen des Gesetzgebungsprozesses zur Neufassung des Mutterschutzgesetzes im Jahr 2002 erneut eine Modernisierung des Mutterschutzrechts an. Den aktuellen Entwicklungen des Arbeitsmarktes und der Herausbildung neuartiger Beschäftigungsverhältnisse werde das Mutterschutzgesetz immer weniger gerecht; dies gelte insbesondere in Bezug auf den Trend zur (Schein-) Selbstständigkeit. Vgl. Redebeitrag der Abgeordneten Schenk in der 234. BT-Sitzung am 26.4.2002, Verh. d. BT., S. 23367 C.

V. Schlussfolgerungen

Der deutsche Mutterschutz hat seit seinen Anfängen im 19. Jahrhundert einen grundlegenden Wandel vollzogen und entwickelte sich vom einfachen Beschäftigungsverbot für Fabrikarbeiterinnen zum umfassenden Arbeitnehmerinnenschutz. Damit geht der heutige Mutterschutz weit über den in § 135 der Gewerbeordnung von 1878 gewährten Wöchnerinnenschutz hinaus. Insbesondere das Schutzniveau ist kontinuierlich erhöht wurden. Auch die gesetzlichen Ausgestaltungen des persönlichen Geltungsbereichs haben sich wesentlich verändert. Während bis zum Beginn des 20. Jahrhunderts lediglich Fabrikarbeiterinnen – und damit ein sehr geringer Teil der erwerbstätigen Frauen – in den Genuss des Wöchnerinnenschutzes kommen konnten, knüpft der gegenwärtige Mutterschutz an die Arbeitnehmereigenschaft an und erstreckt sich somit auf den Großteil der erwerbstätigen Frauen. Die Betrachtung der historischen Hintergründe dieser Entwicklung lassen hierbei verschiedene Schlussfolgerungen für eine historisch-teleologische Auslegung von § 1 Nr. 1 MuSchG zu.

1. Keine bloße Übernahme historischer Begrifflichkeiten

Zu Beginn der historischen Untersuchung wurde die These aufgeworfen, dass der Begriff der Arbeitnehmerin, den § 1 Nr. 1 MuSchG als Grundvoraussetzung für die Anwendbarkeit des Mutterschutzes benennt, historisch gewachsen sein könnte, ohne dass ihm nach der ursprünglichen Regelungsabsicht des Gesetzgebers als juristischer Terminus Abgrenzungswirkung zwischen verschiedenen Beschäftigungsarten zukommen sollte. Diese These hat sich bei der Betrachtung der historischen Hintergründe und der Gesetzgebungsmaterialien der einzelnen Mutterschutzgesetze jedoch als nur zum Teil haltbar herausgestellt.

Festzuhalten ist zunächst die kontinuierliche terminologische Weiterentwicklung des Geltungsbereichs vom Begriff der Fabrikarbeiterin über den Begriff der Arbeiterin bis hin zum Begriff der Arbeitnehmerin, der 1927 erstmals Einzug in das Mutterschutzgesetz erhielt. Hiermit war zu Beginn des 20. Jahrhunderts stets auch eine vom Gesetzgeber intendierte Ausdehnung des Schutzbereiches verbunden.[113] Ferner sollte eine klare Definition des Geltungsbereiches ermöglicht werden.[114] Letzteres bezog sich ursprünglich ausschließlich auf die Aufhebung der Unterscheidung nach den jeweiligen Betriebsarten, für die nach der Gewerbeordnung bis 1908 unterschiedliche (Arbeiterschutz-) Regelungen bestanden. Der Unterscheidung zwischen verschiedenen abhängigen Beschäftigungsarten diente der Begriff der

---

113 Vgl. Gesetzesentwurf v. 16.12.1907, Anlage Nr. 552 zu Verh. d. RT., 12. Legislaturp., S. 24 sowie Gesetzesentwurf v. 2.7.1927, Anlage Nr. 3521 zu Verh. d. RT., 3. Wahlp., S. 3.

114 Gesetzesentwurf v. 16.12.1907, Anlage Nr. 552 zu Verh. d. RT., 12. Legislaturp., S. 24.

Arbeiterin indessen nicht. Hierfür wurden die Begriffe der Land- oder Heimarbeiterin benutzt.

Die juristische Abgrenzung verschiedener Beschäftigungsarten zueinander durch den Arbeitnehmerbegriff wurde auch nicht später im Rahmen der Gesetzesberatungen zum »Gesetz über die Beschäftigung vor und nach der Niederkunft« von 1927 thematisiert. Vielmehr wurde die Terminologie des Übereinkommens Nr. 3 der International Labour Organisation (ILO) übernommen, welches durch dieses Gesetz in nationales Recht umgesetzt werden sollte.[115] Die Betrachtung der damaligen Gesetzgebungsmaterialien hat die synonyme Verwendung der Begriffe *Arbeiterin, Arbeitnehmerin* und *Beschäftigte* gezeigt.[116] Eine der Abgrenzungswirkung des Arbeitnehmerbegriffes entsprechende Intention des Gesetzgebers zum damaligen Zeitpunkt ließ sich nicht feststellen. Dies führt zu der Vermutung, dass die ursprüngliche Einführung des Arbeitnehmerbegriffes primär Ergebnis der gesellschaftlichen Klassenaufteilung war und eher dem gesellschaftlich-sozialen Verständnis der damaligen Zeit entsprach, als dass dem Begriff im Mutterschutzgesetz bereits abgrenzende Wirkung zwischen verschiedenen weisungsgebundenen und weisungsfreien – Beschäftigungsarten zukommen sollte.

Im Unterschied dazu setzte sich der Gesetzgeber nach 1945 dezidiert mit dem Geltungsbereich des Mutterschutzgesetzes und den zur Bestimmung verwendeten Termini auseinander. Insbesondere den neuzeitlichen Gesetzgebungsmaterialien von 1951 und 1979 lässt sich entnehmen, dass der Begriff des Arbeitsverhältnisses bewusst gewählt wurde, um eine Einschränkung auf Arbeitnehmerinnen vorzunehmen und Mehrdeutigkeiten zu vermeiden.[117] Eine genuine Übernahme bestehender historischer Begrifflichkeiten und der damit verbundenen Bedeutungszusammenhänge erfolgte nicht. Hingegen bezweckte der Gesetzgeber mit der Verwendung des Terminus Arbeitsverhältnis ausdrücklich die Abgrenzung zwischen Arbeitnehmerinnen auf der einen und sonstigen Beschäftigten auf der anderen Seite. Somit kam nach dem Willen des Gesetzgebers dem Begriff in § 1 Nr. 1 MuSchG spätestens seit 1952 juristische Bedeutung als Abgrenzungsmerkmal zu. Hierdurch ist die etwaig zuvor bestehende, bloß gesellschaftspolitische Bedeutung des Begriffes abgelöst worden.

---

115 Vgl. Gesetzesentwurf v. 2.7.1927, Anlage Nr. 3521 zu Verh. d. RT., 3. Wahlp., S. 3.

116 Vgl. insbesondere den Gesetzesentwurf v. 2.7.1927, Anlage Nr. 3521 zu Verh. d. RT., 3. Wahlp. sowie die 2. und 3. Beratung des Reichstages zum Gesetzentwurf am 7.7.1927, Verh. d. RT., 3. Wahlp., S. 11363 ff.

117 Vgl. Bericht der Abgeordneten Lepsius für den Ausschuss für Arbeit und Sozialordnung (11. Ausschuss), BT-Drs. 8/2797, S. 15 ff. sowie gemeinsame Sitzung der Ausschüsse für Sozialpolitik, für Arbeit und für Fragen des Gesundheitswesen am 26.1.1951, Kurzprotokoll der Sitzung am 26.1.1951, HStA-NW 50/1021; siehe auch Bericht der Abgeordneten Dr. Rehling (CDU) in der 180. BT-Sitzung am 12.12.1951, Verh. d. BT., 1. Wahlp., S. 7519 ff.; Redebeitrag der Bundesministerin für Jugend, Familie und Gesundheit Huber in der 151. BT-Sitzung am 10.5.1979, Verh. d. BT., 8. Wahlp., S. 12084 ff.

Aus diesem Grund ist eine abschließende Stellungnahme zu einer etwaig primär soziologischen Bedeutung des Begriffes der Arbeitnehmerin bei seiner Einführung in die mutterschutzrechtlichen Regelungen von 1927 entbehrlich. Da dem Begriff des Arbeitsverhältnisses als juristischem Terminus nach der Intention des Gesetzgebers Abgrenzungswirkung zwischen verschiedenen Beschäftigungsarten zukommt, ist die eingangs formulierte These widerlegt.

2. *Keine Diskrepanz zwischen gesetzgeberischer Regelungsabsicht und gesetzlicher Ausgestaltung*

Daneben hat die Untersuchung der Gesetzgebungsmaterialien zur Neufassung des MuSchG die zusätzliche Frage aufgeworfen, ob sich eine vom Wortlaut des § 1 Nr. 1 MuSchG abweichende Auslegung aufgrund der ursprünglichen Regelungsabsichten und Normvorstellungen des Gesetzgebers ergeben könnte. Zur Beantwortung dieser Frage bedarf es zunächst der Zusammenfassung der Intentionen des Gesetzgebers, die sich aus den Gesetzgebungsmaterialien ab 1949 ergeben. In einem zweiten Schritt ist dann zu untersuchen, inwiefern diese Intentionen des historischen Gesetzgebers einen Ausdruck im heutigen MuSchG gefunden haben.

Der heutige gesetzliche Mutterschutz trägt den mit der Schwangerschaft einhergehenden Veränderungen und Belastungen Rechnung, indem Müttern durch Gewährung des Mutterschaftsurlaubs Zeit eingeräumt wird, sich zu regenerieren und die physischen und psychischen Veränderungen abzubauen.[118] Insbesondere der Gesundheitsschutz von Mutter und Kind ist in der Gesetzgebungshistorie des MuSchG tief verwurzelt. Ihm kommt seit Beginn der Ausgestaltung mutterspezifischer Arbeitsschutzbestimmungen eine zentrale Bedeutung zu. Durch eine Erhöhung des Schutzniveaus für erwerbstätige Mütter sollen Familie und Beruf besser vereinbar sein und die Gesundheit der (werdenden) Mutter und des (ungeborenen) Kindes geschützt werden.[119] Gleichzeitig zielt der gesetzliche Mutterschutz darauf ab, Müttern zumindest für die unmittelbare Zeit nach der Geburt die Kindererziehung zu ermöglichen. Dem liegt die Annahme zugrunde, dass die ersten Lebensmonate eines Kindes die wichtigste und prägendste Phase seines Lebens seien, in der die frühkindliche Mutterentbehrung durch Fremderziehung (Krippe oder Tagesmutter) mit gravierenden Nachteilen verbunden wäre.[120] Im Rahmen der Gesetzesberatungen zur Einführung des Mutterschaftsurlaubs 1979 war in diesem Zusammenhang die Rede von »*doppelt belastenden Komplikationskindern*«,

118 Gegenäußerung der Bundesregierung zu der Stellungnahme des Bundesrates zum Gesetzesentwurf zur Einführung eines Mutterschaftsurlaubs v. 5.3.1979, BT-Drs. 8/2613, Anlage 3; vgl. auch Erklärung des Bundesministers für Arbeit und Sozialordnung Dr. Ehrenberg in der 469. BR-Sitzung am 16.2.1979, Plenarprotokoll 469, S. 24.

119 Entwurf eines Gesetzes zur Einführung eines Mutterschaftsurlaubs v. 5.3.1979, BT-Drs. 8/2613.

120 Vgl. hierzu sehr eindrücklich *Schulte Langforth*, RdA 1961, 315.

die später Verhaltensauffälligkeiten und Entwicklungsstörungen aufweisen würden.[121] Aus diesem Grund bildet der Mutterschaftsurlaub, nunmehr als Elternzeit in §§ 15 ff. BEEG geregelt, bis heute einen Eckpfeiler des gesetzlichen Mutterschutzes.

Die vorstehend genannten und anhand der Gesetzgebungshistorie herausgearbeiteten Ziele des Gesetzgebers kommen grundsätzlich unabhängig von der konkreten Beschäftigungsart der Mutter zum Tragen. Für die Verwirklichung der Intentionen ist die Arbeitnehmereigenschaft keine Voraussetzung. Für alle berufstätigen Mütter stellen die aus der Mutterschaft resultierenden Verpflichtungen und Aufgaben ein besonderes Problem dar. Sie befinden sich im permanenten Widerstreit zwischen ihren mütterlichen Pflichten und ihrer Stellung im Berufsleben. Insbesondere während der Schwangerschaft und in der unmittelbaren Zeit nach der Geburt des Kindes erscheint ein natürlicher Ausgleich der Interessenlage der Mutter auf der einen Seite mit den Anforderungen der Berufswelt auf der anderen Seite unmöglich. Um gerade diesen Ausgleich zu ermöglichen, bedarf es gesetzlicher Schutzbestimmungen. Irrelevant ist dabei, ob eine schwangere Frau in einem abhängigen Beschäftigungsverhältnis weisungsfrei oder weisungsgebunden tätig ist. Entscheidend ist vielmehr, dass sie aufgrund ihrer Erwerbstätigkeit in die benannte Konfliktsituation geraten kann.

Dies entsprach auch der ursprünglichen Normvorstellung des historischen Gesetzgebers. Wie der SPD-Entwurf zur Neufassung des Mutterschutzgesetzes von 1950 verdeutlicht, war die ursprüngliche Intention des Gesetzgebers auf eine Verbesserung der Lage *aller* erwerbstätigen Mütter gerichtet.[122] Allerdings blieb dieser Grundgedanke des MuSchG im Verlaufe des nachfolgenden Gesetzgebungsprozesses nicht unwidersprochen und wurde schließlich erheblich eingeschränkt.[123] Aus diesem Grund knüpfte das Gesetz in seiner Endfassung den Geltungsbereich an die Arbeitnehmereigenschaft der Mutter an. Dabei war sich der Gesetzgeber der beschränkenden Wirkung des Begriffes *Arbeitsverhältnis* durchaus bewusst.

In der Folgezeit war die gesetzgeberische Absicht, einen umfassenden Mutterschutz für alle Mütter zu schaffen, immer wieder Gegenstand parlamentarischer Diskussionen. Insbesondere im Rahmen der Gesetzgebungsnovelle zur Einführung des Mutterschaftsurlaubes wurde 1979 der Anwendungsbereich des MuSchG erneut problematisiert. Die hauptsächlich von der CDU vertretene Ansicht, wonach die Gleichbehandlung aller Mütter verfassungsrechtlich geboten sei, und daher die Verbesserung des Mutterschutzes für alle Frauen gesetzlich ausgestaltet werden sollte, konnte sich im Ergebnis erneut nicht durchsetzen. Vielmehr beschränkten sich die Weiterentwicklungen des Mutterschutzes auf den Ausbau arbeitsrechtlicher Schutzbestimmungen, denen der Vorrang eingeräumt wurde. Zwar betonte der Gesetzgeber den Interimscharakter des Änderungsgesetzes und stellte konkrete

---

121 Redebeitrag der Abgeordneten Geier in der 151. BT-Sitzung am 10.5.1979, Verh. d. BT., 8. Wahlp., S. 12073 C.

122 Gesetzesentwurf der SPD v. 18.7.1950, BT-Drs. 1/1182.

123 Hierzu bereits ausführlich unter IV. 1., S. 77 f.

gesetzliche Neuregelungen für alle (erwerbstätigen) Mütter in Aussicht. Allerdings blieben die mutterschutzrechtlichen Bestimmungen, insbesondere § 1 MuSchG, über Jahrzehnte in Kraft und bildeten sodann die Grundlage für nachfolgende Gesetze. Eine Ausdehnung des Geltungsbereiches erfolgte nicht, sondern die Anknüpfung an den Arbeitnehmerbegriff wurde beibehalten. So bildet die Arbeitnehmereigenschaft der Mutter auch heute noch die Grundvoraussetzung für die Anwendbarkeit des MuSchG.

Das MuSchG hat somit trotz der Vielzahl seiner Änderungen zu keinem Zeitpunkt die gesetzgeberischen Forderungen nach einem umfassenden Mutterschutz umgesetzt, sondern als konsensfähigen Kompromiss stets den Ausbau arbeitsrechtlicher Schutzvorschriften favorisiert.[124] Damit hat die ursprüngliche Regelungsabsicht des historischen Gesetzgebers, gerichtet auf die Verbesserung der Lage *aller* erwerbstätiger Mütter im Allgemeinen und auf den Ausbau des Gesundheitsschutzes unter Verringerung der Doppelbelastung kindererziehender weiblicher Beschäftigten im Besonderen, keinen Ausdruck im Gesetz gefunden. Eine darüber hinausgehende Regelungsabsicht lässt sich weder aus dem Wortlaut noch aus der Gesetzgebungshistorie ableiten.

3. *Rückschlüsse auf Regelungssystematik des MuSchG*

Schließlich finden die vorstehend herausgearbeiteten Ziele des gesetzlichen Mutterschutzes unmittelbaren Ausfluss in den einzelnen gesetzlichen Regelungen und ermöglichen eine Gliederung der im MuSchG geregelten Arbeits-, Gesundheits- und Gefahrenschutznormen in vier große Abschnitte.

So widmet sich der erste Teil des MuSchG nach der Definition des Geltungsbereiches dem gesundheitlichen Schutz der werdenden Mutter und des ungeborenen Kindes während der Schwangerschaft. Dabei wird den besonderen gesundheitlichen Herausforderungen am Arbeitsplatz mit Vorschriften zu den Anforderungen an die Arbeitsplatzgestaltung (§ 2 MuSchG) und Beschäftigungsverboten (§§ 3, 4, 5, 6, 8 MuSchG) begegnet. Hierdurch sollen nicht nur die Gefahren von Überforderung und Gesundheitsschädigungen am Arbeitsplatz reduziert, sondern auch die Erholung der Mutter nach der Entbindung gewährleistet werden. Allerdings würde der Mutterschutz seine Zielsetzung verfehlen, wenn etwaig vermittelte ökonomisch-negative Folgen unberücksichtigt blieben und sich so die Einstellungs- und Erwerbschancen von Frauen dauerhaft verschlechtern würden.[125] Auch wäre der Gefahren- und Gesundheitsschutz während der Schwangerschaft

---

124 Kritisch *Pestalozza*, SAE 1987, 68. Anders war dies z. B. in der ehemaligen DDR, in der seit 1961 ein Arbeitsgesetzbuch galt. Dieses enthielt ausdrücklich den Hinweis auf die Erhaltung und Förderung des Gesundheits- und Arbeitsschutzes. Ferner sah es in seinem 11. Kapitel Vorschriften für die Förderung werktätiger Frauen vor. Eine Differenzierung nach Art der Werktätigkeit oder Anstellung erfolgte nicht, vgl. Arbeitsgesetzbuch der DDR, abgedruckt in RdA 1961, 58.

125 Vgl. MünchArbR-*Heenen*, § 305 Rn. 2.

und während der sich aus § 3 und § 6 MuSchG ergebenden Schutzzeiten ohne eine finanzielle und arbeitsrechtliche Absicherung der Mutter wenig effektiv.[126] Aus diesem Grund bildet die arbeitsrechtliche Absicherung der Mutter einen weiteren, unerlässlichen Bestandteil des Mutterschutzes. Dem widmet sich der zweite Teil des MuSchG und gewährt jeder Mutter während der Schwangerschaft und nach der Entbindung Schutz vor finanziellen Einbußen (§§ 11–19 MuSchG) sowie vor dem Verlust des Arbeitsplatzes (§§ 9, 10 MuSchG). Die finanzielle Absicherung bewirkt, dass keine Frau wirtschaftliche Nachteile erleidet, wenn sie aufgrund der Schwangerschaft ganz oder teilweise die Arbeit reduzieren muss. Ehedem bezweckt der Entgeltschutz nach §§ 11 ff. MuSchG mittelbar den Gesundheitsschutz von Mutter und Kind.

Den dritten Grundpfeiler des gesetzlichen Mutterschutzes bildet seit jeher der Mutterschaftsurlaub, nunmehr als Elternzeit in §§ 15 ff. BEEG geregelt. Durch die Elternzeit (§§ 15 ff. BEEG), den damit verbundenen Anspruch auf Elterngeld (§§ 1 ff. BEEG) sowie durch den Kündigungsschutz (§ 18 BEEG) wird die sogenannte Doppelbelastung[127] von erwerbstätigen Frauen für die Zeit nach der Entbindung über die Schutzfristen des MuSchG hinaus abgemildert und weibliche Berufstätigkeit und Kindererziehung besser in Einklang gebracht.[128]

Der vierte Teil des MuSchG widmet sich schließlich der Sicherung der Durchführung des Gesetzes.

VI. Ergebnis

Nach alledem lässt sich aufgrund der Betrachtung der historischen Grundlagen des deutschen Mutterschutzes feststellen, dass Historie und Intention des Gesetzgebers nicht dem Wortlaut des § 1 Nr. 1 MuSchG entgegenstehen. Zwar können die dem Gesetz zugrunde liegenden Normvorstellungen des historischen Gesetzgebers durchaus auch außerhalb der Beschränkung von § 1 Nr. 1 MuSchG Geltung erlangen. Allerdings hat sich die Regelungsabsicht des Gesetzgebers seit 1952 auf den Schutz von Arbeitnehmerinnen konkretisiert. Eine Diskrepanz zwischen Regelungsabsicht und gesetzlicher Ausgestaltung besteht mithin nicht.

Die funktional-teleologische Betrachtung von § 1 Nr. 1 MuSchG darf sich freilich nicht auf die Erforschung des Willens des historischen Gesetzgebers beschränken.[129] Vielmehr ist der verfassungsmäßigen Bindung des Gesetzgebers an das Grundgesetz Ausdruck zu verleihen und das Zusammenspiel zwischen MuSchG und den

---

126 Erklärung des Bundesministers für Arbeit und Sozialordnung Dr. Ehrenberg in der 144. BT-Sitzung am 15.3.1979, Verh. d. BT., 8. Wahlp., S. 11383 A.

127 Vgl. zur Vorgängerregelung in §§ 8 ff. MuSchG Beschlussempfehlung und Bericht des Ausschusses für Arbeit und Sozialordnung v. 2.5.1979, BT-Drs. 8/2797, S. 3; *Buchner/Becker*, Einf. MuSchG Rn. 1 m. w. N.

128 Vgl. Entwurf eines Gesetzes zur Einführung eines Mutterschaftsurlaubs v. 5.3.1979, BT-Drs. 8/2613, S. 9.

129 Vgl. *Larenz/Canaris*, S. 138 f.

in Verfassungsrang erhobenen Prinzipien nach Art. 6 Abs. 4 GG und Art. 3 Abs. 1, Abs. 2 und Abs. 3 GG zu berücksichtigen. Aus diesem Grund werden nachfolgend die maßgeblichen verfassungsrechtlichen Grundlagen des Mutterschutzes dargestellt.

2. Abschnitt: Verfassungsrechtliche Grundlagen

Die vorstehende Darstellung der historischen Entwicklung des Mutterschutzes hat es ermöglicht, die legislatorischen Intentionen des Gesetzgebers in Bezug auf das MuSchG herauszuarbeiten. Diese allein reichen für eine kritische Überprüfung der Rechtslage *de lege lata* jedoch nicht aus. Von größerer Bedeutung sind indessen die Grundsätze des höherrangigen Rechts, an die der Gesetzgeber bei der Ausgestaltung des MuSchG gebunden ist und mit denen sich das MuSchG folglich im Einklang befinden muss. Eine solche Bindung besteht aufgrund des Vorrangs des Verfassungsrechts[130] und dem sich aus Art. 1 Abs. 3 GG ergebenden unmittelbaren Geltungsanspruch gegenüber allen Grundrechten. Dabei üben auf den Bereich des Mutterschutzes und die Position von schwangeren Frauen in der Gesellschaft und im Erwerbsleben zwei Grundrechtsartikel maßgeblichen Einfluss aus: Art. 6 Abs. 4 GG formuliert den Auftrag an die Gemeinschaft, den Schutz und die Fürsorge jeder Mutter zu gewährleisten. Daneben tritt der Schutz vor geschlechtsspezifischen Benachteiligungen nach Art. 3 Abs. 3 GG. Das Gebot zur geschlechtsneutralen Behandlung überträgt schließlich Art. 3 Abs. 2 GG auf die gesellschaftliche Wirklichkeit.

Im Mittelpunkt einer Überprüfung der Rechtslage *de lege lata* steht zunächst das Mutterschutzgebot nach Art. 6 Abs. 4 GG. Da sich der konkrete Gewährleistungsinhalt von Art. 6 Abs. 4 GG nicht ohne Weiteres von selbst erschließt, ist zuerst einer Konkretisierung der Grundrechtsfunktionen und ausfüllungsbedürftigen Prinzipien des Art. 6 Abs. 4 GG vorzunehmen.

I. Mutterschutzgebot nach Art. 6 Abs. 4 GG

Nach Art. 6 Abs. 4 GG hat jede Mutter Anspruch auf den Schutz und die Fürsorge der Gemeinschaft. Damit enthält Art. 6 Abs. 4 GG den bindenden Auftrag an den Gesetzgeber, Belastungen der Mütter, die im Zusammenhang mit ihrer Schwangerschaft und Mutterschaft stehen, auszugleichen.[131]

Bereits auf den ersten Blick fällt auf, dass Art. 6 Abs. 4 GG nicht die Struktur eines typischen Abwehrgrundrechts aufweist. Denn anders als typische Abwehrgrundrechte normiert Art. 6 Abs. 4 GG keinen konkreten Freiheitsbereich. Der Wortlaut von Art. 6 Abs. 4 GG lässt lediglich ein verbindliches Ziel erkennen; Ausmaß und Modalitäten der Verwirklichung obliegen jedoch der Ausgestaltung durch den

---

130 Art. 20 Abs. 3 GG.

131 BVerfG v. 10.2.1982, 1 BvL 116/78, BVerfGE 60, 68 (74).

Gesetzgeber.[132] Art. 6 Abs. 4 GG verleiht damit einer verfassungsrechtlichen Wertentscheidung Ausdruck, die als objektiv-rechtlicher Grundrechtsgehalt dem Staat keine eindeutige Handlungspflicht auferlegt. Konkrete Gewährleistungsinhalte ergeben sich aus Art. 6 Abs. 4 GG daher nicht. Hierin liegt die Schwierigkeit einer Analyse von Art. 6 Abs. 4 GG. Erschwerend tritt hinzu, dass Art. 6 Abs. 4 GG in der Literatur und Ausbildung ein Schattendasein führt.[133] Nur wenige Kommentierungen enthalten über den Wortlaut hinausgehende Erläuterungen zum Gewährleistungsinhalt von Art. 6 Abs. 4 GG.[134] Auch das BVerfG übt in seiner Rechtsprechung Zurückhaltung[135] und lässt rechtsdogmatische Grundsätze weitestgehend vermissen. Diesem Mangel soll durch die nachfolgenden Ausführungen begegnet werden.

1. *Subjektiv-öffentlicher Charakter von Art. 6 Abs. 4 GG*

Zunächst ist fraglich, inwiefern Art. 6 Abs. 4 GG nicht nur ein generelles Tätigwerden des Gesetzgebers zum Schutz und zur Fürsorge von Müttern verlangt, dessen konkrete Ausgestaltung in seinem Ermessen steht, sondern daneben auch Grundlage subjektiv-öffentlicher Rechte der einzelnen Mutter sein kann.

Gegen einen Grundrechtscharakter von Art. 6 Abs. 4 GG könnte der Wortlaut sprechen. Das Mutterschutzgebot ist normativ offen formuliert, wodurch dem Gesetzgeber ein weiter Gestaltungs- und Ermessensspielraum eingeräumt wird.[136] Mangels individualisierbaren Anspruchs könnte daher ein bestimmtes Schutz und Fürsorge gewährendes Verhalten des Staates nicht verlangt werden.[137] Ein subjektives Recht zugunsten der Mutter auf Schutz und Fürsorge bestünde damit nicht, vielmehr wäre Art. 6 Abs. 4 GG lediglich als Auslegungsregel heranzuziehen.[138]

Eine solche Argumentation übersähe jedoch, dass sich aus der normativen Offenheit von Art. 6 Abs. 4 GG keine Folgerungen für die Rechtsnatur von

---

132 BVerfG v. 10.2.1982, 1 BvL 116/78, BVerfGE 60, 68 (74); BVerfG v. 2.4.1996, 2 BvR 169/93, NVwZ 1997, 54 (55); BVerfG v. 18.11.2003, 1 BvR 302/96, BVerfGE 109, 64 (87 ff.); ebenso BVerwG v. 23.6.1977, V C 51.74, BVerwGE 54, 124 (130 f.).

133 Ebenso *Coester-Waltjen* in v. Münch/Kunig, Art. 6 GG Rn. 131.

134 Vgl. z. B. Maunz/Dürig-*Badura*, Art. 6 GG Rn. 145 ff.; *Seiler* in BK, Art. 6 Abs. 4 GG Rn. 1 ff.; aus der Literatur vgl. die Dissertation von *Aubel*.

135 Die Anzahl der Entscheidungen des BVerfG, darunter zahlreiche Nichtannahmebeschlüsse, in denen Art. 6 Abs. 4 GG erwähnt wurde, ist mit insgesamt ca. 50 überschaubar.

136 BVerfG v. 10.2.1982, 1 BvL 116/78, BVerfGE 60, 68 (74); BVerfG v. 2.4.1996, 2 BvR 169/93, NVwZ 1997, 54 (55); BVerfG v. 18.11.2003, 1 BvR 302/96, BVerfGE 109, 64 (87); ebenso BVerwG v. 23.6.1977, V C 51.74, BVerwGE 54, 124 (130).

137 Vgl. Ausführungen des Bundesministers für Arbeit und Sozialordnung im Rahmen des Verfahrens vor dem BVerfG, ob § 14 MuSchG a. F. mit dem GG vereinbar sei, BVerfG v. 23.4.1974, 1 BvL 19/73, BVerfGE 37, 121 (124); *Meisel/Sowka*, Einl. Rn. 27.

138 So *Denecke*, GRe III/1, S. 478.

Art. 6 Abs. 4 GG ergeben. Denn von der Charakterisierung als subjektiv-öffentliches Recht auf Seite der Normstruktur prinzipiell zu unterscheiden sind die konkreten Gewährleistungsinhalte und damit die Frage, ob und in wie weit aus Art. 6 Abs. 4 GG tatsächlich Leistungsansprüche abgeleitet werden können.[139] Dies betrifft die Rechtsfolgenseite und wird nicht automatisch durch die Anerkennung der subjektiv-öffentlichen Qualität von Art. 6 Abs. 4 GG beantwortet.[140]

Hingegen bringen bereits die Formulierung und die Normstruktur von Art. 6 Abs. 4 GG den grundrechtlichen Charakter zum Ausdruck. Art. 6 Abs. 4 GG ist an *jede* Mutter adressiert und räumt ihr ausdrücklich einen *Anspruch auf Schutz und Fürsorge* ein.[141] Der einzelnen Mutter wird hierdurch im Wege einer individuellen Rechtszuweisung ein *Anspruch*, d. h. eine Rechtsmacht im weiteren Sinne, vermittelt.[142] Lediglich hinsichtlich der Verwendung des Terminus *Gemeinschaft* als Anspruchsgegner vermögen gewisse Unsicherheiten verbleiben. Diese können allerdings durch eine Betrachtung der historischen Entwicklung des Wortlautes von Art. 6 Abs. 4 GG ausgeräumt werden.

Als Ausgangspunkt der verfassungsrechtlichen Verankerung des Mutterschutzes gilt Art. 119 Abs. 3 WRV.[143] Ihm wurde, obgleich er im zweiten Hauptteil der Weimarer Reichsverfassung und damit in den »Grundrechten und Grundpflichten der Deutschen« verankert war, jede derogatische Wirkung abgesprochen.[144] Art. 119 Abs. 3 WRV galt als reiner Programmsatz, der lediglich als Auslegungskriterium herangezogen werden konnte.[145] In Abkehr von der rein programmatischen Wirkung des verfassungsrechtlichen Mutterschutzes in Art. 119 Abs. 3 WRV erfolgte in Art. 6 Abs. 4 GG eine bewusste Subjektivierung der Berechtigten *(»Mutter«)*. Hierdurch sollte auch im Rahmen des Art. 6 Abs. 4 GG die unmittelbare Geltendmachung eines Rechtsanspruches ermöglicht werden.[146] Im Einklang mit der Prämisse des Verfassungsgesetzgebers, durch Grundrechte unmittelbar geltendes Recht zu

---

139 Ebenso *Aubel*, S. 85.

140 Vgl. hierzu vertiefend die Ausführungen unter 2 e. auf S. 97 ff.

141 Ebenso BVerfG v. 25.1.1972, 1 BvL 3/70, BVerfGE 32, 273 (277).

142 Ähnlich Maunz/Dürig-*Badura*, Art. 6 GG Rn. 147; ebenso *Robbers* in Bonner GG-Kommentar, Art. 6 GG Rn. 282; *Seiler* in BK, Art. 6 Abs. 4 GG Rn. 31.

143 Verfassung des Deutschen Reiches v. 11.8.1919, RGBl. I 1919, S. 1383 (1406).

144 Maunz/Dürig-*Badura*, Art. 6 GG Rn. 143; Dreier-*Brosius-Gersdorf*, Art. 6 GG Rn. 4.

145 Vgl. zur Entstehung und Bedeutung des Art. 119 Abs. 3 WRV ausführlich *Burgi* in Friauf/Höfling, Art. 6 GG Rn. 5 f.; *Seiler* in BK, Art. 6 Abs. 4 GG Rn. 1 ff.

146 Siehe etwa Wortbeitrag von Otto H. Greve (SPD) in der 29. Sitzung des Ausschusses für Grundsatzfragen am 4.12.1948, ParlRat V/2, Nr. 38, S. 805 (829); Wortbeitrag von Theodor Heuss (FDP) in der 29. Sitzung des Ausschusses für Grundsatzfragen am 4.12.1948, ParlRat V/2, Nr. 38, S. 805 (809); *v. Doeming/Füsslein/Matz*, JöR 1 (1951), S. 1 (95).

schaffen,[147] sollte mithin jeder Mutter ein subjektives Recht auf Schutz und Fürsorge durch Art. 6 Abs. 4 GG eingeräumt werden.[148]

Diese Intention des Verfassungsgebers wird durch die systematische Stellung von Art. 6 Abs. 4 GG bekräftigt. Art. 6 Abs. 4 GG ist Bestandteil des mit »*Die Grundrechte*« betitelten ersten Abschnitts des Grundgesetzes. In der Folge gilt die in Art. 1 Abs. 3 GG verbriefte Bindungswirkung aller Grundrechte auch für Art. 6 Abs. 4 GG.[149]

Somit ergibt sich der subjektiv-öffentliche Charakter von Art. 6 Abs. 4 GG aus dem Wortlaut, der Historie und der Grundgesetzsystematik. Auch das BVerfG steht der Einordnung von Art. 6 Abs. 4 GG als Grundrecht offen gegenüber,[150] obgleich es die Entscheidung über die Rechtsnatur von Art. 6 Abs. 4 GG ausdrücklich offen gelassen hat.[151] Art. 6 Abs. 4 GG ist daher im Einklang mit dem individualschützenden Normzweck, der Schutz- und Hilfebedürftigkeit von (werdenden) Müttern Rechnung zu tragen, als »echtes«[152] Grundrecht anzusehen, das der Mutter ein subjektiv-öffentliches Recht auf Schutz und Fürsorge der Gemeinschaft einräumt.[153]

---

147 Aus diesem Grund sollten die einzelnen Artikel so formuliert werden, dass sich aus ihnen unmittelbare Rechtsfolgen ergeben, vgl. Wortbeitrag von Theodor Heuss (FDP) in der 29. Sitzung des Ausschusses für Grundsatzfragen am 4.12.1948, ParlRat V/2, Nr. 38, S. 805 (808); Wortbeitrag des Ausschussvorsitzenden Hermann v. Mangoldt (CDU) in der 29. Sitzung des Ausschusses für Grundsatzfragen am 4.12.1948, ParlRat V/2, Nr. 38, S. 805 (827).

148 Vgl. zur Intention hinsichtlich einer verbindlichen Wirkung auch Wortbeiträge von Adolf Süsterhenn (CDU) und des Ausschussvorsitzenden Hermann v. Mangoldt (CDU) in der 29. Sitzung des Ausschusses für Grundsatzfragen am 4.12.1948, ParlRat V/2, Nr. 38, S. 805 (829).

149 *Aubel*, S. 88; Maunz/Dürig-*Badura*, Art. 6 GG Rn. 143; *Seiler* in BK, Art. 6 Abs. 4 GG Rn. 32; *Stern/Sachs/Dietlein*, StR IV/1, X 1, S. 544 m. w. N.

150 Dies zeigt sich gleich in zweierlei Punkten: Zum einen lässt das BVerfG Verfassungsbeschwerden von Müttern, die sich im Wesentlichen auf eine Verletzung von Art. 6 Abs. 4 GG stützten, zu, ohne die Zulässigkeit gesondert zu problematisieren, vgl. z. B. BVerfG v. 10.3.1992, 1 BvR 454/91 u. a., BVerfGE 85, 360 (371); BVerfG v. 24.5.2005, 1 BvR 906/04, NJW 2005, 2383; BVerfG v. 28.3.2006, 1 BvL 10/01, BVerfGE 115, 259 (270). Zum anderen hat das BVerfG der Haltung des BVerwG, das sich eindeutig zum subjektiv-öffentlichen Charakter von Art. 6 Abs. 4 GG positioniert hat (vgl. bereits BVerwG v. 27.8.1974, II C 38/73, BVerwGE 47, 23), bisher nicht ausdrücklich widersprochen.

151 BVerfG v. 8.6.2004, 2 BvR 785/04, NJW 2005, 2382 (2383).

152 BVerfG v. 8.6.2004, 2 BvR 785/04, NJW 2005, 2382 (2383).

153 Vgl. Maunz/Dürig-*Badura,* Art. 6 GG Rn. 25; *Burgi* in Friauf /Höfling, Art. 6 GG Rn. 170; *Coester-Waltjen* in v. Münch/Kunig, Art. 6 GG Rn. 131; Dreier-*Brosius-Gersdorf*, Art. 6 GG Rn, 211; *Heilmann*, Einl. Rn. 29; *Hofmann* in Schmidt-Bleibtreu/Klein, Art. 6 GG Rn. 65; *Jarass/Pieroth*, Art. 6 GG Rn. 66; *Kloepfer*, § 67 Rn. 86; *Kotzur* in Stern/Becker, Art. 6 GG Rn. 72; *Robbers* in Bonner GG-Kommentar, Art. 6 GG Rn. 281 f.; *ders.* in v. Mangoldt/Klein/Starck, Art. 6 GG

2. *Grundrechtsfunktionen von Art. 6 Abs. 4 GG*

Art. 6 Abs. 4 GG enthält eine für alle Bereiche des Rechts verbindliche, objektiv-rechtliche Wertentscheidung, die vor allem durch die Gesetzgebung zu verwirklichen ist.[154] Damit verleiht Art. 6 Abs. 4 GG der besonderen Bedeutung der Mutterschaft für den zukünftigen Bestand der Gesellschaft Ausdruck. Gleichzeitig hebt Art. 6 Abs. 4 GG die erhöhte Schutz- und Hilfebedürftigkeit von (werdenden) Müttern hervor. Diese generellen Normvorstellungen versucht Art. 6 Abs. 4 GG durch einen Schutz- und Fürsorgeanspruch der Mutter mit mehrdimensionaler Ausrichtung auszufüllen. Da die bloße Einordnung von Art. 6 Abs. 4 GG als subjektiv-öffentliches Recht noch nichts darüber aussagt, welche konkreten Grundrechtsfunktionen aus Art. 6 Abs. 4 GG abzuleiten sind, bedarf es einer näheren Präzisierung der unterschiedlichen Gewährleistungsinhalte. Ausgangspunkt bildet dabei in Anlehnung an die Rechtsprechung des BVerfG die in Art. 6 Abs. 4 GG zum Ausdruck kommende objektive Wertentscheidung.

a. *Art. 6 Abs. 4 GG als Ausdruck einer ausstrahlenden Wertentscheidung*

Art. 6 Abs. 4 GG bezweckt die Sicherstellung der Anerkennung der Leistungen der Mutter durch alle Bereiche der Gesellschaft und würdigt hierdurch die besondere Rolle der Mutter.[155] Sie wird ergänzend zum allgemeinen Familienschutz nach Art. 6 Abs. 1 GG als Verpflichtungen des Gemeinwesens unter staatlichen Schutz gestellt. Damit wird dem Umstand Rechnung getragen, dass Mutterschaft grundsätzlich im Interesse der Gemeinschaft liegt. Denn die Geburt einer nächsten Generation führt zu einem Leistungszuwachs der Gesellschaft[156] und stellt eine *auch drittnützige* Leistung dar.[157] Zugleich sind Mütter besonders schutzbedürftig. Sie werden deshalb sowohl gegenüber Männern als auch gegenüber anderen Frauen besonders vom Grundgesetz hervorgehoben.[158] Art. 6 Abs. 4 GG ist damit Ausdruck einer verfassungsrechtlichen *Wertentscheidung*, die für den gesamten Bereich des privaten

---

Rn. 281; Sachs-*von Coelln*, Art. 6 GG Rn. 95; *Schleicher*, RdA 1984, 280; *Seiler* in BK, Art. 6 Abs. 4 GG Rn. 8 ff., 31; *Stern/Sachs/Dietlein*, StR IV/1, § 100 2, S. 544.

154 Maunz/Dürig-*Badura*, Art. 6 GG Rn. 1, 6, 11, 161.

155 BVerfG v. 28.5.1993, 2 BvF 2/90 u. a., BVerfGE 88, 203 (258 f.); BVerfG v. 2.4.1996, 2 BvR 169/93, NVwZ 1997, 54 (55); BVerfG v. 24.5.2005, 1 BvR 906/04, NJW 2005, 2383; *Robbers* in Bonner GG-Kommentar, Art. 6 GG Rn. 278; in diese Richtung auch *Coester-Waltjen* in v. Münch/Kunig, Art. 6 GG Rn. 105; Sachs-*von Coelln*, Art. 6 GG Rn. 92.

156 Vgl. Redebeitrag des Abgeordneten David in der 169. RT-Sitzung v. 8.5.1911, Verh. d. RT., 12. Legislaturp., S. 6482 ff.

157 *Coester-Waltjen* in v. Münch/Kunig, Art. 6 GG Rn. 105; *Gamillscheg*, FS Molitor, S. 57; *Preis*, ArbuR 1972, 42 (47); *Schliemann*, FS Buchner, S. 797 (799); *Seiler* in BK, Art. 6 Abs. 4 GG Rn. 13.

158 *Aubel*, S. 30.

und öffentlichen Rechts verbindlich ist.[159] Aufgrund dieser *Ausstrahlungsfunktion* ist Art. 6 Abs. 4 GG bei der Auslegung und Anwendung einfachen Gesetzesrechts zu beachten.[160]

Allerdings entfaltet die verfassungsrechtliche Wertentscheidung in Art. 6 Abs. 4 GG nicht nur als interpretationsleitendes Prinzip mit Drittbezug Wirkung.[161] Vielmehr begründet die Schutz-, Fürsorge- und Anerkennungsbedürftigkeit von Müttern ein an den Gesetzgeber im Wege des Verfassungsauftrages gerichtetes Mutterschutzgebot.[162] Dem entspricht es, dass Art. 6 Abs. 4 GG auf die Verwirklichung eines ganzheitlichen Schutzkonzeptes abzielt und verschiedene Gewährleistungsinhalte in sich vereinigt.

b. Art. 6 Abs. 4 GG als Schutzauftrag

Der in Art. 6 Abs. 4 GG zum Ausdruck kommenden objektiven Wertentscheidung hinsichtlich der besonderen Schutzwürdigkeit von Müttern wird durch eine über die allgemeine grundrechtliche Schutzpflicht hinausgehende Förder- und Schutzfunktion Rechnung getragen. Sie verpflichtet die staatliche Gewalt, Problemen und Schwierigkeiten nachzugehen, die der Mutter während und nach der Schwangerschaft erwachsen können. Die Mutterschaft ist durch ein hinreichendes Schutzkonzept vor Beeinträchtigungen und sonstigen erheblichen Nachteilen zu sichern.[163] Ergänzung findet der verfassungsrechtliche Schutzauftrag zugunsten der Mutter in der Schutzpflicht des Staates gegenüber dem ungeborenen menschlichen Leben.[164] Die Berührung dieser beiden unterschiedlichen Schutzpflichten führt dazu, dass in den Schutzbereich von Art. 6 Abs. 4 GG auch die an die Schwangerschaft anknüpfenden körperlichen, seelischen, finanziellen und beruflichen Folgen der Mutterschaft mit einbezogen werden.[165] Der Staat muss Umständen entgegenwirken, die geeignet sind, die Lage der schwangeren Frau und Mutter zu erschweren. Dies umfasst insbesondere die Verpflichtung des Staates, Nachteile, die einer Frau aus der Schwangerschaft für Ausbildung und Beruf erwachsen können, nach

---

159 BVerfG v. 25.1.1972, 1 BvL 3/70, BVerfGE 32, 273 (277); BVerfG v. 8.6.2004, 2 BvR 785/04, NJW 2005, 2382; BVerfG v. 24.5.2005, 1 BvR 906/04, NJW 2005, 2383.

160 BVerfG v. 6.2.2001, 1 BVR 12/92, BVerfGE 103, 89 (100, 102); BVerfG v. 8.6.2004, 2 BvR 785/04, NJW 2005, 2382 (2383); BVerfG v. 24.5.2005, 1 BvR 906/04, NJW 2005, 2383.

161 BVerfG v. 24.5.2005, 1 BvR 906/04, NJW 2005, 2383; *Seiler* in BK, Art. 6 Abs. 4 GG Rn. 29.

162 Maunz/Dürig-*Badura*, Art. 6 GG Rn. 1, 7.

163 BVerfG v. 28.5.1993, 2 BvF 2/90 u. a., BVerfGE 88, 203 (259); BVerfG v. 2.4.1996, 2 BvR 169/93, NVwZ 1997, 54 (55).

164 Vgl. grundlegend zur Schutzpflicht des Staates zugunsten des ungeborenen Kindes BVerfG v. 28.5.1993, 2 BvF 2/90, BVerfGE 88, 203 (251 ff.); ebenso Maunz/Dürig-*Badura*, Art. 6 GG Rn. 163.

165 *Seiler* in BK, Art. 6 Abs. 4 GG Rn. 14.

Möglichkeit auszuschließen[166] und wirtschaftliche Belastungen der Mutter, die im Zusammenhang mit Schwangerschaft und Mutterschaft stehen, auszugleichen.[167] Der Gesetzgeber hat Grundlagen dafür zu schaffen, dass Mutterschaft und Erwerbstätigkeit aufeinander abgestimmt werden können. Hierzu zählen Maßnahmen, die den Bestand des Beschäftigungsverhältnisses einer schwangeren Frau gewährleisten[168] und somit eine Rückkehr in eine Berufstätigkeit ermöglichen.[169] Gleichzeitig muss der Gesetzgeber die Mutter vor (erwerbsbedingten) Gesundheitsgefahren schützen.

Insgesamt verfolgt die dem Staat auferlegte Schutzpflicht das Ziel zu verhindern, dass Schwangerschaften wegen drohender materieller Notlagen oder sonstiger zu befürchtender Nachteile für die Mutter abgebrochen werden.[170] Aus diesem Grund sollen Konfliktsituationen vermieden werden, in denen Mütter bei ihrer Entscheidung zum Austragen des Kindes negativ beeinflusst werden.[171] Die Schutzpflicht aus Art. 6 Abs. 4 GG erstreckt sich somit nicht nur auf den Schutz vor staatlichen Eingriffen,[172] sondern mittelbar auch auf den Schutz vor negativen Einflüssen Dritter.[173]

c. Art. 6 Abs. 4 GG als Abwehrrecht

Daneben verleiht der Schutz- und Fürsorgeanspruch der Mutter kraft der subjektiv-öffentlichen Natur von Art. 6 Abs. 4 GG einklagbare Rechte.[174] Er schützt Mütter vor Belastungen, die vom Staat in zurechenbarer Weise verursacht wurden und welche über die mit der Schwangerschaft und Mutterschaft verbundenen Nachteile hinausgehen.[175] Der Schutzanspruch verpflichtet zum Schutz vor staatlichen Eingriffen. Gleichzeitig gebietet er die Abwehr von Gefahren und Beeinträchtigungen durch Dritte.[176]

---

166 BVerfG v. 28.5.1993, 2 BvF 2/90 u. a., BVerfGE 88, 203 (259).

167 BVerfG v. 10.2.1982, 1 BvL 116/78, BVerfGE 60, 68 (74); BVerfG v. 28.3.2006, 1 BvL 10/01, BVerfGE 115, 259 (271).

168 BVerfG v. 25.1.1972, 1 BvL 3/70, BVerfGE 32, 273 (277); BVerfG v. 13.11.1979, 1 BvL 24/77 u. a., BVerfGE 52, 357 (365 ff.); BVerfG v. 24.4.1991, 1 BvR 1341/90, BVerfGE 84, 133 (156); BVerfG v. 10.3.1992, 1 BvR 454/91 u. a., BVerfGE 85, 360 (372).

169 BVerfG v. 28.5.1993, 2 BvF 2/90 u. a., BVerfGE 88, 203 (260); in diese Richtung auch BVerfG v. 10.3.1992, 1 BvR 454/91 u. a., BVerfGE 85, 360 (372); vgl. auch *Stern/Sachs/Dietlein*, StR IV/1, § 100 X 3, S. 552.

170 BVerfG v. 28.5.1993, 2 BvF 2/90 u. a., BVerfGE 88, 203 (259).

171 BVerfG v. 28.5.1993, 2 BvF 2/90 u. a., BVerfGE 88, 203 (259, 271).

172 Dies veranschaulichend BVerfG v. 3.5.2004, 2 BvR 785/04, zit. nach Juris; BVerfG v. 8.6.2004, 2 BvR 785/04, NJW 2005, 2382.

173 So ausdrücklich BVerfG v. 28.5.1993, 2 BvF 2/90 u. a., BVerfGE 88, 203 in seinem 9. Leitsatz.

174 *Seiler* in BK, Art. 6 Abs. 4 GG Rn. 33.

175 *Aubel*, S. 144 ff.

176 Insoweit überschneiden sich die aus der objektiven Wertentscheidung resultierende interpretationsleitende Funktion und der Schutzauftrag, vgl. BVerfG v.

Während Art. 6 Abs. 4 GG als klassisches Abwehrrecht bislang nur eine geringe Rolle spielte,[177] ist er in Bezug auf andere aus der objektiven Wertentscheidung resultierende Gewährleistungsdimensionen, insbesondere hinsichtlich der gleichberechtigungsrechtlichen Grundrechtsfunktion, von größerer Bedeutung.

d. Art. 6 Abs. 4 GG als Diskriminierungsverbot

Nach der objektiven Wertentscheidung des Art. 6 Abs. 4 GG gelten Mütter als besonders schutzbedürftig und schutzwürdig. Aufgrund des damit verbundenen besonderen Differenzierungspotenzials zeitigt Art. 6 Abs. 4 GG verschiedene gleichheitsrechtliche Folgen.

Zunächst untrennbar mit dem aus Art. 6 Abs. 4 GG resultierenden Schutz- und Fürsorgeanspruch verbunden ist die Rechtfertigung von privilegierenden Behandlungen von Müttern.[178] Ein Verstoß gegen den allgemeinen Gleichbehandlungsgrundsatz scheidet aus, sofern die begünstigende Behandlung der besonderen Schutzbedürftigkeit von Müttern Ausdruck verleiht. Art. 6 Abs. 4 GG enthält eine Differenzierungserlaubnis,[179] die eine Bevorzugung von Müttern gegenüber Männern und anderen Frauen rechtfertigen kann.[180] Diese Differenzierungserlaubnis kann im Einzelfall, insbesondere bei einer Bevorzugung von schwangeren Frauen gegenüber Männern, deckungsgleich mit staatlichen Maßnahmen zur Beseitigung bestehender Nachteile von Frauen im Sinne des Art. 3 Abs. 2 S. 2 GG sein.[181] Ein generelles Gebot zur Bevorzugung von Müttern kann hingegen aus Art. 6 Abs. 4 GG nicht abgeleitet werden.[182]

Des Weiteren folgt aus dem Schutz- und Fürsorgeanspruch das Verbot, Müttern den Schutz und die Fürsorge der Gemeinschaft zu entziehen.[183] Aus diesem Grund dürfen Mütter wegen der mit der Schwangerschaft und Geburt zusammenhängenden

---

6.2.2001, 1 BVR 12/92, BVerfGE 103, 89 (102); BVerfG v. 24.5.2005, 1 BvR 906/04, NJW 2005, 2383.

177 Diese Einschätzung teilen *Burgi* in Friauf/Höfling, Art. 6 GG Rn. 171 und *Stern/Sachs/Dietlein*, StR IV/1, § 100 X 2, S. 544.

178 *Aubel*, S. 39.

179 *Stern/Sachs/Dietlein*, StR IV/1, § 100 X 2, S. 545.

180 Vgl. BVerfG v. 5.8.1986, 1 BvR 62/84, zit. nach Juris; BVerfG v. 3.4.1987, 1 BvR 1240/86, zit. nach Juris; BAG v. 27.7.1983, 5 AZR 282/81, AP Nr. 3 zu § 8a MuSchG 1968; BAG v. 31.1.1985, 2 AZR 486/83, AP Nr. 6 zu § 8a MuSchG 1968; BSG v. 23.3.1988, 3/8 RK 1/86, zit. nach Juris; *Coester-Waltjen* in v. Münch/Kunig, Art. 6 GG Rn. 106; *Stern/Sachs/Dietlein*, StR IV/1, § 100 XIII 5, S. 627.

181 Maunz/Dürig-*Badura*, Art. 6 GG Rn. 155; *Kotzur* in Stern/Becker, Art. 6 GG Rn. 101 f.

182 *Aubel*, S. 48 f.; *Buchner/Becker*, Einf. MuSchG Rn. 74; *Stern/Sachs/Dietlein*, StR IV/1, § 100 X 2, S. 544 f.

183 *Aubel*, S. 39; Maunz/Dürig-*Badura*, Art. 6 GG Rn. 165.

Umstände nicht schlechter gestellt werden.[184] In der Folge verbieten sich Differenzierungen, die an die Schwangerschaft oder Mutterschaft anknüpfen. Sie würden der Intention des Verfassungsgebers zuwiderlaufen.[185] Art. 6 Abs. 4 GG verbürgt folglich auch ein Diskriminierungsverbot, welches Benachteiligung von schwangeren Frauen und Müttern wegen ihres biologischen Zustandes untersagt.[186]

Ob darüber hinausgehend aus Art. 6 Abs. 4 GG auch ein Gleichbehandlungsgebot aller Mütter folgt, ist fragwürdig. Zumindest im Wortlaut von Art. 6 Abs. 4 GG hat ein absolutes Gleichbehandlungsgebot aller Mütter keinen Niederschlag gefunden. Art. 6 Abs. 4 GG verleiht *jeder* Mutter einen Anspruch auf Schutz und Fürsorge. Die Unterschiedslosigkeit des Schutzgrades aller Mütter hebt Art. 6 Abs. 4 GG hingegen nicht vor.[187] Dies gilt umso mehr, als dass sich der Parlamentarische Rat dezidiert mit dem Postulat des *gleichen Rechts* aller Mütter auseinandergesetzt hat.[188] Zwar lautete Art. 6 Abs. 4 GG – damals noch Art. 7 a Abs. 2 des Grundgesetzentwurfes – in der ersten und zweiten Lesung des Hauptausschusses wie folgt:

> *»Jede Mutter hat gleichen Anspruch auf den Schutz und die Fürsorge der Gemeinschaft.*[189]

Allerdings hielt der Allgemeine Redaktionsausschuss des Parlamentarischen Rates eine Anpassung des finanziellen Fürsorgeanspruches an die sozialen Verhältnisse für erforderlich, weshalb zur Ermöglichung von Abstufungen das Postulat des gleichen Anspruchs aller Mütter fallen gelassen wurde.[190] Dahinter verbarg sich die Auffassung, dass ein besonderes Gleichberechtigungsgebot beim Mutterschutz nicht durchzuführen und in Anbetracht des allgemeinen Gleichbehandlungsgrundsatzes aus Art. 3 GG auch entbehrlich sei.[191] Die vorgenommene Streichung des Zusatzes »gleichen« wurde sodann übernommen und beibehalten.[192] Ein besonderes Gleich-

---

184 Vgl. BVerfG v. 22.3.1977, 2 BvR 782/76, BVerfGE 44, 211 (215); BVerfG v. 28.4.2011, 1 BvR 1409/10, AP Nr. 73 zu § 1 BetrAVG Zusatzversorgungskassen.

185 BVerfG v. 4.10.1983, 1 BvL 2/81, BVerfGE 65, 104 (113) unter Verweis auf BVerfG v. 12.2.1964, 1 BVL 12/62, BVerfGE 17, 210 (217).

186 *Burgi* in Friauf/Höfling, Art. 6 GG Rn. 171; *Jarass/Pieroth*, Art. 6 GG Rn. 66, 71; *Seiler* in BK, Art. 6 Abs. 4 GG Rn. 47; *Stern/Sachs/Dietlein*, StR IV/1, § 100 X 2, S. 544 f.

187 *Aubel*, S. 48; Maunz/Dürig-*Badura*, Art. 6 GG Rn. 144; *Seiler* in BK, Art. 6 Abs. 4 GG Rn. 11; *Stern/Sachs/Dietlein*, StR IV/1, § 100 XIII, S. 628.

188 Stellungnahme von Theodor Heuss (FDP) in der 21. Sitzung des Hauptausschusses am 7.12.1948, ParlRat XIV/1, Nr. 21, S. 596 (601).

189 Vgl. Protokoll der 21. Sitzung des Hauptausschusses am 7.12.1948, ParlRat XIV/1, Nr. 21, S. 596 (611); Protokoll der Zweiten Lesung des Grundgesetzes in der 43. Sitzung am 18.1.1949, ParlRat XIV/2, Nr. 43, S. 1324 (1347).

190 Stellungnahme des Allgemeinen Redaktionsausschusses v. 25.1.1949, Drucks.-Nr. 535, abgedruckt in ParlRat VII, Nr. 5, S. 202 (209).

191 Vgl. Stellungnahme von Theodor Heuss (FDP) in der 21. Sitzung des Hauptausschusses am 7.12.1948, ParlRat XIV/1, Nr. 21, S. 596 (601).

192 Vgl. Vorschlag des Fünfer-Ausschusses für die dritte Lesung des Grundgesetzes im Hauptausschuss, Sonderdrucks. S v. 31.1.1949, abgedruckt in ParlRat VII, Nr. 6,

behandlungsgebot aller Mütter wurde somit bewusst nicht in der Formulierung des Art. 6 Abs. 4 GG verankert. Dies lässt den Schluss zu, dass Art. 6 Abs. 4 GG nach der Intention des Verfassungsgesetzgebers keine gleichheitsrechtlichen Folgen für einen Vergleich zwischen verschiedenen Müttergruppen zeitigen sollte.[193]

Dem widerspricht auch nicht die Rechtsprechung des BVerfG. Denn obgleich das BVerfG noch keine abschließende Stellung dazu genommen hat, ob Art. 6 Abs. 4 GG auch die Benachteiligung einer Gruppe von Müttern gegenüber anderen Müttern verbietet,[194] beurteilte das BVerfG bisher eine vermeintlich vorliegende Ungleichbehandlung zwischen verschiedenen Gruppen von Müttern immer ausschließlich am Maßstab des Art. 3 Abs. 1 GG.[195] Das *allen* Müttern der *gleiche* Schutz und die *gleiche* Fürsorge zuteilwerden soll, wurde bisher aus Art. 6 Abs. 4 GG nicht abgeleitet. Indessen wird die objektive Wertentscheidung des Art. 6 Abs. 4 GG lediglich ergänzend im Rahmen des allgemeinen Gleichbehandlungsgrundsatzes zur Verengung des gesetzgeberischen Ermessens- und Gestaltungsspielraums herangezogen.[196] Somit bestehen auch nach der Rechtsprechung des BVerfG keine Anhaltspunkte für einen in Art. 6 Abs. 4 GG begründeten besonderen Gleichbehandlungsgrundsatz aller Mütter. Vielmehr bedarf es insoweit eines Rückgriffes auf Art. 3 Abs. 1 GG.

e. Art. 6 Abs. 4 GG als Leistungsrecht?

Die bisher dargestellten Gewährleistungsdimensionen von Art. 6 Abs. 4 GG verdeutlichen die bewahrende Wirkung des Mutterschutzgebotes. Im Einklang mit der klassischen Grundrechtslehre soll Art. 6 Abs. 4 GG daher primär eine abwehrrechtliche Komponente (Status negativus) enthalten.[197] Fraglich ist, ob Art. 6 Abs. 4 GG daneben eine fördernde Wirkung entfaltet, die als eine eigenständige leistungsrechtliche Grundrechtsfunktion zu qualifizieren ist.

Tatsächlich betonen einige Autoren die leistungsrechtliche Komponente von Art. 6 Abs. 4 GG und stellen die fördernde Wirkung des Mutterschutzgebotes in den Vordergrund.[198] Diese Ansicht scheint den Wortlaut von Art. 6 Abs. 4 GG und die Rechtsprechung des BVerfG auf ihrer Seite zu haben. Das Wort Fürsorge, das nach dem historischen Rechtsverständnis die Sorge für das gesundheitliche, sittliche und wirtschaftliche Wohl hilfebedürftiger, notleidender oder gefährdeter Mitmenschen

---

S. 297 (298) bzw. Drucks.-Nr. 591, abgedruckt in ParlRat VII, Nr. 7. S. 339 (342); Annahme in der dritten Lesung des Grundgesetzes in der 47. Sitzung des Hauptausschusses am 8.2.1949, ParlRat XIV/2, Nr. 47, S. 1459 (1490).

193 Vgl. *Jarass/Pieroth*, Art. 6 GG Rn. 71; *Stern/Sachs/Dietlein*, StR IV/1, § 100 XIII 5, S. 628.

194 BVerfG v. 18.3.1993, 1 BvR 1927/92, NJW 1994, 785.

195 BVerfG v. 13.11.1974, 1 BvL 12/73, BVerfGE 38, 213 (219 ff.); BVerfG v. 4.10.1983, 1 BvL 2/81, BVerfGE 65, 104 (112 ff.); BVerfG v. 3.4.1987, 1 BvR 1240/86, zit. nach Juris.

196 So explizit BVerfG v. 4.10.1983, 1 BvL 2/81, BVerfGE 65, 104 (113).

197 Maunz/Dürig-*Badura*, Art. 6 GG Rn. 160; Dreier-*Brosius-Gersdorf*, Art. 6 GG Rn. 219; *Preis*, ArbuR 1972, 42 (45); *Seiler* in BK, Art. 6 Abs. 4 GG Rn. 34.

198 Vgl. etwa *Burgi* in Friauf/Höfling, Art. 6 GG Rn. 170.

und das Sichbemühen um Abhilfe beschreibt,[199] könnte als textliche Verankerung einer leistungsrechtlichen Komponente von Art. 6 Abs. 4 GG herangezogen werden. Auch aus der vom BVerfG vorgenommenen Qualifizierung von Art. 6 Abs. 4 GG als Schutzauftrag, der das allgemeine Sozialstaatsprinzip im Bereich des Mutterschutzes konkretisiert,[200] könnte zumindest im Grundsatz eine leistungsrechtliche Gewährleistungsdimension folgen. Ein eigenständiger individual-leistungsrechtlicher Charakter von Art. 6 Abs. 4 GG liegt somit nahe.

Allerdings lässt die rein grammatikalische Analyse von Art. 6 Abs. 4 GG außer Betracht, dass der aus Art. 6 Abs. 4 GG resultierende Schutzauftrag den Gesetzgeber nicht nur verpflichtet, Eingriffe in die Mutterschaft zu unterlassen, sondern auch den Schutz vor negativen Einflüssen Dritter beinhaltet.[201] Dem Schutzauftrag kommt damit selbst unmittelbar fördernde Wirkung zu, sodass eine Trennung der konkreten Gewährleistungsinhalte *Bewahrung* und sichernde *Förderung* nicht möglich ist.[202] Die Begriffe Schutz und Fürsorge bilden folglich eine Einheit.[203] Aus diesem Grund bedarf es der rechtsdogmatischen Differenzierung zwischen der fördernden Wirkung und einem eigenständigen leistungsrechtlichen Charakter von Art. 6 Abs. 4 GG. Letzter kann nur dann angenommen werden, wenn Art. 6 Abs. 4 GG Müttern individuelle Leistungsrechte einräumt.

Das BVerfG hat originäre Leistungsrechte, die auf ein staatliches Handeln zielen und einen Anspruch auf staatliche Leistungen begründen, bisher nur im sehr begrenzten Rahmen angenommen.[204] Auch in Bezug auf Art. 6 Abs. 4 GG bestehen hinsichtlich der Ableitung originärer Leistungsrechte erhebliche Bedenken. An erster Stelle dürfte dabei die Gefahr einer Beeinträchtigung des Gewaltenteilungsprinzips stehen. Dem Gesetzgeber wird durch die normative Offenheit von

---

199 *Ritter* in Handwörterbuch der Rechtswissenschaft, Stichwort: Fürsorgepflicht, S. 557.

200 Vgl. BVerfG v. 25.1.1972, 1 BvL 3/70, BVerfGE 32, 273 (279); BVerfG v. 28.3.2006, 1 BvL 10/01, BVerfGE 115, 259 (272); BVerwG v. 27.8.1974, II C 38/73, BVerwGE 47, 23 (27); BAG v. 11.9.1979, 6 AZR 753/78, AP Nr. 6 zu § 9 MuSchG 1968; *Ambs* in Erbs/Kohlhaas, Vorbem. zu M 150 Rn. 10; Maunz/Dürig-*Badura*, Art. 6 GG Rn. 151; *Gamillscheg*, FS Molitor, S. 57 (58); *Meisel/Sowka*, Einl. Rn. 31.

201 Siehe hierzu die Ausführungen unter 2. b. auf S. 94.

202 Aubel spricht deshalb von einer Leistungsfunktion im engeren Sinne, *Aubel*, S. 68.

203 *Burgi* in Friauf/Höfling, Art. 6 GG Rn. 167; *Robbers* in Bonner GG-Kommentar, Art. 6 GG Rn. 294; *Stern/Sachs/Dietlein*, StR IV/1, § 100 X 3, S. 594.

204 Bisher besteht nur ein aus Art. 1 Abs. 1 GG i. V. m. Art. 20 Abs. 1 GG resultierender Leistungsanspruch auf Gewährleistung eines menschenwürdigen Existenzminimums, vgl. BVerfG v. 29.5.1990, 1 BvL 20/84, BVerfGE 82, 60 (80); BVerfG v. 9.2.2010, 1 BvL 1/09 u. a., BVerfGE 125, 175 (222 ff.). Siehe auch das Numerus-Clausus-Urteil des BVerfG, in welchem das BVerfG die Einräumung eines originären Anspruchs auf Zulassung zum Hochschulstudium erwogen hatte, gleichzeitig aber klarstellte, dass Leistungsrechte unter dem Vorbehalt des Möglichen und dessen stehen, was der Einzelne vernünftigerweise von der Gesellschaft beanspruchen kann, vgl. BVerfG v. 18.7.1972, 1 BvL 32/70 u. a., BVerfGE 33, 303 (333).

Art. 6 Abs. 4 GG ein weiter Beurteilungs-, Ermessens- und Ausgestaltungsspielraum gewährt.[205] Die gerichtliche Durchsetzung von originären Leistungsansprüchen würde die vielzähligen Gestaltungsmöglichkeiten des Gesetzgebers beschneiden und daher einen Übergriff in die verfassungsrechtlichen Kompetenzen des Gesetzgebers bedeuten.[206] Zudem würde der Vorbehalt des Gesetzes verletzt werden. Allein der demokratisch legitimierte Gesetzgeber ist berechtigt, aufgrund von Normen (finanzielle) Ansprüche zu schaffen, bei denen er die tatsächlichen, rechtlichen und finanziellen Möglichkeiten berücksichtigt und einen Ausgleich zwischen widerstreitenden Interessen und Staatsaufgaben herstellt.[207] Auch bliebe bei einer (finanziellen) Leistungsgewährung durch die Gerichte die Haushaltshoheit des Parlaments (Art. 110 GG) außer Betracht.[208] Die Geltendmachung eines konkret-individualisierbaren Leistungsanspruches würde somit dem Gewaltenteilungs- und Demokratieprinzip widersprechen.[209]

Überzeugender ist es daher, den konkretisierungsbedürftigten Leistungsrahmen von Art. 6 Abs. 4 GG als bloßen Gesetzgebungsauftrag im Sinne eines Optimierungsgebots aufzufassen, welches den Gesetzgeber verpflichtet, Problemen und Schwierigkeiten nachzugehen, die der Mutter während und nach der Schwangerschaft erwachsen können.[210] Die Erfüllung des Optimierungsgebotes hat sich dabei am tatsächlich und rechtlich Möglichen zu orientieren.[211] In Ermangelung originärer Leistungsrechte kann ein *bestimmtes* Schutz und Fürsorge gewährendes Handeln des Staates daher grundsätzlich nicht in individualisierender Weise beansprucht werden.[212]

Entsprechend der Funktion von Art. 6 Abs. 4 GG als Konkretisierung des Sozialstaatsprinzips wäre folglich lediglich ein komplementärer Anspruch auf Teilhabe an bereits bestehenden Leistungen verbürgt.[213] Dieser Teilhabeanspruch wird durch den

---

205 Vgl. BVerfG v. 10.2.1982, 1 BvL 116/78, BVerfGE 60, 68 (74); BVerfG v. 2.4.1996, 2 BvR 169/93, NVwZ 1997, 54 (55); BVerfG v. 18.11.2003, 1 BvR 302/96, BVerfGE 109, 64 (87); ebenso BVerwG v. 23.6.1977, V C 51.74, BVerwGE 54, 124 (130).

206 *Stern/Sachs/Dietlein*, StR IV/1, § 100 X 3, S. 549.

207 Ähnlich *Preis*, ArbuR 1972, 42 (46).

208 *Preis*, ArbuR 1972, 42 (46).

209 Vgl. *Stern/Sachs/Dietlein*, StR IV/1, § 100 X 3, S. 546.

210 Vgl. BVerfG v. 28.5.1993, 2 BvF 2/90 u. a., BVerfGE 88, 203 (259); *Aubel*, S. 86 f., 168 f.; *Burgi* in Friauf/Höfling, Art. 6 GG Rn. 170; *Kotzur* in Stern/Becker, Art. 6 GG Rn. 53, 55, 71; an anderer Stelle wird von einer gesetzlichen Verschaffungspflicht gesprochen, vgl. etwa *Coester-Waltjen* in v. Münch/Kunig, Art. 6 GG Rn. 106 und Sachs-*von Coelln*, Art. 6 GG Rn. 91.

211 In diese Richtung BVerfG v. 2.4.1996, 2 BvR 169/93, zit. nach Juris m. w. N.; BVerfG v. 18.11.2003, 1 BvR 302/96, BVerfGE 109, 64 (90); *Aubel*, S. 86 f., 168 f.; zum Begriff des Optimierungsgebotes im Zusammenhang mit dem Untermaßverbot vgl. auch *Klein*, JuS 2006, 960 (962).

212 Maunz/Dürig-*Badura*, Art. 6 GG Rn. 147; *Seiler* in BK, Art. 6 Abs. 4 GG Rn. 35.

213 Vgl. BVerfG v. 25.1.1972, 1 BvL 3/70, BVerfGE 32, 273 (279); BVerfG v. 28.3.2006, 1 BvL 10/01, BVerfGE 115, 259 (271 ff.); BAG v. 11.9.1979, 6 AZR 753/78,

vorstehend beschriebenen gleichheitsrechtlichen Bezug von Art. 6 Abs. 4 GG stark eingeschränkt. So erstreckt sich das derivative Leistungsrecht von vornherein nicht auf Fallgestaltungen, in denen Mutterschutzleistungen einer bestimmten Gruppe von Müttern vorenthalten werden,[214] sondern beschränkt sich auf Sachverhalte, in denen Mütter insgesamt von staatlichen Leistungen ausgeschlossen sind. Nur wenn der Staat keine oder völlig unzureichende Schutzmaßnahmen zugunsten schwangerer Frauen und Mütter ergriffen hat, kommen Ansprüche auf ein prinzipielles Vorhandensein von angemessenen Schutzvorkehrungen in Betracht.[215] Insoweit besteht aber zwischen der Teilhabefunktion und dem besonderen Diskriminierungsverbot des Art. 6 Abs. 4 GG Deckungsgleichheit.[216] Der Teilhabefunktion kommt somit neben dem Diskriminierungsverbot keine eigenständige Bedeutung zu.

Insgesamt entfaltet die objektive Wertenscheidung des Art. 6 Abs. 4 GG mithin zugleich bewahrende und fördernde Wirkung. Der fördernden Wirkung wird jedoch in Abweichung vom Wortlaut, der einen leistungsrechtlichen Charakter von Art. 6 Abs. 4 GG nahelegt, nicht durch eine eigenständige leistungsrechtliche Komponente entsprochen. Vielmehr wird die fördernde Wirkung im Rahmen der übrigen Grundrechtsfunktionen umgesetzt. Art. 6 Abs. 4 GG vereint damit im Wesentlichen vier Grundrechtsfunktionen.

3. *Grundrechtsberechtigung und -verpflichtung*

Nachdem vorstehend die konkreten Gewährleistungsinhalte von Art. 6 Abs. 4 GG erläutert wurden, soll nun ein Blick auf den personalen Schutzbereich von Art. 6 Abs. 4 GG geworfen werden. Dabei erfolgt eine Beschränkung auf die für den Untersuchungsgegenstand der vorliegenden Arbeit maßgeblichen Prüfungspunkte.

a. *Grundrechtsrechtsberechtigung*

Art. 6 Abs. 4 GG räumt jeder Mutter einen Anspruch auf Schutz und Fürsorge ein. Maßgeblicher Anknüpfungspunkt für den personalen Schutzbereich ist damit das biologische Ereignis der Mutterschaft. Erfasst wird somit als Grundrechtsberechtigte jede Frau während der Schwangerschaft und nach der Geburt. Der Wortlaut erstreckt sich neben der biologischen Mutter auch auf die genetische und soziale Mutter.[217]

AP Nr. 6 zu § 9 MuSchG 1968; *Ambs* in Erbs/Kohlhaas, Vorbem. zu M 150 Rn. 10; Maunz/Dürig-*Badura*, Art. 6 GG Rn. 151; *Gamillscheg*, FS Molitor, S. 57 (58); *Meisel/Sowka*, Einl. Rn. 31.

214 *Aubel*, S. 71; siehe hierzu die obige Argumentation zum Fehlen eines besonderen Gleichbehandlungsgebotes unter 2. d., S. 96 f.

215 *Seiler* in BK, Art. 6 Abs. 4 GG Rn. 35, 44; *Stern/Sachs/Dietlein*, StR IV/1, § 100 X 3, S. 546, 548 f.; vgl. zu den Grenzen des staatlichen Gestaltungsspielraums die Ausführungen im 3. Kapitel, 1. Abschnitt, II. 1., S. 142 ff.

216 *Aubel*, S. 70; ähnlich *Seiler* in BK, Art. 6 Abs. 4 GG Rn. 48.

217 Vgl. zum Streit darüber, ob auch die genetische und soziale Mutter in den verfassungsrechtlichen Schutzbereich mit einzubeziehen ist BVerfG v. 5.8.1986,

Indessen nicht unmittelbarer Adressat des Schutz- und Fürsorgeanspruches ist das (ungeborene) Kind.[218]

Nach seinem Wortlaut gewährt Art. 6 Abs. 4 GG bedingungslos jeder Mutter Schutz und Fürsorge durch die Gemeinschaft. Nichtsdestotrotz finden sich im Zusammenhang mit dem personalen Schutzbereich in der Literatur vereinzelt auch Ausführungen zu einem »sachlichen« Schutzbereich.[219] Art. 6 Abs. 4 GG erfordere eine generelle Schutzbedürftigkeit. Diese müsse sich nicht aus einer konkret-individuellen Notlage ergeben.[220] Vielmehr reiche es aus, dass die Schutzbedürftigkeit auf Umständen beruhe, die auf die biologische Mutterschaft zurückzuführen seien.[221]

Dieser zusätzliche sachliche Geltungsbereich findet indessen keinen Niederschlag im Wortlaut. Wie bereits eingehend im Rahmen der Darstellung des Gewährleistungsinhalts von Art. 6 Abs. 4 GG erläutert, liegt Art. 6 Abs. 4 GG die Vermutung zugrunde, dass Mütter aufgrund der mit dem biologischen Zustand einhergehenden Belastungen und Nachteile generell des Schutzes bedürfen. Nach dem Wortlaut von Art. 6 Abs. 4 GG ist der Anspruch auf Schutz und Fürsorge durch die Gemeinschaft daher an keine weiteren Bedingungen als die Mutterschaft geknüpft. Deshalb kann dieses sogenannte Erfordernis der Schutzbedürftigkeit nicht dazu führen, dass bestimmte Mütter von vornherein aus dem Schutzbereich des Art. 6 Abs. 4 GG ausgeschlossen sind.[222] Ebenso wenig erfolgt eine Kategorisierung zwischen schutzwürdigen schwangeren Frauen und weniger schutzwürdigenden schwangeren Frauen. Daher werden grundsätzlich auch nicht-erwerbstätige und selbstständig erwerbstätige Frauen vom Schutzbereich erfasst.[223] Eine im Einzelfall abgeschwächte Schutzbedürftigkeit könnte allenfalls Einfluss auf die *zeitliche* Reichweite des Mutterschutzgebotes – und damit auf die Frage, ob die biologische Mutter auch noch über die unmittelbare Zeit der Geburt und der ersten Lebensmonate des Kindes hinaus in späteren Lebensphasen des Kindes dem Schutz des Art. 6 Abs. 4 GG unterfällt[224] – und auf die Schranken des Grundrechts auf der

---

1 BvR 1239/84, zit. nach Juris; *Burgi* in Friauf/Höfling, Art. 6 GG Rn. 173 f.; *Robbers* in Bonner GG-Kommentar, Art. 6 GG Rn. 290; Sachs-*von Coelln*, Art. 6 Rn. 95; *Seiler* in BK, Art. 6 Abs. 4 GG Rn. 16 f. Für die Richtlinie 92/85/EWG hat der EuGH nunmehr jüngst klargestellt, dass zumindestens Leihmütter nicht vom Anwendungsbereich der Richtlinie erfasst werden, vgl. EuGH v. 18.3.2014, Rs. C-167/12, EuGRZ 2014, 306.

218 Vgl. statt vieler nur *Jarass/Pieroth*, Art. 6 GG Rn. 69.

219 Vgl. etwa *Aubel*, S. 124 ff.

220 *Seiler* in BK, Art. 6 Abs. 4 GG Rn. 26.

221 *Aubel*, S. 127. In diese Richtung auch *Kotzur* in Stern/Becker, Art. 6 GG Rn. 77; *Stern/Sachs/Dietlein*, StR IV/1, § 100 X 1, S. 541.

222 In diese Richtung aber z. B. Maunz/Dürig-*Badura*, Art. 6 GG Rn. 150, 153 f.

223 *Schubert*, S. 141 f.; *Stern/Sachs/Dietlein*, StR IV/1, § 100 X 4, S. 555; ähnlich auch *Heilmann*, Einl. Rn. 29, 31.

224 Deshalb erfassen andere Autoren diese Problematik auch unter dem Stichwort »zeitliche Reichweite«, vgl. etwa *Burgi* in Friauf/Höfling, Art. 6 GG Rn. 175; ErfK-

Rechtsfolgenseite, nicht aber auf die grundsätzlich bestehende Grundrechtsberechtigung haben.

Folglich beschränkt sich der personale Schutzbereich von Art. 6 Abs. 4 GG nicht auf erwerbstätige Mütter und Arbeitnehmerinnen, sondern alle Mütter während der Schwangerschaft, Geburt und Stillzeit sind unterschiedslos grundrechtsberechtigt.

Abschließend ist nun zu betrachten, wen Art. 6 Abs. 4 GG mit dem Begriff der *Gemeinschaft* verpflichtet.

b. Grundrechtsverpflichtung

Nach seinem Wortlaut verpflichtet Art. 6 Abs. 4 GG unmittelbar die Gemeinschaft, und nicht den Staat. Allerdings muss der Begriff der Gemeinschaft im systematischen Zusammenhang mit den anderen in Art. 6 GG verbürgten Rechten und Schutzpflichten ausgelegt werden.[225] Hieraus ergibt sich, dass die staatlich verfasste Gemeinschaft insgesamt als Kollektivorgan, deren Repräsentant in erster Linie der Staat ist, angesprochen wird.[226] Art. 6 Abs. 4 GG entfaltet unmittelbar bindende Wirkung zulasten des Staates.[227] Hingegen kann eine unmittelbare Drittwirkung zwischen Privaten aus Art. 6 Abs. 4 GG nicht abgeleitet werden.[228] Die Begriffswahl hat jedoch zur Folge, dass die Leistungen des Mutterschutzes nicht ausschließlich vom Staat erbracht werden müssen, sondern die Lasten auf die Gemeinschaft aufgeteilt werden können.[229] Der Gesetzgeber kann sich somit bei seiner Aufgabe, Mütter zu schützen, auch Dritter bedienen.[230]

4. Ergebnis

Nach alledem gewährt Art. 6 Abs. 4 GG jeder Mutter einen Anspruch auf Schutz und Fürsorge der Gemeinschaft. Diesen Anspruch hat der Gesetzgeber durch Erlass eines Schutzsystems zu erfüllen. Dabei kommt dem Gesetzgeber aufgrund der normativen Offenheit von Art. 6 Abs. 4 GG ein weiter Ermessens- und

---

Schmidt, Art. 6 GG Rn. 21; *Robbers* in Bonner GG-Kommentar, Art. 6 GG Rn. 292; *Seiler* in BK, Art. 6 Abs. 4 GG Rn. 19 f.

225 *Aubel*, S. 143; Maunz/Dürig-*Badura*, Art. 6 GG Rn. 145; *Robbers* in Bonner GG-Kommentar, Art. 6 GG Rn. 302; *ders.* in v. Mangoldt/Klein/Starck, Art. 6 GG Rn. 302; *Seiler* in BK, Art. 6 Abs. 4 GG Rn. 27.

226 *Preis*, ArbuR 1972, 42 (47); *Seiler* in BK, Art. 6 Abs. 4 GG Rn. 27.

227 Maunz/Dürig-*Badura*, Art. 6 GG Rn. 146.

228 *Coester-Waltjen* in v. Münch/Kunig, Art. 6 GG Rn. 105; *Robbers* in v. Mangoldt/Klein/Starck, Art. 6 GG Rn. 285; *Stern/Sachs/Dietlein*, StR IV/1, § 100 X 6, S. 560.

229 BVerfG v. 23.4.1974, 1 BvL 19/73, BVerfGE 37, 121 (126); BVerfG v. 3.7.1985, 1 BvL 13/83, BVerfGE 70, 242 (250 f.); BVerfG v. 18.11.2003, 1 BvR 302/96, BVerfGE 109, 64 (87).

230 BVerfG v. 28.5.1993, 2 BvF 2/90 u. a., BVerfGE 88, 203 (259); BVerfG v. 18.11.2003, 1 BvR 302/96, BVerfGE 109, 64 (87 f.).

Gestaltungsspielraum zu. In der Folge lassen sich aus Art. 6 Abs. 4 GG keine konkreten Leistungsansprüche ableiten. Dies ist bei der Überprüfung der Rechtslage *de lege lata* zu berücksichtigen. Nicht zu vernachlässigen sind weiter die umfassende Ausstrahlungswirkung sowie das Verbot, Mütter wegen eines Umstandes, der unmittelbar mit der Schwangerschaft oder Mutterschaft verbunden ist, zu benachteiligen. Insbesondere im letzten Punkt findet das verfassungsrechtliche Mutterschutzgebot Ergänzung im Gleichbehandlungsschutz nach Art. 3 GG.

II. Gleichberechtigungsgebot nach Art. 3 Abs. 2 und Abs. 3 GG

Grundsätzlich kann eine ungünstigere Behandlung einer Frau im Zusammenhang mit ihrer Schwangerschaft oder mit dem von ihr in Anspruch genommenen Mutterschaftsurlaub auch eine Diskriminierung aufgrund des Geschlechtes darstellen.[231] Hiervon wird nicht nur das in Art. 6 Abs. 4 GG verbürgte Verbot der Schlechterstellung von Müttern, sondern auch das Verhältnis der Geschlechter zueinander betroffen. Dieses Verhältnis wird im Wesentlichen durch den Grundsatz der Gleichberechtigung der Geschlechter geprägt.[232]

Als Konkretisierung des allgemeinen Gleichbehandlungsgrundsatzes in Art. 3 Abs. 1 GG hat der Verfassungsgeber in Art. 3 Abs. 2 GG und Art. 3 Abs. 3 GG einen spezifischen Schutz vor geschlechtsspezifischen Diskriminierungen eingefügt.[233] Während Art. 3 Abs. 3 GG die geschlechtsbezogene Gruppenbildung betrifft und gebietet, dass eine Bevorzugung oder Benachteiligung allein aus Gründen des Geschlechts unterbleibt,[234] überträgt Art. 3 Abs. 2 S. 1 GG diesen Grundsatz auf die gesellschaftliche Wirklichkeit und enthält in Art. 3 Abs. 2 S. 2 GG ein Förderungsgebot, das auf die Durchsetzung der Chancengleichheit in der Zukunft gerichtet ist.[235]

Ein für die Durchsetzung der Gleichberechtigung wesentlicher Teil des gesellschaftlichen Lebens betrifft die Erwerbstätigkeit und Arbeitswelt. Frauen sollen

---

231 BVerfG v. 28.4.2011, 1 BvR 1409/10, AP Nr. 73 zu § 1 BetrAVG Zusatzversorgungskassen; BAG v. 15.10.1992, 2 AZR 227/92, AP Nr. 8 zu § 611a BGB; BAG v. 1.7.1993, 2 AZR 25/93, AP Nr. 36 zu § 123 BGB; BAG v. 6.2.2003, 2 AZR 621/01, AP Nr. 21 zu § 611a BGB; BAG v. 12.12.2013, 8 AZR 838/12, zit. nach Juris.

232 Ähnlich BVerfG v. 28.4.2011, 1 BvR 1409/10, AP Nr. 73 zu § 1 BetrAVG Zusatzversorgungskassen.

233 BVerfG v. 28.1.1992, 1 BvR 1025/82 u. a, BVerfGE 85, 191 (206 f.).

234 Zum Streit darüber, ob Art. 3 Abs. 2 GG und Art. 3 Abs. 3 GG als Anknüpfungsverbote oder Begründungsverbote ausgestaltet sind, vgl. ausführlich *Boysen* in v. Münch/Kunig, Art. 3 GG Rn. 125 ff.; Sachs-*Osterloh/Nußberger*, Art. 3 GG Rn. 239 ff.

235 BVerfG v. 28.1.1992, 1 BvR 1025/82 u. a., BVerfGE 85, 191 (207); BVerfG v. 16.11.1993, 1 BvR 258/86, BVerfGE 89, 276 (285); BVerfG v. 24.1.1995, 1 BvL 18/93 u. a., BVerfGE 92, 91 (109, 112); BVerfG v. 30.1.2002, 1 BvL 23/96, BVerfGE 104, 373 (393); BVerfG v. 21.9.2006, 1 BvR 308/03, NJW 2007, 137; BVerfG v. 26.10.2011, 1 BvR 2075/11, NJW 2012, 216 (217).

grundsätzlich die gleichen Erwerbschancen zuteilwerden wie Männern.[236] Dies bedeutet, dass bestehende Beschäftigungs- und Aufstiegshindernisse für Frauen zu beseitigen sind.[237] Gleichzeitig gebietet Art. 3 Abs. 2 GG den Ausgleich faktischer Nachteile, die typischerweise Frauen treffen, durch begünstigende Regelungen,[238] um hierdurch langfristig Chancengleichheit herzustellen.[239] Zudem verbietet Art. 3 Abs. 2 GG dem Gesetzgeber, tradierte Rollenverteilungen zwischen Männern und Frauen, infolge derer Frauen höhere Belastungen auferlegt werden oder sie auf eine andere Art und Weise nachteilig behandelt werden, zu verfestigen.[240]

Aus Art. 3 Abs. 2 GG folgt somit die Verpflichtung des Staates, der Gefahr von Diskriminierungen zu begegnen und soweit wie möglich durch geeignete Regelungsmechanismen auszugleichen.[241] Dementsprechend sind im Rahmen von Art. 3 Abs. 2 GG über eine unmittelbare Ungleichbehandlung hinaus auch solche Regelungen von Bedeutung, die zwar geschlechtsneutral formuliert sind, im Ergebnis aber aufgrund natürlicher Unterschiede oder gesellschaftlicher Bedingungen unterschiedliche Auswirkungen für Männer und Frauen haben.[242] Auch solche mittelbaren und faktischen Benachteiligungen verhindern die Durchsetzung der Gleichberechtigung. Ob eine Ungleichbehandlung unmittelbar und ausdrücklich an das Geschlecht anknüpft, ist damit irrelevant.[243] Des Weiteren ist der Erlass von Mutterschutzregelungen erforderlich, um den Eintritt von auf biologischen Unterschieden beruhenden und mit der Mutterschaft unmittelbar zusammenhängenden Nachteilen für Frauen abzuwehren und Chancengleichheit herzustellen.[244]

---

236 Grundlegend BVerfG v. 17.1.1957, 1 BvL 4/54, BVerfGE 6, 55 (82); so auch ausdrücklich die abweichende Meinung in BVerfG v. 11.10.1977, 1 BvR 343/73, BVerfGE 47, 1 (45).

237 BVerfG v. 18.11.2003, 1 BvR 302/96, BVerfGE 109, 64 (89).

238 Noch offen gelassen von BVerfG v. 28.1.1987, 1 BvR 455/82, BVerfGE 74, 163 (179); klarstellend dann aber BVerfG v. 28.1.1992, 1 BvR 1025/82 u. a., BVerfGE 85, 191 (207); BVerfG v. 25.10.2005, 2 BvR 524/01, BVerfGE 114, 357 (370).

239 Art. 3 Abs. 2 GG verpflichtet nur zur Herstellung von Chancengleichheit, nicht Ergebnisgleichheit, *Jarass/Pieroth*, Art. 3 GG Rn. 90; Sachs-*Osterlo/Nußberger*, Art. 3 GG Rn. 282.

240 BVerfG v. 28.1.1992, 1 BvR 1025/82 u. a., BVerfGE 85, 191 (207); BVerfG v. 17.11.1992, 1 BvL 8/87, BVerfGE 87, 234 (258); BVerfG v. 24.1.1995, 1 BvL 18/93 u. a., BVerfGE 92, 91 (112); BVerfG v. 25.10.2005, 2 BvR 524/01, BVerfGE 114, 357 (370); BVerfG v. 26.10.2011, 1 BvR 2075/11, NJW 2012, 216 (217).

241 Bericht der Gemeinsamen Verfassungskommission v. 5.11.1993, BT-Drs. 12/6000, S. 50; BVerfG v. 18.11.2003, 1 BvR 302/96, BVerfGE 109, 64 (90).

242 BVerfG v. 30.1.2002, 1 BvL 23/96, BVerfGE 104, 373 (393); BVerfG v. 5.4.2005, 1 BvR 774/02, BVerfGE 113, 1 (15).

243 BVerfG v. 14.4.2010, 1 BvL 8/08, BVerfGE 126, 29 (53).

244 Ähnlich BVerfG v. 28.5.1993, 2 BvF 2/90, BVerfGE 88, 203 (260); BVerfG v. 10.3.1998, 1 BvR 178/97, BVerfGE 97, 332 (348); BAG v. 31.1.1985, 2 AZR 486/83, AP Nr. 6 zu § 8a MuSchG.

Auf welche Art und Weise der Gesetzgeber die tatsächliche Durchsetzung der Gleichberechtigung von Frauen und Männern fördert und auf die Beseitigung bestehender Nachteile hinwirkt, obliegt grundsätzlich seiner Ausgestaltungsbefugnis.[245] Jedenfalls muss aber bei der Erfüllung des aus Art. 6 Abs. 4 GG resultierenden Schutzauftrages darauf geachtet werden, dass die Umsetzung des Mutterschutzgebotes selbst nicht mit dem aus Art. 3 Abs. 2 GG resultierenden Gleichstellungsgebot konfligiert.[246] Zugunsten von Frauen erlassene Schutzgesetze dürfen sich in der Wirklichkeit der Arbeitswelt nicht tatsächlich diskriminierend auswirken. In der Folge ist der Gesetzgeber verpflichtet, Benachteiligungseffekten und negativen Steuerungswirkungen zu begegnen und sie so weit wie möglich durch geeignete Maßnahmen auszugleichen.[247]

Insgesamt betrifft der gesetzliche Mutterschutz die aus Art. 3 Abs. 2 und Abs. 3 GG resultierenden Gewährleistungen in mehreren unterschiedlichen Facetten. Auch diesen ist bei der Überprüfung der Rechtslage *de leg lata* Tribut zu zollen.

III. Ergebnis

Das MuSchG setzt den in Art. 6 Abs. 4 GG enthaltenden bindenden Verfassungsauftrag für den engen Bereich des Arbeitsrechts um. Hierbei bewegt sich das MuSchG im Spannungsfeld zwischen Mutterschutzgebot und verfassungsrechtlich angeordneter Begünstigung der Mutter auf der einen Seite, und Geschlechtergleichstellung und Verbot der geschlechtsspezifischen Diskriminierung auf der anderen Seite. Unter dem Aspekt der Gleichbehandlung gegenüber anderen Frauen und Männern durchbricht das MuSchG wegen Art. 6 Abs. 4 GG den allgemeinen Gleichbehandlungsgrundsatz (Art. 3 Abs. 1 GG), das Gebot der Gleichberechtigung von Männern und Frauen (Art. 3 Abs. 2 GG) sowie das Verbot der geschlechtsspezifischen Bevorzugung (Art. 3 Abs. 3 GG).[248] Das MuSchG kann folglich über den Willen des historischen Gesetzgebers hinaus als Element der Frauenförderung und als Mitwirkung des Gesetzgebers bei der Beseitigung bestehender Nachteile, die ihrer Natur nach

245 BVerfG v. 18.11.2003, 1 BvR 302/96, BVerfGE 109, 64 (90); BVerfG v. 19.8.2011, 1 BvL 15/11, zit. nach Juris; BVerfG v. 26.10.2011, 1 BvR 2075/11, NJW 2012, 216; vgl. zum Gestaltungsspielraum bei Schutzpflichten allgemein BVerfG v. 28.5.1993, 2 BvF 2/90 u. a., BVerfGE 88, 203 (254 ff., 262 f.).

246 Vgl. BVerfG v. 28.1.1992, 1 BvR 1025/82 u. a., BVerfGE 85, 191 (206 ff.); *Buchner/Becker*, Einf. MuSchG Rn. 80.

247 BVerfG v. 18.11.2003, 1 BvR 302/96, BVerfGE 109, 64 (90).

248 BAG v. 11.9.1979, 6 AZR 753/78, AP Nr. 6 zu § 9 MuSchG 1968; BAG v. 31.1.1985, 2 AZR 486/83, AP Nr. 6 zu § 8a MuSchG 1968; ebenso *Buchner/Becker*, Einf. MuSchG Rn. 76; *Heilmann*, Einl. Rn. 34; Maunz/Dürig-*Badura*, Art. 6 GG Rn. 155; *Meisel/Sowka*, Einl. Rn. 28; *Seiler* in BK, Art. 6 Abs. 4 GG Rn. 59.

nur bei Frauen auftreten können,[249] verstanden werden.[250] Für die verfassungsrechtliche Beurteilung der Rechtslage *de lege lata* sind daher vor allem die Funktion von Art. 6 Abs. 4 GG als Schutzauftrag sowie das aus Art. 3 Abs. 2 GG resultierende Gleichberechtigungsgebot von besonderer Bedeutung.

Die vorstehend erörterten verfassungsrechtlichen Verpflichtungen des Gesetzgebers aus Art. 6 Abs. 4 GG und Art. 3 Abs. 2 und Abs. 3 GG finden auf europarechtlicher Ebene Äquivalente.[251] Insbesondere die Berücksichtigung der Zusammenhänge zwischen mutterspezifischen Regelungen und Gleichstellungsrecht sowie der gleichheitsrechtlichen Folgen frauenfördernder Regelungen entspricht der Rechtsentwicklung im Europarecht.[252] Nachfolgend sind daher die europarechtlichen Grundlagen des Mutterschutzes zu betrachten.

3. Abschnitt: Europäische Grundlagen und völkerrechtliche Einflüsse

Von zunehmender Bedeutung für das nationale Arbeitsrecht sind die europäischen Regelungen zum Arbeits- und Sozialrecht. Im Zuge der sogenannten Lissabonstrategie rückte die Harmonisierung der unterschiedlichen Arbeitsrechts- und Sozialsysteme der Mitgliedstaaten in den Fokus. War die EU ursprünglich als reine Wirtschaftsunion geplant, in der die Sozialpolitik zunächst nicht im Fokus stand, hat sie sich – wie der seit 2007 andauernde und schließlich im Vertrag von Lissabon seinen Abschluss findende Reformprozess gezeigt hat – zwischenzeitlich zu einer eigenen Rechtspersönlichkeit entwickelt,[253] die sich eine dauerhafte Steigerung der Wettbewerbsfähigkeit der EU durch eine höhere Beschäftigungsquote und eine bessere soziale Absicherung als Wirtschaftsraum zum Ziel gesetzt hat.[254] Dies haben nicht zuletzt die EuGH-Entscheidungen in Sachen Junk,[255] Mangold[256] oder Schultz-Hoff[257] besonders verdeutlicht.

Aber nicht erst bei Verfahren vor dem EuGH spielen die supranationalen Regelungen des Europäischen Arbeitsrechts eine Rolle. Vielmehr entfalten die

---

249 Vgl. BVerfG v. 28.1.1992, 1 BvR 1025/82 u. a., BVerfGE 85, 191 (207); BVerfG v. 24.1.1995, 1 BvL 18/93, BVerfGE 92, 91 (109).

250 Ähnlich *Seiler* in BK, Art. 6 Abs. 4 GG Rn. 59.

251 BVerfG v. 18.11.2003, 1 BvR 302/96, BVerfGE 109, 64 (89).

252 BVerfG v. 14.4.2010, 1 BvL 8/08, BVerfGE 126, 29 (53).

253 Vgl. hierzu *Henssler* in Henssler/Braun, Rn. 2 m. w. N.

254 Mitteilung der Kommission v. 1.3.2006 an den Rat, das Europäische Parlament, den Europäischen Wirtschafts- und Sozialausschuss und den Ausschuss der Regionen – Ein Fahrplan für die Gleichstellung von Frauen und Männern 2006–2010 [im Folgenden: Fahrplan für die Gleichstellung von Frauen und Männern 2006–2010], KOM (2006) 92 endg.

255 EuGH v. 27.1.2005, Rs. C-188/03, Slg. 2005, I-885 – Junk.

256 EuGH v. 22.11.2005, Rs. C-144/04, Slg. 2005, I-9981 – Mangold.

257 EuGH v. 20.1.2009, Rs. C-350/06, Slg. 2009, I-179 – Schultz-Hoff.

primärrechtlichen Regelungen des arbeitsrechtlichen und sozialpolitischen Unionsrechts der EU sowie die Verordnungen der EU in den Mitgliedstaaten unmittelbare Geltung.[258] Daneben haben die sekundärrechtlichen Regelungen, denen zwar grundsätzlich keine unmittelbare Geltung zukommt, einen nicht zu unterschätzenden Einfluss auf das nationale Arbeitsrecht. So richten sich insbesondere Richtlinien an die Mitgliedstaaten und geben diesen den Auftrag zur Realisierung des vorgegebenen Mindeststandards.[259] Ungeachtet einer ausnahmsweisen unmittelbaren Anwendung von Richtlinien im Über-Unterordnungsverhältnis des Einzelnen zum Staat,[260] folgt aus der mitgliedstaatlichen Umsetzungsverpflichtung das Gebot richtlinienkonformer Auslegung, das von den Gerichten bei der Anwendung nationalen Rechts stets zu beachten ist.[261]

Somit vermögen neben den verfassungsrechtlichen Regelungen etwaige Unionsregelungen einen Einfluss auf die Rechtslage *de lege lata* ausüben. Es sind daher zunächst die primär- und sekundärrechtlichen Regelungen zum Mutterschutz herauszuarbeiten. Ziel ist es, den mit den europäischen Regelungen verfolgten Telos bei der anschließenden Analyse der europäischen Begrifflichkeiten im 3. Kapitel berücksichtigen zu können.[262] Schließlich wird die Beeinflussung des deutschen Arbeitsrechts durch völkerrechtliche Regelungen – wie sie sich zum Teil bereits in der Entwicklung des MuSchG in Deutschland gezeigt hat – mit einem Exkurs zum Völkerrecht gewürdigt.

I. Europäische Grundlagen

Einen der Grundpfeiler zur Erreichung der mit der Lissabonstrategie verfolgten Ziele bilden die EU-Maßnahmen zur Gleichstellung der Geschlechter im Erwerbs- und Privatleben. Daher wurden in den vergangenen Jahren zunehmend die Sicherung einer gleichen wirtschaftlichen Unabhängigkeit der Geschlechter und die Verbesserung der Vereinbarkeit von Familie und Beruf wegen ihres positiven Effekts auf die Steigerung der Frauenbeschäftigungsquote und zur Stärkung der Wettbewerbsfähigkeit der EU forciert.[263] In der Folge hat die EU seit 2006 gleich zwei Richtlinien zur Gleichbehandlung von abhängigen Beschäftigten und Selbstständigen erlassen,

---

258 Vgl. Art. 288 Abs. 2 S. 2 AEUV.

259 Art. 288 Abs. 3 AEUV.

260 EuGH v. 26.2.1986, Rs. C-152/84, Slg. 1986, 723 – Marshall; EuGH v. 14.7.1994, Rs. C-91/92, Slg. 1994, I-3325 – Faccini Dori; EuGH v. 4.10.2001, Rs. C-438/99, Slg. 2001, I-6915 – Jiménez Melgar.

261 Grundlegend EuGH v. 10.4.1984, Rs. C-14/83, Slg. 1984, 1891 – von Colson und Kamann; EuGH v. 10.4.1984, Rs. C-79/83, Slg. 1984, 1921 – Harz.

262 Siehe hierzu das 3. Kapitel, 2. Abschnitt, II. 1. a. ii., S. 188 ff.

263 Ausführlich hierzu Fahrplan für die Gleichstellung von Frauen und Männern 2006–2010, KOM (2006) 92 endg. und die Mitteilung der Kommission v. 21.9.2010 an den Rat, das Europäische Parlament, den Europäischen Wirtschafts- und Sozialausschuss und den Ausschuss der Regionen – Strategie für die Gleichstellung

die sich zum Teil auch dem Mutterschutz widmen. Überdies sind für die Vereinheitlichung der Wettbewerbsbedingungen im europäischen Wirtschaftsraum die Arbeitnehmerschutzvorschriften von hoher Bedeutung. Für schwangere erwerbstätige Frauen sind solche in der Richtlinie 92/85/EWG geregelt. Bevor die für Mütter relevanten sekundärrechtlichen Regelungen zum Gesundheits-, Arbeitsplatz- und Beschäftigungsschutz betrachtet werden können, ist das europäische Primärrecht näher zu betrachten.

1. *Primäres Unionsrecht*

Bereits ein erster Blick auf die europäischen Verträge verdeutlicht jedoch, dass weder der Vertrag über die Europäische Union (EUV)[264] noch der Vertrag über die Arbeitsweise der Europäischen Union (AEUV)[265] unmittelbar Vorschriften zum Mutterschutz enthalten. Lediglich Art. 33 Abs. 2 der Charta der Grundrechte der Europäischen Union (EGRC)[266] weist einen mutterschutzrechtlichen Bezug auf und enthält das Recht auf Schutz vor Entlassung aus einem mit der Mutterschaft zusammenhängenden Grund. Hiermit ist die Betrachtung des europäischen Primärrechts aber noch nicht abgeschlossen. Vielmehr ist der zwischen dem Schutz schwangerer Frauen und Wöchnerinnen und dem Grundsatz der Geschlechtergleichstellung bestehende Zusammenhang zu würdigen. Dieser ergibt sich nämlich ungeachtet der Lissabonstrategie der EU daraus, dass eine ungünstigere Behandlung einer Frau wegen ihrer Schwangerschaft oder wegen des von ihr in Anspruch genommenen Mutterschaftsurlaubs eine Diskriminierung aufgrund des Geschlechtes darstellen kann.[267]

Die Gleichbehandlung von Mann und Frau ist für den engen Bereich des Arbeitsentgeltes in Art. 157 AEUV primärrechtlich verankert.

a. *Grundsatz der Entgeltgleichheit (Art. 157 AEUV)*

Das Entgeltgleichheitsgebot wurde bereits 1957 in den Vertrag zur Gründung der Europäischen Wirtschaftsgemeinschaft[268] aufgenommen und galt lange Zeit als die wichtigste sozialpolitische Vorschrift des Vertrages.[269] Einerseits diente die

von Frauen und Männern 2010–2015 [im Folgenden: Strategie für die Gleichstellung von Frauen und Männern 2010–2015], KOM (2010) 491 endg.

264 ABl. C 326 v. 26.10.2012, S. 13.

265 ABl. C 326 v. 26.10.2012, S. 47.

266 ABl. C 83/02 v. 30.3.2010, S. 389.

267 In diesem Sinne EuGH v. 8.11.1990, Rs. C-179/88, Slg. 1990, I-3979 – Handels- og Kontorfunktionærernes Forbund; EuGH v. 30.6.1998, Rs. C-394/96, Slg. 1998, I-4185 – Brown; EuGH v. 11.10.2007, Rs. C-460/06, Slg. 2007, I-8511 – Paquay.

268 Art. 119 des Vertrages zur Gründung der Europäischen Gemeinschaft v. 25.3.1957, abgedruckt in BGBl. II 1957, S. 766 (848).

269 Schwarze-*Rebhahn*, Art. 157 AEUV Rn. 1.

Vorschrift der Wahrung der Wettbewerbsfähigkeit durch die Verhinderung von Sozialdumping. Andererseits sollte ein soziales Grundrecht gewährt werden.[270]

Heutzutage ist Art. 157 AEUV auf die Beseitigung jeder Diskriminierung aufgrund des Geschlechts in Bezug auf sämtliche Entgeltbestandteile und Entgeltbedingungen gerichtet und ermächtigt die Europäische Union, die Durchsetzung der Gleichbehandlung sicherzustellen.[271] Der Regelungsgehalt des speziellen Gleichheitssatzes in Art. 157 Abs. 1 und Abs. 2 AEUV ist auf das Entgelt beschränkt. Einen allgemeinen Gleichbehandlungsanspruch enthält Art. 157 AEUV indessen nicht.[272] Sachlicher Bezugspunkt des Diskriminierungsverbotes ist allein die Höhe des Entgelts.[273] So hat der EuGH beispielsweise eine ungerechtfertigte Diskriminierung und damit einen Verstoß gegen den aus Art. 157 AEUV resultierenden Grundsatz der Entgeltgleichheit für den Fall angenommen, dass bei schwangerschaftsbedingten Fehlzeiten kein Anspruch auf Entgeltfortzahlung besteht, wohingegen wegen Krankheit arbeitsunfähigen Arbeitnehmern ein solcher Anspruch eingeräumt wird.[274] Aber nicht jede Ungleichbehandlung ist bereits eine unzulässige Diskriminierung. Vielmehr können auch im Bereich der Entgeltgleichheit unterschiedliche Behandlungen gerechtfertigt werden.[275] Dies ist bei einer Überprüfung der Rechtslage *de lege lata* zu berücksichtigen.

Aufgrund des zwingenden Charakters von Art. 157 AEUV ist das Verbot der diskriminierenden Ungleichbehandlung von männlichen und weiblichen Arbeitnehmern nicht nur für die Mitgliedstaaten verbindlich, sondern erstreckt sich auch auf Verträge zwischen Privatpersonen.[276] In Abs. 3 und Abs. 4 sind schließlich

---

270 Vgl. zu beidem Schlussanträge des Generalanwalts Dutheillet de Lamothe in der Rechtssache Defrenne I, Schlussanträge v. 29.4.1971, Rs. C-80/70, Slg. 1971, 445 sowie Urteil des EuGH v. 25.5.1971 in derselben Rechtssache, Slg. 1971, 445; EuGH v. 8.4.1976, Rs. C-43/75, Slg. 1976, 455 – Defrenne II; EuGH v. 30.4.1996, Rs. C-13/94, Slg. 1996, I-2143 – P./S.; EuGH v. 10.2.2000, Rs. C-270/97, Slg. 2000, I-929 – Sievers u. Schrage; *Geiger/Khan/Kotzur*, Art. 157 AEUV Rn. 2; *Coen* in Lenz/Borchardt, Art. 157 AEUV Rn. 1; Schwarze-*Rebhahn*, Art. 157 AEUV Rn. 1.

271 EuGH v. 13.2.1996, Rs. C-342/93, Slg. 1996, I-475 – Gillespie.

272 Ebenso *Coen* in Lenz/Borchardt, Art. 157 AEUV Rn. 4; *Geiger/Khan/Kotzur*, Art. 157 AEUV Rn. 3, 8; *Krebber* in Callies/Ruffert, Art. 157 AEUV Rn. 22.

273 Vgl. EuGH v. 6.2.1996, Rs. C-457/93, 1996, I-243 – Lewark.; *Krebber* in Callies/Ruffert, Art. 157 AEUV Rn. 45.

274 EuGH v. 19.11.1998, Rs. C-66/96, Slg. 1998, I-7327 – Hoj Pedersen.

275 Vgl. zu den Einzelheiten *Coen* in Lenz/Borchardt, Art. 157 AEUV Rn. 22 ff.; *Krebber* in Callies/Ruffert, Art. 157 AEUV Rn. 57 ff.; *Frenz*, Band 4, Kapitel 10, § 5 Rn. 3394 ff.; *Langenfeld* in Grabitz/Hilf/Nettesheim, Art. 157 AEUV Rn. 37 ff.; Schwarze-*Rebhahn*, Art. 157 AEUV Rn. 22 ff., 29 ff.; Streinz-*Eichenhofer*, Art. 157 AEUV Rn. 18.

276 EuGH v. 8.4.1976, Rs. C-43/75, Slg. 1976, 455 – Defrenne; EuGH v. 31.3.1981, Rs. C-96/80, Slg. 1981, 911 – Jenkins; EuGH v. 9.2.1982, Rs. C-12/81, Slg. 1982, 359 – Garland; EuGH v. 27.6.1990, Rs. C-33/89, Slg. 1990, I-2591 – Kowalska; EuGH v. 9.9.1999, C-281/97, Slg. 1999, I-5127 – Krüger; EuGH v. 21.10.1999, Rs. C-333/97,

eine Ermächtigungsgrundlage und eine Öffnungsklausel enthalten. Gleichzeitig erwähnen beide Absätze den »Grundsatz der Chancengleichheit und der Gleichbehandlung von Männern und Frauen im Arbeitsleben«, der über den Entgeltgleichheitsgrundsatz hinausgeht und auch selbstständig Erwerbstätige erfasst.[277] Im Einklang mit Art. 3 Abs. 3 AEUV und Art. 8 AEUV wird die Verwirklichung des Grundsatzes der Gleichstellung von Männern und Frauen zur Unionsaufgabe erklärt und der EU entsprechende Handlungsbefugnisse eingeräumt.[278] Dem hat die EU unter anderem durch die Richtlinie 2010/41/EU entsprochen und den Grundsatz der Gleichbehandlung von Männern und Frauen für selbstständige Erwerbstätige sekundärrechtlich neugeregelt.

Seit dem Vertrag von Lissabon wird die Bedeutung der Gleichbehandlung von Mann und Frau über Art. 157 AEUV hinaus durch die Charta der Grundrechte der Europäischen Union manifestiert.[279]

b. Charta der Grundrechte der Europäischen Union

Die Bedeutung der Aufhebung der geschlechtsspezifischen Aufspaltung des Arbeitsmarktes sowie der Aufwertung der Arbeit der Frauen[280] bei gleichzeitiger Förderung der Vereinbarkeit von Familie und Beruf findet ihren jüngsten Niederschlag in Art. 21, Art. 23 sowie Art. 33 EGRC.[281] Dabei widmen sich Art. 21 und Art. 23 EGRC der Ausgestaltung von Gleichheitsrechten, während Art. 33 EGRC Ausfluss des sozialen Schutzes der Familie ist und im Abs. 2 eine spezifische mutterschutzrechtliche Regelung enthält.

Art. 21 EGRC formuliert ein umfassendes Diskriminierungsverbot aus Gründen des Geschlechts, der Rasse, der Hautfarbe, der ethnischen oder sozialen Herkunft, der genetischen Merkmale, der Sprache, der Religion oder der Weltanschauung, der politischen oder sonstigen Anschauung, der Zugehörigkeit zu einer nationalen Minderheit, des Vermögens, der Geburt, einer Behinderung, des Alters oder der sexuellen Ausrichtung. Ergänzung findet dieses allgemeine Diskriminierungsverbot in Art. 23 EGRC, der die Gleichbehandlung von Frauen und Männern in allen Bereichen, einschließlich der Beschäftigung, der Arbeit und des Arbeitsentgelts, sicherstellt. Damit geht der sachliche Anwendungsbereich des Art. 23 EGRC über Art. 157 AEUV hinaus. Gleichzeitig enthält Art. 23 EGRC einen positiven Auftrag zur Verwirklichung der Geschlechtergleichheit, sodass ihm nicht nur eine

---

Slg. 1999, I-7243 – Lewen; *Geiger/Khan/Kotzur*, Art. 157 AEUV Rn. 4 f.; Streinz-*Eichenhofer*, Art. 157 AEUV Rn. 7 f.

277 *Krebber* in Callies/Ruffert, Art. 157 AEUV Rn. 72.

278 *Coen* in Lenz/Borchardt, Art. 157 AEUV Rn. 1; *Langenfeld* in Grabitz/Hilf/Nettesheim, Art. 157 AEUV Rn. 8.

279 Vgl. *Folz* in Vedder/Heintschel von Heinegg, Art. 157 AEUV Rn. 1.

280 Vgl. Weißbuch der Kommission zur Europäischen Sozialpolitik – Ein zukunftsweisender Weg für die Union, KOM (94) 333, S. 31 ff.

281 ABl. C 83 v. 30.3.2010, S. 391.

abwehrrechtliche Funktion zukommt. Allerdings wird hierdurch kein subjektiver Anspruch des Einzelnen auf Ergreifung konkreter Maßnahmen eingeräumt.[282] Art. 23 Abs. 2 EGRC stellt schließlich klar, dass der Gleichbehandlungsgrundsatz nicht Maßnahmen der sogenannten umgekehrten Diskriminierung entgegensteht.[283]

Über Art. 21 und Art. 23 EGRC hinausgehend wird dem Diskriminierungsschutz von Frauen aufgrund des Geschlechts in einer weiteren Regelung der Grundrechtecharta Rechnung getragen: Art. 33 Abs. 2 EGRC enthält als soziales Grundrecht[284] das Recht auf Schutz vor Entlassungen aus einem mit der Mutterschaft zusammenhängenden Grund. Daneben wird ein Anspruch auf bezahlten Mutterschaftsurlaub und auf Elternurlaub gewährt. Auf diese Weise wird die Förderung der Vereinbarkeit von Familien- und Berufsleben in den Schutzbereich der Grundrechtecharta einbezogen und den mit der Mutterschaft zusammenhängenden Schutzbedürfnissen Rechnung getragen.[285] Gleichzeitig lässt der neutral formulierte Wortlaut der Vorschrift zweierlei erkennen: Zum einen wurde mit der jetzigen Fassung des Art. 33 Abs. 2 EGRC die ursprüngliche Fassung, nach welcher

> *»jede Arbeitnehmerin vor und/oder nach der Niederkunft Anspruch auf einen Mutterschaftsurlaub«*

hat,[286] verworfen und der Kreis der Grundrechtsberechtigten auf

> *»jeden Menschen«*

ausgeweitet. Hierdurch sollte eine Ungleichbehandlung von Selbstständigen, die sonst vom Anwendungsbereich ausgeschlossen gewesen wären, verhindert werden.[287] Zum anderen ist Art. 33 Abs. 2 EGRC ein Bekenntnis zur Flexibilisierung des Arbeits- und Familienlebens zu entnehmen.[288] Der arbeitsrechtliche Schutz ist nicht auf Frauen beschränkt, sondern wird für jeden Elternteil garantiert.[289] Ergänzung findet der Mutterschutz in Art. 34 Abs. 1 EGRC, der sich mit den Sozialversiche-

---

282 *Frenz*, Band 4, Kapitel 10, § 5 Rn. 3413; Meyer-*Hölscheidt*, Art. 23 EGRC Rn. 23; Schwarze/*Graser*, Art. 23 EGRC Rn. 4 ff.

283 Vgl. zum Begriff der umgekehrten Diskriminierung *Krebber* in Callies/Ruffert, Art. 23 EGRC Rn. 4; *Lembke* in Groeben/Schwarue/Hatje, Art. 23 EGRC Rn. 6; Schwarze-*Graser*, Art. 23 EGRC Rn. 3.

284 *Frenz*, Band 4, Kapitel 11, § 3 Rn. 3988 ff.; *Jarass*, Art. 33 EGRC Rn. 11; Schwarze-*Knecht*, Art. 33 EGRC Rn. 8.

285 Meyer-*Rudolf*, Art. 33 EGRC Rn. 15, 17.

286 Vgl. Art. XI des Charte 4192/00 Convent 18 v. 27.3.2000, abrufbar unter: http://www.europarl.europa.eu/charter/activities/docs/pdf/convent18_en.pdf (Stand: 7.3.2016).

287 *Frenz*, Band 4, Kapitel 11, § 3 Rn. 4018; Meyer-*Rudolf*, Art. 33 EGRC Rn. 16; in diese Richtung auch Schwarze-*Knecht*, Art. 33 Rn. 5.

288 Meyer-*Rudolf*, Art. 33 EGRC Rn. 16.

289 *Frenz*, Band 4, Kapitel 11, § 3 Rn. 4015; *Kingreen* in Callies/Ruffert, Art. 33 EGRC Rn. 6; *Lembke* in Groeben/Schwarze/Hatje, Art. 33 EGRC Rn. 16.

rungsleistungen im Fall der Mutterschaft befasst und als Grundsatz die Anerkennung und Achtung der Rechte auf soziale Sicherheit postuliert.[290]

Anders als die Vorgängerregelungen in der Gemeinschaftscharta der sozialen Grundrechte vom 9. Dezember 1989 stellt die Grundrechtecharta nicht mehr nur eine unverbindliche Rechtserkenntnisquelle dar,[291] sondern ist nunmehr verbindlicher Teil des europäischen Primärrechts. Mit Art. 6 Abs. 1 EUV erkennt die Europäische Union die in der EGRC niedergelegten Rechte, Freiheiten und Grundsätze an. Da die Grundrechtecharta und die europäischen Verträge rechtlich gleichrangig sind, genießt die Grundrechtecharta zukünftig Vorrang vor dem sekundären Unionsrecht.[292] Gebunden sind durch Art. 21, 23 und 33 EGRC die allgemeinen, sich aus Art. 51 Abs. 1 EGRC ergebenden Adressaten bei der Durchführung von Unionsrecht. Eine unmittelbare Bindung der Arbeitgeber als Privatpersonen erfolgt nicht.[293] Allerdings sind die Grundrechte, Grundsätze und Gewährleistungen der EGRC bei der Auslegung des Sekundärrechts und nationaler Durchführungsregelungen von Unionsrecht zu berücksichtigen.[294]

2. *Sekundäres Unionsrecht*

Konkretisierung haben diese primärrechtlichen Vorgaben durch eine Vielzahl von Richtlinien erhalten. Im Mittelpunkt steht dabei die Richtlinie 92/85/EWG, die spezifische Regelungen zum Mutterschutz enthält. Ergänzt wird sie durch die Richtlinien 2006/54/EG und 2010/41/EU, die umfassend die Gleichheit von Männern und Frauen für das Arbeitsleben gewährleisten.

---

290 Vgl. zu Art. 34 EGRC ausführlich *Jarass*, Art. 34 EGRC Rn. 1 ff.; Meyer-*Rudolf*, Art. 34 EGRC Rn. 14 ff.

291 Zur Vorgängerregelung der Gemeinschaftscharta der sozialen Grundrechte der Arbeitnehmer v. 9.12.1989 *Groeben* in Groeben/Schwarze (Altauflage), Art. 136 EG Rn. 7 f.; *Wank* in Hanau/Steinmeyer/Wank, § 16 Rn. 14 f.

292 EuGH v. 19.1.2010, Rs. C-555/07, Slg. 2010, I-365 – Kücükdeveci; EuGH v. 4.3.2010, Rs. C-578/08, Slg. 2010, I-1839 – Chakroun; EuGH v. 9.11.2010, Rs. C-92/09, Slg. 2010, I-11063 – Volker und Markus Schecke; EuGH v. 1.3.2011, Rs. C-236/09, Slg. 2011, I-773 – Association Belge des Consommateurs Test-Achats u. a; EuGH v. 6.9.2012, Rs. C-544/10, NVwZ-RR 2012, 896 – Deutsches Weintor. Zu den weiteren Auswirkungen bei der primärrechtskonformen Auslegung *Willemsen/Sagan*, NZA 2011, 258 (260 f.).

293 Hierzu ausführlich *Frenz*, Band 4, Kapitel 11, § 3 Rn. 3993 ff., 4020 ff. m. w. N.; *Hanau*, StudZR 3/2010, 333 (335 f.); *Huber*, NJW 2011, 2385 (2389); *Jarass*, Art. 51 EGRC Rn. 24; *Lembke* in Groeben/Schware/Hatje, Art. 23 EGRC Rn. 7; *Kingreen* in Callies/Ruffert, Art. 51 EGRC Rn. 18; Meyer-*Borowsky*, Art. 51 EGRC Rn. 31.

294 Vgl. statt vieler *Jarass*, Art. 51 EGRC Rn. 24 ff. m. w. N.; *Kokott/Sobotta*, EuGRZ 2010, 265 (268).

a. *Mutterschutzrichtlinie 92/85/EWG*

Die »Richtlinie 92/85/EWG über die Durchführung von Maßnahmen zur Verbesserung der Sicherheit und des Gesundheitsschutzes von schwangeren Arbeitnehmerinnen, Wöchnerinnen und stillenden Arbeitnehmerinnen am Arbeitsplatz«[295] ist seit 1992 in Kraft. Vorausgegangen war ihr ein langwieriger Gesetzgebungsprozess. Bereits am 18. September 1990 hatte die Kommission dem Rat einen Vorschlag für den Erlass einer Richtlinie über den Schutz von Schwangeren oder Wöchnerinnen am Arbeitsplatz vorgelegt.[296] Obwohl hinsichtlich der Zielsetzung zwischen den Mitgliedstaaten weitestgehend Einigkeit bestand, sollte es mehr als zwei Jahre dauern, bis ein konsensfähiger Richtlinientext formuliert war und verabschiedet werden konnte.

Ziel des Richtlinienvorschlags war die Verbesserung des Schutzes der Sicherheit und der Gesundheit von Mutter und Kind am Arbeitsplatz. Ein solcher wurde wegen der besonderen Schutzwürdigkeit von schwangeren Arbeitnehmerinnen und Wöchnerinnen für erforderlich gehalten.[297] Zentrales Instrument des Kommissionsvorschlags war der Mutterschaftsurlaub. Hierdurch sollte nicht nur der medizinischen Indikation Genüge getan,[298] sondern auch den besonderen Erholungs- und Regenerationsbedürfnissen von Schwangeren und Müttern vor und nach der Geburt Rechnung getragen werden.[299] Darüber hinaus dient der Mutterschaftsurlaub dem Schutz der besonderen Beziehung zwischen der Mutter und ihrem Kind während der an Schwangerschaft und Entbindung anschließenden Zeit, damit diese Beziehung nicht durch die Doppelbelastung infolge der gleichzeitigen Ausübung eines Berufs gestört wird.[300] Gleichzeitig ist die gesellschafts- und beschäftigungspolitische Komponente der Mutterschutzrichtlinie nicht zu übersehen: Zum einen trägt die Förderung der Vereinbarkeit von Mutterschaft und Berufstätigkeit dazu bei, demographische Ungleichgewichte abzubauen und einer Überalterung der Bevölkerung entgegen zu wirken.[301] Zum anderen ist die Förderung der Chancengleichheit als Teil

295 ABl. L 348 v. 28.11.1992, S. 1 ff.

296 ABl. C 281 v. 9.11.1990, S. 3 ff.

297 Vorschlag der Kommission für eine Richtlinie des Rates über den Schutz von Schwangeren oder Wöchnerinnen am Arbeitsplatz v. 18.9.1990 [im Folgenden: Kommissionsvorschlag zur Richtlinie 92/85/EWG], ABl. C 281 v. 9.11.1990, S. 3.

298 Vgl. Stellungnahme des Wirtschafts- und Sozialausschusses zum Vorschlag für eine Richtlinie des Rates über den Schutz von Schwangeren oder Wöchnerinnen am Arbeitsplatz, ABl. C 41 v. 18.2.1991, S. 29 (30).

299 Kommissionsvorschlag zur Richtlinie 92/85/EWG, ABl. C 281 v. 9.11.1990, S. 3.

300 EuGH v. 20.9.2007, Rs. C-116/06, Slg. 2007, I-7643 – Kiiski; EuGH v. 1.7.2010, Rs. C-194/08, Slg. 2010, I-6277 – Gassmayr; EuGH v. 18.3.2014, Rs. C-167/12, EuGRZ 2014, 306.

301 Stellungnahme des Wirtschafts- und Sozialausschusses zum Vorschlag für eine Richtlinie des Rates über den Schutz von Schwangeren oder Wöchnerinnen am Arbeitsplatz, ABl. C 41 v. 18.2.1991, S. 29.

einer effektiven Beschäftigungspolitik erforderlich, um dem allgemeinen Grundsatz der Geschlechtergleichheit gerecht zu werden.[302]

Diesen unterschiedlichen Intentionen trägt die Richtlinie durch ein abgestuftes Schutzsystem von der Gefahrerfassung[303] über die Gefahrvermeidung durch konkrete Maßnahmen bis hin zu absoluten Beschäftigungsverboten in Art. 6 und einem Verbot der Nachtarbeit in Art. 7 MuSchRL Rechnung. Ferner wäre der Gesundheitsschutz durch Beschäftigungsverbote und Mutterschaftsurlaub wenig effektiv, wenn nicht gleichzeitig auch die wirtschaftlichen Interessen der Mutter geschützt wären.[304] Dies geschieht unter anderem durch die Einräumung eines Anspruchs auf Fortzahlung des Arbeitsentgelts oder auf Zahlung einer angemessenen Sozialleistung.[305] Aus dem Grundsatz der Gleichbehandlung von Mann und Frau und dem damit verbundenen Verbot der geschlechtsspezifischen Diskriminierung resultiert die Notwendigkeit eines Kündigungsschutzes für Frauen während der gesamten Zeit der Schwangerschaft bis zum Ende des Mutterschaftsurlaubes.[306] Dieser Kündigungsschutz wird durch Art. 10 MuSchRL gewährleistet. Der Kündigungsschutz ist nach Art. 2 MuSchRL an die Unterrichtung des Arbeitgebers von der Schwangerschaft gekoppelt und gilt nicht absolut.[307]

Die Mutterschutzrichtlinie wurde in Deutschland erst mit dem Gesetz zur Änderung des Mutterschutzrechts vom 20. Dezember 1996[308] zum 1. Januar 1997 umgesetzt. Die vermeintlich späte Umsetzung war dem Umstand geschuldet, dass das Mutterschutzgesetz bereits vor Erlass der Richtlinie ein vierzehnwöchiges Beschäftigungsverbot bei gleichzeitiger Entgeltsicherung und ein Kündigungsverbot enthielt.[309] Eine weitergehende Anpassung der nationalen Mutterschutzvorschriften an die europäischen Vorgaben realisierte die am 15. April 1997 auf Basis der §§ 2 Abs. 4 Nr. 2, 4 Abs. 4 MuSchG erlassene Mutterschutzrichtlinienverordnung (MuSchRiV).[310]

---

302 Entschließung des Europäischen Parlaments zum Schutze von schwangeren Arbeitnehmerinnen am Arbeitsplatz, ABl. C 284 v. 2.11.1992, S. 144.

303 Der EuGH spricht insoweit von einem »System der Beurteilung und Mitteilung der Risiken«, vgl. EuGH v. 1.7.2010, Rs. C-194/08, Slg. 2010, I-6277 – Gassmayr; EuGH v. 1.7.2010, Rs. C-471/08, Slg. 2010, I-6529 – Parviainen.

304 Vgl. 16. und 17. Erwägungsgrund der MuSchRL, ABl. L 348 v. 28.11.1992, S. 1 ff.

305 Art. 11 MuSchRL.

306 Vgl. EuGH v. 30.6.1998, Rs. C-394/96, Slg. 1998, I-4185 – Brown. In diese Richtung auch Bericht der Generaldirektion Beschäftigung, Soziales und Chancengleichheit der Kommission zur Umsetzung der EU-Vorschriften zur Geschlechtergleichstellung, *Prechal/Burri*, S. 11.

307 Art. 10 Abs. 1 a. E. der Richtlinie 92/85/EWG.

308 BGBl. I 1996, S. 2110.

309 Vgl. § 3 Abs. 2, § 6 Abs. 1 i. V. m. § 11 Abs. 1 MuSchG sowie § 9 MuSchG i. d. F. der Bekanntmachung v. 18.4.1968, BGBl. I 1968, S. 315.

310 Verordnung zur ergänzenden Umsetzung der EG-Mutterschutz-Richtlinie v. 15.4.1997, BGBl. I 1997, S. 782.

Seit jeher wird von der Bundesrepublik eine weitere Ausgestaltung des gesetzlichen Mutterschutzes für nicht erforderlich gehalten. Die ablehnende Haltung des nationalen Gesetzgebers gilt erst recht hinsichtlich einer Neugestaltung der Mutterschutzrichtlinie.[311]

b. Gleichbehandlungsrichtlinie 2006/54/EG

Neben der primärrechtlichen Gewährleistung der Entgeltgleichheit durch Art. 157 AEUV erfolgt die Ausgestaltung der weitergehenden Gleichstellung von Männern und Frauen durch Richtlinien. Eine der auf Art. 157 AEUV basierenden Richtlinien ist die »Richtlinie zur Verwirklichung des Grundsatzes der Chancengleichheit und Gleichbehandlung von Männern und Frauen in Arbeits- und Beschäftigungsfragen vom 5. Juli 2006«,[312] welche die Gleichbehandlungsrichtlinien 75/117/EWG, 76/207/EWG, 86/378/EWG sowie 97/80/EG zum 15. August 2009 abgelöst und die Vorschriften der einzelnen Richtlinien unter Einbeziehung der hierzu ergangenen Rechtsprechung des EuGH zusammengefasst hat. Die Richtlinie erstreckt das Gleichbehandlungsgebot über den aus Art. 157 AEUV resultierenden Grundsatz der Entgeltgleichheit hinaus auf den Zugang zur Beschäftigung einschließlich des beruflichen Aufstiegs und zur Berufsbildung, auf Arbeitsbedingungen einschließlich des Entgelts sowie auf die betrieblichen Systeme der sozialen Sicherheit.[313] Für alle abgedeckten Sachgebiete enthält die Richtlinie in Art. 2 Definitionen zu den Begriffen der Diskriminierung, Belästigung und sexuellen Belästigung.

Obwohl die Richtlinie somit primär die Durchsetzung des Gleichbehandlungsgrundsatzes bezweckt, ist sie auch für den Mutterschutz von Bedeutung. Der 23. Erwägungsgrund stellt in Verbindung mit Art. 15 GbRL klar, dass sich der Schutz schwangerer Arbeitnehmerinnen auf alle Arbeitsbedingungen und nicht nur auf das Recht zur Rückkehr an den früheren Arbeitsplatz erstreckt.[314] Schlechterstellungen von Frauen, die im Zusammenhang mit einer Schwangerschaft oder der Mutterschaft stehen, werden ausdrücklich von der Richtlinie erfasst. Hierdurch wird ein Bezug zur Richtlinie 92/85/EWG und zur Rechtsprechung des EuGH, wonach eine ungünstigere Behandlung einer Frau im Zusammenhang mit ihrer Schwangerschaft oder mit dem von ihr in Anspruch genommenen Mutterschaftsurlaub eine

---

311 Hierzu sogleich unter 2. d., S. 118 ff.

312 ABl. L 204 v. 26.7.2006, S. 23 ff.

313 Vgl. Art. 1 GbRL.

314 Vgl. Vorschlag für eine Richtlinie des Europäischen Parlaments und des Rates zur Verwirklichung des Grundsatzes der Chancengleichheit und Gleichbehandlung von Männern und Frauen in Arbeits- und Beschäftigungsfragen v. 21.4.2004 [im Folgenden: Kommissionsvorschlag zur Richtlinie 2006/54/EG], KOM (2004) 279 endg., S. 6.

Diskriminierung aufgrund des Geschlechtes darstellen kann,[315] hergestellt.[316] Dies haben die nationalen Gerichte aufgrund ihrer aus dem effet utile resultierenden Verpflichtung zu berücksichtigen und jegliche Bestimmungen aufzuheben, für nichtig zu erklären oder unangewendet zu lassen, die dem Grundsatz des gleichen Entgelts oder der Gleichbehandlung widersprechen.[317] Daher ist die Gleichbehandlungsrichtlinie auch bei der Anwendung nationaler Mutterschutzregelungen zu beachten.

c. *Gleichbehandlungsrichtlinie für Selbstständige 2010/41/EU*

Darüber hinausgehend wird der Grundsatz der Gleichbehandlung von Männern und Frauen für selbstständige Erwerbstätige durch die »Richtlinie 2010/41/EU des europäischen Parlaments und des Rates vom 7. Juli 2010 zur Verwirklichung des Grundsatzes der Gleichbehandlung von Männern und Frauen, die eine selbstständige Erwerbstätigkeit ausüben, und zur Aufhebung der Richtlinie 86/613/EWG des Rates«[318] konkretisiert. Diese hat die Richtlinie 86/613/EWG vom 11. Dezember 1986 mit Wirkung zum 5. August 2012 aufgehoben und gestaltet den Schutz vor Diskriminierungen aufgrund des Geschlechts und Belästigungen auch in Bereichen außerhalb der abhängigen Beschäftigung effizienter und inhaltlich klarer aus.[319] Gleichzeitig wird der soziale Schutz von selbstständig erwerbstätigen Frauen und mitarbeitenden Ehefrauen verbessert und der Mutterschutz verstärkt. Jede selbstständig arbeitende Frau oder mitarbeitende Ehe- oder Lebenspartnerin erhält durch Art. 8 GbRL-Selbst. einen Anspruch auf ausreichende Mutterschaftsleistungen, um die Erwerbstätigkeit für mindestens vierzehn Wochen unterbrechen zu können. Die Richtlinie räumt selbstständigen Frauen damit ähnliche Leistungen ein, wie sie auch für abhängig Beschäftigte durch die Mutterschutzrichtlinie vorgesehen werden. Aber anders als bei der Richtlinie 92/85/EWG steht es den Mitgliedstaaten frei, die Mutterschaftsleistungen auf obligatorischer oder freiwilliger Basis zu gewähren.[320] Gleich viel Gestaltungsfreiheit wird den Mitgliedstaaten schließlich hinsichtlich einer etwaig zeitlich befristeten Vertretung eingeräumt. Es obliegt den Mitgliedstaaten zu entscheiden, ob eine solche Vertretungsmöglichkeit alternativ zu den Mutterschaftsleistungen vorgesehen wird oder aber einen Teil hiervon darstellt.[321]

---

315 EuGH v. 8.11.1990, Rs. C-179/88, Slg. 1990, I-3979 – Handels- og Kontorfunktionærernes Forbund; EuGH v. 30.6.1998, Rs. C-394/96, Slg. 1998, I-4185 – Brown; EuGH v. 11.10.2007, Rs. C-460/06, Slg. 2007, I-8511 – Paquay.

316 Kommissionsvorschlag zur Richtlinie 2006/54/EG, KOM (2004) 279 endg., S. 20.

317 Vgl. zur äquivalenten Verpflichtung der Mitgliedstaaten Kommissionsvorschlag zur Richtlinie 2006/54/EG, KOM (2004) 279 endg., S. 23.

318 ABl. L 180 v. 15.7.2010, S. 1 ff.

319 1. Erwägungsgrund der GbRL-Selbst., ABl. L 180 v. 15.7.2010, S. 1.

320 Art. 8 Abs. 2 GbRL-Selbst.

321 Vgl. Begründung zum Standpunkt (EU) Nr. 8/2010 des Rates in erster Lesung v. 8.3.2010 im Hinblick auf den Erlass einer Richtlinie des Europäischen Parlaments und des Rates zur Verwirklichung des Grundsatzes der Gleichbehandlung von Männern und Frauen, die eine selbstständige Erwerbstätigkeit ausüben,

Insgesamt bleibt die Richtlinie sowohl in ihrem Wortlaut als auch in ihrer Durchsetzungskraft hinter den selbst gesteckten Zielen zurück.[322] Das fast zweijährige politische Tauziehen[323] um den Erlass der Richtlinie hat dazu geführt, dass sie wenig verpflichtende Regelungen vorsieht, dafür aber den Mitgliedstaaten weite Gestaltungsspielräume einräumt. Obgleich die Mitgliedstaaten die Richtlinie bis zum 5. August 2012 umsetzen mussten, sind konkrete Umsetzungsmaßnahmen durch den nationalen Gesetzgeber unterblieben,[324] da diese für nicht erforderlich gehalten worden.[325] Für diese Haltung spricht, dass bisher noch kein Vertragsverletzungsverfahren gegen Deutschland oder einen anderen EU-Mitgliedstaat angestrengt wurde. Durchaus fragwürdig ist daher, inwieweit tatsächlich ein Umsetzungsbedarf besteht.[326] Insoweit ähnelt die Richtlinie 2010/41/EU bezüglich ihrer Bedeutung und Durchsetzbarkeit der Vorgängerregelung 86/613/EWG, hinsichtlich der bereits 1994 festgestellt wurde:

---

und zur Aufhebung der Richtlinie 86/613/EWG [im Folgenden: Standpunkt (EU) Nr. 8/2010], ABl. C 123 E v. 12.5.2010, S. 11 (15).

322 Dies erkannten der Ausschuss für die Rechte der Frau und die Gleichstellung der Geschlechter sowie der Wirtschafts- und Sozialausschuss bereits während des Gesetzgebungsverfahrens, vgl. Bericht des Ausschusses für die Rechte der Frau und die Gleichstellung der Geschlechter v. 7.4.2009 über den Vorschlag für eine Richtlinie des Europäischen Parlaments und des Rates zur Verwirklichung des Grundsatzes der Gleichbehandlung von Männern und Frauen, die eine selbstständige Erwerbstätigkeit ausüben, und zur Aufhebung der Richtlinie 86/613/EWG [im Folgenden: Bericht des Ausschusses für die Rechte der Frau und die Gleichstellung der Geschlechter über KOM (2008) 636], Plenarsitzungsdokument A6–0258/2009, S. 26 sowie Stellungnahme des Europäischen Wirtschafts- und Sozialausschusses v. 24./25.3.2009 zu dem Vorschlag für eine Richtlinie des Europäischen Parlaments und des Rates zur Verwirklichung des Grundsatzes der Gleichbehandlung von Männern und Frauen, die eine selbstständige Erwerbstätigkeit ausüben, und zur Aufhebung der Richtlinie 86/613/EWG [im Folgenden: Stellungnahme des Europäischen Wirtschafts- und Sozialausschusses zu KOM (2008) 636], ABl. C 228 v. 22.9.2009, S. 107 (109).

323 Vgl. den Werdegang des interinstitutionellen Verfahrens der Gleichbehandlungsrichtlinie für Selbstständige bei Prelex, abrufbar unter: http://ec.europa.eu/prelex/detail_dossier_print.cfm?CL=de&DosID=197459 (Stand: 20.2.2014).

324 Vgl. Übersicht der von Deutschland mitgeteilten nationalen Vorschriften die Richtlinie 2010/41/EU betreffend, abrufbar unter: http://eurlex.europa.eu/Notice.do?val-522153:cs&lang=de&list=519594:cs,522153:cs,&pos=2&page=1&nbl=2&pgs=10&hwords=2010%2041%20eu~&checktexte=checkbox&visu=#texte (Stand: 20.2.2014).

325 Antwort der Bundesregierung v. 11.5.2012 auf die schriftliche Anfrage der SPD-Abgeordneten Dr. Högl, BT-Drs. 17/9615, S. 53 f.

326 In diese Richtung *Rolfs* in Ascheid/Preis/Schmidt, § 9 MuSchG Rn. 9a. A. A.: BeckOK-*Schrader*, § 1 MuSchG Rn. 18; *Knigge*, ZESAR 2013, 24 ff.; *Porsche*, STREIT 2013, 64 (68). Hierzu ausführlich im 3. Kapitel, 2. Abschnitt, II. 3., S. 242 ff.

»Aus rein rechtlicher Sicht hat es den Anschein, als sei die Richtlinie 86/613/EWG in den Mitgliedstaaten umgesetzt worden. Das Ergebnis in der Praxis ist jedoch nicht ganz zufrieden stellend, gemessen an den wichtigsten Zielsetzungen der Richtlinie [...].«[327]

Unabhängig davon verdeutlicht die Richtlinie 2010/41/EU aber das oftmals auftretende Unvermögen, auf europäischer Ebene eine konsensfähige Ausgestaltung und Weiterentwicklung eindeutiger, durchsetzfähiger und praxisorientierter Regelungen vorzunehmen. Dies ist auf dem Gebiet des Mutterschutzes geradezu symptomatisch, wie der gescheiterte Versuch der Neugestaltung der Mutterschutzrichtlinie 92/85/EWG durch KOM (2008) 637 zeigt.

d. Gescheiterte Neugestaltung der Mutterschutzrichtlinie

Am 3. Oktober 2008 legte die Kommission einen Vorschlag zur Überarbeitung der Mutterschutzrichtlinie vor.[328] Als Kernelemente sah der Kommissionsentwurf eine Verlängerung des Mutterschutzes von derzeit vierzehn Wochen auf achtzehn Wochen, den Ausbau der Rückkehrmöglichkeiten an den Arbeitsplatz sowie eine Modifikation des Kündigungsverbotes vor. Auch sollten die Regelungen zur Entgeltfortzahlung überarbeitet werden. Der Richtlinienvorschlag verstand sich als Teil der europäischen Maßnahmen zur Verbesserung der Vereinbarkeit von Berufs-, Privat- und Familienleben[329] sowie zur Förderung der Gleichstellung der Geschlechter.[330]

Anders als beim Erlass der Mutterschutzrichtlinie im Jahr 1992 wurde jedoch die Notwendigkeit der Überarbeitung von den Mitgliedstaaten unterschiedlich beurteilt. Insbesondere hinsichtlich der mit der Überarbeitung angestrebten Ziele konnte kein allgemeiner Konsens erreicht werden. Aus diesem Grund stieß der

---

327 Bericht der Kommission über die Umsetzung der Richtlinie 86/613/EWG des Rates v. 11.12.1986, KOM (94) 163 (Teil II: Schlussfolgerungen, Ziffer 1 und 4). Die Richtlinie 86/613/EWG war in der Rechtsprechung des EuGH kaum von Bedeutung, vgl. nur EuGH v. 6.4.2000, Rs. C-226/98, Slg. 2000, I-2447 – Jørgensen. Ebenso *Knigge*, ZESAR 2013, 24 (25); Schwarze-*Rebhahn*, Art. 157 AEUV Rn. 49.

328 Vorschlag für eine Richtlinie des Europäischen Parlaments und des Rates zur Änderung der Richtlinie 92/85/EWG des Rates v. 19.10.1992 über die Durchführung von Maßnahmen zur Verbesserung der Sicherheit und des Gesundheitsschutzes von schwangeren Arbeitnehmerinnen, Wöchnerinnen und stillenden Arbeitnehmerinnen am Arbeitsplatz v. 3.10.2008 [im Folgenden: Kommissionsvorschlag zur Überarbeitung der Richtlinie 92/85/EWG], KOM (2008) 637 endg.

329 Bereits 2007 forderte der Rat die Kommission auf, weitere Maßnahmen zugunsten der besseren Vereinbarkeit von Erwerbstätigkeit und Privatleben zu prüfen, vgl. Vermerk betreffend die Ausgewogenheit zwischen Frauen und Männern bei Arbeitsplätzen, Wachstum und sozialem Zusammenhalt – Entwurf von Schlussfolgerungen des Rates v. 30.10.2007, SOC 385, Dok.-Nr.: 14136/07.

330 Die Kommission verpflichtete sich 2006, die bestehenden und bis 2005 noch nicht überarbeiteten Richtlinien zur Gleichstellung zu überprüfen, und falls nötig, sie zu aktualisieren und zu überarbeiten, vgl. Fahrplan für die Gleichstellung von Frauen und Männern 2006–2010, KOM (2006) 92 endg.

Kommissionsvorschlag auf heftige Kritik. Hauptsächlich Deutschland und Großbritannien kritisierten, dass die Überarbeitung der Mutterschutzrichtlinie eine zusätzliche Last für Unternehmen darstellte, die angesichts der momentan angespannten wirtschaftlichen Situation der einzelnen Mitgliedstaaten nicht hinzunehmen sei. Gleichzeitig hätten die beabsichtigten Maßnahmen negative Folgen für die Einstellungs- und Beschäftigungschancen von Frauen gehabt.[331] In der Folge lehnte der Bundesrat den Kommissionsvorschlag und eine »*Europäisierung des Mutterschutzes*« ab.[332] Der fehlende Grundkonsens auf EU-Ebene sowie die rigide Ablehnungshaltung einzelner Mitgliedstaaten zeitigte langwierige und kontroverse Debatten in den europäischen Ausschüssen und im Europäischen Parlament. So intendierte ein erster Bericht des Ausschusses für die Rechte der Frau und Gleichstellung der Geschlechter (FEMM) die Ausweitung des Kommissionsvorschlags und sah unter anderem eine Verlängerung des Mutterschutzurlaubs auf zwanzig Wochen, eine hundertprozentige Entgeltzahlung, ein absolutes Kündigungsverbot für die Zeit der Abwesenheit sowie die Erstreckung der Richtlinie auf Selbstständige und Heimarbeiter vor.[333] Diese Änderungsvorschläge wurden jedoch in einer Plenarabstimmung des Europäischen Parlaments erneut abgelehnt.[334] Zwar einigte sich das Europäische Parlament schließlich auf eine Ausdehnung des Mutterschutzurlaubes auf zwanzig Wochen bei gleichzeitiger expliziter Begrenzung des Anwendungsbereiches der Richtlinie auf Arbeitnehmerinnen. Allerdings hat es der Richtlinienvorschlag nie zur Abstimmung in den Rat geschafft. Vielmehr scheiterte die Erarbeitung eines gemeinsamen Standpunktes des Rates weiterhin am vehementen Widerstand einzelner Mitgliedstaaten, die eine Abstimmung über den Richtlinienvorschlag bis zu der Neuwahl des Europäischen Parlaments im Jahr 2014 verzögerten. Der Versuch der Neugestaltung des Mutterschutzes auf europäischer Ebene ist damit gescheitert.

---

331 Vgl. hierzu zuletzt Sachstandsbericht v. 21.11.2011, SOC 1002, Dok.-Nr.: 17029/11 sowie Pressebericht der 3131. Sitzung des Rates, Dok.-Nr.: 17943/1/11 REV 1, S. 10, abrufbar unter: http://europa.eu/rapid/press-release_PRES-11-471_de.htm (Stand: 20.2.2014).

332 BR-Drs. 748/08.

333 Bericht des Ausschusses für die Rechte der Frau und die Gleichstellung der Geschlechter v. 21.4.2009 über den Vorschlag für eine Richtlinie des Europäischen Parlaments und des Rates zur Änderung der Richtlinie 92/85/EWG des Rates v. 19.10.1992 über die Durchführung von Maßnahmen zur Verbesserung der Sicherheit und des Gesundheitsschutzes von schwangeren Arbeitnehmerinnen, Wöchnerinnen und stillenden Arbeitnehmerinnen am Arbeitsplatz [im Folgenden: Erster Bericht des Ausschusses für die Rechte der Frau und die Gleichstellung der Geschlechter zu KOM (2008) 637], Plenarsitzungsdokument A6–0267/2009.

334 Protokoll der Sitzung des Europäischen Parlaments v. 6.5.2009, veröffentlicht in ABl. C 263 E v. 5.11.2009, S. 97 (109).

II. Exkurs: Völkerrechtliche Einflüsse

Die EU ist nicht das einzige supranationale Rechtssubjekt, das sich dem Schutz berufstätiger Mütter verschrieben hat. Viel früher als die EU wurde die Internationale Arbeitsorganisation auf diesem Gebiet durch ihr »Washingtoner Übereinkommen betreffend die Beschäftigung vor und nach der Niederkunft« tätig.[335] Dass dieses Übereinkommen 1927 zum Erlass des »Gesetzes über die Beschäftigung vor und nach der Niederkunft«[336] und damit zu einer wesentlichen Verbesserung des Mutterschutzes in Deutschland geführt hat, ist Grund genug, die wechselseitige Beeinflussung des nationalen Rechts durch das Völkerrecht[337] in die funktional-teleologische Betrachtung mit einzubeziehen.

1. Übereinkommen der ILO zum Mutterschutz

Die ILO beruht als völkerrechtliche Vereinigung auf dem Versailler Vertrag vom 28. Juni 1919 und zählt seit 1946 zu den Sonderorganisationen der Vereinten Nationen. Angesichts der Entwicklungen, die zum Ersten Weltkrieg geführt haben, war der Völkerbund der Auffassung, dass eine dauerhafte Begründung des Weltfriedens nicht ohne eine ausreichend gewährleistete soziale Sicherheit vonstattengehen könnte.[338] Aus diesem Grund sah der Vertrag von Versailles in seinem dreizehnten Abschnitt die Gründung eines ständigen Verbandes zwischen den Mitgliedstaaten des Völkerbundes als »Organisation der Arbeit« vor.[339] Im Vordergrund des anvisierten internationalen Arbeitsschutzes standen aber nicht nur humanitäre Ziele, vielmehr sollte zur Wahrung der Wettbewerbsfähigkeit einzelner Industriestaaten ein international vereinheitlichtes Ausgabenniveau im sozialpolitischen Bereich gewährleistet werden.[340] Um den nachhaltigen Fortschritt in allen Nationen zu fördern, hat die ILO ihren Schwerpunkt auf die Formulierung und Durchsetzung internationaler Arbeits- und Sozialnormen gelegt. Die einheitliche Ausgestaltung des Arbeitslebens geschieht dabei durch die Verabschiedung international

---

335 RGBl. II 1927, S. 497.

336 RGBl. I 1927, S. 184 ff.

337 *Kunig* in Graf Vitzthum, Völkerrecht, 2. Abschnitt Rn. 5; Maunz/Dürig-*Herdegen*, Art. 25 GG Rn. 5.

338 Vertrag von Versailles, Teil XIII (Arbeit), 1. Abschnitt (Organisation der Arbeit), RGBl II 1920, S. 688 (1269).

339 Zu den Aufgaben siehe die Präambel der Verfassung der ILO, abrufbar unter: http://www.ilo.org/wcmsp5/groups/public/---europe/---ro-geneva/---ilo-berlin/documents/genericdocument/wcms_193725.pdf (Stand: 7.3.2016).

340 Hierzu ausführlich *Edel*, S. 59 f. Die Grundprinzipien und Ziele der ILO wurden 1944 in der grundlegenden Erklärung von Philadelphia erneuert und erweitert, vgl. Erklärung über die Ziele und Zwecke der Internationalen Arbeitsorganisation, 26. Allgemeine Konferenz v. 10.5.1944, abrufbar unter http://www.ilo.org/wcmsp5/groups/public/---europe/---ro-geneva/---ilo-berlin/documents/normativeinstrument/wcms_193728.pdf (Stand: 7.3.2016).

gültiger Mindeststandards in Form von Übereinkommen sowie durch die Postulierung arbeits- und sozialrechtlicher Leitlinien in Form von Empfehlungen. Beide Handlungsmechanismen werden auf der jährlich stattfindenden Internationalen Arbeitskonferenz, an der alle 185 Mitgliedstaaten teilnehmen, angenommen.

Einige dieser Übereinkommen – in der Gesamtzahl sind es mehr als 189 – und Empfehlungen tragen dem Umstand Rechnung, dass Frauen in ihrer biologischen Funktion als Mutter besonderen gesundheitlichen Gefahren ausgesetzt sein können und daher auch auf internationaler Ebene eines besonderen Arbeitsschutzes bedürfen. Insbesondere die völkerrechtlichen Regelungen[341] zum Mutterschutz sollen nachfolgend übersichtsartig dargestellt werden. Neben den dargestellten Übereinkommen zum Mutterschutz existieren weitere ILO-Normen, welche die mutterschutzrechtlichen Übereinkommen z. B. unter dem Gesichtspunkt der Gleichbehandlung[342] ergänzen. Allerdings sollen jene außer Betracht bleiben.

a. ILO-Übereinkommen Nr. 3 von 1919

Das erste Übereinkommen der ILO, welches Regelungen zum Mutterschutz enthielt, war das »Washingtoner Übereinkommen betreffend die Beschäftigung vor und nach der Niederkunft«,[343] welches im Zuge der ersten Internationalen Arbeitskonferenz im November 1919 als eines von sechs Übereinkommen über Arbeitsschutzmaßnahmen verabschiedet wurde und am 13. Juni 1921 in Kraft trat. Es postulierte erstmals auf internationaler Ebene vier Basisprinzipien des Mutterschutzes: das Recht auf Abwesenheit vom Arbeitsplatz vor und nach der Geburt,[344] das Recht auf medizinische Leistungen während der Schwangerschaft,[345] das Recht auf Einkommensersatz während des Mutterschutzes[346] sowie das Recht auf Arbeitsplatzsicherheit.[347] Mit

341 Vgl. zur Rechtsnatur von ILO-Übereinkommen *Morhard*, S. 97 ff.; *Ruchti* S. 32 ff.

342 Z. B. Übereinkommen Nr. 111 über die Diskriminierung in Beschäftigung und Beruf v. 25.6.1958, welches in Art. 5 regelt, dass Schutzmaßnahmen zugunsten schwangerer Frauen und Mütter nicht als Diskriminierung gelten, BGBl. II 1961, S. 98 (100).

343 RGBl. II 1927, S. 497.

344 Umgesetzt durch ein 6-wöchiges Beschäftigungsverbot vor der Niederkunft sowie durch eine Verlängerungsmöglichkeit um weitere sechs Wochen nach der Niederkunft. Damit wurde eine Arbeitsbefreiung von insgesamt zwölf Wochen Dauer ermöglicht. Gleichzeitig sah das Übereinkommen die Gewährung von Stillpausen während der Arbeitszeit vor. Vgl. Art. 3 lit. a, b, d des Übereinkommens Nr. 3 über die Beschäftigung der Frauen vor und nach der Niederkunft, RGBl. II 1927, S. 497 (499).

345 Art. 3 lit. c des Übereinkommens Nr. 3, RGBl. II 1927, S. 497 (499).

346 Garantiert durch Einführung einer Wochenhilfe, vgl. Art. 3 lit. c des Übereinkommens Nr. 3, a. a. O.

347 Das Übereinkommen führte einen besonderen Kündigungsschutz für Schwangere und Wöchnerinnen ein, vgl. Art. 4 des Übereinkommens Nr. 3, RGBl. II 1927, S. 497 (500).

der Gesamtheit dieser Regelungen ging das Washingtoner Übereinkommen über die Etablierung eines Mindeststandards hinaus und setzte für den Mutterschutz neue Maßstäbe. Dies zeigte sich auch anhand des weiten Geltungsbereichs des Übereinkommens: Zwar fand das Übereinkommen zunächst nur Anwendung auf Frauen, die in öffentlichen, privaten, gewerblichen oder Handelsbetrieben oder dazugehörenden Nebenbetrieben beschäftigt wurden. Allerdings wurde bereits 1921 die Empfehlung ausgesprochen, auch landwirtschaftliche Arbeiterinnen unter den Geltungsbereich zu fassen.[348] Eine Beschränkung auf Arbeitnehmerinnen fand indessen nicht statt. Die Fortschrittlichkeit des Washingtoner Übereinkommens zeitigte jedoch eine zögerliche Haltung der einzelnen Staaten bei der Ratifizierung des Übereinkommens. Bis 1927, dem Jahr, in welchem die Ratifizierung des Übereinkommens und die Umsetzung in Deutschland durch das »Gesetz über die Beschäftigung vor und nach der Niederkunft«[349] erfolgten, hatten erst sechs Staaten das Übereinkommen ratifiziert. Insgesamt wurde das Übereinkommen lediglich durch 34 Staaten ratifiziert.[350]

b. ILO-Übereinkommen Nr. 103 von 1952

1952 – ein Jahr nach der Wiederaufnahme Deutschlands in die ILO – wurde das ILO-Übereinkommen Nr. 3 von 1919 im Sinne einer weiteren Konkretisierung der vier Grundprinzipien des Mutterschutzes überarbeitet. Auf der 35. Tagung der Internationalen Arbeitskonferenz widmete sich die ILO der Revision des Washingtoner Übereinkommens und verabschiedete am 28. Juni 1952 das »Übereinkommen Nr. 103 betreffend den Mutterschutz«.[351]

Das Ergebnis war ein Ausbau und eine teilweise Verschärfung der bisherigen internationalen mutterschutzrechtlichen Regelungen. So erfolgte eine Erweiterung des Anwendungsbereichs des Mutterschutzes, indem zukünftig auch in gewerblichen Betrieben und in der Landwirtschaft tätige Frauen vom Geltungsbereich erfasst wurden.[352] Ferner sah das Übereinkommen Nr. 103 einen zwingenden Mutterschaftsurlaub von mindestens zwölf Wochen Dauer vor, wovon sechs Wochen

348 Empfehlung Nr. 12 der Internationalen Arbeitskonferenz, abrufbar unter: http://www.microsofttranslator.com/bv.aspx?from=&to=en&a=http://www.ilo.org/wcmsp5/groups/public/---ed_norm/---normes/documents/normativeinstrument/wcms_r012_de.htm (Stand: 7.3.2016).

349 RGBl. I 1927, S. 184 ff.

350 Siehe hierzu Liste der Ratifikationen, abrufbar unter: http://www.ilo.org/dyn/normlex/en/f?p=1000:11300:0::NO:11300:P11300_INSTRUMENT_ID:312148 (Stand: 7.3.2016).

351 Zukünftig sollten alle Frauen, welche in gewerblichen Betrieben oder mit nichtgewerblichen oder landwirtschaftlichen Arbeiten beschäftigt sind, einschließlich der Heimarbeiterinnen, unter den Geltungsbereich des Übereinkommens fallen.

352 Vgl. Art. 1 des Übereinkommens Nr. 103, BArbBl. 1952, S. 391.

nach der Entbindung zu liegen hatten.[353] Daneben wurde der Kündigungsschutz im Sinne eines absoluten Kündigungsverbotes ausgestaltet.[354] Indessen neu eingeführt wurden Vorschriften zur näheren Ausgestaltung der Mutterschaftshilfe. Hierdurch sollte die Einkommenssicherung während des Mutterschaftsurlaubs im Interesse der (werdenden) Mutter weiter konkretisiert werden.[355] Dabei sah Art. 6 Nr. 8 des Übereinkommens explizit vor, dass die Kosten für die Mutterschaftshilfe *in keinem Fall* dem Arbeitgeber auferlegt werden dürfen, sondern von der Allgemeinheit zu finanzieren seien.

Insbesondere die letztgenannte Regelung bereitete dem nationalen Gesetzgeber Schwierigkeiten, denn sie steht bis heute im Widerspruch zum System der Lohnfortzahlung in Deutschland. Eine weitere Hürde für den nationalen Gesetzgeber stellte das absolute Kündigungsverbot während des Mutterschaftsurlaubs dar. Aus diesen Gründen wurde das Übereinkommen vom nationalen Gesetzgeber nicht ratifiziert. Insgesamt haben lediglich 39 Mitgliederstaaten das Übereinkommen ratifiziert.

Ergänzung fand das Übereinkommen Nr. 103 in einer ebenfalls im Rahmen der 35. Internationalen Arbeitskonferenz verabschiedeten »Empfehlung betreffend den Mutterschutz«, welche unter anderem eine Erweiterung des Mutterschaftsurlaubs auf vierzehn Wochen sowie die Gewährung der Mutterschaftshilfe in Höhe von 100 Prozent des Gehaltes vorsah. Auch diese Empfehlung blieb vom nationalen Gesetzgeber zunächst unbeachtet.

c. ILO-Übereinkommen Nr. 183 von 2000

Aufgrund der fehlenden Umsetzung des Übereinkommens Nr. 103 durch einen Großteil der Mitgliedstaaten drohte die ILO ihr Ziel, den nachhaltigen sozialen Fortschritt in allen Nationen gleichermaßen zu gewährleisten, zu verfehlen. Aus diesem Grund wurde schließlich das Übereinkommen Nr. 103 revidiert und am 15. Juni 2000 auf der 88. Tagung der Internationalen Arbeitskonferenz ein neues Übereinkommen zum Mutterschutz verabschiedet. Im Gegensatz zu den Vorgängerregelungen sieht das Übereinkommen Nr. 183[356] im Interesse einer breiteren Umsetzung vermehrt Generalisierungen vor, welche eine Ratifikation durch Deutschland ermöglichen sollten.[357] Insbesondere die Regelungen zu Einkommensersatzleistungen für die Zeit des Mutterschaftsurlaubes wurden gestrichen. Vielmehr

---

353 Art. 3 des Übereinkommens Nr. 103 über den Mutterschutz, BArbBl. 1952, S. 391 (392).

354 Art. 6 des Übereinkommens Nr. 103, BArbBl. 1952, S. 391 (392).

355 Nach der Neuregelung war die Mutterschaftshilfe entweder aus einer Pflichtversicherung oder öffentlichen Mitteln in Höhe von 2/3 des Gehaltes zu gewähren.

356 Übereinkommen Nr. 183 über die Neufassung des Übereinkommens über den Mutterschutz, abrufbar unter: http://www.ilo.org/wcmsp5/groups/public/---ed_norm/---normes/documents/normativeinstrument/wcms_c183_de.htm (Stand: 7.3.2016).

357 Vgl. ILO-Nachrichten 2/2000, S. 2, abrufbar unter: http://www.ilo.org/public/english/region/eurpro/bonn/download/ilo-nl200.pdf (Stand: 7.3.2016).

wird die konkrete Ausgestaltung zukünftig dem nationalen Gesetzgeber überlassen.[358] Daneben enthält das Übereinkommen aber auch mutterschutzrechtliche Neuregelungen: Der Mutterschaftsurlaub wurde von zwölf auf vierzehn Wochen ausgedehnt[359] und ein Beschäftigungsverbot für schwangere Frauen in gesundheitsgefährdenden Bereichen eingeführt.[360] Der Kündigungsschutz erfasst nunmehr die gesamte Zeit der Schwangerschaft. Gleichzeitig wurde jedoch das absolute Kündigungsverbot zugunsten einer Beweislastumkehr aufgegeben.[361]

Ein weiterer wesentlicher Unterschied zum Übereinkommen von 1952 findet sich in den Regelungen zum Geltungsbereich in Art. 1 und Art. 2 des Übereinkommens. Während die bisherigen Übereinkommen auf Frauen anwendbar waren, die in bestimmten Betrieben beschäftigt wurden,[362] werden im Geltungsbereich des Übereinkommens Nr. 183 erstmals die Begriffe der unselbstständigen Beschäftigung und der Arbeitnehmerin verwendet.[363] Demnach ist nach Art. 2 Nr. 1 für die Anwendbarkeit des Übereinkommens entscheidend, dass eine unselbstständige Beschäftigung oder abhängige Arbeit vorliegt, gleich in welcher Form diese verrichtet wird.

Obgleich der Sinn und Zweck des Übereinkommens Nr. 183 unter anderem darin bestand, die Hindernisse, welche einer umfassenden Ratifikation durch alle Mitgliedstaaten und insbesondere durch Deutschland im Weg standen, zu beseitigen, erfolgte bis zum heutigen Tage keine Ratifikation durch Deutschland. Aufgrund der zwischenzeitlich erlassenen Mutterschutzrichtlinie und der dadurch notwendig gewordenen Erweiterung der nationalen Mutterschutzregelungen[364] wurde eine unmittelbare Umsetzung des internationalen Übereinkommens für entbehrlich gehalten.[365]

Somit wurde bis zum heutigen Tage im Bereich des Mutterschutzes lediglich das Washingtoner Übereinkommen ratifiziert und durch das »Gesetz über die Beschäftigung vor und nach der Niederkunft« vom 16. Juli 1927[366] umgesetzt. Nur ihm kommt der Rang eines einfachen Gesetzes zu.[367] Allerdings ist die innerstaatliche

358 Art. 6 des Übereinkommens Nr. 183, a. a. O.

359 Art. 4 Nr. 2 des Übereinkommens Nr. 183, a. a. O.

360 Art. 3 des Übereinkommens Nr. 183, a. a. O.

361 Art. 8 Nr. 1 des Übereinkommens Nr. 183, a. a. O.

362 Vgl. die Regelungen in Art. 1, Art. 3 des Übereinkommens Nr. 3, RGBl. II 1927, S. 497 (499) sowie Art. 2 des Übereinkommens Nr. 103, BArbBl. 1952, S. 391 (392).

363 Art. 2 Nr. 1 des Übereinkommens Nr. 183, a. a. O.

364 Durch das Gesetz zur Änderung des Mutterschutzrechtes v. 20.12.1996, BGBl. I 1996, S. 2110.

365 Z. B. diente das Gesetz v. 20.6.2002, BGBl. I 2002, S. 2318, vorrangig der Umsetzung der MuSchRL. Das ILO-Übereinkommen wird nicht in Bezug genommen, vgl. BT-Drs. 14/8525, S. 1.

366 RGBl. I 1927, S. 184 ff.

367 Zum Rang von ratifizierten völkerrechtlichen Verträgen im Allgemeinen vgl. BVerfG v. 26.3.1987, 2 BvR 589/79, BVerfGE 74, 358 (370); BVerfG v. 14.10.2004, 2 BvR 1481/04, BVerfGE 111, 307 (316 ff.); BVerfG v. 8.7.2010, 2 BvR 2485/07 u. a.,

Geltung des Washingtoner Übereinkommens begrenzt. Aufgrund des Grundsatzes »Lex posterior derogat legi priori« ist das heutige MuSchG vorrangig anzuwenden.[368] Der ratifizierte Vertragsinhalt erlangt sodann allenfalls bei der Auslegung innerstaatlichen Rechts Bedeutung.[369] Die übrigen ILO-Übereinkommen zum Mutterschutz entfalten indessen in Deutschland keine unmittelbare Wirkung. Sie zählen weder zu den allgemeinen Regelungen des Völkerrechts,[370] noch gelten sie als sogenannte self-executing Treaties.[371] Sie räumen indessen dem nationalen Gesetzgeber Gestaltungsspielräume ein, sodass eine Konkretisierung durch einen weiteren innerstaatlichen Normsetzungsakt erforderlich ist.[372] Sie können daher nicht von sich aus in den nationalen Rechtsraum hineinwirken, sondern bedürfen der Ratifizierung und Umsetzung[373] durch den nationalen Gesetzgeber, um den Rang innerstaatlichen Rechts zu erhalten.[374] Auf europäischer Ebene ist schließlich zu beachten, dass weder EUV noch AEUV eine ausdrückliche Bezugnahmeklausel auf Übereinkommen der

---

NJW 2011, 207; *Kunig* in Graf Vitzthum, Völkerrecht, 2. Abschnitt Rn. 28 ff., 115 ff. sowie der ILO-Übereinkommen im Besonderen *Leinemann*, BB 1993, 2519.

368 Vgl. *Kunig* in Graf Vitzthum, Völkerrecht, 2. Abschnitt Rn. 118; Maunz/Dürig-*Nettesheim*, Art. 59 GG Rn. 186; *Rolfs* in Ascheid/Preis/Schmidt, § 9 MuSchG Rn. 6; Sachs-*Streinz*, Art. 59 GG Rn. 64.

369 Vgl. *Kempen* in v. Mangoldt/Klein/Starck, Art. 59 GG Rn. 95; MünchArbR-*Kothe*, § 288 Rn. 44.

370 Vgl. *Däubler*, FS ARGE, S. 1183 (1185); MünchArbR-*Kothe*, § 288 Rn. 44; *Rolfs* in Ascheid/Preis/Schmidt, § 9 MuSchG Rn. 6. Allgemeine Regelungen des Völkerrechts sind auch ohne Ratifizierung und Zustimmungsgesetz Bestandteil des Bundesrechts und haben Vorrang vor formellen Gesetzen (Art. 25 GG), vgl. BVerfG v. 13.12.1977, 2 BvM 1/76, BVerfGE 46, 342 (362 f.).

371 Vgl. zum Begriff BVerfG v. 19.6.2006, 2 BvR 2115/01 u. a., NJW 2007, 499; BVerfG v. 8.7.2010, 2 BvR 2485/07 u. a., NJW 2011, 207 sowie *Kempen* in v. Mangoldt/Klein/Starck, Art. 59 GG Rn. 95. Nur wenn eine völkerrechtliche Norm anwendungsgeeignet ist, d. h. ein ausreichendes Maß an Bestimmtheit aufweist und keine Konkretisierung durch den nationalen Gesetzgeber voraussetzt, reicht der bloße Rechtsanwendungsbefehl aus, um unmittelbar Rechte und Pflichten Einzelner zu begründen; vgl. *Kunig* in Graf Vitzthum, Völkerrecht, 2. Abschnitt Rn. 41; Maunz/Dürig-*Nettesheim*, Art. 59 GG Rn. 180; Sachs-*Streinz*, Art. 59 GG Rn. 68.

372 Vgl. hinsichtlich des Übereinkommens der Vereinten Nationen v. 13.12.2006 über die Rechte von Menschen mit Behinderungen BSG v. 6.3.2012, B 1 KR 10/11 R, zit. nach Juris; BSG v. 10.5.2012, B 1 KR 78/11 B, zit. nach Juris.

373 Vgl. zu den verschiedenen Mechanismen der Umsetzung (Transformation, Inkorporation oder Vollzug) *Kunig* in Graf Vitzthum, Völkerrecht, 2. Abschnitt Rn. 37 ff.; *Kempen* in v. Mangoldt/Klein/Starck, Art. 59 GG Rn. 88 ff.; Sachs-*Streinz*, Art. 59 GG Rn. 61 ff.

374 Sog. dualistische Theorie, vgl. hierzu grundlegend *Triepel*, S. 111 ff., 156 ff., 382 ff. Das BVerfG hat mit der Görgülü-Entscheidung v. 14.10.2004 (2 BvR 1481/04, BVerfGE 111, 307) erstmals eindeutig Stellung zur dualistischen Theorie bezogen.

Internationalen Arbeitsorganisation enthalten, sodass eine unmittelbare Prüfung der Vereinbarkeit nationaler Regelungen durch den EuGH nicht erfolgen kann.[375]

Dennoch darf die generelle Bedeutung der Übereinkommen, vor allem aufgrund ihrer politischen Wirkung, nicht unterschätzt werden.[376] Insbesondere auf EU-Ebene haben die ILO-Übereinkommen die gemeinschaftsrechtlichen Entwicklungen des Mutterschutzes beeinflusst.[377] Zudem entbindet die vorrangige Anwendung des heutigen MuSchG die Gerichte nicht von ihrer Verpflichtung, nationale Mutterschutzregelungen möglichst völkerrechtsfreundlich auszulegen[378] und dabei die Rechtsprechung des internationalen Gerichtshofes und anderer internationaler Gerichte zur Auslegung völkerrechtlicher Verträge zu berücksichtigen.[379]

2. Europäische Sozialcharta

Neben den Übereinkommen der ILO ist von besonderer völkerrechtlicher Bedeutung die am 18. Oktober 1961 vom Europarat initiierte »Europäische Sozialcharta« (ESC),[380] welche als soziales Pendant der Europäischen Konvention zum Schutz der Menschenrechte und Grundfreiheiten von 1950 (EMRK)[381] fungiert. Sie gliedert sich in fünf Teile. Für das Arbeits- und Sozialrecht von hohem Gewicht ist der zweite Teil, der in insgesamt neunzehn Artikeln eine Vielzahl von sozialen und wirtschaftlichen Rechten enthält und die Vertragsstaaten völkerrechtlich verpflichtet. Ergänzung finden die Einzelvorschriften des zweiten Teils im fünften Teil, der neben dem

---

375 So ausdrücklich *Krebber*, RdA 2009, 224 (227) unter Verweis auf EuGH v. 16.1.2008, Rs. C-361/07, Slg. 2008, 6 – Polier.

376 Vgl. *Adamy*, S. 186, 201 f.; MünchArbR-*Kothe*, § 288 Rn. 41. Siehe ausführlich hierzu auch *Landau/Beigbeder*, S. 133 ff.

377 Z. B. nimmt der Kommissionsvorschlag zur Richtlinie 92/85/EWG in seiner Begründung Bezug auf ILO-Standards, ABl. C 281 v. 9.11.1990, S. 3 ff. Auch die Überarbeitung der MuSchRL soll der Anpassung des gemeinschaftsrechtlichen Mutterschutzes an völkerrechtliche Vorgaben dienen, vgl. Kommissionsvorschlag zur Überarbeitung der Richtlinie 92/85/EWG, KOM (2008) 637 endg., S. 8. Vgl. zum Rückgriff der Richtlinie 92/85/EWG auf Mutterschutzinstrumentarien der ILO-Übereinkommen *Nebe*, S. 107.

378 So auch *Rolfs* in Ascheid/Preis/Schmidt, § 9 MuSchG Rn. 6. Zur völkerrechtsfreundlichen Grundhaltung des Grundgesetzes vgl. BVerfG v. 4.5.1971, 1 BvR 636/68, BVerfGE 31, 58 (75 f.); BVerfG v. 30.6.2009, 2 BvE 2/08 u. a., BVerfGE 123, 267 (346 f.); BVerfG v. 4.5.2011, 2 BvR 2333/08 u. a., BVerfGE 128, 362 (366 ff.).

379 Vgl. BVerfG v. 26.3.1987, 2 BvR 589/79, BVerfGE 74, 358 (370); BVerfG v. 14.10.2004, 2 BvR 1481/04, BVerfGE 111, 307 (317); BVerfG v. 19.9.2006, 2 BvR 2115/01 u. a., NJW 2007, 499 (501 ff.); BVerfG v. 8.7.2010, 2 BvR 2485/07 u. a., NJW 2011, 207; MünchArbR-*Kothe*, § 288 Rn. 44; *Rolfs* in Ascheid/Preis/Schmidt, § 9 MuSchG Rn. 6.

380 BGBl. II 1964, S. 1262, zuletzt geändert durch Änderungsbekanntmachung zur Europäischen Sozialcharta v. 3.9.2001, BGBl. II 2001, S. 970.

381 Konvention zum Schutz der Menschenrechte und Grundfreiheiten, i. d. F. der Bekanntmachung v. 22.10.2010, BGBl. II 2010, S. 1198.

Geltungsbereich Bestimmungen zu Einschränkungen und Begrenzungen der Verpflichtungen der Vertragsstaaten enthält.

Mutterschutzrelevante Vorschriften finden sich in Art. 8 ESC. So sieht Art. 8 Abs. 1 ESC eine zwingende Arbeitsbefreiung von insgesamt zwölf Wochen bei gleichzeitiger Gewährleistung der finanziellen Absicherung in Form eines bezahlten Urlaubs, durch angemessene Leistungen der sozialen Sicherheit oder sonstiger öffentlicher Mittel vor. Art. 8 Abs. 2 ESC verbietet die Kündigung während der Mutterschutzfrist infolge der Inanspruchnahme des Mutterschaftsurlaubs. Weitergehend gewährt Art. 8 Abs. 3 ESC ein Recht auf Stillpausen während der Arbeitszeit. Art. 8 Abs. 4 ESC verpflichtet die Mitgliedstaaten schließlich zur Regelung der Nachtarbeit und des Untertagebaus sowie aller sonstigen gesundheitsgefährdenden und beschwerlichen Arbeiten für Arbeitnehmerinnen im Allgemeinen. Ergänzung findet Art. 8 ESC in Art. 17 ESC, der das Recht von Müttern und Kindern auf sozialen und wirtschaftlichen Schutz benennt. Eine inhaltliche Erweiterung hat die ES. 1988 durch ein Zusatzprotokoll erfahren, welches in Art. 1 das Recht auf Chancengleichheit und Gleichbehandlung in Beruf und Beschäftigung ohne Diskriminierung aufgrund des Geschlechts gewährt.[382] Ferner ist 1996 eine revidierte Fassung der Sozialcharta in Kraft getreten.

Von Deutschland ist jedoch lediglich die ursprüngliche Fassung der Sozialcharta mit Gesetz vom 19. September 1964[383] ratifiziert worden. Überdies hat Deutschland von seinem Vorbehaltsrecht (Art. 20 ESC) in Bezug auf Art. 8 Abs. 2 und Abs. 4 ESC Gebrauch gemacht. Die revidierte Fassung der Sozialcharta von 1999 wurde indessen noch nicht ratifiziert, sondern lediglich unterzeichnet. Da die Grundsätze zur Geltung und Anwendbarkeit völkerrechtlicher Verträge prinzipiell auch die Europäische Sozialcharta betreffen, gilt in Deutschland somit ausschließlich die ursprüngliche Fassung der ESC als einfaches Bundesrecht.[384] Die Sozialcharta weist jedoch eine Besonderheit gegenüber den völkerrechtlichen Übereinkommen der ILO auf. Wegen der grundlegenden Bedeutung der ESC für die Errichtung eines sozialen Europas[385] wird die ESC in der Präambel des EU-Vertrages sowie Art. 151 AEUV in Bezug genommen. Dieser Umstand führt dazu, dass die Sozialcharta bei der Auslegung des Unionsrechts als sozialer Mindestschutz zu berücksichtigen ist.[386] Ihr kommt daher – obgleich innerstaatlich nur die ursprüngliche Fassung ratifiziert wurde – in ihrer aktuellen Fassung inklusive der Zusatzprotokolle mittelbare Wirkung zu.

---

382 Zusatzprotokoll zur Europäischen Sozialcharta, abgedruckt in RdA 1988, 295.

383 BGBl. II 1964, S. 1261.

384 Die ESC kann wie die Übereinkommen der ILO als völkerrechtlicher, non-self-executing Vertrag keine unmittelbare Wirkung entfalten. Noch offen gelassen von BVerfG v. 20.10.1981, 1 BvR 404/78, BVerfGE 58, 233 (254); vgl. aber *Neubeck*, S. 166; *Wank* in Hanau/Steinmeyer/Wank, § 3 Rn. 24 sowie zur möglichen Ausnahme bzgl. des Streikrechts *Czycholl/Frieling*, ZESAR 2011, 322 m. w. N.

385 *Margedant* in Bergmann, Sozialcharta, S. 823.

386 *Nebe*, S. 110 m. w. N.

III. Schlussfolgerungen

Die Darstellung der europäischen und völkerrechtlichen Grundlagen hat die wechselseitige Beeinflussung des MuSchG durch unionsrechtliche Vorgaben und völkerrechtliche Verträge gezeigt. Dabei wurden die Zwecke des Mutterschutzes deutlich, die bei der teleologischen Auslegung des MuSchG zu berücksichtigen sind.

1. Mutterschutz im Spannungsfeld zwischen Arbeitsschutz und Gleichbehandlung

Zunächst lässt sich anhand der inhaltlichen Auseinandersetzung mit den unionsrechtlichen Vorgaben der Hauptzweck des Mutterschutzes definieren. Dieser liegt im Sicherheits- und Gesundheitsschutz von schwangeren erwerbstätigen Frauen und Wöchnerinnen. In diesem Sinne formuliert Art. 1 Abs. 1 der MuSchRL die Verbesserung der Sicherheit und des Gesundheitsschutzes als Ziel der Richtlinie. Die Richtlinie sollte zu einer Harmonisierung der Schutzmechanismen zugunsten schwangerer erwerbstätiger Frauen in allen Mitgliedstaaten führen.[387]

Die Untersuchung des Gesetzgebungsprozesses zur Richtlinie 92/85/EWG und ihrer Überarbeitung durch den Kommissionsvorschlag vom 3. Oktober 2008[388] sowie der Blick auf die weiteren primär- und sekundärrechtlichen Grundlagen haben ferner gezeigt, dass zu diesem Hauptanliegen ein weiteres, äquivalentes Ziel hinzutritt. Die Mutterschutzrichtlinie und ihre derzeitige Überarbeitung bilden einen Teil der europäischen Maßnahmen zur Verwirklichung des Grundsatzes der Gleichberechtigung zwischen Männern und Frauen und insbesondere der Chancengleichheit beim Zugang zum Arbeitsmarkt. Beide Ziele sind miteinander verzahnt. Dem tragen die Gleichbehandlungsrichtlinie 2006/54/EG und die Mutterschutzrichtlinie Rechnung, indem z. B. der 23. Erwägungsgrund der Richtlinie 2006/54/EG betont, dass die Schlechterstellung von Frauen aufgrund ihrer Schwangerschaft zugleich eine unmittelbare Diskriminierung aufgrund des Geschlechtes darstellt und daher von der Gleichbehandlungsrichtlinie erfasst wird. In diesem Sinne stellt der 9. Erwägungsgrund der Richtlinie 92/85/EWG klar, dass die Gleichbehandlung durch den Mutterschutz nicht beeinträchtigt werden darf.

Die doppelte Zielrichtung des Mutterschutzes hat auch in der europäischen Sozialcharta Niederschlag gefunden. Zwar enthielt die ursprüngliche Fassung der Sozialcharta – nur diese wurde bisher vom nationalen Gesetzgeber ratifiziert – in Art. 8 Nr. 1 bis 3 lediglich den Mutterschutz. Die Verknüpfung mit dem Gleichbehandlungsgedanken wurde jedoch spätestens durch das Zusatzprotokoll von 1988 hergestellt, welches in Art. 1 Ziffer 2 ausdrücklich klarstellt, dass Mutterschutzbestimmungen nicht als Diskriminierung gelten. Hierauf rekurriert Art. 20 Ziffer 2 der revidierten Fassung der Sozialcharta von 1996.

---

387 KOM (90) 406 endg., S. 2.

388 KOM (2008) 637 endg.

Der unionsrechtliche und völkerrechtliche Mutterschutz bewegt sich somit im Spannungsfeld zwischen dem Sicherheits- und Gesundheitsschutz als Ausprägung des Arbeitsschutzes auf der einen und der Gleichbehandlung von Männern und Frauen im Arbeitsleben auf der anderen Seite. Die Hauptanliegen des Mutterschutzes sind nicht unabhängig voneinander, sondern stehen in einer wechselseitigen Beziehung.[389] Diese Wechselbeziehung lässt sich in drei unterschiedlichen, zum Teil kontradiktorischen Facetten abbilden: Mutterschutz als notwendiger Sonderschutz zur Herstellung der Chancengleichheit auf dem Arbeitsmarkt, Mutterschutz als mögliche Ausnahme zum Gleichbehandlungsgrundsatz und die Gewährleistung der Gleichberechtigung auch im Mutterschutz. Bereits die Aufzählung der drei Facetten verdeutlicht, dass die übermäßige Beachtung eines Ziels leicht zu Lasten des anderen Hauptanliegens gehen kann. Auch in der Debatte um die Neugestaltung der Mutterschutzrichtlinie durch KOM (2008) 637 wurde die Notwendigkeit zur Herstellung eines Gleichgewichtes zwischen Gleichbehandlung und Mutterschutz betont, indem auf etwaige kontraproduktive Effekte einer Verlängerung des Mutterschaftsurlaubs hingewiesen wurde.[390] Beide Ziele sind daher bei der Rechtsauslegung und -anwendung mutterschutzrechtlicher Bestimmungen gleichermaßen zu berücksichtigen und im Interesse der optimalen Wirksamkeit beider Intentionen möglichst schonend auszugleichen.[391]

2. *Leitprinzipien des europäischen Mutterschutzes*

Im Einklang mit der soeben dargestellten doppelten Zielrichtung des Mutterschutzes stehen die Leitprinzipien des Mutterschutzes, die anhand eines Rückgriffes auf die mutterschutzspezifischen Regelungen des Europa- und Völkerrechts determiniert werden können.

Einer der primären Aspekte des Mutterschutzes ergibt sich bereits aus der vom europäischen Gesetzgeber für die Richtlinie 92/85/EWG gewählten Kompetenzgrundlage. Die Erwägungsgründe der Richtlinie heben den damaligen Art. 118a EWG[392] besonders hervor. Art. 118a EWG a. F. ermächtigte den Rat zum Erlass von Richtlinien, um durch Mindestvorschriften die Verbesserung insbesondere der Arbeitsumwelt zu fördern und so die Sicherheit und die Gesundheit der Arbeitnehmer verstärkt zu schützen. In der Folge sieht die Richtlinie in den Art. 4 ff. ein feingliedrig ausgestaltetes präventives Sicherheitsmanagement von der Gefährdungsbeurteilung bis hin zur Umgestaltung der Arbeitsbedingungen vor. Der Realisierung des Sicherheits- und Gesundheitsschutzes durch Prävention,

389 Vgl. hierzu *Nebe*, S. 113 ff.

390 Vgl. hierzu zuletzt Sachstandsbericht v. 21.11.2011, SOC 1002, Dok.-Nr.: 17029/11 sowie Pressebericht der 3131. Sitzung des Rates am 1./2.12.2011, Dok.-Nr.: 17943/1/11 REV 1, S. 10, abrufbar unter: http://europa.eu/rapid/press-release_PRES-11-471_de.htm (Stand: 20.2.2014).

391 *Nebe*, S. 121 f.

392 Vgl. Art. 137 Abs. 1 lit. a EGV, jetzt Art. 153 Abs. 1 lit. a AEUV.

Vorsorge und risikobedingter Anpassung der Arbeitsbedingungen kommt somit eine zentrale Rolle zu.[393] Flankiert wird dieser Leitgedanke durch das Recht auf Abwesenheit vom Arbeitsplatz vor und nach der Geburt. Dieses Recht hat nicht nur Niederschlag in der Mutterschutzrichtlinie gefunden. Obendrein wurde es bereits im Washingtoner Übereinkommen von 1919 auf internationaler Ebene als einer der mutterschutzrechtlichen Leitaspekte betont. Dem Mutterschaftsurlaub kommt bis heute eine herausragende Bedeutung bei der Ausgestaltung familienfreundlicher Arbeitsbedingungen zu.

Die mutterschutzrechtlichen Regularien würden aber ohne eine hinreichende Absicherung der Frauen vor arbeitsrechtlichen Nachteilen weitestgehend leer laufen. Daher besteht die Notwendigkeit zur ergänzenden Beschäftigungssicherung. Dies hatte beispielsweise der nationale Gesetzgeber bereits 1883 erkannt und versucht, die Effektivität der gesetzlichen Ausgestaltung des Wöchnerinnenschutzes durch eine finanzielle Unterstützung zu gewährleisten. In den heutigen europäischen Mutterschutzregelungen wird dieser Erkenntnis durch eine über die bloße finanzielle Absicherung hinausgehende, umfassende Beschäftigungssicherung Rechnung getragen, wie z. B. in Art. 11 der MuSchRL. Dabei stellen das Recht auf Einkommensersatz während des Mutterschaftsurlaubs sowie die Arbeitsplatzsicherung durch Kündigungsverbote und Kündigungseinschränkungen wesentliche Aspekte der Sicherung der mutterschutzrechtlichen Regularien dar. Gleichsam erfolgt eine Effektivierung durch den Diskriminierungsschutz, der die mutterschutzrechtlichen Bestimmungen flankiert.[394] Insoweit kommt das zweite Ziel des Mutterschutzes, die Förderung der Gleichbehandlung von Männer und Frauen auf dem Arbeitsmarkt, zum Tragen.

Die den heutigen europäischen Mutterschutz prägenden Aspekte lassen sich somit wie folgt zusammenfassen:

- Umfassender Gesundheits- und Sicherheitsschutz,
- Prävention, Vorsorge und risikobedingte Anpassung der Arbeitsbedingungen,
- Mutterschaftsurlaub,
- Beschäftigungssicherung durch Entgeltschutz und Kündigungsschutz,
- Effektivierung durch Gewährleistung der Gleichbehandlung.[395]

Entsprechende Leitprinzipien finden sich in den völkerrechtlichen Vorschriften zum Mutterschutz. Das ILO-Übereinkommen Nr. 3 postulierte bereits 1919 neben dem bereits erwähnten Recht auf Abwesenheit vom Arbeitsplatz vor und nach der Geburt das Recht auf Einkommensersatz sowie das Recht auf Arbeitsplatzsicherheit als Basisprinzipien des Mutterschutzes. Diese wurden in den nachfolgenden

---

393 So auch *Nebe*, S. 134.

394 Vgl. etwa den 23. Erwägungsgrund sowie Art. 15 der GbRL, ABl. L 204 v. 26.7.2006, S. 23 ff.

395 Ähnlich *Nebe*, S. 124.

Übereinkommen bis heute beibehalten und wirken unabhängig vom Ratifikationsstand der einzelnen Abkommen auf das nationale Arbeitsrecht ein.[396]

3. *Bedeutung für das MuSchG*

Die vorstehend herausgearbeiteten, unterschiedlichen Aspekte des Mutterschutzes können zur Konkretisierung der übergeordneten doppelten Zielrichtung des Mutterschutzes herangezogen werden. Ihnen muss gleichermaßen im Rahmen der Auslegung der nationalen Bestimmungen zum Mutterschutz zur praktischen Wirksamkeit verholfen werden.[397] Zwar entfaltet lediglich die europäische primärrechtliche Gewährleistung der Entgeltgleichheit nach Art. 157 AEUV unmittelbare Wirkung und kann eine unmittelbare Bindung der Arbeitsvertragsparteien begründen. Allerdings folgt aus den die Umsetzungspflicht der Mitgliedstaaten (Art. 288 Abs. 3 AEUV) konkretisierenden Geboten der Äquivalenz und der Effektivität,[398] sowie aus der verfassungsrechtlichen Bindung der Gerichte als Teil der öffentlichen Gewalt an Recht und Gesetz nach Art. 20 Abs. 3 GG, dass nationale Gerichte das nationale Recht entsprechend den sekundärrechtlichen Vorgaben auszulegen haben.[399] Dies gilt nicht nur hinsichtlich nationaler Gesetze, die der Umsetzung unionsrechtlicher Vorgaben dienen. Auch bei bereits vor einer Richtlinie erlassenem und vom Gesetzgeber nach Erlass der Richtlinie unverändert gelassenen nationalem Recht hat sich die Auslegung am Wortlaut und Zweck der Richtlinie zu orientieren.[400] Im Sinne des »Wandels der Normsituation«[401] tritt der Umsetzungszweck dem ursprünglichen Zweck des Gesetzes hinzu. Mithin sind ungeachtet der Tatsache, dass das MuSchG in einer Vielzahl von Fällen bereits vor Erlass der jeweiligen Richtlinien in Kraft getreten ist, nicht nur Wortlaut und Zweck der unionsrechtlichen Vorgaben, sondern auch die Leitprinzipien des europäischen Mutterschutzes insbesondere im Rahmen der grammatikalischen und teleologischen Auslegung des MuSchG »*so weit wie möglich*«[402] zu berücksichtigen.

---

396 Nach Maunz/Dürig-*Herdegen* unterliegt das nationale Recht unabhängig von den vertretenen Völkerrechtstheorien – Art. 25 und Art. 59 GG basieren auf der dualistischen Theorie – völkerrechtlichen Einwirkungen, vgl. Art. 25 GG Rn. 5 GG.

397 *Riesenhuber* in Riesenhuber, Europäische Methodenlehre, § 10 Rn. 41 ff.

398 Vgl. zur Begriffserläuterung *Riesenhuber*, § 1 Rn. 65 m. w. N. zur EuGH-Rspr.

399 Grundlegend zur Verpflichtung der Gerichte der Mitgliedstaaten, nationales Recht im Lichte des Wortlauts und Zwecks einer Richtlinie auszulegen EuGH v. 10.4.1984, Rs. C-14/83, Slg. 1984, 1891 – von Colson und Kamann.

400 Vgl. EuGH v. 13.11.1990, Rs. C-106/89, Slg. 1990, I-4135 – Marleasing; EuGH v. 16.12.1993, Rs. C-334/92, Slg. 1993, I-6911 – Wagner Miret; EuGH v. 14.7.1994, Rs. C-91/92, Slg. 1994, I-3325 – Faccini Dori; EuGH v. 27.6.2000, Rs. C-240/98, Slg. 1998, I-4941 – Océano Grupo Editorial und Salvat Editores.

401 *Larenz/Canaris*, S. 169 f.

402 *Roth/Jopen* in Riesenhuber, Europäische Methodenlehre, § 13 Rn. 26, 48 unter Verweis auf EuGH v. 13.11.1990, Rs. C-106/89, Slg. 1990, I-4135 – Marleasing; vgl. auch EuGH v. 16.12.1993, Rs. C-334/92, Slg. 1993, I-6911 – Wagner Miret;

4. *Fehlender Grundkonsens bei Weiterentwicklung des Mutterschutzes*

Nachdem vorstehend die bei der Auslegung nationaler Mutterschutzvorschriften zu berücksichtigenden Ziele und Zwecke definiert wurden, soll abschließend eine Bewertung der aktuellen Entwicklungstendenzen in Bezug auf den Mutterschutz vorgenommen werden.

Die Richtlinie 92/85/EWG und ihre anschließende Umsetzung ins deutsche Recht veranschaulichen eindrucksvoll die bestehenden und immer wieder auftretenden (politischen) Schwierigkeiten hinsichtlich der Anpassung nationaler Vorschriften an europäische Vorgaben im Bereich des Mutterschutzes. So hat es Deutschland nicht nur versäumt, seiner Pflicht aus Art. 14 Abs. 3 MuSchRL rechtzeitig nachzukommen und die nationalen Durchführungsmaßnahmen an die EG zu melden, mit der Folge der Einleitung eines Verstoßverfahrens nach Art. 169 EGV a. F.[403] Sondern die Umsetzung des Nachtarbeitsverbots in Art. 7 Abs. 1 MuSchRL gestaltete sich ebenso schwierig. Die Kommission befand, dass ein allgemeines Verbot mit Ausnahmeregelungen, die sich nach der Art der Tätigkeit und nicht nach dem mit der Tätigkeit verbundenen Risiko für die Gesundheit und Sicherheit der betreffenden Frau richten, nicht im Einklang mit Art. 7 MuSchRL stehe und erwog ein weiteres Verstoßverfahren.[404] Obendrein erfolgte auch die Anpassung des Kündigungsverbotes sowie der Erlaubniserteilung nach § 9 Abs. 3 MuSchG erst 1996 und damit mehr als zwei Jahre nach Ablauf der Umsetzungsfrist nach Art. 14 Abs. 1 MuSchRL.

Diese anfänglichen Schwierigkeiten des nationalen Gesetzgebers bei der Umsetzung europäischer Vorgaben dürfen bei der Betrachtung des MuSchG nicht außer Acht gelassen werden. Dies gilt umso mehr, als dass sich die grundsätzlich zögerliche Haltung des deutschen Gesetzgebers auch in Bezug auf die ESC wiederspiegelt. Zwar hat die Bundesrepublik Deutschland die ESC mit Gesetz vom 19. September 1964[405] ratifiziert, hierbei jedoch von ihrem Vorbehaltsrecht (Art. 20 ESC) Gebrauch

---

EuGH v. 14.7.1994, Rs. C-91/92, Slg. 1994, I-3325 – Faccini Dori; EuGH v. 27.6.2000, Rs. C-240/98, Slg. 1998, I-4941 – Océano Grupo Editorial und Salvat Editores.

403 Bericht der Kommission v. 15.3.1999 über die Durchführung der Richtlinie 92/85/EWG des Rates v. 19.10.1992 über die Durchführung von Maßnahmen zur Verbesserung der Sicherheit und des Gesundheitsschutzes von schwangeren Arbeitnehmerinnen, Wöchnerinnen und stillenden Arbeitnehmerinnen am Arbeitsplatz [im Folgenden: Bericht der Kommission über die Durchführung der Richtlinie 92/85/EWG], KOM (1999) 100 endg., S. 5.

404 Bericht der Kommission über die Durchführung der Richtlinie 92/85/EWG, KOM (1999) 100 endg., S. 10.

405 BGBl. II 1964, S. 1261.

gemacht.[406] Eine Anpassung der nationalen Vorschriften wurde nicht erwogen.[407] Auch hat Deutschland die revidierte Fassung der Sozialcharta von 1999 noch nicht ratifiziert, sondern erst 2007 – und damit acht Jahre später – lediglich unterzeichnet.

Besonders deutlich wird die Ablehnung neuer europäischer Entwicklungstendenzen im Hinblick auf das gescheiterte Gesetzesvorhaben zur Überarbeitung der Mutterschutzrichtlinie 92/85/EWG durch den Kommissionsvorschlag KOM (2008) 637. Obwohl der Kommissionsvorschlag bereits 2008 vorgelegt wurde, konnte eine Richtlinie bis zu den Neuwahlen des Europäischen Parlaments im Jahr 2014 nicht verabschiedet werden. Vielmehr scheiterte die Erarbeitung eines gemeinsamen Standpunktes des Rates am vehementen Widerstand einzelner Mitgliedstaaten, darunter maßgeblich Deutschland, die eine Ausdehnung des Mutterschaftsurlaubes ablehnten und ihre Zustimmung mit der Begründung verweigerten.[408] Über die fehlende Konsensfähigkeit konnten auch nicht die im Gesetzgebungsverfahren zur ursprünglichen Mutterschutzrichtlinie 92/85/EWG verwendeten und im aktuellen Gesetzgebungsverfahren wieder aufgegriffenen, bedeutungsschwangeren Phrasen hinsichtlich der besonderen Bedeutung des Mutterschutzes für den Arbeits- und Gesundheitsschutz von Frauen, der Förderung der Gleichstellung von Männern und Frauen sowie der Verbesserung der Vereinbarkeit von Familien- und Berufsleben hinwegtäuschen. Verstärkt wird dieser Eindruck durch eine vergleichsweise Betrachtung der rückständigen Regelungen des Art. 8 ESC mit den fortschrittlichen Mutterschutzübereinkommen der ILO. Die fehlende Weiterentwicklung der sozialen Rechte in der Neuzeit scheint dabei Ausfluss des auf europäischer Ebene bestehenden Unvermögens zu sein, sich auf eine konsensfähige Ausgestaltung und Weiterentwicklung eindeutiger, durchsetzfähiger und praxisorientierter Regelungen im sozialen Bereich zu einigen.[409]

Vor diesem Hintergrund ist eine baldige Überarbeitung der Richtlinie 92/85/EWG nicht zu erwarten. Insbesondere ist ein signifikanter Ausbau der Schutzbestimmungen äußerst unwahrscheinlich. Die Europäische Union hat es nicht zuletzt aufgrund der ablehnenden Haltung der Bundesrepublik Deutschland versäumt, positive

---

406 Der Vorbehalt erstreckt sich u. a. mit Blick auf die entgegenstehende Regelung in § 9 Abs. 3 MuSchG auf Art. 8 Abs. 2 ESC, welcher Kündigungen – gleich aus welchem Grund – während der Abwesenheitszeit ausschließt.

407 Vgl. Antwort der Bundesregierung auf die Kleine Anfrage der SPD-Fraktion zur Haltung der Bundesregierung zur Ratifizierung und Anwendung der Europäischen Sozialcharta des Europarates (BT-Drs. 13/10460), BT-Drs. 13/11415, S. 7 f. sowie zu der Frage, inwiefern eine Anpassung überhaupt notwendig wäre, *Neubeck*, S. 142 f.

408 Vgl. Pressebericht der 3099. Tagung des Rates am 17.6.2011, Dok.-Nr.: 11574/11, abrufbarunter:http://www.consilium.europa.eu/uedocs/cms_data/docs/pressdata-/de/lsa/123348.pdf (Stand: 20.2.2014); Sachstandsbericht v. 21.11.2011, SOC 1002, Dok.-Nr.: 17029/11; Pressebericht der 3131. Tagung des Rates v. 1./2.12.2011, Dok.-Nr.: 17943/1/11 REV 1, abrufbar unter: http://europa.eu/rapid/press-release_PRES-11-471_de.htm (Stand: 20.2.2014).

409 Als Beispiel hierfür gilt insbesondere die Richtlinie 2010/41/EG.

Signale zu setzen und frühzeitig einer Stagnation und negativen Entwicklung – seien es demographische, wie die stetig sinkenden Geburtenraten oder beschäftigungspolitische, wie der geringe Frauenanteil in Führungspositionen – entgegen zu wirken. Ebenso hat die Europäische Union mit Blick auf das EuGH-Urteil vom 11. November 2010[410] die Chance verstreichen lassen, im Rahmen des damaligen Gesetzgebungsverfahrens eine Überarbeitung des Geltungsbereiches der Richtlinie vorzunehmen, um auf diese Weise für Rechtssicherheit und Klarheit zu sorgen.

IV. Ergebnis

Nach alledem dient das MuSchG auch der Umsetzung europäischer Vorgaben. Im Mittelpunkt steht dabei die Mutterschutzrichtlinie 92/85/EWG von 1992, die bis heute trotz politischen Tauziehens nicht überarbeitet und an die Erfordernisse der modernen Arbeitswelt angepasst wurde. Sie ist im Lichte der europäischen Grundrechte, Grundsätze und Gewährleistungen der EGRC auszulegen. Daneben treten die Gleichbehandlungsrichtlinien 2006/54/EG und 2010/41/EU, die der weitergehenden Konkretisierung der primärrechtlich gewährleisteten Entgeltgleichheit nach Art. 157 AEUV dienen. In der Folge bewegt sich der Mutterschutz auch auf europäischer Ebene zwischen dem notwendigen Arbeitsschutz mit seinen primären Elementen Gesundheits- und Beschäftigungsschutz auf der einen Seite und der Realisierung des Grundsatzes der Geschlechtergleichheit auf der anderen Seite. Überdies hat die Betrachtung der europäischen Grundlagen und der völkerrechtlichen Einflüsse den bereits auf nationaler Ebene gewonnenen Eindruck verstärkt, dass der gesetzliche Mutterschutz ein kontroverses Thema darstellt, obgleich über die grundsätzliche Notwendigkeit und die mit dem Mutterschutz verfolgten Ziele weitgehend Konsens besteht.

4. Abschnitt: Zusammenfassung

Insgesamt hat die Betrachtung der historischen Hintergründe und legislatorischen Grundlagen des MuSchG zu unterschiedlichen Ergebnissen geführt.

Zunächst lässt sich aufgrund der Untersuchung der Gesetzgebungsgeschichte zum MuSchG festhalten, dass entgegen der eingangs geäußerten These der Begriff der Arbeitnehmerin zwar bereits seit 1927 im Zusammenhang mit dem gesetzlichen Mutterschutz verwendet wird, jedoch bei Neufassung des MuSchG 1952 nicht lediglich übernommen, sondern bewusst zur Beschränkung des Geltungsbereiches eingesetzt wurde. Die in den nachfolgenden Gesetzgebungsverfahren zur Änderung des MuSchG angestrebten Erweiterungen des Geltungsbereiches waren nicht mehrheitsfähig, vielmehr wurde allein der Ausbau mutterschutzspezifischer Regelungen für Arbeitnehmerinnen forciert. Somit hat sich die gesetzgeberische Intention auf den Schutz von Arbeitnehmerinnen konkretisiert. Mithin steht der Wortlaut von

410 EuGH v. 11.11.2010, Rs. C-232/09, Slg. 2010, I-11405 – Danosa.

§ 1 Nr. 1 MuSchG nicht im Widerspruch zu den kodifizierten Regelungsabsichten des Gesetzgebers. Der Geltungsbereich des MuSchG kann daher nicht unter Rückgriff auf etwaige gesetzgeberische Intentionen auf Nichtarbeitnehmerinnen erstreckt werden. Eine solche extensive Auslegung des Wortlauts könnte allenfalls das höherrangige Recht erfordern.

Zum höherrangigen Recht gehört Art. 6 Abs. 4 GG, der den Gesetzgeber verpflichtet, jede Mutter unter den Schutz und die Fürsorge der Gemeinschaft zu stellen. Es sind alle Mütter unterschiedslos grundrechtsberechtigt. Die übergeordneten und vom nationalen Gesetzgeber mit dem MuSchG verfolgten Ziele sind nach ihrer Eigenart im Grundsatz nicht auf Arbeitnehmerinnen beschränkt. Sie knüpfen nicht spezifisch an die Arbeitnehmereigenschaft an, sondern gelten gleichermaßen für alle erwerbstätigen Mütter. Aus Art. 6 Abs. 4 GG folgt jedoch kein besonderes Gleichbehandlungsgebot aller Mütter. Auch derivative Teilhaberechte können aus Art. 6 Abs. 4 GG nicht abgeleitet werden. Deshalb kann die Beschränkung von § 1 Nr. 1 MuSchG auf Arbeitnehmerinnen und der damit spiegelbildlich verbundene Ausschluss von anderen (erwerbstätigen) Frauen hinsichtlich einer möglichen Gleichheitswidrigkeit nicht an Art. 6 Abs. 4 GG gemessen werden. Vielmehr bedarf es insoweit eines Rückgriffes auf Art. 3 Abs. 1 GG. Dies bedeutet aber nicht, dass Art. 6 Abs. 4 GG für die einfachgesetzliche Ausgestaltung des Mutterschutzes irrelevant ist. Der objektiven Wertentscheidung des Art. 6 Abs. 4 GG muss auch bei der Auslegung des MuSchG stets Ausdruck verliehen werden. Darüber hinaus ist Art. 6 Abs. 4 GG als Prüfungsmaßstab dann von Bedeutung, wenn überprüft werden soll, ob der einfachgesetzliche Mutterschutz der objektiven Wertentscheidung des Art. 6 Abs. 4 GG gerecht wird und den verfassungsrechtlich gebotenen Mindeststandard gewährleistet. Für GmbH-Geschäftsführerinnen ist dies besonders fragwürdig.

Der Mutterschutz wird auf europäischer Ebene maßgeblich durch sekundärrechtliche Richtlinien bestimmt. Neben die mutterschutzspezifische Richtlinie 95/85/EWG treten weitere Richtlinien, deren primärer Fokus zwar auf dem Gleichbehandlungsrecht liegt. Nichtsdestotrotz können die Richtlinie 2006/54/EG und Richtlinie 2010/41/EU für die Rechtslage *de lege lata* von Bedeutung sein. Hinsichtlich aller Richtlinien stellt sich im Falle der Eröffnung des jeweiligen persönlichen Geltungsbereiches die Frage, inwiefern der nationale Gesetzgeber dem aus den Richtlinien ergebenden Umsetzungsbedarf entsprochen hat. Gerade in Bezug auf GmbH-Geschäftsführerinnen könnte ein Umsetzungsdefizit bestehen.

Darüber hinaus haben sowohl die Betrachtung der historischen Entwicklung des Mutterschutzes in Deutschland als auch die Darstellung des höherrangigen Rechts die übergeordneten Ziele und Leitprinzipien des Mutterschutzes verdeutlicht. Als primäres Ziel verfolgen der nationale und der europäische Mutterschutz gleichermaßen den Schutz der Gesundheit der Mutter und des (ungeborenen) Kindes. Hinzu treten weitere Ziele wie die Förderung der Frauenerwerbstätigkeit durch eine Verbesserung der Vereinbarkeit von Familie und Beruf, die Ermöglichung der persönlichen Betreuung des Kindes nach der Geburt oder die Herstellung von Chancengleichheit zwischen den Geschlechtern. Prima facie wirken diese Ziele ambivalent. Sie lassen sich jedoch wie folgt zusammenfassen: Der Mutterschutz dient der Vermeidung und dem größtmöglichen Ausgleich aller Nachteile für Frauen, die ihnen aus der Schwangerschaft und Mutterschaft erwachsen können und die dazu führen können, dass Frauen sich gegen Kinder entscheiden oder gar eine Schwangerschaft abbrechen. Die Erreichung dieser Ziele sollen durch verschiedene Mechanismen sichergestellt werden, hinsichtlich derer grundsätzlich zwischen dem nationalem und europäischen Gesetzgeber Einvernehmen besteht. Zu den zentralen Elementen gehören der Gesundheitsschutz durch Prävention, der Mutterschaftsurlaub und die Gewährleistung der Effektivität der ergriffenen Mutterschutzmaßnahmen durch einen Entgeltsschutz, Kündigungsschutz und Diskriminierungsverbote. Diese Basisprinzipien haben in nationalen und europäischen Mutterschutzregelungen in ähnlicher Gestalt Ausdruck gefunden und sind daher bei der weiteren Überprüfung der Rechtslage *de lege lata* zu berücksichtigen.

Schließlich hat die Untersuchung der verfassungsrechtlichen und europäischen Grundlagen gezeigt, dass sich der Mutterschutz im Spannungsfeld zwischen Arbeitsschutz und Gleichbehandlungsschutz bewegt. Sowohl die verfassungsrechtlichen Wertentscheidungen als auch die europäischen sekundärrechtlichen Vorgaben gebieten den Ausgleich von durch Schwangerschaft und Mutterschaft entstehenden Nachteilen durch begünstigende Regelungen, um hierdurch langfristig Chancengleichheit herzustellen. Aus diesem Grund darf sich eine Überprüfung der Rechtslage *de lege lata* nicht auf die mutterschutzspezifischen höherrangigen Regelungen beschränken. Die gleichstellungsrechtlichen Aspekte sind in die Überprüfung mit einzubeziehen.

Anhand der benannten Schlussfolgerungen zeichnet sich somit bereits ein Prüfprogramm für die nachfolgend vorzunehmende Analyse des mit § 1 Nr. 1 MuSchG verbundenen Ausschlusses von GmbH-Geschäftsführerinnen unter verfassungsrechtlichen und europarechtlichen Gesichtspunkten ab.

Drittes Kapitel: Unvereinbarkeit der Rechtslage de lege lata mit höherrangigem Recht

Nachdem in den vorangegangenen Kapiteln herausgearbeitet wurde, dass nach der Rechtslage *de lege lata* GmbH-Geschäftsführerinnen in Deutschland keinen Mutterschutz nach dem MuSchG genießen und dieses Ergebnis im Einklang mit der Intention des Gesetzgebers steht, gebietet sich nun eine Analyse unter verfassungsrechtlichen und europarechtlichen Gesichtspunkten. Hierbei wird die Vereinbarkeit der Rechtslage *de lege lata* mit dem Verfassungsrecht als erstes problematisiert. Im Anschluss daran wendet sich die Untersuchung dem europäischen Recht zu und betrachtet insbesondere die Vorgaben der Mutterschutzrichtlinie hinsichtlich des dort verwendeten Arbeitnehmerbegriffes.

1. Abschnitt: Verfassungswidrigkeit der Rechtslage de lege lata

Zuerst ist auf der Ebene des nationalen Rechts zu überprüfen, ob der Gesetzgeber mit dem Ausschluss von GmbH-Geschäftsführerinnen aus dem MuSchG, hervorgerufen durch die Anknüpfung des Geltungsbereiches in § 1 Nr. 1 MuSchG an den Arbeitnehmerbegriff, seinen verfassungsrechtlichen Bindungen entsprochen hat. Insbesondere die weit reichenden negativen Folgen des Ausschlusses für GmbH-Geschäftsführerinnen legen die Vermutung nahe, der Gesetzgeber habe die in Art. 6 Abs. 4 GG zum Ausdruck kommende verfassungsrechtliche Wertentscheidung missachtet. Daneben drängt sich die Frage auf, ob der Ausschluss von GmbH-Geschäftsführerinnen aus dem Anwendungsbereich des MuSchG eine verfassungswidrige Benachteiligung von GmbH-Geschäftsführerinnen darstellt. Die Rechtslage *de lege lata* berührt somit neben Art. 6 Abs. 4 GG auch den in Art. 3 Abs. 1 GG zum Ausdruck kommenden allgemeinen Gerechtigkeitsgedanken.[1] Schließlich ist ein Blick auf Art. 3 Abs. 2 GG zu werfen.

Bevor jedoch in die nähere Prüfung eingestiegen werden kann, ist eine Konkretisierung des Prüfprogramms erforderlich. Dieses ergibt sich unmittelbar aus der Abgrenzung der Regelungsbereiche von Art. 6 Abs. 4 GG und Art. 3 Abs. 1 GG zueinander.

---

1 ErfK-*Schmidt*, Art. 3 GG Rn. 1.

I. Vorbemerkung zum Prüfprogramm

Ausgangspunkt einer jeden verfassungsrechtlichen Überprüfung von Mutterschutzmaßnahmen bildet grundsätzlich Art. 6 Abs. 4 GG, der als verfassungsrechtliche Wertentscheidung für alle Bereiche des Rechts verbindliche Wirkung entfaltet.[2] Bei den verfassungsrechtlichen Grundlagen des Mutterschutzes wurde bereits auf die normative Offenheit von Art. 6 Abs. 4 GG hingewiesen, infolge derer dem Gesetzgeber ein weiter Ermessens- und Gestaltungsspielraum zukommt.[3] Dieser erschwert eine Überprüfung einzelner staatlicher Maßnahmen anhand von Art. 6 Abs. 4 GG. Allerdings gilt das gesetzgeberische Gestaltungsermessen nicht uneingeschränkt, sondern wird durch Art. 19 Abs. 2 GG begrenzt.[4] Deshalb ist eine Überprüfung einzelner gesetzlicher Regelungen anhand von Art. 6 Abs. 4 GG zumindest insoweit möglich, als dass die Einhaltung der Grenzen des verfassungsrechtlichen Mutterschutzgebotes betrachtet wird. Daneben kann Art. 6 Abs. 4 GG als Prüfungsmaßstab für Fallgestaltungen, in denen einer der vier Gewährleistungsinhalte von Art. 6 Abs. 4 GG berührt ist,[5] dienen. Der Anwendungsbereich von Art. 6 Abs. 4 GG beschränkt sich dabei auf Maßnahmen, die sich ausschließlich auf Mütter beziehen.[6] Für Sachverhalte, die nicht allein Mütter, sondern z. B. Mütter und Väter gleichermaßen betreffen, wie die Bestimmungen des BEEG zur Elternzeit, können aus Art. 6 Abs. 4 GG keine besonderen Rechte hergeleitet werden. Dies gilt auch dann, wenn sich eine Regelung tatsächlich vor allem zu Lasten von Müttern auswirkt.[7] Der Schutzbereich von Art. 6 Abs. 4 GG ist insoweit nicht eröffnet.[8]

Hiervon zu unterscheiden sind Sachverhalte, in denen Mütter wegen ihrer Eigenschaft als Mutter benachteiligt werden. In solchen Konstellationen wird sowohl das aus Art. 6 Abs. 4 GG resultierende besondere Diskriminierungsverbot[9] als auch der allgemeine Gedanke der Gleichheit, wie er in Art. 3 Abs. 1 GG Ausdruck

---

2 Siehe hierzu die Ausführungen im 2. Kapitel, 2. Abschnitt, I. 2. a., S. 85.

3 BVerfG v. 10.2.1982, 1 BvL 116/78, BVerfGE 60, 68 (74); BVerfG v. 2.4.1996, 2 BvR 169/93, NVwZ 1997, 54 (55); BVerfG v. 18.11.2003, 1 BvR 302/96, BVerfGE 109, 64 (87); ebenso BVerwG v. 23.6.1977, V C 51.74, BVerwGE 54, 124 (130).

4 Vgl. hierzu sogleich unter II. 1. a., S. 142 ff.

5 Zu den Gewährleistungsinhalten von Art. 6 Abs. 4 GG siehe im Einzelnen die Ausführungen im 2. Kapitel, 2. Abschnitt, I. 2., S. 92 ff.

6 *Kotzur* in Stern/Becker, Art. 6 GG Rn. 55.

7 BVerfG v. 7.7.1992, 1 BvL 51/86 u. a., BVerfGE 87, 1 (41 f.); BVerfG v. 12.3.1996, 1 BvR 609/90 u. a., BVerfGE 94, 241 (259). Insoweit wird aber die aus Art. 3 Abs. 2 GG resultierende Pflicht des Gesetzgebers, auf eine Angleichung der Lebensverhältnisse von Frauen und Männern hinzuwirken, betroffen.

8 BVerfG v. 7.7.1992, 1 BvL 52/86 u. a., BVerfGE 87, 1 (41 f.); BVerfG v. 12.3.1996, 1 BvR 609/90 u. a., BVerfGE 94, 241 (259); BVerfG v. 11.3.2010, 1 BvR 2909/08, zit. nach Juris.

9 Siehe hierzu die Ausführungen im 2. Kapitel, 2. Abschnitt, I. 2. d., S. 95 ff.

gefunden hat, berührt.[10] Die Gewährleistungsinhalte von Art. 6 Abs. 4 GG und Art. 3 Abs. 1 GG überschneiden sich teilweise, wobei die Nichtdiskriminierungsfunktion von Art. 6 Abs. 4 GG vollständig im allgemeinen Gleichbehandlungsgrundsatz aufgeht.[11] Zwischen Art. 6 Abs. 4 GG und Art. 3 Abs. 1 GG besteht infolge der tatbestandlichen Überschneidung eine Grundrechtskonkurrenz, die im Wege der Spezialität »*lex speciali derogat legi generali*« aufzulösen ist.[12] Infolgedessen ist Art. 6 Abs. 4 GG als Prüfungsmaßstab der Vorrang einzuräumen.[13]

Diese Konkurrenzregel findet aber nur so weit Anwendung, wie sich die Regelungsbereiche von Art. 6 Abs. 4 GG und Art. 3 Abs. 1 GG tatbestandlich überschneiden. Dies ist ausschließlich hinsichtlich der Nichtdiskriminierungsfunktion von Art. 6 Abs. 4 GG der Fall. Außerhalb der Überschneidung besteht zwischen Art. 3 Abs. 1 GG und Art. 6 Abs. 4 GG kein aufzulösendes Konkurrenzverhältnis, sodass entweder Art. 6 Abs. 4 GG oder Art. 3 Abs. 1 GG als Prüfungsmaßstab heranzuziehen ist. Dem entspricht es, wenn das BVerfG in seiner Rechtsprechung darauf abstellt, dass sich die Norm mit dem näheren sachlichen Bezug zum Tatbestand als adäquater Maßstab für die verfassungsrechtliche Prüfung erweise.[14] Hierbei nimmt das BVerfG eine Tatbestandsabgrenzung vor.[15] Dies lässt sich an folgendem, für die vorliegende Untersuchung einschlägigem Beispiel verdeutlichen: Wird eine Gruppe von Müttern abweichend von anderen Müttern behandelt, dann stellt sich die Frage, ob die unterschiedliche Behandlung in Bezug auf den Mutterschutz mit dem Grundgesetz vereinbar ist. Die sich anschließende Prüfung beruht im Wesentlichen auf einem verfassungsrechtlichen Vergleich zweier Personengruppen.[16] Im Mittelpunkt der Prüfung steht der Gedanke der allgemeinen Rechtsgleichheit, welcher wesentlich durch Art. 3 Abs. 1 GG geprägt wird.[17] Dies gilt umso mehr, als dass Art. 6 Abs. 4 GG in Ermangelung eines besonderen Gleichbehandlungsgebots zugunsten aller Mütter tatbestandlich schon nicht einschlägig ist.[18] Auch eine

---

10 BVerfG v. 24.1.1962, 1 BvL 32/57, BVerfGE 13, 290 (295); BVerfG v. 10.2.1982, 1 BvL 116/78, BVerfGE 60, 68 (76 f.).

11 Vgl. BVerfG v. 24.1.1962, 1 BvL 32/57, BVerfGE 13, 290 (296 f.).

12 BVerfG v. 24.1.1962, 1 BvL 32/57, BVerfGE 13, 290 (296); ähnlich *Kotzur* in Stern/Becker, Art. 6 GG Rn. 101; in diese Richtung auch *Coester-Waltjen* in v. Münch/Kunig, Art. 6 GG Rn. 106.

13 *Aubel*, S. 57; *Stern/Sachs/Dietlein*, StR IV/1, § 100 XIII 5, S. 628.

14 BVerfG v. 24.1.1962, 1 BvL 32/57, BVerfGE 13, 290 (296); BVerfG v. 15.6.1983, 1 BvR 1025/79, BVerfGE 64, 229 (238 f.); BVerfG v. 4.10.1983, 1 BvL 2/81, BVerfGE 65, 104 (112).

15 In diese Richtung auch *Aubel*, S. 57 f.

16 Vgl. zum Vergleich zwischen Arbeitnehmerinnen im Sinne des MuSchG und anderen Müttern BVerfG v. 13.11.1974, 1 BvL 12/73, BVerfGE 38, 213 (219); BVerfG v. 4.10.1983, 1 BvL 2/81, BVerfGE 65, 104 (112); BVerfG v. 3.4.1987, 1 BvR 1240/86, zit. nach Juris.

17 Vgl. BVerfG v. 24.1.1962, 1 BvL 32/57, BVerfGE 13, 290 (295 f.); BVerfG v. 15.6.1983, 1 BvR 1025/79, BVerfGE 64, 229 (238 f.).

18 Siehe hierzu die Ausführungen im 2. Kapitel, 2. Abschnitt, I. 2. d., S. 96; ebenso *Aubel*, S. 57.

Bevorzugung von Müttern gegenüber Nichtmüttern und Männern gebietet Art. 6 Abs. 4 GG nicht. Mithin bewegen sich solche Sachverhalte außerhalb der Gewährleistungsinhalte von Art. 6 Abs. 4 GG, sodass allein der Regelungsgehalt von Art. 3 Abs. 1 GG betroffen ist. Tatbestandlich kann daher von vornherein nur Art. 3 Abs. 1 GG in Betracht kommen, der somit auch den näheren sachlichen Bezug aufweist.[19]

Aus diesen Grundsätzen ergeben sich die Prüfungsmaßstäbe und die Prüfungsreihenfolge für die vorliegende Untersuchung. In Bezug auf die gegenüber der Rechtslage *de lege lata* bestehenden Bedenken hat sich die nachfolgende Prüfung sowohl an Art. 6 Abs. 4 GG als auch an Art. 3 Abs. 1 GG auszurichten.[20] Dabei betrifft jede Grundrechtsnorm eine andere Problematik. Im Rahmen der Prüfung des Art. 6 Abs. 4 GG ist zu untersuchen, inwiefern der minimale Mutterschutz für GmbH-Geschäftsführerinnen den Anforderungen des verfassungsrechtlichen Schutzauftrages des Mutterschutzgebotes gerecht wird. Hierfür ist eine Spezifikation der Grenzen des gesetzgeberischen Gestaltungsspielraums erforderlich. Demgegenüber bezieht sich die Fragestellung, ob es mit der Verfassung vereinbar ist, dass Arbeitnehmerinnen in den Genuss des arbeitsrechtlichen Mutterschutzes kommen, während GmbH-Geschäftsführerinnen allenfalls Mutterschaftsgeld nach § 24i Abs. 1 1. Alt., Abs. 2 S. 7 SGB V und ärztliche Betreuung nach § 24d SGB V beanspruchen können, auf eine gleichheitsrechtliche Überprüfung der Rechtslage *de lege lata*. Die Diskriminierungsfunktion von Art. 6 Abs. 4 GG wird davon nicht betroffen. Da Art. 6 Abs. 4 GG hinsichtlich der unterschiedlichen Behandlungen verschiedener Müttergruppen keine gleichheitsrechtlichen Folgen zeitigt, scheidet Art. 6 Abs. 4 GG als Prüfungsmaßstab aus. Vielmehr ist die vom Gesetzgeber durch § 1 Nr. 1 MuSchG vorgenommene Differenzierung zwischen Arbeitnehmerinnen und GmbH-Geschäftsführerinnen vornehmlich an Art. 3 Abs. 1 GG zu überprüfen.[21]

Somit ergeben sich für die nachfolgende Untersuchung drei Prüfungsschritte: Zunächst ist anhand von Art. 6 Abs. 4 GG zu überprüfen, inwiefern der Gesetzgeber der besonderen verfassungsrechtlichen Stellung von Müttern bezogen auf schwangere GmbH-Geschäftsführerinnen Rechnung getragen hat, bevor im Anschluss die Rechtslage *de lege lata* für GmbH-Geschäftsführerinnen einem verfassungsrechtlichen Vergleich unterzogen wird. Abschließend sind etwaige Aspekte der Geschlechtergleichstellung im Rahmen von Art. 3 Abs. 2 GG zu würdigen.

II. Verletzung des Mutterschutzgebotes nach Art. 6 Abs. 4 GG

Ausgehend von dem konkretisierten Prüfprogramm soll als Erstes eine Antwort auf die Frage gegeben werden, ob die Ausgestaltung von § 1 Nr. 1 MuSchG in Bezug

---

19 Vgl. BVerfG v. 4.10.1983, 1 BvL 2/81, BVerfGE 65, 104 (112); *Stern/Sachs/Dietlein*, StR IV/1, § 100 XIII 5, S. 628.

20 So auch *Aubel*, S. 75 ff.

21 Ebenso *Aubel*, S. 71, 75; ähnlich BVerfG v. 4.10.1983, 1 BvL 2/81, BVerfGE 65, 104 (112).

auf GmbH-Geschäftsführerinnen den verfassungsrechtlichen Anforderungen des Art. 6 Abs. 4 GG entspricht.

Dabei orientiert sich die nachfolgende Untersuchung nicht an dem typischen vierstufigen Aufbau einer Grundrechtsprüfung (Schutzbereich, Eingriff, Schranke und Schranken-Schranke), da Art. 6 Abs. 4 GG nicht als typisches Freiheitsgrundrecht ausgestaltet ist, in das eingegriffen werden kann.[22] Nach dem weiten Eingriffsverständnis wird als Eingriff jedes staatliche Verhalten verstanden, welches ein verfassungsrechtlich gewährleistetes Verhalten unmöglich macht oder wesentlich erschwert.[23] Der Begriff des Eingriffs betrifft mithin primär die abwehrrechtliche Komponente eines Grundrechtes. Art. 6 Abs. 4 GG gewährt hingegen Müttern als Grundrechtsträgerinnen keinen, nur unter besonderen Voraussetzungen beschränkbaren Freiraum, innerhalb dessen sie sich grundrechtlich bewegen können. Vielmehr wird dem Gesetzgeber auf Grundlage der Annahme einer generellen Schutzbedürftigkeit von Müttern der Auftrag erteilt, Mütter besonders zu schützen. Art. 6 Abs. 4 GG enthält lediglich eine Vorgabe hinsichtlich des *Ob* des Tätigwerdens, sagt aber nichts darüber, *wie* diese Aufgabe im Einzelnen zu verwirklichen ist.[24] Der abwehrrechtliche Gehalt von Art. 6 Abs. 4 GG beschränkt sich daher auf die Anerkennung der generellen Schutzbedürftigkeit von Müttern. Ein staatliches Verhalten müsste nun gerade diese Schutzbedürftigkeit aberkennen, damit die Abwehrfunktion von Art. 6 Abs. 4 GG betroffen ist. Hierfür reicht es nicht aus, dass der Gesetzgeber den Ausgleich eines mit der Mutterschaft zusammenhängenden Nachteils unterlässt, sondern der Mutter müssen *zusätzliche*, über die mit dem biologischen Zustand hinausgehende Belastungen auferlegt werden.[25]

Diese Voraussetzungen erfüllt § 1 Nr. 1 MuSchG nicht. Zwar wird durch § 1 MuSchG der Geltungsbereich des MuSchG nur für solche Frauen eröffnet, die Arbeitnehmerinnen oder Heimarbeiterinnen sind. Allerdings wird durch die Beschränkung des Geltungsbereiches auf Arbeitnehmerinnen und Heimarbeiterinnen die natürliche Lage anderer erwerbstätiger Mütter nicht verschlechtert. Den vom Geltungsbereich des MuSchG ausgeschlossenen Frauen werden weder zusätzliche Belastungen auferlegt, noch werden die psychischen und psychologischen Beeinträchtigungen und Nachteile, die von Natur aus unmittelbar mit dem biologischem Umstand der Schwangerschaft und Geburt verbunden sind, verschlimmert.[26] Ihre Lage wird lediglich *nicht verbessert*. Den Schwerpunkt der Vorwerfbarkeit des staatlichen Handelns bildet damit das Unterlassen bevorzugender Maßnahmen. Eine aktive, mit negativen Folgen verbundene Einwirkung des Staates in den durch

---

22 Siehe hierzu die Ausführungen im 2. Kapitel, 2. Abschnitt, I. 2. c., S. 94 f. ähnlich *Burgi* in Friauf/Höfling, Art. 6 GG Rn. 170.

23 *Kloepfer*, § 51 Rn. 31; *Pieroth/Schlink/Kingreen/Poscher*, Rn. 261.

24 BVerfG v. 2.4.1996, 2 BvR 169/93, NVwZ 1997, 54 (55).

25 Vgl. hierzu ausführlich *Aubel*, S. 144 ff.

26 *Aubel*, S. 155.

Art. 6 Abs. 4 GG geschützten Grundrechtsbereich liegt hierin jedoch nicht. Ein Eingriff im klassischen Sinne scheidet folglich aus.

Die vorliegende Analyse hat sich damit auf die Schutz- und Fürsorgepflicht des Gesetzgebers zu konzentrieren und zu problematisieren, inwiefern der Gesetzgeber durch die Rechtslage *de lege lata* seine Schutz- und Fürsorgepflicht verletzt hat.[27] Hierbei ist zu berücksichtigen, dass der Gesetzgeber nicht verpflichtet ist, jede mit der Mutterschaft zusammenhängende Belastung auszugleichen.[28] Ihm kommt bei der Ausgestaltung und Umsetzung des Mutterschutzgebotes ein weiter Ermessens- und Gestaltungsspielraum zu.[29] Gleichzeitig steht die Erfüllung des aus Art. 6 Abs. 4 GG resultierenden staatlichen Schutzauftrages aber nicht im freien Belieben des Gesetzgebers, sondern findet ihre Grenzen dort, wo die in Art. 6 Abs. 4 GG zum Ausdruck gebrachte Intention des Verfassungsgesetzgebers beeinträchtigt werden würde.[30] Hierin läge dann eine Verletzung der Schutz- und Fürsorgepflicht des Gesetzgebers.

Demzufolge muss die nachfolgende Prüfung zweistufig erfolgen. Es sind zunächst die Grenzen des gesetzgeberischen Gestaltungs- und Ermessensspielraums im Rahmen von Art. 6 Abs. 4 GG festzulegen, bevor aufgezeigt werden kann, inwiefern sich die Rechtslage *de lege lata* in diesen Grenzen bewegt.

1. Grenzen des gesetzgeberischen Gestaltungsermessens

Art. 6 Abs. 4 GG lässt selbst keinen konkreten Maßstab für die Realisierung des Mutterschutzgebotes erkennen. Auch einen Gesetzesvorbehalt enthält Art. 6 Abs. 4 GG nicht. Dennoch wird der gesetzgeberische Freiraum durch verfassungsimmanente Schranken, wie dem Wesensgehalt und dem Untermaßverbot, begrenzt.

a. Wesensgehalt

Seine erste Grenze findet der gesetzgeberische Gestaltungsspielraum in Art. 19 Abs. 2 GG, der den Wesensgehalt eines Grundrechts für unantastbar erklärt. Der Wesensgehalt beschreibt den substantiellen Kern eines Grundrechts, der als absolut schützenswertes Minimum dem staatlichen Zugriff entzogen ist.[31] Auf diese

27 In diese Richtung auch *Aubel*, S. 150; Maunz/Dürig-*Badura*, Art. 6 GG Rn. 161.

28 BVerfG v. 10.2.1982, 1 BvL 116/78, BVerfGE 60, 68 (74); BVerfG v. 28.5.1993, 2 BvF 2/90 u. a., BVerfGE 88, 203 (259); BVerfG v. 2.4.1996, 2 BvR 169/93, NVwZ 1997, 54 (55); BVerfG v. 28.3.2006, 1 BvL 10/01, BVerfGE 115, 259 (271).

29 BVerfG v. 10.2.1982, 1 BvL 116/78, BVerfGE 60, 68 (74); BVerfG v. 2.4.1996, 2 BvR 169/93, NVwZ 1997, 54 (55); BVerfG v. 18.11.2003, 1 BvR 302/96, BVerfGE 109, 64 (87); ebenso BVerwG v. 23.6.1977, V C 51.74, BVerwGE 54, 124 (130).

30 Vgl. BVerfG v. 4.10.1983, 1 BvL 2/81, BVerfGE 65, 104 (113) unter Verweis auf BVerfG v. 12.2.1964, 1 BVL 12/62, BVerfGE 17, 210 (217).

31 Vgl. zur Diskussion, ob der Wesensgehalt absolut oder relativ zu bestimmen ist, *Aubel*, S. 227; *Brüning* in Stern/Becker, Art. 19 GG Rn. 40 ff.; *Hillgruber* in HStR IX, § 201 Rn. 101 f.; Maunz/Dürig-*Remmert*, Art. 19 Abs. 2 GG Rn. 36 ff.; *Störring*, S. 164 ff.

Weise verhindert Art. 19 Abs. 2 GG ein inhaltliches Leerlaufen der Grundrechte. Worin der unantastbare Wesensgehalt besteht, muss für jedes Grundrecht aus seiner besonderen Bedeutung im Gesamtsystem der Grundrechte ermittelt werden.[32]

Der Wesensgehalt von Art. 6 Abs. 4 GG bezieht sich auf die Gewährung eines Mindestmaßes an Mutterschutz.[33] Dieses Mindestmaß wird nicht schon dann unterschritten, wenn eine denkbare Mutterschutzmaßnahme unterlassen wird. Im Gegenteil, der Gesetzgeber kann sozialpolitischen Erwägungen im Allgemeinen und den charakteristischen Gegebenheiten der Lebensverhältnisse im Besonderen Rechnung tragen, indem er hinsichtlich verschiedener Lebensverhältnisse differenzierende Regelungen schafft.[34] Allerdings bewirkt Art. 19 Abs. 2 GG in Bezug auf Art. 6 Abs. 4 GG, dass der gewährte Mutterschutz *stets* den elementaren Schutzinteressen von schwangeren Frauen und Müttern Rechnung tragen muss.[35] Der Gesetzgeber darf bei der Ausgestaltung des ausdrücklich geregelten Schutzanspruches einer Mutter die generelle Schutzbedürftigkeit von Müttern nicht nihilieren. Eine Verletzung der Wesensgehaltsgarantie ist demzufolge dann anzunehmen, wenn ein elementares Schutzinteresse gänzlich außer Betracht gelassen wurde und Regelungen, die dieses Schutzinteresse abdecken, völlig fehlen.[36]

Als elementare Schutzinteressen sind solche Belange von Müttern anzusehen, die zumindest befriedigt werden müssen, damit das Ziel des Art. 6 Abs. 4 GG, der Schutz und die Fürsorge von Müttern durch die Gemeinschaft, nicht gänzlich verfehlt wird.[37] Der Wesensgehalt von Art. 6 Abs. 4 GG erschöpft sich deswegen nicht darin, entsprechend dem Menschenwürdegehalt die selbstbestimmte Entscheidung einer jeden Frau, Mutter zu werden, zu ermöglichen.[38] Vielmehr wird der Staat verpflichtet, diese selbstbestimmte Lebensentscheidung zu schützen und fortan zu unterstützen. Darüber hinaus ist eine selbstbestimmte Entscheidung über die Mutterschaft nur gewährleistet, wenn die Entscheidung frei von Zwang – sowohl in positiver als auch negativer Richtung – erfolgt. Dementsprechend obliegt es dem

---

32 BVerfG v. 18.7.1967, 2 BvF 3/62 u. a., BVerfGE 22, 180 (219); BVerfG v. 5.2.2004, 2 BvR 2029/01, BVerfGE 109, 133 (156); BVerfG v. 8.11.2006, 2 BvR 578/02 u. a., BVerfGE 117, 71 (96).

33 Vgl. BVerwG v. 23.6.1977, V C 51.74, BVerwGE 54, 124 (130); BAG v. 23.10.1991, 7 AZR 56/91, AP Nr. 45 zu § 611 BGB Bühnenengagementsvertrag; BAG v. 20.8.2002, 9 AZR 353/01, AP Nr. 10 zu Art. 6 Abs. 4 GG Mutterschutz; *Aubel*, S. 213 f.

34 BVerwG v. 23.6.1977, V C 51.74, BVerwGE 54, 124 (130 f.).

35 Vgl. dazu, ob der Wesensgehalt absolut oder relativ zu bestimmen ist, *Aubel*, S. 227, *Hillgruber* in HStR IX, § 201 Rn. 101 f.; *Störring*, S. 164 ff.

36 *Aubel*, S. 227. Gamillscheg geht sogar so weit, dass der gewährte Mutterschutz lückenlos sein muss, vgl. *Gamillscheg*, FS Molitor, S. 57 (58). Hierzu sogleich unter b., S. 148.

37 *Aubel*, S. 231.

38 Ebenso *Aubel*, S. 230; *Stern* in HStR IX, § 185 Rn. 138. Nach Maunz/Dürig-*Herdegen*, Art. 1 GG Rn. 26 ist der Wesensgehalt strikt vom Menschenwürdegehalt nach Art. 1 Abs. 1 S. 2 GG zu trennen.

Staat, Umständen entgegenzuwirken, die geeignet sind, die Lage der schwangeren Frau und Mutter zu erschweren. Insbesondere darf eine Mutter nicht verpflichtet werden, eine Schwangerschaft abzubrechen.[39] Insoweit besteht eine Überschneidung zwischen dem Wesensgehalt von Art. 6 Abs. 4 GG und der Pflicht des Staates, ungeborenes Leben zu schützen.[40] Daneben tritt das Interesse der Mutter an einem bestimmungsgemäßen Verlauf der Schwangerschaft.[41] Zur Gewährleistung müssen präventive Schutzmaßnahmen ergriffen werden, die sich nicht auf den Schutz vor einem Schwangerschaftsabbruch beschränken, sondern sich darüber hinausgehend auch auf Gefahren aus dem sozialen Umfeld der Mutter erstrecken, die der Bereitschaft zum Austragen des Kindes entgegenwirken oder aber erhebliche Gesundheitsgefährdungen für das ungeborene Kind darstellen könnten.[42] Müttern muss es möglich sein, sich aus eigener Kraft und durch Beeinflussung des eigenen Verhaltens vor irreparablen Nachteilen der Schwangerschaft und Mutterschaft zu schützen.[43] Sie dürfen nicht um ihre Existenz bangen und erhebliche Nachteile durch die Schwangerschaft und Mutterschaft befürchten müssen.[44] Der Kernbereich des Mutterschutzes bezieht sich somit auch darauf, durch soziale Mindestrahmenbedingungen einen ungestörten Verlauf der Schwangerschaft zu gewährleisten.[45]

Der verbindliche Verfassungsauftrag an den Gesetzgeber fordert nach dem Obenstehenden vor allem, die Mutter während der Schwangerschaft und nach der Geburt, zumindest in der Regenerationsphase, vor Gesundheitsbeeinträchtigungen zu schützen. Untrennbar mit dem Kernbereich von Art. 6 Abs. 4 GG verbunden ist deshalb ein Mindestmaß an medizinischer Fürsorge während der Schwangerschaft und nach der Geburt zur Abwehr lebensgefährlicher Nachteile für die Mutter und zur Verhinderung des Fehlschlagens der Schwangerschaft.[46] Zum Mindestmaß an Gesundheitsschutz zählen ferner die Gewährung von Schonzeiten vor und nach

---

39 *Robbers* in Bonner GG-Kommentar, Art. 6 Rn. 303; *Seiler* in BK, Art. 6 Abs. 4 GG Rn. 55.

40 In diese Richtung auch Maunz/Dürig-*Badura*, Art. 6 GG Rn. 163; Sachs-*von Coelln*, Art. 6 GG Rn. 96; *Seiler* in BK, Art. 6 Abs. 4 GG Rn. 56.

41 *Aubel*, S. 232 f.

42 Grundlegend zur Schutzpflicht des Staates zugunsten des ungeborenen Kindes BVerfG v. 28.5.1993, 2 BvF 2/90, BVerfGE 88, 203 (251 ff.); in diese Richtung auch *Coester-Waltjen* in v. Münch/Kunig, Art. 6 GG Rn. 109; *Seiler* in BK, Art. 6 Abs. 4 GG Rn. 39.

43 Aubel spricht insoweit vom Prinzip der eigenverantwortlichen Lebensgestaltung, vgl. *Aubel*, S. 235.

44 Ebenso *Aubel*, S. 236; vgl. auch *Stern/Sachs/Dietlein*, StR IV/1, § 100 XII 5, S. 617.

45 In diese Richtung auch *Robbers*, Bonner GG-Kommentar, Art. 6 GG Rn. 303.

46 In diese Richtung auch *Schubert*, S. 143; *Seiler* in BK, Art. 6 Abs. 4 GG Rn. 42, 70; vgl. auch *Stern/Sachs/Dietlein*, StR IV/1, § 100 XII 5, S. 617.

der Geburt[47] sowie die Vermeidung gesundheitsgefährdender Arbeiten während der Schwangerschaft.[48]

Besonders für erwerbstätige Mütter ginge der Gesundheitsschutz aber faktisch ins Leere, wäre er nicht mit einer finanziellen Grundsicherung verbunden. Denn ohne eine solche bestünde für Mütter regelmäßig keine Möglichkeit, Schutzbestimmungen zu nutzen und durch ihr eigenes Verhalten gesundheitliche Gefahren abzuwehren.[49] Zudem ist die Entscheidung zur Mutterschaft nur dann ausreichend geschützt, wenn die Mutter keiner grundlegenden und nachteiligen Veränderung ihres Lebensstandards, auf welche sie keinen Einfluss hat, ausgesetzt wird.[50] Verfassungsrechtlich geboten ist daher eine ausreichende wirtschaftliche Absicherung, die es der Mutter ermöglicht, Schonzeiten in Anspruch zu nehmen und die sich nicht nur auf den Ausgleich der primären wirtschaftlichen Belastungen der Mutter beschränkt.[51] Insbesondere kann ein für die Zeit der Schwangerschaft fortbestehendes Beschäftigungsverhältnis zur finanziellen Absicherung der Mutter beitragen. Dem kann nur durch einen Schutz der Mutter vor einem unvorhergesehenen Verlust ihres Arbeitsplatzes Rechnung getragen werden.[52] Gleichzeitig müssen etwaige schwangerschaftsbedingte Einkommensverluste aufgefangen und abgemildert werden. Eine bloße Existenzsicherung ist hierfür nicht ausreichend. Neben dem Gesundheitsschutz werden mithin ein Mindestschutz vor finanziellen Nachteilen[53] als auch ein wirksamer Kündigungsschutz für Schwangere und Mütter vom Wesensgehalt von Art. 6 Abs. 4 GG erfasst.[54]

Damit stehen die elementaren Schutzinteressen von Müttern sowie die *Kategorien* der verfassungsrechtlich gebotenen Mutterschutzmaßnahmen fest. Eine generelle Aussage dazu, welches *Niveau* die staatlichen Maßnahmen mindestens erreichen müssen, lässt sich hieraus aber nicht ableiten. Eine Antwort auf diese Frage könnte

---

47 BVerfG v. 8.6.2004, 2 BvR 785/04, NJW 2005, 2382; vgl. auch *Jarass/Pieroth*, Art. 6 GG Rn. 75.

48 Ähnlich *Aubel*, S. 238; *Schubert*, S. 143.

49 Vgl. BVerfG v. 4.10.1983, 1 BvL 2/81, BVerfGE 65, 104 (114); BVerfG v. 28.3.2006, 1 BvL 10/01, BVerfGE 115, 259 (272 f.); vgl. auch BVerwG v. 27.8.1974, II C 38.73, BVerwGE 47, 23 (28); BVerwG v. 15.10.1980, 6 C 25/78, BVerwGE 61, 79 (85); BAG v. 9.8.1963, 1 AZR 497/62, BAGE 14, 304 (309).

50 In diese Richtung BVerfG v. 28.3.2006, 1 BvL 10/01, BVerfGE 115, 259 (272 f.).

51 Der BFH spricht insoweit von einem Kernbereich der finanziellen Absicherung einer werdenden Mutter, BFH v. 26.10.1984, VI R 199/80, DStR 1985, 90.

52 Vgl. BVerfG v. 25.1.1972, 1 BvL 3/70, BVerfGE 32, 273 (277); BVerfG v. 13.11.1979, 1 BvL 24/77 u. a., BVerfGE 52, 357 (365); BVerfG v. 24.4.1991, 1 BvR 1341/90, BVerfGE 84, 133 (156); BVerfG v. 10.3.1992, 1 BvR 454/91 u. a., BVerfGE 85, 360 (372).

53 *Aubel*, S. 245 ff.; *Buchner/Becker*, Einf. MuSchG Rn. 67 f.; *Lunk*, FS Bauer, S. 705 (707); *Meisel/Sowka*, Einl. Rn. 27a; *Stern/Sachs/Dietlein*, StR IV/1, § 100 X 3, S. 552.

54 Maunz/Dürig-*Badura*, Art. 6 GG Rn. 170 f.; *Robbers* in Bonner GG-Kommentar, Art. 6 GG Rn. 295; *Rolfs* in Ascheid/Preis/Schmidt, § 9 MuSchG Rn. 11; *Seiler* in BK, Art. 6 Abs. 4 GG Rn. 91.

das Untermaßverbot als weitere Beschränkung des gesetzgeberischen Einschätzungs-, Wertungs- und Gestaltungsspielraums geben.

b. *Untermaßverbot*

Spätestens seit dem zweiten Schwangerschaftsabbruchsurteil[55] prüft das BVerfG anhand des Untermaßverbotes, ob der Gesetzgeber seinen Einschätzungsspielraum vertretbar gehandhabt hat.[56] Dies ist nach der Rechtsprechung des BVerfG der Fall, wenn das von der Verfassung vorgegebene Ziel zumindest gefördert wird und die Schutzmaßnahme einen ausreichenden Schutz gewährleistet. Dabei beschränkt sich das Untermaßverbot nicht auf eine bloße Evidenzkontrolle. Das Schutzminimum wird nicht erst verfehlt, wenn die staatlichen Maßnahmen völlig unzureichend und ungeeignet sind,[57] sondern bereits dann, wenn der Schutz nicht angemessen und wirksam ist.[58] Folglich dürfen die Vorkehrungen des Gesetzgebers – unter Berücksichtigung entgegenstehender Rechtsgüter – nicht erheblich hinter dem Schutzziel zurückbleiben.[59] Sie müssen auf sorgfältigen Tatsachenermittlungen und vertretbaren Einschätzungen beruhen.[60] Soweit der Gesetzgeber seinen Entscheidungen Prognosen zugrunde legt, müssen diese verlässlich und nachvollziehbar sein.[61] Die Einschätzungen des Gesetzgebers müssen insgesamt als vertretbar angesehen werden können.[62] Aus diesen Gründen trifft den Gesetzgeber eine Beobachtungspflicht. Er muss sich vergewissern, dass seine Gesetze die erwarteten Schutzwirkungen entfalten.[63] Steht die Schutzwirkung infolge unvorhergesehener oder neuer Entwicklungen infrage, ist der Gesetzgeber sogar gehalten zu überprüfen, ob seine ursprüngliche Entscheidung aufrechtzuerhalten ist. Ihn trifft insoweit eine Nachbesserungspflicht.[64]

---

55 BVerfG v. 28.5.1993, 2 BvF 2/90 u. a., BVerfGE 88, 203 (254 ff., 262 f.).

56 BVerfG v. 29.7.2009, 1 BvR 1606/08, NVwZ 2009, 1494 (1495); BVerfG v. 15.10.2009, 1 BvR 3522/08, zit. nach Juris; BVerfG v. 4.5.2011, 1 BvR 1502/08, NVwZ 2011, 991 (994).

57 So aber noch BVerfG v. 29.10.1987, 2 BvR 624/83 u. a., BVerfGE 77, 170 (215); BVerfG v. 26.1.1988, 1 BvR 1561/82, BVerfGE 77, 381 (405).

58 BVerfG v. 28.5.1993, 2 BvF 2/90 u. a., BVerfGE 88, 203 (254); BVerfG v. 27.4.1995, 1 BvR 729/93, NJW 1995, 2343; BVerfG v. 29.11.1995, 1 BvR 2203/95, NJW 1996, 651; BVerfG v. 13.2.2007, 1 BvR 421/05, BVerfGE 117, 202 (227); BVerfG v. 15.10.2009, 1 BvR 3522/08, zit. nach Juris; ebenso Maunz/Dürig-*Badura*, Art. 6 GG Rn. 162; *Burgi* in Friauf/Höfling, Art. 6 GG Rn. 169; *Merten*, FS Burmeister, S. 227 (241).

59 BVerfG v. 24.1.2007, 1 BvR 382/05, NVwZ 2007, 805; BVerfG v. 4.5.2011, 1 BvR 1502/08, NVwZ 2011, 991 (994).

60 BVerfG v. 4.5.2011, 1 BvR 1502/08, NVwZ 2011, 991 (994).

61 BVerfG v. 29.7.2009, 1 BvR 1606/08, NVwZ 2009, 1494 (1495); BVerfG v. 15.10.2009, 1 BvR 3522/08, zit. nach Juris.

62 BVerfG v. 29.7.2009, 1 BvR 1606/08, NVwZ 2009, 1494 (1495); BVerfG v. 15.10.2009, 1 BvR 3522/08, zit. nach Juris; BVerfG v. 4.5.2011, 1 BvR 1502/08, NVwZ 2011, 991 (994).

63 *Stern* in HStR IX, § 185 Rn. 92.

64 BVerfG v. 28.2.2002, 1 BvR 1676/01, NJW 2002, 1631; BVerfG v. 24.1.2007, 1 BvR 382/05, NVwZ 2007, 805; BVerfG v. 29.7.2009, 1 BvR 1606/08, NVwZ 2009, 1494 (1495).

Das Untermaßverbot kann somit neben dem Wesensgehalt zur Verengung des Handlungsspielraumes des Gesetzgebers bei der Schaffung und Ausgestaltung von Normen herangezogen werden. Es ist geeignet, einen weiteren Mindeststandard zu markieren, den die legislative und exekutive Gewalt von Verfassungswegen zu berücksichtigen haben.[65] Es stellt sich aber die Frage, in welchem dogmatischen Verhältnis das Untermaßverbot zum Wesensgehalt steht, denn beide Rechtsfiguren gelten für alle Grundrechtsdimensionen und beschreiben ein Mindestmaß an Grundrechtsverwirklichung. Beiden Rechtsfiguren gemein ist die Festschreibung eines verfassungsrechtlich gebotenen Mindeststandards. Dennoch sind Wesensgehalt und Untermaßverbot nicht deckungsgleich.[66] Der Wesensgehalt bildet die absolute Grenze der Beschränkbarkeit und erlangt daher primär in Bezug auf die abwehrrechtliche Grundrechtsdimension Geltung.[67] Das Untermaßverbot sichert indessen ein Mindestmaß an legislativer Pflichterfüllung.[68] Dementsprechend ist es eng mit der Schutzpflichtgrundrechtsdimension verbunden. Dabei geht das Untermaßverbot über den durch den Wesensgehalt geschützten unantastbaren Grundrechtskern hinaus.[69] In der Folge stellt ein Eingriff in den Wesensgehalt eines Grundrechts zugleich auch immer eine Verletzung des Untermaßverbotes dar. Umgekehrt führt aber nicht jede Verletzung des Untermaßverbotes zu einer Beeinträchtigung des Wesensgehalts.[70] Nur wenn ein Schutzinteresse als elementar im Sinne des Wesensgehalts gilt, wird nach den vorstehend genannten Grundsätzen des BVerfG geprüft, ob auch die Grenzen des Gestaltungsermessens eingehalten wurden.[71] Das Untermaßverbot setzt somit den Wesensgehalt in gewisser Weise voraus.

Hiernach kann das Untermaßverbot in Bezug auf die aus Art. 6 Abs. 4 GG resultierende Schutzpflicht nachgeordnet eine eigenständige Bedeutung erlangen. Während mithilfe des Wesensgehalts in einem ersten Schritt die elementaren Schutzinteressen von Müttern herausgearbeitet werden konnten, beantwortet das Untermaßverbot die sich daran anschließende Frage, ob die einzelnen, nach der Rechtslage *de lege lata* vorhandenen Maßnahmen gemessen an der Schutzbedürftigkeit der werdenden Mütter und unter Berücksichtigung etwaiger gegenläufiger Interessen, wie z. B. des Arbeitsgebers, im Kern einen ausreichenden Schutz gewährleisten.[72]

---

65 *Stern* in HStR IX, § 191 Rn. 305; *Störring*, S. 41.

66 *Störring*, S. 166 f.

67 *Hillgruber* in HStR IX, § 201 Rn. 95 ff. In diese Richtung auch *Brüning* in Stern/Becker, Art. 19 GG Rn. 42.

68 Zum Ausfluss des Untermaßverbotes auf die Rechtsprechung und Verwaltung vgl. nur *Störring*, S. 93 ff.

69 *Isensee* in HStR IX, § 191 Rn. 303 ff.; *Stern* in HStR IX, § 185 Rn. 139; *Störring*, S. 167.

70 Ebenso *Störring*, S. 169.

71 *Aubel*, S. 265 f.; vgl. zu den unterschiedlichen Prüfungsmaßstäben ErfK-*Schmidt*, Einl. zum GG Rn. 43 ff.; *Klein*, JuS 2006, 960 (961); *Merten*, FS Burmeister, S. 227 (242).

72 *Aubel*, S. 264 f.

Nun könnte man bereits an dieser Stelle mit *Gamillscheg* argumentieren, dass aus Art. 6 Abs. 4 GG in Verbindung mit dem Sozialstaatsprinzip das Prinzip des lückenlosen Mutterschutzes folge. Eine Beschränkung des MuSchG auf Arbeitnehmerinnen widerspräche offensichtlich diesem Grundsatz, sodass aufgrund der vorhandenen Lücken, insbesondere im Hinblick auf erwerbstätige Mütter, die sich in einer vergleichbaren Lage wie Arbeitnehmerinnen befinden, dem Sozialstaatsprinzip und dem Untermaßverbot in Bezug auf Art. 6 Abs. 4 GG nicht Genüge getan wäre.[73] Allerdings verkennt diese abstrakte Argumentation, dass weder der Wesensgehalt noch das Untermaßverbot eine solche Herangehensweise des Gesetzgebers verbieten. Der verfassungsrechtliche Schutzauftrag des Art. 6 Abs. 4 GG ist gerade nicht dahingehend auszulegen, dass für alle erwerbstätigen Mütter der gleiche Schutz vorgesehen werden muss.[74] Zudem vermag eine Berufung auf das Sozialstaatsprinzip nicht zu überzeugen, kann doch aus diesem vor dem Hintergrund, dass Art. 6 Abs. 4 GG eine Konkretisierung des Sozialstaatsprinzips für den Bereich des Mutterschutzes darstellt,[75] kein weitergehender verfassungsrechtlicher Schutz hergeleitet werden.[76] Allerdings ist *Gamillscheg* zuzugeben, dass es mit dem verfassungsrechtlich gebotenen Mindestschutz nicht vereinbar ist, wenn der Gesetzgeber zugunsten eines intensiven Mutterschutzes für Arbeitnehmerinnen auf einen ausreichenden Mutterschutz für andere Frauen verzichtet. Insoweit kann das Untermaßverbot aber nicht als Begründung herangezogen werden, verharrt es doch auf einer abstrakt-plakativen Ebene, die es mit einer einzelfallorientierten Prüfung argumentativ aufzubrechen gilt.[77]

Aus diesem Grund soll nach dieser abstrakten Betrachtung der Grenzen des gesetzgeberischen Gestaltungsspielraumes der verfassungsrechtlich gebotene Mindeststandard für GmbH-Geschäftsführerinnen anhand der herausgearbeiteten Kategorien der Mutterschutzmaßnahmen weiter präzisiert werden.

---

73 *Gamillscheg*, FS Molitor, S. 57 (58). In diese Richtung auch BAG v. 9.8.1963, 1 AZR 497/62, AP Nr. 3 zu § 10 MuSchG.

74 Siehe hierzu die Ausführungen im 2. Kapitel, 2. Abschnitt, I. 2. d., S. 88 f.

75 BVerfG v. 25.1.1972, 1 BvL 3/70, BVerfGE 32, 273 (279); BVerfG v. 28.3.2006, 1 BvL 10/01, BVerfGE 115, 259 (272); BVerwG v. 27.8.1974, II C 38/73, BVerwGE 47, 23 (27); BAG v. 11.9.1979, 6 AZR 753/78, AP Nr. 6 zu § 9 MuSchG 1968; Maunz/Dürig-*Badura*, Art. 6 GG Rn. 151; *Ambs* in Erbs/Kohlhaas, Vorbem. zu M 150 Rn. 10; *Meisel/Sowka*, Einl. Rn. 31.

76 Ebenso BAG v. 11.9.1979, 6 AZR 753/78, AP Nr. 6 zu § 9 MuSchG 1968; *Kloepfer*, § 67 Rn. 81; *Robbers* in Bonner GG-Kommentar, Art. 6 GG Rn. 284; Sachs-*von Coeln*, Art. 6 GG Rn. 90; *Stern/Sachs/Dietlein*, StR IV/1, § 100 X 1, S. 542 m. w. N.

77 *Klein*, JuS 2006, 960 (964).

2. *Realisierung der staatlichen Schutzpflicht in Bezug auf GmbH-Geschäftsführerinnen?*

Nachdem vorstehend die vom Wesensgehalt erfassten elementaren Schutzinteressen herausgearbeitet wurden und deutlich wurde, dass das Untermaßverbot als weitere Begrenzung des gesetzgeberischen Gestaltungsspielraums heranzuziehen ist, soll im Rahmen des nachfolgenden Subsumtionsprozesses geprüft werden, ob die bestehenden Regelungen alle elementaren Schutzinteressen von GmbH-Geschäftsführerinnen erfassen und ausreichen, um die Interessen von schwangeren Geschäftsführerinnen im verfassungsrechtlich gebotenen Maße zu schützen. Dabei sind die bestehenden Regelungen zugunsten von GmbH-Geschäftsführerinnen mit dem herausgearbeiteten, verfassungsrechtlich gebotenen Mindeststandard zu vergleichen. Eine Verletzung der Schutzpflicht wäre grundsätzlich dann anzunehmen, wenn einem elementaren Schutzinteresse der GmbH-Geschäftsführerin überhaupt nicht Rechnung getragen wurde und entsprechende Regelungen völlig fehlen oder wenn die vorhandenen Regelungen gänzlich ungeeignet oder völlig unzulänglich sind, das Schutzziel des Art. 6 Abs. 4 GG zu erreichen.[78]

a. *Ausreichende medizinische Versorgung*

Das zentrale Schutzinteresse der schwangeren GmbH-Geschäftsführerin ist auf einen ausreichenden Schutz vor Gesundheitsbeeinträchtigungen während der Schwangerschaft und nach der Entbindung gerichtet. Der Gesetzgeber hat ein Mindestmaß an medizinischer Fürsorge zu gewährleisten, um lebensgefährliche Nachteile für Mutter und Kind abzuwehren.

Dem trägt der Gesetzgeber in den § 15 MuSchG, §§ 24 ff. SGB V und § 50 SGB XII Rechnung. Nach § 24c SGB V haben pflichtversicherte und freiwillig in der gesetzlichen Krankenversicherung versicherte Frauen Anspruch auf medizinische Versorgung bei Schwangerschaft und Mutterschaft. Diese umfasst die ärztliche Behandlung und Betreuung, die Versorgung mit Arznei-, Verband- und Heilmitteln, die Hebammenhilfe sowie die Pflege in einer stationären Einrichtung (Krankenhaus). Bei Fehlen einer Krankenversicherung gewährleisten § 50 SGB XII, § 52 Abs. 1 SGB XII eine umfassende medizinische Versorgung. Die in § 24c SGB V vorgesehenen Leistungen der gesetzlichen Krankenversicherung werden auch im Bereich der Sozialhilfe im gleichen Umfang gewährt. Allerdings besteht zwischen Frauen, die Mitglieder in der gesetzlichen Krankenversicherung sind, und nichtkrankenversicherten Frauen insoweit ein Unterschied, als dass § 50 SGB XII als Teil der Sozialhilfe nach § 2 Abs. 1 SGB XII subsidiär gegenüber dem Einsatz des eigenen Vermögens und gegenüber Unterhaltsansprüchen von Angehörigen ist.

---

78 Vgl. BVerfG v. 29.10.1987, 2 BvR 624/83 u. a., BVerfGE 77, 170 (215); BVerfG v. 10.1.1995, 1 BvF 1/90 u. a., BVerfGE 92, 26 (46); BVerfG v. 18.2.2010, 2 BvR 2502/08, NVwZ 2010, 702 (703).

GmbH-Geschäftsführerinnen haben damit für die Zeit der Schwangerschaft und nach der Entbindung Anspruch auf die in § 24c SGB V vorgesehene medizinische Versorgung, sofern sie nach § 5 Abs. 1 Nr. 1 SGB V in der gesetzlichen Krankenversicherung pflichtversichert sind. Ob eine GmbH-Geschäftsführerin in der gesetzlichen Krankenkasse pflichtversichert ist, hängt zum einen vom sozialversicherungsrechtlichen Beschäftigtenbegriff nach § 7 Abs. 1 S. 1 SGB IV ab. Nach der Rechtsprechung des BSG gelten zumindest Fremdgeschäftsführerinnen, die keinerlei Einfluss auf die unternehmerischen Ziele der Gesellschaft nehmen können und nicht am Stammkapital beteiligt sind, grundsätzlich als abhängig Beschäftigte im Sinne des Sozialversicherungsrechts.[79] Zum anderen richtet sich die Versicherungspflicht nach der Jahresarbeitsentgeltgrenze des § 6 Abs. 1 und § 6 Abs. 6 SGB V. Nur wenn ihr Jahresbruttoeinkommen unter dieser Entgeltgrenze von derzeit 56 250 Euro liegt,[80] ist die GmbH-Geschäftsführerin in der gesetzlichen Krankenversicherung pflichtversichert. Die §§ 24 ff. SGB V können allerdings auch dann auf GmbH-Geschäftsführerinnen Anwendung finden, wenn sie sich als abhängig Beschäftigte nach § 9 SGB V freiwillig in der gesetzlichen Krankenversicherung versichern. § 24c SGB V beansprucht somit Geltung für GmbH-Geschäftsführerinnen, die Pflicht- oder freiwilliges Mitglied in der gesetzlichen Krankenkasse sind. Keine Anwendung findet § 24c SGB V hingegen auf Frauen, die entweder nicht als abhängig Beschäftigte gelten oder sich nicht freiwillig gesetzlich versichert haben und daher einer privaten Krankenversicherung beitreten müssen. Im Falle der privaten Krankenversicherung richtet sich die Kostenübernahme der medizinischen Versorgung bei Schwangerschaft und Mutterschaft grundsätzlich nach den privatautonom gesetzten Versicherungsbedingungen der privaten Krankenversicherung. Insoweit ist jedoch regelmäßig eine Übernahme von Vorsorgeuntersuchungen entsprechend den Regelungen der gesetzlichen Krankenversicherung gewährleistet. Dies ergibt sich schon aus § 192 Abs. 1 VVG, wonach der Versicherer verpflichtet ist, die Aufwendungen für medizinisch notwendige Heilbehandlungen bei Schwangerschaft und Entbindung nach den gesetzlich eingeführten Programmen zu erstatten. Für den Fall, dass keinerlei Krankenversicherungsschutz zum Zeitpunkt der Schwangerschaft besteht, kommt schließlich § 50 SGB XII zur Anwendung und gewährleistet im Zusammenhang mit § 52 Abs. 1 SGB XII auch für GmbH-Geschäftsführerinnen die gleiche medizinischen Versorgung wie § 24c SGB V.

Der Gesetzgeber gewährt somit ein abgestuftes System an medizinischer Versorgung für schwangere Frauen und Mütter. Zugegebenermaßen ist die medizinische Versorgung für Mitglieder der gesetzlichen Krankenversicherung am dezidiertesten

---

79 BSG v. 22.8.1973, 12 RK 24/72, BB 1973, 1310; BSG v. 24.6.1982, 12 RK 45/80, zit. nach Juris; BSG v. 18.12.2001, B 12 KR 10/01 R, GmbHR 2002, 324; vgl. auch BSG v. 16.2.2005, B 1 KR 13/03 R, zit. nach Juris. Vgl. hierzu die Ausführungen im 1. Kapitel, 2. Abschnitt unter II. 3., S. 35 f.

80 § 4 Abs. 1 der Verordnung über maßgebende Rechengrößen der Sozialversicherung für 2016 (Sozialversicherungs-Rechengrößenverordnung 2016) v. 30.11.2015, BGBl. I 2015, S. 2137.

geregelt und ausgestaltet. Dennoch hat der Gesetzgeber dem elementaren Gesundheitsinteresse einer jeden schwangeren GmbH-Geschäftsführerin und Mutter genügend Rechnung getragen. Der GmbH-Geschäftsführerin steht es grundsätzlich frei, durch eine freiwillige Mitgliedschaft in der gesetzlichen Krankenversicherung eigenverantwortlich die Berechtigung auf die Leistungen nach § 24c SGB V herbeizuführen.[81] Aber selbst im Falle der Mitgliedschaft in einer privaten Krankenversicherung ist ein Minimum an Gesundheitsversorgung im Schwangerschafts- und Mutterschaftsfalle über § 192 VVG gewährleistet. Schließlich hat der Gesetzgeber auch für den Fall einer fehlenden Krankenversicherung Vorsorge durch die §§ 50, 52 SGB getroffen. Nach § 19 Abs. 2 SGB XII wäre auch die nicht als abhängig beschäftigt geltende Mehrheitsgesellschaftergeschäftsführerin leistungsberechtigt, sodass sie bei vorliegender Hilfebedürftigkeit nach § 50 SGB XII eine ausreichende medizinische Versorgung erhielte. Aus verfassungsrechtlicher Sicht ist es notwendig, aber auch ausreichend, wenn ein Minimum an medizinischer Versorgung gewährleistet wird. Damit vereinbar ist es, wenn der Gesetzgeber sicherstellt, dass für den Fall, dass einer schwangeren Frau oder Mutter die materiellen Mittel für eine ausreichende medizinische Versorgung fehlen – sie insoweit also hilfebedürftig ist – eine entsprechende materielle Unterstützung gewährt wird.[82] Art. 6 Abs. 4 GG vermittelt weder einen Gleichbehandlungsanspruch aller Mütter, infolge dessen Differenzierungen nach der Leistungsfähigkeit unzulässig wären,[83] noch gebietet das Mutterschutzgebot eine bedarfsunabhängige, voraussetzungslose medizinische Versorgung. Es widerspricht daher nicht Art. 6 Abs. 4 GG, wenn der Zugang zur sozialhilfegestützen medizinischen Versorgung erst dann eröffnet ist, wenn andere Mittel zur Sicherung einer ausreichenden medizinischen Versorgung nicht vorhanden sind.[84]

Folglich wird das Mutterschutzgebot durch die vorrangige Selbst- und Fremdhilfe sowie durch die an sozialpolitischen Erwägungen orientierte Differenzierung bei der Gesundheitsversorgung nicht verletzt. Ein Mindestmaß an Gesundheitsschutz ist für jede Mutter und damit auch für GmbH-Geschäftsführerinnen gewährleistet. Hinsichtlich der medizinischen Versorgung hat der Gesetzgeber somit seinen Schutzauftrag ausreichend umgesetzt.[85] Eine Verfassungswidrigkeit der Rechtslage *de lege lata* ist insoweit nicht feststellbar.

---

81 Vgl. in diesem Zusammenhang zum Prinzip der Eigenverantwortlichkeit *Aubel*, S. 234 ff.

82 Vgl. insoweit die Wertungen des BVerfG zur Gewährleistung eines menschenwürdigen Existenzminimums, BVerfG v. 9.2.2010, 1 BvL 1/09 u. a., BVerfGE 125, 175 (227 ff.); BVerfG v. 7.4.2010, 1 BvR 688/10, zit. nach Juris.

83 Siehe hierzu die Ausführungen zur gleichheitsrechtlichen Funktion von Art. 6 Abs. 4 GG im 2. Kapitel, 2. Abschnitt I. 2. d., S. 96 f.

84 Vgl. BVerfG v. 7.7.2010, 1 BvR 2556/09, NJW 2010, 2866 (2867).

85 Ebenso *Aubel*, S. 237; *Buchner/Becker*, Einf. MuSchG Rn. 68.

b. *Fehlender Gesundheitsschutz am Arbeitsplatz*

Inwiefern dies jedoch auch in Bezug auf die Ausgestaltung des Gesundheitsschutzes am Arbeitsplatz gelten kann, ist fraglich. Dem elementaren Interesse an einem ausreichenden Gesundheitsschutz ist nämlich nicht nur durch die Gewährung eines Mindestmaßes an medizinischer Versorgung Genüge getan. Vielmehr müssen schwangere Frauen von solchen Arbeiten ferngehalten werden, die einen erfolgreichen Verlauf der Schwangerschaft gefährden könnten.[86] Ein ausreichender Gesundheitsschutz am Arbeitsplatz ist für das Gesundheitsinteresse der Mutter unverzichtbar. Jeder Mutter muss die Möglichkeit eingeräumt werden, gefährliche Arbeiten zu vermeiden und ihren Arbeitsplatz an die besonderen Schwangerschaftsanforderungen anzupassen. Sollte dies aufgrund der Eigenart der Tätigkeit nicht möglich sein und eine anderweitige Beschäftigungsmöglichkeit nicht bestehen, muss sie schließlich von einer Arbeitsfreistellung Gebrauch machen können.

Diesen Schutzauftrag hat der Gesetzgeber teilweise durch das MuSchG und insbesondere durch die im zweiten Abschnitt enthaltenen Regelungen zu generellen oder individuellen, teilweisen oder vollständigen Beschäftigungsverboten für Arbeitnehmerinnen und Heimarbeiterinnen erfüllt.[87] Ergänzung finden diese Beschäftigungsverbote in der in § 2 MuSchG normierten Pflicht des Arbeitgebers zur mutterschutzgerechten Gestaltung des Arbeitsplatzes. Erfüllt der Arbeitgeber die in § 2 MuSchG genannten Anforderungen nicht oder wird die Arbeitnehmerin entgegen einem bestehenden Beschäftigungsverbot weiterhin auf ihrem Arbeitsplatz beschäftigt, so steht ihr ein Leistungsverweigerungsrecht nach § 273 Abs. 1 BGB und gegebenenfalls sogar ein Schadensersatzanspruch zu.[88] Gleichzeitig kann die Arbeitnehmerin aber verpflichtet sein, eine erlaubte und zumutbare Tätigkeit, die nicht notwendigerweise vom arbeitsvertraglichen Direktionsrecht nach § 106 GewO gedeckt sein muss, sondern die ihr infolge des speziellen mutterschutzrechtlichen Umsetzungsrechts des Arbeitgebers zugewiesen worden ist, auszuüben.[89]

Für GmbH-Geschäftsführerinnen hat der Gesetzgeber keine mit den Beschäftigungsverboten vergleichbaren Regelungen zur schwangerschaftsbedingten Arbeitsbefreiung vorgesehen. Deshalb besteht außerhalb von Zeiten der krankheitsbedingten Arbeitsunfähigkeit die Pflicht der GmbH-Geschäftsführerin zur

---

86 Siehe hierzu vorstehende Ausführungen unter II. 1. a. auf S. 145; *Aubel*, S. 240.

87 Vgl. hierzu ergänzend die Verordnung zum Schutze der Mütter am Arbeitsplatz v. 15.4.1997, BGBl. I 1997, S. 782.

88 Vgl. *Buchner/Becker*, § 2 MuSchG Rn. 49 unter Verweis auf BAG v. 19.2.1997, 5 AZR 982/94, AP Nr. 24 zu § 618 BGB; ebenso ErfK-*Schlachter*, § 2 MuSchG Rn. 5; MünchArbR-*Heenen*, § 306 Rn. 3; *Pepping* in HK-MuSchG/BEEG, § 2 MuSchG Rn. 42.

89 Vgl. BAG v. 31.3.1969, 3 AZR 300/68, AP Nr. 2 zu § 11 MuSchG 1968; BAG v. 15.11.2000, 5 AZR 365/99, AP Nr. 7 zu § 4 MuSchG 1968; *Fohrmann* in SWK ArbR, Mutterschutz Rn. 15; *Pepping* in HK-MuSchG/BEEG, Vorbem. zu §§ 3 bis 8 MuSchG Rn. 13 f.; *Zmarzlik/Zipperer/Viethen/Vieß*, Vorbem. zu § 3 MuSchG Rn. 5, § 8 MuSchG Rn. 48.

Erbringung der Dienstleistung grundsätzlich fort.[90] Die GmbH-Geschäftsführerin hat lediglich bei schwerwiegenden, der Leistungserbringung entgegenstehenden Umständen die Möglichkeit, die Dienstleistung nach § 275 Abs. 1 oder Abs. 3 BGB zu verweigern.[91] Ein *Anspruch* auf Arbeitsfreistellung wird hierdurch jedoch nicht eingeräumt. GmbH-Geschäftsführerinnen können somit ihr elementares Interesse auf Gesundheitsschutz nur sehr eingeschränkt durchsetzen.

Dies widerspricht der Bedeutung des Gesundheitsschutzes als elementares Interesse im Sinne des Wesensgehalts von Art. 6 Abs. 4 GG. Die GmbH-Geschäftsführerin kann sich nicht aus eigener Kraft und durch Beeinflussung des eigenen Verhaltens vor Gesundheitsgefährdungen schützen.[92] Vielmehr ist die GmbH-Geschäftsführerin, die jederzeit als Geschäftsführerin abbestellt und gekündigt werden kann,[93] aus Furcht vor Nachteilen gezwungen, ihren Zustand möglichst lange zu verschweigen.[94] Sie wird infolge des von ihr zu tragenden Risikos der Rechtmäßigkeit der Leistungsverweigerung daran gehindert, auf ihre schwangerschaftsbedingte Schonungsbedürftigkeit Rücksicht zu nehmen und drohende gesundheitliche Schäden von sich und ihrem Kind durch eine Einschränkung der Erwerbstätigkeit abzuwenden. Ein aus § 275 BGB resultierendes Leistungsverweigerungsrecht ist hierfür nicht ausreichend. Dies hat der Gesetzgeber bei der Beschränkung des auf Mutterschutzverboten basierenden Schutzkonzepts[95] auf Arbeitnehmerinnen und Heimarbeiterinnen nicht berücksichtigt, sondern die generelle Schutzbedürftigkeit von anderen erwerbstätigen Schwangeren und Müttern nihiliert.

Gleiches gilt hinsichtlich einer etwaigen Anpassung des Arbeitsplatzes an die veränderten körperlichen Bedürfnisse schwangerer GmbH-Geschäftsführerinnen. Die Gestaltung der Betriebsordnung im weiteren Sinne, zu der auch die Modalitäten der Tätigkeitsausübung, der Arbeitsabläufe und der konkreten Arbeitsplatzgestaltung gehören, ist nämlich grundsätzlich der Sphäre des Dienstgebers zu zuordnen. Er ist für die Organisation der Arbeits- und Betriebsabläufe verantwortlich. Eine in einen fremden Betrieb eingegliederte, in Ermangelung einer beherrschenden

90 Vgl. zur Abgrenzung zwischen einer krankheitsbedingte Arbeitsunfähigkeit und der ohne eine aktuelle Arbeitsunfähigkeit vorliegenden Gefährdung des Lebens oder der Gesundheit von Mutter oder Kind BAG v. 13.2.2002, 5 AZR 588/00, AP Nr. 22 zu § 11 MuSchG 1968; Staudinger-*Oetker* (2011), § 616 BGB Rn. 235 f.

91 Vgl. zur Abgrenzung zwischen schwangerschaftsbedingter Unmöglichkeit nach Abs. 1 und schwangerschaftsbedingter Unzumutbarkeit nach Abs. 3 ausführlich *Nebe*, S. 258 ff.

92 Siehe hierzu die obigen Ausführungen zum Wesensgehalt unter II. 1. a., S. 144.

93 Vgl. § 38 Abs. 1 GmbHG, § 14 Abs. 1 Nr. 1 KSchG; BGH v. 25.7.2002, III ZR 207/01, NJW 2002, 3104; BAG v. 17.1.2002, 2 AZR 719/00, AP Nr. 8 zu § 14 KSchG 1969; BAG v. 25.10.2007, 6 AZR 1045/06, AP Nr. 11 zu § 14 KSchG 1969.

94 Vgl. BAG v. 28.3.1969, 3 AZR 300/68, AP Nr. 2 zu § 11 MuSchG 1968.

95 Vgl. hierzu *Nebe*, S. 42 ff.

Gesellschafterstellung als abhängig beschäftigt geltende Geschäftsführerin[96] kann anders als eine selbstständig tätige Frau keine eigenmächtige Adaption der Arbeitsmodalitäten an eine fortgeschrittene Schwangerschaft vornehmen. Sie selbst kann keinen ausreichenden Schutz der eigenen Gesundheit und der des ungeborenen Kindes durch Veränderung ihrer Tätigkeit sicherstellen. Aus diesem Grund darf der Dienstgeber und Betriebsinhaber nicht nur hinsichtlich von Arbeitnehmerinnen in die Pflicht genommen werden, sondern muss ebenso zur Gewährleistung eines minimalen Gesundheitsschutzes für GmbH-Geschäftsführerinnen und anderer bei ihm beschäftigten schwangeren Frauen herangezogen werden.[97]

Nach alledem hat der Gesetzgeber das elementare Gesundheitsinteresse der GmbH-Geschäftsführerin als Angestellte, die in einem fremden Betrieb als abhängig Beschäftigte eingegliedert sein kann, in Bezug auf den Gesundheitsschutz am Arbeitsplatz bisher außer Acht gelassen. Hierdurch könnte bereits der zu Art. 6 Abs. 4 GG herausgearbeitete Wesensgehalt berührt werden. In jedem Fall wird aber der gebotene Mindeststandard an Mutterschutz unterschritten. Die vorhandenen Regelungen – wie § 275 BGB – reichen nicht aus, um einen wirksamen Minimalschutz der schwangeren GmbH-Geschäftsführerin zu gewährleisten. Damit verletzt die Rechtslage *de lege lata* das aus Art. 6 Abs. 4 GG resultierende Mutterschutzgebot.

c. Keine Einräumung von Schonzeiten vor und nach der Geburt

Untrennbar mit dem Gesundheitsschutz am Arbeitsplatz verbunden ist die Gewährung von Schonzeiten vor und nach der Geburt. Insbesondere körperlich anstrengende Arbeiten vor der Geburt können die Gesundheit von Mutter und Kind nachhaltig beeinträchtigen und zu Frühgeburten führen. Gleichzeitig bedarf die Mutter nach der Geburt der Regeneration, um die mit der Schwangerschaft und Geburt einhergehenden physischen und psychischen Belastungen abzubauen und die körperlichen Veränderungen rückzubilden.[98] Durch eine bis auf den Tag der Geburt durchgehende Erwerbstätigkeit könnten weitreichende negative Folgen für die Gesundheit der Mutter und des Kindes eintreten. Es liegt daher im elementaren Interesse der Mutter, sich und ihr Kind in der unmittelbaren Zeit vor und nach der Geburt zu schonen. Soweit eine Pflicht zur Erbringung einer Arbeits- oder Dienstleistung besteht, kann die Inanspruchnahme einer solchen Schonzeit allein durch die Anordnung von Mutterschutzfristen erreicht werden.

---

96 Siehe hierzu die Rechtsprechung des BSG, dargestellt im 1. Kapitel, 2. Abschnitt unter II. 3., S. 34 ff.

97 Ebenso *Schliemann*, FS Buchner, S. 797 (805).

98 Erklärung des Bundesministers für Arbeit und Sozialordnung Dr. Ehrenberg in der 469. BR-Sitzung am 16.2.1979, Verh. d. BR., 8. Wahlp., S. 23 f.; Redebeitrag der Bundesministerin für Jugend, Familie und Gesundheit Huber in der 151. BT-Sitzung am 10.5.1979, Verh. d. BT., 8. Wahlp., S. 12084 ff.; vgl. auch *Schleicher*, RdA 1984, 280 (283); *Zmarzlik*, DB 1981, 843 (844).

Dem hat der Gesetzgeber partiell durch die speziellen Beschäftigungsverbote im zweiten Abschnitt des MuSchG entsprochen. Nach §§ 3 Abs. 2, 6 Abs. 1 S. 1 MuSchG dürfen Arbeitnehmerinnen und Heimarbeiterinnen für insgesamt vierzehn Wochen – davon sechs Wochen vor und acht Wochen nach der Geburt – nicht beschäftigt werden. Dadurch wird Arbeitnehmerinnen und Heimarbeiterinnen die Möglichkeit eröffnet, in der unmittelbaren Zeit vor und nach der Geburt von einer Arbeitsfreistellung Gebrauch zu machen. Allerdings bestehen keine vergleichbaren Vorschriften zugunsten anderer erwerbstätiger Mütter. GmbH-Geschäftsführerinnen sind deshalb verpflichtet, bis zum Tag der Niederkunft ihrer Dienstpflicht aus dem Anstellungsverhältnis nachzukommen.[99] Insoweit verbleibt ihnen ebenfalls nur ein Rückgriff auf das aus § 275 Abs. 1 und Abs. 3 BGB resultierende Leistungsverweigerungsrecht, das nur dann zugunsten der GmbH-Geschäftsführerin eingreift, soweit es um die Vermeidung konkreter individueller Gefährdungen der Mutter und des Kindes geht. § 275 BGB ermöglicht damit allenfalls eine kurzzeitige – wenn auch im Zusammenhang mit § 616 S. 1 BGB bezahlte[100] – Freistellung von der Arbeit. Weitergehende Schonzeiten können indessen ohne das Vorliegen konkreter gesundheitsgefährdender Umstände über § 275 BGB nicht erreicht werden.[101] Hinzu tritt, dass allein die GmbH-Geschäftsführerin das Risiko der Rechtmäßigkeit der Arbeitsfreistellung trägt.[102] Zugleich ist sie der Gefahr der sofortigen Abberufung als GmbH-Geschäftsführerin ausgesetzt (§ 38 Abs. 1 GmbHG). Mangels weitergehender Schutzmechanismen muss die GmbH-Geschäftsführerin daher erhebliche Nachteile für ihr berufliches Fortkommen befürchten. Damit wird für die GmbH-Geschäftsführerin die Berufung auf § 275 BGB zur Entscheidung zwischen ihrem elementaren Gesundheitsinteresse und ihrer die Existenzgrundlage bildenden Erwerbstätigkeit.

Die gegenwärtige Rechtslage räumt demnach GmbH-Geschäftsführerinnen keine ausreichende Möglichkeit ein, von einer Arbeitsfreistellung vor und nach der Geburt Gebrauch zu machen. Hierdurch wird eine effektive Wahrung der gesundheitlichen Schutzinteressen der schwangeren GmbH-Geschäftsführerin vereitelt.[103] Dies ist nicht mit der generellen Schutzbedürftigkeit von schwangeren Frauen vereinbar. Folglich wird durch das Fehlen von Regelungen, die eine Schonzeit vor und nach der Geburt vorsehen, der gebotene Mindeststandard von Art. 6 Abs. 4 GG unterschritten. Art. 6 Abs. 4 GG wird somit auch diesbezüglich durch die Rechtslage *de lege lata* verletzt.

---

99 *Hümmerich*, NJW 1995, 1177 (1181).

100 Inwiefern § 616 BGB zur Anwendung kommen kann, ist umstritten, vgl. ErfK-*Preis*, § 616 BGB Rn. 1, 7 m. w. N.; siehe auch Staudinger-*Oetker* (2011), § 616 BGB Rn. 203, 236.

101 Vgl. zum begrenzten mutterschutzrechtlichen Anwendungsbereich von § 275 Abs. 1 und Abs. 3 BGB *Nebe*, S. 264.

102 Vgl. zur Rechtswidrigkeit einer Arbeitsverweigerung, die nicht vom MuSchG gedeckt ist, BAG v. 31.1.1985, 2 AZR 486/83, AP Nr. 6 zu § 8a MuSchG 1968.

103 Ähnlich *Lunk*, FS Bauer, S. 705 (709); *Hümmerich*, NJW 1995, 1177 (1181).

d. Mangelhafte Unterhaltssicherung

Ein weiteres, für den Gesundheitsschutz wesentliches Element stellt die wirtschaftliche Existenzsicherung der erwerbstätigen Frau während Zeiten schwangerschaftsbedingter Erwerbsunterbrechungen dar. Denn ohne eine ausreichende Unterhaltssicherung bestünde für erwerbstätige Mütter regelmäßig keine Möglichkeit, Mutterschutzbestimmungen zu nutzen und durch ihr eigenes Verhalten gesundheitliche Gefahren abzuwehren.[104] Der verfassungsrechtlich gebotene Mutterschutz liefe faktisch ins Leere. Um dies zu verhindern, dürfen die finanziellen Leistungen nicht so niedrig festgesetzt werden, dass dadurch von den übrigen Schutzmechanismen, insbesondere der Schonzeiten vor und nach der Geburt, kein Gebrauch gemacht werden kann.[105] Der verfassungsrechtlich gebotene Schutz hat sich daher daran zu orientieren, welche Maßnahmen notwendig sind, um Mütter vor dem Eintritt irreparabler Nachteile zu beschützen.[106]

Aus diesem Grund hat der Gesetzgeber für Mütter, die infolge eines Beschäftigungsverbotes nach §§ 3 ff. MuSchG teilweise oder völlig von der Arbeit freigestellt werden, in den §§ 11, 13, 14 MuSchG und § 24i SGB V Vorschriften zur Einkommenssicherung erlassen. Für nicht erwerbstätige Mütter sehen § 21 Abs. 2 SGB II und § 30 Abs. 2 SGB XII für den Bereich des Arbeitslosengeldes und der Sozialhilfe eine Erhöhung des Regelbedarfes von schwangeren Frauen als Kompensation schwangerschaftsbedingter Mehraufwendungen vor. Hierdurch wird Art. 6 Abs. 4 GG auch im Bereich der sozialen Grundsicherung Ausdruck verliehen.[107]

Die Gesamtheit dieser Regelungen legt den Schluss nahe, der Gesetzgeber sei seiner aus Art. 6 Abs. 4 GG resultierenden Verpflichtung ausreichend nachgekommen.[108] Bei näherer Betrachtung offenbart sich jedoch, dass besondere Unterhaltsvorschriften für GmbH-Geschäftsführerinnen gerade fehlen. Mangels Anwendbarkeit der Beschäftigungsverbote des MuSchG kommt eine Einkommenssicherung über die §§ 11, 13, 14 MuSchG nicht in Betracht. Ebenso wenig gelten § 24i Abs. 1 2. Alt. und § 24i Abs. 2 SGB V. § 24i Abs. 1 1. Alt SGB V bietet schließlich nur insoweit eine Absicherung vor Einkommensverlusten durch die Gewährung von Mutterschaftsgeld, als dass die GmbH-Geschäftsführerin nach § 5 Abs. 1 Nr. 1 SGB V in der gesetzlichen Krankenversicherung *pflicht*versichert ist. Zwar besteht, wie bereits zuvor erläutert, für GmbH-Geschäftsführerinnen, deren Bruttojahreseinkommen die

---

104 Vgl. Verhandlungen des Bundestages und Bundesrates zur Einführung eines Mutterschaftsurlaubs im Jahr 1979, z. B. Erklärung des Bundesministers für Arbeit und Sozialordnung Dr. Ehrenberg in der 469. BR-Sitzung am 16.2.1979, Verh. d. BR., 8. Wahlp., S. 24 und in der 144. BT-Sitzung am 15.3.1979, Verh. d. BT., 8. Wahlp., S. 11383.

105 BVerwG v. 27.8.1974, II C 38.73, BVerwGE 47, 23 (28); *Thomas*, FS Buchner, S. 875 (877).

106 Vgl. *Aubel*, S. 236; *Jarass/Pieroth*, Art. 6 GG Rn. 75.

107 *Seiler* in BK, Art. 6 Abs. 4 GG Rn. 65.

108 So *Buchner/Becker*, Einf. MuSchG Rn. 68; *Meisel/Sowka*, Einl. MuSchG Rn. 27a; *Zmarzlik/Zipperer/Viethen/Vieß*, § 1 MuSchG Rn. 15.

Jahresarbeitsentgeltgrenze nach § 6 Abs. 1, Abs. 6 und 7 SGB V übersteigt, grundsätzlich die Möglichkeit, bei Vorliegen der Voraussetzungen des § 9 Abs. 1 S. 1 SGB V freiwillig der gesetzlichen Krankenversicherung beizutreten.[109] Allerdings erweist sich die soziale Absicherung als lückenhaft.[110]

Zunächst ist im Bereich der Unterhaltssicherung der Ausschluss des Krankengeldanspruchs nach § 44 Abs. 2 S. 1 Nr. 2 SGB V für Selbstständige zu beachten. Infolgedessen scheidet eine Anwendbarkeit des § 24i Abs. 1 1. Alt. SGB V auf Allein- und Mehrheitsgesellschaftergeschäftsführerinnen grundsätzlich aus,[111] es sei denn, sie haben die Wahlerklärung nach § 44 Abs. 2 S. 2 SGB IV rechtzeitig abgegeben. Ähnlich verhält es sich bei GmbH-Geschäftsführerinnen, die die Vorversicherungszeiten des § 9 Abs. 1 S. 1 Nr. 1 SGB V nicht erfüllen und deswegen nicht der gesetzlichen Krankenversicherung freiwillig beitreten können. Sie sind gezwungen, sich privat zu versichern. § 24i SGB V ist auf die private Krankenversicherung nicht anwendbar. Da sich § 192 VVG ebenfalls nicht auf diese Materie erstreckt,[112] zahlen private Krankenkassen in der Regel kein Mutterschaftsgeld.[113] Privat versicherte GmbH-Geschäftsführerinnen werden daher ebenso wie Allein- und Mehrheitsgesellschaftergeschäftsführerinnen, die vor der Schwangerschaft keinen zusätzlichen Wahltarif abgeschlossen haben, tatsächlich selbstständig erwerbstätigen Frauen gleichgestellt und auf die Eigenverantwortlichkeit der wirtschaftlichen Absicherung im Schwangerschaftsfalle verwiesen. In der Folge kommen unterstützende Leistungen zur Sicherung der Existenz nach §§ 17 Abs. 1, 27 Abs. 1 SGB XII erst dann in Betracht, wenn das eigene Vermögen eingesetzt wurde und keine weiteren Unterhaltsansprüche gegenüber Angehörigen bestehen. Es wird sodann lediglich der Regelbedarf ab dem dritten Schwangerschaftsmonat nach § 30 Abs. 2 SGB XII erhöht. Daher droht bei länger anhaltendem Verdienstausfall eine drastische Veränderung der finanziellen Lebensumstände der schwangeren Geschäftsführerin. Die GmbH-Geschäftsführerin könnte deswegen andere elementare Schutzinteressen, wie den Gesundheitsschutz, vernachlässigen um eine Verschlechterung ihrer Lebensverhältnisse zu vermeiden.[114] In vielen Fällen dürfte wegen der drohenden finanziellen Nachteile der Verzicht auf die Inanspruchnahme anderer

---

109 § 9 Abs. 1 S. 1 Nr. 1 SGB V.

110 Zur vergleichbaren Sicherungslücke bei arbeitslosen Müttern LSG Berlin-Brandenburg v. 10.1.2012, L 1 KR 281/11, zit. nach Juris.

111 Siehe zum sozialversicherungsrechtlichen Status der GmbH-Geschäftsführerin ausführlich das 1. Kapitel, 2. Abschnitt unter II. 3., S. 34 ff.

112 Vgl. zu den Voraussetzungen der Leistungspflicht nach § 192 VVG statt vieler nur MüKo-VVG/*Kalis*, § 192 Rn. 13 ff.

113 § 5 Abs. 1e der brancheneinheitlich geltenden Allgemeinen Versicherungsbedingungen sieht einen Leistungsausschluss vor, vgl. MüKo-VVG/*Kalis*, § 192 Rn. 35, 163; Spickhoff-*Eichelberger/Pannke*, § 192 VVG Rn. 71. Kritisch hierzu auch *Porsche*, STREIT 2013, 64 (67 f.).

114 *Buchner/Becker*, Einf. MuSchG Rn. 67; *Gamillscheg*, FS Molitor, S. 57 (68 ff.); *Heilmann*, Einl. MuSchG Rn. 32.

Schutzmechanismen, insbesondere die Einhaltung einer ausreichenden Schonzeit vor und nach der Geburt, näherliegen.[115] In der Folge kommt es zu einer Konfliktsituation für die GmbH-Geschäftsführerin, die sich negativ auf den erfolgreichen Verlauf der Schwangerschaft auswirken kann.[116] Um dieser Gefahr entgegenzuwirken reicht die bloße Sicherung des Existenzminimums nicht aus.[117] Die Entscheidung zur Mutterschaft ist nämlich nur dann ausreichend geschützt, wenn die Mutter keiner grundlegenden und nachteiligen Veränderung ihres Lebensstandards, auf welche sie keinen Einfluss hat, ausgesetzt wird.[118] Mithin wird der verfassungsrechtlich gebotene Mindeststandard bei freiwillig gesetzlich und privat krankenversicherten GmbH-Geschäftsführerinnen unterschritten.[119]

Aber auch bei gesetzlich pflichtversicherten GmbH-Geschäftsführerinnen und solchen, die von der Option des § 44 Abs. 2 S. 2 SGB V Gebrauch gemacht haben, hat der Gesetzgeber seine aus Art. 6 Abs. 4 GG resultierende Schutzpflicht verletzt. Denn unabhängig vom sozialversicherungsrechtlichen Status und vom Eingreifen eines Wahltarifes besteht für GmbH-Geschäftsführerinnen keine reale Möglichkeit, Mutterschaftsgeld überhaupt zu beanspruchen. § 24i Abs. 1 1. Alt. SGB V geht insgesamt ins Leere. Der Grund hierfür liegt darin, dass GmbH-Geschäftsführerinnen anders als tatsächlich weisungsunabhängige, selbstständige erwerbstätige Frauen ihre Erwerbstätigkeit nicht eigenmächtig in entsprechender Anwendung der Mutterschutzfristen unterbrechen oder reduzieren können.[120] Ein Recht zur Arbeitsfreistellung vor und nach der Geburt wurde ihnen vom Gesetzgeber nicht eingeräumt.[121] Sie bleiben daher aufgrund ihres Dienstvertrages verpflichtet, ihre vertraglichen Pflichten weiterhin zu erfüllen. Umgekehrt muss der Dienstgeber bei fortgesetzter Tätigkeit die GmbH-Geschäftsführerin entsprechend den vertraglichen Vereinbarungen vergüten. Dies führt wegen der Lohnersatzfunktion des Mutterschaftsgeldes zum Ruhen des Anspruchs nach § 24i Abs. 4 S. 1 SGB V. Somit fehlt bei der GmbH-Geschäftsführerin tatsächlich eine der Tatbestandsvoraussetzungen des § 24i Abs. 1 1. Alt. SGB V: dem Ausfall des Arbeitseinkommens.[122] Gleiches

---

115 Vgl. BVerwG v. 27.8.1974, II C 38.73, BVerwGE 47, 23 (28).

116 *Heilmann*, Einl. MuSchG Rn. 32.

117 Zur Höhe der notwendigen Unterhaltssicherung siehe ausführlich *Aubel*, S. 247 ff.

118 Vgl. BVerfG v. 28.5.1993, 2 BvF 2/90 u. a., BVerfGE 88, 203 (259 ff.); BVerfG v. 28.3.2006, 1 BvL 10/01, BVerfGE 115, 259 (272 f.).

119 Ähnlich *Aubel*, S. 253. Zur Verfassungswidrigkeit des Ausschlusses vom Mutterschaftsgeld von ebenfalls nicht gegen den krankheitsbedingten Ausfall von Erwerbseinkommen gesicherten arbeitslosen Müttern siehe auch LSG Berlin-Brandenburg v. 10.1.2012, L 1 KR 281/11, zit. nach Juris.

120 Das TzBfG findet nach § 3 TzBfG auf GmbH-Geschäftsführerinnen mangels Arbeitnehmereigenschaft keine Anwendung; statt vieler nur *Müller* in SWK ArbR, Befristeter Arbeitsvertrag Rn. 5.

121 Vgl. hierzu vorstehend unter 2. c., S. 142 f.

122 In diese Richtung explizit BSG v. 8.8.1995, 1 RK 21/94, zit. nach Juris, Rn. 23; *Buchner/Becker*, § 13 MuSchG Rn. 216. Zur Lohnersatzfunktion des Mutterschaftsgeldes

gilt für den Fall, dass die Dienstvertragsparteien für die Zeit der Schwangerschaft einen unbezahlten Sonderurlaub vertraglich vereinbart haben.[123] Folglich können auch gesetzlich krankenversicherte GmbH-Geschäftsführerinnen realiter nicht die Zahlung von Mutterschaftsgeld verlangen.

Der Gesetzgeber hat insoweit den untrennbaren Zusammenhang zwischen einer ausreichenden wirtschaftlichen Absicherung und den anderen elementaren Mutterschutzmechanismen verkannt. Insbesondere bei der GmbH-Geschäftsführerin hätte es einer Verknüpfung des Anspruchs auf Mutterschaftsgeld mit der Möglichkeit, die Erwerbstätigkeit wegen der Schwangerschaft und Geburt tatsächlich zu unterbrechen, bedurft, um ein Mindestmaß an Mutterschutz zu gewährleisten. Ohne diese Verbindung ist die Unterhaltssicherung für GmbH-Geschäftsführerinnen weder wirksam noch angemessen. Zudem sind die vorhandenen Regelungen faktisch ungeeignet, um das mit der Unterhaltssicherung verfolgte Ziel – die Gewährleistung eines komplikationslosen Schwangerschaftsverlaufs und einer ausreichenden Erholungsphase nach der Geburt – bei GmbH-Geschäftsführerinnen zu erreichen.[124] Damit entspricht die derzeitige gesetzliche Ausgestaltung nicht den durch das Untermaßverbot gesicherten und vom Gesetzgeber bei der Erfüllung seiner Schutzpflichten zu beachtenden Mindestanforderungen.

Nach alledem hat der Gesetzgeber in zweierlei Hinsicht das Mindestmaß seiner Schutzpflicht unterschritten. Die Rechtslage *de lege lata* verletzt mithin auch in Bezug auf die Unterhaltssicherung das aus Art. 6 Abs. 4 GG resultierende Mutterschutzgebot.[125]

e. *Ungenügende Arbeitsplatzsicherung*

Schließlich muss dem Interesse einer schwangeren erwerbstätigen Frau und Mutter an einer ausreichenden wirtschaftlichen Existenzsicherung auch durch Kündigungsvorschriften Rechnung getragen werden. Denn ohne Schutz vor einer einseitigen, ungewollten Beendigung des Arbeitsverhältnisses durch den Arbeitgeber dürfen

---

vgl. ErfK-*Rolfs*, § 24i SGB V Rn. 1, 6; *Joussen* in Becker/Kingreen, § 24i Rn. 1; KassKomm-*Nolte*, § 24i SGB V Rn. 2; *Wagner* in Soziale KV/PV, § 24i SGB V Rn. 3.

123 BSG v. 8.3.1995, 1 RK 10/94, AP Nr. 12 zu § 14 MuSchG 1968; BAG v. 25.2.2004, 5 AZR 160/03, AP Nr. 24 zu § 14 MuSchG 1968.

124 Zur gesetzgeberischen Intention und weitreichenden Bedeutung des Mutterschaftsgeldes siehe ausführlich im 2. Kapitel, 1. Abschnitt, IV. 2., S. 79 ff. Vgl. auch Erklärungen des Bundesministers für Arbeit und Sozialordnung Dr. Ehrenberg in der 469. BR-Sitzung am 16.2.1979, Verh. d. BR., 8. Wahlp., S. 24 und in der 144. BT-Sitzung am 15.3.1979, Verh. d. BT., 8. Wahlp., S. 11383.

125 In diese Richtung auch *Aubel*, S. 253; *Heilmann*, Einl. MuSchG Rn. 32; *Hofmann* in Schmidt-Bleibtreu/Klein, Art. 6 GG Rn. 66; *Schleicher*, RdA 1984, 280 (281); *Schliemann*, FS Buchner, S. 797 (806).

Schwangere und Mütter während der Schwangerschaft und nach der Entbindung nicht bleiben.[126]

Dem hat der Gesetzgeber teilweise durch die Kündigungsverbote mit Erlaubnisvorbehalt in § 9 Abs. 1, 3 MuSchG und § 4 Abs. 1, 2 MuSchEltZV für Arbeitnehmerinnen und Beamtinnen entsprochen. Hiernach ist die arbeitgeberseitige Kündigung des Beschäftigungsverhältnisses grundsätzlich für die Zeit der Schwangerschaft und bis zum Ablauf von vier Monaten nach der Entbindung ausgeschlossen. Hierdurch werden die Bestimmungen des allgemeinen Kündigungsschutzes ergänzt.[127]

Für die Beschäftigung von Dienstnehmern im Allgemeinen hat der Gesetzgeber indessen keinerlei besondere Beschränkung für Kündigungen während einer Schwangerschaft vorgesehen. Damit besteht für schwangere GmbH-Geschäftsführerinnen kein besonderer Kündigungsschutz. Sie können wegen § 14 Abs. 1 Nr. 1 KSchG auch nicht auf den allgemeinen Kündigungsschutz durch das KSchG verwiesen werden. In der Folge werden GmbH-Geschäftsführerinnen nur durch die zivilrechtlichen Generalklauseln (§§ 138, 242 BGB) vor sitten- oder treuwidrigen einseitigen Beendigungen des Beschäftigungsverhältnisses geschützt. Dadurch wird das Regel-Ausnahme-Verhältnis umgekehrt:[128] Während im Anwendungsbereich des MuSchG jede Kündigung einer schwangeren Frau grundsätzlich verboten ist, sind außerhalb des Anwendungsbereiches des MuSchG Kündigungen durch den Arbeitgeber auch während einer bestehenden Schwangerschaft der GmbH-Geschäftsführerin prinzipiell zulässig und nur in Ausnahmefällen unzulässig. Der besonderen Schutzbedürftigkeit der GmbH-Geschäftsführerin während der Schwangerschaft wird damit nicht gesondert Ausdruck verliehen.

Zwar ist zunächst zuzugeben, dass der Gesetzgeber nicht gehalten ist, alle Frauen vor dem Verlust ihrer Erwerbstätigkeit zu schützen. Insbesondere bei selbstständig erwerbstätigen Frauen muss ein entsprechender Schutz mangels Umsetzbarkeit offensichtlich ausscheiden. Auf GmbH-Geschäftsführerinnen ist das allerdings nur bedingt übertragbar. Lediglich bei Alleingesellschaftergeschäftsführerinnen ist eine Arbeitsplatzsicherung ähnlich wie bei Selbstständigen obsolet. Indessen werden Fremdgeschäftsführerinnen und Minderheitsgesellschaftergeschäftsführerinnen ebenso wie Arbeitnehmerinnen aufgrund eines Dauerschuldverhältnisses tätig, dessen Fortbestand grundsätzlich ihrem Einfluss entzogen ist. Ihnen droht im Falle des Verlusts der Anstellung während der Schwangerschaft gleichermaßen eine nicht nur kurzzeitige Erwerbslosigkeit, denn die Chancen einer schwangeren Frau auf dem Arbeitsmarkt sind gering. Schwangere Frauen bedürfen während der

---

126 BVerfG v. 24.4.1991, 1 BvR 1341/90, BVerfGE 84, 133 (156); BVerfG v. 10.3.1992, 1 BvR 454/91 u. a., BVerfGE 85, 360 (372); Maunz/Dürig-*Badura*, Art. 6 GG Rn. 170 f.; *Jarass/Pieroth*, Art. 6 GG Rn. 75; *Robbers* in Bonner GG-Kommentar, Art. 6 GG Rn. 295; *Rolfs* in Ascheid/Preis/Schmidt, § 9 MuSchG Rn. 11; *Seiler* in BK; Art. 6 Abs. 4 GG Rn. 91.

127 BVerfG v. 25.1.1972, 1 BvL 3/70, BVerfGE 32, 273 (279).

128 Dies z. B. für § 138 BGB betonend BAG v. 19.7.1973, 2 AZR 464/72, AP Nr. 32 zu § 138 BGB.

Schwangerschaft und nach der Geburt der Schonung. Ihre Leistungsfähigkeit ist unmittelbar vor und nach der Geburt eingeschränkt.[129] Dies bedeutet aber zugleich, dass sie dem Arbeitgeber regelmäßig in geringerem Umfange zur Verfügung stehen und weniger belastbar sind als andere Beschäftigte. Aus diesem Grund wird eine schwangere, ehemalige GmbH-Geschäftsführerin – insbesondere wenn sie sich im fortgeschrittenen und damit sichtbaren Stadium ihrer Schwangerschaft befindet – regelmäßig auf Vorbehalte bei zukünftigen Arbeitgebern stoßen, sodass eine unmittelbare Anschlussbeschäftigung nur schwer zu finden sein dürfte.[130] Der Verlust des Arbeitsplatzes stellt damit auch für die Fremdgeschäftsführerinnen und nichtbeherrschende Gesellschaftergeschäftsführerin einen schwerwiegenden Nachteil dar, den sie zumindest während der Schwangerschaft und unmittelbar nach der Entbindung nicht selbst abmildern kann.[131] Ein ausreichender Schutz vor einer einseitigen, ungewollten Beendigung des Beschäftigungsverhältnisses müsste auch für diese GmbH-Geschäftsführerinnen gewährleistet werden.

Diese Anforderungen erfüllt die Rechtslage *de lege lata* nicht. Der sogenannte *Kündigungsschutz light* beschränkt sich auf einen Schutz vor einer auf willkürlichen oder sachfremden Motiven beruhenden Kündigung.[132] An die Überprüfung einer Kündigung außerhalb des Kündigungsschutzgesetzes ist ein strenger Maßstab anzulegen.[133] So verlangt § 138 BGB lediglich die Einhaltung eines ethischen Minimums.[134] Das Minimum wird erst unterschritten, wenn die Kündigung auf einem verwerflichen Motiv des Kündigenden beruht, welches dem Anstandsgefühl aller billig und gerecht Denkenden widerspricht.[135] Der schwere Vorwurf der Sittenwidrigkeit kann daher nur in besonders krassen Fällen erhoben werden.[136] Ähnlich verhält es sich mit § 242 BGB.[137] Ungeachtet dessen wirkt der durch die

---

129 *Schleicher*, RdA 1984, 283; *Zmarzlik*, DB 1981, 843 (844).

130 *Aubel*, S. 242.

131 *Aubel*, S. 242.

132 Vgl. BVerfG v. 27.1.1998, 1 BvL 15/87, BVerfGE 97, 169 (179); BAG v. 21.2.2001, 2 AZR 15/00, AP Nr. 12 zu § 242 BGB Kündigung; BAG v. 6.2.2003, 2 AZR 672/01, AP Nr. 30 zu § 23 KSchG 1969; BAG v. 28.6.2007, 6 AZR 750/06, AP Nr. 27 zu § 307 BGB.

133 Vgl. hierzu ausführlich *Preis*, NZA 1997, 1256 (1265 ff.).

134 BAG v. 2.4.1987, 2 AZR 227/86, AP Nr. 1 zu § 612a BGB; BAG v. 21.2.2001, 2 AZR 15/00, AP Nr. 12 zu § 242 BGB Kündigung; BAG v. 22.5.2003, 2 AZR 426/02, AP Nr. 18 zu § 1 KSchG 1969 Wartezeit.

135 BAG v. 23.11.1961, 2 AZR 301/61, AP Nr. 22 zu § 138 BGB; BAG v. 19.7.1973, 2 AZR 464/72, AP Nr. 32 zu § 138 BGB; BAG v. 24.10.1996, 2 AZR 874/95, zit. nach Juris; BAG v. 14.12.2004, 9 AZR 23/04, AP Nr. 62 zu § 138 BGB.

136 BAG v. 23.9.1972, 2 AZR 309/75, AP Nr. 1 zu § 1 KSchG 1969 Wartezeit; BAG v. 2.4.1987, 2 AZR 227/86, AP Nr. 1 zu § 612a BGB; BAG v. 21.2.2001, 2 AZR 15/00, AP Nr. 12 zu § 242 BGB Kündigung.

137 Inwiefern im Rahmen des § 242 BGB ein besonderer Kündigungsschutz für Frauen, die nicht vom Geltungsbereich des MuSchG erfasst sind, überhaupt erreicht werden könnte, ist in Anbetracht der zögerlichen Haltung der Rechtsprechung

Generalklauseln vermittelte Grundrechtsschutz umso schwächer, je stärker die geschützten Grundrechtspositionen des Arbeitgebers im Einzelfall betroffen sind. Aus diesem Grund obläge es grundsätzlich der GmbH-Geschäftsführerin, darzulegen und zu beweisen, dass die Kündigung gegen § 138 BGB oder § 242 BGB verstoße.[138] Ein solcher Nachweis wird ihr aber selten gelingen, denn ein Arbeitgeber wird weder etwaige verwerfliche Motive offenbaren noch eine treuwidrige Gesinnung eingestehen.[139] Vielmehr besteht die Gefahr, dass der Arbeitgeber auch nach den Grundsätzen der abgestuften Darlegungs- und Beweislast[140] einen einleuchtenden Grund[141] für die Kündigung plausibel und nachvollziehbar vortragen kann. Die Effektivität des Schutzes durch die Generalklauseln wird hierdurch maßgeblich beeinträchtigt. Folglich ist ein ausreichender Schutz der schwangeren Fremd- und Minderheitsgesellschaftergeschäftsführerin über die zivilrechtlichen Generalklauseln nicht gewährleistet. Dies widerspricht der in Art. 6 Abs. 4 GG zum Ausdruck gebrachten Intention des Verfassungsgebers.

Mithin unterschreitet die Rechtslage *de lege lata* das Mindestmaß an legislativer Pflichterfüllung.[142] Der Gesetzgeber hat das elementare Interesse von schwangeren GmbH-Geschäftsführerinnen an einem Schutz vor irreparablen (wirtschaftlichen) Nachteilen nicht genügend berücksichtigt. Unbeachtet gelassen wurde, dass die Gefahr einer erheblichen Verschlechterung der wirtschaftlichen Lage der GmbH-Geschäftsführerin geeignet ist, die Bereitschaft zum Austragen des Kindes negativ zu beeinflussen.[143] Gleichzeitig hat der Gesetzgeber den Zusammenhang zwischen einem besonderen Kündigungsschutz von Müttern und dem ebenfalls in Art. 6 Abs. 4 GG verbürgten Diskriminierungsverbot nicht ausreichend beachtet.[144]

---

zweifelhaft. Vgl. etwa BAG v. 12.7.1990, 2 AZR 39/90, AP Nr. 87 zu § 613a BGB mit dem Argument, dass eine Gleichwohlberücksichtigung der Schwangerschaft der Entscheidung des Gesetzgebers widersprechen würde, außerhalb des Anwendungsbereiches des MuSchG keinen besonderen Kündigungsschutz zu gewährleisten.

138 BAG v. 7.11.1968, 2 AZR 397/67, AP Nr. 3 zu § 66 HGB; BAG v. 19.7.1973, 2 AZR 464/72, AP Nr. 32 zu § 138 BGB; BAG v. 24.10.1996, 2 AZR 874/95, zit. nach Juris.

139 Ähnlich *Preis*, NZA 1997, 1256 (1269).

140 Vgl. zu den Grundsätzen der abgestuften Darlegungs- und Beweislast BAG v. 6.2.2003, 2 AZR 672/01, AP Nr. 30 zu § 23 KSchG 1969; BAG v. 28.8.2003, 2 AZR 333/02, AP Nr. 17 zu § 242 BGB Kündigung; BAG v. 28.6.2007, 6 AZR 750/06, AP Nr. 27 zu § 307 BGB.

141 BAG v. 28.8.2003, 2 AZR 333/02, AP Nr. 17 zu § 242 BGB Kündigung; BAG v. 6.11.2003, 2 AZR 21/03, AP Nr. 9 zu § 14 TzBfG.

142 Für den Kündigungsschutz nach einer Fehlgeburt ebenso *Aubel*, S. 282.

143 In diese Richtung auch *Heilmann*, Einl. MuSchG Rn. 32; *Stern/Sachs/Dietlein*, StR IV/1, § 100 X 3, S. 552.

144 In Anbetracht der Unanwendbarkeit des AGG für Organmitglieder – das AGG gilt nach § 6 Abs. 3 AGG nur insoweit für Organmitglieder, als dass die Bedingungen für den Zugang zur Erwerbstätigkeit sowie den beruflichen Aufstieg betroffen

Hiermit wird insgesamt das Untermaßverbot unterschritten. Der Gesetzgeber hat somit auch in Bezug auf die Arbeitsplatzsicherung seine aus Art. 6 Abs. 4 GG resultierende Schutzpflicht verletzt.[145]

3. Ergebnis

Insgesamt hat die Überprüfung der Grenzen des gesetzgeberischen Gestaltungsermessens ergeben, dass der Gesetzgeber lediglich in Bezug auf die medizinische Versorgung die durch den Wesensgehalt und das Untermaßverbot definierten Mindestanforderungen des Art. 6 Abs. 4 GG erfüllt hat. Hinsichtlich des Gesundheitsschutzes am Arbeitsplatz und einer angemessenen Schonzeit vor und nach der Geburt blieb die generelle Schutzbedürftigkeit von schwangeren GmbH-Geschäftsführerinnen hingegen unberücksichtigt. Dadurch wird der Wesensgehalt von Art. 6 Abs. 4 GG unmittelbar berührt. Zu einem ähnlichen Ergebnis für Fremd- und Minderheitsgesellschaftergeschäftsführerinnen führten die Betrachtungen zur Arbeitsplatzsicherung. Der über die Generalklausel gewährte, im Ergebnis aber ineffektive Schutz vor einer einseitigen und ungewollten Beendigung des Beschäftigungsverhältnisses bleibt hinter der verfassungsrechtlichen Wertung des Art. 6 Abs. 4 GG zurück. Ebenso unterschreiten die vorhandenen Regelungen zur Unterhaltssicherung für alle GmbH-Geschäftsführerinnen das erforderliche Mindestmaß an Mutterschutz. Das gesetzgeberische Unterlassen stellt daher eine unmittelbare Verletzung der aus Art. 6 Abs. 4 GG resultierenden Schutzpflicht dar. Folglich erweist sich die Rechtslage *de* lege *lata* als verfassungswidrig.

Die vorstehende Untersuchung hat gezeigt, welche Schutzmaßnahmen der Gesetzgeber ergreifen muss, um der in alle Bereiche des Rechts ausstrahlenden Wertentscheidung des Art. 6 Abs. 4 GG gerecht zu werden. Hieraus kann jedoch noch nicht gefolgert werden, dass der gesetzliche Mutterschutz für alle Frauen, die in einem Dauerschuldverhältnis tätig sind, einheitlich ausgestaltet werden muss oder gar die Regelungen des MuSchG unverändert übernommen werden müssen.

---

sind, vgl. hierzu jüngst BGH v. 23.4.2012, II ZR 163/10, NJW 2012, 2346 – erhält die GmbH-Geschäftsführerin keinerlei Schutz vor Diskriminierungen aufgrund des biologischen Zustandes bei Ausspruch einer Kündigung. Siehe zur Problematik des Diskriminierungsschutzes für Organmitglieder etwa *Bauer/Arnold*, ZIP 2008, 993; ErfK-*Schlachter*, § 6 AGG Rn. 5; *Eßer/Baluch*, NZG 2007, 321; *Horstmeier*, GmbHR 2007, 125; *Krause*, AG 2007, 392, *Löw*, GmbHR 2010, R 305; *Reufels/Molle*, NZA-RR 2011, 281; *Tempelmann/Stiebert*, DStR 2011, 577; *Thüsing/Siebert*, NZG 2011, 641; *Wilsing/Meyer*, DB 2011, 341.

145 Teilweise zustimmend *Aubel*, S. 319 f. Andere Autoren betonen lediglich die nur teilweise Verwirklichung des sich aus Art. 6 Abs. 4 GG ergebenden Schutzauftrages, ohne die notwendigen Schlussfolgerungen zu ziehen, vgl. etwa Maunz/Dürig-*Badura*, Art. 6 GG Rn. 149; *Buchner/Becker*, Einf. MuSchG Rn. 67; *Preis*, ArbuR 1972, 42 (46); *Schleicher*, RdA 1984, 280 (284). Zweifel äußernd auch ErfK-*Schmidt*, Art. 6 GG Rn. 18; *Kotzur* in Stern/Becker, Art. 6 GG Rn. 54; *Schliemann*, FS Buchner, S. 797 (804).

Vielmehr ist hierfür eine Überprüfung der Rechtslage *de lege lata* anhand von Art. 3 Abs. 1 GG erforderlich. Aus diesem Grund soll nachfolgend die Rechtslage *de lege lata* einer gleichheitsrechtlichen Prüfung unterzogen werden.

III. Verstoß gegen den Gleichbehandlungsgrundsatz nach Art. 3 Abs. 1 GG

Der dem Gesetzgeber durch Art. 6 Abs. 4 GG eingeräumte Gestaltungsspielraum findet seine Grenzen nicht nur im Wesensgehalt von Art. 6 Abs. 4 GG und dem Untermaßverbot, sondern auch dort, wo andere verfassungsrechtliche Wertentscheidungen nicht ausreichend berücksichtigt werden. Eine dieser Wertentscheidungen ist der allgemeine Gleichheitssatz, dem in Art. 3 Abs. 1 GG Ausdruck verliehen wurde. Er garantiert allen Menschen die Gleichbehandlung vor dem Gesetz. Dem muss der Normgeber auch bei der Schaffung und Ausgestaltung privatrechtlicher Normen nachkommen,[146] indem er wesentlich Gleiches gleich und wesentlich Ungleiches ungleich behandelt.[147] Dabei ist dem Gesetzgeber schlichtweg nicht schon jede Differenzierung verboten. Allerdings muss jede Differenzierung ein Mindestmaß an innerer Gerechtigkeit erkennen lassen.[148] Dies gilt sowohl bei Belastungen als auch beim Ausschluss von Begünstigungen.[149]

Bezogen auf die Rechtslage *de lege lata* bedeutet dies, dass es nun der Prüfung bedarf, ob sich der Gesetzgeber mit der Beschränkung des Anwendungsbereichs des MuSchG auf Arbeitnehmerinnen und Heimarbeiterinnen innerhalb der ihm durch Art. 3 Abs. 1 GG gezogenen Grenzen bewegt hat. Dies ist der Fall, wenn der Gesetzgeber von seiner Gestaltungsfreiheit sachgerecht Gebrauch gemacht hat.[150] Die von ihm getroffene Auswahl an Sachverhalten, an die er über § 1 MuSchG unterschiedliche Rechtsfolgen anknüpft, dürfte daher nicht sachwidrig sein.[151]

---

146 Statt vieler nur BeckKK-*Sodan*, Art. 3 GG Rn. 20.

147 Ständige Rspr., vgl. BVerfG v. 23.10.1951, 2 BvG 1/51, BVerfGE 1, 14 (52); BVerfG v. 15.7.1998, 1 BvR 1554/89 u. a., BVerfGE 98, 365 (385); BVerfG v. 7.2.2012, 1 BvL 14/07, BVerfGE 130, 240 (258 f.); BVerfG v. 10.7.2012, 1 BvL 2/10 u. a., NVwZ-RR 2012, 825.

148 Vgl. *Boysen* in v. Münch/Kunig, Art. 3 GG Rn. 2.

149 BVerfG v. 11.10.1988, 1 BvR 777/85 u. a., BVerfGE 79, 1 (17); BVerfG v. 31.1.1996, 2 BvL 39/93 u. a., BVerfGE 93, 386 (396 f.); BVerfG v. 30.7.2008, 1 BvR 3262/07 u. a., BVerfGE 121, 317 (370); BVerfG v. 14.4.2010, 1 BvL 8/08, BVerfGE 126, 29 (43); BVerfG v. 21.7.2010, 1 BvR 611/07 u. a., BVerfGE 126, 400 (416) m. w. N.

150 Vgl. BVerfG v. 10.11.1998, 1 BvL 50/92, BVerfGE 99, 165 (178); BVerfG v. 29.10.2002, 1 BvL 16/95 u. a., BVerfGE 106, 166 (177).

151 *Bergmann* in Hömig/Seifert, Art. 3 GG Rn. 5; *Rüfner* in BK, Art. 3 Abs. 1 GG Rn. 26, 30.

1. *Ungleichbehandlung von GmbH-Geschäftsführerinnen*

Ausgangspunkt einer gleichheitsrechtlichen Prüfung bildet die Ermittlung einer Ungleichbehandlung.[152] Eine solche ist dann anzunehmen, wenn zwei Sachverhalte oder Personengruppen unterschiedlich behandelt werden, obwohl sie vergleichbar, d. h. im Wesentlichen gleich sind.[153]

Dabei sind keine erhöhten Anforderungen an die Feststellung einer Ungleichbehandlung zu stellen. Ausreichend ist die Bildung eines gemeinsamen Oberbegriffes, unter den sich die Sachverhalte subsumieren lassen.[154] Die unter diesen Oberbegriff fallenden und in einem systematischen Zusammenhang stehenden Vergleichspaare müssten sodann von ein und demselben Hoheitsträger mit unterschiedlichen Rechtsfolgen belegt werden.[155] Ergänzend tritt das Erfordernis des Bewirkens eines Nachteils durch die Ungleichbehandlung hinzu.[156] In der Regel liegt die Ungleichbehandlung daher bereits in der Unterschiedlichkeit einer gesetzlichen Regelung als solcher, mithin in der Berücksichtigung der einen und der Nichtberücksichtigung der anderen Gruppe in der Gesetzesnorm, begründet.[157]

Wie bereits im ersten Kapitel und bei der vorstehenden Betrachtung zu Art. 6 Abs. 4 GG herausgearbeitet wurde, kommen infolge der Anknüpfung des Geltungsbereiches des MuSchG an die Arbeitnehmer- und Heimarbeiterinneneigenschaft lediglich solche erwerbstätigen schwangeren Frauen und Mütter in den Genuss des gesetzlichen Mutterschutzes, die als Arbeitnehmerinnen oder Heimarbeiterinnen einzustufen sind. Alle anderen erwerbstätigen schwangeren Frauen sind hingegen vom Anwendungsbereich des MuSchG ausgeschlossen. Da der übergeordnete Regelungskontext des MuSchG der Mutterschutz für erwerbstätige Frauen ist,[158] kommt als gemeinsamer Oberbegriff (genus proximum) der betroffenen Vergleichsgruppen (tertium comparationis)[159] das Begriffspaar »erwerbstätige schwangere Frauen und Mütter« in Betracht. Nicht geeignet ist hingegen der Arbeitnehmer- oder Heimarbeiterbegriff, da beide Begriffe gerade die maßgeblichen Differenzierungskriterien darstellen. Die Arbeitnehmer- und die Heimarbeitereigenschaft

---

152 Zum zweistufigen Aufbau der Gleichheitsprüfung vgl. *Boysen* in v. Münch/Kunig, Art. 3 GG Rn. 53 ff.; *Jarass/Pieroth*, Art. 3 GG Rn. 7 ff.

153 *Boysen* in v. Münch/Kunig, Art. 3 GG Rn. 62; BeckKK-*Sodan*, Art. 3 Rn. 9.

154 Vgl. statt vieler nur *Albers*, JZ 2008, 708 (711 f.); *Bumke/Voßkuhle*, Rn. 654.

155 Vgl. zur Begrenzung des Gleichheitsgebotes auf den Kompetenz- und Zuständigkeitsbereich des jeweiligen Hoheitsträgers BeckKK-*Sodan*, Art. 3 GG Rn. 3; *Boysen* in v. Münch/Kunig, Art. 3 GG Rn. 67; *Jarass/Pieroth*, Art. 3 GG Rn. 9; *Krieger* in Schmidt-Bleibtreu/Klein, Art. 3 GG Rn. 27 sowie zur erforderlichen Zuordnung zu ein und demselben Ordnungsbereich BVerfG v. 18.6.1975, 1 BvL 4/74, BVerfGE 40, 121 (139 f.).

156 *Jarass/Pieroth*, Art. 3 GG Rn. 10; Sachs-*Osterloh/Nußberger*, Art. 3 GG Rn. 84.

157 Vgl. BVerfG v. 31.1.1996, 2 BvL 39/93 u. a., BVerfGE 93, 386 (396).

158 Siehe hierzu die anhand der historischen Grundlagen des MuSchG herausgearbeiteten Ziele des Mutterschutzes im 2. Kapitel, 1. Abschnitt, V. 2., S. 84 f.

159 *Bumke/Voßkuhle*, Rn. 465; Maunz/Dürig-*Dürig*, Art. 3 GG Rn. 1.

werden deshalb erst auf der zweiten Stufe der Prüfung bei der Frage nach der Rechtfertigung der Ungleichbehandlung relevant.[160]

Von dem Oberbegriffspaar »erwerbstätige schwangere Frauen und Mütter« werden schwangere GmbH-Geschäftsführerinnen ebenfalls erfasst. Vor allem für sie hat die Regelung in § 1 MuSchG weitreichende negative Folgen. Zu denken ist hierbei insbesondere an den fehlenden Gesundheitsschutz am Arbeitsplatz, der fehlenden Möglichkeit, Schonzeiten vor und nach der Geburt in Anspruch zu nehmen oder der fehlende Schutz vor einem Verlust des Arbeitsplatzes.[161] Sie werden bis auf die Möglichkeit eines Anspruchs auf Mutterschaftsgeld nach § 24i Abs. 1 1. Alt., Abs. 2 S. 7 SGB V und auf ärztliche Betreuung nach § 24d SGB V schutzlos gestellt. Ein Minimalschutz lässt sich allenfalls über die allgemeinen Regelungen in § 138 BGB, § 242 BGB, § 275 BGB und § 616 BGB gewährleisten. Die unterschiedlichen Rechtsfolgen für Arbeitnehmerinnen und Heimarbeiterinnen einerseits und für GmbH-Geschäftsführerinnen andererseits berühren unmittelbar das Interesse der GmbH-Geschäftsführerin an einem ausreichenden Schutz ihrer Gesundheit und der des ungeborenen Kindes. Gleichzeitig wird die GmbH-Geschäftsführerin der Gefahr des Eintritts von im Zusammenhang mit der Schwangerschaft und Geburt stehenden, irreparablen (wirtschaftlichen) Nachteilen ausgesetzt. § 1 MuSchG führt somit insbesondere in Bezug auf GmbH-Geschäftsführerinnen zu einer Ungleichbehandlung von wesensmäßig vergleichbaren Personengruppen.

2. Rechtfertigung der Ungleichbehandlung von GmbH-Geschäftsführerinnen gegenüber Arbeitnehmerinnen?

Aber nicht schon jede auf einer Differenzierung beruhende Ungleichbehandlung führt zu einem Verstoß gegen Art. 3 Abs. 1 GG. Der allgemeine Gleichheitssatz ist indessen erst dann verletzt, wenn eine unterschiedliche Behandlung sachlich nicht gerechtfertigt ist. Folglich ist in einem zweiten Schritt zu prüfen, ob für die Ungleichbehandlung ein sachlicher Grund besteht. Dabei darf die Rechtfertigungsprüfung jedoch nicht zu einem umfassenden rationalen Nachvollzug gesetzgeberischer Handlungen führen.[162] Eine derart weitgehende Prüfung würde den Gestaltungsspielraum des Gesetzgebers nihilieren. Es ist daher nicht zu überprüfen, ob der Gesetzgeber die zweckmäßigste oder gerechteste Regelung getroffen hat, sondern lediglich, ob er die Grenzen seiner Gestaltungsfreiheit eingehalten hat.[163]

---

160 Vgl. BeckKK-*Sodan*, Art. 3 GG Rn. 10; *Bumke/Voßkuhle*, Rn. 468 ff.. Dies verkennt *Wank*, FS Wiedemann, S. 873 (878), indem er ausführt, die Anwendbarkeit des Gleichbehandlungsgrundsatzes scheide mangels Vergleichbarkeit mit anderen Beschäftigten aus. Ähnlich auch *Goette*, FS Wiedemann, S. 873 (878).

161 Siehe zu den negativen Folgen im Einzelnen die vorangegangenen Ausführungen zu Art. 6 Abs. 4 GG unter II. 2. auf S. 152 ff., S. 154 f. und S. 156 ff.

162 *Boysen* in v. Münch/Kunig, Art. 3 GG Rn. 102.

163 Ständige Rspr., BVerfG v. 23.10.1951, 2 BvG 1/51, BVerfGE 1, 14 (52); BVerfG v. 16.10.1979, 1 BvL 51/79, BVerfGE 52, 277 (281); BVerfG v. 10.1.1984, 1 BvL 5/83,

Je nach Regelungsgegenstand und Differenzierungsmerkmal variiert die Weite des gesetzgeberischen Gestaltungsspielraums. Die so gezogenen Grenzen können von gelockerten, auf das Willkürverbot beschränkten Bindungen bis zu einer strengen Bindung an Verhältnismäßigkeitserfordernisse reichen.[164] Der unterschiedlichen Weite des gesetzgeberischen Gestaltungsspielraums entspricht die Rechtsprechung durch eine abgestufte Kontrolldichte.[165] Ungleichbehandlungen können somit nicht einheitlich durch bestimmte abstrakte, allgemeingültige Sachgründe gerechtfertigt werden.[166] Vielmehr sind an den Differenzierungsgrund je nach Kontrollintensität unterschiedliche Anforderungen zu stellen. Deshalb bedarf es zuvorderst einer Konkretisierung der Prüfungsintensität, bevor der eigentlichen Frage nach einer Rechtfertigung der Ungleichbehandlung von GmbH-Geschäftsführerinnen nachgegangen werden kann.

a. Anzuwendender Prüfungsmaßstab

Es ist grundsätzlich Sache des Gesetzgebers, diejenigen Sachverhalte auszuwählen, an die er unterschiedliche Rechtsfolgen knüpft, die er also als ungleich ansehen will. Er muss seine Auswahl allerdings sachgerecht treffen.[167] Was in Anwendung des Gleichheitssatzes als sachlich vertretbar oder sachwidrig gilt, wird anhand der Eigenart des konkreten Sachverhalts bestimmt.[168] Die Rechtsprechung hat hierzu ein ausdifferenziertes Kontrollsystem entwickelt. Gleichwohl kann im Wesentlichen zwischen zwei Rechtfertigungsmaßstäben unterschieden werden: der Willkürformel und der sogenannten »Neuen Formel«.

Zunächst beschränkte die Rechtsprechung die Bedeutung des Gleichbehandlungsgebots auf eine Willkürkontrolle. Hiernach galt eine Ungleichbehandlung nur dann als Verstoß gegen den allgemeinen Gleichheitssatz, wenn sie als willkürlich zu

---

BVerfGE 66, 84 (95); BVerfG v. 2.2.1993, 2 BvR 1491/91, NJW 1993, 3316; BVerfG v. 12.12.2002, 1 BvR 2700/95, zit. nach Juris.

164 Ständige Rspr., vgl. etwa grundlegend BVerfG v. 26.1.1993, 1 BvL 38/92, BVerfGE 88, 87 (96); BVerfG v. 12.2.2003, 2 BvL 3/00, BVerfGE 107, 218 (244); BVerfG v. 30.7.2008, 1 BvR 3262/07, BVerfGE 121, 317 (369); BVerfG v. 7.7.2009, 1 BvR 1164/07, BVerfGE 124, 199 (219); BVerfG v. 21.6.2011, 1 BvR 2035/07, BVerfGE 129, 49 (68); BVerfG v. 10.7.2012, 1 BvL 2/10, NVwZ-RR 2012, 825; BVerfG v. 19.2.2013, 1 BvL 1/11 u. a., NJW 2013, 847 (852).

165 BVerfG v. 26.1.1993, 1 BvL 38/92, BVerfGE 88, 87 (96 f.); BVerfG v. 22.2.1994, 1 BvL 21/85 u. a., BVerfGE 90, 46 (56); BVerfG v. 4.7.1995, 1 BvF 2/86 u. a., BVerfGE 92, 365 (407 f.); BVerfG v. 25.8.1999, 1 BvL 9/98, NJW 1999, 3549.

166 Vgl. BVerfG v. 8.10.1963, 2 BvR 108/62, BVerfGE 17, 122 (130); BVerfG v. 8.4.1987, 2 BvR 909/82, BVerfGE 75, 108 (157); BVerfG v. 12.2.2003, 2 BvL 3/00, BVerfGE 107, 218 (244); BVerfG v. 21.7.2010, 1 BvR 611/07, BVerfGE 126, 400 (416); BVerfG v. 21.6.2011, 1 BvR 2035/07, BVerfGE 129, 49 (69).

167 Vgl. BVerfG v. 4.4.2001, 2 BvL 7/98, BVerfGE 103, 310 (318).

168 BVerfG v. 8.10.1963, 2 BvR 108/62, BVerfGE 17, 122 (130).

bezeichnen war.[169] Seit der Entwicklung des abgestuften Kontrollsystems bildet das Willkürverbot nunmehr das untere Ende der Kontrollskala,[170] wonach eine Verletzung des Gleichbehandlungsgebots dann vorliegt, wenn die vorgenommene Differenzierung offensichtlich unsachlich ist und unter keinem Gesichtspunkt sachlich gerechtfertigt ist.[171] Umgekehrt reicht für eine Rechtfertigung das Vorliegen eines sachlichen Grundes aus.[172] Die Prüfung beschränkt sich folglich auf eine Evidenzkontrolle.[173]

Demgegenüber gehen die an eine Rechtfertigung zu stellenden Anforderungen nach der sogenannten »Neuen Formel« wesentlich weiter. Das Vorliegen irgendeines sachlichen Grundes ist nicht ausreichend. Zwischen den vorgefundenen Verschiedenheiten und der differenzierenden Regelung muss ein innerer Zusammenhang bestehen, aufgrund dessen dem Unterscheidungsmerkmal ein hinreichendes Gewicht zukommt.[174] Es ist somit ein angemessenes Verhältnis zwischen Ungleichbehandlung und rechtfertigendem Grund erforderlich.[175] Der Gleichheitssatz ist dann verletzt, wenn zwischen den ungleich behandelten Vergleichsgruppen keine Unterschiede von solcher Art und solchem Gewicht bestehen, dass sie die unterschiedliche Behandlung rechtfertigen können.[176] Damit nähert sich die Rechtfertigungsprüfung nach der »Neuen Formel« dem Verhältnismäßigkeitsgrundsatz an.[177]

Welcher Prüfungsmaßstab im Einzelfall anzuwenden ist, richtet sich nach dem betroffenen Sach- und Regelungsbereich sowie nach Art und Schwere der

---

169 Grundlegend BVerfG v. 23.10.1951, 2 BvG 1/51, BVerfGE 1, 14 (52).

170 *Boysen* in v. Münch/Kunig, Art. 3 GG Rn. 103; Sachs-*Osterloh/Nußberger*, Art. 3 GG Rn. 30.

171 Grundlegend BVerfG v. 23.10.1951, 2 BvG 1/51, BVerfGE 1, 14 (52); BVerfG v.23. 1.1968, 1 BvR 709/66, BVerfGE 23, 50 (60); BVerfG v. 9.2.1977, 1 BvL 11/74 u. a., BVerfGE 44, 70 (90).

172 Auf die negative Feststellungswirkung des Willkürverbots weist *Boysen* in v. Münch/Kunig, Art. 3 GG Rn. 54 hin.

173 Vgl. BVerfG v. 7.10.1980, 1 BvL 50/79 u. a., BVerfGE 55, 72 (90); BVerfG v. 26.1.1993, 1 BvL 38/92, BVerfGE 88, 87 (97); BVerfG v. 2.3.1999, 1 BvL 2/91, BVerfGE 99, 367 (389); BVerfG v. 1.3.2010, 1 BvR 2584/06, NVwZ-RR 2010, 505.

174 BVerfG v. 7.7.2009, 1 BvR 1164/07, BVerfGE 124, 199 (220); BVerfG v. 21.6.2011, 1 BvR 2035/07, BVerfGE 129, 49 (68 f.); *Boysen* in v. Münch/Kunig, Art. 3 GG Rn. 55.

175 BVerfG v. 8.2.1994, 1 BvR 1237/85, BVerfGE 89, 365 (377 f.); BVerfG v. 29.10.2002, 1 BvL 16/95 u. a., BVerfGE 106, 166 (177); BVerfG v. 21.6.2011, 1 BvR 2035/07, BVerfGE 129, 49 (68 f.).

176 Ständige Rspr., vgl. BVerfG v. 15.6.1983, 1 BvR 1025/79, BVerfGE 64, 229 (239); BVerfG v. 30.5.1990, 1 BvL 2/83, BVerfGE 82, 126 (146); BVerfG v. 26.1.1993, 1 BvL 38/92, BVerfGE 88, 87 (96); BVerfG v. 7.7.2009, 1 BvR 1164/07, BVerfGE 124, 199 (220); BVerfG v. 21.6.2011, 1 BvR 2035/07, BVerfGE 129, 49 (68) m. w. N.

177 BVerfG v. 21.6.2011, 1 BvR 2035/07, BVerfGE 129, 49 (69).

Ungleichbehandlung.[178] Grundsätzlich kommt dem Gesetzgeber im Bereich der gewährenden Staatstätigkeit ein weiter Gestaltungsspielraum zu.[179] Allerdings ergibt sich aus der Formulierung von Art. 3 Abs. 1 GG, »Alle Menschen sind vor dem Gesetz gleich«, dass der allgemeine Gleichheitssatz gerade eine ungerechtfertigte Verschiedenbehandlung von Personen verhindern will.[180] Daher unterliegt der Gesetzgeber dann einer strengeren Prüfung, wenn er infolge einer Anknüpfung an personenbezogene Eigenschaften – wie das Alter oder den Familienstand – bestimmte Personengruppen ungleich behandelt.[181] Die Anforderungen sind umso strikter, je mehr sich die Persönlichkeitsmerkmale den in Art. 3 Abs. 3 GG genannten Differenzierungskriterien nähern und je größer die Gefahr ist, dass eine an sie anknüpfende Ungleichbehandlung zur Diskriminierung einer Minderheit führt.[182] Ferner gelten die gesteigerten Rechtfertigungsanforderungen der »Neuen Formel« auch dann, wenn eine abweichende Handhabung von Sachverhalten mittelbar eine Ungleichbehandlung von Personengruppen bewirkt.[183] Entscheidend ist hierfür, inwieweit die Betroffenen in der Lage sind, durch ihr Verhalten die Verwirklichung der Merkmale zu beeinflussen, nach denen unterschieden wird.[184] So geht die Gestaltungsfreiheit des Gesetzgebers besonders weit, wenn er Lebenssachverhalte verschieden behandelt und die Betroffenen sich durch eigenes Verhalten auf die unterschiedliche Regelung einstellen können.[185] Dagegen sind dem Gesetzgeber umso engere Grenzen gesetzt, je weniger der Einzelne nachteilige Folgen dadurch vermeiden kann, dass

---

178 BVerfG v. 21.7.2010, 1 BvR 611/07, BVerfGE 126, 400 (416); BVerfG v. 19.6.2012, 2 BvR 1397/09, BVerfGE 131, 239 (265).

179 BVerfG v. 10.11.1998, 1 BvL 50/92, BVerfGE 99, 165 (178); BVerfG v. 29.10.2002, 1 BvL 16/95 u. a., BVerfGE 106, 166 (175 f.); BVerfG v. 6.7.2004, 1 BvR 2515/95, BVerfGE 111, 176 (184); ähnlich BeckKK-*Sodan*, Art. 3 GG Rn. 15; *Krieger* in Schmidt-Bleibtreu/Klein, Art. 3 GG Rn. 34.

180 So ausdrücklich BVerfG v. 26.1.1993, 1 BvL 38/92, BVerfGE 88, 87 (96); BVerfG v. 8.2.1994, 1 BvR 1237/85, BVerfGE 89, 365 (375); BVerfG v. 21.7.2010, 1 BvR 611/07 u. a., BVerfGE 126, 400 (417).

181 BVerfG v. 26.1.1993, 1 BvL 38/92, BVerfGE 88, 87 (96); BVerfG v. 30.7.2008, 1 BvR 3262/07 u. a., BVerfGE 121, 317 (369); BeckKK-*Sodan*, Art. 3 Rn. 15; *Boysen* in v. Münch/Kunig, Art. 3 GG Rn. 106; *Jarass/Pieroth*, Art. 3 GG Rn. 20.

182 BVerfG v. 26.1.1993, 1 BvL 38/92, BVerfGE 88, 87 (96); BVerfG v. 22.2.1994, 1 BvL 21/85, BVerfGE 90, 46 (56); BVerfG v. 7.7.2009, 1 BvR 1164/07, BVerfGE 124, 199 (220); BVerfG v. 19.6.2012, 2 BvR 1397/09, BVerfGE 131, 239 (265); BVerfG v. 19.2.2013, 1 BvL 1/11 u. a., NJW 2013, 847 (852).

183 BVerfG v. 14.7.1999, 1 BvR 995/95, BVerfGE 101, 54 (101); BVerfG v. 4.4.2001, 2 BvL 7/98, BVerfGE 103, 310 (318 f.); BVerfG v. 20.4.2004, 1 BvR 905/00, BVerfGE 110, 274 (291).

184 BVerfG v. 7.10.1980, 1 BvL 50/79, BVerfGE 55, 72 (89); BVerfG v. 26.1.1993, 1 BvL 38/92 u. a., BVerfGE 88, 87 (96); BVerfG v. 27.1.1998, 1 BvL 15/87, BVerfGE 97, 169 (181); BVerfG v. 21.7.2010, 1 BvR 611/07 u. a, BVerfGE 126, 400 (418).

185 BVerfG v. 7.10.1980, 1 BvL 50/79, BVerfGE 55, 72 (89).

er sein eigenes Verhalten an den Maßstäben des Gesetzes ausrichtet.[186] Schließlich findet eine intensive Prüfung auch dann statt, wenn sich die Ungleichbehandlung als so schwerwiegend herausstellt, dass der Gebrauch anderer verfassungsrechtlich gewährleisteter Freiheiten beeinträchtigt oder gar vereitelt wird.[187]

Vorliegend knüpft § 1 Nr. 1 MuSchG an die Arbeitnehmer- und Heimarbeitereigenschaft an und nimmt diejenigen, die nicht als Arbeitnehmerinnen oder Heimarbeiterinnen gelten, vom Anwendungsbereich des MuSchG aus. Zwar ist vor allem die Arbeitnehmereigenschaft kein personengebundenes Merkmal, sondern ein im Arbeitsrecht gebildeter Sachverhalt, an den verschiedenartige Rechtsfolgen geknüpft werden. Gleichwohl sind abhängig Beschäftigte regelmäßig nicht in der Lage, den Status ihrer Beschäftigung zu bestimmen. Insbesondere der Arbeitnehmerstatus richtet sich maßgeblich nach der tatsächlichen Ausgestaltung des Beschäftigungsverhältnisses. Hierauf haben eine unselbstständige Dienstnehmerin oder eine GmbH-Geschäftsführerin regelmäßig keinen Einfluss. Vielmehr bedarf es im Streitfalle der Durchführung eines Statusfeststellungsverfahrens nach § 7a SGB IV. Die Regelung in § 1 MuSchG führt somit mittelbar zu einer Ungleichbehandlung von Personengruppen. Bereits aus diesem Grund ist von einer strengeren Bindung des Gesetzgebers auszugehen. Zudem ist zu berücksichtigen, dass als Folge der differenzierenden Regelungen in § 1 MuSchG Nichtarbeitnehmerinnen, wie die GmbH-Geschäftsführerin, daran gehindert werden, spezielle Schutzvorschriften zum Mutterschutz in Anspruch zu nehmen. Damit wirkt sich die Differenzierung zugleich nachteilig auf andere grundrechtlich verbürgte Wertentscheidungen, nämlich auf das aus Art. 6 Abs. 4 GG resultierende Mutterschutzgebot, aus.[188] In der Folge sind an die Ungleichbehandlung von GmbH-Geschäftsführerinnen umso höhere Rechtfertigungsanforderungen zu stellen. Als Prüfungsmaßstab ist daher die Verhältnismäßigkeitsprüfung heranzuziehen.

Demnach ist zu untersuchen, ob die abweichende Behandlung von GmbH-Geschäftsführerinnen an einen sachlichen Grund anknüpft. Insbesondere müsste die Arbeitnehmer- und Heimarbeitereigenschaft ein geeignetes Differenzierungskriterium darstellen, mit dem ein legitimes Ziel verfolgt wird.

---

186 BVerfG v. 21.7.2010, 1 BvR 611/07, BVerfGE 126, 400 (418); BVerfG v. 12.10.2010, 1 BvL 14/09, BVerfGE 127, 263 (280).

187 BVerfG v. 25.6.1974, 1 BvL 11/73, BVerfGE 37, 342 (353 f.); BVerfG v. 16.11.1982, 1 BvL 16/75 u. a., BVerfGE 62, 256 (274); BVerfG v. 30.5.1990, 1 BvL 2/83, BVerfGE 82, 126 (146); BVerfG v. 26.1.1993, 1 BvL 38/92, BVerfGE 88, 87 (97); BVerfG v. 29.10.2002, 1 BvL 16/95 u. a., BVerfGE 106, 166 (176); BVerfG v. 24.1.2012, 1 BvL 21/11, BVerfGE 130, 131 (142 f.).

188 Ähnlich für Art. 6 Abs. 1 GG BVerfG v. 19.2.2013, 1 BvL 1/11 u. a., NJW 2013, 847 (852). Siehe hierzu ausführlich die vorstehenden Untersuchungen zu Art. 6 Abs. 4 GG unter II. 2., S. 149 ff.

b. *Zulässiges Differenzierungsziel*

Zunächst ist für eine sachliche Rechtfertigung der Ungleichbehandlung zwischen Arbeitnehmerinnen und Heimarbeiterinnen einerseits und anderen erwerbstätigen Frauen andererseits ein mit der Differenzierung verfolgtes, zulässiges Ziel erforderlich.

Mit der Beschränkung des Geltungsbereiches auf Arbeitnehmerinnen und Heimarbeiterinnen beabsichtigte der historische Gesetzgeber bei der Neufassung des MuSchG im Jahr 1952 den Ausschluss von Beamtinnen und erwerbslosen Müttern. Die Anknüpfung an den Arbeitnehmerbegriff erfolgte dabei aus terminologischen Gründen. Es sollten Abgrenzungsschwierigkeiten zum Begriff des Beschäftigungsverhältnisses nach der RVO, nunmehr §§ 24 ff. SGB V, vermieden werden.[189] Schließlich beabsichtigte der Gesetzgeber durch die Bevorzugung von Arbeitnehmerinnen dem unterschiedlichen Schutz- und Fürsorgebedürfnis verschiedener Gruppen von Müttern Ausdruck zu verleihen.[190] In Ermangelung der Finanzierbarkeit eines allumfassenden Mutterschutzes wurde den Schutzvorschriften zugunsten von Arbeitnehmerinnen aufgrund ihrer besonderen Schutzwürdigkeit der Vorrang eingeräumt.[191]

Diese vom Gesetzgeber verfolgten Ziele sind weder offensichtlich unsachlich noch willkürlich. Dem Gesetzgeber kommt bei der Umsetzung des aus Art. 6 Abs. 4 GG resultierenden Mutterschutzgebotes ein weiter Gestaltungs- und Ermessensspielraum zu. Ihm obliegt es, darüber zu entscheiden, in welcher Weise und in welchem Umfang er den Mutterschutz ausgestaltet. Innerhalb dieser Grenzen bewegen sich die vom Gesetzgeber verfolgten Ziele. Insbesondere die Entscheidung des Gesetzgebers, die staatlichen Ausgaben entsprechend dem Leistungsvermögen des Staates zu begrenzen und gleichzeitig unterschiedliche Schutzbedürftigkeiten zu berücksichtigen, ist verfassungsrechtlich zulässig.[192]

Damit war die Zielsetzung der Regelung in § 1 MuSchG im Ansatz verfassungsgemäß. Dies müsste allerdings auch für das vom Gesetzgeber in § 1 MuSchG gewählte Differenzierungskriterium gelten.

c. *Zulässigkeit des Differenzierungskriteriums*

Der Anwendungsbereich des MuSchG knüpft im Wesentlichen in § 1 Nr. 1 MuSchG an die Arbeitnehmereigenschaft an.[193] Damit wählte der Gesetzgeber als Differenzierungskriterium ein formal einfach zu handhabendes Kriterium.

---

189 Vgl. zu beiden Motiven die Ausführungen im 2. Kapitel, 1. Abschnitt, IV. 1., S. 71 f.

190 Vgl. hierzu die Ausführungen im Tatbestand zu BVerfG v. 4.10.1983, 1 BvL 2/81, BVerfGE 65, 104 (109 f.); BVerfG v. 3.4.1987, 1 BvR 1240/86, SozR 7830 Nr. 11 zu § 13.

191 Ebenso bereits im 2. Kapitel, 1. Abschnitt, IV. 1., S. 78.

192 Vgl. BVerfG v. 22.11.2000, 1 BvR 2307/94 u. a, BVerfGE 102, 254 (303); BVerfG v. 7.2.2012, 1 BvL 14/07, BVerfGE 130, 240 (258 f.).

193 Zur primären Bedeutung der Arbeitnehmereigenschaft siehe 1. Kapitel, 1. Abschnitt, S. 13.

Im Grundsatz kann der Gesetzgeber alle denkbaren Differenzierungsmerkmale wählen – zumindest solange diese nicht selbst diskriminierend oder aus anderen Gründen verfassungsrechtlich unzulässig sind. Denn prinzipiell obliegt dem Gesetzgeber als Ausfluss seines Gestaltungsspielraums auch die Entscheidung, wem bestimmte soziale Leistungen gewährt werden sollen.[194] Dies widerspricht nicht Art. 6 Abs. 4 GG. Zwar ergibt sich aus Art. 6 Abs. 4 GG die allgemeine Pflicht des Gesetzgebers, die im Zusammenhang mit der Schwangerschaft stehenden Belastungen auszugleichen. Ein allgemeines Gleichbehandlungsgebot folgt hieraus indes nicht.[195] Der Gesetzgeber hat neben dem Mutterschutz auch andere Gemeinschaftsbelange zu berücksichtigen und dabei vor allem auf die Funktionsfähigkeit und das Gleichgewicht zwischen Mutterschutz und verfassungsrechtlich geschützten Interessen anderer, wie dem Arbeitgeber, zu achten.[196] Der durch Art. 6 Abs. 4 GG gewährte Schutz geht demgemäß nicht so weit, dass der Gesetzgeber verpflichtet wäre, jede wirtschaftliche Belastung der werdenden Mutter auszugleichen.[197] Eine sachgerechte Differenzierung, die Ausdruck eines unterschiedlichen Schutz- und Fürsorgebedürfnisses ist, ist somit prinzipiell möglich.[198]

Aus diesem Grund kann die Wahl der Arbeitnehmereigenschaft als Differenzierungskriterium per se nicht bemängelt werden.[199] Der Gesetzgeber hat sich in Ausübung seiner Gestaltungsfreiheit für eine abstrakte und generalisierende Betrachtung entschieden und die sozialen Leistungen auf die aus seiner Sicht besonders

---

194 Vgl. BVerfG v. 7.7.1992, 1 BvL 51/86 u. a., BVerfGE 87, 1 (36); BVerfG v. 29.10.2002, 1 BvL 16/95 u. a., BVerfGE 106, 166 (175 f., 178).

195 Siehe hierzu die Betrachtungen der einzelnen Gewährleistungsinhalte von Art. 6 Abs. 4 GG im 2. Kapitel, 2. Abschnitt, I. 2. d., S. 96 f.

196 BVerfG v. 28.3.2006, 1 BvL 10/01, BVerfGE, 115, 259 (271) unter Verweis auf die Grundsätze zu Art. 6 Abs. 1 GG, vgl. BVerfG v. 29.5.1990, 1 BvL 20/84, BVerfGE 82, 60 (81 f.); BVerfG v. 29.10.2002, 1 BvL 16/95 u. a., BVerfGE 106, 166 (177 f.); ähnlich *Preis*, ArbuR 1972, 42 (48).

197 BVerfG v. 10.2.1982, 1 BvL 116/78, BVerfGE 60, 68 (74); BVerfG v. 24.9.1990, 1 BvR 938/90, AP Nr. 136a zu § 620 BGB Befristeter Arbeitsvertrag; BVerfG v. 28.3.2006, 1 BvL 10/01, BVerfGE, 115, 259 (271); BVerfG v. 14.3.2011, 1 BvL 13/07, zit. nach Juris.

198 Ähnlich *Seiler* in BK, Art. 6 Abs. 4 GG Rn. 26; vgl. auch *Buchner/Becker*, Einf. MuSchG Rn. 68.

199 Ähnlich *Buchner/Becker*, Einf. MuSchG Rn. 79. Zur Zulässigkeit von Typisierungen im Allgemeinen z. B. BVerfG v. 24.7.1963, 1 BvL 11/61 u. a., BVerfGE 17, 1 (23 ff.); BVerfG v. 6.6.1978, 1 BvR 102/76, BVerfGE 48, 346 (361 ff.); BVerfG v. 8.2.1983, 1 BvL 28/79, BVerfGE 63, 119 (128 ff.); BVerfG v. 15.7.1998, 1 BvR 1554/89, BVerfGE 98, 365 (385); BVerfG v. 4.4.2001, 2 BvL 7/98, BVerfGE 103, 310 (320); *Boysen* in v. Münch/Kunig, Art. 3 GG Rn. 111; *Jarass/Pieroth*, Art. 3 GG Rn. 30 f.; *Rüfner* in BK, Art. 3 Abs. 1 GG Rn. 111 ff.; Sachs-*Osterloh/Nußberger*, Art. 3 GG Rn. 104 ff.; *Krieger* in Schmidt-Bleibtreu/Klein, Art. 3 GG Rn. 46. Vgl. hierzu sogleich auch unter e. iv, S. 183 ff.

schutzwürdigen erwerbstätigen Müttergruppen beschränkt.[200] Der Arbeitnehmerbegriff wirkt selbst weder diskriminierend noch verstößt er gegen Verfassungsrecht. Die in § 1 MuSchG vorgenommene Unterscheidung anhand des Arbeitnehmerbegriffes ist folglich im Ansatz zulässig.[201]

Trotz der generellen Zulässigkeit der Arbeitnehmereigenschaft als Differenzierungsmerkmal muss die generalisierende Beschränkung des Anwendungsbereichs des MuSchG auf Arbeitnehmer im konkreten Regelungskontext die erhöhten Anforderungen des herausgearbeiteten Kontrollmaßstabs erfüllen.

d. Subjektive Legitimation der Ungleichbehandlung?

Zunächst könnten die im Gesetzgebungsverfahren zur Neugestaltung des MuSchG im Jahr 1952 geäußerten Intentionen des Gesetzgebers als verhältnismäßige Rechtfertigungsgründe herangezogen werden. Wie bereits herausgestellt wurde, sind die mit der konkreten Wortwahl in § 1 MuSchG verfolgten Intentionen verfassungsrechtlich nicht zu beanstanden. Allerdings müssten sie in einem angemessenen Verhältnis zur Ungleichbehandlung stehen. Dies ist äußerst fraglich. Denn zum einen hat der Gesetzgeber verkannt, dass durch die Anknüpfung an den Arbeitnehmerbegriff nicht nur, wie intendiert, verbeamtete und erwerbslose Mütter vom Geltungsbereich des MuSchG ausgeschlossen werden, sondern sich der Ausschluss auch auf außerhalb eines Arbeitsverhältnisses tätige, unselbstständige Frauen erstreckte. Er hat nicht berücksichtigt, dass für eine Differenzierung zwischen in öffentlich-rechtlichen Dienstverhältnissen stehenden und erwerbslosen Müttern einerseits und dem Schutz des MuSchG unterworfenen Müttern anderseits der Begriff des privatrechtlichen Beschäftigungsverhältnisses ausreichend gewesen wäre. Auch die Verwendung des Begriffs der Unselbstständigkeit wäre den gesetzgeberischen Intentionen nähergekommen. Ferner hat der Gesetzgeber es versäumt, eine Anpassung der Begrifflichkeiten in der RVO, jetzt der §§ 24 ff. SGB V, zu erwägen, um hierdurch etwaige Terminologiedefizite zu vermeiden. Es standen andere Begrifflichkeiten zur Verfügung, die zu einem weniger weitreichenden Ausschluss von sonstigen erwerbstätigen Müttern geführt hätten. Insbesondere GmbH-Geschäftsführerinnen wären bei einer Verwendung der alternativen Begrifflichkeiten unter den Geltungsbereich des MuSchG gefallen. Infolgedessen läge bei einer Orientierung an der klassischen Verhältnismäßigkeitsprüfung der Schluss nahe, dass eine Anknüpfung von § 1 MuSchG an den Arbeitnehmerbegriff nicht erforderlich gewesen ist.

---

200 Buchner/Becker sprechen insoweit davon, dass sich der Gesetzgeber an der sozialpolitischen Dringlichkeit orientiert habe, vgl. *Buchner/Becker*, Einf. MuSchG Rn. 68.

201 BVerfG v. 3.4.1987, 1 BvR 1240/86, SozR 7830 Nr. 11 zu § 13; vgl. auch BSG v. 24.11.1983, 3 RK 35/82, zit. nach Juris.; BVerwG v. 27.5.1993, 5 C 42/89, NJW 1994, 401; *Zmarzlik/Zipperer/Viethen/Vieß*, § 1 Rn. 15.

Zum anderen stellt die Absicht des Gesetzgebers, das Volumen sozialer Leistungen aus Gründen der Reduzierung staatlicher Ausgaben zu beschränken, zwar einen legitimen Zweck dar.[202] Sie genügt für sich genommen aber nicht, um eine differenzierende Behandlung vergleichbarer Personengruppen zu rechtfertigen.[203] Der verfassungsrechtlich notwendige Mindestschutz darf nicht gleichheitswidrig aufgrund fiskalischer Vorbehalte beschränkt werden.[204] Gleiches gilt in Bezug darauf, dass die in § 1 MuSchG vorgenommene Unterscheidung das Ergebnis eines politischen Kompromisses darstellt.[205] Politik wird gerade durch die Notwendigkeit geprägt, sich im Zweifelsfalle die parlamentarische Mehrheit durch eine Übereinkunft mit anderen politischen Lagern zu sichern.[206] Hierdurch wird aber die Bindung des Gesetzgebers an die Grundrechte weder abgemildert noch gänzlich aufgehoben. Da die verfassungsrechtlichen Grenzen auch bei der Schaffung eines Kompromisses zu berücksichtigen sind, kann dies ebenfalls nicht als Rechtfertigungsgrund ins Feld geführt werden.[207]

Schließlich scheidet auch eine Rechtfertigung anhand der historischen Entwicklung des MuSchG aus. § 1 MuSchG ist nicht die Folge einer bloßen Übernahme historisch gewachsener Begrifflichkeiten, sondern das Ergebnis einer *bewussten* Ablösung vorheriger Bedeutungszusammenhänge. Somit können weder die subjektiven gesetzgeberischen Intentionen noch die Gesetzgebungshistorie zu § 1 MuSchG die Ungleichbehandlung von GmbH-Geschäftsführerinnen legitimieren.

Hieraus kann jedoch noch nicht die Unangemessenheit der Anknüpfung an den Arbeitnehmerbegriff gefolgert werden. Dies ließe nämlich unberücksichtigt, dass die Gesetzgebungsmaterialien allein nicht ausreichen, um eine etwaige Inkonsistenz zwischen Regelungszielen und -wirkungen von § 1 MuSchG aufzuzeigen.[208] Eine bloß *subjektive* Willkür des Gesetzgebers ist unschädlich.[209] Deshalb begründet der Umstand, dass im Gesetzgebungsverfahren kein Problembewusstsein hinsichtlich anderer

---

202 BVerfG v. 7.7.1992, u. a., BVerfGE 87, 1 (45); BVerfG v. 7.2.2012,1 BvL 14/07, BVerfGE 130, 240 (258 f.).

203 BVerfG v. 4.4.1962, 2 BvL 9/60 u. a., BVerfGE 14, 42 (54); BVerfG v. 1.6.1965, 2 BvR 616/63, BVerfGE 19, 76 (84 f.); BVerfG v. 18.6.2008, 2 BvL 6/07, BVerfGE 121, 241 (258); BVerfG v. 9.12.2008, 2 BvL 1/07 u. a., BVerfGE 122, 210 (233); BVerfG v. 7.2.2012, 1 BvL 14/07, BVerfGE 130, 240 (258 f.).

204 Vgl. BVerfG v. 8.4.1987, 1 BvL 8/84, BVerfGE 75, 40 (72).

205 Siehe hierzu bereits die obigen Ausführungen im 2. Kapitel, 1. Abschnitt, IV. 1., S. 78 sowie unter IV. 2., S. 79 f.

206 Ähnlich das abweichende Votum in BVerfG v. 30.7.2008, 1 BvR 3262/07, BVerfGE 121, 317 (380).

207 BVerfG v. 24.1.2012, 1 BvL 21/11, BVerfGE 130, 131 (143 f.).

208 Vgl. dazu, dass im Einzelfall bereits eine Inkonsistenz zu einem Verstoß gegen Art. 3 Abs. 1 GG führen kann, BVerfG v. 9.12.2008, 2 BvL 1/07 u. a., BVerfGE 122, 210 (244).

209 St. Rspr. seit BVerfG v. 7.5.1953, 1 BvL 104/52, BVerfGE 2, 266 (281); BVerfG v. 24.3.1976, 2 BvR 804/75, BVerfGE 42, 64 (73).

Beschäftigungsverhältnisse, die nicht vom Arbeitnehmerbegriff erfasst werden, bestand und der Gesetzgeber deswegen der teils unzutreffenden Vorstellung darüber unterlag, dass ein Zusammenhang zwischen dem Kriterium der Arbeitnehmereigenschaft und dem intendierten Ausschluss von Beamtinnen und erwerbslosen Müttern plausibel begründet werden könnte, per se noch keinen Verfassungsverstoß.[210] Auch soweit im Gesetzgebungsverfahren aus finanziellen Gründen eine Beschränkung des Geltungsbereiches des MuSchG auf Arbeitnehmerinnen erfolgte, führt dies nicht schon zu einer Verletzung von Art 3 Abs. 1 GG.[211] Ausschlaggebend ist vielmehr, inwiefern *objektiv* eine Unangemessenheit zwischen der zu untersuchenden Norm und der tatsächlichen Situation, die sie regeln soll, besteht.[212] Es bedarf daher der weiteren Betrachtung, inwiefern die Ungleichbehandlung von GmbH-Geschäftsführerinnen objektiv gerechtfertigt ist. In einem nächsten Schritt ist somit zu prüfen, ob ein hinreichend gewichtiger Grund für die Differenzierung zwischen Arbeitnehmerinnen und GmbH-Geschäftsführerinnen andererseits besteht.[213]

e. Objektive Legitimation der Ungleichbehandlung?

Für eine objektive Rechtfertigung der Ungleichbehandlung von GmbH-Geschäftsführerinnen müssten zwischen Arbeitnehmerinnen und GmbH-Geschäftsführerinnen Unterschiede von solcher Art und solchem Gewicht bestehen, dass sie den Ausschluss aller GmbH-Geschäftsführerinnen vom gesetzlichen Mutterschutz als angemessen rechtfertigen können.[214] Dies ist der Fall, wenn zwischen den vom Gesetzgeber mit dem MuSchG verfolgten Zielen und dem Ausschluss von GmbH-Geschäftsführerinnen ein ausreichender Legitimationszusammenhang zu bejahen wäre.[215] Denn wenn die gesetzgeberischen Intentionen für GmbH-Geschäftsführerinnen keine – oder zumindest eine wesentlich verringerte – Geltung beanspruchen würden, dann bestünde zwischen GmbH-Geschäftsführerinnen und Arbeitnehmerinnen ein wesentlicher Unterschied, der als Rechtfertigungsgrund für den Ausschluss von GmbH-Geschäftsführerinnen herangezogen werden könnte.[216]

---

210 Vgl. BVerfG v. 5.5.1987, 1 BvR 724/81 u. a., BVerfGE 75, 246 (268).

211 Vgl. 22.11.2000, 1 BvR 2307/94 u. a., BVerfGE 102, 254 (303); BVerfG v. 7.2.2012, 1 BvL 14/07, BVerfGE 130, 240 (258 f.).

212 BVerfG v. 26.4.1978, 1 BvL 29/76, BVerfGE 48, 227 (237); BVerfG v. 31.1.1996, 2 BvL 39/93, BVerfGE 93, 386 (400); BVerfG v. 24.1.2012, 1 BvL 21/11, BVerfGE 130, 131 (144).

213 Vgl. BVerfG v. 24.1.2012, 1 BvL 21/11, BVerfGE 130, 131 (144).

214 Ständige Rspr. des BVerfG, vgl. etwa BVerfG v. 16.11.1982, 1 BvL 16/75, BVerfGE 62, 256 (274); BVerfG v. 15.6.1983, 1 BvR 1025/79, BVerfGE 64, 229 (239); BVerfG v. 4.10.1983, 1 BvL 2/81, BVerfGE 65, 104 (114 f.); BVerfG v. 26.1.1992, 1 BvL 38/92, BVerfGE 88, 87 (97); BVerfG v. 7.7.2009, 1 BvR 1164/07, BVerfGE 124, 199 (220).

215 Vgl. *Bumke/Voßkuhle*, Art. 3 GG A. II, S. 96.

216 Ständige Rspr. des BVerfG, vgl. etwa BVerfG v. 16.11.1982, 1 BvL 16/75, BVerfGE 62, 256 (275 ff.); BVerfG v. 4.10.1983, 1 BvL 2/81, BVerfGE 65, 104 (115);

Maßgeblich sind somit zunächst die hinter den konkreten Begünstigungen des MuSchG stehenden, gesetzgeberischen Intentionen.

i. Ziele des gesetzlichen Mutterschutzes

Das MuSchG verfolgt das Ziel, die erwerbstätige Mutter und das ungeborene Kind vor arbeitsplatzbedingten Gefahren, Überforderungen und Gesundheitsschädigungen zu schützen.[217] Es soll zur Vereinbarkeit von Erwerbstätigkeit und Mutterschaft beitragen. Wegen der mit der Schwangerschaft und der Entbindung zusammenhängenden physischen und psychischen Veränderungen sind Mutter nämlich auch noch nach der Geburt nicht wieder voll leistungsfähig, sondern bedürfen der besonderen Schonung.[218] Die Doppelbelastung durch Erwerbstätigkeit und Kinderbetreuung soll deshalb verringert werden.[219] Zudem diente der früher im MuSchG geregelte Mutterschaftsurlaub, nunmehr als Elternzeit in §§ 15 ff. BEEG normiert, dem Zweck, der Mutter die eigene Betreuung ihres Kindes in der unmittelbaren Zeit nach der Geburt zu ermöglichen.[220] Schließlich sollen Mütter so abgesichert sein, dass für sie kein Anreiz besteht, unter Inkaufnahme von gesundheitlichen Gefährdungen zum Zwecke der Existenzsicherung zu arbeiten.[221] Ein zeitweiliger Verzicht auf die Erwerbstätigkeit wird daher ermöglicht.[222] Allgemein gesprochen steht folglich die Entlastung erwerbstätiger Frauen von beruflichen Belastungen während der Schwangerschaft und kurz nach der Geburt im Mittelpunkt des MuSchG, um so einen ausreichenden Gesundheitsschutz zu gewährleisten.[223] Daneben treten familienpolitische Erwägungen.[224]

BVerfG v. 26.1.1992, 1 BvL 38/92, BVerfGE 88, 87 (97); BVerfG v. 7.7.2009, 1 BvR 1164/07, BVerfGE 124, 199 (220, 222).

217 So bereits im 2. Kapitel, 1. Abschnitt, V. 2., S. 84 ff.

218 Begründung des Gesetzesentwurfs zur Einführung eines Mutterschaftsurlaubs v. 5.3.1979, BT-Drs. 8/2613, S. 1. Vgl. auch BAG v. 27.7.1983, 5 AZR 282/81, AP Nr. 3 zu § 8a MuSchG 1968; BAG v. 31.1.1985, 2 AZR 486/83, AP Nr. 6 zu § 8a MuSchG 1968; BSG v. 19.10.1983, 3 RK 19/82, NJW 1984, 631; *Schleicher*, RdA 1984, 283; *Zmarzlik*, DB 1981, 843 (844).

219 Vgl. Beschlussempfehlung und Bericht des Ausschusses für Arbeit und Sozialordnung v. 2.5.1979, BT-Drs. 8/2797, S. 3.

220 BAG v. 27.7.1983, 5 AZR 282/81, AP Nr. 3 zu § 8a MuSchG 1968.

221 BVerfG v. 18.11.2003, 1 BvR 302/96, BVerfGE 109, 64 (86).

222 Vgl. BVerfG v. 4.10.1983, 1 BvL 2/81, BVerfGE 65, 104 (114); BVerfG v. 10.7.2012, 1 BvL 2/10 u. a., NVwZ-RR 2012, 825 (826).

223 Vgl. BVerfG v. 23.4.1974, 1 BVL 19/73, BVerfGE 37, 121 (125).

224 Maunz/Dürig-*Badura*, Art. 6 GG Rn. 156. Es war lange Zeit umstritten, ob einzelnen Regelungen des MuSchG – insbesondere die Regelungen zum Mutterschaftsurlaub und zum Mutterschaftsgeld – zugleich eine familienlastenausgleichende Funktion zukam und daher das MuSchG familienpolitische Ziele verfolgte, vgl. *Buchner*, NJW 1979, 1793 (1801); kritisch auch *Friedrich-Marczyk/Schulte*, ZRP 1980, 317 (318 ff.); a. A.: *Zmarzlik*, DB 1981, 843 (844).

Aufgrund dieser Ziele ist eine Verdichtung des Mutterschutzes auf erwerbstätige Mütter angezeigt. Somit vermögen die vom Gesetzgeber zu den einzelnen Mutterschutzregelungen verfolgten Intentionen eine Beschränkung des Anwendungsbereichs des MuSchG auf erwerbstätige Mütter zu rechtfertigen.[225] Hingegen besteht zwischen dem Ausschluss der GmbH-Geschäftsführerin als ebenfalls erwerbstätiger Frau und den mit dem MuSchG verfolgten Zielen kein angemessenes Verhältnis, sodass eine Rechtfertigung der Ungleichbehandlung ausscheidet.

ii. Keine geringere Schutzwürdigkeit von GmbH-Geschäftsführerinnen

Ein Ausschluss von GmbH-Geschäftsführerinnen aus dem MuSchG wäre nur dann gerechtfertigt, wenn sie, gemessen am Zweck des MuSchG, weniger schutzwürdig wären. GmbH-Geschäftsführerinnen müssten also durch eine Schwangerschaft und Mutterschaft weniger belastet und weniger Gesundheitsgefahren ausgesetzt werden als Arbeitnehmerinnen. Auch müsste ihnen ein Ausgleich der Doppelbelastung durch Erwerbstätigkeit und Mutterschaft leichter fallen als Arbeitnehmerinnen. Ein Vergleich der Situation von schwangeren Arbeitnehmerinnen mit der von schwangeren GmbH-Geschäftsführerinnen zeigt jedoch auf, dass beide Gruppen den gleichen Herausforderungen gegenüberstehen.[226]

Der Gesetzgeber hat, wie gezeigt, den primären Zweck des MuSchG darin gesehen, den Gesundheitsschutz von Müttern, die durch die Schwangerschaft und Entbindung physisch und psychisch belastet sind, zu verbessern. Eine Differenzierung zwischen Organmitgliedern und Arbeitnehmern wird vom medizinischen Standpunkt aus nicht indiziert.[227] Die konkreten Belastungen einer Schwangerschaft und Geburt mögen zwar von Frau zu Frau variieren, die Art der Erwerbstätigkeit oder gar der Berufsstand sind hierfür aber nicht ausschlaggebend.[228] Arbeitnehmerinnen und GmbH-Geschäftsführerinnen unterscheiden sich nicht hinsichtlich ihrer körperlichen und seelischen Belastungen.

Gleiches gilt in Bezug auf die erwähnte, durch Erwerbstätigkeit und Kindererziehung verursachte Doppelbelastung. Es ist darauf hinzuweisen, dass nicht lediglich Arbeit im arbeitsrechtlichen Sinne und Kindererziehung ausgleichspflichtig sind, sondern sich der Begriff der Doppelbelastung allgemeinhin auf jede erwerbstätige, kindererziehende Frau erstreckt. Die Berufsbelastung besteht gleichermaßen für Arbeitnehmerinnen und GmbH-Geschäftsführerinnen. Die Annahme, dass die Tätigkeit als GmbH-Geschäftsführerin weniger umfangreich ist als die einer Arbeitnehmerin, ist nicht gerechtfertigt. Im Gegenteil ist davon auszugehen, dass die Arbeitsbelastung einer GmbH-Geschäftsführerin aufgrund ihrer Stellung regelmäßig größer ausfällt. Weitergehend kann ebenso wenig davon ausgegangen werden, dass bei der GmbH-Geschäftsführerin die durch die Schwangerschaft und

225 Ebenso BVerfG v. 4.10.1983, 1 BvL 2/81, BVerfGE 65, 104 (114 f.).
226 Vgl. entsprechend für Adoptivmütter *Schleicher*, RdA 1984, 280 (282).
227 *Lunk*, FS Bauer, S. 705 (706).
228 Ähnlich BVerfG v. 3.4.1987, 1 BvR 1240/86, SozR 7830 Nr. 11 zu § 13.

Geburt verursachte Leistungsminderung gar nicht eintritt oder aber wesentlich schwächer ausfällt. Schließlich steht die GmbH-Geschäftsführerin wie die Arbeitnehmerin nach der Geburt in Anbetracht des unzureichenden Betreuungsplatzangebotes vor der Schwierigkeit, eine Kinderbetreuung zu organisieren. Hieran wird der neugefasste Förderanspruch ab Vollendung des ersten Lebensjahres des Kindes nach § 24 SGB VIII nichts ändern, ist doch die Betreuung in den ersten zwölf Lebensmonaten subjektivrechtlich nicht gewährleistet.[229] Damit treffen die GmbH-Geschäftsführerin im gleichen Maße sowohl die durch Schwangerschaft und Geburt verursachten körperlichen Belastungen als auch die erwähnte Doppelbelastung. In Bezug auf die Vermeidung von Überforderungen durch Verringerung der berufsspezifischen Belastungen sind Gründe für eine unterschiedliche Behandlung von Arbeitnehmerinnen und GmbH-Geschäftsführerinnen somit nicht ersichtlich. Vielmehr bedarf grundsätzlich jede erwerbstätige, schwangere Frau und Mutter der Schonung.

Ähnliches gilt auch hinsichtlich des mit dem MuSchG verfolgten Ziels, Mütter vor Gesundheitsgefahren am Arbeitsplatz zu schützen. Eine allgemeine Lebenserfahrung, dass GmbH-Geschäftsführerinnen schädlichen Einflüssen in einem geringeren Umfang ausgesetzt sind, besteht nicht. Hiergegen kann nicht eingewendet werden, dass selbstständige Frauen und Frauen in Organstellungen den Umfang ihrer Tätigkeit selbst beeinflussen könnten, während Arbeitnehmerinnen über ihre Tätigkeit nicht frei bestimmen könnten.[230] Denn dies übersieht, dass zumindest im Falle einer in einen fremden Betrieb eingegliederten, in Ermangelung einer beherrschenden Gesellschafterstellung als abhängig beschäftigt geltenden Geschäftsführerin[231] die Modalitäten der Tätigkeitsausübung, zu denen die Arbeitsabläufe und die konkrete Arbeitsplatzgestaltung gehören, dem Dienstherren zuzuordnen sind.[232] Dies gilt umso mehr, als dass allgemeinhin ein Zusammenhang zwischen Erwerbstätigkeit und Gesundheitsgefahren für schwangere Frauen anerkannt ist.[233] Vor diesen Gesundheitsgefahren sollen Mutter und Kind aber gerade durch das MuSchG geschützt werden. Der Gesundheitsschutz am Arbeitsplatz kommt folglich nicht nur bei der Arbeitnehmerin zum Tragen.

Darüber hinaus besteht zumindest bei Fremdgeschäftsführerinnen und Minderheitsgesellschaftergeschäftsführerinnen, die sie betreffende, nachteilige Entscheidungen mangels Einflusses auf die Gesellschafterversammlung nicht verhindern können, eine vergleichbare Gefahr hinsichtlich einer negativen Entwicklung

---

229 Ähnlich BVerfG v. 10.7.2012, 1 BvL 2/10 u. a., NVwZ-RR 2012, 825 (829).

230 So aber noch *Pepping* in der Vorauflage des HK-MuSchG/BEEG, dort § 1 MuSchG Rn. 4.

231 Siehe hierzu die Rechtsprechung des BSG, dargestellt im 1. Kapitel, 2. Abschnitt unter II. 3., S. 34 ff.

232 So bereits vorstehend unter II. 2. b., S. 153 f.

233 Siehe statt vieler nur *Hirt*, S. 9 ff., S. 44 und *Rauchfuss*, S. 38 f.

des Beschäftigungsverhältnisses.[234] Sowohl Arbeitnehmerinnen als auch GmbH-Geschäftsführerinnen wären ohne Beschäftigungsverbote im gleichen Maße verpflichtet, ihren vertraglichen Pflichten nachzukommen.[235] Allerdings kann eine unbeschränkte Erwerbstätigkeit der GmbH-Geschäftsführerin ebenso durch schwangerschaftsbedingte Tätigkeitseinschränkungen, durch den Mangel an Betreuungsmöglichkeiten nach der Geburt oder durch Stillzeiten erschwert sein wie bei einer Arbeitnehmerin. Bei nicht vertragsgemäßer Erfüllung ihrer Pflichten und Aufgaben wären daher beide dem Risiko des Jobverlustes ausgesetzt. Eine Vermutung dahingehend, dass GmbH-Geschäftsführerinnen den Verlust ihrer Beschäftigung weniger als gewöhnliche Arbeitnehmerinnen zu befürchten haben, existiert nicht. Dagegen müssen GmbH-Geschäftsführerinnen gerade wegen § 38 Abs. 1 GmbHG den jederzeitigen Widerruf ihrer Bestellung zur GmbH-Geschäftsführerin befürchten. Eine unvorhergesehene Beendigung ihres Beschäftigungsverhältnisses trifft die Fremd- und Minderheitsgesellschaftergeschäftsführerin ebenso empfindlich wie eine Arbeitnehmerin. Damit haben GmbH-Geschäftsführerinnen, die keine beherrschende Gesellschafterstellung innehaben, ein vergleichbares Bedürfnis auf Schutz vor einem unvorhergesehenen Verlust des Arbeitsplatzes.

Lediglich bei Mehrheits- und Alleingesellschaftergeschäftsführerinnen ist die Vergleichbarkeit aufgrund ihrer Möglichkeit, die Abberufung als Organ und eine Kündigung des Geschäftsführerdienstverhältnisses zu verhindern, abzulehnen.

Überdies müssen nicht nur Arbeitnehmerinnen in der Regel ihre volle Arbeitskraft zur Existenzsicherung einsetzen. Vielmehr muss auch bei GmbH-Geschäftsführerinnen davon ausgegangen werden, dass sie ebenfalls zum Familienunterhalt durch ihre Erwerbstätigkeit beitragen und auf diese Beschäftigung zur Erlangung ihres Lebensunterhalts angewiesen sind. Sie sind daher grundsätzlich im gleichen Maße von ihrer Erwerbstätigkeit wirtschaftlich abhängig wie Arbeitnehmerinnen. Deshalb kann nicht angenommen werden, dass eine GmbH-Geschäftsführerin einen etwaigen schwangerschaftsbedingten, temporären oder infolge der Beendigung des Beschäftigungsverhältnisses dauerhaften Einkommensverlust leichter ausgleichen kann als eine Arbeitnehmerin.[236] Generell kann die Frage, inwiefern finanzielle Nachteile hinzunehmen sind, nicht anhand der Art der Beschäftigung beantwortet werden. Eine solche typisierende Betrachtung würde dem Wesensgehalt von Art. 6 Abs. 4 GG widersprechen und die generelle Schutzbedürftigkeit von Müttern aberkennen.[237] Für eine sachgerechte Beurteilung, inwiefern ein etwaiger Einkommensersatz vorzusehen ist, bedürfte es indessen der konkreten Betrachtung der Einkommenshöhe.[238] Rückschlüsse aus der Art der Erwerbstätigkeit auf die Höhe

---

234 Ähnlich für im Familienbetrieb mithelfende Arbeitnehmer BVerfG v. 26.11.1964, 1 BvL 14/62, BVerfGE 18, 257 (272).

235 Siehe zur Lage der Geschäftsführerin vorstehend unter II. 2. b., S. 153 und c., S. 155.

236 Vgl. *Schliemann*, FS Buchner, S. 797 (806).

237 In diese Richtung *Schliemann*, FS Buchner, S. 797 (806); vgl. auch *Namendorf*, S. 145.

238 Ähnlich *Schleicher*, RdA 1984, 280 (281).

des Einkommens oder gar auf die Fähigkeit, Rücklagen zu bilden, sind nicht per se möglich. Die Nichterfüllung des gesetzlichen Kriteriums der Arbeitnehmereigenschaft bildet somit keine ausreichende Beurteilungsgrundlage. Der Annahme einer vergleichbaren Schutzbedürftigkeit kann auch nicht mit der Begründung, die GmbH-Geschäftsführerin vertrete die Gesellschaft als Organ im Rechtsverkehr und übe gegenüber anderen Arbeitnehmern Leitungsfunktionen aus, entgegengetreten werden.[239] Denn schließlich sind die Stellung im Berufsleben, die Art der konkreten Tätigkeit und die Höhe des Einkommens innerhalb des Geltungsbereiches des MuSchG ohne Belang.[240] Weshalb diesen vom Gesetzgeber als irrelevant beurteilten Punkten aber außerhalb des Anwendungsbereiches des MuSchG maßgebliche Bedeutung zukommen soll, vermag nicht einzuleuchten. Vielmehr kommen die Schutzziele der Einkommens- und Beschäftigungssicherung bei der GmbH-Geschäftsführerin gleichermaßen zum Tragen. Vor dieser mit dem Gesetz verfolgten Schutzfunktion lässt sich eine unterschiedliche Behandlung von GmbH-Geschäftsführerinnen nicht rechtfertigen.[241]

Werden schließlich die familienpolitischen Auswirkungen des MuSchG in die Betrachtung mit einbezogen, so ist nicht plausibel, weshalb für Kinder von GmbH-Geschäftsführerinnen etwas anderes gelten soll als für Kinder von Arbeitnehmerinnen.[242] Die unmittelbare Zeit nach der Geburt wurde zur Zeit der Einführung des Mutterschaftsurlaubs einhellig als die wichtigste und prägendste Zeit eines Kindes bezeichnet. Die vermeintlich gravierenden Gefahren einer frühkindlichen Mutterentbehrung wurden unter dem Begriff der »doppelbelasteten Komplikationskinder« zusammengefasst.[243] Ein sachlicher Grund, warum bei GmbH-Geschäftsführerinnen die Nachteile einer Fremderziehung weniger schwerwiegen sollen als bei Arbeitnehmerinnen, ist nicht ersichtlich.[244]

Folglich sind GmbH-Geschäftsführerinnen nicht per se und nicht in allen für das MuSchG maßgeblichen Bereichen weniger schutzwürdig als Arbeitnehmerinnen. Insbesondere bei Fremd- und Minderheitsgesellschaftergeschäftsführerinnen besteht eine gegenüber Arbeitnehmern vergleichbare Schutzbedürftigkeit. Darüber hinaus bedürfen auch beherrschende Gesellschaftergeschäftsführerinnen in Bezug auf einzelne Aspekte des Mutterschutzes in gleichem Maße wie Arbeitnehmerinnen des Schutzes. Hierzu zählen der Ausgleich von mit der Schwangerschaft

---

239 Siehe hierzu bereits die Kritik an der Rechtslage *de lege lata* im 1. Kapitel, 2. Abschnitt unter IV., S. 44 ff. Aus den gleichen Gründen kann nicht anerkannt werden, dass sich die Schutzbedürftigkeit der GmbH-Geschäftsführerin allein durch die Organzugehörigkeit vermindert.

240 Vgl. *Heilmann*, § 1 MuSchG Rn. 5.

241 Im Ergebnis ebenso *Heilmann*, Einl. MuSchG Rn. 37.

242 In diese Richtung auch *Heilmann*, Einl. MuSchG Rn. 13.

243 Vgl. hierzu sehr eindrücklich *Schulte Langforth*, RdA 1961, 315 ff. sowie Redebeitrag der Abgeordneten Geier (CDU/CSU) in der 151. BT-Sitzung am 10.5.1979, Verh. d. BT., 8. Wahlp., S. 12073.

244 In diese Richtung *Buchner/Becker*, Einf. MuSchG Rn. 69.

und Geburt einhergehenden Veränderungen und Belastungen, die Gewährung von Schonzeiten, die Ermöglichung der Eigenbetreuung der Kinder sowie eine finanzielle Absicherung für Zeiten der Nichterwerbstätigkeit. Eine Rechtfertigung aufgrund einer etwaigen unterschiedlichen Schutzbedürftigkeit scheidet diesbezüglich aus. Umgekehrt kann eine geringere Schutzbedürftigkeit der Allein- oder Mehrheitsgesellschaftergeschäftsführerinnen lediglich hinsichtlich der Möglichkeit zur Anpassung des Arbeitsplatzes an die schwangerschaftsbedingten Anforderungen und der Gefahr eines unvorhergesehenen Jobverlustes angenommen werden. Nur insoweit könnte die geringere Schutzbedürftigkeit als Rechtfertigungsgrund für die Ungleichbehandlung herangezogen werden.

Eignet sich ein etwaiges divergierendes Schutzniveau somit nur bedingt zur Rechtfertigung, so rücken andere spezifische Arbeitnehmereigenschaften als Rechtfertigungsgründe in den Vordergrund. Im Fokus steht daher die mit dem Arbeitnehmerbegriff untrennbar verbundene Weisungsgebundenheit. Nach der Rechtslage *de lege lata* soll diese bei GmbH-Geschäftsführerinnen gerade fehlen. Als Rechtfertigungsgrund könnte das Kriterium der Weisungsgebundenheit allerdings nur dann herangezogen werden, wenn zwischen ihr und den Zielen des MuSchG ein innerer Zusammenhang besteht.[245]

iii. Fehlender Legitimationszusammenhang zwischen Zielen des MuSchG und Weisungsgebundenheit

Vor allem die Rechtsprechung nutzt die Weisungsgebundenheit, um mit einem pauschalen Hinweis darauf, dass sachlicher Grund für die Differenzierung im MuSchG das Vorliegen eines von persönlicher Abhängigkeit geprägten Arbeitsverhältnisses sei, etwaige Ungleichbehandlungen zu rechtfertigen.[246] Dies vermag allerdings nicht zu überzeugen.[247] Zwar kann das mit dem Arbeitnehmerbegriff unmittelbar verbundene Kriterium der Weisungsgebundenheit eine soziale Schutzwürdigkeit indizieren. Diese Indizwirkung ist einem Umkehrschluss jedoch nicht zugänglich.[248] Die vorstehenden Ausführungen haben gerade gezeigt, dass keine Anhaltspunkte dafür bestehen, dass GmbH-Geschäftsführerinnen immerfort weniger schutzbedürftig als Arbeitnehmerinnen sind. Hierauf hat eine etwaige bestehende

---

245 Zum notwendigen Legitimationszusammenhang zwischen etwaig bestehenden Unterschieden und der vorgenommenen Differenzierung vgl. auch BVerfG v. 30.5.1990, 1 BvL 2/83, BVerfGE 82, 126 (146 ff.).

246 So BVerfG v. 3.4.1987, 1 BvR 1240/86, SozR 7830 Nr. 11 zu § 13; BVerwG v. 27.5.1993, 5 C 42/89, NJW 1994, 401; BSG v. 24.11.1993, 3 RK 35/82, zit. nach Juris; ebenso *Buchner/Becker*, Einf. MuSchG Rn. 79; *Meisel/Sowka*, Einl. MuSchG Rn. 27a; *Zmarzlik/Zipperer/Viethen/Vieß*, § 1 MuSchG Rn. 15.

247 *Buchner*, NJW 1979, 1793 (1801); zweifelnd auch *Schleicher*, RdA 1984, 280 (281).

248 Vgl. zu den Schwierigkeiten, aus der bloßen Nichterfüllung von Differenzierungskriterien im Umkehrschluss eine negative Prognose zu formulieren BVerfG v. 10.7.2012, 1 BvL 2/10 u. a., NVwZ-RR 2012, 825 ff.

Weisungsgebundenheit keinen Einfluss. Allein aus dem Fehlen einer solchen kann daher nicht auf eine fehlende Schutzbedürftigkeit geschlossen werden.

Darüber hinaus kann die Weisungsgebundenheit nur insoweit als maßgeblich betrachtet werden, als dass Sinn und Zweck eines Gesetzes die ausschließliche Anwendbarkeit auf Arbeitnehmer ergeben. Dies mag bei einigen Arbeitnehmerschutzgesetzen der Fall sein. Das MuSchG hat aber primär das Ziel, die Gesundheit erwerbstätiger Mütter und ihres (ungeborenen) Kindes zu schützen. Dieser Schutzzweck besteht gleichermaßen bei weisungsunabhängigen erwerbstätigen Müttern. Gemessen an der Ziel- und Zwecksetzung des MuSchG ist somit nicht entscheidend, ob eine schwangere Frau und Mutter einem arbeitsrechtlichen Weisungsrecht unterliegt, sondern ob sie aufgrund eines Dauerschuldverhältnisses zu einer Dienstleistung verpflichtet ist, infolge derer ihre Gesundheit oder die ihres (ungeborenen) Kindes gefährdet wird.[249] Die persönliche Abhängigkeit und Weisungsgebundenheit der Mutter bilden folglich keine urnatürlichen Voraussetzungen für die Anwendung einzelner Vorschriften des MuSchG.[250] Vielmehr hätte – wie bereits zuvor herausgestellt – eine verfassungsrechtlich vertretbare Regelung des Geltungsbereichs auch am Begriff der Unselbstständigkeit oder am Begriff des privatrechtlichen Beschäftigungsverhältnisses anknüpfen können.[251] Die Intentionen des Gesetzgebers zum MuSchG bedingen somit nicht die Anknüpfung an den Begriff der Arbeitnehmerin. Demnach besteht zwischen der Beschränkung des Geltungsbereichs auf Arbeitnehmerinnen und den mit den einzelnen Mutterschutzregelungen verfolgten Zielen kein ausreichender Legitimationszusammenhang.

Ergänzend sei darauf hingewiesen, dass im Rahmen des Art. 3 Abs. 1 GG der besondere Schutz zu berücksichtigen ist, den der Gesetzgeber jeder Mutter nach Art. 6 Abs. 4 GG schuldet.[252] Der grundsätzliche Anspruch aller Mütter auf Schutz und Fürsorge darf durch einfachgesetzliche Regelungen nicht infrage gestellt werden. Es verbieten sich daher Differenzierungen, die dem in der Wertentscheidung von Art. 6 Abs. 4 GG ausgedrückten Willen des Verfassungsgebers, Müttern einen besonderen Schutz angedeihen zu lassen, zuwiderlaufen würden.[253] Vor diesem Hintergrund bedürfte es sehr gewichtiger Gründe, um den aus § 1 MuSchG resultierenden Komplettausschluss der GmbH-Geschäftsführerin vom Mutterschutz zu rechtfertigen. Es müssten zwischen GmbH-Geschäftsführerinnen und Arbeitnehmerinnen erhebliche Unterschiede bestehen. Dies ist – wie gezeigt – aber nicht der Fall. Vielmehr überlagern das soziale Schutzbedürfnis und der Fürsorgegedanke des Art. 6 Abs. 4 GG sowohl etwaige funktionale Abgrenzungskriterien als auch den

---

249 Dies stellt das BVerfG in seinem Urteil zum Ausschluss nichterwerbstätiger Mütter vom MuSchG zutreffend heraus, vgl. BVerfG v. 4.10.1983, 1 BvL 2/81, BVerfGE 65, 104 (114 f.).

250 So zumindest für den Mutterschaftsurlaub auch *Buchner*, NJW 1979, 1793 (1801).

251 Dies wurde bereits unter III. 2 d. auf S. 173 herausgestellt.

252 BVerfG v. 4.10.1983, 1 BvL 2/81, BVerfGE 65, 104 (113).

253 BVerfG v. 4.10.1983, 1 BvL 2/81, BVerfGE 65, 104 (113) unter Verweis auf BVerfG v. 12.2.1964, 1 BVL 12/62, BVerfGE 17, 210 (217).

Gesichtspunkt der persönlichen Abhängigkeit. Es wäre mit der verfassungsrechtlich gebotenen Anerkennung der Leistung der Mutter und ihrer auf den besonderen biologischen Umständen der Schwangerschaft beruhenden Schutzbedürftigkeit nicht vereinbar, die abweichende Behandlung von Arbeitnehmerinnen und Geschäftsführerinnen hinsichtlich des einfachgesetzlichen Mutterschutzes mit rein formal-juristischen Begründungen zu rechtfertigen. Dies bedeutet, dass selbst wenn der herrschenden Ansicht zum Status der GmbH-Geschäftsführerin gefolgt und eine arbeitsrechtliche Weisungsgebundenheit abgelehnt werden würde, dies keinen hinreichenden Grund dafür darstellen würde, der GmbH-Geschäftsführerin den Mutterschutz *gänzlich* zu versagen.[254] Aus diesem Grund ist eine Rechtfertigung der Ungleichbehandlung ebenfalls ausgeschlossen.

iv. Keine verfassungsrechtlich zulässige Typisierung

Eine ansonsten nicht gerechtfertigte Benachteiligung kann ausnahmsweise dann gerechtfertigt sein, wenn sich ein ausreichend gewichtiger Grund aus der Notwendigkeit zu gesetzgeberischen Typisierungen und Generalisierungen ergibt.[255] Denn bei der Ausgestaltung gesetzlicher Regelung hat der Gesetzgeber grundsätzlich darauf zu achten, dass er Normen für eine unbestimmte Vielzahl von Fällen schafft.[256] Die Ausgestaltung eines allgemeinen Rechtssatzes ist jedoch oft nur möglich unter Rückgriff auf Generalisierungen, Pauschalisierungen und Typisierungen. Dabei werden insbesondere Typisierungen zur Regelung von Massenerscheinungen im Sozialleistungsrecht als allgemein notwendig anerkannt.[257]

Zwar ist dem Gesetzgeber zuzugeben, dass gewisse Pauschalierungen notwendig sind, um einen größtmöglichen Anwendungsbereich zu gewährleisten.[258] Auch die Entscheidung, wem bestimmte soziale Leistungen gewährt werden sollen, obliegt grundsätzlich dem Gesetzgeber. Er kann daher ein Gesetz an ein formal einfach zu handhabendes Kriterium anknüpfen und damit eine umfangreiche Einzelfallprüfung entbehrlich machen. Im Grundsatz sind Differenzierungen nach Art der Beschäftigung und Erwerbstätigkeit im Anwendungsbereich von Schutzgesetzen nicht zu beanstanden, weil damit der typischen Verschiedenheit von Erwerbstätigen in ihrer Schutzbedürftigkeit Ausdruck verliehen wird. Eine Typisierung zugunsten von Arbeitnehmern

---

254 Ähnlich für das Mutterschaftsgeld *Hofmann* in Schmidt-Bleibtreu/Klein, Art. 6 GG Rn. 66.

255 *Rüfner* in BK, Art. 3 Abs. 1 GG Rn. 113.

256 Vgl. grundlegend zum Verbot von Einzelfallgesetzen BVerfG v. 15.12.1959, 1 BvL 10/55, BVerfGE 10, 234; BVerfG v. 7.5.1969, 2 BvL 15/67, BVerfGE 25, 371; BVerfG v. 2.3.1999, 1 BvL 2/91, BVerfGE 99, 367 (400).

257 Vgl. z. B. BVerfG v. 24.7.1963, 1 BvL 11/61 u. a., BVerfGE 17, 1 (23 ff.); BVerfG v. 6.6.1978, 1 BvR 102/76, BVerfGE 48, 346 (361); BVerfG v. 8.2.1983, 1 BvL 28/79, BVerfGE 63, 119 (128); BVerfG v. 29.10.2002, 1 BvL 16/95 u. a., BVerfGE 106, 166 (179); BVerfG v. 6.7.2004, 1 BvR 2515/95, BVerfGE 111, 176 (188).

258 *Starck* in v. Mangoldt/Klein/Starck, Art. 3 GG Rn. 23.

ist somit grundsätzlich zulässig. Allerdings darf die typisierende und pauschalierende Beschränkung des Anwendungsbereichs auf Arbeitnehmer im konkreten Regelungskontext die Grenzen der gesetzgeberischen Einschätzungsprärogative nicht überschritten haben.[259] Diesbezüglich bestehen vorliegend aber erhebliche Zweifel.

Zunächst ist nicht erkennbar, dass die unterschiedliche Behandlung von Arbeitnehmerinnen und GmbH-Geschäftsführerinnen auf Tatsachen beruht, welche die Annahme rechtfertigen, dass gerade GmbH-Geschäftsführerinnen keines einfachgesetzlichen Mutterschutzes bedürfen. Es gibt keine Anhaltspunkte dafür, dass insbesondere Fremdgeschäftsführerinnen weniger schutzbedürftig sind als Arbeitnehmerinnen.[260] Die Beschränkung des Geltungsbereichs auf Arbeitnehmerinnen wird weder durch die gesetzgeberische Zielsetzung noch nach dem objektiven Regelungsgehalt des MuSchG bedingt.[261] Daher bestimmt das vom Gesetzgeber gewählte Abgrenzungskriterium der Arbeitnehmereigenschaft – wie gezeigt – den Kreis der Schutzbedürftigen nicht in geeigneter Weise. Vielmehr hat der Gesetzgeber mit der vorgenommenen Beschränkung des Geltungsbereichs des MuSchG auf Arbeitnehmerinnen nicht von seiner Typisierungsbefugnis Gebrauch gemacht, sondern sich von Erwägungen leiten lassen, die mit einer zulässigen Typisierung in keinem erkennbaren Zusammenhang stehen.[262] Darüber hinaus sind mit der Versagung des Mutterschutzes weitreichende negative Folgen für die einzelne schwangere GmbH-Geschäftsführerin verknüpft, durch welche die GmbH-Geschäftsführerin empfindlich betroffen wird.[263] Insbesondere sind die Gefahr des Jobverlustes und die zu erwartenden erheblichen Einkommenseinbußen geeignet, den Entschluss der GmbH-Geschäftsführerin ohne beherrschende Gesellschafterstellung, ihr Kind auszutragen, negativ zu beeinflussen. Damit wiegen die mit der Typisierung verbundenen Belastungen bei Fremd- und Minderheitsgesellschaftergeschäftsführerin besonders schwer,[264] während die Regelung in § 1 Nr. 1 MuSchG den Staatshaushalt

---

259 Vgl. Beispiele unzulässiger Typisierungen und Pauschalisierung in BVerfG v. 26.4.1978, 1 BvL 29/76, BVerfGE 48, 227 (239); BVerfG v. 8.2.1983, 1 BvL 28/79, BVerfGE 63, 119 (128 f.); BVerfG v. 26.1.1993, 1 BvL 38/92 u. a., BVerfGE 88, 87 (96); BVerfG v. 9.12.2008, 2 BvL 1/07, BVerfGE 122, 210 (240 f.); BVerfG v. 21.6.2011, 1 BvR 2035/07, BVerfGE 129, 49 (71 ff.).

260 Siehe hierzu die vorstehenden Ausführungen unter III. 2. e. ii. auf S. 177 ff.

261 Siehe hierzu die vorstehenden Ausführungen unter III. 2. e. ii., S. 177 ff. und iii., S. 184 ff.

262 Vgl. zur Unzulässigkeit einer typisierenden Gruppenbildung, weil die gewählten Anknüpfungspunkte nicht im Normzweck angelegt sind BVerfG v. 23.6.2004, 1 BvL 3/98 u. a., BVerfGE 111, 115 (137 ff.); BVerfG v. 9.12.2008, 2 BvL 1/07 u. a., BVerfGE 122, 210 (240 f.).

263 Vgl. zu den weitreichenden Folgen die Ausführungen zu Art. 6 Abs. 4 GG unter II. 2., S. 149 ff.

264 Vgl. zur Pflicht des Staates, der durch negative Einwirkungen auf die Schwangere hervorgerufenen Gefahr eines Schwangerschaftsabbruchs aktiv zu begegnen BVerfG v. 28.5.1993, 2 BvF 2/90 u. a., BVerfGE 88, 203 (258).

nur in geringem Umfang entlastet.[265] Zudem hätten diese Härten ohne Probleme durch die Wahl anderer Begrifflichkeiten vermieden werden können.[266] Sie müssen daher von der nichtbeherrschenden GmbH-Geschäftsführerin nicht hingenommen werden.[267]

Die Anknüpfung an den Arbeitnehmerbegriff erfüllt somit insgesamt nicht die Anforderungen an eine hinreichend fundierte und folgerichtige Typisierung.[268] Aus diesem Grund lässt sich die durch § 1 Nr. 1 MuSchG bewirkte Benachteiligung aller Arten von GmbH-Geschäftsführerinnen auch nicht mit der Befugnis des Gesetzgebers zur Pauschalisierung bei Massenerscheinungen rechtfertigen.

v. Kein alternatives Schutzkonzept für GmbH-Geschäftsführerinnen

Schließlich läge auch dann ein ausreichender Grund für die Ungleichbehandlung von GmbH-Geschäftsführerinnen vor, wenn der Ausschluss aus dem Geltungsbereich des MuSchG mit Rücksicht darauf vorgesehen worden wäre, dass für GmbH-Geschäftsführerinnen ein anderweitiges Schutzkonzept existieren würde. Indessen liegen diese Voraussetzungen gerade nicht vor. Zwar mag im Einzelnen eine GmbH-Geschäftsführerin Schutz über § 24d SGB V, § 24i Abs. 1 1. Alt., Abs. 2 S. 7 SGB V sowie über § 138 BGB, § 242 BGB, § 275 BGB und § 616 BGB erhalten. Der so gewährleistete Schutz erfüllt jedoch nicht die verfassungsrechtlichen Minimalanforderungen von Art. 6 Abs. 4 GG.[269] Eine Verweisung auf die neben dem MuSchG bestehenden allgemeinen Vorschriften kann daher nicht erfolgen. Mangels eines alternativen Schutzkonzepts scheidet auch insoweit eine Rechtfertigung der Ungleichbehandlung aus.

Insgesamt sind somit keine sachlichen Gründe für die vom Gesetzgeber vorgenommene pauschale Differenzierung zwischen GmbH-Geschäftsführerinnen und

---

265 Im Jahr 2012 waren ca. 16.762.000 Frauen im Alter von 15 bis 64 Jahren erwerbstätig. Davon waren 15.372.000 Frauen als abhängige Beschäftigte tätig, während der Anteil an Frauen, die als selbstständig erwerbstätig galten, nur 1.278.000 betrug. Siehe hierzu Ergebnisse des Mikrozensus, veröffentlicht vom Statistischen Bundesamt unter: https://www.destatis.de/DE/ZahlenFakten/GesamtwirtschaftUmwelt/-Arbeitsmarkt/Erwerbstaetikeit/TabellenArbeitskraefteerhebung/AtypKernerwerb-ErwerbsformZR.html (Stand: 20.2.2014).

266 So bereits ausführlich unter III. 2. d. , S. 173. Vgl. zur Bedeutung der Vermeidbarkeit der entstandenen Härten für die Zulässigkeit einer Typisierung BVerfG v. 8.2.1983, 1 BvL 28/79, BVerfGE 63, 119 (128 f.); BVerfG v. 6.7.2004, 1 BvR 2515/95, BVerfGE 111, 176 (189); BVerfG v. 21.6.2011, 1 BvR 2035/07, BVerfGE 129, 49 (73).

267 Zur strengen Kontrolle hinsichtlich Eignung, Erforderlichkeit und Angemessenheit typisierender Regelungen vgl. Sachs-*Osterloh/Nußberger*, Art. 3 GG Rn. 110.

268 Vgl. BVerfG v. 6.7.2004, 1 BvR 2515/95, BVerfGE 111, 176 (188 f.); BVerfG v. 9.12.2008, 2 BvL 1/07 u. a., BVerfGE 122, 210 (240 f.).

269 Siehe hierzu ausführlich die vorstehenden Untersuchungen zu Art. 6 Abs. 4 GG unter II. 2., S. 149 ff. Zweifel äußert insoweit auch *Heilmann*, Einl. MuSchG Rn. 29.

Arbeitnehmerinnen erkennbar. Die Ungleichbehandlung gegenüber Arbeitnehmerinnen ist folglich sachlich nicht gerechtfertigt.[270]

3. Rechtfertigung der Ungleichbehandlung gegenüber Heimarbeiterinnen?

Aus den gleichen Gründen muss auch eine Rechtfertigung der Ungleichbehandlung der GmbH-Geschäftsführerin gegenüber Heimarbeiterinnen ausscheiden. Heimarbeiterinnen sind nur zu einem geringen Maße persönlich abhängig von ihrem Auftraggeber. Gleichzeitig sind sie aber ähnlich wie GmbH-Geschäftsführerinnen von ihrer Erwerbstätigkeit wirtschaftlich abhängig.[271] Zwischen Heimarbeiterinnen und GmbH-Geschäftsführerinnen besteht somit eine größere Vergleichbarkeit – unabhängig davon, ob die GmbH-Geschäftsführerin am Gesellschaftskapital beteiligt ist oder nicht. Dies hat zur Folge, dass an die Rechtfertigung der Ungleichbehandlung von GmbH-Geschäftsführerinnen gegenüber Heimarbeiterinnen noch strengere Anforderungen zu stellen sind. Läuft aber schon die gesetzgeberische Differenzierung zugunsten von Arbeitnehmerinnen den verfassungsrechtlichen Wertungen des allgemeinen Gleichbehandlungsgebots und des Mutterschutzgebotes zuwider, so muss dies erst recht für die Benachteiligung gegenüber Heimarbeiterinnen gelten.[272] Ein Zusammenhang zwischen der Heimarbeitereigenschaft und den Zielen des MuSchG ist ebenso wenig wie hinsichtlich der Arbeitnehmereigenschaft erkennbar. Die vorstehende Argumentation kann somit auf Heimarbeiterinnen übertragen werden. Folglich ist die Ungleichbehandlung von GmbH-Geschäftsführerinnen gegenüber Heimarbeiterinnen gleichfalls nicht gerechtfertigt.

4. Ergebnis

Nach alledem führt die Regelung in § 1 MuSchG zu einer Begünstigung von Arbeitnehmerinnen und Heimarbeiterinnen, obgleich es sich hierbei nicht um eine klar unterscheidbare Gruppe von Müttern handelt. Hinreichend gewichtige Gründe für einen *gänzlichen* Ausschluss der GmbH-Geschäftsführerin aus dem MuSchG konnten nicht festgestellt werden. Insbesondere konnten weder eine generell geringere Schutzwürdigkeit der GmbH-Geschäftsführerin noch ein anderer Legitimationszusammenhang zu etwaig zwischen den Vergleichsgruppen bestehenden Unterschieden hergestellt werden. Dementsprechend stellt sich § 1 MuSchG als verfassungsrechtlich nicht hinreichend begründete, undifferenzierte Beschränkung des Mutterschutzes auf nur einen Teil aller erwerbstätigen Mütter dar. Dem Gesetzgeber ist durch den *gänzlichen* Ausschluss von GmbH-Geschäftsführerinnen

---

270 In diese Richtung *Heilmann*, Einl. MuSchG Rn. 29; *Lunk*, S. 705 (709 f.). In Bezug auf das Mutterschaftsgeld auch *Hofmann* in Schmidt-Bleibtreu/Klein, Art. 6 GG Rn. 66.

271 Ebenso *Lunk*, FS Bauer, S. 705 (709 f.).

272 Ebenso *Lunk*, FS Bauer, S. 705 (709 f.); *Schliemann*, FS Buchner, S. 797 (806).

aus dem MuSchG eine verfassungswidrige Diskriminierung vorzuwerfen. Der zur Prüfung gestellte Ausschluss von GmbH-Geschäftsführerinnen aus dem MuSchG ist folglich mit Art. 3 Abs. 1 GG unvereinbar. Somit verstößt § 1 MuSchG gegen Art. 3 Abs. 1 GG.

Zu dieser festgestellten verfassungswidrigen Ungleichbehandlung von GmbH-Geschäftsführerinnen könnte in Anbetracht der Tatsache, dass die in § 1 MuSchG gewählten Differenzierungskriterien rechtlich mit den biologischen Umständen der Mutterschaft eng verknüpft sind, ein weiterer gleichheitsrechtlicher Aspekt hinzutreten: die Gleichberechtigung von Mann und Frau. Nachfolgend soll daher ein Blick auf etwaige negative Auswirkungen des Ausschlusses von GmbH-Geschäftsführerinnen aus dem MuSchG auf die Gleichheitskonstellation zwischen Männern und Frauen geworfen werden.

IV. Verstoß gegen das Gleichberechtigungs- und Förderungsgebot aus Art. 3 Abs. 2 GG

Der Grundsatz der Gleichberechtigung der Geschlechter hat durch Art. 3 Abs. 2 GG und Art. 3 Abs. 3 GG Eingang in die Verfassung bekommen. Während Art. 3 Abs. 3 GG spezielle Differenzierungsverbote enthält und unter anderem verbietet, das Geschlecht als Anknüpfungspunkt für eine Diskriminierung oder Privilegierung auszuwählen, verleiht Art. 3 Abs. 2 GG dem Grundrecht auf Gleichberechtigung durch ein Abwehrrecht und einen Förderauftrag als Staatszielbestimmung Ausdruck.[273] Beide besonderen Gleichheitssätze konkretisieren den allgemeinen Gleichheitssatz nach Art. 3 Abs. 1 GG und haben daher grundsätzlich in Bezug auf die in Abs. 2 und Abs. 3 genannten Differenzierungskriterien Vorrang. Gleichwohl ist eine getrennte Prüfung von Art. 3 Abs. 1 GG und Art. 3 Abs. 2 GG dann möglich, wenn zwar der gleiche Sachverhalt – hier § 1 MuSchG –, aber unterschiedliche Vergleichsgruppen betroffen sind.[274]

Während sich die gleichheitsrechtliche Prüfung bisher auf einen Vergleich von GmbH-Geschäftsführerinnen zu Arbeitnehmerinnen und Heimarbeiterinnen konzentrierte, soll nunmehr problematisiert werden, inwiefern die Rechtslage *de lege lata* dem geschlechtsspezifischen Gleichstellungsgebot aus Art. 3 Abs. 2 GG Rechnung trägt. Im Mittelpunkt steht dabei die Frage, ob durch den Ausschluss von GmbH-Geschäftsführerinnen aus dem Geltungsbereich des MuSchG eine geschlechtsspezifische Diskriminierung von GmbH-Geschäftsführerinnen durch den Gesetzgeber nicht verhindert wird, obgleich ihn insoweit eine Schutzpflicht trifft. Aus diesem Grund darf sich die vorliegende Untersuchung nicht auf den

---

273 Bericht der Gemeinsamen Verfassungskommission v. 5.11.1993, BT-Drs. 12/6000, S. 50; *Boysen* in v. Münch/Kunig, Art. 3 GG Rn. 115, 161 f.; *Krieger* in Schmidt-Bleibtreu/Klein, Art. 3 GG Rn. 64, 74 f.; *Starck* in v. Mangoldt/Klein/Starck, Art. 3 GG Rn. 311.

274 Vgl. Sachs-*Osterloh/Nußberger*, Art. 3 GG Rn. 78.

allgemeinen Gedanken der Gleichheit beschränken, sondern muss auch eine Betrachtung von Art. 3 Abs. 2 GG umfassen.

1. *Inhalt des Gleichberechtigungsgebotes*

Nach Art. 3 Abs. 2 GG sind Männer und Frauen gleichberechtigt. Dieser spezielle Gleichbehandlungsgrundsatz konkretisiert den allgemeinen Gleichbehandlungsgrundsatz des Art. 3 Abs. 1 GG und verbietet, dass der Geschlechtsunterschied einen beachtlichen Grund für eine Differenzierung darstellt.[275] Art. 3 Abs. 2 GG gebietet im Unterschied zu Art. 3 Abs. 3 GG nicht nur die Beseitigung von Rechtsnormen, die Vor- oder Nachteile an Geschlechtsmerkmale knüpfen. Vielmehr reicht der Regelungsgehalt über Art. 3 Abs. 3 GG hinaus und erstreckt das Gleichbehandlungsgebot auf die gesellschaftliche Wirklichkeit.[276] Art. 3 Abs. 2 GG zielt auf die langfristige Angleichung der Lebensverhältnisse von Männern und Frauen ab.[277] Dies ist durch die Anfügung von Satz 2 in Art. 3 Abs. 2 GG ausdrücklich klargestellt worden.[278] Im Fokus steht daher die Durchsetzung der Gleichberechtigung der Geschlechter in der Zukunft.[279]

Im Bereich der Beschäftigungsverhältnisse verlangt das Gleichberechtigungsgebot primär die Schaffung gleicher Erwerbschancen für Männer und Frauen.[280] Der Gesetzgeber ist daher gehalten, drohende Beschäftigungs- und Aufstiegshindernisse für Frauen im gebärfähigen Alter so weit wie möglich zu beseitigen.[281] Zugleich wird der Verfestigung tradierter Rollenverteilungen und Rollenverständnisse zwischen Männern und Frauen entgegengewirkt.[282] Im Interesse der Angleichung der

---

275 BVerfG v. 22.2.1983, 1 BvL 17/81, BVerfGE 63, 181 (194); BVerfG v. 8.1.1985, 1 BvR 830/83, BVerfGE 68, 384 (390); BVerfG v. 3.12.1985, 1 BvL 29/84, BVerfGE 71, 224 (228); BVerfG v. 18.12.2002, 1 BvR 108/96, NJW 2003, 1656.

276 BVerfG v. 28.1.1992, 1 BvR 1025/82, BVerfGE 85, 191 (207); BVerfG v. 24.1.1995, 1 BvL 18/93, BVerfGE 92, 91 (109, 112).

277 BVerfG v. 28.1.1992, 1 BvR 1025/82 u. a., BVerfGE 85, 191 (207); BVerfG v. 16.11.1993, 1 BvR 258/86, BVerfGE 89, 276 (285); BVerfG v. 24.1.1995, 1 BvL 18/93 u. a., BVerfGE 92, 91 (109, 112); BVerfG v. 30.1.2002, 1 BvL 23/96, BVerfGE 104, 373 (393); BVerfG v. 21.9.2006, 1 BvR 308/03, NJW 2007, 137.

278 Bericht der Gemeinsamen Verfassungskommission v. 5.11.1993, BT-Drs. 12/6000, S. 50; BVerfG v. 24.1.1995, 1 BvL 18/93 u. a., BVerfGE 92, 91 (109); BVerfG v. 18.11.2003, 1 BvR 302/96, BVerfGE 109, 64 (89); BVerfG v. 5.4.2005, 1 BvR 774/02, BVerfGE 113, 1 (15); BVerfG v. 14.4.2010, 1 BvL 8/08, BVerfGE 126, 29 (53).

279 BVerfG v. 26.10.2011, 1 BvR 2075/11, NJW 2012, 216.

280 Grundlegend BVerfG v. 17.1.1957, 1 BvL 4/54, BVerfGE 6, 55 (82); so auch ausdrücklich die abweichende Meinung in BVerfG v. 11.10.1977, 1 BvR 343/73, BVerfGE 47, 1 (45); BVerfG v. 18.11.2003, 1 BvR 302/96, BVerfGE 109, 64 (89).

281 BVerfG v. 18.11.2003, 1 BvR 302/96, BVerfGE 109, 64 (89, 92).

282 BVerfG v. 28.1.1992, 1 BvR 1025/82 u. a., BVerfGE 85, 191 (207); BVerfG v. 17.11.1992, 1 BvL 8/87, BVerfGE 87, 234 (258); BVerfG v. 24.1.1995, 1 BvL 18/93 u. a., BVerfGE 92, 91 (112); BVerfG v. 25.10.2005, 2 BvR 524/01, BVerfGE 114, 357 (370); BVerfG v. 26.10.2011, 1 BvR 2075/11, NJW 2012, 216.

Lebensverhältnisse wird der Gesetzgeber somit sowohl zu einem wirkungsvollen Schutz vor Diskriminierungen als auch zu einem Ausgleich tatsächlicher Nachteile verpflichtet.[283]

2. *Kein Schutz der GmbH-Geschäftsführerin vor geschlechtsspezifischen Benachteiligungen*

Dieser Verpflichtung ist der Gesetzgeber teilweise nachgekommen. Von besonderer Bedeutung im Zusammenhang mit Schwangerschaft und Mutterschaft war § 611a BGB, durch den Diskriminierungen von Frauen bei der Einstellung verboten wurden. Hierdurch sollten Frauen die gleichen Chancen im Beruf, insbesondere bei der Begründung eines Arbeitsverhältnisses, zugesichert werden.[284] Der Schutz vor geschlechtsspezifischen Diskriminierungen wird nunmehr durch das AGG intensiviert und auf den gesamten Bereich der Beschäftigungs- und Arbeitsbedingungen erweitert.[285] Daneben flankieren § 9 Abs. 1 MuSchG und § 18 Abs. 1 BEEG den Diskriminierungsschutz, indem Arbeitgeberkündigungen während einer Schwangerschaft und ab dem Elternzeitverlangen durch ein absolutes Kündigungsverbot (mit Erlaubnisvorbehalt)[286] unterbunden werden.

Allerdings beschränkt sich der weitreichende Diskriminierungsschutz auf Arbeitnehmerinnen.[287] Wegen § 6 Abs. 3 AGG, wonach die Regelungen des AGG nur insoweit für Organmitglieder zur Anwendung kommen, als dass die Bedingungen für den Zugang zur Erwerbstätigkeit sowie für den beruflichen Aufstieg betroffen sind,[288] ist die GmbH-Geschäftsführerin im bestehenden Beschäftigungsverhältnis weitestgehend schutzlos gestellt. Sie kann sich nur auf § 138 BGB und § 242 BGB berufen. Ein über die Generalklauseln hinausgehender Schutz für GmbH-Geschäftsführerinnen ist grundsätzlich dispositiv und unterfällt der Privatautonomie der Dienstvertragsvertragsparteien.[289] Die GmbH-Geschäftsführerin ist daher darauf angewiesen, die Aufnahme entsprechender Schutzvorschriften in den Dienstvertrag

---

283 Vgl. Bericht der Gemeinsamen Verfassungskommission v. 5.11.1993, BT-Drs. 12/6000, S. 50; BVerfG v. 30.1.2002, 1 BvL 23/96, BVerfGE 104, 373 (393); BVerfG v. 18.11.2003, 1 BvR 302/96, BVerfGE 109, 64 (90); BVerfG v. 5.4.2005, 1 BvR 774/02, BVerfGE 113, 1 (15); BVerfG v. 14.4.2010, 1 BvL 8/08, BVerfGE 126, 29 (53).

284 BVerfG v. 16.11.1993, 1 BvR 258/86, BVerfGE 89, 276 (285); BVerfG v. 18.11.2003, 1 BvR 302/96, BVerfGE 109, 64 (89); BVerfG v. 21.9.2006, 1 BvR 308/03, NJW 2007, 137.

285 Vgl. zum sachlichen Anwendungsbereich des AGG § 2 Abs. 1 AGG.

286 *Buchner/Becker*, § 9 MuSchG Rn. 205; ErfK-*Schlachter*, § 9 MuSchG Rn. 8; *Rolfs* in Ascheid/Preis/Schmidt, § 9 MuSchG Rn. 12.

287 Nach § 15 Abs. 1 S. 1, § 20 Abs. 2 BEEG haben wie beim MuSchG nur Arbeitnehmerinnen und Arbeitnehmer sowie Heimarbeiterinnen Anspruch auf Elternzeit, vgl. statt vieler nur *Buchner/Becker*, § 15 BEEG Rn. 1; ErfK-*Gallner*, § 15 BEEG Rn. 3.

288 Hierzu jüngst BGH v. 23.4.2012, II ZR 163/10, NJW 2012, 2346.

289 So ausdrücklich für das KSchG BGH v. 10.5.2010, II ZR 70/09, NJW 2010, 2343.

auszuhandeln und hierüber bei Abschluss des Dienstvertrages ein Einvernehmen mit dem zukünftigen Dienstgeber herzustellen.

Diese Rechtslage widerspricht den verfassungsrechtlichen Wertungen des Art. 3 Abs. 2 GG.[290] Denn insbesondere bei Fremd- und Minderheitsgesellschafter-geschäftsführerinnen stellt sich die Frage, inwiefern überhaupt von einer annähernd gleich starken Ausgangssituation der Vertragsparteien ausgegangen werden kann, sodass keine Störung der Vertragsfreiheit durch die missbräuchliche, einseitige Ausnutzung der Gestaltungsfreiheit durch den Dienstgeber droht. Diese Gefahr besteht umso mehr bei einer konkludenten Beförderung einer leitenden Angestellten zur GmbH-Geschäftsführerin. Schlägt eine Einigung über Schutzvorschriften bei Abschluss des Dienstvertrages sodann fehl, sieht sich die GmbH-Geschäftsführerin im Schwangerschaftsfalle erheblichen Herausforderungen ausgesetzt. Diese Herausforderungen betreffen ausschließlich Frauen[291] und können dazu führen, dass sich GmbH-Geschäftsführerinnen gezwungen fühlen eine Entscheidung zwischen Mutterschaft und Organstellung zu fällen. Schwangere Frauen sind regelmäßig in der unmittelbaren Zeit vor und nach der Geburt objektiv rein physisch nicht in der Lage, ihre vertragsgemäße Tätigkeit weiter auszuüben. Die Erwerbstätigkeit muss zumindest unmittelbar vor und nach der Geburt unterbrochen werden. Weiterhin ist stillenden Müttern auch nach der Geburt die Ausübung einer Erwerbstätigkeit nur unter erschwerten Bedingungen möglich.[292] Gleichzeitig besteht zumindest in den ersten zwölf Lebensmonaten des Kindes kein subjektivrechtlich gewährleisteter Anspruch auf Kinderbetreuung.[293] In Ermangelung einer gesicherten Kinderbetreuung könnte dies zur Folge haben, dass nicht vom MuSchG erfasste Frauen weiterhin in größerem Umfang als Männer zugunsten der Kinderbetreuung und Hausarbeit vorübergehend ganz oder teilweise auf eine Berufstätigkeit verzichten.[294] Dies lässt auf ein weiterhin bestehendes traditionelles Rollenverständnis schließen.[295]

Ergänzend tritt hinzu, dass GmbH-Geschäftsführerinnen unabhängig davon, ob sie ihre Beschäftigung weiterhin ausüben können, rechtlich kaum eine andere Möglichkeit haben, ohne eine Verletzung ihrer vertraglichen Pflichten befürchten zu müssen.[296] Anders als Männer sind nichtbeherrschende GmbH-Geschäftsführerinnen in dieser Zeit einem sehr hohen Risiko des Verlustes ihres Arbeitsplatzes

---

290 Zweifelnd auch ErfK-*Schmidt*, Art. 6 GG Rn. 18.

291 Es liegt in der Natur der Sache, dass die Arbeitnehmereigenschaft im Sinne des MuSchG rechtlich mit den biologischen Umständen der Mutterschaft verbunden ist. Vom Ausschluss aus dem MuSchG können daher nur Frauen betroffen werden.

292 BVerfG v. 10.7.2012, 1 BvL 2/10 u. a., NVwZ-RR 2012, 825 (830).

293 Ähnlich BVerfG v. 10.7.2012, 1 BvL 2/10 u. a., NVwZ-RR 2012, 825 (829).

294 Die Kinderbetreuung wird weiterhin dem Zuständigkeitsbereich der Mutter zugeordnet, vgl. BVerfG v. 25.10.2005, 2 BvR 524/01, BVerfGE 114, 357 (370).

295 Durch eine mittelbare Beschränkung einer von der typischen Rollenverteilung abweichenden Wahl werden tradierte Rollenverteilungen beibehalten, vgl. Sachs-*Osterloh/Nußberger*, Art. 3 GG Rn. 260.

296 So bereits unter II. 2. b., S. 152 ff. und c., S. 154 ff.

ausgesetzt.[297] Zudem werden durch die schwangerschaftsbedingte Abwesenheiten Gehaltseinbußen verursacht. Schließlich sind die mit der Aufgabe des Arbeitnehmerschutzes verbundenen Unsicherheiten und negativen Folgen geeignet, Frauen von vornherein daran zu hindern, in höhere Positionen zu streben und als Organe tätig zu werden. Aufstiegschancen könnten absichtlich ungenutzt bleiben, um Mutter werden zu können. Folglich werden Frauen in eine gegenüber Männern nachteiligere Ausgangsposition versetzt. Vom Fehlen eines ausreichenden Mutterschutzes für GmbH-Geschäftsführerinnen gehen negative Steuerungswirkungen hinsichtlich der Karriere- und Entwicklungsmöglichkeiten für Frauen aus.[298] Eine Gleichstellung von weiblichen GmbH-Geschäftsführern in der Arbeitswelt wird somit gerade verhindert.

3. *Ergebnis*

Damit widerspricht der Ausschluss von GmbH-Geschäftsführerinnen aus dem MuSchG nicht nur den Zielen des Art. 3 Abs. 2 GG, sondern leistet einer Diskriminierung von schwangeren GmbH-Geschäftsführerinnen sogar Vorschub.[299] Mithin kommt die Rechtslage *de lege lata* einer Benachteiligung wegen des Geschlechtes besonders nahe, obgleich § 1 MuSchG nicht unmittelbar an das Geschlecht anknüpft.[300] Dem kann nicht entgegengehalten werden, GmbH-Geschäftsführerinnen würden sich freiwillig den Herausforderungen stellen, indem sie Mutter würden, und bei einem Verzicht hätten sie die gleichen Erwerbsmöglichkeiten wie Männer. Dies wäre mit der verfassungsrechtlichen Wertentscheidung des Art. 6 Abs. 4 GG unvereinbar. Andere sachliche Gründe, die ausnahmsweise die faktische Benachteiligung von GmbH-Geschäftsführerinnen rechtfertigen könnten, sind nicht ersichtlich.[301] Im Gegenteil, aufgrund der biologischen Unterschiede zwischen Männern und Frauen und des verfassungsrechtlichen Mutterschutzgebots nach Art. 6 Abs. 4 GG sind besondere Regelungen zum Schutz der GmbH-Geschäftsführerin als Mutter sogar notwendig, um berufliche Nachteile zu verhindern und Chancengleichheit herzustellen.[302] § 1 MuSchG verstößt somit ebenfalls gegen das Gleichberechtigungs- und Förderungsgebot aus Art. 3 Abs. 2 GG.

---

297 Siehe hierzu II. 2. e., S. 146 ff.

298 Vgl. BVerfG v. 18.11.2003, 1 BvR 302/96, BVerfGE 109, 64 (89, 94 f.).

299 BVerfG v. 18.11.2003, 1 BvR 302/96, BVerfGE 109, 64 (84).

300 Vgl. BVerfG v. 10.7.2012, 1 BvL 2/10 u. a., NVwZ-RR 2012, 825 (830).

301 Vgl. zu den hohen Anforderungen, die an einen Rechtfertigungsgrund zu stellen sind, *Boysen* in v. Münch/Kunig, Art. 3 GG Rn. 165; *Jarass/Pieroth*, Art. 3 GG Rn. 95 ff.; siehe auch *Starck* in v. Mangoldt/Klein/Starck, Art. 3 GG Rn. 321 ff.

302 Ähnlich BVerfG v. 28.5.1993, 2 BvF 2/90, BVerfGE 88, 203 (260); BVerfG v. 10.3.1998, 1 BvR 178/97, BVerfGE 97, 332 (347 f.); BVerfG v. 10.7.2012, 1 BvL 2/10 u. a., NVwZ-RR 2012, 825 (830); BAG v. 31.1.1985, 2 AZR 486/83, AP Nr. 6 zu § 8a MuSchG.

Nach alledem steht die Rechtslage *de lege lata* in vollem Umfang im Widerspruch zu den verfassungsrechtlichen Wertentscheidungen und Verpflichtungen des Gesetzgebers.

V. Ergebnis

Die vorstehenden Untersuchungen haben gezeigt, dass der Gesetzgeber mit dem *gänzlichen* Ausschluss von GmbH-Geschäftsführerinnen aus dem MuSchG, hervorgerufen durch die Anknüpfung des Geltungsbereiches in § 1 Nr. 1 MuSchG an den Arbeitnehmerbegriff, seinen verfassungsrechtlichen Bindungen widerspricht. Die Rechtslage *de lege lata* entspricht weder dem aus Art. 6 Abs. 4 GG resultierenden Verfassungsauftrag, jeder Mutter den Schutz und die Fürsorge der Gemeinschaft durch ein legislatives Mindestmaß angedeihen zu lassen, noch berücksichtigt sie zumindest für nichtbeherrschende GmbH-Geschäftsführerinnen die gleichheitsrechtlichen Wertungen des Art. 3 Abs. 1 GG. Zudem beeinträchtigt der Mangel an rechtlichen Bestimmungen, die ein Nebeneinander von Mutterschaft und Erwerbstätigkeit sowie eine Rückkehr der GmbH-Geschäftsführerin in die Erwerbstätigkeit nach der Geburt gewährleisten, die in Art. 3 Abs. 2 GG zum Ausdruck gebrachte Intention des Verfassungsgebers, die tatsächliche Chancengleichheit zwischen Männern und Frauen zu fördern und zu verwirklichen. Insgesamt überschreitet die Rechtslage *de lege lata* die Grenzen der gesetzgeberischen Ausgestaltungsfreiheit. Mithin hat der Gesetzgeber mit dem *gänzlichen* Ausschluss von GmbH-Geschäftsführerinnen aus dem MuSchG gegen Verfassungsrecht verstoßen.

Steht die Verfassungswidrigkeit der Rechtslage *de lege lata* somit fest, stellt sich die Frage, welche Konsequenzen aus dem gesetzgeberischen Unterlassen zu ziehen sind und auf welche Weise dem Verfassungsauftrag des Art. 6 Abs. 4 GG zur Geltung verholfen werden kann und muss. Allerdings ist wegen des Vorrangs des Unionsrechts zunächst ein Blick auf die europäischen Harmonisierungsvorschriften zu werfen, bevor eine umfassende Analyse der Konsequenzen möglich ist.

2. Abschnitt: Europarechtswidrigkeit der Rechtslage de lege lata

Das Arbeits- und Sozialrecht, in dessen Kontext die Stellung der GmbH-Geschäftsführerin zu beurteilen ist, wird nicht allein durch das nationale Verfassungsrecht ausgestaltet, sondern auch das Europarecht übt wesentlichen Einfluss aus. Dabei genießt insbesondere das europäische Primärrecht als eigenständige supranationale Rechtsordnung Vorrang vor dem nationalen Recht. Daneben wird das Arbeitsrecht maßgeblich durch europäische Richtlinien bestimmt. Deshalb ist weitergehend zu untersuchen, inwiefern der Gesetzgeber mit der Ausgestaltung der Rechtslage *de lege lata* seinen europarechtlichen Verpflichtungen entsprochen hat.

Das Unionsrecht nimmt Organvertreter und insbesondere GmbH-Geschäftsführerinnen nicht als eigenständige, neben Arbeitnehmerinnen existierende Beschäftigtengruppe wahr. Daher fehlen spezifische Regelungen, die der besonderen wirtschaftlichen Abhängigkeit und sozialen Schutzbedürftigkeit von GmbH-Geschäftsführerinnen Rechnung tragen.[303] Die Schlussfolgerung, die Rechtslage *de* lege *lata* unterläge damit keinerlei unionalen Beeinflussungen, wäre allerdings zu kurzsichtig. Vielmehr ist zu erwägen, ob die vorhandenen, im Zusammenhang mit Schwangerschaft und Mutterschaft stehenden europäischen Vorschriften auf GmbH-Geschäftsführerinnen erstreckt werden können. Hierfür ist für jede in Betracht kommende Regelung gesondert zu erörtern, ob GmbH-Geschäftsführerinnen vom personalen Anwendungsbereich erfasst werden, bevor in einem nächsten Schritt die sich hieraus ergebenden Folgen in Bezug auf die Vereinbarkeit der Rechtslage *de lege lata* mit dem Europarecht betrachtet werden können. Ausgangspunkt der nachfolgenden Untersuchung bildet dabei das europäische Primärrecht.

I. Verstoß gegen europäisches Primärrecht?

Das Recht der Europäischen Union konzentriert sich im Wesentlichen auf die Herstellung eines gemeinsamen Wirtschaftsraumes. Nichtsdestotrotz hat das europäische Primärrecht eine soziale Dimension, die auf die Verbesserung der Lebens- und Arbeitsbedingungen und deren Angleichung in allen Mitgliedstaaten abzielt. Das macht Art. 151 AEUV deutlich. Eine der Aufgaben des Arbeits- und Sozialrechts bezieht sich auf die Gewährleistung der Gleichbehandlung von Männern und Frauen in Bezug auf das Arbeitsentgelt. Daneben treten die seit dem Vertrag von Lissabon als verbindlich geltenden sozialen Rechte, Freiheiten und Grundsätze der Grundrechtecharta.[304]

1. Vereinbarkeit mit Grundsatz der Entgeltgleichheit (Art. 157 AEUV)

Das Entgeltgleichheitsgebot wurde bereits 1957 in den Vertrag zur Gründung der Europäischen Wirtschaftsgemeinschaft[305] aufgenommen und galt lange Zeit als die wichtigste sozialpolitische Vorschrift des Vertrages.[306] Heutzutage ist der Grundsatz des gleichen Entgelts für Männer und Frauen bei gleicher Arbeit oder einer Arbeit, die als gleichwertig anerkannt wird, in Art. 157 AEUV primärrechtlich verankert.

Nach seinem Wortlaut findet der Grundsatz des gleichen Entgelts für Männer und Frauen nach Art. 157 Abs. 2 AEUV nur auf Arbeitnehmer Anwendung. Allerdings ist eine Anwendung des Art. 157 AEUV auf GmbH-Geschäftsführerinnen nicht von vornherein ausgeschlossen, da sich aus der nationalen Einordnung der

---

303 Ähnlich für arbeitnehmerähnliche Personen *Schubert*, S. 156.

304 Durch die Anerkennung in Art. 6 EUV erhält die Grundrechtecharta den Rang von Primärrecht, vgl. *Folz* in Vedder/Heintschel von Heinegg, Art. 6 EUV Rn. 3; *Geiger/Khan/Kotzur*, Art. 6 EUV Rn. 8; *Benecke* in Grabitz/Hilf/Nettesheim, Art. 151 AEUV Rn. 26; Streinz-*Eichenhofer*, Art. 151 AEUV Rn. 9.

305 Art. 119 des Vertrages zur Gründung der Europäischen Gemeinschaft v. 25.3.1957, abgedruckt in BGBl. II 1957, S. 766 (848).

306 Schwarze-*Rebhahn*, Art. 157 AEUV Rn. 1.

GmbH-Geschäftsführerin als freie Dienstnehmerin keine zwingenden Folgen für Art. 157 AEUV ergeben.[307] Die formale Einstufung als Selbstständige nach innerstaatlichem Recht steht der Anwendbarkeit des Art. 157 AEUV nicht entgegen.[308]

Neben der Eröffnung des Anwendungsbereichs erfordert ein Verstoß gegen das Gleichbehandlungsgebot des Art. 157 AEUV das Vorliegen einer geschlechtsspezifischen Diskriminierung in Bezug auf Entgeltvoraussetzungen oder Entgeltbestandteile. Der in Art. 157 AEUV verwendete Terminus des Entgelts erfasst alle Vergünstigungen, die der Arbeitgeber aufgrund des Dienstverhältnisses dem Arbeitnehmer mittelbar oder unmittelbar gewährt.[309] Die Rechtsnatur der Vergünstigung ist irrelevant, wenn die Vergünstigung im Zusammenhang mit dem Dienstverhältnis gewährt wird.[310] Es ist daher unerheblich, aus welchem Grund der Arbeitgeber die Leistung erbringt. Ebenso sind Vergütungen, die ihrer Natur nach Leistungen der sozialen Sicherheit darstellen, nicht vom Entgeltbegriff ausgeschlossen.[311] Deshalb gehören zu den als Entgelt qualifizierten Leistungen genauso Vergünstigungen, die vom Arbeitgeber aufgrund von Rechtsvorschriften oder arbeitsvertraglichen Verpflichtungen gezahlt werden und die dem Arbeitnehmer auch dann ein Einkommen sichern sollen, wenn er die in seinem Dienstvertrag vorgesehene Tätigkeit – zum Beispiel krankheitsbedingt – nicht ausübt.[312] In der Folge erfasst der weite Begriff des Entgelts grundsätzlich auch das Gehalt, das der Arbeitgeber dem Arbeitnehmer bei gerechtfertigter Arbeitsverhinderung schuldet, unabhängig davon, ob er hierzu vertraglich oder gesetzlich verpflichtet ist oder ob er die Vergütung sogar freiwillig gewährt. Im Umkehrschluss wird Art. 157 AEUV auch dann betroffen, wenn der

---

307 Die Begrenzung auf Arbeitnehmer und die für GmbH-Geschäftsführerinnen hieraus zu ziehenden Schlussfolgerungen werden ausführlich im Zusammenhang mit dem Anwendungsbereich der Gleichbehandlungsrichtlinie unter II. 2. a., S. 235 ff. betrachtet.

308 So ausdrücklich EuGH v. 13.1.2004, Rs. C-256/01, Slg. 2004, I-873 – Allonby; EuGH v. 11.11.2010, Rs. C-232/09, Slg. 2010, I-11405 – Danosa. Vgl. auch EuGH v. 19.11.2002, Rs. C-188/00, Slg. 2002, I-10691 – Kurz; EuGH v. 7.9.2004, Rs. C-456/02, Slg. 2004, I-7573 – Trojani; EuGH v. 20.7.2007, Rs. C-116/06, Slg. 2007, I-7643 – Kiiski; EuGH v. 14.10.2010, Rs. C-428/09, Slg. 2010, I-9961 – Union syndicale „Solidaires Isère".

309 Art. 157 Abs. 2 AEUV.

310 EuGH v. 9.2.1982, Rs. C-12/81, Slg. 1982, 359 – Garland; EuGH v. 27.10.1998, Rs. C-411/96, Slg. 1998, I-6401 – Boyle; EuGH v. 16.9.1999, Rs. C-218/98, Slg. 1999, I-5723 – Abdoulaye u. a.; EuGH v. 30.3.2004, Rs. C-147/02, Slg. 2004, I-3101 – Alabaster; EuGH v. 1.7.2010, Rs. C-471/08, Slg. 2010, I-6533 – Parviainen.

311 EuGH v. 25.5.1971, Rs. C-80/70, Slg. 1971, 445 – Defrenne; EuGH v. 17.5.1990, Rs. C-262/88, Slg. 1990, I-1889 – Barber.

312 EuGH v. 13.7.1989, Rs. C-171/88, Slg. 1989, 2743 – Rinner-Kühn; EuGH v. 27.6.1990, Rs. C-33/89, Slg. 1990, I-2591 – Kowalska; EuGH v. 4.6.1992, Rs. C-360/90, Slg. 1992, I-3589 – Bötel; EuGH v. 13.2.1996, Rs. C-342/93, Slg. 1996, I-475 – Gillespie.

Arbeitgeber von seiner Vergütungspflicht befreit wird.[313] Der Entgeltgleichheitsgrundsatz könnte deshalb dadurch beeinträchtigt sein, dass infolge der fehlenden sozialen Absicherung für schwangere GmbH-Geschäftsführerinnen der Dienstgeber von seiner Vergütungspflicht nach § 326 Abs. 1 S. 1 BGB bei einer schwangerschaftsbedingten Abwesenheit der GmbH-Geschäftsführerin befreit wird.[314] Da Schwangerschaft und Geburt ausschließlich Frauen betreffen, könnten Frauen aufgrund ihres Geschlechtes benachteiligt werden.[315]

Der Annahme einer geschlechtsspezifischen Diskriminierung der GmbH-Geschäftsführerin steht jedoch entgegen, dass weder unterschiedliche Vorschriften auf gleiche Sachverhalte noch dieselbe Vorschrift auf ungleiche Sachverhalte angewandt werden.[316] Denn als Bezugskriterium liegt Art. 157 AEUV die Vergleichbarkeit der von den Arbeitnehmern beiderlei Geschlechtes zu erbringenden Arbeitsleistung zugrunde.[317] Arbeit und Entgelt der Arbeitnehmer müssen deshalb miteinander vergleichbar sein.[318] Daran fehlt es vorliegend in zweierlei Hinsicht: Zum einen ist die Situation einer schwangeren GmbH-Geschäftsführerin, die wegen einer

---

313 Vgl. EuGH v. 13.7.1989, Rs. C-171/88, Slg. 1989, 2743 – Rinner-Kühn; EuGH v. 8.9.2005, Rs. C-191/03, Slg. 2005, I-7631 – McKenna.

314 Schwangere GmbH-Geschäftsführerinnen haben weder Anspruch auf eine bezahlte Freistellung noch auf Mutterschaftsurlaub. Vorübergehende schwangerschaftsbedingte Abwesenheiten können allenfalls durch § 275 Abs. 1 oder Abs. 3 BGB gerechtfertigt sein, wenn konkrete gesundheitsgefährdende Umstände vorliegen oder – wie z. B. bei der Geburt – wenn der Leistungserbringung schwerwiegende Hindernisse entgegenstehen. Im Übrigen können die Regelungen zur krankheitsbedingten Abwesenheit bei schwangerschaftsbedingten Beschwerden keine Anwendung finden. Vgl. hierzu ausführlich vorstehenden 1. Abschnitt, II. 2. b., S. 152 ff. und c., S. 154 ff.

315 Vgl. dazu, dass Art. 157 AEUV auch ein Verbot mittelbarer Diskriminierungen enthält, grundlegend EuGH v. 31.3.1981, Rs. C-96/80, Slg. 1981, 911 – Jenkins; EuGH v. 13.5.1986, Rs. C-170/84, Slg. 1986, 1607 – Bilka-Kaufhaus sowie zum Begriff der mittelbaren Diskriminierung EuGH v. 27.10.1998, Rs. C-411/96, Slg. 1998, I-6401 – Boyle; EuGH v. 21.10.1999, Rs. C-333/97, Slg. 1999, I-7243 – Lewen; EuGH v. 6.12.2007, Rs. C-300/06, Slg. 2007, I-10573 – Voß; *Krebber* in Callies/Ruffert, Art. 157 AEUV Rn. 40; Streinz-*Eichenhofer*, Art. 151 AEUV Rn. 16.

316 St. Rspr., vgl. EuGH v. 4.2.1995, Rs. C-279/93, Slg. 1995, I-225 – Schumacker; EuGH v. 13.2.1996, Rs. C-342/93, Slg. 1996, I-475 – Gillespie; EuGH v. 30.6.1998, Rs. C-394/96, Slg. 1998, I-4185 – Brown; EuGH v. 27.10.1998, Rs. C-411/96, Slg. 1998, I-6401 – Boyle; EuGH v. 11.5.1999, Rs. C-309/97, Slg. 1999, I-2865 – Angestelltenbetriebsrat der Wiener Gebietskrankenkasse; EuGH v. 21.10.1999, Rs. C-333/97, Slg. 1999, I-7243 – Lewen; EuGH v. 30.3.2004, Rs. C-147/02, Slg. 2004, I-3101 – Alabaster.

317 EuGH v. 15.6.1978, Rs. C-149/77, Slg. 1978, 1365 – Defrenne III; EuGH v. 13.1.2004, Rs. C-256/01, Slg. 2004, I-873 – Allonby.

318 EuGH v. 17.9.2002, Rs. C-320/00, Slg. 2002, I-7325 – Lawrence u. a. Als Klassifikationshilfe hat die Kommission ein Memorandum [Memorandum über gleiches Entgelt für gleichwertige Arbeit v. 23.6.1994, KOM (1994) 6 endg.] verfasst, welches durch den

Schwangerschaft ihre Arbeit vorübergehend nicht erfüllen kann, nicht mit der Situation eines Mannes vergleichbar, der aus medizinischen oder anderen Gründen arbeitsunfähig ist. Eine Schwangerschaft kann nicht mit einer Krankheit gleichgesetzt werden.[319] Zum anderen findet § 326 BGB unterschiedslos auf männliche und weibliche GmbH-Geschäftsführer Anwendung. Auch bei einer Unterbrechung der Erwerbstätigkeit aus gesundheitlichen Gründen entfällt der Vergütungsanspruch – abgesehen von § 616 BGB – unterschiedslos für männliche und weibliche GmbH-Geschäftsführer.[320] Daher beruht der Umstand, dass die GmbH-Geschäftsführerin als Schwangere beim Ausfall der Tätigkeit kein Gehalt bekommt, primär nicht auf ihrer Schwangerschaft, sondern schlichtweg auf der neutralen Tatsache, dass sie nicht arbeitet.[321] Da die Gewährung des Gehalts nur von der Voraussetzung abhängt, dass die GmbH-Geschäftsführerin tatsächlich gearbeitet hat, kann die Befreiung des Dienstgebers von seiner Vergütungspflicht nach § 326 BGB keine Diskriminierung im Sinne des Art. 157 AEUV darstellen.[322] Mithin kann die die betroffene GmbH-Geschäftsführerin mangels geschlechtsspezifischer Diskriminierung nicht aufgrund von Art. 157 AEUV fordern, dass ihr während ihrer schwangerschaftsbedingten Abwesenheit ihr volles Gehalt weiter gezahlt wird, so als ob sie wie männliche Geschäftsführer tatsächlich arbeiten würde.[323] Etwas anderes kann hingegen in Bezug auf Vergütungen für bereits geleistete Arbeiten der GmbH-Geschäftsführerin gelten, wie zum Beispiel bei einer nachträglichen Gratifikation oder Sondervergütung. Diese dürfte der GmbH-Geschäfts-

---

Leitfaden zur Anwendung des Grundsatzes des gleichen Entgelts für Männern und Frauen bei gleichwertiger Arbeit v. 17.7.1996, KOM (1996) 336 endg. ergänzt wird.

319 EuGH v. 8.11.1990, Rs. C-179/88, Slg. 1990, I-3979 – Handels- og Kontorfunktionærernes Forbund; EuGH v. 14.7.1994, Rs. C-32/93, Slg. 1994, I-3567 – Webb; EuGH v. 30.6.1998, Rs. C-394/96, Slg. 1998, I-4185 – Brown; EuGH v. 19.11.1998, Rs. C-66/96, Slg. 1998, I-7327 – Høj Pedersen; *Wagner* in Soziale KV/PV, Vorbem. zu §§ 24c. ff. SGB V Rn. 12.

320 Das Entgeltfortzahlungsgesetz knüpft gleichermaßen an den Arbeitnehmerbegriff an, vgl. § 1 Abs. 2 EFZG.

321 Vgl. EuGH v. 8.9.2005, Rs. C-191/03, Slg. 2005, I-7631 – McKenna. Der EuGH geht sogar noch einen Schritt weiter und argumentiert, dass, wenn eine Frau infolge Schwangerschaftsbeschwerden oder einer ärztlichen Empfehlung der Arbeit fernbleibt, die Fehlzeiten nicht auf der Schwangerschaft beruhen, sondern im Wesentlichen auf der Entscheidung der Frau, nicht zu arbeiten. So ausdrücklich der EuGH v. 19.11.1998, Rs. C-66/96, Slg. 1998, I-7327 – Høj Pedersen.

322 A. A. hingegen Schwarze-*Rebhahn*, Art. 157 AEUV Rn. 21, jedoch ohne nähere Begründung und Auseinandersetzung mit der Rechtsprechung des EuGH. Zudem wird an anderer Stelle ausdrücklich anerkannt, dass eine Gleichstellung von Zeiten der Nichtarbeit mit Arbeitszeiten nicht erfolgen kann, vgl. *ders.*, Art. 157 AEUV Rn. 34.

323 Vgl. EuGH v. 13.2.1996, Rs. C-342/93, Slg. 1996, I-475 – Gillespie; EuGH v. 27.10.1998, Rs. C-411/96, Slg. 1998, I-6401 – Boyle; EuGH v. 30.3.2004, Rs. C-147/02, Slg. 2004, I-3101 – Alabaster; EuGH v. 1.7.2010, Rs. C-194/08, Slg. 2010, I-6281 – Gassmayr.

führerin, die gerade schwangerschaftsbedingt ihre Erwerbstätigkeit unterbrochen hat, zumindest dann nicht vorenthalten werden, wenn sie ihr ohne Schwangerschaft gewährt worden wären. In diesem Falle würde die Schwangerschaft den einzigen Versagungsgrund darstellen, sodass Art. 157 AEUV betroffen wäre.[324] Solche Fallgestaltungen beruhen allerdings im Wesentlichen auf einseitigem und individuellem Arbeitgeberhandeln, und nicht auf der im Fokus der Untersuchung stehenden Rechtslage *de lege lata.* Weitergehende Rückschlüsse sind daher nicht angezeigt.

Schließlich scheidet eine Benachteiligung auch dann aus, soweit privat versicherte GmbH-Geschäftsführerinnen, die zeitweise durch die Schwangerschaft an der Ausübung ihrer Erwerbstätigkeit gehindert werden, für diese Zeit weder Gehalt noch Mutterschaftsgeld bekommen,[325] während männliche GmbH-Geschäftsführer, die bei ärztlich bescheinigter Arbeitsunfähigkeit wegen Krankheit grundsätzlich Anspruch auf Krankengeld nach § 44 Abs. 1 SGB V bzw. auf Krankentagegeld nach § 192 Abs. 5 VVG haben. Denn weder Krankengeld noch Krankentagegeld unterfallen als ausschließliche Leistungen der Sozialversicherung dem Entgeltbegriff.[326] Im Übrigen lässt sich aus Art. 157 Abs. 3 und Abs. 4 AEUV keine Verpflichtung der EU zur Regelung des Mutterschutzes für GmbH-Geschäftsführerinnen als Frauenförderungsmaßnahme ableiten.[327] Folglich verstoßen nationale Rechtsvorschriften wie § 326 BGB, nach denen eine schwangere GmbH-Geschäftsführerin keinen Anspruch auf Fortzahlung ihres Gehalts hat, wenn sie der Arbeit aufgrund eines mit der Schwangerschaft zusammenhängenden Grundes fernbleibt, nicht gegen den in Art. 157 AEUV verankerten Grundsatz des gleichen Entgelts für Männer und Frauen.[328]

Hieraus folgt jedoch noch nicht die Europarechtskonformität der Rechtslage *de lege lata.* Vielmehr bestehen über Art. 157 AEUV hinaus im Primärrecht weitere Vorschriften, die für die Rechte von schwangeren Frauen von Bedeutung sind. So findet beispielsweise der Grundsatz der Entgeltgleichheit Bestätigung in dem in Art. 23 EGRC verankerten Grundsatz der Gleichheit von Frauen und Männern, nach dem diese Gleichheit in allen Bereichen, einschließlich der Beschäftigung, der Arbeit und des Arbeitsentgelts, sicherzustellen ist.[329] Die Charta der Grundrechte der Europäischen Union ist daher ebenfalls zu betrachten.

2. Isolierter Verstoß gegen Grundrechtecharta?

Die im Jahr 2000 auf dem Gipfel von Nizza feierlich proklamierte und seit dem Vertrag von Lissabon in Art. 6 Abs. 1 EUV den europäischen Verträgen gleichgestellte Grundrechtecharta enthält zahlreiche Grundrechte, die für den Mutterschutz

324 EuGH v. 21.10.1999, Rs. C-333/97, Slg. 1999, I-7243 – Lewen.

325 Vgl. hierzu bereits die Ausführungen im 1. Abschnitt, II. 2. d., S. 156 ff.

326 EuGH v. 25.5.1971, Rs. C-80/70, Slg. 1971, 445 – Defrenne.

327 *Krebber* in Callies/Ruffert, Art. 157 AEUV Rn. 74; Streinz-*Eichenhofer*, Art. 157 AEUV Rn. 26.

328 In diese Richtung auch EuGH v. 8.9.2005, Rs. C-191/03, Slg. 2005, I-7631 – McKenna.

329 Ebenso EuGH v. 11.11.2010, Rs. C-232/09, Slg. 2010, I-11405 – Danosa.

von GmbH-Geschäftsführerinnen relevant sind. Zu nennen sind insbesondere der besondere Diskriminierungsschutz nach Art. 21 EGRC, das Gleichstellungsgebot nach Art. 23 Abs. 1 EGRC sowie der Schutz vor Entlassungen aus einem mit der Mutterschaft zusammenhängenden Grund und der Anspruch auf Mutterschaftsurlaub nach Art. 33 Abs. 2 EGRC. Daneben tritt der Schutz der Mutter-Kind-Beziehung durch Art. 7 und Art. 24 Abs. 3 EGRC.[330]

Zwar genießt die Grundrechtecharta aufgrund des Gleichrangs mit den europäischen Verträgen – EUV und AEUV – grundsätzlich Vorrang vor dem Sekundärrecht.[331] Die in Art. 21, Art. 23 und Art. 33 enthaltenen Grundrechte können der GmbH-Geschäftsführerin allerdings nicht unmittelbar zugutekommen. Denn von der Geltung der Grundrechtecharta zu unterscheiden ist die Frage nach der Reichweite der verpflichtenden Wirkung der EGRC, die in den allgemeinen Bestimmungen im siebten Kapitel der EGRC beantwortet wird. So definiert Art. 51 EGRC den Anwendungsbereich der EGRC unter Bezugnahme auf die Grundrechtsverpflichteten.[332] Dabei bringt Art. 51 Abs. 1 S. 1 EGRC klar zum Ausdruck, dass sich die EGRC unter Beachtung des Grundsatzes der Subsidiarität primär an die Organe und Einrichtungen der EU richtet.[333] Sie sind ohne weitere Voraussetzungen an die Grundrechte der EGRC gebunden. Daher sind Maßnahmen des abgeleiteten Rechts, wie Verordnungen und Richtlinien, für nichtig zu erklären, wenn sie gegen die EGRC verstoßen.[334] Auf Mitgliedstaaten findet die EGRC hingegen keine unmittelbare Anwendung. Vielmehr ergibt sich aus Art. 51 Abs. 1 S. 1 EGRC a. E., dass die in der Charta definierten Grundrechte für die Mitgliedstaaten nur gelten, wenn sie im Anwendungsbereich des Unionsrechts handeln.[335] Der Begriff des

---

330 Auf diese zusätzliche Dimension bezüglich des Mutterschaftsurlaubs hinweisend die Generalanwältin Kokott in ihren Schlussanträgen v. 26.9.2013, Rs. C-167/12, Rn. 45, 60.

331 Siehe z. B. EuGH v. 9.11.2010, Rs. C-92/09, Slg. 2010, I-11063 – Volker und Markus Schecke zur Überprüfung der Verordnung Nr. 1290/2005 [ABl. L 209 v. 11.8.2005, S. 1] und Nr. 259/2008 [ABl. L 76 v. 19.3.2008, S. 28] im Hinblick auf die Vereinbarkeit mit der EGRC sowie EuGH v. 1.3.2011, Rs. C-236/09, Slg. 2011, I-773 – Association Belge des Consommateurs Test-Achats u. a zum Verstoß der Richtlinie 2004/113/EG [ABl. L 373 v. 21.12.2004, S. 37 ff.] gegen Art. 21 und Art. 23 EGRC.

332 *Kingreen* in Callies/Ruffert, Art. 51 EGRC Rn. 2; Meyer-*Borowsky*, Art. 51 EGRC Rn. 16; Schwarze-*Hatje*, Art. 51 EGRC Rn. 2; Streinz-*Streinz/Michl*, Art. 51 EGRC Rn. 1.

333 Erläuterungen zur Charta der Grundrechte, ABl. C 303 v. 14.12.2007, S. 17 (32).

334 EuGH v. 9.11.2010, Rs. C-92/09, Slg. 2010, I-11063 – Volker und Markus Schecke; EuGH v. 1.3.2011, Rs. C-236/09, Slg. 2011, I-773 – Association Belge des Consommateurs Test-Achats; ebenso *Kokott/Sobotta*, EuGRZ 2010, 265 (267).

335 Erläuterungen zur Charta der Grundrechte, ABl. C 303 v. 14.12.2007, S. 17 (32) unter Bezugnahme auf EuGH v. 13.7.1989, Rs. C-5/88, Slg. 1989, 2609 – Wachauf; EuGH v. 18.6.1991, Rs. C-260/89, Slg. 1991, I-2925 – ERT; EuGH v. 18.12.1997, Rs. C-309/96, Slg. 1997, I-7493 – Annibaldi; EuGH v. 13.4.2000, Rs. C-292/97, Slg. 2000, I-2737 – Karlsson u. a.; EuGH v. 21.12.2011, Rs. C-411/10, NVwZ 2012, 417 – NS.

Unionsrechts bezeichnet neben dem Primärrecht alle in Art. 288 AEUV genannten Handlungsformen der EU.[336] Im Arbeitsrecht sind dies vor allem die grundsätzlich nicht unmittelbar anwendbaren Richtlinien, die erst der legislativen Umsetzung durch die Mitgliedstaaten bedürfen. In der Folge müssen die Grundrechte als allgemeine Grundsätze des Unionsrechts bei der Auslegung arbeitsrechtlicher Richtlinien beachtet werden.[337] Als unmittelbarer Prüfungsmaßstab für nationales Recht können sie aber nur herangezogen werden, wenn eine unionsrechtliche Determination in Form eines einschlägigen Rechtssatzes vorliegt.[338] Deshalb kann die Grundrechtecharta auf einzelstaatliche, arbeitsrechtliche Gesetze lediglich insoweit Anwendung finden, als dass diese auf einer Pflicht zur Richtlinienumsetzung nach Art. 288 AEUV beruhen.[339] Jenseits des Anwendungsbereichs von Richtlinien ist eine Überprüfung nationaler arbeitsrechtlicher Rechtsakte am Maßstab der EGRC indessen nicht möglich.[340] Ein umfassender Durchgriff auf die nationale Rechtsordnung ist somit ausgeschlossen.[341]

In Bezug auf die GmbH-Geschäftsführerin folgt hieraus, dass die EGRC nicht als eigenständiger Prüfungsmaßstab für die Rechtslage *de lege lata* herangezogen werden kann, sondern zuerst eine Anknüpfung an das Unionsrecht erfolgen muss.[342] Auf die Charta der Grundrechte der Europäischen Union kann mithin erst dann

---

336 *Jarass*, Art. 51 EGRC Rn. 15; *Kingreen* in Callies/Ruffert, Art. 51 EGRC Rn. 8; Meyer-*Borowsky*, Art. 51 EGRC Rn. 26; Schwarze-*Hatje*, Art. 51 EGRC Rn. 14.

337 So auch die Generalanwältin Kokott in ihren Schlussanträgen v. 26.9.2013, Rs. C-167/12, Rn. 45 f., 60 ff.; *Hanau*, NZA 2010, 1 (3); *Kokott/Sobotta*, EuGRZ 2010, 265 (268).

338 *Hanau*, NZA 2010, 1 (2).

339 Ebenso *Willemsen/Sagan*, NZA 2011, 258; ähnlich auch *Hanau*, NZA 2010, 1 (3); *ders.*, StudZR 3/2010, 333 (335); *Jarass*, Art. 51 EGRC Rn. 16; Streinz-*Streinz/Michl*, Art. 51 EGRC Rn. 7.

340 Ähnlich *Jarass*, Art. 51 EGRC Rn. 22. Ebenso jüngst Generalanwalt Wahl in seinen Schlussanträgen v. 26.9.2013, Rs. C-363/12, zit. nach Juris, Rn. 71 ff. Vgl. zu der Frage, ob im überschießenden, nicht durch eine Richtlinie determinierten Bereich ebenfalls eine Bindung an die Grundrechte der EGRC besteht Meyer-*Borowsky*, Art. 51 EGRC Rn. 24 f.; *Kingreen* in Callies/Ruffert, Art. 51 EGRC Rn. 8 ff. unter Verweis auf die voneinander abweichende Rechtsprechung des EuGH [EuGH v. 27.6.2006, Rs. C-540/03, Slg. 2006, I-5769 – Parlament/Rat] und des BVerfG [BVerfG v. 9.7.1992, 2 BvR 1096/92, NVwZ 1993, 883; BVerfG v. 27.7.2004, 1 BvR 1270/04, NVwZ 2004, 1346; BVerfG v. 13.3.2007, 1 BvF 1/05, BVerfGE 118, 79 (95)].

341 Für Art. 23 EGRC so explizit *Lembke* in Groeben/Schwarze/Hatje, Art. 23 EGRC Rn. 7. Siehe ErfK-*Wißmann*, Vorbem. zu AEUV Rn. 5a ff. sowie *Kirchhof*, NJW 2011, 3681 (3685), die deshalb die Charta als bloße Grundrechtsreserve bezeichnen.

342 Vgl. EuGH v. 1.3.2011, Rs. C-457/09, Slg. 2011, I-819 – Chartry; EuGH v. 7.6.2012, Rs. C-27/11, ABl. C 217 v. 21.7.2012, S. 3 f. – Vinkov; so ausdrücklich auch das BAG v. 8.12.2011, 6 AZN 1371/11, NZA 2012, 286.

ein Blick geworfen werden, wenn feststeht, dass die Rechtslage *de lege lata* einer europäischen Richtlinie unterfällt. Denn mangels primärrechtlicher Regelungen käme ein Schutz der GmbH-Geschäftsführerin nur innerhalb des Anwendungsbereichs von Richtlinien in Betracht. Lässt sich die (Un-) Vereinbarkeit der Rechtslage *de lege lata* mit dem europäischen Primärrecht folglich nur in Abhängigkeit vom europäischen Sekundärrecht feststellen, bedarf es der weitergehenden Prüfung, ob der Mutterschutz für GmbH-Geschäftsführerinnen Gegenstand einer europäischen Sekundärregelung ist. Deshalb ist die Betrachtung der EGRC zunächst zurückzustellen und nachfolgend der Blick auf das europäische Sekundärrecht zu richten.

II. Verstoß gegen europäisches Sekundärrecht

Die EU hat zur Harmonisierung des Arbeits- und Sozialrechts eine Vielzahl von Richtlinien erlassen, die den spezifischen Schutz schwangerer, erwerbstätiger Mütter konkretisieren und gleichzeitig der Förderung der Gleichstellung der Geschlechter dienen. Im Mittelpunkt stehen dabei die mutterschutzrechtliche Richtlinie 92/85/EWG[343] sowie die gleichbehandlungsrechtlichen Richtlinien 2006/54/EG[344] und 2010/41/EU.[345] Diese Richtlinien sind nach Art. 288 Abs. 3 AEUV für jeden Mitgliedstaat, an den sie gerichtet werden, hinsichtlich der zu erreichenden Ziele verbindlich. Dem entspricht eine Umsetzungsverpflichtung der Mitgliedstaaten.[346] Zwar belässt Art. 288 Abs. 3 AEUV den Mitgliedstaaten die freie Wahl der Mittel zur Durchführung der Richtlinien. Gleichwohl sind die Mitgliedstaaten nach Art. 4 Abs. 3 EUV verpflichtet, im Rahmen der nationalen Rechtsordnung alle erforderlichen Maßnahmen zu ergreifen, um die vollständige Wirksamkeit der Richtlinien entsprechend ihrer Zielsetzung zu gewährleisten.[347] Auf diese Weise soll im Wege der unionsweiten Rechtsangleichung ein normativer Mindeststandard an Schutz sowie die Durchsetzung maßgeblicher Unionsprinzipien bei gleichzeitiger Achtung der mitgliedstaatlichen Entscheidungsräume gewährleistet werden.[348]

---

343 ABl. L 348 v. 28.11.1992, S. 1 ff.

344 ABl. L 204 v. 26.7.2006, S. 23 ff.

345 ABl. L 180 v. 15.7.2010, S. 1 ff.

346 Vgl. hierzu auch den durch den Vertrag von Lissabon neu eingeführten Art. 291 Abs. 1 AEUV.

347 St. Rspr. des EuGH, vgl. EuGH v. 10.4.1984, Rs. C-14/83, Slg. 1984, 1891 – von Colson; EuGH v. 25.7.1991, Rs. C-208/90, Slg. 1991, I-4269 – Emmott; EuGH v. 17.6.1999, Rs. C-336/97, Slg. 1999, I-3771 – Kommission/Italien; EuGH v. 23.11.2000, Rs. C-320/99, Slg. 2000, I-10453 – Kommission/Frankreich; EuGH v. 8.3.2001, Rs. C-97/00, Slg. 2001, I-2053 – Kommission/Frankreich; EuGH v. 7.3.2002, Rs. C-29/01, Slg. 2002, I-2503 – Kommission/Spanien; EuGH v. 10.3.2005, Rs. C-531/03, NVwZ 2005, 673 – Kommission/Deutschland; EuGH v. 15.4.2008, Rs. C-268/06, Slg. 2008, I-2483 – Impact; EuGH v. 27.11.2008, Rs. C-396/07, Slg. 2008, I-8883 – Juuri; EuGH v. 6.10.2010, Rs. C-389/08, Slg. 2010, I-9073 – Base u. a.

348 *Nettesheim* in Grabitz/Hilf/Nettesheim, Art. 288 AEUV Rn. 104; *Ruffert* in Callies/Ruffert, Art. 288 AEUV Rn. 23.

An diesen Grundsätzen sind nationale Regelungen, wie § 1 MuSchG, zu messen. Es ist daher weitergehend zu betrachten, ob die Rechtslage *de lege lata* im Einklang mit dem europäischen Sekundärrecht steht oder ob der Gesetzgeber vielmehr dadurch, dass das MuSchG in § 1 MuSchG auf Arbeitnehmerinnen und Heimarbeiterinnen beschränkt wird und im Übrigen GmbH-Geschäftsführerinnen in Bezug auf den Mutterschutz weitgehend schutzlos gestellt sind, gegen seine unionsrechtlichen Verpflichtungen verstoßen hat. Deshalb sind zunächst die Begrifflichkeiten der einschlägigen Richtlinien zu betrachten und ihre Bedeutung im europäischen Kontext zu ermitteln. Dabei sind die Gewährleistungen der EGRC in die Betrachtung mit einzubeziehen. Sodann müssen die nationalen Regelungen für GmbH-Geschäftsführerinnen auf ihre Übereinstimmung mit dem sekundärrechtlichen Mindeststandard in Bezug auf Mutterschutz und Gleichbehandlung überprüft werden. Bestehende Dissonanzen zum nationalen Recht sind aufzuzeigen, damit im sich anschließenden vierten Kapitel der Frage nachgegangen werden kann, welche Folgerungen sich aus der Prüfung ergeben.

1. Unzureichende Umsetzung der Mutterschutzrichtlinie 92/85/EWG

Im Mittelpunkt der sekundärrechtlichen Regelungen zum Schutz bei Schwangerschaft und Mutterschaft steht die am 19. Oktober 1992 verabschiedete Mutterschutzrichtlinie, mit welcher die EU als zehnte Einzelrichtlinie im Sinne von Art. 16 Abs. 1 der Arbeitsschutzrahmenrichtlinie[349] gemeinschaftsweit geltende Bestimmungen zur Verbesserung der Arbeitsumwelt erließ.[350] Die Richtlinie 92/85/EWG war bis zum 19. Oktober 1994 umzusetzen.[351] Sie zielt darauf ab, die Sicherheit und Gesundheit schwangerer Arbeitnehmerinnen am Arbeitsplatz zu schützen. Ihr liegt daher die Prämisse zugrunde, dass schwangere Arbeitnehmerinnen, Wöchnerinnen und stillende Arbeitnehmerinnen in allen privaten oder öffentlichen Tätigkeitsbereichen aufgrund der am Arbeitsplatz bestehenden Risiken als besondere schutzwürdige Personengruppe anzusehen sind.[352]

Aus diesem Grund sieht die Mutterschutzrichtlinie spezifische sozialrechtliche und arbeitsrechtliche Schutzmaßnahmen vor und vermittelt zugleich den vom Anwendungsbereich betroffenen Frauen entsprechende Rechte. So sind die ausgeübte Tätigkeit und der Arbeitsplatz einer Risikobeurteilung zu unterziehen, infolge derer sodann bei Bestehen eines Risikos alle zumutbaren Maßnahmen zur

349 Rahmenrichtlinie 89/391/EWG, ABl. L 183 v. 29.6.1989, S. 1.

350 Vgl. Art. 1 Abs. 1 MuSchRL.

351 Art. 14 Abs. 1 MuSchRL.

352 Entschließung des Europäischen Parlaments zum Schutze von schwangeren Arbeitnehmerinnen am Arbeitsplatz, ABl. C 284 v. 2.11.1992, S. 144 ff.; Bericht der Kommission über die Durchführung der Richtlinie 92/85/EWG, KOM (1999) 100 endg., S. 3, 5; ebenso EuGH v. 20.7.2007, Rs. C-116/06, Slg. 2007, I-7643 – Kiiski.

Risikominimierung und zum Risikoausschluss zu ergreifen sind.[353] Daneben wird ein Recht auf bezahlte Freistellung für den Fall, dass Veränderungen der Tätigkeit oder der Arbeitsbedingungen nicht möglich sind sowie zur Wahrnehmung von Vorsorgeuntersuchungen, eingeräumt.[354] Ebenso wird ein Anspruch auf Mutterschaftsurlaub von mindestens vierzehn Wochen Dauer gewährt.[355] Während des Mutterschaftsurlaubs hat die Arbeitnehmerin Anspruch auf Bezüge in Höhe von mindestens den Leistungen, die einzelstaatlich für den Fall einer Unterbrechung der Erwerbstätigkeit aus gesundheitlichen Gründen vorgesehen werden.[356] Schließlich wird der Gefahr von schädlichen Einflüssen auf die physische und psychische Verfassung einer Frau durch ein Verbot, schwangere Frauen sowie Mütter im Mutterschaftsurlaub zu kündigen, begegnet.[357]

Diese umfassenden Maßnahmen unterscheiden sich deutlich von den nach nationalem Recht bestehenden Regelungen zugunsten von GmbH-Geschäftsführerinnen. Besonders ins Auge stechen dabei das bereits nach nationalem Verfassungsrecht bedenkliche Fehlen von Regelungen zu Schonzeiten vor und nach der Geburt sowie zur Unterhalts- und Arbeitsplatzsicherung während der Schwangerschaft.[358] In Bezug auf bestehende Umsetzungspflichten und den unionsrechtlichen Effektivitätsgrundsatz wäre die Unterschreitung des europäischen Schutzniveaus durch die Rechtslage *de lege lata* allerdings nur dann bedenklich, wenn GmbH-Geschäftsführerinnen die in der Mutterschutzrichtlinie vorgesehenen Rechte für sich beanspruchen könnten. Hierzu müssten GmbH-Geschäftsführerinnen dem Anwendungsbereich der Richtlinie 92/85/EWG unterfallen. Dabei unterteilt sich die Frage nach der Anwendbarkeit der Mutterschutzrichtlinie auf GmbH-Geschäftsführerinnen in zwei Aspekte: Zuvorderst ist eine Bestimmung des persönlichen Geltungsbereiches der Richtlinie 92/85/EWG erforderlich, bevor im Anschluss eine Einordnung der GmbH-Geschäftsführerin vorgenommen werden kann.

a. *Ausgestaltung des persönlichen Geltungsbereiches*

Ausgangspunkt der nachfolgenden Betrachtung bildet somit die Bestimmung des persönlichen Geltungsbereiches der Mutterschutzrichtlinie. Bereits auf den ersten Blick fällt auf, dass die Richtlinie 92/85/EWG selbst keine explizite Regelung zu

353 Art. 4 und Art. 5 MuSchRL.

354 Art. 5 Abs. 3 und Art. 9 MuSchRL.

355 Art. 8 MuSchRL. Zusammenfassung der in der Richtlinie vorgesehenen Maßnahmen im Bericht der Kommission über die Durchführung der Richtlinie 92/85/EWG, KOM (1999) 100 endg., S. 3 ff.

356 Art. 11 Nr. 3 MuSchRL. Hierzu auch EuGH v. 27.10.1998, Rs. C-411/96, Slg. 1998, I-6401 – Boyle; EuGH v. 1.7.2010, Rs. C-471/08, Slg. 2010, I-6533 – Parviainen.

357 Art. 10 Nr. 1 MuSchRL. Vgl. zu den Motiven Kommissionsvorschlag zur Richtlinie 92/85/EWG, ABl. C 281 v. 9.11.1990, S. 3 f.

358 Siehe hierzu die Ausführungen im vorangegangen 1. Abschnitt unter II. 2., S. 159 ff.

ihrem Geltungsbereich enthält. Der Geltungsbereich könnte jedoch mithilfe der Definitionen in Art. 2 MuSchRL und der zugrunde liegenden Ermächtigungsgrundlage bestimmt werden. Eine weitergehende Konkretisierung des Anwendungsbereichs könnte die Rahmenrichtlinie 89/391/EWG,[359] die in Art. 1 Abs. 2 MuSchRL in Bezug genommen wird, ermöglichen.

i. Gesetzliche Ausgangslage

Die Mutterschutzrichtlinie erstreckt sich nach Sinn und Zweck auf schwangere Arbeitnehmerinnen, Wöchnerinnen und stillende Arbeitnehmerinnen.[360] Dem wird in Art. 2 MuSchRL durch eine Definition der Begriffe der »schwangeren Arbeitnehmerin«, »Wöchnerin« und »stillenden Arbeitnehmerin« entsprochen. So werden nach lit. a als schwangere Arbeitnehmerinnen diejenigen Arbeitnehmerinnen definiert, die den Arbeitgeber gemäß den einzelstaatlichen Rechtsvorschriften oder Gepflogenheiten von ihrem Zustand unterrichten. Der Begriff der Wöchnerinnen erstreckt sich nach lit. b auf Arbeitnehmerinnen kurz nach einer Entbindung im Sinne der einzelstaatlichen Rechtsvorschriften und Gepflogenheiten, die den Arbeitgeber gemäß diesen von ihrer Entbindung unterrichten. Schließlich richtet sich nach lit. c der Begriff der stillenden Arbeitnehmerin nach den einzelstaatlichen Rechtsvorschriften und Gepflogenheiten. Alle drei Begriffsdefinitionen knüpfen damit an die Arbeitnehmereigenschaft der betroffenen Frau an.

Für die Arbeitnehmereigenschaft als maßgeblicher Anknüpfungspunkt spricht ferner die der Richtlinie zugrunde liegende Ermächtigungsgrundlage. Gemäß dem ersten und dritten Erwägungsgrund beruht die Richtlinie 92/85/EWG auf Art. 118a EWG a. F., nunmehr Art. 153 AEUV, durch den die EU im Bereich der Sozialpolitik zum Erlass von Richtlinien ermächtigt wird. Obgleich sich die unionsrechtlichen Ziele der Sozialpolitik nach Art. 151 AEUV auf alle Beschäftigten erstrecken,[361] sind die Rechtssetzungskompetenzen der EU auf dem Gebiet des Arbeitsrechts auf einzelne Teilbereiche, wie zum Beispiel den Schutz der Gesundheit und Sicherheit der Arbeitnehmer, beschränkt.[362] Diese Rechtssetzungsbefugnisse sind wegen des Prinzips der begrenzten Einzelermächtigung (Art. 5 Abs. 1 S. 1, Abs. 2 EUV) einer ausdehnenden Auslegung nicht zugänglich.[363] Die EU verfügt über keine Kompetenz-Kompetenz, infolge derer sie ihre Rechtsetzungsbefugnisse ungeschrieben erweitern könnte.[364] Überdies würde eine solche

---

359 ABl. L 183 v. 29.6.1989, S. 1 ff.

360 Art. 1 Abs. 1 MuSchRL.

361 Ausführlich hierzu *Schubert*, S. 158 ff.

362 Art. 153 Abs. 1 lit. a AEUV. EG-Arbeitsrecht-*Kappelhoff*, Kap. 1 I. 4., S. 10; MünchArbR-*Oetker*, § 10 Rn. 12; *Schmidt*, I Rn. 2. *Wank* spricht insoweit vom punktuellen Charakter des europäischen Arbeitsrechts, EuZA 2008, 172 (175).

363 *Steinmeyer* in Hanau/Steinmeyer/Wank, § 9 Rn. 286.

364 So ausdrücklich das BVerfG v. 12.10.1993, 2 BvR 2134/92, BVerfGE 89, 155 (197 f.); *Callies* in Callies/Ruffert, Art. 5 EUV Rn. 6; Schwarze-*Lienbacher*, Art. 5 EUV Rn. 8;

Erweiterung bestehender Rechtssetzungsbefugnisse dem Grundsatz der Subsidiarität (Art. 5 Abs. 3 EUV) widersprechen und in die Hoheitsbefugnisse der Mitgliedstaaten eingreifen.[365] Gleichzeitig ist eine Abweichung von der in der Richtlinie genannten Ermächtigungsgrundlage wegen der aus Art. 296 AEUV resultierenden Begründungspflicht ausgeschlossen.[366] Aus diesen Gründen ist der persönliche Geltungsbereich der Richtlinie auf Arbeitnehmerinnen beschränkt und kann abweichend von den Definitionen in Art. 2 MuSchRL auch nicht auf andere Beschäftigte ausgedehnt werden.[367] Die Mutterschutzrichtlinie kann deshalb nur auf Frauen Anwendung finden, die unter den Arbeitnehmerbegriff der Richtlinie fallen.

Obgleich sich der Geltungsbereich der Richtlinie 92/85/EWG damit ähnlich wie der Anwendungsbereich des MuSchG auf Arbeitnehmerinnen erstreckt, können konkrete Sachverhalte – wie die Stellung der GmbH-Geschäftsführerin – nicht ohne Weiteres unter die Richtlinie subsumiert werden. Hierfür bedürfte es einer Definition des der Richtlinie zugrunde liegenden Arbeitnehmerbegriffes, durch den die wesentlichen Kriterien der Arbeitnehmereigenschaft konkretisiert werden. Dabei ist zu berücksichtigen, dass im Unionsrecht kein einheitlicher, übergeordneter unionsrechtlicher Arbeitnehmerbegriff existiert,[368] sondern der Arbeitnehmerbegriff je nach Regelungskontext und Normzweck unterschiedlich ausgelegt wird.[369] Im Primärrecht wird der Arbeitnehmerbegriff in Art. 45 AEUV, durch den die EU-weite Freizügigkeit der Arbeitnehmer gewährleistet wird, verwendet. Daneben findet er sich bei der Festsetzung der EU-Kompetenzen in Art. 153 AEUV sowie beim Entgeltgleichheitsgrundsatz in Art. 157 AEUV. Diese Arbeitnehmerbegriffe des Primärrechts stimmen nicht notwendigerweise überein.[370] Im Sekundärrecht verfährt der europäische Gesetzgeber ebenfalls unterschiedlich. So enthalten manche arbeits- und sozialrechtlichen Richtlinien gar keinen Arbeitnehmerbegriff,[371]

Steinmeyer in Hanau/Steinmeyer/Wank, § 9 Rn. 286; Streinz-*Streinz*, Art. 5 EUV Rn. 5.

365 BVerfG v. 12.10.1993, 2 BvR 2134/92, BVerfGE 89, 155 (194 ff.).

366 Zur Reichweite und den Folgen eines Verstoßes gegen die Begründungspflicht vgl. EuGH v. 16.6.1993, Rs. C-325/91, Slg. 1993, I-3283 – Frankreich/Kommission; EuGH v. 1.10.2009, Rs. C-370/07, Slg. 2009, I-8917 – Kommission/Rat.

367 Im Ergebnis ähnlich für die Rahmenrichtlinie 89/391/EWG *Schubert*, S. 162; *Ziegler*, § 12, S. 279.

368 EuGH v. 12.5.1998, Rs. C-85/96, Slg. 1998, I-2691 – Martínez Sala; EuGH v. 13.1.2004, Rs. C-256/01, Slg. 2004, I-873 – Allonby; EuGH v. 7.6.2005, Rs. C-543/03, Slg. 2005, I-5049 – Dodl und Oberhollenzer; EuGH v. 16.7.2009, Rs. C-208/07, Slg. 2009, I-6095 – von Chamier-Glisczinski; EuGH v. 1.3.2012, Rs. C-393/10, NZA 2012, 313 – O'Brien.

369 EuGH v. 13.1.2004, Rs. C-256/01, Slg. 2004, I-873 – Allonby; *Rebhahn*, EuZA 2012, 3 (4 ff., 31); *Schmitt-Rolfes*, NZA-Beilage 2014, 37 (40); *Wank*, EuZA 2008, 172 (186).

370 So ausdrücklich der EuGH v. 12.5.1998, Rs. C-85/96, Slg. 1998, I-2691 – Martínez Sala; EuGH v. 14.10.2010, Rs. C-345/09, Slg. 2010, I-9879 – van Delft u. a.

371 Vgl. z. B. Art. 2 Abs. 1 JArbSchRL, Art. 3 Abs. 1 lit. a GbEthnieRL.

während andere den Grundbegriff des Arbeitnehmers in Bezug nehmen, ohne eine eigenständige Definition vorzusehen.[372] Wieder andere Richtlinien verweisen auf den nationalen Arbeitnehmerbegriff.[373] Aufgrund dieser Vielfalt in der Verwendung des Arbeitnehmerbegriffes muss für jede Richtlinie gesondert ermittelt werden, welcher Arbeitnehmerbegriff maßgeblich ist.

ii. Maßgeblicher Arbeitnehmerbegriff – nationales vs. unionsrechtliches Begriffsverständnis?

Dabei sorgen die in Art. 2 MuSchRL vorgesehenen Verweise auf die mitgliedstaatlichen Rechtsvorschriften für Verwirrung. Welche Schlussfolgerungen hieraus in Bezug auf das der Mutterschutzrichtlinie zugrunde zulegende Begriffsverständnis und den damit verbundenen Beurteilungsmaßstab zu ziehen sind, ergibt sich nicht unmittelbar aus dem Wortlaut. Deshalb ist ausgehend von Art. 2 MuSchRL zu betrachten, nach welchen Vorgaben sich der in der Mutterschutzrichtlinie verwendete Arbeitnehmerbegriff richtet.

Einen ersten Anhaltspunkt für die Auslegung des Arbeitnehmerbegriffes in der Mutterschutzrichtlinie liefert der Wortlaut von Art. 2 MuSchRL. Zwar enthalten alle drei in Art. 2 MuSchRL vorgesehenen Definitionen einen Verweis auf die mitgliedstaatlichen Rechtsvorschriften. Eine genaue Analyse des Wortlautes zeigt jedoch, dass der Unionsgesetzgeber in lit. a lediglich in Bezug auf die Modalitäten, nach denen die Arbeitnehmerin ihren Arbeitgeber über die Schwangerschaft unterrichtet, auf die nationalen Vorschriften der Mitgliedstaaten verweist.[374] Ähnlich verhält es sich bei der Begriffsbestimmung in lit. b, die nur hinsichtlich des Begriffes »Entbindung« ans nationale Recht anknüpft. Die Verweisung bezieht sich gerade nicht auf den Arbeitnehmerbegriff.[375] Eine Inbezugnahme des nationalen Arbeitnehmerbegriffs ergibt sich somit nicht aus dem Wortlaut von Art. 2 MuSchRL.[376] Überdies enthalten auch andere Vorschriften der Richtlinie keine Verweisung auf den Arbeitnehmerbegriff wie er sich aus einzelstaatlichen Rechtsvorschriften und / oder Gepflogenheiten ergibt. Der Wortlaut der Richtlinie bedingt damit keine Auslegung des Arbeitnehmerbegriffes anhand nationaler Maßstäbe.[377]

---

372 So z. B. Art. 3 lit. a ArbSchRL; Art. 1 MEntlRL.

373 Vgl. z. B. Art. 2 Abs. 2 EntsRL, Art. 2 Abs. 1 lit. d BÜRL.

374 EuGH v. 20.7.2007, Rs. C-116/06, Slg. 2007, I-7643 – Kiiski; EuGH v. 11.11.2010, Rs. C-232/09, Slg. 2010, I-11405 – Danosa.

375 Ähnlich *Preis/Sagan*, ZGR 2013, 26 (36); *Ziegler*, § 13, S. 285, 290; a. A.: *Rebhahn*, EuZA 2012, 3 (24), der wenig überzeugend und pauschal auf andere Sprachfassungen der Richtlinie verweist. Zumindest in der englischen und französischen Sprachfassung sind die Verweisungen auf das nationale Recht aber wie in der deutschen Sprachfassung ausgestaltet.

376 *Schubert*, ZESAR 2013, 5 (7); *Ziegler*, § 13, S. 290.

377 Vgl. zur Maßgeblichkeit dieser Feststellung für die Auslegung des Arbeitnehmerbegriffes EuGH v. 14.10.2010, Rs. C-428/09, Slg. 2010, I-9961 – Union syndicale „Solidaires Isère", Rn. 28. Ebenso EuGH v. 20.7.2007, Rs. C-116/06, Slg. 2007, I-7643 –

Indessen indiziert eine systematische Betrachtung der Mutterschutzrichtlinie die Notwendigkeit zu einer eigenständigen unionsrechtlichen Auslegung des Arbeitnehmerbegriffes in Art. 2 MuSchRL. Art. 1 Abs. 2 MuSchRL sieht eine vollumfänglichen Verweisung auf die Bestimmung der Rahmenrichtlinie 89/391/EWG einschließlich des Anwendungsbereichs der ArbSchRL und der in Art. 3 ArbSchRL enthaltenen Definitionen des Arbeitnehmer- und Arbeitgeberbegriffes vor.[378] Von der Verweisung ist lediglich Art. 2 Abs. 2 ArbSchRL, welcher den Anwendungsbereich der Rahmenrichtlinie begrenzt, herausgenommen. Nach Art. 3 lit. a. ArbSchRL finden die in der Rahmenrichtlinie vorgesehenen Maßnahmen zur Verbesserung der Sicherheit und des Gesundheitsschutzes von Arbeitnehmern auf jede Person Anwendung, die von einem Arbeitgeber beschäftigt wird, einschließlich der Praktikanten und Lehrlinge, jedoch mit Ausnahme von Hausangestellten. Spiegelbildlich betreffen die in der Rahmenrichtlinie statuierten Verpflichtungen als Arbeitgeber jede natürliche oder juristische Person, die Vertragspartner des Arbeitnehmers ist und die unternehmerische Verantwortung trägt.[379] Der Arbeitnehmerbegriff wird damit wechselseitig zu dem in lit. b enthaltenen Arbeitgeberbegriff definiert, ohne dass ein Verweis auf nationale Vorschriften erfolgt. Das Fehlen einer Inbezugnahme nationaler Rechtsvorschriften könnte bereits für eine autonome Bestimmung des Arbeitnehmerbegriffes sprechen.[380] Daneben erfordern aber jedenfalls Sinn und Zweck der Arbeitsschutzrahmenrichtlinie die Anwendung eines einheitlichen Arbeitnehmerbegriffs. Die Rahmenrichtlinie 89/391/EWG zielt auf die Minimierung bestehender Risiken für die Sicherheit und den Gesundheitsschutz am Arbeitsplatz ab.[381] Aufgrund des unterschiedlichen Schutzstandards in den Mitgliedstaaten wurde eine EU-weite Einführung eines Mindeststandards für notwendig erachtet, um auch auf diese Weise das Fortbestehen einer Konkurrenzsituation zwischen den

---

Kiiski; EuGH v. 11.11.2010, Rs. C-232/09, Slg. 2010, I-11405 – Danosa; ähnlich *Rebhahn*, EuZA 2013, 3 (22); a. A.: *Lunk*, FS Bauer, S. 705 (711).

378 Die Maßgeblichkeit des Anwendungsbereichs der Rahmenrichtlinie für die Einzelrichtlinie hat der EuGH in den Entscheidungen v. 3.10.2000, Rs. C-303/98, Slg. 2000, I-7963 Rn. 31 – Simap und v. 5.10.2004, Rs. C-397/01, Slg. 2004, I-8835 Rn. 48 – Pfeiffer u. a. hervorgehoben. Davon ist auch der deutsche Gesetzgeber bei der Änderung des MuSchG ausgegangen, vgl. Gesetzesentwurf der Bundesregierung v. 26.10.1995 zur Änderung des Mutterschutzrechts, BT-Drs. 13/2763, S. 6. Ebenso EG-Arbeitsrecht-*Böhm*, Kap. 12 III. 10., S. 429; *Nebe*, S. 127; *Pottschmidt*, S. 252; *Preis/Sagan*, ZGR 2013, 26 (36); *Riesenhuber*, § 20 Rn. 11; *Schmidt*, II Rn. 51. Ähnlich *Ziegler*, § 13, S. 285.

379 Art. 3 lit. b ArbSchRL.

380 So zumindest der EuGH für die Richtlinie 2003/88 [ABl. L 299 v. 18.11.2003, S. 9], vgl. EuGH v. 14.10.2010, Rs. C-428/09, Slg. 2010, I-9961 – Union syndicale „Solidaires Isère". Nach *Pottschmidt* wäre der Arbeitnehmerbegriff bereits deswegen unionsrechtlich zu bestimmen, vgl. S. 90 und S. 210. Ähnlich *Ziegler*, § 12, S. 274.

381 7. Erwägungsgrund sowie Art. 1 Abs. 1 ArbSchRL.

Mitgliedstaaten zu verhindern.[382] Dieses Ziel kann aber nur erreicht werden, wenn die Konkretisierung des Mindeststandards und dessen Reichweite dem Einfluss der Mitgliedstaaten entzogen ist.[383] Könnte indessen die Auslegung des Anwendungsbereichs je nach Mitgliedstaat unterschiedlich erfolgen, so träte keine Verbesserung der Lage von Arbeitnehmern ein, sondern die bisherige, aus Sicht der EU unbefriedigende Situation in den Mitgliedstaaten bliebe bestehen. Die Ziele der Arbeitsschutzrahmenrichtlinie würden vereitelt und die Richtlinie wäre obsolet. Aus diesem Grund ist der Richtlinie ein autonomer Arbeitnehmerbegriff zugrunde zu legen,[384] der unabhängig vom nationalen Recht der Mitgliedstaaten zu bestimmen und weit auszulegen ist.[385] Da die Rahmenrichtlinie durch die Richtlinie 92/85/EWG als zehnte Einzelfallrichtlinie konkretisiert und fortentwickelt wird, und zudem der Anwendungsbereich der Arbeitsschutzrahmenrichtlinie ausdrücklich in Bezug genommen wird, ist der Arbeitnehmerbegriff für die Zwecke der Anwendung der Mutterschutzrichtlinie im Einklang mit dem in Art. 3 ArbSchRL verwendeten Begriff auszulegen.[386] In der Folge ist der in der Richtlinie 92/85/EWG verwendete Arbeitnehmerbegriff ebenfalls unionsautonom zu bestimmen.[387]

Ein ähnliches Argument für eine unionsautonome Begriffsbestimmung lässt sich aus dem Zusammenhang zwischen Mutterschutz und Diskriminierungsschutz ableiten. Denn die mit einer Schwangerschaft verbundenen möglichen Beeinträchtigungen des Beschäftigungsverhältnisses – seien es eine durch eine Risikoschwangerschaft verursachte längere Arbeitsunfähigkeit, die Notwendigkeit, während der Arbeitszeit ärztliche Termine wahrzunehmen oder eine Anpassung des Arbeitsplatzes an die Bedürfnisse der schwangeren Frau – können ausschließlich Frauen betreffen. Würden hieran negative Folgen wie Entgeltkürzungen, Urlaubskürzungen oder gar eine Entlassung geknüpft werden, so könnten diese Maßnahmen je nach

382 Vgl. 9. Erwägungsgrund der ArbSchRL.

383 Ähnlich *Kothe* in Kollmer/Klindt, § 2 ArbSchG Rn. 32; *Pottschmidt*, S. 211; *Ziegler*, § 12, S. 277. Vgl. allgemein zum Grundsatz der gemeinschaftsrechtlichen Begriffsbestimmung aus Gründen der Effektivität und Einheit des Gemeinschaftsrechts *Pottschmidt*, S. 90.

384 *Kothe* in Kollmer/Klindt, § 2 ArbSchG Rn. 32; MünchArbR-*Kothe*, § 289 Rn. 16; *Pottschmidt*, S. 212; *Rebhan*, EuZA 2012, 3 (22); *Reiner*, EuZA 2009, 79 (82, 86); *Riesenhuber*, § 13 Rn. 9.

385 Vgl. EuGH v. 3.10.2000, Rs. C-303/98, Slg. 2000, I-7963 – Simap; EuGH v. 3.7.2001, Rs. C-241/99, Slg. 2001, I-5139 – CIG; EuGH v. 5.10.2004, Rs. C-397/01, Slg. 2004, I-8835 – Pfeiffer u. a.; EuGH v. 14.10.2010, Rs. C-428/09, Slg. 2010, I-9961 – Union syndicale „Solidaires Isère".

386 So ausdrücklich der Gesetzesentwurf der Bundesregierung v. 26.10.1995 zur Änderung des Mutterschutzrechts, BT-Drs. 13/2763, S. 6; *Nebe*, S. 127; *Preis/Sagan*, ZGR 2013, 26 (36); *Reiner*, EuZA 2009, 79 (82, 86); *Riesenhuber*, § 20 Rn. 11; *Schmidt*, II. Rn. 51; *Schubert*, ZESAR 2013, 5 (7).

387 Bericht der Kommission über die Durchführung der Richtlinie 92/85/EWG, KOM (1999) 100 endg., S. 22; EuGH v. 20.7.2007, Rs. C-116/06, Slg. 2007, I-7643 – Kiiski; EuGH v. 11.11.2010, Rs. C-232/09, Slg. 2010, I-11405 – Danosa.

Einzelfall eine unmittelbare Diskriminierung aufgrund des Geschlechts darstellen.[388] Die Vorschriften zum Schutz von schwangeren Frauen und Wöchnerinnen in der Richtlinie 92/85/EWG verfolgen somit als weiteres Ziel, die Gleichbehandlung von Männern und Frauen durch die Schaffung tatsächlicher Chancengleichheit zu verwirklichen.[389] Dieses Ziel kann aber nicht erreicht werden, wenn der unionsrechtliche Schutz der Schwangeren von der formalen Qualifizierung ihres Beschäftigungsverhältnisses nach innerstaatlichem Recht abhinge.[390] Dies führt zu der Schlussfolgerung, dass der Unionsgesetzgeber auch für die Anwendung der Richtlinie 92/85 den Begriff der Arbeitnehmerin unionsrechtlich definieren wollte.

Für eine weite, unionsautonome Auslegung des Arbeitnehmerbegriffes Mutterschutzrichtlinie sprechen schließlich die bei der Auslegung von Sekundärrecht zu beachtenden Grundsätze und Grundrechte der nach Art. 6 Abs. 1 EUV gleichrangig zum Primärrecht geltenden EGRC.[391] Der Mutterschutz hat – zumindest soweit es den Kündigungsschutz und den Anspruch auf Mutterschaftsurlaub betrifft – durch die Aufnahme in Art. 33 Abs. 2 EGRC weitreichende Bedeutung als *jedermann* zustehendes Recht erlangt. Ergänzend tritt die Gewährleistung in Art. 31 EGRC hinzu, wonach jeder Arbeitnehmer das Recht auf gesunde, sichere und würdige Arbeitsbedingungen hat. Der Arbeitnehmerbegriff der EGRC ist einheitlich auszulegen.[392] Folglich hat auch aus diesem Grund eine unionsautonome Auslegung des Arbeitnehmerbegriffes zu erfolgen.

Nach alledem kommt dem mutterschutzrechtlichen Arbeitnehmerbegriff eine eigenständige unionsrechtliche Bedeutung zu.[393] Er kann daher nicht nach den

---

388 Vgl. zur Entgeltkürzung bei schwangerschaftsbedingter Arbeitsunfähigkeit EuGH v. 19.11.1998, Rs. C-66/96, Slg. 1998, I-7327 – Høj Pedersen; zur anteiligen Minderung einer Weihnachtsgratifikation EuGH v. 21.10.1999, Rs. C-333/97, Slg. 1999, I-7243 – Lewen; zur Berücksichtigung von Lohnerhöhungen EuGH v. 30.3.2004, Rs. C-147/02, Slg. 2004, I-3101 – Alabaster; zur Entlassung während der Schwangerschaft EuGH v. 8.11.1990, Rs. C-179/88, Slg. 1990, I-3979 – Handels- og Kontorfunktionærernes Forbund; EuGH v. 30.6.1998, Rs. C-394/96, Slg. 1998, I-4185 – Brown; EuGH v. 8.9.2005, Rs. C-191/03, Slg. 2005, I-7631 – McKenna; EuGH v. 11.10.2007, Rs. C-460/06, Slg. 2007, I-8511 – Paquay.

389 EuGH v. 8.9.2005, Rs. C-191/03, Slg. 2005, I-7631 – McKenna, Rn. 41 f.; EuGH v. 11.10.2007, Rs. C-460/06, Slg. 2007, I-8511 – Paquay, Rn. 28, 45. Aus diesem Grund soll bei der Neufassung der Richtlinie 92/85/EWG Art. 157 Abs. 3 AEUV als zweite Rechtsgrundlage in den Richtlinientext aufgenommen werden, vgl. Kommissionsvorschlag zur Überarbeitung der Richtlinie 92/85/EWG, KOM (2008) 637 endg., S. 7.

390 So ausdrücklich der EuGH v. 11.11.2010, Rs. C-232/09, Slg. 2010, I-11405 – Danosa, Rn. 68 f.; in Ansätzen so auch *Oberthür*, NZA 2011, 253; *Ziegler*, § 13, S. 290 f.

391 Vgl. zur EGRC als Auslegungsmaßstab für das nachrangige Unionsrecht statt vieler nur *Folz* in Vedder/Heintschel von Heinegg, Art. 6 EUV Rn. 4; *Schorkopf* in Grabitz/Hilf/Nettesheim, Art. 6 EUV Rn. 28; Streinz-*Streinz*, Art. 6 EUV Rn. 2.

392 In diese Richtung Schwarze-*Knecht*, Art. 31 EGRC Rn. 4, Art. 30 EGRC Rn. 4; *Wolffgang* in Lenz/Borchardt, Art. 31 EGRC Rn. 4.

393 Ebenso *Oberthür*, NZA 2011, 253.

innerstaatlichen Rechtsvorschriften – und damit auch nicht nach den Vorgaben der deutschen Rechtsordnung – bestimmt werden.[394] Der Status der GmbH-Geschäftsführerin nach nationalem Recht hat somit auf die Anwendbarkeit der Mutterschutzrichtlinie keinen Einfluss.

Nachdem vorstehend die *Art* des der Mutterschutzrichtlinie zugrunde liegenden Arbeitnehmerbegriffes ermittelt wurde, rückt nunmehr der konkreten *Inhalt* des Arbeitnehmerbegriffes in den Fokus. Es stellt sich die Frage, welche tatsächlichen Voraussetzungen für die Eröffnung des persönlichen Anwendungsbereichs der Mutterschutzrichtlinie erfüllt sein müssen. Mithin sind nachfolgend die einzelnen Kriterien der Arbeitnehmereigenschaft herauszuarbeiten.

iii. Kriterien der Arbeitnehmereigenschaft

Da weder die Mutterschutzrichtlinie noch die Arbeitsschutzrahmenrichtlinie eine Definition des Arbeitnehmerbegriffes enthalten, liefern sie selbst kaum Anhaltspunkte für eine positiv-rechtliche Feststellung der maßgeblichen Kriterien. Allerdings können wegen der Inbezugnahme der Rahmenrichtlinie 89/391/EWG in Art. 1 Abs. 2 MuSchRL die zum dortigen Arbeitnehmerbegriff entwickelten Maßstäbe herangezogen werden.[395] Nach der Rechtsprechung des EuGH richtet sich der Arbeitnehmerbegriff der Arbeitsschutzrahmenrichtlinie wiederum nach den allgemeinen Auslegungsgrundsätzen zu Art. 45 AEUV.[396] Dementsprechend sind der verwendete Arbeitnehmerbegriff wie auch der Anwendungsbereich der Arbeitsschutzrahmenrichtlinie grundsätzlich weit zu verstehen[397] und anhand objektiver, das Beschäftigungsverhältnis zwischen den Parteien charakterisierenden Kriterien zu bestimmen.[398]

Der EuGH definiert seit der Entscheidung Lawrie-Blum[399] als Arbeitnehmer im Sinne des Unionsrechts grundsätzlich jede Person, die während einer bestimmten Zeit für einen anderen nach dessen Weisungen Leistungen erbringt, für die er

---

394 A. A.: *Lunk*, FS Bauer, S. 705 (711), der dennoch zu dem Schluss gelangt, dass der Anwendungsbereich der Richtlinie 92/85/EWG teilweise eröffnet ist, vgl. *ders.*, S. 705 (714).

395 *Nebe*, S. 127; *Ziegler*, S. 291, 293.

396 EuGH v. 7.4.2011, Rs. C-519/09, Slg. 2011, I-2761 – May.

397 Vgl. EuGH v. 3.10.2000, Rs. C-303/98, Slg. 2000, I-7963 – Simap; EuGH v. 5.10.2004, Rs. C-397/01, Slg. 2004, I-8835 – Pfeiffer u. a; EuGH v. 14.7.2005, Rs. C-52/04, Slg. 2005, I-7111 – Personalrat der Feuerwehr Hamburg; EuGH v. 7.4.2011, Rs. C-519/09, Slg. 2011, I-2761 – May.

398 Vgl. EuGH v. 14.12.1989, Rs. C-3/87, Slg. 1989, 4459 – Agegate; EuGH v. 4.2.2010, Rs. C-14/09, Slg. 2010, I-931 – Genc; Schlussanträge des Generalanwalts Bot in der Rechtssache Danosa, vgl. Schlussanträge v. 2.9.2010, Rs. C-232/09, Slg. 2010, I-11408.

399 EuGH v. 3.7.1986, Rs. C-66/85, Slg. 1986, 2121 – Lawrie-Blum.

als Gegenleistung eine Vergütung erhält.[400] Da Tätigkeiten außer Betracht bleiben sollen, die nur einen untergeordneten und unwesentlichen Anteil der Gesamtbeschäftigung darstellen oder nicht als wirtschaftliche Tätigkeit anzusehen sind, tritt als zusätzliches Erfordernis das Vorliegen einer »*echten und tatsächlichen Tätigkeit*« hinzu.[401]

Die Definition ist nicht mehr nur auf die Arbeitnehmerfreizügigkeit im Sinne des Art. 39 EGV – heute Art. 45 AEUV – beschränkt, sondern wird vom EuGH vermehrt zur Bestimmung des unionsautonomen Arbeitnehmerbegriffes herangezogen.[402] Sie kann deshalb gleichermaßen auf die nach Art. 288 AEUV erlassenen Rechtsakte der EU übertragen werden,[403] soweit ihnen jeweils der unionsautonome Arbeitnehmerbegriff zugrundliegt.[404] Aus der Definition geht hervor, dass selbstständige Erbringer von Dienstleistungen, die gegenüber dem Empfänger der Dienstleistungen in keinem Unterordnungsverhältnis stehen, nicht vom Arbeitnehmerbegriff erfasst werden.[405] Den Gegenpol zum Arbeitnehmer bildet folglich der selbstständig Erwerbstätige, der durch die Niederlassungsfreiheit nach Art. 49 AEUV geschützt ist.[406] Dem entspricht es, dass der Rat 2003 eine eigenständige Empfehlung für die

---

400 EuGH v. 23.3.2004, Rs. C-138/02, Slg. 2004, I-2703 – Collins; EuGH v. 7.9.2004, Rs. C-456/02, Slg. 2004, I-7573 – Trojani; EuGH v. 17.7.2008, Rs. C-94/07, Slg. 2008, I-5939 – Raccanelli; EuGH v. 11.9.2008, Rs. C-228/07, Slg. 2008, I-6989 – Petersen; EuGH v. 16.7.2009, Rs. C-208/07, Slg. 2009, I-6095 – von Chamier-Glisczinski; EuGH v. 14.10.2010, Rs. C-428/09, Slg. 2010, I-9961 – Union syndicale „Solidaires Isère".

401 EuGH v. 23.3.1982, Rs. C-53/81, Slg. 1982, 1035 – Levin; EuGH v. 26.2.1992, Rs. C-3/90, Slg. 1992, I-1071 – Bernini; EuGH v. 4.6.2009, Rs. C-22/08, Slg. 2009, I-04585; EuGH v. 17.7.2008, Rs. C-94/07, Slg. 2008, I-5939 – Raccanelli; EuGH v. 28.2.2013, Rs. C-544/11, zit. nach Juris – Petersen und Petersen.

402 Vgl. für die Übertragung auf Verordnungen bereits EuGH v. 26.2.1992, Rs. C-3/90, Slg. 1992, I-1071 – Bernini; EuGH v. 8.6.1999, Rs. C-337/97, Slg. 1999, I-3289 – Meeusen; für Beschlüsse der Kommission EuGH v. 26.11.1998, Rs. C-1/97, Slg. 1998, I-7747 – Birden; EuGH v. 19.11.2002, Rs. C-188/00, Slg. 2002, I-10691–Kurz; für die Richtlinie 2003/88/EG z. B. auch EuGH v. 14.10.2010, Rs. C-428/09, Slg. 2010, I-9961 – Union syndicale „Solidaires Isère"; EuGH v. 3.5.2012, Rs. C-337/10, NVwZ 2012, 688 – Neidel; und schließlich für die Richtlinie 92/85/EWG EuGH v. 20.7.2007, Rs. C-116/06, Slg. 2007, I-7643 – Kiiski; EuGH v. 11.11.2010, Rs. C-232/09, Slg. 2010, I-11405 – Danosa.

403 So ausdrücklich der EuGH v. 7.4.2011, Rs. C-519/09, Slg. 2011, I-2761 – May unter Verweis auf EuGH v. 17.7.2008, Rs. C-94/07, Slg. 2008, I-5939 – Raccanelli.

404 Im Ergebnis so auch *Eßer/Baluch*, NZG 2007, 321 (324); *Schubert*, EuZA 2011, 362 f.; *Riesenhuber*, § 13 Rn. 9; *Ziegler*, § 12, S. 281 und § 13, S. 287; kritisch aber *Preis/Sagan*, ZGR 2013, 26 (35).

405 EuGH v. 27.6.1996, Rs. C-107/94, Slg. 1996, I-3089 – Asscher; EuGH v. 8. 6.1999, Rs. C-337/97, Slg. 1999, I-3289 – Meeusen.

406 Vgl. grundlegend EuGH v. 30.11.1995, Rs. C-55/94, Slg. 1995, I-4165 – Gebhard. So auch der Generalanwalt Bot in seinen Schlussanträgen zur Rechtssache Danosa,

Sicherheit und den Gesundheitsschutz Selbstständiger am Arbeitsplatz angenommen hat.[407]

Die Abgrenzung zum Gegenbegriff des selbstständig Erwerbstätigen erfolgt nach dem Merkmal der Weisungsgebundenheit. Aus diesem Grund kommt der Weisungsgebundenheit – alternativ das Vorliegen eines Unterordnungsverhältnisses – auch auf europäischer Ebene übergeordnete Bedeutung zu.[408] Dieses Merkmal wird durch eine Reihe von Faktoren, wie etwa die Beteiligung an geschäftlichen Risiken des Unternehmens – ohne dass aber die Arbeitnehmereigenschaft schon dann ausgeschlossen wäre, wenn eine Entlohnung im Wege der Ertragsbeteiligung erfolgt –, eine freie Gestaltung der Arbeitszeit oder der freie Einsatz von Hilfskräften, beeinflusst.[409] Gleichermaßen können in die Betrachtung vorhandene Freiheiten des Beschäftigten bei der Wahl von Ort und Inhalt seiner Arbeit einbezogen werden.[410] Nicht ausschlaggebend ist hingegen, wenn der Beschäftigte nicht zur Annahme jedes Auftrages verpflichtet ist, sondern einzelne Arbeitsaufträge ablehnen kann.[411] Ebenfalls ohne Bedeutung ist es, dass das Beschäftigungsverhältnis nach nationalem Recht ein Rechtsverhältnis sui generis ist.[412] Auch die formale Einstufung als Selbstständiger nach innerstaatlichem Recht zeitigt keine unmittelbaren Folgen für die Weisungsgebundenheit im Sinne des europäischen Arbeitnehmerbegriffes.[413] Mithin ist die Art des Rechtsverhältnisses zwischen den Parteien unerheblich.[414] Eine weitere Konkretisierung hat das Kriterium der Unterordnung in der Rechtssache *Danosa* erfahren, indem der EuGH betonte, dass die Eigenschaft als Mitglied der Unternehmensleitung der Annahme eines Unterordnungsverhältnisses nicht entgegensteht.[415]

---

vgl. Schlussanträge v. 2.9.2010, Rs. C-232/09, Slg. 2010, I-11408. Ähnlich *Wank*, EuZA 2008, 172 (180).

407 Empfehlung des Rates v. 18.2.2003 zur Verbesserung des Gesundheitsschutzes und der Sicherheit Selbstständiger am Arbeitsplatz, ABl. L 53 v. 28.2.2003, S. 45 ff.

408 Dies für die Mutterschutzrichtlinie betonend *Pottschmidt*, S. 253.

409 EuGH v. 14.12.1989, Rs. C-3/87, Slg. 1989, 4459 – Agegate; so auch *Bauer/Arnold*, ZIP 2008, 993 (995).

410 EuGH v. 13.1.2004, Rs. C-256/01, Slg. 2004, I-873 – Allonby.

411 EuGH v. 26.2.1992, Rs. C-357/89, Slg. 1992, I-1027 – Raulin; EuGH v. 13.1.2004, Rs. C-256/01, Slg. 2004, I-873 – Allonby.

412 EuGH v. 31.5.1989, Rs. C-344/87, Slg. 1989, 1621 – Bettray; EuGH v. 26.11.1998, Rs. C-1/97, Slg. 1998, I-7747 – Birden; EuGH v. 19.11.2002, Rs. C-188/00, Slg. 2002, I-10691 – Kurz; EuGH v. 7.9.2004, Rs. C-456/02, Slg. 2004, I-7573 – Trojani; EuGH v. 20.7.2007, Rs. C-116/06, Slg. 2007, I-7643 – Kiiski; EuGH v. 11.11.2010, Rs. C-232/09, Slg. 2010, I-11405 – Danosa.

413 EuGH v. 13.1.2004, Rs. C-256/01, Slg. 2004, I-873 – Allonby; EuGH v. 11.11.2010, Rs. C-232/09, Slg. 2010, I-11405 – Danosa.

414 EuGH v. 12.2.1974, Rs. C-152/73, Slg. 1974, 153 – Sotgiu; EuGH v. 31.5.1989, Rs. C-344/87, Slg. 1989, 1621 – Bettray; EuGH v. 26.2.1992, Rs. C-357/89, Slg. 1992, I-1027 – Raulin; EuGH v. 26.4.2007, Rs. C-392/05, Slg. 2007, I-3505 – Alevizos; EuGH v. 11.11.2010, Rs. C-232/09, Slg. 2010, I-11405 – Danosa.

415 EuGH v. 11.11.2010, Rs. C-232/09, Slg. 2010, I-11405– Danosa, Rn. 47.

Ferner kann ein Unterordnungsverhältnis nicht nur bei einer Weisungsabhängigkeit in Bezug auf die Ausübung der konkreten Tätigkeit angenommen werden, sondern auch dann, wenn der Beschäftigte zur Rechenschaft verpflichtet ist und der Aufsicht eines anderen Organs unterliegt.[416]

Damit hängt die Feststellung der Arbeitnehmereigenschaft einer GmbH-Geschäftsführerin weder von der Beurteilung des Beschäftigungsverhältnisses durch die Parteien noch vom Abschluss eines Arbeitsvertrages ab.[417] Vielmehr ist eine Gesamtbetrachtung aller Umstände des Einzelfalls vorzunehmen, die die Art der in Rede stehenden Tätigkeit betreffen und die Beziehungen der am Beschäftigungsverhältnis beteiligten Personen kennzeichnen.[418] Da für Bestimmung des Anwendungsbereichs der Richtlinie 92/85/EWG die allgemeinen Auslegungsgrundsätze zum Arbeitnehmerbegriff in Art. 45 AEUV herangezogen werden können,[419] gelten auch für die Mutterschutzrichtlinie die tatsächliche und echte Tätigkeit in einem Abhängigkeitsverhältnis, bisweilen auch als Unterordnungsverhältnis bezeichnet,[420] und die Zahlung einer Vergütung als Grundmerkmale des Arbeitsverhältnisses.[421]

Ausgehend von diesen allgemeinen Prinzipien zum persönlichen Geltungsbereich der Mutterschutzrichtlinie ist nunmehr in einem zweiten Schritt eine Einordnung der GmbH-Geschäftsführerin vorzunehmen.

---

416 EuGH v. 11.11.2010, Rs. C-232/09, Slg. 2010, I-11405– Danosa, Rn. 49, 51.

417 *Fischer*, NJW 2011, 2329 (2331); *Mankowski*, RIW 2004, 167 (169).

418 EuGH v. 6.11.2003, Rs. C-413/01, Slg. 2003, I-13187 – Ninni-Orasche; EuGH v. 13.1.2004, Rs. C-256/01, Slg. 2004, I-873 – Allonby; EuGH v. 7.9.2004, Rs. C-456/02, Slg. 2004, I-7573 – Trojani; EuGH v. 20.7.2007, Rs. C-116/06, Slg. 2007, I-7643 – Kiiski; EuGH v. 11.11.2010, Rs. C-232/09, Slg. 2010, I-11405 – Danosa.

419 So ausdrücklich der Generalanwalt Bot in der Rechtssache Danosa, vgl. Schlussanträge v. 2.9.2010, Rs. C-232/09, Slg. 2010, I-11408, Rn. 53 unter Verweis auf EuGH v. 20.7.2007, Rs. C-116/06, Slg. 2007, I-7643 – Kiiski. Dies hat der EuGH in Rn. 39 des Urteils v. 11.11.2010, Rs. C-232/09, Slg. 2010, I-11405 – Danosa bestätigt.

420 EuGH v. 27.6.1996, Rs. C-107/94, Slg. 1996, I-3089 – Asscher; EuGH v. 8.6.1999, Rs. C-337/97, Slg. 1999, I-3289 – Meeusen; EuGH v. 13.1.2004, Rs. C-256/01, Slg. 2004, I-873 – Allonby; EuGH v. 11.11.2010, Rs. C-232/09, Slg. 2010, I-11405– Danosa.

421 So ausdrücklich EuGH v. 17.7.2008, Rs. C-94/07, Slg. 2008, I-5939 – Raccanelli; ebenso EuGH v. 28.2.2013, Rs. C-544/11, zit. nach Juris – Petersen und Petersen. Vgl. zur Irrelevanz der Höhe der Vergütung und der Dauer der Beschäftigung EuGH v. 23.3.1982, Rs. C-53/81, Slg. 1982, 1035 – Levin; EuGH v. 3.7.1986, Rs. C-66/85, Slg. 1986, 2121 – Lawrie-Blum; EuGH v. 26.2.1992, Rs. C-3/90, Slg. 1992, I-1071 – Bernini; EuGH v. 6.11.2003, Rs. C-413/01, Slg. 2003, I-13187 – Ninni-Orasche; EuGH v. 17.3.2005, Rs. C-109/04, Slg. 2005, I-2421 – Kranemann; EuGH v. 30.3.2006, Rs. C-10/05, Slg. 2006, I-3145 – Mattern und Cikotic; EuGH v. 4.6.2009, Rs. C-22/08, Slg. 2009, I-4585 – Vatsouras.

b. Eröffnung des persönlichen Geltungsbereichs für nichtbeherrschende GmbH-Geschäftsführerinnen

Für eine Eröffnung des persönlichen Anwendungsbereichs der Mutterschutzrichtlinie müssten GmbH-Geschäftsführerinnen unter den soeben definierten Arbeitnehmerbegriff fallen.

Grundsätzlich nehmen Geschäftsführerinnen einer deutschen GmbH die Geschäftsführung wahr (§ 37 GmbHG) und vertreten die Gesellschaft nach außen (§ 35 Abs. 1 S. 1 GmbHG). Die Geschäftsführung bezieht sich dabei auf die Verfolgung des Gesellschaftszweckes, in dessen Sinne die Geschäftsführerin die Gesellschaft zu leiten, zu organisieren und zu erhalten hat. Hierbei handelt es sich regelmäßig um eine echte und tatsächliche Tätigkeit im Sinne der Rechtsprechung des EuGH, die nicht nur eine untergeordnete wirtschaftliche Rolle spielt.[422] Dementsprechend erhalten Geschäftsführerinnen für ihre Tätigkeit gewöhnlich eine Vergütung. Insgesamt erbringen GmbH-Geschäftsführerinnen damit eine entgeltliche Leistung für einen Dritten – die GmbH. Darüber hinausgehend müssten die Arbeitsleistungen der GmbH-Geschäftsführerinnen aber aufgrund von Weisungen erbracht werden. Dies bedeutet, dass die GmbH-Geschäftsführerin als weisungsgebunden und als in einem Unterordnungsverhältnis tätig angesehen werden müsste. Ähnlich wie im nationalen Recht steht somit auch auf europäischer Ebene die Frage nach der Weisungsgebundenheit von GmbH-Geschäftsführerinnen im Mittelpunkt der Einordnung.

Dies spiegelt sich in der Rechtsprechung des EuGH wider. Allgemeinhin hatte der EuGH bis 2011 keine abschließende Beurteilung des Arbeitnehmerstatus von Organmitgliedern und Mitgliedern der Geschäftsleitung juristischer Personen vorgenommen. So wurde bei Geschäftsführern einmal die Arbeitnehmerfreizügigkeit,[423] ein andermal hingegen die Niederlassungsfreiheit für einschlägig befunden.[424] Allerdings konnte für die Abgrenzung zwischen den gegenteiligen Begrifflichkeiten des Arbeitnehmers und des selbstständigen Erwerbstätigen die Ausführungen des Generalanwalts Léger in der Rechtssache *Asscher* herangezogen werden.[425] Hiernach sollten Leiter einer juristischen Person dann als Selbstständige im Sinne der Niederlassungsfreiheit einzuordnen sein, wenn sie nach der maßgeblichen Kompetenzverteilung innerhalb der juristischen Person keinen Weisungen anderer Personen oder Organe, die nicht von ihnen selbst kontrolliert werden, unterliegen.[426] Tatsächliche

422 Ähnlich der Generalanwalt Bot in seinen Schlussanträgen in der Rechtssache Danosa, vgl. Schlussanträge v. 2.9.2010, Rs. C-232/09, Slg. 2010, I-11408, Rn. 53 ff.

423 EuGH v. 7.5.1998, Rs. C-350/96, Slg. 1998, I-2521 – Clean Car Autoservice.

424 EuGH v. 27.6.1996, Rs. C-107/94, Slg. 1996, I-3089 – Asscher.

425 Zustimmend *Bauer/Arnold*, ZIP 2008, 993 (995); *Bauer/Göpfert/Krieger*, DB 2005, 595 (597); *Forsthoff* in Grabitz/Hilf/Nettesheim, Art. 45 AEUV Rn. 71; *Mankowski*, RIW 2004, 167 (169).

426 Schlussanträge des Generalanwalts Léger in der Rechtssache Asscher, vgl. Schlussanträge v. 15.2.1996, Rs. C-107/94, Slg. 1996, I-3089 (3096).

Folgerungen für den Anwendungsbereich der Richtlinie 92/85/EWG wurden aber nicht gezogen. Erst in der Rechtssache *Danosa* setzte sich der EuGH grundlegend mit dem Arbeitnehmerstatus von Geschäftsführerinnen und der Mutterschutzrichtlinie auseinander und formulierte erstmals die Voraussetzungen für ein Unterordnungsverhältnis. Konkret ging es um die Frage, ob die Abberufung einer schwangeren Geschäftsführerin einer lettischen Kapitalgesellschaft mit beschränkter Haftung gegen das Kündigungsverbot aus Art. 10 MuSchRL verstoßen hat.

Wegen der grundlegenden Bedeutung der Entscheidung für die Einordnung der GmbH-Geschäftsführerin als Arbeitnehmerin bedarf es zunächst einer ausführlichen Darstellung des angesprochenen EuGH-Urteils.

i. Urteil des EuGH in der Rechtssache Danosa

Ausgangspunkt der Entscheidung des EuGH war eine Vorlage des lettischen obersten Gerichtshofes[427] vom 13. Mai 2009 nach Art. 267 AEUV in einem Kassationsverfahren zwischen Frau Dita Danosa und der LKB Lizings SIA, einer lettischen Gesellschaft mit beschränkter Haftung.[428] Für diese Kapitalgesellschaft war Frau Danosa von Anfang des Jahres 2007 bis zu ihrer Abberufung durch die Gesellschafterversammlung am 23. Juli 2007 als alleinige Geschäftsführerin tätig. Zum Zeitpunkt der Abberufung war Frau Danosa im dritten Monat schwanger. Da Art. 109 des lettischen Arbeitsgesetzbuches die Kündigung von schwangeren und stillenden Arbeitnehmerinnen für die Dauer eines Jahres und die Stillzeit verbot,[429] hielt Frau Danosa ihre Abberufung für rechtswidrig. Sie ging daher gegen ihre Abberufung gerichtlich vor, hatte jedoch in erster und zweiter Instanz keinen Erfolg. Das lettische Arbeitsgesetzbuch wurde wegen der fehlenden Arbeitnehmereigenschaft von Frau Danosa für unanwendbar gehalten. Frau Danosa hätte deswegen nach Art. 224 Abs. 4 des lettischen Handelsgesetzbuches jederzeit abberufen werden können.[430] Im Wege der Kassationsbeschwerde beim lettischen obersten Gerichtshof ging Frau Danosa gegen diese Urteile vor und machte geltend, die jederzeitige Abberufbarkeit nach Art. 224 Abs. 4 des lettischen Handelsgesetzbuches verstoße zumindest insoweit gegen Unionsrecht, als dass auch bei Bestehen einer Schwangerschaft die Abberufung uneingeschränkt möglich sei. Geschäftsführerinnen einer Gesellschaft mit beschränkter Haftung fielen unter den unionsrechtlichen Arbeitnehmerbegriff, sodass die Richtlinie 92/85/EWG auch dann Anwendung fände, wenn die Arbeitnehmereigenschaft nach national-mitgliedstaatlichen Rechtsvorschriften abzulehnen wäre.

---

427 Im Lettischen: Augstākā Tiesa.

428 SIA ist die lettische Abkürzung für »Sabiedrība ar ierobežotu atbildību«, eine Kapitalgesellschaft mit beschränkter Haftung, die in den Art. 185 bis 224 des lettischen Handelsgesetzbuches (Komerclikums) normiert ist. Das lettische Handelsgesetzbuch ist abrufbar unter: http://likumi.lv/doc.php?id=5490 (Stand: 7.3.2016).

429 Vgl. Art. 109 des lettischen Arbeitsgesetzbuches (»Darba likums«), abrufbar unter: http://likumi.lv/doc.php?id=26019 (Stand: 7.3.2016).

430 Vgl. Art. 224 des lettischen Handelsgesetzbuches (Komerclikums).

Daher sei das Kündigungsverbot nach Art. 10 MuSchRL auf Geschäftsführerinnen wie Frau Danosa anzuwenden. Dies hätten die lettischen Gerichte bei der Beurteilung der Rechtmäßigkeit der Abberufung zu berücksichtigen.[431]

Aufgrund der Maßgeblichkeit der unionsrechtlichen Auslegungsgrundsätze setzte der lettische oberste Gerichtshof das Verfahren aus und legte dem EuGH folgende Fragen zur Vorabentscheidung vor: Ist ein Mitglied der Unternehmensleitung einer Kapitalgesellschaft, gegenüber welcher es Leistungen erbringt, als Arbeitnehmer im Sinne der Richtlinie 92/85/EWG anzusehen? Falls dies zu bejahen sei, stünde dann das Kündigungsverbot nach Art. 10 MuSchRL einer nationalen Regelung wie Art. 224 Abs. 4 des lettischen Handelsgesetzbuches, aufgrund derer eine Abberufung jederzeit und unbeschränkt – insbesondere auch bei Schwangerschaft – möglich gewesen wäre, entgegen?

Ausgehend von diesen Vorlagefragen bot sich dem EuGH erstmals die Gelegenheit, Stellung zum Arbeitnehmerstatus von Geschäftsführerinnen im Sinne der Mutterschutzrichtlinie zu nehmen. Dabei stand das Kriterium der Weisungsgebundenheit im Mittelpunkt des Verfahrens. Hierzu führte der EuGH zunächst aus, dass das Vorliegen eines Unterordnungsverhältnisses in jedem Einzelfall nach Maßgabe aller Gesichtspunkte und Umstände, die die Rechtsbeziehung zwischen den Parteien kennzeichnen, zu beantworten sei.[432] Die Art und die Rechtsnatur des zwischen den Parteien bestehenden Rechtsverhältnisses sowie die Beurteilung des Status der Geschäftsführerin nach nationalem Recht sei hierfür irrelevant.[433] Ebenfalls sei die Weisungsgebundenheit nicht schon deshalb ausgeschlossen, weil die Geschäftsführerin selbst mit der Erstellung der Geschäftsordnung betraut war.[434] Der Generalanwalt hatte diesbezüglich darauf hingewiesen, dass die Position der Geschäftsführerin, die keinen Arbeitnehmer als Vorgesetzten hat, naturgemäß weitgehendere Befugnisse mit sich brächte.[435] Daher seien die Bedingungen, unter denen die Geschäftsführerin berufen wurde und unter denen sie auch wieder abberufen werden kann, maßgeblich.[436] Insbesondere sei relevant, dass sie im Falle des Vertrauensverlustes jederzeit aus einfachem Grund abberufen werden kann.[437] Im Zusammenhang damit sei ferner zu berücksichtigen, dass sie ihre Tätigkeit

431 Vgl. hierzu insgesamt die Sachverhaltsdarstellung in den Schlussanträgen des Generalanwalts Bot v. 2.9.2010, Rs. C-232/09, Slg. 2010, I-11408, im Urteil des EuGH v. 11.11.2010, Rs. C-232/09, Slg. 2010, I-11408 – Danosa sowie im Anschlussurteil des obersten Gerichtshofes der lettischen Republik v. 19.11.2011, SKC-1/2011, abrufbar unter: http://at.gov.lv/files/uploads/files/archive/department1/2011/1-11.pdf (Stand: 7.3.2016).

432 EuGH v. 11.11.2010, Rs. C-232/09, Slg. 2010, I-11405 – Danosa, Rn. 46.

433 EuGH v. 11.11.2010, Rs. C-232/09, Slg. 2010, I-11405 – Danosa, Rn. 40 f.

434 EuGH v. 11.11.2010, Rs. C-232/09, Slg. 2010, I-11405 – Danosa, Rn. 43.

435 Schlussanträge des Generalanwalts Bot v. 2.9.2010, Rs. C-232/09, Slg. 2010, I-11408, Rn. 75.

436 Ebenda, Rn. 76.

437 Ebenda, Rn. 80.

unter Aufsicht von Organen der Gesellschaft ausübte, die sie nicht selbst kontrollierte und auf die sie keinen bestimmenden Einfluss hatte.[438] In der Folge sei die Geschäftsführerin in die Gesellschaft integriert gewesen und habe nicht wie eine Auftragnehmerin als Dritte im Verhältnis zur Gesellschaft gestanden.[439] Sie habe ihre Tätigkeit nicht in völliger Unabhängigkeit ausüben können.

Dem schloss sich der EuGH im Grundsatz an und nahm lediglich eine leichte Umformulierung vor. So sei ein Unterordnungsverhältnis *dem ersten Anschein nach* dann zu bejahen, wenn das Mitglied der Unternehmensleitung einer Kapitalgesellschaft in die Gesellschaft eingegliedert ist, den Weisungen oder der Aufsicht eines anderen Organs unterliegt und jederzeit ohne Einschränkung vom Amt abberufen werden kann.[440] Als maßgebliche Kriterien seien daher die Umstände der Bestellung sowie die Bedingungen, unter denen die Abberufung erfolgen kann, die Art der übertragenen Aufgaben, der Rahmen, in dem diese Aufgaben ausgeführt wurden, der Umfang der Befugnisse und die konkrete Ausgestaltung der Kontrolle innerhalb der Gesellschaft zu prüfen.[441] Für entscheidungsrelevant hielt der EuGH, dass Frau Danosa trotz eigenen Ermessenspielraums als alleinige Geschäftsführerin unmittelbar dem Aufsichtsrat über ihre Tätigkeit Rechenschaft ablegen und mit ihm zusammenarbeiten musste.[442] Ferner war die Abberufungsentscheidung von der Gesellschafterversammlung gefällt worden, an der Frau Danosa weder beteiligt war, noch konnte sie eine ihr unangenehme Entscheidung verhindern. Eine Beeinflussung der Abberufungsentscheidung war somit nicht möglich.[443] Dennoch nahm der EuGH keine abschließende Beurteilung der Arbeitnehmereigenschaft von Frau Danosa vor, sondern verwies hinsichtlich der abschließenden Tatsachenfeststellungen und Schlussfolgerungen im Einklang mit der Kompetenzverteilung zwischen EuGH und den mitgliedstaatlichen Gerichten auf die Zuständigkeit des lettischen Gerichtshofs.[444]

In Bezug auf die zweite Vorlagefrage führte der EuGH zunächst zur Klarstellung aus, dass aus Art. 10 MuSchRL kein generelles Kündigungsverbot für schwangere Arbeitnehmerinnen folge. Vielmehr sei eine Kündigung aus einem anderen, nicht in der Schwangerschaft liegenden Grund möglich. Daher sei nur dann, wenn Frau Danosa als Arbeitnehmerin zu qualifizieren wäre, und die Abberufungsentscheidung im Wesentlichen aus mit der Schwangerschaft zusammenhängenden Gründen erfolgt sei, die Abberufung mit dem aus Art. 10 MuSchRL resultierenden Kündigungsschutzverbot unvereinbar.[445] In diesem Falle verstoße Art. 224 Abs. 4 des lettischen Handelsgesetzbuches gegen die Mutterschutzrichtlinie. Es obliege aber

438 Ebenda, Rn. 82.
439 Ebenda, Rn. 78.
440 EuGH v. 11.11.2010, Rs. C-232/09, Slg. 2010, I-11405 – Danosa, Rn. 51, 56.
441 Ebenda, Rn. 47 f.
442 Ebenda, Rn. 49.
443 Ebenda, Rn. 50.
444 Ebenda, Rn. 33 ff.
445 Ebenda, Rn. 63.

dem nationalen Gericht zu beurteilen, inwieweit zwischen der Abberufung und der Schwangerschaft tatsächlich ein Zusammenhang bestand.[446]

Abschließend erteilte der EuGH, wie vom Generalanwalt in seinen Schlussanträgen angeregt,[447] einen weitergehenden, nicht unmittelbar in den Vorlagefragen angelegten Hinweis zum Diskriminierungsschutz.[448] Der EuGH hob hervor, dass eine Entlassung wegen einer Schwangerschaft oder aus einem auf der Schwangerschaft beruhenden Grund nur Frauen treffen könne. Es liege daher auch eine unmittelbare Diskriminierung wegen des Geschlechts vor.[449] Deshalb sei bei einer einseitigen Beendigung des Beschäftigungsverhältnisses durch den Vertragspartner vor Ablauf der vereinbarten Zeit neben der Mutterschutzrichtlinie auch der Grundsatz der Gleichbehandlung, wie er für Arbeitnehmerinnen in Art. 3 Abs. 1 lit. c der Richtlinie 76/207/EWG[450] und für Selbstständige in Art. 3 GbRL-Selbst. a. F.[451] Ausdruck gefunden hat, zu berücksichtigten. Insoweit sei es für das Schutzniveau irrelevant, welche Richtlinie nach Einschätzung des nationalen Gerichts Anwendung fände. Der Schutz vor Diskriminierungen müsse nicht zuletzt wegen Art. 23 EGRC gleichermaßen gewährleistet werden.[452] Überdies seien die Beweislastregelungen der Richtlinie 97/80/EG zu berücksichtigen,[453] sodass im Falle der Glaubhaftmachung von Tatsachen, die eine Diskriminierung von Frau Danosa vermuten lassen, die Beklagte, die LKB Lizings SIA, die Beweislast trüge.[454]

Der EuGH hat damit in dem Urteil nicht nur zur Weisungsgebundenheit von Mitgliedern der Unternehmensleitung Stellung genommen, sondern weitergehende Erläuterungen vorgenommen, die für die gegenständliche Untersuchung

---

446 Aus der Formulierung *»Für den Fall, dass das vorlegende Gericht erkennen sollte...«* folgt, dass der EuGH keine abschließende Stellung nimmt, vgl. Rn. 62. Zudem beziehen sich die Vorbemerkungen unter Rn. 31 ff. ausweislich der Überschrift auf beide Vorlagefragen.

447 Schlussanträge des Generalanwalts Bot v. 2.9.2010, Rs. C-232/09, Slg. 2010, I-11408, Rn. 112.

448 Zur Bedeutung sog. nichttragender Gründe (auch *obiter dictum*) vgl. EuGH v. 7.11.2002, Rs. C-184/01, Slg. 2002, I-10173 – Hirschfeldt / EUA, Rn. 48; EuGH v. 8.5.2003, Rs. C-122/01, Slg. 2003, I-4261 – T. Port/Kommission, Rn. 16 f.; EuGH v. 29.3.2011, Rs. C-352/09, Slg. 2011, I-2359 – ThyssenKrupp/Kommission, Rn. 132.

449 EuGH v. 11.11.2010, Rs. C-232/09, Slg. 2010, I-11405 – Danosa, Rn. 66.

450 Nunmehr abgelöst durch Richtlinie 2006/54/EG, vgl. hierzu den 1. Erwägungsgrund und Art. 34 Abs. 1 GbRL, ABl. L 204 v. 26.7.2006, S. 23 (33) sowie die Ausführungen im 2. Kapitel, 3. Abschnitt, I. 2. b., S. 105.

451 Nunmehr abgelöst durch Richtlinie 2010/41/EU, vgl. hierzu den 1. Erwägungsgrund und Art. 17 der GbRL-Selbst., ABl. L 180 v. 15.7.2010, S. 1 (6) sowie die Ausführungen im 2. Kapitel, 3. Abschnitt, I. 2. c., S. 106.

452 EuGH v. 11.11.2010, Rs. C-232/09, Slg. 2010, I-11405 – Danosa, Rn. 71.

453 Die Richtlinie 97/80/EG wurde ebenfalls durch die Richtlinie 2006/54/EG aufgehoben, vgl. Art. 34 Abs. 1 GbRL, ABl. L 204 v. 26.7.2006, S. 23 (33). Die Beweislastregelung findet sich nunmehr in Art. 19 GbRL.

454 EuGH v. 11.11.2010, Rs. C-232/09, Slg. 2010, I-11405 – Danosa, Rn. 73.

vorübergehend zu vernachlässigen sind und an anderer Stelle noch einmal aufgegriffen werden.[455] Zunächst ist zu untersuchen, inwiefern die vom EuGH geäußerten Kriterien zur Weisungsgebundenheit auf die deutsche GmbH-Geschäftsführerin übertragen werden können.

ii. Übertragbarkeit der Auslegungsgrundsätze

Grundsätzlich binden EuGH-Urteile nur *inter partes* das vorlegende Gericht sowie alle in dem Ausgangsstreitverfahren entscheidenden nationalen Gerichte. Sie müssen auf Grundlage der vom EuGH vorgenommenen Auslegung entscheiden.[456] Dies bedeutet, dass primär die mit der Rechtssache Danosa befassten nationalen lettischen Gerichte an die im Urteil des EuGH geäußerten Grundsätze und Erklärungen gebunden sind. Allerdings beansprucht der EuGH für sich selbst eine letztinstanzliche Auslegungsbefugnis, aufgrund derer er bei der Auslegung von Unionsvorschriften Grundsätze dazu formuliert, in welchem Sinn und mit welcher Tragweite die entsprechende Vorschrift seit ihrem Inkrafttreten zu verstehen und anzuwenden ist.[457] Auf diese Weise kommt Vorabentscheidungsverfahren, die eine Auslegungsfrage betreffen, eine beschränkte *erga omnes* Wirkung zu.[458] Infolgedessen können die Auslegungsgrundsätze des EuGH auch auf andere, nicht notwendigerweise vollkommen identische Rechtsverhältnisse und Sachverhalte übertragen werden.[459]

Vor diesem Hintergrund könnten die Grundsätze der *Danosa*-Entscheidung dann auf die deutsche GmbH-Geschäftsführerin angewendet werden, wenn die Position von deutschen GmbH-Geschäftsführerinnen mit der Geschäftsführerin

---

455 Siehe hierzu die weiteren Ausführungen im Zusammenhang mit der Richtlinie 2006/54/EG unter 2., S. 214 ff.

456 Grundlegend EuGH v. 24.6.1969, Rs. C-29/68, Slg. 1969, 165 – Milch-, Fett- und Eierkontor; EuGH v. 3.2.1977, Rs. C-52/76, Slg. 1977, 163 – Benedetti; EuGH v. 5.3.1986, Rs. C-69/85, Slg. 1986, 947 – Wünsche; *Borchardt* in Lenz/Borchardt, Art. 267 AEUV Rn. 56; *Karpenstein* in Grabitz/Hilf/Nettesheim, Art. 267 AEUV Rn. 104; Schwarze-*Schwarze*, Art. 267 AEUV Rn. 68; *Wegener* in Callies/Ruffert, Art. 267 AEUV Rn. 47.

457 Grundlegend EuGH v. 27.3.1980, Rs. C-61/79, Slg. 1980, 1205 – Denkavit italiana; nunmehr st. Rspr., siehe z. B. EuGH v. 2.2.1988, Rs. C-24/86, Slg. 1988, 379 – Blaizot; EuGH v. 14.12.1988, Rs. C-269/87, Slg. 1988, 6411 – Ventura; EuGH v. 15.12.1995, Rs. C-415/93, Slg. 1995, I-4921 – Bosman; EuGH v. 15.3.2005, Rs. C-209/03, Slg. 2005, I-2119 – Bidar; EuGH v. 21.10.2010, Rs. C-242/09, Slg. 2010, I-10309 – Albron Catering. Ebenso *Pechstein/Drechsler* in Riesenhuber, Europäische Methodenlehre, § 7 Rn. 15.

458 *Karpenstein* in Grabitz/Hilf/Nettesheim, Art. 267 AEUV Rn. 104. *Schwarze* spricht insoweit von einer mittelbaren oder tatsächlichen Bindung, Schwarze-*Schwarze*, Art. 267 AEUV Rn. 71; ähnlich ErfK-*Wißmann*, Art. 267 AEUV Rn. 44; *Borchardt* in Lenz/Borchardt, Art. 267 AEUV Rn. 60.

459 Vgl. EuGH v. 6.10.1982, Rs. C-283/81, Slg. 1982, 3415 – Cilfit u. a.

im Ausgangsverfahren vergleichbar ist.[460] Um dies aufzeigen zu können, sind die lettischen Regelungen zur Gesellschaft mit beschränkter Haftung den Vorschriften des GmbHG gegenüberzustellen.

Bei der SIA handelt es sich, wie bereits zuvor erwähnt, um eine lettische Gesellschaftsform, die in den Art. 185 ff. des lettischen Handelsgesetzbuches geregelt ist. SIA steht für »Sabiedrība ar ierobežotu atbildību« und bedeutet Gesellschaft mit beschränkter Haftung. Sie besitzt wie die deutsche GmbH Rechtspersönlichkeit und kann hierdurch selbst unmittelbare Trägerin von Rechten und Pflichten sein.[461] Sowohl nach lettischen als auch nach deutschem Recht haftet die Gesellschaft mit ihrem gesamten Gesellschaftsvermögen, während die Gesellschafter nicht unmittelbar verpflichtet werden und lediglich mittelbar mit ihrer Einlage und ihrem Gesellschaftsanteil haften.[462] Zwingende Organe der SIA sind nach lettischem Recht die Gesellschafterversammlung und das Kollegium der Geschäftsführer.[463] Daneben kann die Satzung der Kapitalgesellschaft die Einrichtung eines fakultativen Aufsichtsrates vorsehen.[464]

Auch bei einer deutschen GmbH bilden die Gesellschafterversammlung und die Geschäftsführerin die Organe der Gesellschaft.[465] Darüber hinaus bietet § 52 GmbHG die Möglichkeit, freiwillig einen Aufsichtsrat einzurichten. Eine Pflicht zur Bildung eines Aufsichtsrats besteht im deutschen Recht nur nach dem Mitbestimmungsrecht[466] und bei Kapitalanlagegesellschaften nach § 6 Abs. 2 InvG. Damit bestehen in Bezug auf Verbandsorganisation und Strukturmerkmale keine maßgeblichen Unterschiede zwischen dem lettischen und dem deutschen Recht der Gesellschaft mit beschränkter Haftung.[467] Die SIA und GmbH sind somit vergleichbare Gesellschaftsformen.

Ähnliches gilt auch bezüglich der Vorschriften, welche die Geschäftsführerin betreffen. So wird die Gesellschaft in beiden Rechtsordnungen durch einen oder

460 Vgl. zur Übertragbarkeit bei Fehlen wesentlicher Unterschiede BVerfG v. 28.1.1992, 1 BvR 1025/82 u. a., BVerfGE 85, 191 (204 f.).

461 Für die lettische SIA ergibt sich dies unmittelbar aus Art. 135 Abs. 1 des lettischen Handelsgesetzbuches, für die deutsche GmbH aus § 13 Abs. 1 GmbHG.

462 Sog. Haftungsprivileg, vgl. Art. 137 Abs. 1, Abs. 3 des lettischen Handelsgesetzbuches und § 13 Abs. 2 GmbHG.

463 Art. 209 des lettischen Handelsgesetzbuches.

464 Art. 220 des lettischen Handelsgesetzbuches.

465 Vgl. zu der Frage, ob die Gesamtheit der Gesellschafter oder die Gesellschafterversammlung Organqualität besitzt, statt vieler nur MüKo-GmbHG/*Liebscher*, § 48 Rn. 6 m. w. N.

466 § 1 Abs. 1 i. V. m. § 6 Abs. 1 MitbestG, § 1 Abs. 1 i. V. m. § 3 Abs. 1 MontanMitbestG bzw. § 3 Abs. 1 S. 2 MontanMitbestErgG und § 1 Abs. 1 Nr. 3 S. 1 i. V. m. § 1 Abs. 2 Nr. 1 DrittelbG.

467 In diese Richtung auch *Fischer*, NJW 2011, 2329 (2331); *Preis/Sagan*, ZGR 2013, 26 (33); *Reinhard/Bitsch*, ArbRB 2011, 241.

mehrere Geschäftsführerinnen vertreten.[468] Die Vertretungsbefugnis gilt Dritten gegenüber grundsätzlich als unbeschränkt.[469] Lediglich bei mehreren Geschäftsführern sind diese vorbehaltlich abweichender Satzungsregelungen gemeinschaftlich zur Vertretung berechtigt.[470] Im Innenverhältnis kann die Geschäftsführungsbefugnis jedoch durch die Satzung oder Beschlüsse der Gesellschafter beschränkt werden.[471] Hieran ist die Geschäftsführerin gebunden. Geschäftsführerinnen einer lettischen Kapitalgesellschaft werden vorbehaltlich einer abweichenden Satzungsregelung für drei Jahre bestellt,[472] während das deutsche GmbHG keine zeitliche Beschränkung der Bestellung vorsieht. Ungeachtet dessen sind die Abberufung und der Widerruf der Bestellung in beiden Rechtsordnungen jederzeit durch Gesellschafterbeschluss möglich.[473] Das Vorliegen eines wichtigen Grundes ist grundsätzlich nicht notwendig, es sei denn, die Satzung sieht eine entsprechende Einschränkung der Abberufungsbefugnis vor.[474] Für diesen Fall sind die Umstände, die als wichtiger Grund gelten, ähnlich ausgestaltet: das lettische Handelsgesetzbuch führt als wichtige Gründe Amtsüberschreitung, die Nichtbeachtung von Verpflichtungen, das Unvermögen, die Gesellschaft zu leiten, eine Interessenbeeinträchtigung der Gesellschaft oder einen schlichten Vertrauensverlust an.[475] Das GmbHG konkretisiert den Begriff des wichtigen Grundes indessen durch die nicht abschließenden Beispiele einer groben Pflichtverletzung und der Unfähigkeit, die Geschäfte der Gesellschaft ordnungsgemäß zu führen.[476] Oberstes Willensbildungsorgan der Gesellschaft bildet in beiden Rechtsordnungen die Gesellschafterversammlung. Ihr gegenüber haben deutsche und lettische Geschäftsführerinnen Bericht zu erstatten und Auskunft zu geben.[477] Die Gesellschafter überprüfen auch die finanzielle Lage der Gesellschaft.[478] Daneben sind sie für die Bestellung und Abberufung der Geschäftsführerin zuständig.[479]

Die Gegenüberstellung der gesetzlichen Regelungen zur SIA und zur GmbH hat gezeigt, dass die Situation der Geschäftsführerin nach deutschem Recht mit der Geschäftsführerin nach lettischem Recht vergleichbar ist. Deshalb können die vom EuGH in der Rechtssache *Danosa* geäußerten Auslegungsgrundsätze zur Weisungsgebundenheit eines Mitglieds der Unternehmensleitung unmittelbar auf die

468 Art. 221 Abs. 1, 2 des lettischen Handelsgesetzbuches, § 35 Abs. 1, Abs. 2 GmbHG.
469 Art. 223 Abs. 3 des lettischen Handelsgesetzbuches, § 37 Abs. 2 S. 1 GmbHG.
470 Art. 223 Abs. 1 S. 2 des lettischen Handelsgesetzbuches, § 35 Abs. 2 S. 1 GmbHG.
471 Art. 223 Abs. 4 des lettischen Handelsgesetzbuches, § 37 Abs. 1 GmbHG.
472 Art. 224 Abs. 3 des lettischen Handelsgesetzbuches.
473 Art. 224 Abs. 4 des lettischen Handelsgesetzbuches, § 38 Abs. 1 GmbHG.
474 Art. 224 Abs. 6 des lettischen Handelsgesetzbuches, § 38 Abs. 2 GmbHG.
475 Art. 224 Abs. 6 S. 2 des lettischen Handelsgesetzbuches.
476 § 38 Abs. 2 S. 2 GmbHG; dazu ausführlich Michalski-*Terlau*, § 38 GmbHG Rn. 38 ff.
477 Art. 221 Abs. 6 1. Hs. des lettischen Handelsgesetzbuches, § 42a Abs. 1 S. 1 GmbHG, § 51a Abs. 1 GmbHG.
478 Art. 21 Abs. 6 2. Hs. des lettischen Handelsgesetzbuches, § 42a Abs. 1 S. 1 GmbHG.
479 Art. 209 Abs. 1 Nr. 4, Art. 224 Abs. 1 S. 1 des lettischen Handelsgesetzbuches, § 46 Nr. 5 GmbHG.

GmbH-Geschäftsführerin übertragen werden.[480] Nachfolgend ist daher eine konkrete Einordnung der deutschen GmbH-Geschäftsführerin anhand der vom EuGH genannten Kriterien vorzunehmen.[481] Dabei ist zu berücksichtigen, dass aufgrund der Gesellschafterautonomie satzungsmäßige Abweichungen bei der Ausgestaltung der Position des GmbH-Geschäftsführers möglich sind. Aus diesem Grund kann eine Einordnung der GmbH-Geschäftsführerin nur typologisch auf Basis des gesetzlichen Normalbildes der GmbH-Geschäftsführerin erfolgen.

iii. Einordnung der GmbH-Geschäftsführerin

Ausgangspunkt der Subsumtion bildet das Kriterium der Eingliederung. Der Generalanwalt sprach diesbezüglich in seinen Schlussanträgen von Integration, die sich daraus ergebe, dass die Klägerin nicht wie eine Dritte im Verhältnis zur Gesellschaft gestanden habe und nicht bloße Auftragnehmerin war. Als Beispiele nannte der Generalanwalt vom Unternehmen beauftragte Rechtsanwälte und Wirtschaftsprüfer.[482] Diese Ausführungen hat sich der EuGH zu Eigen gemacht, ohne eine weitergehende Konkretisierung vorzunehmen.[483] Dadurch wird eine Subsumtion erheblich erschwert.

Allerdings verdeutlichen die Ausführungen des Generalanwalts, dass das Kriterium der Eingliederung nicht zu eng verstanden werden darf, sondern nur zur Abgrenzung zwischen internen und externen Dienstleistungsnehmern herangezogen werden kann. Die Bezeichnung des zwischen den Parteien bestehenden Rechtsverhältnisses als bloßer Geschäftsbesorgungs- oder Dienstleistungsvertrag ist hierfür irrelevant.[484] Entscheidend dürfte dagegen sein, ob die GmbH-Geschäftsführerin über eine mit externen Auftragnehmern vergleichbare organisatorische Eigenständigkeit verfügt. Da bei externen Auftragnehmern regelmäßig keine räumliche Einbindung in die Arbeitsorganisation des Auftragsgebers oder eine dauerhafte funktionale Verknüpfung mit bedeutenden Betriebsmitteln erfolgt, könnten beide Elemente als Indizien zur Konkretisierung des Eingliederungsbegriffes herangezogen werden.[485] Die Erfüllung dieser Indizien wird von den gesetzlichen Regelungen

---

480 Ebenso *Fischer*, NJW 2011, 2329 (2331); *Forst*, GmbHR 2012, 821 (824 f.); *Schmitt-Rolfes*, NZA-Beilage 2014, 37 (40); *Schulze/Hintzen*, ArbRAktuell 2012, 263; *Wank*, EWiR 2011, 27 (28).

481 Kritisch zu den vom EuGH herausgebildeten Kriterien *Rebhahn*, EuZA 2012, 3 (28).

482 Schlussanträge des Generalanwalts Bot v. 2.9.2010, Rs. C-232/09, Slg. 2010, I-11408, Rn. 78.

483 EuGH v. 11.11.2010, Rs. C-232/09, Slg. 2010, I-11405 – Danosa, Rn. 48.

484 So ausdrücklich EuGH v. 11.11.2010, Rs. C-232/09, Slg. 2010, I-11405 – Danosa, Rn. 40; ähnlich auch EuGH v. 12.2.1974, Rs. C-152/73, Slg. 1974, 153 – Sotgiu; EuGH v. 31.5.1989, Rs. C-344/87, Slg. 1989, 1621 – Bettray; EuGH v. 26.2.1992, Rs. C-357/89, Slg. 1992, I-1027 – Raulin; EuGH v. 26.4.2007, Rs. C-392/05, Slg. 2007, I-3505 – Alevizos.

485 In diese Richtung auch *Preis/Sagan*, ZGR 2013, 26 (41), die bezüglich des Begriffes der Eingliederung auf den in der Rechtssache *Klarenberg* zur

zur GmbH-Geschäftsführerin aber weder bedingt noch von vornherein ausgeschlossen. Vielmehr besteht insoweit eine Abhängigkeit von der konkret-tatsächlichen Ausgestaltung der Einbindung der GmbH-Geschäftsführerin in die Gesellschaft. Mithin ist eine Analyse jedes Einzelfalls erforderlich, um beurteilen zu können, ob die jeweilige GmbH-Geschäftsführerin das Kriterium der Eingliederung erfüllt. Eine abschließende Beurteilung ist deshalb nicht möglich.

Damit gewinnt die Frage, ob die GmbH-Geschäftsführerin ihre Tätigkeit nach Weisung oder unter Aufsicht eines anderen Organs ausübt, an erheblicher Bedeutung. In diesem Punkt wurde der Geschäftsführerin im Ausgangsverfahren zwar ein eigener Ermessenspielraum bescheinigt, als maßgebliche Indizien für eine Arbeitnehmereigenschaft wurden jedoch die Pflicht zur Zusammenarbeit mit dem Aufsichtsrat sowie die Verpflichtung zur Rechenschaftsablegung betont. Auch im deutschen Recht treffen die GmbH-Geschäftsführerin umfassende Berichts- und Rechenschaftspflichten, die sich aus dem GmbHG, der Satzung und der Pflicht zur vertrauensvollen, kollegialen und loyalen Zusammenarbeit ergeben.[486] Sie sollen eine Überwachung der Geschäftsführerin durch die Gesellschafterversammlung ermöglichen.[487] So hat die GmbH-Geschäftsführerin nach § 51a Abs. 1 GmbHG eine Auskunftspflicht gegenüber den Gesellschaftern, infolge derer sie auf Verlangen unverzüglich Auskunft über die Angelegenheiten der Gesellschaft zu geben und Einsicht in die Bücher zu ermöglichen hat.[488] Daneben trifft die GmbH-Geschäftsführerin eine allgemeine Informations- und Berichtspflicht in allen den Gesellschaftern durch Beschluss obliegenden Angelegenheiten.[489] Ferner müssen der Jahresabschluss- und der Lagebericht unverzüglich nach der Aufstellung den Gesellschaftern vorgelegt werden.[490] Weitergehende, spezielle Berichtspflichten können durch Satzung oder Gesellschafterbeschluss auferlegt werden. Verfügt die Gesellschaft über einen obligatorischen Aufsichtsrat – etwa nach § 1 Abs. 1 i. V. m. § 6 Abs. 1 MitbestG oder

Betriebsübergangsrichtlinie 2001/23/EG entwickelten Eingliederungsbegriffes zurückgreifen wollen, dabei aber übersehen, dass sich die vorgenommene Definition nicht auf die Eingliederung von Arbeitnehmern, sondern auf die Wahrung der Identität einer wirtschaftlichen Einheit des vom Übergang betroffenen Betriebes bzw. Betriebsteil bezieht, vgl. EuGH v. 12.2.2009, Rs. C-466/07, Slg. 2009, I-803, Rn. 42 ff.

486 Hierzu ausführlich Michalski-*Haas/Ziemons*, § 43 GmbHG Rn. 53; *Schneider/Schneider/Hohenstatt* in Scholz (11. Aufl.), § 43 GmbHG Rn. 143; *Kleindiek* in Lutter/Hommelhoff, § 43 GmbHG Rn. 16 f.

487 Vgl. § 46 Nr. 6 GmbHG.

488 Dazu ausführlich *Koppensteiner/Gruber* in Rowedder/Schmidt-Leithoff, § 51a GmbHG Rn. 1 ff.; MüKo-GmbHG/*Hillmann*, § 51a Rn. 1 ff. Zu den Folgen bei Nichtbefolgung der Auskunftspflicht siehe auch OLG Frankfurt v. 24.11.1992, 5 U 67/90, NJW-RR 1994, 498.

489 *Schneider/Schneider/Hohenstatt* in Scholz (11. Aufl.), § 46 GmbHG Rn. 114 sowie *Schmidt* in Scholz (11. Aufl.), § 51a GmbHG Rn. 4, 23 f.; *Zöllner* in Baumbach/Hueck, § 51a GmbHG Rn. 56 f.

490 § 42a Abs. 1 GmbHG.

nach § 1 Abs. 1 Nr. 3 S. 1 i. V. m. § 1 Abs. 2 Nr. 1 DrittelbG – folgt schließlich die Pflicht zur Information, Berichterstattung und Rechenschaftsablegung unmittelbar aus § 90 Abs. 3, 4 und Abs. 5 AktG und § 111 Abs. 2 AktG, die auch auf die GmbH Anwendung finden.[491] Als Folge der Information können der Geschäftsführerin durch die Gesellschafterversammlung Weisungen erteilt werden, die sowohl im Wege der Beschränkung der Geschäftsführungsbefugnis nach § 37 Abs. 1 GmbHG als auch aufgrund der die Geschäftsführerin treffenden Treuepflicht verbindlich wirken und daher einzuhalten sind.[492] Das Weisungsrecht kann durch die Satzung auch alternativ oder kumulativ einem anderen Gesellschaftsorgan, wie dem Aufsichtsrat, eingeräumt werden.[493]

Die gesellschaftsrechtliche Weisungsabhängigkeit der Geschäftsführerin ist im deutschen Recht untrennbar mit dem Grundsatz der freien Abberufbarkeit verbunden.[494] Nach § 38 Abs. 1 GmbHG sind GmbH-Geschäftsführer in mitbestimmungsfreien Gesellschaften[495] und in Ermangelung abweichender Satzungsregelungen jederzeit und ohne Vorliegen von Gründen abberufbar. Damit wird dem aufgrund der unbeschränkbaren Vertretungsmacht der Geschäftsführerin bestehenden, gesteigerten Vertrauensinteresse der Gesellschafter Rechnung getragen.[496] Umgekehrt bedeutet dies für die Geschäftsführerin, da weder sachliche Gründe vorliegen noch eine Begründung für die Abberufung gegeben werden müssen,[497] dass jede

---

491 Vgl. hierzu etwa die Verweise in § 25 Abs. 1 Nr. 2 MitbestG und § 1 Abs. 1 Nr. 3 DrittelbG.

492 HK-GmbHG/*Lücke/Simon*, § 37 GmbHG Rn. 13 f.; *Koppensteiner/Gruber* in Rowedder/Schmidt-Leithoff, § 37 GmbHG Rn. 1, 26; *Kleindiek* in Lutter/Hommelhoff, § 37 GmbHG Rn. 1, 17; MüKo-GmbHG/*Stephan/Tieves*; § 37 Rn. 107; *Schneider/Schneider/Hohenstatt* in Scholz (11. Aufl.), § 37 GmbHG Rn. 37; *Zöllner/Noack* in Baumbach/Hueck, § 37 GmbHG Rn. 20. Zur sogenannten Folgepflicht ausführlich Michalski-*Haas/Ziemons*, § 43 Rn. 57 ff. und *Konzen*, NJW 1989, 2977.

493 *Koppensteiner/Gruber* in Rowedder/Schmidt-Leithoff, § 37 GmbHG Rn. 30; Michalski-*Lenz*, § 37 GmbHG Rn. 17; *Schneider/Schneider/Hohenstatt* in Scholz (11. Aufl.), § 37 GmbHG Rn. 40; *Zöllner/Noack* in Baumbach/Hueck, § 37 GmbHG Rn. 27.

494 Michalski-*Terlau*, § 38 GmbHG Rn. 3; *Kleindiek* in Lutter/Hommelhoff, § 38 GmbHG Rn. 2; *Schneider/Schneider/Hohenstatt* in Scholz (11. Aufl.), § 38 GmbHG Rn. 12.

495 In paritätisch-mitbestimmten Gesellschaften gilt § 38 GmbHG nach § 12 Montan-MitbestG und § 31 MitbestG nicht. In der drittelmittelbestimmte GmbH ist § 38 GmbHG mangels Verweises auf § 84 AktG indessen anwendbar, vgl. hierzu HK-GmbHG/*Lücke/Simon*, § 38 GmbHG Rn. 35 f.; *Koppensteiner/Gruber* in Rowedder/Schmidt-Leithoff, § 38 GmbHG Rn. 1. Ebenso *Forst*, GmbHR 2012, 821 (825).

496 Vgl. BGH v. 20.12.1982, II ZR 110/82, NJW 1983, 938; ebenso *Kleindiek* in Lutter/Hommelhoff, § 38 GmbHG Rn. 2; Michalski-*Terlau*, § 38 GmbHG Rn. 3.

497 *Koppensteiner/Gruber* in Rowedder/Schmidt-Leithoff, § 38 GmbHG Rn. 3; *Schneider/Schneider/Hohenstatt* in Scholz (11. Aufl.), § 38 GmbHG Rn. 16; *Kleindiek* in Lutter/Hommelhoff, § 38 GmbHG Rn. 2.

Unzufriedenheit der Gesellschafter in Bezug auf die Leitung und Vertretung der Gesellschaft im Allgemeinen oder in Bezug auf konkrete Entscheidungen der Geschäftsführerin zur Abberufung führen können. Ferner können die Nichtbeachtung von Weisungen und die damit verbundene Überschreitung der Geschäftsführungsbefugnis sogar einen wichtigen Grund zur Abberufung nach § 38 Abs. 2 GmbHG darstellen.[498] Es besteht deshalb eine rein tatsächliche Abhängigkeit zur Gesellschafterversammlung.[499] Dies gilt umso mehr, als dass eine der Abberufung nachfolgende, ordentliche Kündigung des Anstellungsvertrages ebenfalls keines sie rechtfertigenden Grundes bedarf. Im Gegenteil, jegliches Motiv der Gesellschafter kann eine Kündigung auslösen.[500] Die Abhängigkeit der GmbH-Geschäftsführerin von der Gesellschafterversammlung ist mithin nicht auf die korporationsrechtliche Ebene beschränkt, sondern erstreckt sich infolge der kraft Sachzusammenhangs bestehenden Zuständigkeit der Gesellschafterversammlung für die Änderung und Aufhebung des Anstellungsvertrages auch auf die vertragliche Ebene.[501] In der Folge übt die Geschäftsführerin ihre Tätigkeit dann nach Weisung oder unter Aufsicht eines anderen Organs aus, wenn sie die aus § 51a Abs. 1 GmbH und § 42a Abs. 1 GmbHG resultierenden Rechenschafts- und Auskunftspflichten treffen oder sich weitergehende Berichts- und Informationspflichten aus der Satzung oder dem Anstellungsvertrag ergeben und sie jederzeit nach § 38 Abs. 1 GmbHG abberufen werden kann.[502] Wurde hingegen von der satzungsmäßigen Gestaltungsmöglichkeit des § 38 Abs. 2 GmbHG Gebrauch gemacht, sodass eine Abberufung nur noch aus wichtigem Grund möglich ist, dann kann dies eine Abhängigkeit im Sinne eines Unterordnungsverhältnisses ausschließen.[503]

Dementsprechend ist die Weisungsabhängigkeit der GmbH-Geschäftsführerin nach § 37 Abs. 1 GmbHG im Rahmen der Richtlinie 92/85/EWG zu berücksichtigen.[504] Eine wie von der herrschenden Meinung im nationalen Recht favorisierte

---

498 HK-GmbHG/*Lücke/Simon*, § 37 GmbHG Rn. 20; Michalski-*Lenz*, § 37 GmbHG Rn. 23; *Schneider/Schneider/Hohenstatt* in Scholz (11. Aufl.), § 38 GmbHG Rn. 49.

499 Ebenso Schlussanträge des Generalanwalts Bot v. 2.9.2010, Rs. C-232/09, Slg. 2010, I-11408, Rn. 82; EuGH v. 11.11.2010, Rs. C-232/09, Slg. 2010, I-11405–Danosa, Rn. 48.

500 Vgl. BGH v. 3.11.2003, II ZR 158/01, NJW-RR 2004, 540.

501 Die Gesellschafterversammlung ist nach § 46 Nr. 5 GmbHG sowohl für die Bestellung und Abberufung als auch für den Abschluss, die Änderung und Aufhebung des Anstellungsvertrages zuständig, vgl. die st. Rspr. seit BGH v. 25.3.1991, II ZR 169/90, NJW 1991, 1680. Vgl. auch BGH v. 27.3.1995, II ZR 140/93, NJW 1995, 1750; BGH v. 3.7.2000, II ZR 282/98, NJW 2000, 2983.

502 So auch das OLG Düsseldorf v. 18.10.2012, I-6 U 47/12, GmbHR 2012, 1347 (1349).

503 Ebenso jetzt auch *Pepping* in HK-MuSchG/BEEG, § 1 MuSchG Rn. 28; a.A.: *Schmitt-Rolfes*, NZA-Beilage 2014, 37 (41).

504 Ebenso ErfK-*Schlachter*, § 1 MuSchG Rn. 3; *Leopold*, ZESAR 2011, 362 (365); *Oberthür*, NZA 2011, 253 (254); *Preis/Sagan*, ZGR 2013, 26 (42); *Schubert*, EuZA 2011, 362 (365). Vgl. zu den auf nationaler Ebene für die Berücksichtigung der

Trennung zwischen gesellschaftsrechtlicher und dienstvertraglicher Ebene ist bei der Mutterschutzrichtlinie nicht vorzunehmen. Bestätigung findet diese Annahme in den Ausführungen des EuGH. Zwar bezogen sich die Vorlagefragen in der Rechtssache *Danosa* nur auf die jederzeitige Abberufungsmöglichkeit nach lettischem Recht und damit primär auf die gesellschaftsrechtliche Ebene. Allerdings betonte der EuGH, dass die Frage nach dem Unterordnungsverhältnis in jedem Einzelfalle nach Maßgabe *aller* Gesichtspunkte und *aller* Umstände zu beantworten sei, welche die Beziehungen zwischen dem Organ und der Gesellschaft kennzeichnen.[505] Die Prüfung der Weisungsgebundenheit wurde nicht darauf beschränkt, zu untersuchen, ob die Geschäftsführerin arbeitsvertraglichen Weisungen unterlegen hat. Vielmehr verknüpfte der EuGH mit dem Satz:

> *»Zu prüfen sind nämlich die Bedingungen, unter denen das Mitglied der Unternehmensleitung bestellt wurde, die Art der ihm übertragenen Aufgaben, der Rahmen, in dem diese Aufgaben ausgeführt werden, der Umfang der Befugnisse des Betroffenen und die Kontrolle, der es innerhalb der Gesellschaft unterliegt, sowie die Umstände, unter denen es abberufen werden kann.«*

die gesellschaftsrechtliche und die arbeitsvertragliche Ebene miteinander. Während die Bestellung und Abberufung eindeutig gesellschaftsrechtliche Akte bezeichnen, beziehen sich die Art und Weise der Aufgaben sowie der Rahmen, in dem diese ausgeübt werden, auch auf die vertragliche Ebene. Daneben nahm der EuGH auch in Bezug auf die für maßgeblich erachteten Rechenschafts- und Kooperationspflichten der Geschäftsführerin keine Differenzierung nach der Rechtsquelle der Pflichten vor. Die Wechselbeziehungen zwischen der organschaftlichen und dienstvertraglichen Ebene werden auch darin deutlich, dass der EuGH das Kündigungsverbot aus Art. 10 MuSchRL, welches sich primär auf das Anstellungsverhältnis bezieht, unterschiedslos auf den organschaftlichen Abberufungsbeschluss und die einseitige Beendigung des Geschäftsbesorgungsvertrages anwenden will.[506]

Schließlich ist für die Annahme eines Unterordnungsverhältnisses wesentlich, ob die Abberufungsentscheidung von einem Organ erlassen wird, das von der GmbH-Geschäftsführerin nicht kontrolliert wird und das jederzeit gegen ihren Willen entscheiden kann.[507] Letzteres deutet darauf hin, dass »Kontrolle« hierbei als bestimmender Einfluss[508] oder in Anlehnung an die Rechtsprechung des BSG

Gesellschafterweisungen sprechenden Gründen ausführlich das 1. Kapitel, 2. Abschnitt, IV., S. 44 ff.

505 So ausdrücklich der EuGH in Rn. 46, vgl. EuGH v. 11.11.2010, Rs. C-232/09, Slg. 2010, I-11405 – Danosa; ebenso *Preis/Sagan*, ZGR 2013, 26 (42).

506 Vgl. EuGH v. 11.11.2010, Rs. C-232/09, Slg. 2010, I-11405 – Danosa, Rn. 63 und 67. Zur Reichweite auf nationaler Ebene siehe ausführlich im 4. Kapitel, 2. Abschnitt, II. 3. S. 288 ff.

507 EuGH v. 11.11.2010, Rs. C-232/09, Slg. 2010, I-11405 – Danosa, Rn. 50.

508 So ErfK-*Schlachter*, § 1 MuSchG Rn. 3; *Preis/Sagan*, ZGR 2013, 26 (43); *Schubert*, ZESAR 2013, 5 (8); *Stagat*, NZA-RR 2011, 617 (622).

zur abhängigen Beschäftigung im Sinne des § 7 Abs. 1 SGB IV als Möglichkeit zur Einflussnahme auf die Abberufungsentscheidung zu verstehen ist.[509] Grundsätzlich darf die Gesellschaftergeschäftsführerin nämlich selbst dann an der Abstimmung über die Abberufung eines Geschäftsführers teilnehmen, wenn es dabei um ihre eigene Person geht.[510] Eine ausnahmsweise aufgrund der Treuepflicht anzunehmende Einschränkung des Stimmrechts in Bezug auf die eigene Abberufung hat hierauf keinen Einfluss. Vielmehr ist das Erfordernis gleichermaßen auf die Weisungen und die Aufsicht, denen die Geschäftsführerin unterliegt, zu erstrecken. Entscheidend dürfte demnach sein, ob die GmbH-Geschäftsführerin kraft ihrer Gesellschafterrechte ihr unangenehme Entscheidungen verhindern kann, sodass es an der für das Unterordnungsverhältnis typischen Abhängigkeit fehlen würde.[511] Es ist daher eine Differenzierung zwischen den verschiedenen Arten von GmbH-Geschäftsführerinnen erforderlich. Fremdgeschäftsführerinnen und Minderheitsgesellschaftergeschäftsführerin ohne Sperrminorität können keinen maßgebenden Einfluss auf die Entscheidungen der Gesellschaft ausüben, während Minderheitsgesellschaftergeschäftsführerinnen mit Sperrminorität sowie Mehrheits- und Alleingesellschaftergeschäftsführerinnen aufgrund ihrer erhöhten Kapitalbeteiligung am Gesellschaftskapital eine Kontrolle der Gesellschafterversammlung im Sinne der Rechtsprechung des EuGH möglich ist.

Somit sind, ausgehend vom gesetzlichen Typus und vorbehaltlich abweichender Satzungsgestaltungen, Fremdgeschäftsführerinnen und Minderheitsgesellschaftergeschäftsführerinnen ohne Sperrminorität als in einem Unterordnungsverhältnis tätige Arbeitnehmerinnen anzusehen.[512] In diesem Zusammenhang ist abschließend auf die Formulierung des EuGH hinzuweisen, wonach Geschäftsführerinnen, die die benannten und soeben im Einzelnen geprüften Kriterien erfüllen, dem *ersten Anschein nach* als Arbeitnehmerin im Sinne der Mutterschutzrichtlinie gelten. Hiermit verleiht der EuGH der Überlegung Ausdruck, dass Mitglieder von Leitungsorganen

---

509 *Oberthür* weist auf die zwischen dem Arbeitnehmerbegriff der Richtlinie 92/85/EWG und dem Begriff des sozialversicherungsrechtlichen Beschäftigungsverhältnisses bestehenden Nähe hin, vgl. NZA 2011, 253 (254).

510 BGH v. 21.4.1969, II ZR 200/67, NJW 1969, 1483; BGH v. 20.12.1982, II ZR 110/82, NJW 1983, 938; BGH v. 27.10.1986, II ZR 240/85, NJW 1987, 1890.

511 So z. B. der BSG zu § 7 SGB IV, vgl. BSG v. 20.3.1984, 7 RAr 70/82, zit. nach Juris sowie BSG v. 27.7.1989, 11/7 RAr 71/87, zit. nach Juris. Ausführlich hierzu bereits im 1. Kapitel, 2. Abschnitt, unter II. 3., S. 32. Ähnlich *Lunk*, FS Bauer, S. 705 (714).

512 LAG Rheinland-Pfalz v. 6.5.2013, 5 S. 339/12, zit. nach Juris; *Bauer*, GWR 2010, 586; *Fischer*, NJW 2011, 2329 (2331); *Forst*, GmbHR 2012, 821 (825); *Hohenstatt/Naber*, ZIP 2012, 1989; *Kruse/Stenslik*, NZA 2013, 596 (597); *Preis/Sagan*, ZGR 2013, 26 (43); *Reinhard/Bitsch*, ArbRB 2011, 241 (242); *Reiserer*, DB 2011, 2262 (2265); *Reufels/Molle*, NZA-RR 2011, 281 (283); *Schubert*, ZESAR 2013, 5 (8); *Stagat*, NZA-RR 2011, 617 (622); Tillmanns/ Mutschler-*Tillmanns*, § 1 MuSchG Rn. 17; *von Alvensleben/Haug/Schnabel*, BB 2012, 774 (776); *von Medem*, ArbRAktuell 2010, 654; *Wilsing/Meyer*, DB 2011, 341.

nicht immer als Arbeitnehmer anzusehen sind, sondern jeweils die Umstände des Einzelfalls zu würdigen sind.[513] Es ist daher stets eine Einzelfallbetrachtung vorzunehmen. Bei Minderheitsgesellschaftergeschäftsführerinnen mit Sperrminorität, Mehrheits- und Alleingesellschaftergeschäftsführerinnen fehlt es hingegen an der Tätigkeit nach Weisung oder Aufsicht eines von ihnen nicht kontrollierten Organs, sodass sie nicht dem Arbeitnehmerbegriff der Mutterschutzrichtlinie unterfallen.[514] Ebenso werden GmbH-Geschäftsführerinnen einer paritätisch mitbestimmten GmbH unterschiedslos nicht vom Anwendungsbereich der Mutterschutzrichtlinie erfasst.[515] Folglich ist der persönliche Geltungsbereich der Mutterschutzrichtlinie nur teilweise für GmbH-Geschäftsführerinnen eröffnet.

iv. Ausblick: Auswirkungen des Kommissionsvorschlags zur Überarbeitung der Richtlinie 92/85/EWG

Zum Abschluss der Untersuchung der Anwendbarkeit der Mutterschutzrichtlinie auf GmbH-Geschäftsführerinnen ist ein Blick auf die aktuellen Entwicklungen der europäischen Gesetzgebung und dabei insbesondere auf die seit 2008 geplante, aber nunmehr im Beratungsstadium steckengebliebene Überarbeitung der Mutterschutzrichtlinie zu werfen. Es stellt sich die Frage, inwiefern im Falle der Verabschiedung der überarbeiteten Mutterschutzrichtlinie eine Änderung der zuvor vorgenommenen Einordnung der GmbH-Geschäftsführerin erforderlich wäre.

Die Europäische Kommission erarbeitete im Jahr 2008 vor dem Hintergrund der vom Europäischen Rat 2006 und 2008 wiederholt geäußerten Notwendigkeit, die Vereinbarkeit von Erwerbstätigkeit, Privat- und Familienleben zu verbessern und Diskriminierung von schwangeren Frauen zur Erreichung des übergeordneten Ziels der Gleichstellung von Männern und Frauen zu bekämpfen,[516] einen Richtlinienentwurf zur Änderung der Mutterschutzrichtlinie. Hauptintention war die Verbesserung des Schutzes von schwangeren Arbeitnehmerinnen und eine Erweiterung der Rechtsgrundlage auf Art. 141 EGV, nunmehr Art. 157 AEUV. Neben der

513 In diese Richtung auch *Schubert*, ZGR 2013, 5 (8).

514 Im Ergebnis ebenso *Junker*, NZA 2011, 950 (951); *Lunk*, FS Bauer, S. 705 (714 f.).

515 *Preis/Sagan*, ZGR 2013, 256 (44 f.); *Schubert*, ZESAR 2013, 5 (9).

516 Stellungnahme des Europäischen Wirtschafts- und Sozialausschusses v. 13./14.5.2009 zu dem Vorschlag für eine Richtlinie des Europäischen Parlaments und des Rates zur Änderung der Richtlinie 92/85/EWG des Rates über die Durchführung von Maßnahmen zur Verbesserung der Sicherheit und des Gesundheitsschutzes von schwangeren Arbeitnehmerinnen, Wöchnerinnen und stillenden Arbeitnehmerinnen am Arbeitsplatz, ABl. C 277 v. 17.11.2009, S. 102 (104). Siehe hierzu auch den Fahrplan der EU-Kommission für die Gleichstellung von Frauen und Männern 2006–2010, KOM (2006) 92 endg. und Schlussfolgerung des Vorsitzes des Europäischen Rates (Brüssel) v. 13./14.3.2006, Dok.-Nr.: 7652/1/08, abrufbar unter: http://www.consilium.europa.eu/ueDocs/cms_Data/docs/pressData/de/-ec/99429.pdf (Stand: 7.3.2016).

Verlängerung des Mutterschaftsurlaubs auf insgesamt achtzehn[517] bzw. zwanzig Wochen[518] und Regelungen zur Erleichterung der Rückkehr an den Arbeitsplatz war eine Ausdehnung des Anwendungsbereichs der Richtlinie Gegenstand der auf den Kommissionsentwurf folgenden Richtlinienberatungen. Während der Kommissionsvorschlag den Anwendungsbereich der Richtlinie nicht berührte,[519] regte der Ausschuss für die Rechte der Frau und die Gleichstellung der Geschlechter eine Ausdehnung des Mutterschaftsurlaubes auf Arbeitnehmerinnen, die eine selbstständige Erwerbstätigkeit ausüben, an. Die Regelungen zum Mutterschaftsurlaub in Art. 8 MuSchRL a. F. sollten um folgenden Absatz ergänzt werden:

> *»Die Richtlinie findet auch auf Arbeitnehmerinnen, die eine selbstständige Erwerbstätigkeit ausüben, Anwendung, wobei die Mitgliedstaaten die notwendigen Anpassungen der betreffenden Rechtsvorschriften vornehmen müssen, um die Gleichberechtigung aller Erwerbstätigen hinsichtlich des Mutterschaftsurlaubs zu gewährleisten.«*[520]

Hintergrund des Änderungsantrages war die Auffassung, dass selbstständig erwerbstätige Frauen nicht anders behandelt werden dürften als Arbeitnehmerinnen, die abhängig beschäftigt sind.[521] Zudem wären die Bemühungen im Hinblick auf die Beseitigung von Diskriminierungen und zur Gewährleistung von Chancengleichheit nur effektiv, wenn auch selbstständig erwerbstätige Frauen die in der Mutterschutzrichtlinie verankerten Rechte in Anspruch nehmen können.[522] Die vorgeschlagene Änderung begegnete allerdings erheblichen Bedenken im Europäischen Parlament. So wurde die Notwendigkeit der Ausdehnung des Anwendungsbereichs der Mutterschutzrichtlinie auf Selbstständige mit Blick auf die kurz

---

517 So noch der Kommissionsvorschlag zur Überarbeitung der Richtlinie 92/85/EWG, KOM (2008) 637 endg., S. 2, 15.

518 Standpunkt des Europäischen Parlaments, festgelegt in der erster Lesung am 20.10.2010 im Hinblick auf den Erlass einer Richtlinie zur Änderung der Richtlinie 92/85/EWG, vgl. den konsolidierten Legislativtext, Dok.-Nr.: EP-PE_TC1-COD(2008)0193, S. 9, abrufbar unter: http://www.europarl.europa.eu/sides/getDoc.do?pubRef=-//EP//NONSGML+TC+P7-TC1-COD-2008-0193+0+DOC+PDF+V0//DE (Stand: 7.3.2016) sowie die Legislative Entschließung zu KOM 2008 (637), ABl. C 70 E v. 8.3.2012, S. 162 (164, 167, 170).

519 Kommissionsvorschlag zur Überarbeitung der Richtlinie 92/85/EWG, KOM (2008) 637 endg.

520 Siehe hierzu den 41. Änderungsantrag im Entwurf einer Legislativen Entschließung des Europäischen Parlaments, veröffentlicht im Ersten Bericht des Ausschusses für die Rechte der Frau und die Gleichstellung der Geschlechter zu KOM (2008) 637, Plenarsitzungsdokument A6–0267/2009, S. 32.

521 Begründung des 41. Änderungsantrages, Plenarsitzungsdokument A6–0267/2009, S. 32.

522 Begründung des 48. Änderungsantrages im Entwurf einer Legislativen Entschließung des Europäischen Parlaments, veröffentlicht im Zweiten Bericht des Ausschusses für die Rechte der Frau und die Gleichstellung der Geschlechter zu KOM (2008) 637, Plenarsitzungsdokument A7–0032/2010, S. 34 f. und S. 75.

zuvor verabschiedete Gleichbehandlungs-richtlinie 2010/41/EU, die in Art. 8 bereits Regelungen zum Mutterschutz enthält,[523] bestritten.[524] In der Folge berücksichtigte die legislative Entschließung des Europäischen Parlaments den entsprechenden Änderungsantrag nicht, sondern nahm eine ersatzlose Streichung der Erweiterung des Anwendungsbereiches vor.[525] In dieser Fassung wurde der Richtlinienentwurf an den Europäischen Rat weitergeleitet, wo er sich bis heute mangels Einigung über die Dauer des Mutterschaftsurlaubes und über die Anrechenbarkeit vergleichbarer Schutzzeiten, wie die Elternzeit nach deutschem Recht, befindet.[526] Der persönliche Geltungsbereich der Richtlinie stand indessen bisher nicht mehr zur Diskussion.

Demnach deutet der derzeitige Beratungsstand auf eine unveränderte Beibehaltung des persönlichen Geltungsbereichs der Mutterschutzrichtlinie hin. Die vorgenommene Einordnung der GmbH-Geschäftsführerin würde folglich im gleichen Umfang nach Verabschiedung der überarbeiteten Mutterschutzrichtlinie Geltung beanspruchen. Eine Anpassung ist deshalb entbehrlich. Aus diesem Grund wäre auch zukünftig bei der Anwendung der Mutterschutzrichtlinie zwischen den verschiedenen Geschäftsführerarten zu differenzieren.

Nach alledem gelten in Anwendung der auf die deutsche GmbH-Geschäftsführerin übertragbaren Auslegungsgrundsätze des EuGH in der Rechtssache *Danosa* die jederzeit und unbeschränkt abberufbare Fremdgeschäftsführerin sowie die Minderheitsgesellschaftergeschäftsführerin ohne Sperrminorität als Arbeitnehmerinnen im Sinne der Richtlinie 92/85/EWG, sofern sie in die Gesellschaft tatsächlich eingegliedert sind. Der persönliche Geltungsbereich der Mutterschutzrichtlinie ist daher für sie derzeit und in Zukunft – vorbehaltlich einer vom gesetzlichen Typus abweichenden Einzelfallgestaltung – eröffnet.

Dementsprechend ist bezogen auf die Ausgangsfrage, ob der Gesetzgeber durch die *Rechtslage de lege lata* seine unionsrechtlichen Verpflichtungen für GmbH-Geschäftsführerinnen verletzt hat, nunmehr in einem nächsten Schritt zu betrachten, welche Folgerungen sich aus der Eröffnung des Geltungsbereichs der Mutterschutzrichtlinie für die Rechtslage *de lege lata* mit Blick auf bestehende Umsetzungspflichten ergeben.

---

523 Art. 8 sowie 18. bis 20. Erwägungsgrund der GbRL-Selbst., ABl. L 180 v. 15.7.2010, S. 1 (3 f.).

524 Redebeiträge der Abgeordneten Lulling (PPE), Mann (PPE), Barandica (ALDE) sowie schriftliche Äußerung der Abgeordneten Mazzoni (PPE) in der Plenardebatte am 18.10.2010, abrufbar unter: http://www.europarl.europa.eu/sides/getDoc.do?pubRef=//EP//TEXT+PV+20101018+ITEM-013+DOC+XML+V0//DE (Stand: 7.3.2016).

525 Legislative Entschließung zu KOM 2008 (637), ABl. C 70 E v. 8.3.2012, S. 162 (170 f.).

526 Vgl. hierzu zuletzt Sachstandsbericht v. 21.11.2011, SOC 1002, Dok.-Nr.: 17029/11 sowie Pressebericht der 3131. Sitzung des Rates, Dok.-Nr.: 17943/1/11 REV 1, S. 10, abrufbar unter: http://europa.eu/rapid/press-release_PRES-11-471_de.htm (Stand: 7.3.2016).

c. *Umsetzungsdefizite aufgrund abweichendem Anwendungsbereich der Umsetzungsmaßnahmen*

Die Mutterschutzrichtlinie war gemäß Art. 14 Abs. 1 MuSchRL spätestens bis zum 24. November 1994 in allen Mitgliedstaaten umzusetzen. Dabei wurde den Mitgliedstaaten ein Ermessenspielraum hinsichtlich der sozialen Maßnahmen, die zu ergreifen sind, gewährt. Die Mitgliedstaaten konnten deshalb die Durchführungsmodalitäten selbst bestimmen. Allerdings darf die Ausübung dieses Ermessens weder das mit der Richtlinie 92/85 verfolgte Ziel beeinträchtigen noch den geforderten Mindestschutz unterschreiten.[527] In Deutschland erfolgte die Umsetzung mit dem Gesetz zur Änderung des Mutterschutzrechts vom 20. Dezember 1996[528] zum 1. Januar 1997. Eine weitergehende Anpassung der nationalen Mutterschutzvorschriften an die europäischen Vorgaben realisierte die am 15. April 1997 auf Basis der §§ 2 Abs. 4 Nr. 2, 4 Abs. 4 MuSchG erlassene Mutterschutzrichtlinienverordnung.[529] Eine Änderung oder Anpassung des Anwendungsbereichs des MuSchG wurde hingegen nicht vorgenommen. In der Folge ist das MuSchG nur auf Arbeitnehmerinnen im klassischen Sinne, also persönlich abhängige Beschäftigte, anwendbar. Hierzu zählen GmbH-Geschäftsführerinnen nach derzeit noch herrschender Meinung nicht, sodass das MuSchG auf sie keine Anwendung findet.[530] Neben den sozialversicherungsrechtlichen Vorschriften des §§ 24 ff. SGB V existieren keine weiteren mutterschutzrechtlichen Vorschriften für private Dienstnehmerinnen.

Durch die Analyse der europarechtlichen Grundlagen des Mutterschutzes konnten bereits im zweiten Kapitel die Leitprinzipien des Mutterschutzes auf europäischer Ebene herausgearbeitet werden. Diesen Leitprinzipien hat der nationale Gesetzgeber für Frauen, die nach deutschem Recht nicht als Arbeitnehmerinnen angesehen werden, im nationalen Recht nicht zur Wirksamkeit verholfen. So fehlt für Fremdgeschäftsführerinnen und nichtbeherrschende Gesellschaftergeschäftsführerinnen ein den Art. 4 ff. MuSchRL entsprechendes abgestuftes Sicherheitsmanagement am Arbeitsplatz, im Rahmen dessen arbeitsplatzbedingte Gefährdungen beurteilt und erfasst werden.[531] Eine risikobedingte Anpassung des Arbeitsplatzes einschließlich der Gewährleistung gesundheitsfreundlicher Arbeitszeiten ist außerhalb des MuSchG gesetzlich nicht vorgesehen. Insbesondere hinsichtlich des in Art. 8 MuSchRL geregelten und in seiner Bedeutung durch Art. 33 Abs. 2 EGRC

527 So ausdrücklich der EuGH v. 1.7.2010, Rs. C-194/08, Slg. 2010, I-6281 – Gassmayr; ähnlich auch EuGH v. 1.7.2010, Rs. C-471/08, Slg. 2010, I-6533 – Parviainen.

528 BGBl. I 1996, S. 2110.

529 Verordnung zur ergänzenden Umsetzung der EG-Mutterschutz-Richtlinie v. 15.4.1997, BGBl. I 1997, S. 782.

530 Siehe hierzu ausführlich die Darstellungen zum Anwendungsbereich des § 1 MuSchG, zur Rechtsprechung hinsichtlich der Arbeitnehmereigenschaft von GmbH-Geschäftsführern sowie zur hieran in der Literatur geäußerten Kritik im 1. Kapitel, S. 9 ff.

531 Vgl. *Nebe*, S. 125 ff.

bestärkten obligatorischen Mutterschaftsurlaubs von vierzehn Wochen besteht ein eklatanter Widerspruch zwischen europarechtlichen Vorgaben und nationaler Umsetzung. GmbH-Geschäftsführerinnen haben keine Möglichkeit, Schonzeiten vor und nach der Geburt in Anspruch zu nehmen. Ihnen wird weder ein gesetzlicher Anspruch auf Freistellung eingeräumt noch werden ihre arbeitsvertraglichen Rechte für die Zeit einer Beurlaubung gesichert.[532] Von besonderer Tragweite ist diesbezüglich das Fehlen einer flankierenden Beschäftigungssicherung im weiteren Sinne. Denn ohne eine solche droht die praktische Unwirksamkeit der übrigen Maßnahmen der Mutterschutzrichtlinie.[533] Deshalb sichert Art. 11 MuSchRL bei sämtlichen Änderungen in der Art oder in Bezug auf den Umfang der arbeitsvertraglich geschuldeten Tätigkeit der schwangeren Frau – sei es infolge einer risikobedingten Anpassung des Arbeitsplatzes, einer Umgestaltung der Tätigkeit, eines Beschäftigungsverbotes oder wegen des Mutterschaftsurlaubes – die arbeitsvertraglichen Rechte und gewährleistet eine ausreichende soziale Absicherung durch Entgeltschutz oder Einkommensersatz. Auch wenn grundsätzlich nicht das volle Gehalt weiter gewährt werden muss, so dürfen die Leistungen dennoch nicht so niedrig sein, dass dadurch der Zweck des Mutterschaftsurlaubs, der Schutz der Arbeitnehmerinnen vor und nach der Niederkunft, gefährdet würde.[534] Deshalb definiert Art. 11 Nr. 2 lit. b. MuSchRL als angemessene Einkommenssicherung nur Leistungen, die mindestens den Bezügen entsprechen, die im Falle einer Unterbrechung der Erwerbstätigkeit aus gesundheitlichen Gründen gewährt werden würden. Dem wird für GmbH-Geschäftsführerinnen nicht entsprochen. Zwar enthält das nationale Recht einige Vorschriften zur Einkommenssicherung, wie § 24i SGB V oder § 21 Abs. 2 SGB II und § 30 Abs. 2 SGB XII. Wie aber bereits zuvor bei der Prüfung des verfassungsrechtlichen Untermaßverbotes gezeigt, führen diese im Falle einer schwangerschaftsbedingten Unterbrechung der Erwerbstätigkeit weder zur einer Entgeltfortzahlung noch zur Gewährung anderweitiger Leistungen, durch die die Einkommensverluste ausgeglichen und der Unterhalt der GmbH-Geschäftsführerin gesichert werden würde.[535] Der Gesetzgeber hat insoweit das wechselseitige Abhängigkeitsverhältnis zwischen den arbeitsorganisatorischen Maßnahmen zum Schutz der Gesundheit der schwangeren Arbeitnehmerin und der Einkommenssicherung verkannt.

Ähnliches gilt auch hinsichtlich des in Art. 10 MuSchRL geregelten und zusätzlich in Art. 33 Abs. 2 EGRC jeder Frau eingeräumten Kündigungsschutzes. Hintergrund des besonderen Kündigungsschutzes ist, dass die physische und psychische Verfassung von schwangeren, erwerbstätigen Frauen durch eine mögliche

532 Hierzu bereits ausführlich im vorangegangen 1. Abschnitt, unter II. 2. c., S. 155 f.
533 So explizit der 16. Erwägungsgrund der MuSchRL.
534 Vgl. EuGH v. 13.2.1996, Rs. C-342/93, Slg. 1996, I-475 – Gillespie; EuGH v. 8.9.2005, Rs. C-191/03, Slg. 2005, I-7631 – McKenna; EuGH v. 21.5.2015, Rs. C-65/14, NZA 2015, 795 – Rosselle.
535 Siehe hierzu die Ausführungen im 1. Abschnitt, unter II. 2. d., S. 156 ff.

Entlassung beeinträchtigt werden könnte.[536] Ferner könnten schwangere Arbeitnehmerinnen wegen der drohenden negativen Folgen für ihr Beschäftigungsverhältnis sogar zum freiwilligen Abbruch ihrer Schwangerschaft veranlasst werden.[537] Für GmbH-Geschäftsführerinnen hat der nationale Gesetzgeber dennoch keinen besonderen Kündigungsschutz vorgesehen. Weder § 9 MuSchG noch der erste Abschnitt des KSchG sind auf GmbH-Geschäftsführerinnen anwendbar. Die Generalklauseln des § 138, § 242 BGB gewährleisten allenfalls einen indirekten Kündigungsschutz, der in Anbetracht der Bedenken, die bereits bei der Überprüfung des verfassungsrechtlichen Mindeststandards geäußert wurden,[538] weder ausreichend effektiv ist noch den mit Art. 10 MuSchRL angestrebten Zielen gerecht wird. Überdies verhelfen die Kriterien der Sittenwidrigkeit und von Treu und Glauben dem Verbot der geschlechtsspezifischen Diskriminierung nicht mit der gleichen Wirksamkeit und Unmittelbarkeit zur Geltung wie ein unmittelbares Kündigungsverbot, das den Arbeitgeber von Anfang an zwingt, Kündigungen aus einem mit der Schwangerschaft zusammenhängenden Grund zu unterlassen.[539]

Somit hat keines der in der Richtlinie 92/85/EWG verankerten Leitprinzipien des Mutterschutzes in den nationalen Vorschriften Ausdruck gefunden. Die Rechtslage *de lege lata* widerspricht damit insgesamt der Intention des europäischen Gesetzgebers, die Sicherheit und den Gesundheitsschutz von schwangeren Arbeitnehmerinnen, Wöchnerinnen und stillenden Arbeitnehmerinnen am Arbeitsplatz vollumfänglich zu gewährleisten. Dieses Ziel hat der Gesetzgeber für Mitglieder von Unternehmensleitungen im Allgemeinen und für GmbH-Geschäftsführerinnen im Besonderen nicht berücksichtigt. Ferner sind die vorhandenen Regelungen nicht geeignet, die Richtlinienvorgaben effektiv und umfassend umsetzen. Ein alternatives Schutzkonzept zum MuSchG fehlt. Schließlich wird die Mutter-Kind-Beziehung anders als bei Arbeitnehmerinnen im klassischen Sinne einer Störung durch die Doppelbelastung aufgrund der gleichzeitigen Erwerbstätigkeit der Mutter

---

536 15. Erwägungsgrund der MuSchRL; EuGH v. 14.7.1994, Rs. C-32/93, Slg. 1994, I-3567 – Webb; EuGH v. 30.6.1998, Rs. C-394/96, Slg. 1998, I-4185 – Brown; EuGH v. 11.10.2007, Rs. C-460/06, Slg. 2007, I-8511 – Paquay.

537 EuGH v. 14.7.1994, Rs. C-32/93, Slg. 1994, I-3567 – Webb; EuGH v. 30.6.1998, Rs. C-394/96, Slg. 1998, I-4185 – Brown; EuGH v. 4.10.2001, Rs. C-109/00, Slg. 2001, I-6993 – Tele Danmark; EuGH v. 8.9.2005, Rs. C-191/03, Slg. 2005, I-7631 – McKenna; EuGH v. 11.10.2007, Rs. C-460/06, Slg. 2007, I-8511 – Paquay; EuGH v. 26.2.2008, Rs. C-506/06, Slg. 2008, 1017 – Mayr; EuGH v. 11.11.2010, Rs. C-232/09, Slg. 2010, I-11405 – Danosa.

538 Siehe hierzu die Ausführungen im 1. Abschnitt, unter II. 2. e., S. 159 ff.

539 Vgl. EuGH v. 23.3.1995, Rs. C-365/93, Slg. 1995, I-499 – Kommission/Griechenland; EuGH v. 10.5.2001, Rs. C-144/99, Slg. 2001, I-3541 – Kommission/Niederlande; EuGH v. 7.5.2002, Rs. C-478/99, Slg. 2002, I-4147 – Kommission/Schweden.

ausgesetzt. Hierdurch wird eine ungestörte Entfaltung der Mutter-Kind-Beziehung, wie von Art. 7 und Art. 24 Abs. 3 EGRC gefordert, verhindert.[540]

Für als Arbeitnehmerinnen zu behandelnde Fremdgeschäftsführerinnen und Minderheitsgesellschafterinnen wird daher das von der Mutterschutzrichtlinie 92/85/EWG geforderte und durch die Art. 7, Art. 24 Abs. 3 und Art. 33 Abs. 2 EGRC verstärkte Mindestschutzniveau unterschritten. Folglich hat der Gesetzgeber das ihm eingeräumte Ermessen überschritten und seine aus Art. 14 MuSchRL resultierende Umsetzungspflicht sowie Art. 7, Art. 24 Abs. 3 und Art. 33 Abs. 2 EGRC verletzt.

d. Ergebnis

Die vorstehende Untersuchung hat gezeigt, dass sich der persönliche Anwendungsbereich der Mutterschutzrichtlinie auf Arbeitnehmerinnen im unionsrechtlichen Sinne erstreckt. Hierzu zählen nach den in der Rechtssache *Danosa* geäußerten und auf deutsche GmbH-Geschäftsführerinnen übertragbaren Grundsätzen des EuGH solche GmbH-Geschäftsführerinnen, denen mangels Beteiligung am Gesellschaftskapital ein bestimmender Einfluss auf das aufsichtsausübende Organ fehlt. Dies ist bei Fremdgeschäftsführerinnen und Minderheitsgesellschaftergeschäftsführerinnen regelmäßig der Fall. Auf sie kann die Mutterschutzrichtlinie daher in vollem Umfang Anwendung finden, wenn sie tatsächlich in die Gesellschaft eingegliedert sind und sie jederzeit nach § 38 Abs. 1 GmbHG abberufen werden können.[541] Indessen verfügen Minderheitsgesellschaftergeschäftsführerinnen mit Sperrminorität sowie Mehrheits- und Alleingesellschaftergeschäftsführerinnen gewöhnlich infolge ihrer Kapitalbeteiligung über eine Unabhängigkeit, welcher der Annahme einer weisungsgebundenen Tätigkeit entgegensteht. Ebenso können mangels jederzeitiger Abberufungsmöglichkeit GmbH-Geschäftsführerinnen einer paritätisch mitbestimmten GmbH nicht als Arbeitnehmerinnen im Sinne der Mutterschutzrichtlinie angesehen werden.[542] Dementsprechend werden sie vom Anwendungsbereich der Mutterschutzrichtlinie nicht erfasst.

Damit weichen die Anwendungsbereiche der Mutterschutzregelungen auf europäischer und nationaler Ebene zumindest insoweit voneinander ab, als dass Fremdgeschäftsführerinnen und Minderheitsgesellschaftergeschäftsführerinnen ohne bestimmenden Einfluss auf die Gesellschaft betroffen sind. Hieraus folgt hinsichtlich der Form und der verwendeten Mittel eine unzureichende Umsetzung der Richtlinie in die deutsche Rechtsordnung. Folglich ist die Rechtslage *de lege lata* nicht mit dem mutterschutzrechtlichen Sekundärrecht vereinbar, *soweit* der vom MuSchG geschützte Personenkreis auf Arbeitnehmerinnen im klassischen Sinne beschränkt

---

540 Vgl. Schlussanträge der Generalanwältin Kokott v. 26.9.2013, Rs. C-167/12, Rn. 45, 60.

541 *Fischer*, NJW 2011, 2329 (2331); *Leopold*, ZESAR 2011, 361 (365); *Oberthür*, NZA 2011, 253 (256); *Schubert*, ZESAR 2013, 5 (8, 14); *Wank*, EWiR 2011, 27 (28).

542 Ebenso *Preis/Sagan*, ZGR 2013, 26 (45); *Forst*, GmbHR 2012, 821 (825).

ist und GmbH-Geschäftsführerinnen vom Anwendungsbereich des MuSchG stets und unterschiedslos ausgeschlossen sind.[543]

Der unionsrechtliche Mutterschutz verfolgt als Ziel aber nicht nur den vor- und nachgeburtlichen Gesundheitsschutz, sondern dient gleichzeitig auch der Verwirklichung des Grundsatzes der Chancengleichheit von Männern und Frauen. Deshalb ist nunmehr ein Blick auf die neben der Mutterschutzrichtlinie zur Anwendung gelangenden Gleichbehandlungsrichtlinien und deren Vorgaben für den nationalen Gesetzgeber zu werfen.

2. *Unzureichende Umsetzung der Gleichbehandlungsrichtlinie 2006/54/EG*

Ein dem Mutterschutz vergleichbares Gewicht für die Erwerbstätigkeit von Frauen kommt den Vorschriften und Richtlinien zur Förderung der Gleichstellung von Männern und Frauen zu. Die Gleichbehandlung von Männern und Frauen gehört, wie bereits zuvor bei den Grundlagen des Mutterschutzes gezeigt, zu den zentralen Grundsätzen der Europäischen Union. Dem wird in Art. 2 EUV Ausdruck verliehen. Nach Art. 3 Abs. 3 Unterabs. 2 EUV und Art. 8 AEUV bekämpft die Europäische Union soziale Ausgrenzung und Diskriminierungen und fördert die Gleichstellung von Frauen und Männern.[544] Sie erhält hierzu einen spezifischen Auftrag. Der Beachtung des Grundsatzes der Gleichbehandlung von Männern und Frauen kommt umso größere Bedeutung zu, als dass sein grundlegender Charakter in Art. 23 EGRC Ausdruck gefunden hat.[545] Diesen primärrechtlichen Verpflichtungen ist die EU durch den Erlass der Richtlinie 2006/54/EG nachgekommen,[546] welche die zuvor geltenden und unübersichtlich gewordenen Regelungen der vielzähligen Gleichbehandlungsrichtlinien im Interesse der Verständlichkeit und Klarheit zusammengefasst und den bisherigen Besitzstand unter Berücksichtigung der zwischenzeitlich ergangenen Rechtsprechung des EuGH erweitert hat.[547] Die Gleichbehandlungsrichtlinie enthält Bestimmungen zur Sicherung und Durchsetzung des Grundsatzes der Chancengleichheit und Gleichbehandlung von Männer und Frauen in der Beschäftigung. Daneben werden durch die Diskriminierungsverbote auch erwerbstätige Frauen

---

543 Im Ergebnis so auch *Baeck/Winzer*, NZG 2011, 101; *Rolfs* in Ascheid/Preis/Schmidt, § 9 MuSchG Rn. 10.

544 2. Erwägungsgrund der GbRL.

545 Ähnlich für Art. 20 EGRC EuGH v. 16.9.2010, Rs. C-149/10, Slg. 2010, I-8489 – Chatzi. Die Kommission betonte in ihrer Strategie für die Gleichstellung von Männern und Frauen, dass Ungleichheiten zwischen Männern und Frauen Grundrechtsverstöße darstellen, vgl. Strategie für die Gleichstellung von Frauen und Männern 2010–2015, KOM (2010) 491 endg., S. 3.

546 ABl. L 204 v. 26.7.2006, S. 23 ff.

547 Kommissionsvorschlag zur Richtlinie 2006/54/EG, KOM (2004) 279 endg., S. 2.

vor und nach der Geburt geschützt.[548] Eine ungünstigere Behandlung einer Frau im Zusammenhang mit ihrer Schwangerschaft oder mit dem von ihr in Anspruch genommenen Mutterschaftsurlaub würde eine Diskriminierung aufgrund des Geschlechtes darstellen.[549] Daher kann sich unabhängig von der Anwendbarkeit der Mutterschutzrichtlinie ein Mindestschutz von schwangeren Frauen aus dem unionsrechtlichen Grundsatz der Geschlechtergleichbehandlung und -gleichstellung ergeben.[550] Aus diesem Grund ist die Rechtslage *de lege lata* auch auf ihre Vereinbarkeit mit der Gleichbehandlungsrichtlinie 2006/54/EG zu überprüfen. Hierfür ist zunächst die Anwendbarkeit der Gleichbehandlungsrichtlinie auf GmbH-Geschäftsführerinnen zu untersuchen.

a. Eröffnung des Anwendungsbereiches

Ähnlich wie die Mutterschutzrichtlinie enthält die Gleichbehandlungsrichtlinie weder eine Definition des ihr zugrunde liegenden Arbeitnehmerbegriffes noch verweist sie auf den mitgliedstaatlichen Arbeitnehmerbegriff.[551] Vielmehr verwendet sie bei den Bestimmungen zur Verwirklichung des Grundsatzes der Gleichbehandlung in Bezug auf den Zugang zur Beschäftigung, die Arbeits- und Beschäftigungsbedingungen einschließlich des Entgelts und die betrieblichen Systeme der sozialen Sicherheit einen dualen Beschäftigungsbegriff,[552] der sich je nach Regelungsmaterie nur auf Arbeitnehmer oder auch auf Selbstständige erstreckt.[553] So finden die Vorschriften zur Gleichbehandlung beim Zugang zur Beschäftigung einschließlich des beruflichen Aufstiegs sowie in betrieblichen Systemen der sozialen Sicherheit gleichermaßen auf Arbeitnehmer und

548 EuGH v. 8.9.2005, Rs. C-191/03, Slg. 2005, I-7631 – McKenna; EuGH v. 11.10.2007, Rs. C-460/06, Slg. 2007, I-8511 – Paquay; EuGH v. 26.2.2008, Rs. C-506/06, Slg. 2008, I-1017 – Mayr m. w. N.

549 EuGH v. 8.11.1990, Rs. C-179/88, Slg. 1990, I-3979 – Handels- og Kontorfunktionærernes Forbund; EuGH v. 30.6.1998, Rs. C-394/96, Slg. 1998, I-4185 – Brown; EuGH v. 8.9.2005, Rs. C-191/03, Slg. 2005, I-7631 – McKenna; EuGH v. 11.10.2007, Rs. C-460/06, Slg. 2007, I-8511 – Paquay; EuGH v. 26.2.2008, Rs. C-506/06, Slg. 2008, I-1017 – Mayr.

550 In diesem Sinne EuGH v. 8.11.1990, Rs. C-179/88, Slg. 1990, I-3979 – Handels- og Kontorfunktionærernes Forbund; EuGH v. 30.6.1998, Rs. C-394/96, Slg. 1998, I-4185 – Brown. Siehe auch EuGH v. 8.9.2005, Rs. C-191/03, Slg. 2005, I-7631 – McKenna; EuGH v. 11.10.2007, Rs. C-460/06, Slg. 2007, I-8511 – Paquay; EuGH v. 26.2.2008, Rs. C-506/06, Slg. 2008, I-1017 – Mayr; EuGH v. 11.11.2010, Rs. C-232/09, Slg. 2010, I-11405 – Danosa.

551 Ebenso *Bauer/Arnold*, ZIP 2012, 597 (598); *Lingemann/Weingarth*, DB 2012, 2325 (2326); *Schubert*, ZESAR 2013, 5 (12).

552 *Reichold/Heinrich*, FS Westermann, S. 1315 (1326).

553 Nach dem Kommissionsvorschlag zur Richtlinie 2006/54/EG erstreckt sich der persönliche Anwendungsbereich explizit »*auf die gesamte erwerbstätige Bevölkerung*«, KOM (2004) 279 endg., S. 7.

Selbstständige Anwendung.[554] Hingegen gilt der für schwangere Frauen bedeutsame Diskriminierungsschutz bei den Beschäftigungs- und Arbeitsbedingungen – worunter auch die Entlassungsbedingungen fallen – nach Art. 14 Abs. 1 lit. c GbRL ausschließlich für die abhängige, unselbstständige Beschäftigung.[555]

Für die GmbH-Geschäftsführerin folgt hieraus ungeachtet ihres innerstaatlichen Status die teilweise Anwendbarkeit der Gleichbehandlungsrichtlinie. Selbst dann, wenn die GmbH-Geschäftsführerin im Einklang mit der Rechtsprechung des BGH als weisungsfreie Dienstnehmerin qualifiziert werden würde, unterfiele sie hinsichtlich des Zugangs zur Beschäftigung und den betrieblichen Systemen der sozialen Sicherheit dem Schutz der Richtlinie. Indessen wäre die GmbH-Geschäftsführerin nur dann vollumfänglich – d. h. auch hinsichtlich der Arbeits-, Beschäftigungs- und Entlassungsbedingungen – durch die Gleichbehandlungsrichtlinie geschützt, wenn sie als abhängige Beschäftigte im Sinne des Art. 14 Abs. 1 lit. c GbRL angesehen werden könnte. Inwiefern dies der Fall ist, ist durch Auslegung zu ermitteln.

Die Gleichbehandlungsrichtlinie hat zum Ziel, unionseinheitlich die Chancengleichheit und Gleichbehandlung von Männern und Frauen im Erwerbsleben zu gewährleisten. Diesem Ziel würde eine fragmentarische, zwischen den Mitgliedstaaten variierende Umsetzung zuwiderlaufen.[556] Deshalb und wegen der aus Art. 21 und 23 EGRC resultierenden Diskriminierungsverbote bedarf die Richtlinie der einheitlichen Anwendung in allen Mitgliedstaaten. Eine solche wird aber nur durch den Rückgriff auf einen unionsautonomen Arbeitnehmerbegriff gewährleistet. Des Weiteren beruht die Gleichbehandlungsrichtlinie als Konkretisierung des Gleichbehandlungsgrundsatz auf Art. 157 Abs. 3 AEUV.[557] Deswegen kann grundsätzlich vom gleichen Arbeitnehmerbegriff wie in Art. 157 Abs. 1 AEUV ausgegangen werden. Wer Arbeitnehmer im Sinne des Gleichbehandlungsgrundsatzes ist, bestimmt der EuGH ebenfalls anhand der zu Art. 45 AEUV, vormals Art. 39 EGV, entwickelten Lawrie-Blum-Formel.[558] Mithin ist der Arbeitnehmerbegriff der Gleichbehandlungsrichtlinie nicht nur unionsautonom auszulegen,[559] sondern entspricht im Wesentlichen auch

554 Art. 6, Art. 14 Abs. 1 lit. a GbRL.

555 Art. 14 Abs. 1 lit. c GbRL. Ebenso *Bauer/Arnold*, ZIP 2012, 597 (598); *Bauer/Göpfert/Krieger*, DB 2005, 595 (596); *Preis/Sagan*, ZGR 2013, 26 (48, 64). Ähnlich auch *Eßer/Baluch*, NZG 2007, 321 (324, 329); *Reichold/Heinrich*, FS Westermann, S. 1315 (1320, 1327); *Ziegler*, § 13, S. 343 ff. A. A. zur Vorgängerrichtlinie 76/207/EWG: *Pottschmidt*, S. 268 ff.; so zur Richtlinie 2006/54/EG *Schubert*, ZIP 2013, 289 (292).

556 Vgl. *Lunk/Rodenbusch*, GmbHR 2012, 188 (192); *Schubert*, ZIP 2013, 289 (290, 293); *Ziegler*, § 13, S. 342.

557 *Coen* in Lenz/Borchardt, Art. 157 AEUV Rn. 34; *Ziemons*, KSzW 2013, 19 (23).

558 EuGH v. 13.1.2004, Rs. C-256/01, Slg. 2004, I-873 – Allonby. Ebenso *Eßer/Baluch*, NZG 2007, 321 (324); *Krebber* in Callies/Ruffert, Art. 157 AEUV Rn. 14; *Riesenhuber*, § 9 Rn. 5; *Ziegler*, § 10, S. 198 ff.; Schwarze-*Rebhahn/Reiner*, Art. 153 AEUV Rn. 4.

559 MünchArbR-*Oetker*, § 14 Rn. 20; *Riesenhuber*, § 9 Rn. 30; *Schubert*, ZIP 2013, 289 (290, 293); *Ziegler*, § 13, S. 342.

dem in der Mutterschutzrichtlinie verwendeten unionsrechtlichen Arbeitnehmerbegriff.[560] Deshalb können die Auslegungsgrundsätze der Danosa-Entscheidung zur Arbeitnehmereigenschaft von Mitgliedern der Unternehmensleitung einer Kapitalgesellschaft auf die Richtlinie 2006/54/EG übertragen werden.[561] Folglich gelten Fremdgeschäftsführerinnen und Geschäftsführerinnen mit Kapitalbeteiligung, aber ohne bestimmenden Einfluss, als Arbeitnehmerinnen im Sinne der Gleichbehandlungsrichtlinie, während Gesellschaftergeschäftsführerinnen mit bestimmenden Einfluss und Alleingesellschaftergeschäftsführerinnen nicht als abhängige Beschäftigte im Sinne des Art. 14 Abs. 1 lit. c GbRL angesehen werden können.

b. Intensiveres Schutzniveau für nichtbeherrschende GmbH-Geschäftsführerinnen

Nach der soeben vorgenommen Einordnung der GmbH-Geschäftsführerin erstreckt sich das Verbot der geschlechtsspezifischen Benachteiligung bei als selbstständig im Sinne der Richtlinie geltenden Mehrheits- und Alleingesellschaftergeschäftsführerinnen nach Art. 14 Abs. 1 lit. a GbRL lediglich auf den Zugang zur Beschäftigung und den beruflichen Aufstieg. Sie sind daher nur hinsichtlich der Kriterien und Voraussetzungen der erstmaligen Einstellung und Berufung als GmbH-Geschäftsführerin sowie hinsichtlich etwaiger Beförderungsbedingungen durch die Richtlinie geschützt.[562] Erfasst werden ferner zwar auch Beschäftigungsverbote, durch die Frauen von bestimmten Tätigkeiten ausgeschlossen werden.[563] Kein Schutz besteht indessen in Bezug auf Nachteile, die nach der Bestellung zur

---

560 Ähnlich *Dzida/Naber*, ArbRB 2012, 373 (374); *Hohenstatt/Naber*, ZIP 2012, 1989; *Lingemann/Weingarth*, DB 2012, 2325 (2326); *Lunk/Rodenbusch*, GmbHR 2012, 188 (192); *Preis/Sagan*, ZGR 2013, 26 (48); *Schubert*, ZESAR 2013, 5 (12).

561 So der EuGH selbst in seiner Entscheidung v. 11.11.2010, Rs. C-232/09, Slg. 2010, I-11405 – Danosa, indem er der Richtlinie 76/207/EWG den gleichen Arbeitnehmerbegriff wie der Mutterschutzrichtlinie zugrunde gelegt hat. Die Richtlinie 76/207/EWG ist mittlerweile durch die Richtlinie 2006/54/EG abgelöst worden (Art. 34 Abs. 1 GbRL), ohne dass die verwendeten Begrifflichkeiten geändert wurden, vgl. Kommissionsvorschlag zur Richtlinie 2006/54/EG, KOM (2004) 279 endg., S. 30. Ebenso *Bauer/Arnold*, ZIP 2012, 597 (599); *Hoefs/Rentsch*, DB 2012, 2733 (2738); *Preis/Sagan*, ZGR 2013, 26 (48); *Lunk*, FS Bauer, S. 705 (714 f.); *ders.*, RdA 2013, 110 (112); *Reiserer*, DB 2011, 2262 (2266); *Reufels/Molle*, NZA-RR 2011, 281 (283); *Schubert*, ZIP 2013, 289 (290).

562 Vgl. zum sachlichen Anwendungsbereich der GbRL statt vieler nur *Riesenhuber*, § 9 Rn. 31 ff. m. w. N.

563 EuGH v. 25.7.1991, Rs. C-345/89, Slg. 1991, I-4047 – Stoeckel; EuGH v. 5.5.1994, Rs. C-421/92, Slg. 1994, I-1657 – Habermann-Beltermann; EuGH v. 11.1.2000, Rs. C-285/98, Slg. 2000, I-69 – Kreil; EuGH v. 1.2.2005, Rs. C-203/03, Slg. 2005, I-935 – Kommission / Österreich.

GmbH-Geschäftsführerin eintreten.[564] Im Gegensatz dazu können sich Fremdgeschäftsführerinnen und Minderheitsgesellschaftergeschäftsführerinnen als abhängige Beschäftigte im Sinne des Art. 14 Abs. 1 lit. c GbRL auch noch nach ihrer Bestellung zur GmbH-Geschäftsführerin auf den Schutz durch die Gleichbehandlungsrichtlinie berufen.

Demzufolge findet die Gleichbehandlungsrichtlinie grundsätzlich auf alle GmbH-Geschäftsführerinnen Anwendung. Allerdings werden nur Fremdgeschäftsführerinnen und Minderheitsgesellschaftergeschäftsführerinnen ohne Sperrminorität über die erstmalige Einstellung und Beförderung hinaus umfassend durch die Richtlinie geschützt.[565] Damit führt die Unterscheidung im Anwendungsbereich zwischen Fremdgeschäftsführerinnen und Geschäftsführerinnen mit Kapitalbeteiligung, aber ohne bestimmendem Einfluss, auf der einen Seite und Mehrheits- und Alleingesellschaftergeschäftsführerinnen auf der anderen Seite zu einem unterschiedlichen Schutzniveau.

c. Divergierende Umsetzungspflichten

Dieses unterschiedliche Schutzniveau hat unmittelbare Auswirkungen auf die aus Art. 23 ff. GbRL resultierende Pflicht der Mitgliedstaaten, Maßnahmen zu ergreifen, die hinreichend wirksam sind, um das Ziel der Richtlinie – die Durchsetzung der Gleichstellung von Männern und Frauen – zu erreichen. Die Mitgliedstaaten müssen für die Wirksamkeit der Diskriminierungsverbote sorgen. Bei Allein- und Mehrheitsgesellschaftergeschäftsführerinnen erschöpfen sich die Pflichten darin, den diskriminierungsfreien Zugang zur Tätigkeit zu sichern. Es müssen beispielsweise Maßnahmen ergriffen werden, die es verhindern, dass die Anstellung als GmbH-Geschäftsführerin wegen einer vorliegenden Schwangerschaft verweigert wird.[566] Die Gleichbehandlungsrichtlinie verbietet aber nicht die Kündigung oder Abberufung von schwangeren Mehrheits- und Alleingesellschaftergeschäftsführerinnen, sei es auch aus einem mit der Schwangerschaft zusammenhängenden Grund. Ebenso wenig ergibt sich aus der Gleichbehandlungsrichtlinie für diese ein Diskriminierungsschutz hinsichtlich der Arbeits- und Beschäftigungsbedingungen im bestehenden Dienstverhältnis.

Fremdgeschäftsführerinnen und Minderheitsgesellschaftergeschäftsführerinnen bedürfen hingegen auch nach der Einstellung und der Bestellung zur

564 Vgl. *Reichhold/Heinrich*, FS Westermann, S. 1315 (1327); *Preis/Sagan*, ZGR 2013, 26 (64).

565 Vgl. *Bauer/Arnold*, ZIP 2008, 993 (995, 1002); *Preis/Sagan*, ZGR 2013, 26 (64). Für einen umfassenden Schutz aller GmbH-Geschäftsführerinnen hingegen *Schubert*, ZIP 2013, 289 (292).

566 EuGH v. 8.11.1990, Rs. C-177/88, Slg. 1990, I-3941 – Dekker; EuGH v. 3.2.2000, Rs. C-207/98, Slg. 2000, I-549 – Mahlburg. Zur Nichtverlängerung eines befristeten Anstellungsvertrages vgl. auch EuGH v. 4.10.2001, Rs. C-438/99, Slg. 2001, I-6915 – Jiménez Melgar.

Geschäftsführerin des vollumfänglichen Diskriminierungsschutzes. Deshalb erstreckt sich der durch Art. 14 Abs. 1 lit. c GbRL bezweckte Schutz bei schwangeren nichtbeherrschenden GmbH-Geschäftsführerinnen auf alle Arbeitsbedingungen und nicht nur auf die Einräumung eines Rechts zur Rückkehr an den früheren oder einen gleichwertigen Arbeitsplatz.[567] Daneben besteht unabhängig von der Mutterschutzrichtlinie eine Verpflichtung der Mitgliedstaaten, während der gesamten Schwangerschaft einen Mindestkündigungsschutz zu gewährleisten.[568] Schließlich müssen die Mitgliedstaaten für alle GmbH-Geschäftsführerinnen abschreckende Sanktionen bei geschlechtsspezifischen Diskriminierungen vorsehen.[569]

Insgesamt ergeben sich somit aus der Gleichbehandlungsrichtlinie je nach Art der GmbH-Geschäftsführerin divergierende Umsetzungspflichten der Mitgliedstaaten. Für die Überprüfung der Rechtslage *de lege lata* ist mithin im Kern entscheidend, ob der nationale Gesetzgeber das intensivere Schutzniveau für Fremdgeschäftsführerinnen und Gesellschaftergeschäftsführerinnen ohne bestimmenden Einfluss ausreichend berücksichtigt und alle benannten Umsetzungspflichten erfüllt hat.

d. *Erfüllung aller Umsetzungspflichten?*

Die Richtlinie 2006/54/EG war gemäß Art. 33 GbRL spätestens bis zum 15. August 2008 in allen Mitgliedstaaten umzusetzen. In Deutschland erfolgte die Umsetzung unter anderem durch das AGG, welches bereits kurz nach Verabschiedung der Richtlinie in Kraft trat.[570]

Das AGG enthält in § 6 AGG eine Festlegung des persönlichen Anwendungsbereiches. Nach § 6 Abs. 1 AGG findet der im zweiten Abschnitt vorgesehene Schutz der Beschäftigten vor Benachteiligung nur Anwendung auf Personen, die in einem Beschäftigungsverhältnis tätig sind. Der Begriff des Beschäftigten erstreckt sich auf Arbeitnehmer, Auszubildende und arbeitnehmerähnliche Personen.[571] Hiervon werden nach der bisher herrschenden Meinung GmbH-Geschäftsführer und andere

---

567 Siehe hierzu den 25. Erwägungsgrund der RL sowie die Begründung des Kommissionsvorschlags zur Richtlinie 2006/54/EG, KOM (2004) 279 endg., S. 6.

568 EuGH v. 8.11.1990, Rs. C-179/88, Slg. 1990, I-3979 – Handels- og Kontorfunktionærernes Forbund; EuGH v. 30.6.1998, Rs. C-394/96, Slg. 1998, I-4185 – Brown; EuGH v. 8.9.2005, Rs. C-191/03, Slg. 2005, I-7631 – McKenna; EuGH v. 11.10.2007, Rs. C-460/06, Slg. 2007, I-8511 – Paquay; EuGH v. 26.2.2008, Rs. C-506/06, Slg. 2008, 1017 – Mayr; EuGH v. 11.11.2010, Rs. C-232/09, Slg. 2010, I-11405 – Danosa. In diese Richtung auch *Leopold*, ZESAR 2011, 362 (367); *Schubert*, EuZA 2011, 362 (368 ff.).

569 Siehe hierzu den 35. Erwägungsgrund der GbRL.

570 Ausdrücklich nimmt das AGG auf die Vorgängerrichtlinie 2002/73/EG Bezug, die zum 15. August 2009 aufgehoben und durch die Richtlinie 2006/54/EG abgelöst wurde. Siehe hierzu Art. 34 Abs. 1 GbRL sowie Gesetz zur Umsetzung europäischer Richtlinien zur Verwirklichung des Grundsatzes der Gleichbehandlung v. 14.8.2006, BGBl. I 2006, S. 1897 ff.

571 § 6 Abs. 1 S. 1 Nr. 1 bis Nr. 3 AGG.

Vertretungsorgane juristischer Personen nicht erfasst.[572] Dem trägt § 6 Abs. 3 AGG Rechnung, indem der persönliche Anwendungsbereich explizit auf Organvertreter erweitert wird. Auf sie findet das AGG aber nur soweit Anwendung, als dass der Zugang zur Erwerbstätigkeit und der berufliche Aufstieg betroffen sind. Durch das AGG wird somit die erstmalige Bestellung und Anstellung der GmbH-Geschäftsführerin sowie deren Wiederbestellung und Beförderung in eine höherrangige Position geschützt.[573] Indessen gilt das in § 7 AGG geregelte Benachteiligungsverbot nicht für die Abberufung der GmbH-Geschäftsführerin oder deren Kündigung. Ebenso wenig kann das AGG im bestehenden Anstellungsverhältnis Anwendung finden.

Für die GmbH-Geschäftsführerin bedeutet dies nach der Rechtslage *de lege lata*, dass sie im Schwangerschaftsfalle und nach der Geburt keinen umfassenden Diskriminierungsschutz durch das AGG erhält. Insbesondere steht das AGG nicht der Abberufung und Kündigung aus einem mit der Schwangerschaft oder Mutterschaft zusammenhängenden Grund entgegen. Die GmbH-Geschäftsführerin kann folglich weder Schadensersatz nach § 15 Abs. 1 AGG noch eine Entschädigung nach § 15 Abs. 2 AGG verlangen. Lediglich im Falle einer Wiederbewerbung nach erfolgter Abberufung wäre die GmbH-Geschäftsführerin durch das AGG geschützt.[574] Außerhalb des AGG kommt allenfalls ein Minimalschutz über die zivilrechtlichen Generalklauseln in § 138 BGB und § 242 BGB in Betracht. Inwiefern dieser aber den Anforderungen der Gleichbehandlungsrichtlinie entspricht, ist zweifelhaft.[575] Denn die Generalklauseln sehen keine angemessene Sanktion bei Verstößen gegen das Verbot der geschlechtsspezifischen Diskriminierung vor Ergänzend können lediglich die vertraglichen und deliktischen Schadensersatzansprüche herangezogen werden, die jedoch jeweils verschuldensabhängig ausgestaltet sind. Damit wird der Forderung in Art. 18 GbRL, wonach die Mitgliedstaaten wirksame Sanktionen vorsehen müssen, nicht entsprochen.[576] Zwar überlässt die Gleichbehandlungsrichtlinie den Mitgliedstaaten die Entscheidung, welche Sanktion sie bei einem Verstoß gegen den Grundsatz der Gleichbehandlung vorsehen wollen. Allerdings müssen die mitgliedstaatlichen Regelungen geeignet sein, einen effektiven Rechtsschutz gegen Diskriminierungen zu gewährleisten.[577] Die Sanktionen müssen somit abschreckende

572 Zum fehlenden Arbeitnehmerstatus von GmbH-Geschäftsführern siehe das 1. Kapitel, 2. Abschnitt, S. 22 ff. Vgl. zu § 6 AGG ausführlich auch HK-AGG/*Däubler*, § 6 Rn. 10a ff. m. w. N. Ausführliche Nachweise finden sich auch bei *Schubert*, ZIP 2013, 289.

573 BGH v. 23.4.2012, II ZR 163/10, NJW 2012, 2346; *Eßer/Baluch*, NZG 2007, 321 (329); *Reufels/Molle*, NZA-RR 2011, 281 (282); *Schubert*, ZIP 2013, 289; *Krause*, AG 2007, 392 (394).

574 BGH v. 23.4.2012, II ZR 163/10, NJW 2012, 2346.

575 In diese Richtung auch *Bauer/Arnold*, ZIP 2012, 597 (599); *Oberthür*, NZA 2011, 253 (258); *Reiserer*, DB 2011, 2262 (2266); *Ziemons*, KSzW 2013, 19 (25).

576 So auch *Schubert*, ZIP 2013, 289 (295).

577 Grundlegend EuGH v. 10.4.1984, Rs. C-14/83, Slg. 1984, 1891 – von Colson und Kamann; ebenso EuGH v. 11.10.2007, Rs. C-460/06, Slg. 2007, I-8511 – Paquay.

Wirkung haben. Deshalb darf die Haftung des Arbeitgebers für Verstöße gegen ein Diskriminierungsverbot im Wege des Schadensersatzes nicht davon abhängig gemacht werden, dass ein Verschulden des Arbeitgebers nachgewiesen wird.[578] Im Übrigen wird die mit einer geschlechtsspezifischen Diskriminierung verbundene Verletzung des Persönlichkeitsrechts der GmbH-Geschäftsführerin nicht durch eine etwaige Aufrechterhaltung der Vergütungsansprüche nach §§ 611, 615 S. 1 BGB genügend ausgeglichen.[579] Demzufolge wird außerhalb des AGG kein den Richtlinienvorgaben entsprechender Diskriminierungsschutz gewährleistet.

Dies führt zu dem Schluss, dass der Gesetzgeber lediglich für Allein- und Mehrheitsgesellschaftergeschäftsführerinnen, die nicht als Arbeitnehmerinnen im Sinne der Gleichbehandlungsrichtlinie gelten, die Anforderungen der Richtlinie durch § 6 Abs. 3 AGG erfüllt hat.[580] Für Fremdgeschäftsführerinnen und Minderheitsgesellschaftergeschäftsführerinnen hingegen, die als Arbeitnehmerinnen im Sinne der Gleichbehandlungsrichtlinie den vollen Diskriminierungsschutz genießen, fehlt eine entsprechende Vorschrift im AGG. Weder der Gesetzgeber noch die nationale Rechtsprechung haben bisher die Durchsetzung des auch aus Art. 23 Abs. 1 EGRC resultierenden Grundsatzes der Geschlechtergleichbehandlung für Organvertreter gewährleistet.[581] Von besonderer Bedeutung ist dabei das Fehlen eines besonderen Kündigungsschutzes für schwangere GmbH-Geschäftsführerinnen. Daneben erfordert die Gleichbehandlungsrichtlinie ein Rückkehrrecht für Fremdgeschäftsführerinnen und Minderheitsgesellschaftergeschäftsführerinnen nach der Geburt.[582] Dies beinhaltet ein Verschlechterungsverbot hinsichtlich der Arbeitsbedingungen. Der Gesetzgeber hat insgesamt den unmittelbaren Bezug zum Mutterschutz vernachlässigt und das supplementäre Ziel der Gleichbehandlungsvorschriften, Arbeitnehmerinnen vor und nach der Geburt zu schützen,[583] nicht ausreichend gewürdigt. Folglich ist er seinen Umsetzungspflichten zumindest in Bezug auf Fremdgeschäftsführerinnen und Gesellschaftergeschäftsführerinnen ohne bestimmenden Einfluss nicht hinreichend nachgekommen.[584] Die Rechtslage *de lege lata* ist somit auch unter gleichbehandlungsrechtlichen Aspekten nicht mit dem Unionsrecht vereinbar.

---

578 Vgl. EuGH v. 8.11.1990, Rs. C-177/88, Slg. 1990, I-3941 – Dekker; EuGH v. 22.4.1997, Rs. C-180/95, Slg. 1997, I-2195 – Draehmpaehl; vgl. auch BAG v. 22.1.2009, 8 AZR 906/07, AP Nr. 1 zu § 15 AGG.

579 BGH v. 23.4.2012, II ZR 163/10, NJW 2012, 2346 (2347); ebenso *Paeffgen*, ZIP 2012, 1296 (1297).

580 Ähnlich *Reufels/Molle*, NZA-RR 2011, 281 (283).

581 In diese Richtung auch *Schubert*, ZIP 2013, 289 (293).

582 Siehe hierzu den 25. Erwägungsgrund der GbRL sowie die Begründung des Kommissionsvorschlags zur GbRL v. 21.4.2004, KOM (2004) 279 endg., S. 6.

583 So explizit EuGH v. 8.9.2005, Rs. C-191/03, Slg. 2005, I-7631 – McKenna; EuGH v. 11.11.2010, Rs. C-232/09, Slg. 2010, I-11405 – Danosa.

584 Im Ergebnis ebenso *Bauer*, GWR 2010, 586; *Bauer/Arnold*, ZIP 2008, 993 (1002); *dies.*, ZIP 2012, 597 (599); *Eßer/Baluch*, NZG 2007, 321 (324 f.); ErfK-*Schlachter*, § 6 AGG Rn. 5; *Hohenstatt/Naber*, ZIP 2012, 1989 (1990 f.); *Junker*, NZA 2011, 950

e. Ergebnis

Die vorstehende Prüfung hat gezeigt, dass die Grundsätze der Danosa-Entscheidung des EuGH über die Mutterschutzrichtlinie hinaus Geltung für die Richtlinie 2006/54/EG beanspruchen. In der Folge sind Fremdgeschäftsführerinnen und Minderheitsgesellschaftergeschäftsführerinnen als abhängig Beschäftigte im Sinne der Gleichbehandlungsrichtlinie zu behandeln. Auf sie findet die Gleichbehandlungsrichtlinie vollumfänglich und hinsichtlich sämtlicher Beschäftigungsbedingungen Anwendung. Für schwangere GmbH-Geschäftsführerinnen ohne bestimmenden Einfluss ist daher auf der Grundlage des in Art. 21 Abs. 1, Art. 23 Abs. 1 EGRC und in Art. 14 Abs. 1 lit. c GbRL ausgestalteten Grundsatzes der Nichtdiskriminierung während des gesamten Beschäftigungsverhältnisses Schutz vor Benachteiligung aus einem mit der Schwangerschaft oder Mutterschaft zusammenhängenden Grund zu gewähren. Den ungleich weitreichenderen Umsetzungspflichten der Mitgliedstaaten für nichtbeherrschende GmbH-Geschäftsführerinnen wird das AGG nach bisheriger nationaler Handhabung nicht gerecht. Ebenso wenig erfüllt das MuSchG diese gleichbehandlungsrechtlichen Anforderungen. Bei GmbH-Geschäftsführerinnen mit bestimmendem Einfluss hingegen, die nicht als Arbeitnehmerinnen im Sinne der Danosa-Entscheidung gelten, erfordert die Richtlinie 2006/54/EG nur einen Diskriminierungsschutz in Bezug auf den beruflichen Zugang und Aufstieg sowie in betrieblichen Systemen der Sicherheit. Dem wird durch § 6 Abs. 3 AGG entsprochen.

Nach alledem ist es mit den aus der Gleichbehandlungsrichtlinie resultierenden Umsetzungspflichten unvereinbar, dass schwangere GmbH-Geschäftsführerinnen unterschiedslos nach § 6 Abs. 3 AGG lediglich beim Zugang zur Beschäftigung und bei einer Beförderung vor geschlechtsspezifischen Diskriminierungen geschützt werden. Hinsichtlich schwangerer Fremdgeschäftsführerinnen und Minderheitsgesellschaftergeschäftsführerinnen hätte es auf nationaler Ebene weitergehender Umsetzungsmaßnahmen bedurft. Folglich widerspricht die Rechtslage *de lege lata* ebenfalls der Richtlinie 2006/54/EG sowie Art. 21 Abs. 1 EGRC und Art. 23 Abs. 1 EGRC.

3. Unzureichende Umsetzung der Gleichbehandlungsrichtlinie für Selbstständige 2010/41/EU

Die vorangegangene Überprüfung der Rechtslage *de lege lata* an den europäischen Maßstäben hat stets zu einer Unterscheidung zwischen den infolge der Danosa-Entscheidung als Arbeitnehmerinnen anzusehenden Fremd- und

---

(951); *Leopold*, ZESAR 2011, 362 (367); *Lunk*, RdA 2013, 110 (112); *Lunk/Rodenbusch*, GmbHR 2012, 188 (192 f.); *Oberthür*, NZA 2011, 253 (257); *Preis/Sagan*, ZGR 2013, 26 (60 f.); *Reichhold/Heinrich*, FS Westermann, S. 1315 (1326 ff.); *Reiserer*, DB 2011, 2262 (2267); vgl. auch *Schubert*, ZIP 2013, 289 (293); *dies.*, ZESAR 2013, 5 (12); aber anders noch *dies.* in EuZA 2011, 362 (370); *Wilsing/Meyer*, DB 2011, 341 (342); *Ziemons*, KSzW 2013, 19 (23 f.).

Minderheitsgesellschaftergeschäftsführerinnen auf der einen Seite und den als unabhängig beschäftigt geltenden Mehrheits- und Alleingesellschaftergeschäftsführerinnen auf der anderen Seite geführt. Für die erste Kategorie wurden die sekundärrechtlichen Anforderungen an den nationalen Mutterschutz bereits herausgearbeitet. Für GmbH-Geschäftsführerinnen mit bestimmendem Einfluss auf die Geschicke der Gesellschaft ist indessen noch eine Richtlinie offen – die erst 2010 neu gefasste Richtlinie 2010/41/EU, mit welcher die EU den Grundsatz der Gleichstellung von Männern und Frauen auch für Selbstständige konkretisiert hat. Obgleich die Richtlinie erstmalig Selbstständigen einen Anspruch auf Mutterschutz einräumt, hat sie bislang – abgesehen von einigen Pressemitteilungen unmittelbar nach Verabschiedung der Richtlinie[585] – kaum Beachtung gefunden. Insbesondere kritische Auseinandersetzungen zum Umsetzungsstand in Deutschland sucht man bisher vergeblich.[586] Dies vermag vor allem in Anbetracht des durch Art. 8 GbRL-Selbst. ausgelösten Umsetzungsbedarfs und vor dem Hintergrund, dass keine gezielten Umsetzungsmaßnahmen ergriffen wurden, verwundern. Es ist daher abschließend ein detaillierter Blick auf die sich aus der Richtlinie 2010/41/EU ergebenden Umsetzungspflichten des nationalen Gesetzgebers zu werfen.

a. Regelungsgehalt

Die Richtlinie 2010/41/EU ist darauf gerichtet, den Grundsatz der Gleichbehandlung von Männern und Frauen für Selbstständige durch den Ausbau des Sozialschutzes wirksam umzusetzen. Hintergrund der Richtlinie bildet der geringe Anteil von Frauen bei den selbstständigen Erwerbstätigen,[587] der als Ausdruck einer

---

585 Z. B. Meldung v. 21.5.2010, Becklink 1001033; Meldung v. 9.6.2010, Becklink 1001489; Meldung v. 4.8.2010, Becklink 1003494; Rechtsnews im PERSONALmagazin 2010, 54; Pressemitteilung der Europäischen Kommission v. 7.6.2010, Dok.-Nr.: IP/10/699, abrufbar unter: http://europa.eu/rapid/press-release_IP-10-699_de.htm (Stand: 7.3.2016); Pressemitteilung des Rates der Europäischen Union v. 24.6.2010, Nr.: 11299/10, Presse: 186, abrufbar unter: http://www.consilium.europa.eu/uedocs/cms_data/docs/pressdata/en/lsa/115467.pdf (Stand: 7.3.2016).

586 Einzig *Knigge* und Streit widmeten sich in Aufsätzen etwaigen Umsetzungsdefiziten, vgl. *Knigge*, ZESAR 2013, 24; *Porsche*, STREIT 2013, 64 (67 f.).

587 Er wird auf unter 30 Prozent geschätzt, siehe Arbeitsdokument der Kommissionsdienststellen zum Vorschlag für eine Richtlinie des Europäischen Parlaments und des Rates zur Verwirklichung des Grundsatzes der Gleichbehandlung von Männern und Frauen, die eine selbstständige Erwerbstätigkeit ausüben, und zur Aufhebung der Richtlinie 86/613/EWG – Zusammenfassung des Folgenabschätzungsberichts, SEK (2008) 2592, S. 3; Bericht des Ausschusses für die Rechte der Frau und die Gleichstellung der Geschlechter über KOM (2008) 636, Plenarsitzungsdokument A6-0258/2009, S. 22.

geschlechtsbezogenen Ungleichheit im Unternehmertum empfunden wird.[588] Als Gründe hierfür werden die mit der Schwangerschaft und Mutterschaft einhergehenden familiären Aufgaben genannt, die Frauen daran hinderten, unternehmerisch tätig zu werden. In der Folge zeigten Frauen nur im geringen Umfang unternehmerische Initiative. Gleichzeitig kehrten weniger Frauen nach der Geburt ihres Kindes auf den Arbeitsmarkt zurück.[589] Dieser negativen Entwicklung versucht die EU-Kommission seit 2006 durch Maßnahmen zur Verbesserung der Vereinbarkeit von Berufs- und Privatleben entgegenzuwirken.[590] Die Richtlinie 2010/41/EU ist Ausfluss dieses Work-Life-Balance-Pakets. Mittelbar zielt die Richtlinie daher auf eine Erhöhung der Frauenbeschäftigungsquote bei gleichzeitiger Verbesserung der Vereinbarkeit von Berufs- und Privatleben ab.[591]

Zur Erreichung dieser Ziele erweitert Art. 4 GbRL-Selbst. den Grundsatz der Gleichbehandlung über den bereits durch die Richtlinie 2006/54/EG gewährten Schutz beim Zugang zur selbstständigen Erwerbstätigkeit hinaus auf die Gründung, Einrichtung und Erweiterung eines Unternehmens sowie auf die Aufnahme und Ausweitung jeglicher anderer Art der selbstständigen Tätigkeit. Zentrales Element der Richtlinie ist die in Art. 8 GbRL-Selbst. für selbstständig erwerbstätige Frauen geschaffene Möglichkeit, Mutterschaftsleistungen in Anspruch zu nehmen. Beide Vorschriften setzen die grundrechtlichen Gewährleistungen in Art. 33 Abs. 2 EGRC um. Daneben enthält die Richtlinie in Art. 7 Bestimmungen zum sozialen Schutz von im Familienunternehmen mitarbeitenden Ehepartnern. Schließlich verpflichtet die Richtlinie 2010/41/EU die Mitgliedstaaten zur Einrichtung von nationalen Gleichbehandlungsstellen und legt deren (Mindest-) Zuständigkeiten fest. Trotz dieser ambivalenten Regelungen hält die deutsche Bundesregierung eine Anpassung oder gar Änderung des nationalen Rechts für nicht erforderlich, um die Mindestanforderungen der Richtlinie 2010/41/EU zu erfüllen.[592] Die Fehlerhaftigkeit dieser

588 So explizit der Vorschlag für eine Richtlinie des Europäischen Parlaments und des Rates zur Verwirklichung des Grundsatzes der Gleichbehandlung von Männern und Frauen, die eine selbstständige Erwerbstätigkeit ausüben, und zur Aufhebung der Richtlinie 86/613/EWG v. 3.10.2008 [im Folgenden: Kommissionsvorschlag zur Richtlinie 2010/41/EU], KOM (2008) 636 endg., S. 7.

589 Hierzu insgesamt der Kommissionsvorschlag zur Richtlinie 2010/41/EU, KOM (2008) 636 endg., S. 2 ff.

590 Vgl. Fahrplan für die Gleichstellung von Frauen und Männern 2006–2010, KOM (2006) 92 endg.; Strategie für die Gleichstellung von Frauen und Männern 2010–2015, KOM (2010) 491 endg.

591 5. Erwägungsgrund der GbRL-Selbst.; Kommissionsvorschlag zur Richtlinie 2010/41/EU, KOM (2008) 636 endg., S. 4.

592 Vgl. hierzu die Antwort der Bundesregierung v. 11.5.2012 auf die schriftliche Anfrage der SPD-Abgeordneten Dr. Högl, BT-Drs. 17/9615, S. 53 f. sowie die Mitteilung der Umsetzungsmaßnahmen an die EU, abrufbar unter: http://eurlex.europa.eu/Notice.do?val=522153:cs&lang=de&list=519594:cs,522153:cs,&pos=2&page=1&nbl=2&pgs=10&hwords=2010%2041%20eu~&checktexte=checkbox&visu=#texte (Stand: 7.3.2016).

Einschätzung ergibt sich jedoch unmittelbar aus Art. 8 GbRL-Selbst., der auf als selbstständig geltende GmbH-Geschäftsführerinnen Anwendung findet.

b. Eröffnung des persönlichen Geltungsbereiches

Nach Art. 2 GbRL-Selbst. gilt die Richtlinie 2010/41/EU für selbstständige Erwerbstätige und mitarbeitende Ehepartner. Der Begriff des Selbstständigen wird durch Art. 2 lit. a GbRL-Selbst. dahingehend definiert, dass von ihm jede Person erfasst wird, die nach den Bedingungen des innerstaatlichen Rechts eine Erwerbstätigkeit auf eigene Rechnung ausübt. Wie der Einschub »*nach den Bedingungen des innerstaatlichen Rechts*« zu verstehen ist, ergibt sich weder unmittelbar aus dem Wortlaut noch aus den legislativen Dokumenten. *Rebhahn* weist darauf hin, dass aufgrund anderer Sprachfassungen die Vermutung naheläge, der Einschub beziehe sich nicht auf die Selbstständigkeit als solche, sondern auf die Bedingungen des Ausübens der selbstständigen Tätigkeit. In der Folge sei die Wendung »auf eigene Rechnung« unionsautonom und unionseinheitlich auszulegen.[593] Tatsächlich spricht dafür zumindest die französische Fassung der Richtlinie.[594] Überzeugender ist es hingegen, den Einschub so auszulegen, dass hinsichtlich der Beurteilung, wann eine Tätigkeit auf eigene Rechnung ausgeübt wird, das jeweilige mitgliedstaatliche Recht maßgeblich sein soll. Der Begriff des Selbstständigen würde sich ausschließlich nach nationalem Recht richten.[595] Ob die Richtlinie auf einzelne Personengruppe anwendbar wäre, hinge dann von der Beurteilung ihrer Erwerbstätigkeit nach den jeweiligen mitgliedstaatlichen Regelungen ab.

Auf die Einordnung der im Mittelpunkt der vorliegenden Untersuchung stehenden GmbH-Geschäftsführerin hat dies aber nur wenig Einfluss. Denn zum einen ist Art. 1 Abs. 1 GbRL-Selbst. zu beachten, der den übrigen Gleichbehandlungsrichtlinien – und insbesondere der zuvor betrachteten Richtlinie 2006/54/EG – den Vorrang einräumt. Die Gleichbehandlungsrichtlinie für Selbstständige ist daher von vornherein und unabhängig von der nationalen Einordnung nicht auf Fremdgeschäftsführerinnen und Minderheitsgesellschaftergeschäftsführerinnen anwendbar. Zum anderen ergeben sich zwischen der unionsautonomen Auslegung des Selbstständigenbegriffes und der Einordnung der GmbH-Geschäftsführerin nach deutschem Recht keine wesentlichen Unterschiede. Zwar erweist sich die Definition in Art. 2 lit. a. GbRL-Selbst. nicht nur als bloßes Negativ zum europäischen Arbeitnehmerbegriff, sondern führt mit dem Merkmal »auf eigene Rechnung« ein von der Weisungsabhängigkeit und dem Bestehen eines Unterordnungsverhältnisses

---

593 *Rebhahn*, EuZA 2012, 3 (21).

594 Art. 2 lit. a GbRL-Selbst. lautet in der französischen Fassung wie folgt: »*les travailleurs indépendants, à savoir toute personne exerçant, dans les conditions prévues par le droit national, une activité lucrative pour son propre compte*«.

595 So für die in Bezug auf Art. 2 lit. a GbRL-Selbst. fast wortgleiche Vorgängerrichtlinie 86/613/EWG *Pottschmidt*, S. 299.

abweichendes Kriterium ein.[596] Dies führt jedoch nicht zur Schöpfung einer neuen, dritten Beschäftigtengruppe, welche neben die durch die Arbeitnehmerfreizügigkeit geschützten Arbeitnehmer auf der einen Seite und die durch die Niederlassungs- und Dienstleistungsfreiheit geschützten Selbstständigen auf der anderen Seite tritt. Vielmehr müssen wegen der Auffangfunktion der Richtlinie 2010/41/EU nach Art. 1 Abs. 1 GbRL-Selbst. alle diejenigen Beschäftigtengruppen von der Gleichbehandlungsrichtlinie für Selbstständige erfasst werden, die von der Richtlinie 2006/54/EG ausgeschlossen sind oder von ihr nicht vollumfänglich geschützt werden. Im Einklang mit der Intention des europäischen Gesetzgebers, den Grundsatz der Gleichbehandlung von Männern und Frauen im gesamten Erwerbsleben zur Geltung zu bringen, müsste die zur Richtlinie 2006/54/EG vorgenommene Einordnung der GmbH-Geschäftsführerin spiegelbildlich für die Richtlinie 2010/41/EU Geltung beanspruchen.[597] Konsequenterweise müssten Minderheitsgesellschaftergeschäftsführerinnen mit Sperrminorität sowie Mehrheits- und Alleingesellschaftergeschäftsführerinnen als Selbstständige im Sinne der Richtlinie 2010/41/EU gelten. Somit würde eine unionsautonome Auslegung des Selbstständigenbegriffes zur Eröffnung des persönlichen Geltungsbereichs für Mehrheits- und Alleingesellschaftergeschäftsführerinnen führen.

Zu demselben Ergebnis gelangt auch eine Einstufung der GmbH-Geschäftsführerin entsprechend der mitgliedstaatlichen Rechtsordnung. Nach der Rechtsprechung des BSG werden GmbH-Geschäftsführerinnen dann als Selbstständige behandelt, wenn sie infolge einer Kapitalbeteiligung die Unternehmenspolitik maßgeblich bestimmen und belastende Entscheidungen verhindern können.[598] Minderheitsgesellschaftergeschäftsführerinnen mit Sperrminorität sowie Mehrheits- und Alleingesellschaftergeschäftsführerinnen erfüllen diese Voraussetzungen, sodass sie nach nationalem Recht regelmäßig als Selbstständige angesehen würden.[599] Damit gelten trotz der unterschiedlichen Begründungsansätze nach beiden Auslegungsalternativen Mehrheits- und Alleingesellschaftergeschäftsführerinnen als Selbstständige im Sinne der Richtlinie 2010/41/EU. Mithin erstreckt sich der persönliche Anwendungsbereich auf alle Minderheitsgesellschaftergeschäftsführerinnen mit Sperrminorität und Mehrheits- und Alleingesellschaftergeschäftsführerinnen. Für diese wird der abgeschwächte Gleichbehandlungsschutz nach Art. 14 Abs. 1 lit. a GbRL durch die Richtlinie 2010/41/EU ergänzt. Von besonderer Bedeutung sind dabei die in Art. 8 GbRL-Selbst. verbürgten Mutterschaftsleistungen.

---

596 *Rebhahn*, EuZA 2012, 3 (21).

597 Ähnlich EuGH v. 11.11.2010, Rs. C-232/09, Slg. 2010, I-11408 – Danosa, Rn. 70.

598 BSG v. 24.6.1982, 12 RK 43/81, BB 1984, 1049; BSG v. 13.5.1986, 4a RJ 31/85, GmbHR 1987, 350; BSG v. 9.11.1989, 11 RAr 39/89, GmbHR 1990, 300; BSG v. 8.8.1990, 11 RaR 77/89, GmbHR 1991, 461; BSG v. 30.1.1997, 10 RAr 6/95, GmbHR 1997, 696; BSG v. 14.12.1999, B 2 U 48/98, GmbHR 2000, 618; BSG v. 25.1.2006, B 12 KR 30/04 R, GmbHR 2006, 645.

599 Hierzu bereits im 1. Kapitel, 2. Abschnitt, II. 3., S. 35.

c. *Ausgestaltung des Mutterschutzes in Art. 8 GbRL-Selbst.*

Kernelement der Richtlinie 2010/41/EU ist der durch Art. 8 GbRL-Selbst. erstmalig eingeführte Anspruch selbstständig erwerbstätiger Frauen auf Mutterschaftsleistungen. Während die Vorgängerrichtlinie 86/613/EWG in Art. 8 lediglich eine Prüfungsobliegenheit der Mitgliedstaaten hinsichtlich möglicher Maßnahmen bei Schwangerschaft und Mutterschaft statuierte,[600] schreibt Art. 8 GbRL-Selbst. nunmehr verbindliche Maßnahmen der Mitgliedstaaten zum Mutterschutz vor.[601] Selbstständig erwerbstätigen Frauen soll ebenso wie Arbeitnehmerinnen ein reibungsloser Schwangerschaftsablauf sowie eine ausreichende körperliche Erholung nach der Geburt ermöglicht werden.[602] Damit wird der Gewährleistung des Art. 33 Abs. 2 EGRC für Selbstständige Ausdruck verliehen. Mitgliedstaaten sind deshalb verpflichtet, erforderliche Maßnahmen zu ergreifen, damit selbstständige Frauen Zugang zu Mutterschaftsleistungen erhalten, die ihnen eine Unterbrechung der Erwerbstätigkeit von mindestens vierzehn Wochen ermöglichen.[603] Die zur Verfügung gestellten Maßnahmen können auf obligatorischer oder freiwilliger Basis gewährleistet werden.[604] Allerdings müssen die gewährten Leistungen ausreichend sein[605] und eine Unterbrechung der Erwerbstätigkeit wegen der Schwangerschaft und Geburt tatsächlich ermöglichen.[606] Hierfür müssen die Leistungen unter anderem mindestens den Bezügen entsprechen, welche im Falle der Unterbrechung aus gesundheitlichen Gründen, d. h. bei Krankheit, gewährt werden würden.[607] Schließlich müssen die Mitgliedstaaten sicherstellen, dass selbstständig erwerbstätige Frauen Zugang zu Diensten zur Bereitstellung einer zeitlich befristeten Vertretung oder anderen sozialen Diensten erhalten. Da diese Dienste die Mutterschaftsleistungen

---

600 Richtlinie 86/613/EWG des Rates v. 11.12.1986 zur Verwirklichung des Grundsatzes der Gleichbehandlung von Männern und Frauen, die eine selbstständige Erwerbstätigkeit – auch in der Landwirtschaft – ausüben, sowie über den Mutterschutz, ABl. L 359 v. 19.12.1986, S. 56 ff.

601 Vgl. Empfehlung des Ausschusses für die Rechte der Frau und die Gleichstellung der Geschlechter v. 10.5.2010 für die Zweite Lesung betreffend den Standpunkt des Rates in erster Lesung im Hinblick auf den Erlass der Richtlinie des Europäischen Parlaments und des Rates zur Verwirklichung des Grundsatzes der Gleichbehandlung von Männern und Frauen, die eine selbstständige Erwerbstätigkeit ausüben, und zur Aufhebung der Richtlinie 86/613/EWG [im Folgenden: Empfehlung für die Zweite Lesung], Plenarsitzungsdokument A7–0146/2010, S. 17.

602 So explizit Standpunkt (EU) Nr. 8/2010, ABl. C 123 E v. 12.5.2010, S. 5 (15); Empfehlung für die Zweite Lesung, Plenarsitzungsdokument A7–0146/2010, S. 20.

603 Art. 8 Abs. 1 GbRL-Selbst.

604 Art. 8 Abs. 2 GbRL-Selbst.

605 Das Erfordernis der Angemessenheit wurde im Verlaufe des Gesetzgebungsverfahrens durch den objektiveren und der Einschätzung der Mitgliedstaaten obliegenden Begriff »ausreichend« ersetzt, vgl. Empfehlung für die Zweite Lesung, Plenarsitzungsdokument A7–0146/2010, S. 13.

606 Standpunkt (EU) Nr. 8/2010, ABl. C 123 E v. 12.5.2010, S. 5 (14 f.)

607 Art. 8 Abs. 3 lit. a GbRL-Selbst.

nach Art. 8 Abs. 1 GbRL-Selbst. ersetzen können,[608] wird selbstständigen Frauen in gewisser Weise eine Wahlmöglichkeit eingeräumt.[609]

Insgesamt wird den Mitgliedstaaten bei der Umsetzung der Richtlinie ein großzügiger Gestaltungsspielraum gewährt. Sie können über die konkrete Ausgestaltung der Mutterschaftsleistungen, ihrer Voraussetzungen und Modalitäten grundsätzlich frei entscheiden. Ebenso können sie darüber entscheiden, ob sie den Mutterschaftsurlaub zur Pflicht machen oder nicht. Nichtsdestotrotz formuliert Art. 8 GbRL-Selbst. Mindestanforderungen,[610] die gemäß Art. 16 Abs. 1 GbRL-Selbst. bis zum 5. August 2012 umzusetzen gewesen wären. Etwaigen Praktikabilitätsherausforderungen und Umsetzungsschwierigkeiten einzelner Mitgliedstaaten versuchte der europäische Gesetzgeber durch eine fakultative Fristverlängerung von zwei Jahren zu begegnen.[611]

d. Umsetzungsdefizite für selbstständige GmbH-Geschäftsführerinnen

Obgleich die Umsetzungsfrist bereits am 5. August 2012 abgelaufen ist, hat der deutsche Gesetzgeber bisher keine konkreten Umsetzungsmaßnahmen ergriffen. Ebenso wenig wurde eine Verlängerung der Umsetzungsfrist nach Art. 16 Abs. 2 GbRL-Selbst. in Anspruch genommen. Vielmehr hält die deutsche Bundesregierung die Gleichbehandlungsrichtlinie für Selbstständige auch ohne zusätzliche Umsetzungsmaßnahmen für ausreichend durch das geltende nationale Recht umgesetzt. § 24i SGB V[612] und das Elterngeld nach §§ 1 ff. BEEG gewährleisteten auch selbstständigen Frauen eine vierzehnwöchige Unterbrechung ihrer Erwerbstätigkeit. Ein weitergehender Umsetzungsbedarf bestünde nicht.[613]

Demgegenüber offenbart eine genauere Analyse der Antwort der Bundesregierung, dass sich die Ausführungen zu den Umsetzungsmaßnahmen allein auf die gesetzliche und landwirtschaftliche Krankenversicherung beziehen. Dabei werden die sich aus § 24i SGB V und § 44 SGB V ergebenden Schutzlücken hinsichtlich der Unterhaltssicherung für Frauen, die sozialversicherungsrechtlich als selbstständig gelten, außen vor gelassen.[614] Ähnliches spiegelt auch die Auflistung der an die EU-Kommission mitgeteilten nationalen Vorschriften wieder, die weder § 5 SGB V

---

608 Art. 8 Abs. 4 GbRL-Selbst.

609 *Knigge*, ZESAR 2013, 24 (28).

610 So explizit der 18. Erwägungsgrund der GbRL-Selbst., vgl. auch Kommissionsvorschlag zur Richtlinie 2010/41/EU, KOM (2008) 636 endg., S. 8.

611 Art. 16 Abs. 2 GbRL-Selbst.

612 Die Antwort der Bundesregierung zitiert noch § 200 RVO, der durch Art. 7 des Gesetzes zur Neuausrichtung der Pflegeversicherung (Pflege-Neuausrichtungs-Gesetz-PNG) v. 23.10.2012, BGBl. I 2012, S. 2246 (2262) zum 30. Oktober 2012 abgelöst wurde.

613 Antwort der Bundesregierung v. 11.5.2012 auf die schriftliche Anfrage der SPD-Abgeordneten Dr. Högl, BT-Drs. 17/9615, S. 53 f.

614 Vgl. hierzu bereits im 1. Abschnitt, unter II. 2. d., S. 144 f. Ebenso *Lembke* in Groeben/Schwarze/Hatje, Art. 33 EGRC Rn. 12; *Porsche*, STREIT 2013, 64 (67 f.).

und § 9 SGB V, noch § 24i SGB V oder § 44 SGB V umfasst, sondern primär Vorschriften zur gesetzlichen Unfall- und Rentenversicherung enthält.[615] Schließlich werden in Bezug auf die sich aus Art. 8 GbRL-Selbst. ergebenden Verpflichtungen lediglich §§ 1 bis 4 BEEG sowie § 6 BEEG genannt.

Vor diesem Hintergrund erweist sich die Einschätzung des nationalen Gesetzgebers als unzutreffend. Die benannten nationalen Vorschriften sind tatsächlich nicht geeignet, die Ziele der Gleichbehandlungsrichtlinie für Selbstständige vollständig zu erreichen.

i. Keine ausreichende finanzielle Versorgung

Zutreffenderweise verweist der Gesetzgeber zunächst auf § 24i SGB V,[616] der, wie bereits zuvor gezeigt, im Mittelpunkt der Mutterschaftsleistungen außerhalb des MuSchG steht. § 24i Abs. 1 1. Alt. SGB V gewährt gesetzlich krankenversicherten Frauen einen Anspruch auf Mutterschaftsgeld. Allerdings werden hiervon nicht alle Frauen erfasst. Mehrheits- und Alleingesellschafterinnen nämlich, die als Selbstständige im Sinne des deutschen Sozialversicherungsrechts gelten, sind wegen § 5 Abs. 5 SGB V nicht gesetzlich pflichtversichert. Sie können sich nur bei Vorliegen der Vorversicherungszeiten nach § 9 Abs. 1 Nr. 1 SGB V freiwillig in der gesetzlichen Krankenversicherung versichern. Als freiwillige Mitglieder in der gesetzlichen Krankenversicherung erhalten sie jedoch allenfalls dann Mutterschaftsgeld, wenn sie von der Wahloption des § 44 Abs. 2 S. 2 SGB V Gebrauch gemacht haben. Privat versicherte GmbH-Geschäftsführerinnen haben hingegen keinen gesetzlichen Anspruch auf Mutterschaftsgeld.[617] Bei ihnen können lediglich subsidiär die Regelungen zur Existenzsicherung nach § 21 Abs. 2 SGB II und § 30 Abs. 2 SGB XII zur Anwendung gelangen, die aber nicht ausreichend sind, um den schwangerschaftsbedingten Einkommensverlust vor und nach der Geburt auszugleichen.[618] Eine Unterbrechung der Erwerbstätigkeit ist privat versicherten Mehrheits- und Alleingesellschafterinnen daher nur unter Inkaufnahme erheblicher Einkommenseinbußen und nach vorheriger, zusätzlicher finanzieller Absicherung möglich. Darüber hinaus haben es Mehrheits- und Alleingesellschaftergeschäftsführerinnen wegen der nach § 9 Abs. 1 Nr. 1 SGB V zu erfüllenden Vorversicherungszeiten nur bedingt in der Hand, sich durch freiwillige Sozialversicherungsbeiträge

---

615 Von den Mitgliedstaaten mitgeteilte nationale Vorschriften betreffend die Richtlinie 2010/41/EU abrufbar unter: http://eurlex.europa.eu/Notice.do?val=522153:cs&lang=de&list=519594:cs,522153:cs,&pos=2&page=1&nbl=2&pgs=10&hwords=2010%2041%20eu~&checktexte=checkbox&visu=#texte (Stand: 7.3.2016).

616 Bzw. dessen Vorgängernorm § 200 RVO.

617 § 5 Abs. 1e der brancheneinheitlich geltenden Allgemeinen Versicherungsbedingungen sieht einen Leistungsausschluss vor, vgl. MüKo-VVG/*Kalis*, § 192 Rn. 35, 163; Spickhoff-*Eichelberger/Pannke*, § 192 VVG Rn. 71.

618 Siehe hierzu die Ausführungen im 1. Abschnitt, unter II. 2. d., S. 157 f. sowie zuvor unter 1. c., S. 231 f.

Mutterschaftsleistungen zu sichern.[619] Eine vierzehnwöchige Unterbrechung der Erwerbstätigkeit, wie von Art. 8 Abs. 1 GbRL-Selbst. gefordert, wird damit nicht allen Frauen ermöglicht.[620]

Dem kann nicht entgegengehalten werden, dass mit Blick auf die Eigenverantwortlichkeit der sozialen Absicherung bei Selbstständigen keinerlei Unterschiede zwischen dem Krankheitsfalle und der Mutterschaft bestünden. Dabei wird nämlich übersehen, dass Art. 8 Abs. 3 GbRL-Selbst. das wechselseitige Abhängigkeitsverhältnis zwischen den arbeitsorganisatorischen Maßnahmen zum Schutz der Gesundheit der Mutter und der Einkommenssicherung über die Mutterschutzrichtlinie hinaus auf selbstständige Frauen überträgt. Deshalb dürfen die sozialen Leistungen auch für selbstständige erwerbstätige Frauen nicht so niedrig sein, dass dadurch der Zweck der Unterbrechung der Erwerbstätigkeit für vierzehn Wochen – der Schutz der schwangeren, erwerbstätigen Frau vor und nach der Geburt – gefährdet werden würde.[621] Aus diesem Grund nimmt Art. 8 Abs. 3 GbRL-Selbst. als Vergleichsmaßstab für die ausreichenden Mutterschaftsleistungen nicht nur Leistungen bei krankheitsbedingter Unterbrechung der Tätigkeit in Bezug, sondern zieht als Mindeststandard ergänzend in lit. b und lit. c den durchschnittlichen Einkommensverlust und andere familienbezogene Leistungen heran. Es besteht keine Wahlfreiheit der Mitgliedstaaten zwischen den Alternativen.[622] Vielmehr sollen lit. b und lit c. dann zur Anwendung gelangen, wenn nach innerstaatlichem Recht keine Leistungen im Krankheitsfalle gewährt werden.[623] Aus diesem Grund ist der nationale Gesetzgeber verpflichtet, für Selbstständige ungeachtet einer bestehenden Absicherung im Krankheitsfalle Mutterschaftsleistungen vorzusehen, die entweder den durchschnittlichen Einkommensverlust ausgleichen oder aber anderen Leistungen des Familienlastenausgleichs, wie das Elterngeld, entsprechen. § 24i Abs. 1 S. 1 1. Alt SGB V erfüllt diese Pflicht wegen des begrenzten Anwendungsbereichs, von dem nicht alle selbstständigen GmbH-Geschäftsführerinnen erfasst werden, nicht. Weitergehende Vorschriften zu Mutterschaftsleistungen

---

619 Stellungnahme des Europäischen Wirtschafts- und Sozialausschusses zu KOM (2008) 636, ABl. C 228 v. 22.9.2009, S. 107 (110).

620 Dies betont auch *Porsche*, STREIT 2013, 64 (68).

621 Vgl. EuGH v. 13.2.1996, Rs. C-342/93, Slg. 1996, I-475 – Gillespie; EuGH v. 8.9.2005, Rs. C-191/03, Slg. 2005, I-7631 – McKenna; EuGH v. 1.7.2010, Rs. C-471/08, Slg. 2010, I-6533 – Parviainen.

622 *Knigge*, ZESAR , 24 (28).

623 Kommissionsvorschlag zur Richtlinie 2010/41/EU, KOM (2008) 636 endg., S. 11; ebenso Entwurf einer Empfehlung v. 17.3.2010 für die Zweite Lesung betreffend den Standpunkt des Rates in erster Lesung im Hinblick auf den Erlass der Richtlinie des Europäischen Parlaments und des Rates zur Verwirklichung des Grundsatzes der Gleichbehandlung von Männern und Frauen, die eine selbstständige Erwerbstätigkeit ausüben, und zur Aufhebung der Richtlinie 86/613/EWG, Dok.-Nr.: FEMM_PR(2010)439879, S. 13, abrufbar unter: http://www.europarl.europa.eu/committees/de/femm/draft-reports.html?action=3 (Stand: 7.3.2016).

für privat krankenversicherte Selbstständige existieren nicht. Für diese wurde Art. 8 GbRL-Selbst. daher nicht ausreichend umgesetzt.

Obendrein ist auch bei gesetzlich krankenversicherten GmbH-Geschäftsführerinnen, die in einem Dauerschuldverhältnis tätig sind, fraglich, inwiefern sie überhaupt in der Lage sind, ihre Erwerbstätigkeit zu unterbrechen. Denn § 15 Abs. 1 S. 1 BEEG knüpft ebenfalls an den Arbeitnehmerbegriff an, sodass die Elternzeit keine Freistellung für die Dauer von vierzehn Wochen ermöglicht. Ein anderweitiger Freistellungsanspruch ist gesetzlich nicht vorgesehen. Ohne einen solchen können gesetzlich krankenversicherte GmbH-Geschäftsführerinnen eine Arbeitsfreistellung allenfalls bei Vorliegen konkreter gesundheitsgefährdender Umstände über § 275 BGB erreichen.[624] Da das Mutterschaftsgeld in Deutschland zudem Lohnersatzfunktion hat, fehlt gleichzeitig eine der Voraussetzungen für die Gewährung des Mutterschaftsgeldes. Mithin ist selbst im Anwendungsbereich des § 24i SGB V die tatsächliche Unterbrechung der Erwerbstätigkeit bei gleichzeitiger Inanspruchnahme von Mutterschaftsgeld für als selbstständig im Sinne des deutschen Sozialversicherungsrechts geltenden GmbH-Geschäftsführerinnen realiter nicht gewährleistet. Deshalb sind die bestehenden nationalen Vorschriften nicht geeignet, die aus Art. 8 GbRL-Selbst. resultierende Verpflichtung des deutschen Gesetzgebers zur Einrichtung materiell-subjektiver Rechte, die alle Selbstständigen in die Lage versetzen, Mutterschaftsleistungen von Rechts wegen einzufordern, zu erfüllen.[625] Bereits aus diesem Grund vermögen die Ausführungen der Bundesregierung nicht zu verfangen.

ii. Keine Ersetzung von Mutterschaftsleistungen durch BEEG

Soweit der nationale Gesetzgeber eine ausreichende Umsetzung mit Verweis auf die Regelungen zum Elterngeld in §§ 1 bis 4 BEEG, § 6 BEEG und zur Elternzeit nach §§ 15 ff. BEEG behauptet, vermag dies die Unterschreitung des nach Art. 8 Abs. 3 GbRL-Selbst. verbindlichen Mindestniveaus ebenfalls nicht rechtfertigen. Eine Substituierung der Mutterschaftsleistungen nach Art. 8 Abs. 1, Abs. 3 GbRL-Selbst. durch familienbezogene Leistungen ist nicht möglich. Zum einen differenziert Art. 8 Abs. 3 GbRL-Selbst. nach seinem Wortlaut deutlich zwischen Mutterschaftsleistungen und Leistungen des Familienlastenausgleichs. Familienbezogene Leistungen sollen lediglich als Vergleichsmaßstab gelten und nicht die Mutterschaftsleistungen nach Art. 8 Abs. 1 GbRL-Selbst. ersetzen. Dafür spricht auch der Wortlaut des im Anwendungsbereichs der Richtlinie zu beachtenden Grundrechts nach Art. 33 Abs. 2 S. 2 EGRC, der deutlich zwischen einem bezahlten Mutterschaftsurlaub und Elternurlaub nach der Geburt differenziert. Zum anderen bestehen zwischen Mutterschaftsgeld und Elterngeld wesentliche

---

624 So bereits im 1. Abschnitt, II. 2. e., S. 155.

625 Ebenso *Lembke* in Groeben/Schwarze/Hatje, Art. 33 EGRC Rn. 12. Ausführlich zur Umsetzungspflicht bei Richtlinien mit Individualbegünstigungszielen *Nettesheim* in Grabitz/Hilf/Nettesheim, Art. 288 AEUV Rn. 124 f.

Unterschiede, die einer Ersetzung entgegenstehen. Zwar verfolgen beide Maßnahmen als übergeordnetes Ziel den Ausgleich von etwaigen, mit der Geburt eines Kindes im weiteren Sinne verbundenen Einkommenseinbußen.[626] Allerdings sind die konkreten, hinter den unterschiedlichen Leistungen stehenden Intentionen des Gesetzgebers nicht deckungsgleich.[627] So beabsichtigt der deutsche Mutterschutz primär, die körperliche Integrität der Mutter während der Schwangerschaft und nach der Geburt zu schützen.[628] Zentrales Ziel ist damit der Gesundheitsschutz von Mutter und Kind. Elterngeld und Elternzeit hingegen wurden als familienpolitische Maßnahmen ergriffen, um dem Recht der Eltern auf die Betreuung ihrer Kinder zur Durchsetzung zu verhelfen.[629] Mutterschaftsgeld und Elterngeld decken deshalb unterschiedliche Bezugszeiträume ab. Während das Mutterschaftsgeld nach der Grundkonzeption der §§ 11, 13, 14 MuSchG und § 24i SGB V mit Beginn der Beschäftigungsverbote und damit nach § 3 Abs. 2 MuSchG, § 24i Abs. 3 SGB V spätestens sechs Wochen *vor* der Geburt gewährt wird, entsteht der Anspruch auf Elterngeld nach § 4 Abs. 1 S. 1 BEEG erst ab dem Tag der Geburt.[630] Das Elterngeld ermöglicht somit lediglich eine Unterbrechung der Erwerbstätigkeit nach der Geburt. Hingegen werden vor der Geburt infolge einer Unterbrechung der Erwerbstätigkeit erlittene Einkommensverluste nicht ausgeglichen. Damit ist aufgrund des inkongruenten Bezugszeitraumes eine Ersetzung der Mutterschaftsleistungen nach Art. 8 Abs. 1, Abs. 3 GbRL-Selbst. durch das Elterngeld für die Zeit vor der Geburt ausgeschlossen.[631] Schließlich kann das erst nach der Geburt gezahlte Elterngeld nicht verhindern, dass schwangere Frauen *vor* der Geburt unter Inkaufnahme gesundheitlicher Gefährdungen für sich und das ungeborene Kind zum Zwecke der Existenzsicherung weiterarbeiten. Das mit Art. 8 GbRL-Selbst. verfolgte Ziel, durch Mutterschaftsleistungen einen reibungslosen Schwangerschaftsverlauf zu gewährleisten, würde nicht erreicht werden. Der Verweis auf das BEEG geht mithin sowohl hinsichtlich des selbstständig Erwerbstätigen gewährten Elterngeldes als auch hinsichtlich der ausschließlich Arbeitnehmern gewährten Elternzeit insgesamt ins Leere.

---

626 Gesetzesentwurf der CDU und SPD zum BEEG v. 20.6.2006, BT-Drs. 16/1889, S. 22.

627 Ähnlich *Dahm*, EuZA 2011, 30 (38).

628 Der Gesundheitsschutz ist in der Historie des deutschen Mutterschutzes tief verwurzelt. Siehe hierzu ausführlich die Darstellungen im 2. Kapitel, 1. Abschnitt unter I., S. 64 ff. und explizit unter V. 2., S. 84 f.

629 Gesetzesentwurf der CDU und SPD zum BEEG v. 20.6.2006, BT-Drs. 16/1889, S. 2; Bericht v. 30.10.2008 über die Auswirkungen des Bundeselterngeld- und Elternzeitgesetzes sowie über die gegebenenfalls notwendige Weiterentwicklung, BT-Drs. 16/10770, S. 5.

630 Erst nach der Geburt überschneiden sich die Bezugszeiträume teilweise. Dem wird in § 3 Abs. 1 S. 1 BEEG Rechnung getragen.

631 Vgl. Gesetzesentwurf der CDU und SPD zum BEEG v. 20.6.2006, BT-Drs. 16/1889, S. 22; *Dahm*, EuZA 2011, 30 (38); *Knigge*, ZESAR 2013, 24 (26).

Damit sind die wesentlichen zwei Argumente zur Erfüllung der Umsetzungspflichten hinfällig.[632] Weder § 24i SGB V noch § 1 ff. BEEG gewährleisten *allen* selbstständigen GmbH-Geschäftsführerinnen eine den Anforderungen des Art. 8 Abs. 3 GbRL-Selbst. ausreichende Mutterschaftsleistung. Die vom Gesetzgeber behauptete Umsetzungskonzeption erweist sich insgesamt als unzureichend.[633] Besonders hervorzuheben ist dabei, dass eine Unterbrechung der Erwerbstätigkeit vor der Geburt bei Mehrheits- und Alleingesellschaftergeschäftsführerinnen durch die gesetzliche Lage nicht erleichtert, sondern erschwert wird. Dies widerspricht der Verpflichtung der Mitgliedstaaten, diejenigen Umsetzungsmaßnahmen zu ergreifen, die sich zur Erreichung des mit der Richtlinie verfolgten Zweckes am besten eignen und eine vollständige Wirksamkeit der Richtlinie entsprechend ihrer Zielsetzung gewährleisten.[634] Folglich hat der Gesetzgeber seine aus Art. 8 Abs. 1, Abs. 3 GbRL-Selbst. resultierende Verpflichtung, eine ausreichende finanzielle Versorgung für Selbstständige zu gewährleisten, in Bezug auf Minderheitsgesellschaftergeschäftsführerinnen mit Sperrminorität sowie Mehrheits- und Alleingesellschaftergeschäftsführerinnen verletzt. Damit einher geht ein Verstoß gegen Art. 33 Abs. 2 S. 2 EGRC.

e. Ergebnis

Die Richtlinie 2010/41/EU erweitert den durch die Richtlinie 2006/54/EG gewährten Gleichbehandlungsschutz für GmbH-Geschäftsführerinnen mit bestimmendem Einfluss auf die Geschicke der Gesellschaft. Von hoher Relevanz sind dabei die zur Gewährleistung der Chancengleichheit in Art. 8 GbRL-Selbst. vorgesehenen Mutterschaftsleistungen, durch die Mehrheits- und Alleingesellschaftergeschäftsführerinnen eine vierzehnwöchige Unterbrechung ihrer Erwerbstätigkeit ermöglicht wird. Im Mittelpunkt stehen dabei finanzielle Leistungen, die ein ausreichendes Einkommen während der Erwerbsunterbrechung sichern sollen. Gerade diesbezüglich hat die Richtlinie 2010/41/EU entgegen der Einschätzung der Bundesregierung in Deutschland einen Umsetzungsbedarf ausgelöst. Da der Gesetzgeber von konkreten Umsetzungsmaßnahmen aber bisher abgesehen hat, und die bestehenden Regelungen für Mehrheit- und Alleingesellschaftergeschäftsführerinnen keine den Anforderungen der Gleichbehandlungsrichtlinie für Selbstständige ausreichende

---

632 Vgl. Antwort der Bundesregierung v. 11.5.2012 auf die schriftliche Anfrage der SPD-Abgeordneten Dr. Högl, BT-Drs. 17/9615, S. 53 f.

633 Im Ergebnis so auch *Knigge*, ZESAR 24 (29); *Porsche*, STREIT 2013, 64 (68).

634 St. Rspr. seit EuGH v. 8.4.1976, Rs. C-48/75, Slg. 1976, 497 – Royer; EuGH v. 10.4.1984, Rs. C-14/83, Slg. 1984, 1891 – von Colson und Kamann; EuGH v. 25.7.1991, Rs. C-208/90, Slg. 1991, I-4269 – Emmott; EuGH v. 17.6.1999, Rs. C-336/97, Slg. 1999, I-3771 – Kommission / Italien; EuGH v. 23.11.2000, Rs. C-320/99, Slg. 2000, I-10453 – Kommission / Frankreich; EuGH v. 15.4.2008, Rs. C-268/06, Slg. 2008, I-2483 – Impact; EuGH v. 27.11.2008, Rs. C-396/07, Slg. 2008, I-8883 – Juuri; EuGH v. 6.10.2010, Rs. C-389/08, Slg. 2010, I-9073 – Base u. a. Ebenso *Ruffert* in Callies/Ruffert, Art. 288 AEUV Rn. 26; Schwarze-*Biervert*, Art. 288 AEUV Rn. 27 f.

Unterhaltssicherung vor der Geburt sichern, hat der Gesetzgeber gegen seine aus der Richtlinie 2010/41/EU resultierenden Umsetzungspflichten verstoßen. Gleichzeitig wurde die für Jedermann geltende grundrechtliche Gewährleistung des Art. 33 Abs. 2 S. 2 EGRC und seine Bedeutung als allgemeiner Grundsatz des Unionsrechts verkannt. Die Rechtslage *de lege lata* erweist sich folglich auch diesbezüglich als europarechtswidrig.

III. Ergebnis

Die Überprüfung der Rechtslage *de lege lata* am Maßstab des europäischen Rechts hat gezeigt, dass die von der herrschenden Meinung praktizierte Auslegung des Arbeitnehmerbegriffes und der damit verbundene Ausschluss von GmbH-Geschäftsführerinnen aus dem MuSchG im Widerstreit zu den unionsrechtlichen Verpflichtungen Deutschlands stehen. Zwar wird der Grundsatz der Entgeltgleichheit in Art. 157 AEUV nicht unmittelbar durch den fehlenden Mutterschutz für GmbH-Geschäftsführerinnen berührt. Allerdings hat der nationale Gesetzgeber gegen seine aus der Mutterschutzrichtlinie, der Gleichbehandlungsrichtlinie und der Gleichbehandlungsrichtlinie für Selbstständige resultierenden Umsetzungsverpflichtungen verstoßen. Die Gründe liegen hierfür in der Beschränkung der persönlichen Anwendungsbereiche des MuSchG und des AGG, infolge dessen insbesondere Fremd- und Minderheitsgesellschaftergeschäftsführerinnen nur unzureichend bei Schwangerschaft geschützt sind. Bestehende nationale Regelungen wie § 138 BGB, § 242 BGB oder §§ 24 ff. SGB V werden den europäischen Mindestanforderungen nicht gerecht. Insoweit hat der Gesetzgeber die ihm eingeräumte Ausgestaltungsfreiheit überschritten. Darüber hinaus hat der Gesetzgeber für selbstständige Erwerbstätige insgesamt den sich aus der Richtlinie 2010/41/EU ergebenden Umsetzungsbedarf verkannt, sodass vor Ablauf der Umsetzungsfrist am 5. August 2012 keinerlei Maßnahmen ergriffen wurden, die Art. 8 GbRL-Selbst. in nationales Recht umsetzen. Dies wirkt sich besonders zulasten von in Dauerschuldverhältnissen tätigen GmbH-Geschäftsführerinnen, die zwar Einfluss auf die Geschicke der Gesellschaft ausüben können, dennoch aber Nachteile für ihre Berufstätigkeit befürchten müssen, aus. Aber auch für Alleingesellschaftergeschäftsführerinnen fehlen Vorschriften, die eine finanzielle Absicherung vorsehen und damit eine Erwerbsunterbrechung von vierzehn Wochen ermöglichen. Schließlich geht mit der Eröffnung der jeweiligen Anwendungsbereiche der mutterschutz- und gleichbehandlungsrechtlichen Richtlinien bei gleichzeitiger Unterschreitung des europäischen Mindestniveaus eine Verletzung der grundrechtlichen Gewährleistungen in Art. 23 EGRC und Art. 33 Abs. 2 EGRC einher. Die Rechtslage *de lege lata* ist folglich europarechtswidrig.

3. Abschnitt: Zusammenfassung

Der bereits im vorangegangenen zweiten Kapitel gewonnene Eindruck, dass der Mutterschutz einer Vielzahl unterschiedlicher Vorgaben und Beeinflussungen unterliegt, hat sich durch die Analyse der Rechtslage *de lege lata* unter verfassungsrechtlichen und europarechtlichen Gesichtspunkten bestätigt. Dabei wird dem nationalen Gesetzgeber sowohl durch die grundrechtlichen Wertentscheidungen als auch durch die maßgeblichen europäischen Richtlinien ein weiter Gestaltungsspielraum eingeräumt. Die Gestaltungsfreiheit gilt jedoch nicht uneingeschränkt, vielmehr werden dem Gesetzgeber durch verfassungsimmanente und unionsrechtliche Schranken Grenzen gesetzt.

Eine erste Grenze findet der Beurteilungsspielraum im Wesensgehalt und im zu erfüllenden Untermaß des Mutterschutzgebotes nach Art. 6 Abs. 4 GG. Das übergeordnete Interesse einer jeden Mutter am Schutz ihrer eigenen Gesundheit und der ihres Kindes sowie das Anliegen, durch Schwangerschaft und Mutterschaft keine irreparablen Nachteile zu erleiden, müssen durch ausreichend wirksame Vorkehrungen geschützt werden. In der Folge bedarf es zur Erfüllung der staatlichen Förder- und Schutzpflicht eines Mindestmaßes an medizinischer Fürsorge und präventiven Schutzmaßnahmen. Hierzu gehören Vorkehrungen zur Vermeidung gesundheitsgefährdender Arbeiten während der Schwangerschaft sowie der Einräumung von Schonzeiten in der unmittelbaren Zeit vor und nach der Geburt. Ferner ist der Eintritt nicht wiedergutzumachender Schäden zu vermeiden, sodass sowohl ein Mindestschutz vor finanziellen Nachteilen als auch ein wirksamer Kündigungsschutz erforderlich sind. Bei Letzterem kommen die Diskriminierungsfunktion von Art. 6 Abs. 4 GG und das Gleichstellungs- und Förderungsgebot nach Art. 3 Abs. 2 GG gleichermaßen zum Tragen. Diesen verfassungsrechtlichen Mindestanforderungen wird die Rechtslage *de lege lata* nicht gerecht. Der Gesetzgeber hat lediglich in Bezug auf die medizinische Versorgung von seinem Ausgestaltungsermessen in verfassungsrechtlich zulässiger Weise Gebrauch gemacht. Hingegen hat er hinsichtlich der präventiven Maßnahmen zum Gesundheitsschutz am Arbeitsplatz, zu denen auch die Schonzeiten vor und nach der Geburt zählen, sowie hinsichtlich der wirtschaftlichen Absicherung das Mindestmaß für alle GmbH-Geschäftsführerinnen deutlich unterschritten. Gleiches gilt für die Arbeitsplatzsicherung bei Fremd- und Minderheitsgesellschaftergeschäftsführerinnen.

Eine weitere Grenze wird dem Gesetzgeber durch den Grundsatz der Gleichberechtigung gesetzt. Mutterschutzregelungen müssen ein Mindestmaß an innerer Gerechtigkeit erkennen lassen. Diese Anforderung erfüllt die Rechtslage *de lege lata* nur teilweise. § 1 MuSchG führt mangels alternativen Schutzkonzepts, das den verfassungsrechtlichen Anforderungen des Mutterschutzgebotes gerecht wird, zu einer Begünstigung von Arbeitnehmerinnen und Heimarbeiterinnen, die zumindest gegenüber in Dauerschuldverhältnissen tätigen Fremd- und Minderheitsgesellschaftergeschäftsführerinnen nicht zu rechtfertigen ist. Sie sind weder in einem erheblich geringerem Maße schutzwürdig als Arbeitnehmerinnen, noch besteht zwischen der Arbeitnehmereigenschaft und den mutterschutzrechtlichen Zielen ein solcher

Zusammenhang, dass sich ein *gänzliches* Fehlen von Mutterschutzregelungen legitimieren lässt. In Betracht käme allenfalls eine abweichende, die ausstrahlende Wertentscheidung des Art. 6 Abs. 4 GG beachtende Behandlung von Mehrheits- und Alleingesellschaftergeschäftsführerinnen.

Schließlich erfährt die Gestaltungsfreiheit des Gesetzgebers durch den Grundsatz der Gleichberechtigung der Geschlechter eine weitere Begrenzung. Da Schwangerschaft und Mutterschaft aus biologischen Gründen ausschließlich Frauen treffen können, ist der Gesetzgeber verpflichtet, für Chancengleichheit zu sorgen und den Eintritt von schwangerschaftsbedingten Benachteiligungen zu verhüten. Allerdings wird durch die Rechtslage *de lege lata* die Vereinbarkeit von Mutterschaft und Erwerbstätigkeit für GmbH-Geschäftsführerinnen ebenso wenig gefördert wie eine Rückkehr in die Erwerbstätigkeit nach der Geburt gewährleistet wird. Die Chancengleichheit von weiblichen GmbH-Geschäftsführern wird hierdurch beeinträchtigt. Insbesondere für Fremd- und Minderheitsgesellschaftergeschäftsführerinnen ist der Gesetzgeber seiner verfassungsrechtlichen Schutzpflicht durch die Beschränkung des Diskriminierungsschutzes in § 6 Abs. 3 AGG und den Verweis auf §§ 138, 242 BGB nur unzureichend nachgekommen.

Insgesamt hat die verfassungsrechtliche Analyse der Rechtslage *de lege lata* einen umfassenden Handlungsbedarf offenbart. Ferner deutet das nationale Verfassungsrecht an, dass eine im Einzelfall vorzunehmende Differenzierung zwischen verschiedenen Geschäftsführertypen erforderlich ist. Demnach bedarf es nach den verfassungsrechtlichen Wertungen zwar für alle GmbH-Geschäftsführerinnen des Mutterschutzes. Allerdings müsste dieser nicht für alle GmbH-Geschäftsführerinnen gleich intensiv ausgestaltet werden. Ebenso wenig ist eine generelle Gleichbehandlung von GmbH-Geschäftsführerinnen mit Arbeitnehmerinnen und Heimarbeiterinnen notwendig. Der Handlungsspielraum des Gesetzgebers wird nicht derartig verengt. Vielmehr stellt das Grundgesetz lediglich Mindestanforderungen, die den Rahmen für einen gesetzlichen Mutterschutz vorgegeben. So sind für alle GmbH-Geschäftsführerinnen Regelungen zum Gesundheitsschutz während der Schwangerschaft und nach der Geburt und zur Herstellung von Chancengleichheit verfassungsrechtlich geboten. Insoweit erstrecken sich die Mindestanforderungen auf die Möglichkeit zur Erwerbsunterbrechung bei gleichzeitiger finanzieller Absicherung und parallelem Diskriminierungsschutz. Nur für Fremd- und Minderheitsgesellschaftergeschäftsführerinnen besteht darüber hinausgehend noch Handlungsbedarf in Bezug auf die Arbeitsplatzsicherung.

Die vorgenommenen verfassungsrechtlichen Wertungen werden durch die Analyse der unionsrechtlichen Vorgaben zum Mutterschutz bestätigt. Der Gesetzgeber hat auch dort die Grenzen seiner Gestaltungsfreiheit überschritten, indem er auf nationaler Ebene die Leitprinzipien des europäischen Mutterschutzes für GmbH-Geschäftsführerinnen und die Gewährleistungen der EGRC nicht ausreichend berücksichtigt hat. Im Mittelpunkt steht die Mutterschutzrichtlinie 92/85/EWG, die einen weitreichenden Mutterschutz für Arbeitnehmerinnen als europäischen Mindeststandard fordert. Für die sich aus der Mutterschutzrichtlinie ergebenden Umsetzungspflichten des nationalen Gesetzgebers ist das Urteil des EuGH in der

Rechtssache *Danosa* von großer Tragweite. Der EuGH bestätigte für die Mutterschutzrichtlinie die Möglichkeit, dass Mitglieder der Unternehmensleitung einer Kapitalgesellschaft als Arbeitnehmer zu behandeln sein könnten. Besonders hervorzuheben ist dabei, dass der EuGH in Abweichung von der nationalen Einschätzung die gesellschaftsrechtliche Weisungsabhängigkeit berücksichtigt hat. Eine weitere wesentliche Aussage des EuGH bezieht sich auf die Bedeutung der jeweiligen Bestellungs- und Abberufungsbedingungen. Der jederzeitigen Abberufungsmöglichkeit aus einfachem Grund wird eine hohe Relevanz bei der Qualifizierung als Arbeitnehmer beigemessen. Aufgrund der beschränkten *erga-omnes*-Wirkung von EuGH-Urteilen und der Vergleichbarkeit der Sachverhaltskonstellation im Vorlageverfahren beanspruchen die Grundsätze zur Auslegung des in der Richtlinie verwendeten Arbeitnehmerbegriffes auch für deutsche GmbH-Geschäftsführerinnen Geltung. In der Folge sind die in einen fremden Betrieb eingegliederten Fremd- und Minderheitsgesellschaftergeschäftsführerinnen als Arbeitnehmerinnen im Sinne der Mutterschutzrichtlinie anzusehen. Gleiches gilt in Bezug auf die Gleichbehandlungsrichtlinie 2006/54/EG. Die Ausdehnung der Anwendungsbereiche der Mutterschutzrichtlinie und der Gleichbehandlungsrichtlinie auf nichtbeherrschende, den Weisungen eines anderen Organs unterliegenden GmbH-Geschäftsführerinnen führt zu einem intensiveren Schutzniveau, das die nationalen Regelungen nicht gewährleisten. Hieraus folgen unmittelbar die nationalen Umsetzungsdefizite. Auf nationaler Ebene besteht daher in Bezug auf die Gewährung eines umfassenden Gesundheits- und Sicherheitsschutzes durch Prävention, Vorsorge und risikobedingte Anpassung der Arbeitsbedingungen, den Mutterschaftsurlaub und die Beschäftigungssicherung durch Entgeltschutz und Kündigungsschutz Handlungsbedarf. Ebenso ist entgegen § 6 Abs. 3 AGG für Fremd- und Minderheitsgesellschaftergeschäftsführerinnen ein Schutz vor Diskriminierungen hinsichtlich aller Arbeits- und Beschäftigungsbedingungen einschließlich der Entlassungsbedingungen vorzusehen.

Aber auch für nicht als Arbeitnehmerinnen im Sinne der Mutterschutz- und Gleichbehandlungsrichtlinie geltende Mehrheits- und Alleingesellschaftergeschäftsführerinnen entsprechen die nationalen Regelungen nicht den europäischen Vorgaben. Vielmehr hat der Gesetzgeber den sich aus Art. 8 GbRL-Selbst. ergebenden mutterschutzrechtlichen Umsetzungsbedarf verkannt. Deshalb sind auf nationaler Ebene Maßnahmen zu ergreifen, die den als selbstständig geltenden GmbH-Geschäftsführerinnen eine vierzehnwöchige Unterbrechung der Erwerbstätigkeit durch Einräumung eines rechtlichen Anspruches und einer ausreichenden finanziellen Absicherung ermöglichen.

Nach alledem ist die Rechtslage *de lege lata* ebenfalls nicht mit Europarecht vereinbar. Es besteht auf nationaler Ebene in vielerlei Hinsicht Handlungsbedarf, wobei die einzelnen Handlungspflichten aufgrund der europäischen Vorgaben konkreter ausgestaltet werden als durch die verfassungsrechtlichen Wertungen. Gleichzeitig ist zwischen den verschiedenen Geschäftsführertypen zu unterscheiden. Insoweit hat die Analyse der europarechtlichen Bindungen die bereits zuvor angedeutete Notwendigkeit zur Differenzierung zwischen Fremd- und Minderheitsgesellschaftergeschäftsführerinnen einerseits und Mehrheits- und

Alleingesellschaftergeschäftsführerinnen andererseits bestätigt. Überdies wird der vorgenannte Handlungsbedarf unionsrechtlich nicht nur durch das Sekundärrecht bedingt. Vielmehr gelangen auch die in Art. 23 EGRC und Art. 33 Abs. 2 EGRC definierten Grundrechte aufgrund der Eröffnung der jeweiligen Anwendungsbereiche der Richtlinien für GmbH-Geschäftsführerinnen zur Anwendung.

Vor dem Hintergrund der gleichzeitigen Verfassungs- und Europarechtswidrigkeit der Rechtslage *de lege lata* stellt sich nunmehr die Frage, welche konkreten Konsequenzen aus dem gesetzgeberischen Unterlassen zu ziehen sind und auf welche Weise die Verfassungs- und / oder die Europarechtskonformität hergestellt werden können. Dies soll in einem letzten Schritt untersucht werden.

Viertes Kapitel: Lösungsansätze zur Herstellung der Verfassungs- und Europarechtskonformität

Aufgrund der gleichzeitigen Verfassungs- und Europarechtswidrigkeit der Rechtslage *de lege lata* für GmbH-Geschäftsführerinnen tritt das BVerfG mit seinem Auftrag zum umfassenden Schutz der nationalen, der unbegrenzten Souveränitätsgewalt entspringenden Grundrechte dem EuGH als bloßes Vertragsgericht, das entsprechend dem Subsidiaritätsgrundsatz und dem Prinzip der begrenzten Einzelermächtigung lediglich über Einzelkompetenzen verfügt,[1] gegenüber.[2] Grundsätzlich misst jedes Gericht die zur Überprüfung vorgelegten Regelungen an den jeweils geltenden Prüfungsmaßstäben. So sind für das BVerfG allein die Grundrechte und grundrechtsgleichen Rechte maßgeblich,[3] während dem EuGH das gesamte Unionsrecht sowie die aus den Verfassungsüberlieferungen der Mitgliedstaaten abgeleiteten allgemeinen Grundsätze zur Verfügung stehen.[4] Dennoch kann dies nicht dazu führen, dass beide Normenkomplexe unabhängig voneinander bestehen und vom jeweiligen Gericht angewendet werden können. Vielmehr ergeben sich aus dem Vorrang des Unionsrechts und der nur beschränkten Drittwirkung der nationalen Grundrechte besondere Schwierigkeiten. Diesen soll abschließend durch eine Betrachtung der Konsequenzen der Verfassungs- und Europarechtswidrigkeit begegnet werden. Im Mittelpunkt steht dabei die Frage, welche Folgen sich aus der Betroffenheit beider Normenkomplexe und daraus, dass sowohl die verfassungsrechtlichen als auch die europäischen Vorgaben einen Handlungsbedarf ausgelöst haben, für den konkreten Individualrechtsschutz der GmbH-Geschäftsführerin ergeben.

1. Abschnitt: Konsequenzen der verfassungsrechtlichen Vorgaben

Zur Beantwortung dieser Frage bedarf es zunächst der Betrachtung, ob und inwieweit der im Rahmen der verfassungsrechtlichen Überprüfung der Rechtslage *de lege lata* herausgearbeitete Handlungsbedarf im nationalen Recht umgesetzt werden kann. Im Fokus stehen dabei die Fachgerichte, denn ihnen obliegt die Auslegung,

---

1 Art. 5 Abs. 1 S. 2 und Art. 5 Abs. 2 S. 1 EUV.

2 Ähnlich *Kirchhof*, NJW 2011, 3681 (3685).

3 Vgl. BVerfG v. 9.6.1971, 2 BvR 225/69, BVerfGE 31, 145 (174 f.); BVerfG v. 31.5.1990, 2 BvL 12/88 u. a., BVerfGE 82, 159 (191); BVerfG v. 16.3.2004, 1 BvR 1778/01, BVerfGE 110, 141 (154 f.); BVerfG v. 28.3.2006, 1 BvR 1054/01, BVerfGE 115, 276 (299 f.). So auch *Hofmann*, S. 573 (577).

4 *Hofmann*, S. 573 (576 f.).

Anwendung und Würdigung des einfachen Rechts.[5] Sie müssen sich stets vorrangig um eine verfassungskonforme Auslegung bemühen, um eine Verfassungswidrigkeit von Gesetzen zu vermeiden.[6] Da ein Gesetz dann nicht als verfassungswidrig gilt, wenn eine Auslegung möglich ist, die im Einklang mit dem Grundgesetz steht,[7] könnte eine verfassungskonforme Auslegung des § 1 MuSchG zum Erhalt der mutterschutzrechtlichen Regelungen beitragen. Allerdings stoßen etwaige Versuche zur Herstellung der Verfassungskonformität im Wege der Rechtsfortbildung aufgrund des dem Gesetzgeber im Rahmen von Art. 6 Abs. 4 GG und Art. 3 GG überlassenen Gestaltungsspielraums an unüberwindbare Grenzen wie dem Grundsatz der Gesetzesbindung, dem Vorrang und Vorbehalt des Gesetzes sowie das Gewaltenteilungsprinzip. Die im Einzelnen aufzuzeigenden Schwierigkeiten beeinflussen unmittelbar die Rechtsanwendung und damit auch die Durchsetzbarkeit des mutterschutzrechtlich gebotenen Mindeststandards durch die GmbH-Geschäftsführerin.

Als Ausgangspunkt der nachfolgenden Untersuchung sind die Wirkungen der Grundrechte im Arbeitsrecht darzustellen.

I. Wirkung der Grundrechte im Arbeitsrecht

Die Wirkung der Grundrechte im Arbeitsrechts wird durch keine gesetzliche Regelung abschließend geregelt. Nach Art. 1 Abs. 3 GG ist nur die staatliche Gewalt an die Grundrechte gebunden. Eine unmittelbare Wirkung zwischen Privatrechtssubjekten wird hierdurch nicht erreicht. Lediglich in einzelnen einfachgesetzlichen Normen, wie zum Beispiel in § 75 BetrVG, werden verfassungsrechtliche Wertentscheidungen konkretisiert.[8] Zwar kommt den Grundrechten ausgehend von ihren klassischen Funktionen als Abwehr-, Leistungs- und Teilhaberechte eine subjektiv-öffentliche Wirkung zu. Diese steht einer unmittelbaren Wirkung der Grundrechte im Privatrechtsverkehr allerdings entgegen,[9] sodass eine unmittelbare Wirkung der Grundrechte im Privatrechtsverkehr ausscheidet.[10] Es gilt der Vorrang der Privatautonomie.

---

5 ErfK-*Schmidt*, Einl. zum GG Rn. 76; *Maunz/Schmidt-Bleibtreu/Klein/Bethge*, § 31 BVerfGG Rn. 268.

6 So ausdrücklich BVerfG v. 30.3.2004, 2 BvR 1520/01 u. a., BVerfGE 110, 226 (267). Zum Vorrang der verfassungskonformen Auslegung vgl. etwa BVerfG v. 16.6.2009, 1 BvR 2269/07, zit. nach Juris; BVerfG v. 6.4.2011, 1 BvR 1765/09, zit. nach Juris.

7 Grundlegend BVerfG v. 7.5.1953, 1 BvL 104/52, BVerfGE 2, 266 (282, 286).

8 Vgl. ErfK-*Kania*, § 75 BetrVG Rn. 1; *Keilich*, S. 43.

9 St. Rspr. seit BVerfG v. 15.1.1958, 1 BvR 400/57, BVerfGE 7, 198 (204 f.); *Enneccerus-Nipperdey*, S. 92.

10 St. Rspr. seit BVerfG v. 15.1.1958, 1 BvR 400/57, BVerfGE 7, 198 (204 f.). Dem hat sich das BAG nach anfänglichem Zögern (vgl. etwa BAG v. 3.12.1954, 1 AZR 150/54, AP Nr. 2 zu § 13 KSchG; BAG v. 10.11.1955, 2 AZR 591/54, AP Nr. 2 zu § 611 BGB Beschäftigungspflicht; BAG v. 29.6.1962, 1 AZR 343/61, AP Nr. 25 zu Art 12 GG) angeschlossen, siehe BAG v. 27.2.1985, GS 1/84, AP Nr. 14 zu § 611 BGB Beschäftigungspflicht; BAG v. 30.8.2000, 4 AZR 563/99, AP Nr. 25 zu § 4 TVG Geltungsbereich;

Dennoch sind beide Parteien im Privatrechtsverkehr Grundrechtsträger. Der entsprechende Schutzauftrag der Verfassung richtet sich daher bei gerichtlichen Auseinandersetzungen zwischen Privatsubjekten an den Richter.[11] Er hat die Grundrechte des Einzelnen zu schützen und vor Verletzungen durch andere zu bewahren.[12] Deshalb ist von Verfassungswegen stets zu prüfen, ob Grundrechte von der Anwendung zivilrechtlicher Vorschriften betroffen sind. Etwaig konkurrierende Grundrechtspositionen müssen soweit wie möglich in Ausgleich miteinander gebracht werden.[13] Gleichzeitig ist das Grundgesetz keine wertneutrale Ordnung, sondern enthält in den Grundrechten verfassungsrechtliche Wertentscheidungen, die für alle Bereiche des Rechts gelten.[14] Die grundrechtlichen Wertemaßstäbe strahlen durch die Generalklauseln in das Privatrecht ein.[15] Denn insbesondere in Bereichen, in denen die Privatautonomie keinen ausreichenden Ausgleich gegenläufiger Interessen zu gewährleisten vermag, müssen ihr Schranken gesetzt werden, um eine Verwirklichung grundrechtlich geschützter Freiheit zu ermöglichen und um zu verhindern, dass sich die Selbstbestimmung für einen Vertragsteil in Fremdbestimmung verkehrt.[16] Ein solcher Bereich ist das Arbeitsrecht. Aufgrund des sozialen Machtgefälles zwischen Arbeitgeber und Arbeitnehmer und der höchstpersönlichen Art der Rechtsbeziehungen bei gleichzeitiger Fremdbestimmtheit der Arbeit besteht eine erhöhte Gefahr der Beeinträchtigung von grundrechtsrelevanten Bereichen.[17] Jegliche arbeitsrechtliche Norm muss daher im Einklang mit dem grundrechtlichen

---

BAG v. 23.4.2009, 6 AZR 189/08, AP Nr. 40 zu § 611 BGB Persönlichkeitsrecht. Ausführlich zur Rechtsprechungsänderung des BAG *Fabisch*, S. 261 ff.

11 BVerfG v. 3.10.1979, 1 BvR 726/78, BVerfGE 52, 203 (207); BVerfG v. 9.10.2002, 1 BvR 1611/96, BVerfGE 106, 28 (48); BAG v. 23.4.2009, 6 AZR 189/08, AP Nr. 40 zu § 611 BGB Persönlichkeitsrecht.

12 BVerfG v. 30.7.2003, 1 BvR 792/03, NJW 2003, 2815.

13 Vgl. BVerfG v. 30.7.2003, 1 BvR 792/03, NJW 2003, 2815; BAG v. 12.9.2006, 9 AZR 271/06, AP Nr. 1 zu § 611 BGB Personalakte.

14 St. Rspr., vgl. BVerfG v. 15.1.1958, 1 BvR 400/57, BVerfGE 7, 198 (205); BVerfG v. 25.2.1975, 1 BvF 1/74 u. a., BVerfGE 39, 1 (41); BVerfG v. 21.2.2000, 1 BvR 1937/97, NJW 2000, 2495; BVerfG v. 22.3.2004, 1 BvR 2248/01, NJW 2004, 2008 (2009); BAG v. 15.11.2012, 6 AZR 339/11, NZA 2013, 429 (431).

15 BVerfG v. 15.1.1958, 1 BvR 400/57, BVerfGE 7, 198 (206); BVerfG v. 11.5.1976, 1 BvR 671/70, BVerfGE 42, 143 (148); BVerfG v. 6.2.2001, 1 BvR 12/92, BVerfGE 103, 89 (100); BVerfG v. 30.7.2003, 1 BvR 792/03, NJW 2003, 2815.

16 BVerfG v. 7.2.1990, 1 BvR 26/84, BVerfGE 81, 242 (255); BVerfG v. 19.10.1993, 1 BvR 567/89 u. a., BVerfGE 89, 214 (232); BVerfG v. 6.2.2001, 1 BvR 12/92, BVerfGE 103, 89 (100 f.); BVerfG v. 26.7.2005, 1 BvR 782/94, BVerfGE 114, 1 (34 f.); BVerfG v. 29.5.2006, 1 BvR 240/98, zit. nach Juris; BVerfG v. 7.9.2010, 1 BvR 2160/09, NJW 2011, 1339.

17 Grundlegend *Gamillscheg*, AcP 164, S. 407 ff.; *ders.*, S. 28. Ebenso ErfK-*Schmidt*, Einl. zum GG Rn. 18 f.; *Fabisch*, S. 89 und S. 273; *Keilich*, S. 43.

Wertesystem stehen.[18] Den Grundrechten und grundrechtsgleichen Rechten kommt somit im Arbeitsrecht eine mittelbare Drittwirkung zu.[19]

Demzufolge sind die Fachgerichte von Verfassungswegen verpflichtet, bei der Auslegung und Anwendung des Arbeitsrechts die Grundrechte zu beachten.[20] Sie müssen stets prüfen, ob Grundrechte von der Anwendung zivilrechtlicher Vorschriften betroffen sind und zunächst selbst versuchen, verfassungskonforme Ergebnisse zu erreichen.[21] Sodann ist die Ausstrahlungswirkung der Grundrechte interpretationsleitend zu berücksichtigen, damit deren wertsetzender Gehalt auch auf der Rechtsanwendungsebene zur Geltung gelangt[22] und etwaig konkurrierende Grundrechtspositionen in Ausgleich miteinander gebracht werden können.[23] Folglich nehmen Fachgerichte im Wege der grundrechtsorientierten Auslegung eine Konkretisierung des Arbeitsrechts vor.

Für die GmbH-Geschäftsführerin bedeutet dies, dass die der Verfassungswidrigkeit der Rechtslage *de lege lata* zugrunde liegenden Wertentscheidungen lediglich mittelbare Geltung für ihr Anstellungsverhältnis entfalten. Die grundrechtlichen Vorgaben führen nicht per se zur Unanwendbarkeit der maßgeblichen Vorschriften, insbesondere von § 1 MuSchG. Vielmehr ist den grundrechtlichen Wertentscheidungen bei der Auslegung und Anwendung unbestimmter Rechtsbegriffe und der Konkretisierung von Generalklauseln Ausdruck zu verleihen. Gerade letztere bieten aber für die GmbH-Geschäftsführerin keinen den verfassungsrechtlichen Anforderungen genügenden Schutz.[24] Indes könnte der ausstrahlenden Wertentscheidung

---

18 BVerfG v. 15.1.1958, 1 BvR 400/57, BVerfGE 7, 198 (205); BVerfG v. 7.2.1990, 1 BvR 26/84, BVerfGE 81, 242 (254); *Linck* in Schaub, ArbR-Hb., § 3 Rn. 1.

19 Vgl. BVerfG v. 9.10.2001, 1 BvR 622/01, BVerfGE 104, 65 (73); Dreier-*Dreier*, Vorbem. Rn. 98; *Müller-Franken* in Schmidt-Bleibtreu/Klein, Vorbem. zu Art. 1 GG Rn. 22. Ausführlich *Keil*, S. 36 m. w. N.

20 BVerfG v. 19.10.1993, 1 BvR 567/89 u. a., BVerfGE 89, 214 (229 f.); BVerfG v. 5.4.2000, 1 BvR 2479/97 u. a., NJW 2000, 2194; BVerfG v. 6.2.2001, 1 BvR 12/92, BVerfGE 103, 89 (100); BVerfG v. 25.10.2005, 1 BvR 1696/98, BVerfGE 114, 339 (348); BVerfG v. 29.5.2006, 1 BvR 240/98, zit. nach Juris. Zur Beachtung von Art. 6 Abs. 4 GG im Gerichtsverfahren vgl. BVerfG v. 25.1.1972, 1 BvL 3/70, BVerfGE 32, 273 ff.; BVerfG v. 13.11.1979, 1 BvL 24/77 u. a., BVerfGE 52, 357 (365 ff.); BVerfG v. 8.6.2004, 2 BvR 785/04, NJW 2005, 2382; BVerfG v. 24.5.2005, 1 BvR 906/04, NJW 2005, 2383; *Buchner/Becker*, Einf. MuSchG Rn. 65; *Hofmann* in Schmidt-Bleibtreu/Klein, Art. 1 GG Rn. 78.

21 ErfK-*Schmidt*, Einl. zum GG Rn. 19.

22 St. Rspr., vgl. BVerfG v. 9.2.1994, 1 BvR 1687/92, BVerfGE 90, 27 (33); BVerfG v. 9.10.2001, 1 BvR 622/01, BVerfGE 104, 65 (73); BVerfG v. 31.3.2013, 1 BvR 1314/11, NJW 2013, 2180 (2181). Ähnlich *Linck* in Schaub, ArbR-Hb., § 3 Rn. 2; *Maunz/Schmidt-Bleibtreu/Klein/Bethge*, § 31 BVerfGG Rn. 270.

23 Vgl. BVerfG v. 30.7.2003, 1 BvR 792/03, NJW 2003, 2815; BAG v. 12.9.2006, 9 AZR 271/06, AP Nr. 1 zu § 611 BGB Personalakte.

24 Siehe hierzu im Einzelnen die Ausführungen im 3. Kapitel, 1. Abschnitt unter II. 2. e., S. 161 f.

des Art. 6 Abs. 4 GG über das Gebot zur verfassungskonformen Auslegung Rechnung getragen werden.[25]

II. Keine Möglichkeit zur verfassungskonformen Auslegung

Nach der Rechtsprechung des BVerfG gebietet der Respekt vor der legislativen Gewalt, im Falle der Unvereinbarkeit einer gesetzlichen Regelung mit dem Grundgesetz durch eine verfassungskonforme Auslegung so viel wie möglich von der gesetzlichen Regelung aufrechtzuerhalten.[26] Es ist daher zu betrachten, ob § 1 MuSchG einer verfassungskonformen Auslegung zugänglich ist, mit der dem gebotenen Mindestmaß an Mutterschutz für GmbH-Geschäftsführerinnen entsprochen und der Verstoß gegen den Grundsatz der Chancengleichheit sowie gegen den Gleichbehandlungsgrundsatz vermieden werden könnte. Hierfür sind vorab die Grundsätze und Grenzen der verfassungskonformen Auslegung zu konkretisieren.

1. Gebot der Bevorzugung der verfassungsgemäßen Auslegung

Als verfassungskonforme Auslegung wird jene Gesetzesinterpretation beschrieben, die notwendig ist um die Verfassungswidrigkeit und damit die Nichtigkeit einer gesetzlichen Norm zu vermeiden.[27] Ihr kommt eine normbewahrende Funktion zu. Von mehreren möglichen Normdeutungen, die teils zu einem verfassungswidrigen, teils zu einem verfassungsgemäßen Ergebnis führen, ist diejenige verfassungsrechtlich geboten, bei der keine verfassungsrechtlichen Bedenken bestehen.[28] Umgekehrt ist der *favor legis* aber ausgeschlossen, wenn die als verfassungswidrig anerkannte Auslegung einer Norm die einzig mögliche Normdeutungsvariante darstellt.[29] Ferner werden die Fachgerichte durch den Grundsatz des Gesetzesvorbehalts und -vorrangs sowie das Gewaltenteilungsprinzip daran gehindert, Normtexte selbst zu

---

25 Eine verfassungskonforme Auslegung von § 9 Abs. 1 MuSchG a. F. prüfend z. B. BVerfG v. 13.11.1979, 1 BvL 24/77 u. a., BVerfGE 52, 357 (368 f.); von § 218a Abs. 1 StGB a. F. BVerfG v. 28.5.1993, 2 BvF 2/90, BVerfGE 88, 203 (258 ff.); ähnlich für den Einigungsvertrag BVerfG v. 24.4.1991, 1 BvR 1341/90, BVerfGE 84, 133 (155 f.) und BVerfG v. 10.3.1992, 1 BvR 454/91, BVerfGE 85, 360 (372).

26 BVerfG v. 3.6.1992, 2 BvR 1041/88 u. a., BVerfGE 86, 288 (320); BVerfG v. 26.4.1994, 1 BvR 1299/89 u. a., BVerfGE 90, 263 (275); BVerfG v. 30.3.2004, 2 BvR 1520/01, BVerfGE 110, 226 (267); BVerfG v. 4.5.2011, 2 BvR 2333/08 u. a., BVerfGE 128, 326 (400).

27 So *Larenz/Canaris*, S. 160; *Maunz/Schmidt-Bleibtreu/Klein/Bethge*, § 31 BVerfGG Rn. 262; *Schlaich/Korioth*, Rn. 444.

28 So bereits BVerfG v. 28.4.1965, 1 BvR 346/61, BVerfGE 19, 1 (5); BVerfG v. 26.1.1971, 2 BvL 2/68, BVerfGE 30, 129 (148); BVerfG v. 8.3.1972, 2 BvR 28/71, BVerfGE 32, 373 (383 f.); BVerfG v. 13.2.2003, 1 BvR 1597/99, zit. nach Juris; BVerfG v. 19.9.2007, 2 BvF 3/02, BVerfGE 119, 247 (274). Ebenso *Gamillscheg*, S. 43; *Schlaich/Korioth*, Rn. 443.

29 Ähnlich *Larenz/Canaris*, S. 160; *Schlaich/Korioth*, Rn. 443.

erlassen.[30] Deshalb müssen die gesetzgeberischen Intentionen, Wertentscheidungen und Regelungszwecke gewahrt werden.[31] Einer gesetzlichen Regelung kann daher nicht im Wege der verfassungskonformen Auslegung ein entgegengesetzter Sinn verliehen werden.[32] Ebenso wenig darf der normative Gehalt der Regelung so abgeändert werden, dass das Auslegungsergebnis einer Neuregelung gleichstünde.[33] Eine solche gesetzesübersteigende Rechtsfortbildung würde die richterlichen Auslegungsbefugnisse überschreiten und in die Kompetenzen des demokratisch legitimierten Gesetzgebers eingreifen.[34] Zudem würde Art. 100 Abs. 1 GG umgegangen, der dem Zweck dient, die Autorität des parlamentarischen Gesetzgebers im Verhältnis zur Rechtsprechung zu wahren.[35] Diese Grundsätze sind bei der Betrachtung von § 1 MuSchG zu berücksichtigen.

2. Fehlen mehrerer Deutungsmöglichkeiten

Nach den soeben dargestellten Grundsätzen wäre eine verfassungskonforme Auslegung von § 1 MuSchG dann möglich, wenn sich im Einklang mit den anerkannten Auslegungsgrundsätzen und unter Berücksichtigung des gesetzgeberischen Willens mehrere Bedeutungsvarianten ergeben würden, von denen eine verfassungskonform wäre.[36]

Dafür spricht zunächst, dass der Gesetzgeber mit dem Begriff der Arbeitnehmerin in § 1 Nr. 1 MuSchG einen mangels Legaldefinition auslegungsfähigen Rechtsbegriff verwendet hat. Dieser schließt GmbH-Geschäftsführerinnen nicht zwingend

---

30 BVerfG v. 25.1.2011, 1 BvR 918/10, BVerfGE 128, 193 (209 f.); BVerfG v. 16.2.2012, 1 BvR 127/10, zit. nach Juris. Ebenso *Aubel*, S. 219, 221.

31 Vgl. BVerfG v. 11.6.1980, 1 PBvU 1/79, BVerfGE 54, 277 (299 f.); BVerfG v. 22.10.1985, 1 BvL 44/83, BVerfGE 71, 81 (105). Ähnlich *Schlaich/Korioth*, Rn. 443.

32 BVerfG v. 16.8.2001, 1 BvL 6/01, NVwZ-RR 2002, 117 (118); BVerfG v. 19.9.2007, 2 BvF 3/02, BVerfGE 119, 247 (274); BVerfG v. 27.3.2012, 2 BvR 2258/09, BVerfGE 130, 372 (398). Sachs-*Sachs*, Einf. Rn. 55 m. w. N.

33 BVerfG v. 11.6.1980, 1 PBvU 1/79, BVerfGE 54, 277 (299); BVerfG v. 22.10.1985, 1 BvL 44/83, BVerfGE 71, 81 (105); BVerfG v. 26.4.1994, 1 BvR 1299/89 u. a., BVerfGE 90, 263 (275); BVerfG v. 16.8.2001, 1 BvL 6/01, NVwZ-RR 2002, 117; BVerfG v. 26.9.2011, 2 BvR 2216/06 u. a., NJW 2012, 669. Zur zulässigen Anpassung des geltenden Rechts an veränderte Verhältnisse vgl. BVerfG v. 3.4.1990, 1 BvR 1186/89, BVerfGE 82, 6 (12); BVerfG v. 12.11.1997, 1 BvR 479/92, BVerfGE 96, 375 (394 f.); BVerfG v. 25.1.2011, 1 BvR 918/10, BVerfGE 128, 193 (209 f.).

34 Vgl. BVerfG v. 3.4.1990, 1 BvR 1186/89, BVerfGE 82, 6 (12); BVerfG v. 7.6.2005, 1 BvR 1508/96, BVerfGE 113, 88 (103); BVerfG v. 14.6.2007, 2 BvR 1447/05, BVerfGE 118, 212 (243); BVerfG v. 16.2.2012, 1 BvR 127/10, zit. nach Juris.

35 Vgl. BVerfG v. 12.5.1992, 1 BvL 7/89, BVerfGE 86, 71 (77); BVerfG v. 26.4.1994, 1 BvR 1299/89 u. a., BVerfGE 90, 263 (275); BVerfG v. 9.3.2000, 2 BvL 8/99, NVwZ 2000, 1036 (1037); BVerfG v. 7.1.2009, 1 BvL 2/05, NJW 2009, 1803 (1804).

36 Vgl. BVerfG v. 17.12.1975, 1 BvR 428/69, BVerfGE 41, 65 (86); BVerfG v. 16.1.1980, 1 BvR 249/79, BVerfGE 53, 135 (147); *Schlaich/Korioth*, Rn. 443.

aus. Allerdings kann § 1 MuSchG nicht auf andere erwerbstätige Frauen ausgedehnt werden, die nicht als Arbeitnehmerinnen gelten und abhängig beschäftigt oder selbstständig sind.[37] Der Wortlaut von § 1 MuSchG ist diesbezüglich eindeutig. Er eröffnet abschließend den Anwendungsbereich des MuSchG ausschließlich für Arbeitnehmerinnen und Heimarbeiterinnen. Für Mehrheits- und Alleingesellschaftergeschäftsführerinnen muss deshalb eine verfassungskonforme Auslegung von § 1 Nr. 1 MuSchG von vornherein ausscheiden.[38] Aber auch für Fremd- und Minderheitsgesellschaftergeschäftsführerinnen ist zweifelhaft, inwiefern § 1 MuSchG zu mehreren Auslegungsergebnissen führt. Denn nach der überwiegenden Auffassung in der Literatur und der vorherrschenden Rechtsprechung gelten GmbH-Geschäftsführerinnen ungeachtet ihrer Gesellschaftsbeteiligung nicht als Arbeitnehmerinnen.[39] Die Entstehungsgeschichte des MuSchG bietet keine Anhaltspunkte dafür, dass der Gesetzgeber bei der einfachgesetzlichen Ausgestaltung des Mutterschutzes GmbH-Geschäftsführerinnen als vom Geltungsbereich erfasst ansah.[40] Im Gegenteil, die Untersuchung der Gesetzesmaterialien hat gerade gezeigt, dass der Gesetzgeber sowohl dem Vorschlag, den rechtlich weiteren Begriff der abhängigen Beschäftigung zu verwenden, als auch den gleichbehandlungsrechtlichen Forderungen, das MuSchG auf alle Mütter zu erstrecken, nicht folgen wollte. Vielmehr war sich der Gesetzgeber bewusst, dass er mit einer Begrenzung des Anwendungsbereichs auf Arbeitnehmerinnen und Heimarbeiterinnen andere abhängige Beschäftigte vom Mutterschutz ausschließen würde. Dies ergibt sich auch aus einem Vergleich mit § 6 Abs. 3 AGG und § 14 Abs. 1 KSchG: Wenn der Geltungsbereich auf GmbH-Geschäftsführerinnen hätte erstrecken werden sollen, eine ausdrückliche Regelung getroffen worden wäre.[41]

Ein entsprechende Intention des Gesetzgebers hat keinen Niederschlag im Gesetz gefunden.[42] Folglich sollte der Anwendungsbereich des MuSchG erkennbar nur für den engen Kreis der originären Arbeitnehmerinnen und Heimarbeiterinnen eröffnet werden. Eine über den Wortlaut und die Intention des Gesetzgebers hinausgehende verfassungskonforme Auslegung von § 1 Nr. 1 MuSchG ist somit nicht möglich.[43]

---

37 Ausführliche Stellungnahme im 1. Kapitel, 1. Abschnitt unter III., S. 18 ff.

38 Zur Wortlautgrenze vgl. BVerfG v. 26.4.1994, 1 BvR 1299/89 u. a., BVerfGE 90, 263 (275 f.) sowie statt vieler nur *Maunz/Schmidt-Bleibtreu/Klein/Bethge*, § 31 BVerfGG Rn. 265 m. w. N.

39 Hierzu ausführlich im 1. Kapitel, 2. Abschnitt, II., S. 27 ff.

40 Zur Maßgeblichkeit der Entstehungsgeschichte vgl. BVerfG v. 11.6.1980, 1 PBvU 1/79, BVerfGE 54, 277 (297 ff.).

41 In diese Richtung auch *Reiserer*, DB 2011, 2262 (2266).

42 Siehe die Grundlagen des MuSchG im 2. Kapitel, 1. Abschnitt, IV. 1. und 2., S. 77 ff.

43 Ebenso *Lunk*, FS Bauer, S. 705 (717).

3. *Gefahr einer gesetzesübersteigenden Rechtsfortbildung*

Daneben spricht ein weiterer Grund gegen die Möglichkeit, § 1 Nr. 1 MuSchG zumindest für Fremd- und Minderheitsgesellschaftergeschäftsführerinnen verfassungskonform auszulegen: Dem Gesetzgeber stehen unterschiedliche Möglichkeiten offen, die festgestellte Unterschreitung des mutterschutzrechtlichen Mindestmaßes sowie den Verstoß gegen den Gleichbehandlungs- und Gleichstellungsgrundsatz zu beheben. Eine verfassungskonforme Gestaltung könnte sowohl durch eine vollständige Ausdehnung des Anwendungsbereiches des MuSchG auf GmbH-Geschäftsführerinnen als auch durch eine nach sachgerechten Kriterien differenzierende Vorschrift, die beispielsweise an die Unterscheidung zwischen Selbstständigen und Unselbstständigen anknüpft, erreicht werden. Ebenso käme ein abgestuftes Regelungsregime in Betracht, indem entsprechend der Regelungen in § 14 Abs. 1 Nr. 1 KSchG und § 6 Abs. 3 AGG nur bestimmte Mutterschutzregelungen für Organvertreterinnen im Allgemeinen und GmbH-Geschäftsführerinnen im Besonderen für anwendbar erklärt werden. Schließlich wäre es auch möglich, einen grundlegend anders konzipierten Mutterschutz für erwerbstätige Frauen vorzusehen. Weder das MuSchG noch die übrigen mutterschutzrechtlichen Regelungen lassen erkennen, wie der Mutterschutz für Organmitglieder auszusehen hätte. Es fehlt damit an hinreichenden Anhaltspunkten, an denen eine verfassungskonforme Auslegung ansetzen könnte.[44] In der Folge würde eine im Wege der verfassungskonformen Auslegung erreichte Erstreckung des Anwendungsbereichs des MuSchG eine gesetzesübersteigende Rechtsfortbildung darstellen, die gegen den Gewaltenteilungsgrundsatz verstößt und den Vorrang und Vorbehalt des Gesetzes missachtet.[45] Die richterlichen Auslegungsbefugnisse würden mithin überschritten. Somit ist auch aus diesem Grund eine verfassungskonforme Auslegung von § 1 MuSchG nicht möglich.

4. *Ergebnis*

Eine verfassungskonforme Auslegung von § 1 MuSchG begegnet in zweierlei Hinsicht verfassungsrechtlichen Bedenken. Zum einen fehlt es an mehreren möglichen Bedeutungsvarianten, die sich mit dem Wortlaut von § 1 MuSchG und dem erkennbaren Willen des Gesetzgebers vereinbaren ließen. Zum anderen widerspräche eine verfassungskonforme Auslegung dahingehend, dass GmbH-Geschäftsführerinnen unabhängig davon, ob sie Arbeitnehmerinnen sind, vom Anwendungsbereich des MuSchG erfasst werden, den rechtsstaatlichen Anforderungen. Mithin kann die Verfassungskonformität nicht durch eine verfassungskonforme Auslegung von § 1 MuSchG hergestellt werden. Dieses Ergebnis hat unmittelbaren Einfluss auf die Individualrechtsschutzmöglichkeiten einer betroffenen schwangeren GmbH-Geschäftsführerin.

---

44 Vgl. BVerfG v. 3.3.2009, 2 BvC 3/07 u. a., BVerfGE 123, 39 (84).

45 Vgl. *Aubel*, S. 221 m. w. N.

III. Folgen für Individualrechtsschutzmöglichkeiten einer betroffenen GmbH-Geschäftsführerin

Grundsätzlich kommt den Fachgerichten vorrangig die Kompetenz und Aufgabe zu, das innerstaatliche Recht soweit wie möglich verfassungskonform auszulegen.[46] Werden hingegen wie vorliegend die Grenzen der richterlichen Rechtsfortbildung durch eine verfassungskonforme Auslegung überschritten, widerspräche es der im Grundgesetz angelegten Kompetenzverteilung, wenn ein Fachgericht gleichwohl eine entsprechende Beurteilung zur Unanwendbarkeit des Rechts vornähme.[47] Den einzelnen Fachgerichten kommt keine Verwerfungskompetenz zu, diese liegt vielmehr ausschließlich beim BVerfG.[48] Deshalb könnte eine betroffene GmbH-Geschäftsführerin nicht unmittelbar die Gewährung von konkreten Schutzmaßnahmen oder Mutterschutzleistungen durch die Zivilgerichte verlangen.[49] Vielmehr muss infolge des Ausschlusses der verfassungskonformen Auslegung das BVerfG in den Individualrechtsschutz der GmbH-Geschäftsführerin eingebunden werden. Auf welche Weise dies erfolgversprechend erfolgen kann, ist fraglich.

1. *Sicherung und Durchsetzung eines Mindestmaßes an Mutterschutz durch Verfassungsbeschwerde nach Art. 93 Abs. 1 Nr. 4a GG?*

Zunächst könnte die unmittelbaren Verfassungsbeschwerde nach Art. 93 Abs. 1 Nr. 4a GG eine Rechtsschutzmöglichkeit für die GmbH-Geschäftsführerin darstellen. Sie könnte die Verletzung ihrer durch Art. 6 Abs. 4 GG und Art. 3 GG garantierten individuellen Rechtsposition als schwangere Frau und Mutter rügen. Hierfür müssten die Zulässigkeitsvoraussetzungen für eine Verfassungsbeschwerde vorliegen. Das BVerfG sucht die Flut der Verfassungsbeschwerden dadurch einzudämmen, dass an die Verfassungsbeschwerde strenge Anforderungen gestellt werden.[50] So ist die Verfassungsbeschwerde grundsätzlich subsidiär gegenüber anderen Rechtsschutzmöglichkeiten.[51] Hieraus folgt eine Einschränkung der

---

46 BVerfG v. 13.2.2003, 1 BvR 1597/99, zit. nach Juris; BVerfG v. 30.3.2004, 2 BvR 1520/01 u. a., BVerfGE 110, 226 (267). ErfK-*Schmidt*, Einl. zum GG Rn. 76.

47 BVerfG v. 7.11.2005, 1 BvR 1178/05, NJW 2006, 1339. Vgl. auch BVerfG v. 29.11.1967, 1 BvL 16/63, BVerfGE 22, 373 (378) und Dreier-*Wieland*, Art. 100 GG Rn. 6.

48 Grundlegend BVerfG v. 9.11.1955, 1 BvL 13/52 u. a., BVerfGE 4, 331 (341); Maunz/Dürig-*Grzeszick*, Art. 20 GG VI Rn. 48; *Maunz/Schmidt-Bleibtreu/Klein/Bethge*, § 1 BVerfGG Rn. 24; *Stieckmann* in v. Mangoldt/ Klein/Starck, Art. 100 GG Rn. 2.

49 Zur Zuständigkeit der Zivilgerichte vgl. § 5 Abs. 1 S. 3 ArbGG. Im Ergebnis ebenso *Aubel*, S. 221 m. w. N.

50 Ähnlich *Rupp*, FS Isensee, S. 283.

51 Der Grundsatz der Subsidiarität soll die Funktionsfähigkeit des BVerfG gewährleisten, BVerfG v. 3.4.1979, 1 BvR 1460/78, BVerfGE 51, 130 (139); *Hopfauf* in Schmidt-Bleibtreu/Klein, Art. 93 GG Rn. 494; Sachs-*Detterbeck*, Art. 93 GG Rn. 78 und Art. 94 GG Rn. 16, 20.

Aktivlegitimation.[52] Bei Verfassungsbeschwerden gegen Gesetze muss der Beschwerdeführer selbst, unmittelbar und gegenwärtig durch das Gesetz in einer grundrechtlich geschützten Position betroffen sein.[53] Diese Voraussetzungen liegen nach der Rechtsprechung des BVerfG vor, wenn der Beschwerdeführer Adressat der angegriffenen Norm ist,[54] gegenwärtig oder zukünftig von der fraglichen Regelung betroffen sein wird[55] und wenn die angegriffene Vorschrift bereits ohne einen weiteren öffentlich-rechtlichen Vollzugsakt die Rechtsstellung des Beschwerdeführers verändert.[56] Normen, die nicht das Verhältnis des Einzelnen zum Staat, sondern die Beziehungen von Privatrechtssubjekten untereinander regeln, bedürfen grundsätzlich nicht eines weiteren Vollzugsaktes, sondern ändern unmittelbar die Rechtspositionen der Beteiligten.[57] Dies trifft auf die mutterschutzrechtlichen Bestimmungen zu. Durch den Ausschluss von GmbH-Geschäftsführerinnen aus dem MuSchG weicht ihre Rechtsposition deutlich von Arbeitnehmerinnen ab. Ihre generelle Schutzbedürftigkeit im Schwangerschaftsfalle findet keine Berücksichtigung. Folglich wäre eine schwangere GmbH-Geschäftsführerin aktiv legitimiert.

Zusätzlich müsste eine Verfassungsbeschwerde jedoch das Gebot der Rechtswegerschöpfung beachten.[58] Die Verfassungsbeschwerde ist nämlich auch dann unzulässig, wenn in zumutbarer Weise Rechtsschutz durch die Anrufung der Fachgerichte erlangt werden könnte.[59] Dadurch soll zum einen vermieden werden,

---

52 Vgl. BVerfG v. 21.12.2004, 2 BvR 2197/04, NVwZ-RR 2005, 217 (218); *Voßkuhle* in v. Mangoldt/Klein/Starck, Art. 93 GG Rn. 169, 178.

53 St. Rspr. seit BVerfG v. 19.12.1951, 1 BvR 220/51, BVerfGE 1, 97 (101 f.). Vgl. BVerfG v. 19.7.2000, 1 BvR 539/96, BVerfGE 102, 197 (206 f.); BVerfG v. 16.3.2004, 1 BvR 1778/01, BVerfGE 110, 141 (151); BVerfG v. 15.2.2006, 1 BvR 357/05, BVerfGE 115, 118 (137); BVerfG v. 11.9.2007, 1 BvR 2270/05 u. a., BVerfGE 119, 181 (212 f.); BVerfG v. 24.4.2013, 1 BvR 1215/07, NJW 2013, 1499 (1500). Ausführlich *Pieroth/Schlink*, Rn. 1234 ff.; *Schlaich/Korioth*, Rn. 231 ff.

54 BVerfG v. 24.3.1987, 1 BvR 147/86, BVerfGE 74, 297 (318 ff.); BVerfG v. 14.1.1998, 1 BvR 1995/94 u. a., BVerfGE 97, 157 (164); BVerfG v. 19.7.2000, 1 BvR 539/96, BVerfGE 102, 197 (206 f.); BVerfG v. 30.10.2010, 1 BvR 3196/09, NJW 2011, 366.

55 BVerfG v. 24.3.1987, 1 BvR 147/86 u. a., BVerfGE 74, 297 (319 f.); BVerfG v. 19.7.2000, 1 BvR 539/96, BVerfGE 102, 197 (206 f.); BVerfG v. 20.1.2010, 1 BvR 2062/09, NJW 2010, 1347.

56 Grundlegend BVerfG v. 19.12.1951, 1 BvR 220/51, BVerfGE 1, 97 (102 f.); BVerfG v. 22.5.1963, 1 BvR 78/56, BVerfGE 16, 147 (158 f.); BVerfG v. 14.7.1999, 1 BvR 2226/94, BVerfGE 100, 313 (354); BVerfG v. 18.3.2003, 2 BvR 246/02, NJW 2003, 3406; BVerfG v. 31.7.2008, 1 BvR 840/08 zit. nach Juris; BVerfG v. 2.8.2010, 1 BvR 2393/08, zit. nach Juris; BVerfG v. 12.10.2011, 2 BvR 236/08, BVerfGE 129, 208 (236).

57 Vgl. BVerfG v. 25.5.1993, 1 BvR 1509/91, BVerfGE 88, 384 (399 f.); BVerfG v. 22.11.1994, 1 BvR 351/91, BVerfGE 91, 294 (305); BVerfG v. 14.1.1998, 1 BvR 1995/94, BVerfGE 97, 157 (164).

58 § 90 Abs. 2 BVerfGG.

59 BVerfG v. 12.12.1984, 1 BvR 1249/83 u. a., BVerfGE 68, 319 (325 f.); BVerfG v. 8.1.1985, 1 BvR 830/83, BVerfGE 68, 384 (390); BVerfG v. 2.12.1986, 1 BvR 1509/83, BVerfGE 74, 69 (74 ff.); BVerfG v. 7.10.2003, 1 BvR 1712/01, BVerfGE 108, 370 (386).

dass das BVerfG auf Basis einer ungesicherten Tatsachen- oder Rechtsgrundlage entscheidet.[60] Zum anderen soll den Fachgerichten ermöglicht werden, im Wege der Richtervorlage nach Art. 100 Abs. 1 S. 1 GG die Entscheidung des BVerfG einzuholen.[61] Nur ausnahmsweise kann die vorherige Rechtswegerschöpfung unzumutbar sein, wenn ansonsten ein schwerer und unabweisbarer Nachteil entstünde.[62] Die Richtervorlage genießt somit prinzipiell Vorrang vor der Verfassungsbeschwerde.[63] Dies zeitigt hinsichtlich der mutterschutzrechtlichen Regelungen weitreichende Folgen. Da in den meisten Fällen die Verfassungswidrigkeit der Rechtslage *de lege lata* erst infolge der Handhabung durch die GmbH offenkundig werden würde, tritt ein individueller Anwendungsakt ins Zentrum des Geschehens. Gegen diesen Anwendungsakt müsste zuerst der Rechtsweg erschöpft werden, bevor eine Verfassungsbeschwerde möglich wäre. Zudem hängt der Umfang des der GmbH-Geschäftsführerin nach Art. 6 Abs. 4 GG zu gewährenden Mutterschutzes einerseits davon ab, ob sie als Arbeitnehmerin im Sinne des § 1 Nr. 1 MuSchG gilt. Andererseits ist maßgeblich, ob sie auf die Gesellschaften einen beherrschenden Einfluss ausübt. Für die Prüfung dieser tatsächlichen und einfachrechtlichen Fragen ist das Verfahren vor den Fachgerichten besser geeignet.[64] Die GmbH-Geschäftsführerin müsste somit zunächst vor den Zivilgerichten die Verletzung ihrer verfassungsrechtlichen Rechte als Schwangere und Mutter rügen und den Instanzenzug durchschreiten, bevor sie sich mit einer Verfassungsbeschwerde an das BVerfG wenden kann.

2. *Nichtigkeit einzelner mutterschutzrechtlicher Regelungen aufgrund konkreter Normenkontrolle nach Art. 100 Abs. 1 GG?*

Um dennoch die notwendigerweise durch das BVerfG vorzunehmende verfassungsrechtliche Überprüfung der Rechtslage *de lege lata* zu erreichen, käme eine konkrete Normenkontrolle nach Art. 100 Abs. 1 GG in Betracht. Die GmbH-Geschäftsführerin könnte im Rahmen des vorrangig durchzuführenden Zivilverfahrens eine verfassungsrechtliche Prüfung der relevanten mutterschutzrechtlichen Regelungen

---

60 BVerfG v. 26.1.1988, 1 BvR 1561/82, BVerfGE 77, 381 (401); BVerfG v. 11.10.1988, 1 BvR 777/85, BVerfGE 79, 1 (20); BVerfG v. 14.1.1998, 1 BvR 1995/94 u. a., BVerfGE 97, 157 (165); BVerfG v. 19.7.2000, 1 BvR 539/96, BVerfGE 102, 197 (207); BVerfG v. 27.2.2008, 1 BvR 370/07, BVerfGE 120, 274 (300); *Jarass/Pieroth*, Art. 93 GG Rn. 57; Sachs-*Detterbeck*, Art. 94 GG Rn. 16; *Voßkuhle* in v. Mangoldt/Klein/Starck, Art. 93 GG Rn. 169.

61 Vgl. BVerfG v. 25.2.1986, 1 BvR 1384/85, BVerfGE 72, 39 (44). So auch *Rupp*, FS Isensee, S. 283.

62 § 90 Abs. 2 S. 2 BVerfGG.

63 BVerfG v. 2.12.1986, 1 BvR 1509/83, BVerfGE 74, 69 (75); BVerfG v. 14.1.1998, 1 BvR 1995/94, BVerfGE 97, 157 (165). Ausführlich hierzu *Maunz/Schmidt-Bleibtreu/Klein/Bethge*, § 90 BVerfGG Rn. 402.

64 Vgl. BVerfG v. 24.6.1992, 1 BvR 1028/91, BVerfGE 86, 382 (386 ff.); BVerfG v. 25.8.1992, 1 BvR 1502/91 u. a., zit. nach Juris.

anregen, indem sie dezidiert zur Verfassungswidrigkeit der relevanten Regelungen vorträgt und auf die Vorlagepflicht nach Art. 100 Abs. 1 S. 1 GG hinweist.[65] Die GmbH-Geschäftsführerin dürfte sich dabei ausschließlich auf die Verfassungswidrigkeit der ihr zuteil gewordenen Behandlung und nicht auf die komplementäre Europarechtswidrigkeit der mutterschutzrechtlichen Regelungen berufen. Denn maßgeblich für die Überprüfung einer gesetzlichen Norm durch das BVerfG im Wege der konkreten Normenkontrolle sind allein die Grundrechte und die grundrechtsgleichen Rechte. Unionsrechtlich begründete Rechte gehören hingegen nicht zum Prüfungsmaßstab.[66] Eine auf die Europarechtswidrigkeit gestützte Vorlage des Zivilgerichts wäre deshalb unzulässig.[67] Das BVerfG hat insoweit keine Prüfungskompetenz.

Ungeachtet dessen droht der Richtervorlage an das BVerfG aber aus einem anderen Grund das Dogma der Unzulässigkeit: Aus der Erstreckung der Danosa-Entscheidung auf deutsche GmbH-Geschäftsführerinnen könnten sich Zweifel an der unionsrechtlichen Regelungsdichte ergeben. Insbesondere § 1 MuSchG würde sodann auf einer zwingenden Vorgabe des Unionsrechts beruhen, sodass ein nationaler Umsetzungsspielraum abzulehnen wäre. Da eine innerstaatliche Umsetzungsnorm, die eine verbindliche Vorgabe des Unionsrechts umsetzt, aufgrund der Solange-II-Rechtsprechung des BVerfG[68] nicht an den Grundrechten des Grundgesetzes gemessen wird,[69] wäre eine Überprüfung an verfassungsrechtlichen Maßstäben nicht möglich.[70] Ebenso würde es an der Entscheidungserheblichkeit der Auslegungsfrage nach Art. 100 Abs. 1 S. 1 GG fehlen, wenn das innerstaatliche Recht richtlinienkonform ausgelegt werden müsste und sich der Verfassungsverstoß durch eine richtlinienkonformen Auslegung beseitigen ließe.[71] Deshalb ist das

---

65 In diese Richtung *Aubel*, S. 221.

66 Vgl. BVerfG v. 9.6.1971, 2 BvR 225/69, BVerfGE 31, 145 (174 f.); BVerfG v. 31.5.1990, 2 BvL 12/88 u. a., BVerfGE 82, 159 (191); BVerfG v. 16.3.2004, 1 BvR 1778/01, BVerfGE 110, 141 (154 f.); BVerfG v. 28.3.2006, 1 BvR 1054/01, BVerfGE 115, 276 (299 f.). So auch *Hofmann*, S. 573 (577).

67 BVerfG v. 7.6.2000, 2 BvL 1/97, BVerfGE 102, 147 (163); *Hopfauf* in Schmidt-Bleibtreu/Klein, Art. 93 GG Rn. 115; *Meyer* in v. Münch/Kunig, Art. 100 GG Rn. 20.

68 BVerfG v. 22.10.1986, 2 BvR 197/83, BVerfGE 73, 339 (387).

69 BVerfG v. 7.6.2000, 2 BvL 1/97, BVerfGE 102, 147 (162 f.); BVerfG v. 9.1.2001, 1 BvR 1036/99, NJW 2001, 1267; BVerfG v. 13.3.2007, 1 BvF 1/05, BVerfGE 118, 79 (95); BVerfG v. 2.3.2010, 1 BvR 256/08, BVerfGE 125, 260 (306 f.); BVerfG v. 4.10.2011, 1 BvL 3/08, BVerfGE 129, 186 (198 f.); BVerfG v. 17.1.2013, 1 BvR 121/11 u. a., GmbHR 2013, 598.

70 *Hopfauf* in Schmidt-Bleibtreu/Klein, Art. 93 GG Rn. 115; *Kokott/Sobotta*, EuGRZ 2010, 265 (270); Sachs-*Detterbeck*, Art. 93 GG Rn. 26 f. Zur ausnahmsweisen Prüfungskompetenz des BVerfG bei der sogenannten Ultra-Vires-Kontrolle vgl. BVerfG v. 30.6.2009, 2 BvE 2/08 u. a., BVerfGE 123, 267 (353 f.); BVerfG v. 6.7.2010, 2 BvR 2661/06, BVerfGE 126, 286 (303 f.).

71 BVerfG v. 11.7.2006, 1 BvL 4/00, BVerfGE 116, 202 (214); BVerfG v. 17.1.2013, 1 BvR 121/11 u. a., GmbHR 2013, 598.

Zivilgericht verpflichtet, im Wege einer Vorlage nach Art. 267 Abs. 2 AEUV an den EuGH zu klären, ob die fragliche mutterschutzrechtliche Norm auf einer zwingenden Vorgabe des Unionsrechts beruht oder ob das Unionsrecht dem nationalen Gesetzgeber einen nationalen Umsetzungsspielraum belässt.[72] Eine Vorlage nach Art. 100 Abs. 1 S. 1 GG scheidet solange aus.[73] Die GmbH-Geschäftsführerin könnte somit nicht erfolgreich die Verfassungswidrigkeit der Rechtslage *de lege lata* geltend machen.

Erhebliche Zweifel hinsichtlich des Erfolgs einer im Wege der Klage vor den Zivilgerichten geltenden gemachten Verfassungswidrigkeit bestünden aber auch dann, wenn ein Umsetzungsspielraum des nationalen Gesetzgebers als gegeben angesehen werden könnte. In diesem Falle dürfte das zuständige Instanzengericht nach eigenen Zweckmäßigkeitserwägungen entscheiden, ob es ein Zwischenverfahren nach Art. 267 Abs. 2 AEUV oder eine Vorlage nach Art. 100 Abs. 1 S. 1 GG einleitet.[74] Inwiefern das Zivilgericht die mutterschutzrechtlichen Regelungen für verfassungswidrig hält, unterliegt der freien Überzeugungsbildung des Richters. Ein entsprechender Vorlagebeschluss könnte nicht durch die schwangere GmbH-Geschäftsführerin erzwungen werden.[75] Ebenso wenig kann der Beschluss des Zivilgerichts, der eine Vorlage nach Art. 100 Abs. 1 S. 1 GG an das BVerfG anordnet oder ablehnt, selbstständig mit einem Rechtsmittel angegriffen werden.[76] Abgesichert wird die Vorlagepflicht lediglich durch das grundrechtliche Gebot der Garantie des gesetzlichen Richters nach Art. 101 GG Abs. 1 GG.[77] Daher wäre allenfalls bei einer offensichtlichen Verletzung der Vorlagepflicht eine unmittelbare Verfassungsbeschwerde der GmbH-Geschäftsführerin möglich.

Schließlich würde auch eine Richtervorlage nach Art. 100 Abs. 1 GG nicht zur Nichtigkeit von § 1 MuSchG führen. Hingegen würde ein etwaiges Vorlageverfahren mit der bloßen Feststellung der Unvereinbarkeit der gegenwärtigen Regelung

---

72 In diese Richtung bereits BVerfG v. 13.3.2007, 1 BvF 1/05, BVerfGE 118, 79 (95); ausdrücklich dann BVerfG v. 4.10.2011, 1 BvL 3/08, BVerfGE 129, 186 (199 f.); BVerfG v. 17.1.2013, 1 BvR 121/11 u. a., GmbHR 2013, 598. Ebenso *Meyer* in v. Münch/Kunig, Art. 100 GG Rn. 22; *Muckel*, JA 2012, 77 (78); *Wendel*, EuZW 2012, 213 (214).

73 Anders noch *Hofmann*, S. 573 (578). Nunmehr aber BVerfG v. 4.10.2011, 1 BvL 3/08, BVerfGE 129, 186 (199 f.); BVerfG v. 17.1.2013, 1 BvR 121/11 u. a., GmbHR 2013, 598. Ähnlich *Meyer* in v. Münch/Kunig, Art. 100 GG Rn. 22.

74 BVerfG v. 11.7.2006, 1 BvL 4/00, BVerfGE 116, 202 (214 f.); BVerfG v. 4.10.2011, 1 BvL 3/08, BVerfGE 129, 186 (203); BVerfG v. 17.1.2013, 1 BvR 121/11 u. a., GmbHR 2013, 598.

75 Sachs-*Detterbeck*, Art. 100 GG Rn. 1.

76 Grundlegend OLG Bremen v. 18.11.1955, 1 W 338/55, NJW 1956, 387; ebenso OLG Düsseldorf v. 3.7.1992, 1 Ws 552/92, NJW 1993, 411; nunmehr bestätigt durch BGH v. 10.10.2012, XII ZB 444/11, NJW 2012, 3784 (3785); *Stern* in BK, Art. 100 GG Rn. 180; *Müller-Terpitz* in Schmidt-Bleibtreu/Klein, Art. 100 GG Rn. 23.

77 Dreier-*Wieland*, Art. 100 GG Rn. 42; *Jarass/Pieroth*, Art. 100 GG Rn. 3; *Stieckmann* in v. Mangoldt/Klein/Starck, Art. 100 GG Rn. 12.

in § 1 MuSchG enden.[78] Denn bei Normen wie § 1 MuSchG, die gleichheitswidrig bestimmte Personen von Vergünstigungen ausschließen, könnte die Nichtigkeit nicht den Verfassungsverstoß heilen.[79] Ferner stehen dem Gesetzgeber mehrere Möglichkeiten zur Behebung des gleichheitswidrigen Begünstigungsausschlusses von GmbH-Geschäftsführerinnen im Wege der Neuregelung zur Verfügung.[80] Aus der Feststellung der Unvereinbarkeit von § 1 MuSchG würde sodann die Verpflichtung des Gesetzgebers folgen, bezogen auf den im Ausgangsverfahren benannten Zeitpunkt, die Rechtslage verfassungsgemäß umzugestalten.[81] Bis dahin dürfte § 1 MuSchG auf GmbH-Geschäftsführerinnen nicht mehr angewendet werden.[82] Laufende Verfahren wären auszusetzen.[83] Ob der Gesetzgeber der Aufforderung des BVerfG zur Neugestaltung des Mutterschutzes zeitnah nachkommt, bleibt grundsätzlich ihm überlassen.[84] Auch wenn der Gesetzgeber aufgrund der Unvereinbarkeitserklärung regelmäßig verpflichtet ist, die Rechtslage rückwirkend, bezogen auf den in der gerichtlichen Feststellung genannten Zeitpunkt,

---

78 Beruht die Verfassungswidrigkeit wie hier unter anderem auch auf einem Gleichheitsverstoß, stellt das BVerfG regelmäßig nur die Unvereinbarkeit fest. Vgl. BVerfG v. 21.5.1974, 1 BvL 22/71, BVerfGE 37, 21 (261); BVerfG v. 30.5.1990, 1 BvL 2/83, BVerfGE 82, 126 (154 f.); BVerfG v. 29.10.2002, 1 BvL 16/95 u. a., BVerfGE 106, 166 (181); BVerfG v. 6.7.2004, 1 BvR 2515/95, BVerfGE 111, 176 (189); BVerfG v. 9.12.2008, 2 BvL 1/07 u. a., BVerfGE 122, 210 (245 f.); BVerfG v. 21.7.2010, 1 BvR 611/07, BVerfGE 126, 400 (431); BVerfG v. 19.2.2013, 1 BvL 1/11 u. a., NJW 2013, 847 (855). Hierauf hinweisend *Rupp*, FS Isensee, S. 283 (288). Zur Entscheidungsformel des BVerfG siehe ausführlich *Schlaich/Korioth*, Rn. 394 ff.; *Starck* in v. Mangoldt/Klein/Starck, Art. 3 GG Rn. 142.

79 Vgl. BVerfG v. 6.3.2002, 2 BvL 17/99, BVerfGE 105, 73 (133); BVerfG v. 19.6.2012, 2 BvR 1397/09, BVerfGE 131, 239 (265). Maunz/Dürig-*Dürig*, Art. 3 GG Rn. 365; *Starck* in v. Mangoldt/Klein/Starck, Art. 3 GG Rn. 142.

80 Die Unvereinbarkeitserklärung ist insbesondere geboten, wenn der Gesetzgeber verschiedene Möglichkeiten hat, den Verfassungsverstoß zu beseitigen. Vgl. BVerfG v. 30.5.1990, 1 BvL 2/83, BVerfGE 82, 126 (154 f.); BVerfG v. 11.11.1998, 2 BvL 10/95, BVerfGE 99, 280 (298); BVerfG v. 18.11.2003, 1 BvR 302/96, BVerfGE 109, 64 (95); BVerfG v. 7.11.2006, 1 BvL 10/02, BVerfGE 117, 1 (69); BVerfG v. 6.7.2010, 2 BvL 13/09, BVerfGE 126, 268 (284); BVerfG v. 19.6.2012, 2 BvR 1397/09, BVerfGE 131, 239 (264). Zu den konkreten Gestaltungsmöglichkeiten vorstehend unter II. 3., S. 266.

81 *Coester-Waltjen* in v. Münch/Kunig, Art. 6 GG Rn. 107 spricht deshalb von einem bloßen Verschaffungsanspruch, der aus Art. 6 Abs. 4 GG resultiert.

82 Vgl. BVerfG v. 7.5.1991, 1 BvL 32/88, BVerfGE 84, 168 (187); BVerfG v. 11.11.1998, 2 BvL 10/95, BVerfGE 99, 280 (298); BVerfG v. 7.11.2006, 1 BvL 10/02, BVerfGE 117, 1 (70); BVerfG v. 21.7.2010, 1 BvR 611/07, BVerfGE 126, 400 (431).

83 St. Rspr., vgl. nur BVerfG v. 6.3.2002, 2 BvL 17/99, BVerfGE 105, 73 (134); BVerfG v. 9.12.2008, 2 BvL 1/07 u. a., BVerfGE 122, 210 (246); BVerfG v. 18.7.2012, 1 BvL 16/11, NJW 2012, 2719.

84 *Schlaich/Korioth*, Rn. 426. Zur »Drohung« des BVerfG, dass bei Untätigbleiben die Fachgerichte verfassungskonform Recht setzen dürften, vgl. BVerfG v. 30.5.1990, 1 BvL 2/83, BVerfGE 82, 126 (155); Maunz/Dürig-*Dürig*, Art. 3 GG Rn. 372.

verfassungsmäßig umzugestalten,[85] muss bezweifelt werden, dass eine etwaige Neugestaltung für die GmbH-Geschäftsführerin noch von Nutzen wäre.[86]

Nach alledem bestehen somit keine effektiven und einen schnellen Rechtsschutz versprechenden Möglichkeiten für die GmbH-Geschäftsführerin, die Verfassungswidrigkeit der Rechtsalge *de lege lata* im Wege des Individualrechtschutzes geltend zu machen.

IV. Ergebnis

Die im Rahmen der vorliegenden Untersuchung festgestellte Verfassungswidrigkeit der Rechtslage *de lege lata* zeitigt keine unmittelbare Folgen für die Rechtsanwendung. Vielmehr sieht sich eine schwangere GmbH-Geschäftsführerin ungeahnten Herausforderungen gegenüber, will sie die Verfassungswidrigkeit der Rechtlage *de lege lata* erfolgreich geltend machen. Eine verfassungskonforme Auslegung von § 1 MuSchG durch die Fachgerichte ist nicht möglich. Deshalb ist vorrangig ein Handeln des Gesetzgebers zu fordern. Zur Wahrung des Gewaltenteilungsgrundsatzes muss es grundsätzlich dem Gesetzgeber überlassen werden, die festgestellte Unterschreitung des mutterschutzrechtlichen Mindestmaßes sowie den Verstoß gegen den Gleichbehandlungs- und Gleichstellungsgrundsatz zu beheben. Zwar trifft den Gesetzgeber die Pflicht, tätig zu werden und den Mutterschutz für GmbH-Geschäftsführerinnen verfassungskonform auszugestalten – effektiv durchsetzbar ist dies jedoch nicht. Eine unmittelbare Verfassungsbeschwerde hätte ohne vorherige Erschöpfung des Rechtsweges keine Aussicht auf Erfolg. Einzig durch eine Richtervorlage nach Art. 100 Abs. 1 S. 1 GG könnte dem Rechtsschutzbedürfnis der GmbH-Geschäftsführerin entsprochen werden. Eine solche muss jedoch zumindest solange wegen des Vorrangs des Unionsrechts und der Kompetenzverteilung zwischen BVerfG und EuGH ausscheiden, bis das Zivilgericht seiner Pflicht zur Aussetzung des Zivilverfahrens und der Einleitung des Zwischenverfahrens nach Art. 267 Abs. 2 AEUV nachgekommen ist. Nicht zuletzt aufgrund der Verfahrensverlängerung, die hierdurch eintreten würde, müssen die sich aus den verfassungsrechtlichen Vorgaben ergebenden Konsequenzen als unbefriedigend empfunden werden. Inwiefern dieser Mangel an Rechtsschutzmöglichkeiten durch die zugleich vorliegende Europarechtswidrigkeit abgemildert werden kann, ist nachfolgend zu untersuchen.

---

85 BVerfG v. 6.3.2002, 2 BvL 17/99, BVerfGE 105, 73 (134); BVerfG v. 9.12.2008, 2 BvL 1/07 u. a., BVerfGE 122, 210 (246); BVerfG v. 6.7.2010, 2 BvL 13/09, BVerfGE 126, 268 (285); BVerfG v. 14.2.2012, 2 BvL 4/10, BVerfGE 131, 239 (265).

86 Zweifelnd ebenfalls *Lunk*, FS Bauer, S. 705 (718).

2. Abschnitt: Konsequenzen der europäischen Vorgaben

Der Mangel an Rechtsschutzmöglichkeiten könnte durch die aus der gleichzeitigen Unvereinbarkeit der Rechtslage *de lege lata* mit dem Unionsrecht resultierenden Konsequenzen entschärft werden. Im Mittelpunkt der Verletzung des Unionsrechts steht die Umsetzungsverpflichtung des deutschen Gesetzgebers aus Art. 288 Abs. 3 AEUV. Daher müsste das innerstaatliche Recht grundsätzlich so weit wie möglich anhand des Wortlauts und des Zweckes der entsprechenden Richtlinie ausgelegt werden, um die mit den Mutterschutz- und Gleichbehandlungsrichtlinien verfolgten Ziele zu erreichen und dem Grundsatz der Unionstreue nach Art. 4 Abs. 3 EUV nachzukommen. Allerdings ist zweifelhaft, inwiefern der zuvor festgestellte Handlungsbedarf auf nationaler Ebene allein durch eine richtlinienkonforme Auslegung erfüllt werden kann. Insbesondere für selbstständige GmbH-Geschäftsführerinnen sind keine gesetzlichen Regelungen in Sicht, die unionsrechtskonform ausgelegt werden könnten, um betroffenen Frauen einen Anspruch auf einen vierzehnwöchigen Mutterschaftsurlaub inklusive Einkommenssicherung zu gewährleisten. Bevor jedoch die konkreten Folgen untersucht werden können, ist zunächst das generelle Verhältnis beider Rechtsordnungen zueinander zu betrachten.

I. Wirkung des europäischen Rechts im Arbeitsrecht

Das europäische und nationale Arbeitsrecht bilden zwei getrennte Rechtskreise, die nicht unverbunden nebeneinander bestehen.[87] Vielmehr erfordert die mit dem EUV und AEUV als autonome Rechtsquellen angestrebte gemeinschaftliche Rechtsordnung eine einheitliche Anwendung des Unionsrechts, dessen Effektivität nicht gewährleistet wäre, könnten die Mitgliedstaaten einseitig durch nationale Regelungen von Unionsvorgaben abweichen.[88] In der Folge wird das Rangverhältnis zwischen nationaler und supranationaler europäischer Rechtsordnung nach allgemeiner Auffassung durch den Vorrang des Unionsrechts bestimmt.[89] Eine Ausprägung des Vorrangs des Unionsrechts ist der Anwendungsvorrang,[90] der auch im Arbeitsrecht

---

87 *Jarass/Beljin*, NVwZ 2004, 1. Vgl. zum Dualismus von EU-Recht und nationalem Recht ausführlich *Nettesheim* in Grabitz/Hilf/Nettesheim, Art. 288 AEUV Rn. 34 ff.

88 Grundlegend EuGH v. 15.7.1964, Rs. C-6/64, Slg. 1964, 1251 – Costa; EuGH v. 17.12.1970, Rs. C-11/70, Slg. 1970, 1125 – Internationale Handelsgesellschaft; EuGH v. 9.3.1978, Rs. C-106/77, Slg. 1978, 629 – Simmenthal; ähnlich BVerfG v. 6.7.2010, 2 BvR 2661/06, BVerfGE 126, 286 (301, 303); *Ruffert* in Callies/Ruffert, Art. 1 AEUV Rn. 84.

89 EuGH v. 5.2.1963, Rs. C-26/62, Slg. 1963, 1 – van Gend & Loos; EuGH v. 9.3.1978, Rs. C-106/77, Slg. 1978, 629 – Simmenthal; BVerfG v. 8.4.1987, 2 BvR 687/85, BVerfGE 75, 223 (244); BVerfG v 28.1.1992, 1 BvR 1025/82 u. a., BVerfGE 85, 191 (204); *Höpfner/Rüthers*, AcP 209, 1 (19); *Ruffert* in Callies/Ruffert, Art. 1 AEUV Rn. 16; Streinz-*Streinz*, Art. 4 EUV Rn. 39.

90 Die Begrifflichkeiten werden unterschiedlich verwendet. *Jarass/Beljin* sprechen beispielsweise vom Vorrang im engeren und weiteren Sinne, vgl. NVwZ 2004, 1 (2).

zur Lösung von Konflikten zwischen unmittelbar geltendem Unionsrecht und nationalem Recht herangezogen werden kann.

1. Anwendungsvorrang des Unionsrechts

Der Anwendungsvorrang des Unionsrechts kommt soweit zum Tragen, als dass wirksame Regelungen des Unionsrechts, die unmittelbar in den Rechtskreis der Mitgliedstaaten hineinwirken, mit nationalen Regelungen im Widerspruch stehen. Er hat zur Folge, dass die Vertragsbestimmungen und unmittelbar geltenden Rechtsakte der EU ohne Weiteres zur Unanwendbarkeit entgegenstehender nationaler Vorschriften führen.[91] Dabei wird das nationale Recht nicht nur verdrängt, sondern gleichzeitig findet eine Ersetzung durch Unionsrechtsvorschriften statt.[92] Voraussetzung ist daher das Vorliegen einer subsumtionsfähigen und unmittelbar wirkenden Unionsrechtsvorschrift,[93] die dem Einzelnen wie auch den Mitgliedstaaten und Organen der EU eine eindeutige, ausdrückliche und vorbehaltlose Verpflichtung auferlegt, ohne dass es eines weiteren Durchführungsaktes bedürfte.[94] Sowohl Normen des Primärrechts als auch EU-Verordnungen erfüllen diese Anforderung.[95] Sie nehmen deshalb am Anwendungsvorrang teil und entfalten unmittelbar in Rechtsbeziehungen zwischen Mitgliedstaat und Bürgern und in reinen Privatrechtsverhältnissen Wirkung.[96] Der Anwendungsvorrang gilt für das gesamte einzelstaatliche Recht und ist von allen mitgliedstaatlichen Stellen bei der Rechtsanwendung zu beachten.[97] In der Folge sind die Fachgerichte verpflichtet, das unmittelbar geltende Unionsrecht uneingeschränkt anzuwenden und die Widersprüche zwischen nationalem Recht und Unionsrecht aufzulösen.[98] Allerdings begründet der Vorrang

---

Andere verwenden den Begriff der unmittelbaren Wirksamkeit, so z.B. *Nettesheim* in Grabitz/Hilf/Nettesheim, Art. 288 AEUV Rn. 39. Siehe hierzu auch *Frenz*, Band 5, Kapitel 1, § 1 Rn. 6; *Ruffert* in Callies/Ruffert, Art. 1 AEUV Rn. 26.

91 EuGH v. 9.3.1978, Rs. C-106/77, Slg. 1978, 629 – Simmenthal; EuGH v. 7.2.1991, Rs. C-184/89, Slg. 1991, I-297.

92 Der Begriff der Ersetzungswirkung wurde ausdrücklich vom Generalanwalt Saggio in seinen Schlussanträgen zur Rechtssache Océano Grupo Editorial und Salvat Editores verwendet, vgl. Schlussanträge des Generalanwalts Saggio v. 16.10.1999, Rs. C-240/98, Slg. 2000, I-4941, Rn. 38.

93 So *Jarass/Beljin*, NVwZ 2004, 1 (4).

94 So ausdrücklich der EuGH v. 5.2.1963, Rs. C-26/62, Slg. 1963, 1 – van Gend & Loos; ebenso EuGH v. 9.3.1978, Rs. C-106/77, Slg. 1978, 629 – Simmenthal. Ausführlich *Nettesheim* in Grabitz/Hilf/Nettesheim, Art. 288 AEUV Rn. 46.

95 *Nettesheim* in Grabitz/Hilf/Nettesheim, Art. 288 AEUV Rn. 40; Schwarze-*Biervert*, Art. 288 AEUV Rn. 5.

96 Streinz-*Streinz*, Art. 4 EUV Rn. 40.

97 *Ruffert* in Callies/Ruffert, Art. 1 AEUV Rn. 21.

98 EuGH v. 9.3.1978, Rs. C-106/77, Slg. 1978, 629 – Simmenthal; *Frenz*, Band 5, Kapitel 1, § 1 Rn. 9; Schwarze-*Biervert*, Art. 288 AEUV Rn. 5.

des Unionsrechts einen bloßen Anwendungsvorrang, keinen Geltungsvorrang.[99] Die nationalen Vorschriften sind daher weder nichtig noch unwirksam, sondern werden lediglich verdrängt soweit sie im Widerspruch zum Unionsrecht stehen.[100] Dem EuGH fehlt es insoweit an der Verwerfungskompetenz.[101] Jenseits des Anwendungsbereichs unionsrechtlicher Vorschriften behält das jeweilige mitgliedstaatliche Recht seine Geltung.[102]

Für das Arbeitsrecht bedeutet dies, dass einzelstaatliche Vorschriften nicht anzuwenden sind, wenn das nationale Recht gegen europäisches Primärrecht oder anderes unmittelbar geltendes Recht der EU – etwa gegen das Verordnungsrecht – verstößt.[103] Hingegen führt ein Widerspruch zwischen nationalen Vorschriften und sekundärrechtlichen Richtlinien, die nicht zugleich einen allgemeinen Grundsatz des Unionsrechts konkretisieren,[104] nicht zum Anwendungsvorrang.[105]

2. *Keine horizontale Drittwirkung von Richtlinien*

Richtlinien richten sich als Instrument der Rechtsangleichung nach Art. 288 Abs. 3 AEUV an die Mitgliedstaaten. Sie werden verpflichtet, die von der Richtlinie verfolgten Ziele innerhalb einer bestimmten Frist in nationales Recht umzusetzen.[106] Nur die Mitgliedstaaten werden als Adressaten gebunden.[107] Richtlinien wirken daher nicht direkt zwischen Privatrechtssubjekten.[108] Selbst eine klare, genaue und unbedingte Richtlinienbestimmung, mit der dem Einzelnen Rechte gewährt oder Verpflichtungen auferlegt werden sollen, findet im Privatrechtsverhältnis

---

99 BVerfG v. 6.7.2010, 2 BvR 2661/06, BVerfGE 126, 286 (302); *Ruffert* in Callies/Ruffert, Art. 1 AEUV Rn. 18; Schwarze-*Biervert*, Art. 288 AEUV Rn. 6; Streinz-*Streinz*, Art. 4 EUV Rn. 37.

100 *Höpfner/Rüthers*, AcP 209, 1 (20).

101 Vgl. EuGH v. 7.2.1984, Rs. C-237/82, Slg. 1984, 483 – Jongeneel Kaas.

102 BVerfG v. 6.7.2010, 2 BvR 2661/06, BVerfGE 126, 286 (301); *Jarass/Beljin*, NVwZ 2004, 1 (4).

103 Für Arbeitsverhältnisse so ausdrücklich BAG v. 24.3.2009, 9 AZR 983/07, AP Nr. 39 zu § 7 BUrlG; BAG v. 17.11.2009, 9 AZR 844/08, AP Nr. 65 zu § 11 BUrlG.

104 Zum Verbot der Altersdiskriminierung als allgemeiner Grundsatz des Gemeinschaftsrechts vgl. EuGH v. 22.11.2005, Rs. C-144/04, Slg. 2005, I-9981 – Mangold.

105 *Höpfner/Rüthers*, AcP 2009, 1 (25).

106 ErfK-*Wißmann*, Vorbem. zu AEUV Rn. 20. Zur Verbindlichkeit des Richtlinienziels statt vieler nur EuGH v. 10.4.1984, Rs. C-14/83, Slg. 1984, 1891 – von Colson und Kamann.

107 So ausdrücklich EuGH v. 29.6.1993, Rs. C-298/89, Slg. 1993, I-3605 – Gibraltar/Rat; EuGH v. 23.11.1995, Rs. C-10/95, Slg. 1995, I-4149 – Asocarne/Rat.

108 St. Rspr., EuGH v. 26.2.1986, Rs. C-152/84, Slg. 1986, 723 – Marshall; EuGH v. 14.7.1994, Rs. C-91/92, Slg. 1994, I-3325 – Faccini Dori; EuGH v. 7.3.1996, Rs. C-192/94, Slg. 1996, I-1281 –El Corte Inglés; EuGH v. 7.6.2007, Rs. C-80/06, Slg. 2007, I-4473 – Carp; EuGH v. 16.7.2009, Rs. C-12/08, Slg. 2009, I-6653 – Mono Car Styling.

keine unmittelbare Anwendung.[109] Nur in Ausnahmefällen kann einer Richtlinie eine unmittelbare Wirkung zukommen – dies jedoch nur im Verhältnis zwischen Bürger und Staat.[110] Daher vermag der Anwendungsvorrang bei der bloßen Betroffenheit sekundärrechtlicher Richtlinien nicht weiterhelfen. Aus diesem Grund entfalten weder die Mutterschutzrichtlinie noch die Gleichbehandlungsrichtlinien unmittelbare Wirkung in dem zwischen Gesellschaft und GmbH-Geschäftsführerin bestehenden Anstellungsverhältnis. Die GmbH-Geschäftsführerin kann sich gegenüber der Gesellschaft nicht unmittelbar auf eine Richtlinienbestimmungen, wie Art. 8 MuSchRL oder Art. 8 GbRL-Selbst., berufen. Vielmehr kommt insoweit als Korrektiv die richtlinienkonforme Auslegung und Rechtsfortbildung in Betracht.

Allerdings berührt die Rechtslage *de lege lata* nicht ausschließlich die sekundärrechtlichen Mutterschutz- und Gleichbehandlungsrichtlinien, sondern wegen der Eröffnung des Anwendungsbereichs der jeweiligen Richtlinien müssen die Grundrechte, Grundsätze und Gewährleistungen der EGRC bei der Auslegung des Sekundärrechts und nationaler Durchführungsregelungen von Unionsrecht berücksichtigt werden.[111] Wie die Überprüfung der Rechtslage *de lege lata* anhand der unionsrechtlichen Bestimmungen gezeigt hat, berührt der Ausschluss von GmbH-Geschäftsführerinnen aus dem MuSchG auch die in Art. 21 Abs. 1 EGRC, Art. 23 EGRC und Art. 33 Abs. 2 EGRC verbürgten europäischen Grundrechte. Vor diesem Hintergrund stellt sich die Frage, inwiefern die rechtsverbindliche Wirkung und die rechtliche Gleichstellung der Grundrechte mit den europäischen Verträgen nach Art. 6 Abs. 1 EUV die bisherigen Grundsätze zur nur mittelbaren Wirkung von Richtlinien abändern.

3. Erweiterung der Richtlinienwirkung durch europäische Grundrechte?

Vereinzelt wird in der unionsrechtlichen Diskussion erwogen, ob Grundrechtsverletzungen einer Erweiterung der Richtlinienwirkung zur Folge haben können.[112] Als möglicher Lösungsansatz könnte hierfür zunächst die sogenannte Abkoppelung herangezogen werden. Unter Abkoppelung wird die Möglichkeit der unmittelbaren Berufung auf europäische Richtlinien verstanden, um die Anwendbarkeit von nationalem richtlinienwidrigem Recht zu vermeiden. Die Abkoppelung führt dazu, dass nur das von den richtlinienwidrigen Bestimmungen befreite nationale Recht zur Anwendung gelangt.[113] Eine weitere Möglichkeit zur Überwindung der begrenzten

---

109 Für die st. Rspr. EuGH v. 5.10.2004, Rs. C-397/01, Slg. 2004, I-8835 – Pfeiffer u. a.; EuGH v. 7.6.2007, Rs. C-80/06, Slg. 2007, I-4473 – Carp; EuGH v. 16.7.2009, Rs. C-12/08, Slg. 2009, I-6653 – Mono Car Styling.

110 Schwarze-*Biervert*, Art. 288 AEUV Rn. 30.

111 Vgl. statt vieler *Jarass*, Art. 51 EGRC Rn. 24 ff. m. w. N.; *Kokott/Sobotta*, EuGRZ 2010, 265 (268).

112 So etwa *Hanau*, NZA 2010, 1 (4 f.); *Willemsen/Sagan*, NZA 2011, 258 (261 f.).

113 Ausführlich hierzu BAG v. 17.11.2009, 9 AZR 844/08, AP Nr. 65 zu § 11 BUrlG; Generalanwalt Bot in seinen Schlussanträgen v. 7.7.2009 in der Rs. C-555/07, Slg. 2010, I-365 – Kücükdeveci.

Reichweite der unmittelbaren Wirkung von Richtlinien könnte sich aus den Urteilen des EuGH in den Rechtssachen *Mangold* und *Kücükdeveci* ergeben.[114] Dort kam der EuGH zu dem Schluss, dass sich das aus den gemeinsamen Verfassungstraditionen abgeleitete und primärrechtlich verankerte Verbot der Altersdiskriminierung auch in einem Rechtsstreit zwischen Privaten auswirken könne, indem entgegenstehende nationale Vorschriften unangewendet bleiben.[115] Diese Rechtsprechung ließe sich auch auf andere Unionsgrundrechte – insbesondere auf die speziellen Diskriminierungsverbote – erstrecken.[116] In der Folge könnten sich Privatpersonen bei mangelhafter Richtlinienumsetzung unmittelbar gegenüber dem Vertragspartner auf die Einhaltung der Richtlinienverpflichtungen und der Unionsgrundrechte berufen.[117]

Gegen eine erweiterte unmittelbare Wirkung von Richtlinien spricht jedoch der Wortlaut von Art. 51 Abs. 1 S. 1 EGRC. Als Adressaten der Grundrechte werden ausschließlich die Organe, Einrichtungen und sonstigen Stellen der EU sowie die Mitgliedstaaten benannt.[118] Von einer Bindung Privater ist keine Rede.[119] Mit der Begrenzung des Adressatenkreises wird dem primären Zweck der Grundrechte, die Begrenzung der unionsrechtlichen Hoheitsgewalt, Ausdruck verliehen.[120] Zudem sollte die Grundrechtecharta nach Art. 51 Abs. 2 EGRC ausdrücklich keine Erweiterung der Zuständigkeiten der EU über die EU-Verträge hinaus bewirken.[121] Hierzu würde aber eine unmittelbare Drittwirkung von Richtlinien führen: Die EU könnte mit unmittelbarer Wirkung zu Lasten der Bürger Verpflichtungen anordnen, obwohl sie dies nach Art. 288 Abs. 1 AEUV ausdrücklich nur durch Verordnungen darf.[122] Die Befugnisse der EU würden zulasten der Mitgliedstaaten erweitert werden. Dies

---

114 In diese Richtung *Huber*, NJW 2011, 2385 (2387); *Oberthür*, NZA 2011, 253 (255); *Reiserer*, DB 2011, 2262 (2266); Streinz-*Streinz/Michl*, Art. 51 EGRC Rn. 10; *Willemsen/Sagan*, NZA 2011, 258 (261).

115 EuGH v. 22.11.2005, Rs. C-144/04, Slg. 2005, I-9981 – Mangold, Rn. 77; EuGH v. 19.1.2010, Rs. C-555/07, Slg. 2010, I-365 – Kücükdeveci, Rn. 51.

116 *Oberthür*, NZA 2011, 253 (255); *Preis/Temming*, NZA 2010, 185 (190).

117 So wohl *Oberthür*, NZA 2011, 253 (255).

118 Ausführlich zu den Diskussionen im Grundrechtekonvent Meyer-*Borowsky*, Art. 51 EGRC Rn. 31.

119 Ebenso *Huber*, NJW 2011, 2385 (2389); *Konzen*, FS Säcker, S. 229 (243); *Riesenhuber*, § 2 Rn. 24. Ähnlich *Jarass*, Art. 51 EGRC Rn. 24; *Kingreen* in Callies/Ruffert, Art. 51 EGRC Rn. 18; *Kokott/Sobotta*, EuGRZ 2010, 265 (271); Meyer-*Borowsky*, Art. 51 EGRC Rn. 31; Schwarze-*Hajte*, Art. 51 EGRC Rn. 22.

120 Vgl. Meyer-*Borowsky*, Art. 51 EGRC Rn. 37; *Riesenhuber*, § 2 Rn. 22.

121 Erläuterungen zur Charta der Grundrechte, ABl. C 303 v. 14.12.2007, S. 17 (32). Vgl. auch *Folz* in Vedder/Heintschel von Heinegg, Art. 51 EGRC Art. 8 f.; *Jarass*, Art. 51 EGRC Rn. 7.

122 So der EuGH wiederholt zur Ablehnung der horizontalen Drittwirkung von Richtlinien, vgl. EuGH v. 14.7.1994, Rs. C-91/92, Slg. 1994, I-3325 – Faccini Dori; EuGH v. 7.3.1996, Rs. C-192/94, Slg. 1996, I-1281 – El Corte Inglés; EuG v. 27.6.2000, T-172/98, Slg. 2000, II-2487 – Salamander u. a. Ähnlich ErfK-*Wißmann*, Vorbem. zu AEUV Rn. 23.

widerspräche dem Prinzip der begrenzten Einzelermächtigung und dem Grundsatz der Rechtssicherheit.[123] Gleichzeitig würde die Kompetenzverteilung zulasten der nationalen Gerichte verschoben werden, denn sie wären nicht mehr für die Gewährleistung der vollständigen Wirksamkeit von Richtlinien zuständig.[124] Der EuGH würde hierdurch seine Kompetenzen nach Art. 19 Abs. 1 S. 2 EUV überschreiten.[125] Ferner könnte der nationale Grundsatz der Gewaltenteilung beeinträchtigt werden. Die Ausdehnung der unmittelbaren Wirkung von Richtlinien führt dazu, dass die richtlinienwidrige nationale Norm nicht mehr angewendet werden darf und die entstehende Lücke durch einen unmittelbaren Anspruch aus der Richtlinie gefüllt wird, während bei einer nur mittelbaren Wirkung der Richtlinie eine Reform der mitgliedstaatlichen Vorschriften durch den Gesetzgeber abgewartet werden müsste, um das Interesse des von der Richtlinie begünstigten Privaten durchsetzen zu können.[126] In der Folge würden die nationalen Fachgerichte nicht mehr nur Recht anwenden, sondern unmittelbar Recht setzen.[127] Schließlich liefert die Rechtsprechung des EuGH keine konkreten Anhaltspunkte für eine Erweiterung der unmittelbaren Wirkung von Richtlinien.[128] Weder Art. 6 EUV noch Art. 51 EGRC wurden in die bisherigen Entscheidungen des EuGH eingebunden.[129] Im Gegenteil, der EuGH hat der erweiterten Richtlinienwirkung bisher keinerlei Beachtung geschenkt, obgleich er hierzu in der Rechtssache *Kücükdeveci* erstmals Gelegenheit gehabt hätte.[130]

---

123 St. Rspr., EuGH v. 26.2.1986, Rs. C-152/84, Slg. 1986, 723 – Marshall; EuGH v. 22.2.1990, Rs. C-221/88, Slg. 1990, I-495 – Busseni; EuGH v. 4.12.1997, Rs. C-97/96, Slg. 1997, I-6843 – Daihatsu Deutschland; EuGH v. 7.1.2004, Rs. C-201/02, Slg. 2004, I-723 – Wells. In diese Richtung auch BVerfG v. 6.7.2010, 2 BvR 2661/06, BVerfGE 126, 286 (306 f.). Vgl. auch *Schubert*, S. 176.

124 Vgl. EuGH v. 5.10.2004, Rs. C-397/01, Slg. 2004, I-8835 – Pfeiffer u. a.; EuGH v. 15.4.2008, Rs. C-268/06, Slg. 2008, I-2483 – Impact; EuGH v. 19.1.2010, Rs. C-555/07, Slg. 2010, I-365 – Kücükdeveci; EuGH v. 24.1.2012, Rs. C-282/10, AP Nr. 7 zu Richtlinie 2003/88/EG – Dominguez.

125 Vgl. *Preis/Temming*, NZA 2010, 185 (189).

126 Vgl. *Preis/Temming*, NZA 2010, 185 (190).

127 Vgl. BVerfG v. 3.11.1992, 1 BvR 1243/88, BVerfGE 87, 273 (280); BVerfG v. 12.11.1997, 1 BvR 479/92, BVerfGE 96, 375 (394); BVerfG v. 7.6.2005, 1 BvR 1508/96, BVerfGE 113, 88 (103); BVerfG v. 6.11.2008, 1 BvR 2360/07, NJW 2009, 499 (500). In diese Richtung auch *Hanau*, StudZR 3/2010, 333 (340).

128 Ebenso *Jarass*, Art. 51 EGRC Rn. 24; *Kingreen* in Callies/Ruffert, Art. 51 EGRC Rn. 18; *Konzen*, FS Säcker, S. 229 (241).

129 *Konzen*, FS Säcker, S. 229 (243).

130 Generalanwalt Bot – der auch die Schlussanträge in der Rechtssache Danosa gehalten hat – hat sich ausdrücklich für eine unmittelbare Geltung von Richtlinien ausgesprochen. Vgl. hierzu die Schlussanträge des Generalanwalt Bots v. 7.7.2009 und das Urteil des EuGH v. 19.1.2010, Rs. C-555/07, Slg. 2010, I-365 – Kücükdeveci. Ähnlich BAG v. 17.11.2009, 9 AZR 844/08, AP Nr. 65 zu § 11 BUrlG.

Nach alledem vermögen die europäischen Grundrechte nicht zu einer höheren Verbindlichkeit von Richtlinien führen.[131] Folglich zeitigen Grundrechtsverstöße keine horizontale Drittwirkung von Richtlinien.[132] Eine Erweiterung der Richtlinienwirkung ist mithin abzulehnen. Richtlinien können daher auch weiterhin keine unmittelbaren Rechte und Pflichten zwischen Privatrechtssubjekten begründen.[133] Diese Grundsätze sind auf die Rechtslage *de lege lata* zu übertragen. Eine Pflicht zur Nichtanwendung der nationalen mutterschutzrechtlichen Regelungen besteht somit nicht.

4. Schlussfolgerungen für die GmbH-Geschäftsführerin

Die Überprüfung der Rechtslage *de lege lata* an den europäischen Maßstäben hat ergeben, dass sich die Europarechtswidrigkeit im Wesentlichen auf eine ungenügende Umsetzung der Mutterschutz- und Gleichbehandlungsrichtlinien für GmbH-Geschäftsführerinnen stützt. Der Anwendungsvorrang des Unionsrechts kommt deshalb nicht zum Tragen. Auch die Beeinträchtigung der aus Art. 21 Abs. 1 EGRC, Art. 23 EGRC und Art. 33 Abs. 2 EGRC resultierenden Grundrechte begründet keine Pflicht zur Nichtanwendung des entgegenstehenden nationalen Rechts. Für die GmbH-Geschäftsführerin bedeutet dies, dass die mitgliedstaatlichen mutterschutzrechtlichen Normen nicht per se unanwendbar sind. Als Korrektiv kann daher lediglich die richtlinienkonforme Auslegung herangezogen werden.[134]

Eine Ausnahme hierzu besteht bei Vorliegen eines unmittelbaren Rechtsverhältnisses zwischen GmbH-Geschäftsführerin und dem Staat. Ein Mitgliedstaat soll sich nämlich wegen seiner Verpflichtung aus Art. 288 Abs. 3 AEUV gegenüber seinen Bürgern nicht auf die fehlende oder unzureichende Umsetzung berufen können.[135] Dies gilt auch, wenn der Staat als Arbeitgeber auftritt, sei es als Hoheitsträger oder als privatisiertes Unternehmen in öffentlicher Hand.[136] Voraussetzung für

---

131 Ebenso ErfK-*Wißmann*, Vorbem. zu AEUV Rn. 23; *Konzen*, FS Säcker, S. 229 (243). In diese Richtung auch *Huber*, NJW 2011, 2385 (2390); *Kirchhof*, NJW 2011, 3681 (3685); *Kokott/Sobotta*, EuGRZ 2010, 265 (271). Für Art. 33 Abs. 2 EGRC explizit *Jarass*, Art. 33 EGRC Rn. 12.

132 *Kingreen* in Callies/Ruffert, Art. 51 EGRC Rn. 18; *Riesenhuber*, § 2 Rn. 25.

133 In diesem Sinne auch EuGH v. 26.2.1986, Rs. C-152/84, Slg. 1986, 723 – Marshall; EuGH v. 22.2.1990, Rs. C-221/88, Slg. 1990, I-495 – Busseni; EuGH v. 4.12.1997, Rs. C-97/96, Slg. 1997, I-6843 – Daihatsu Deutschland; EuGH v. 7.1.2004, Rs. C-201/02, Slg. 2004, I-723 – Wells; EuGH v. 5.10.2004, Rs. C-397/01, Slg. 2004, I-8835 – Pfeiffer u. a.; EuGH v. 16.7.2009, Rs. C-12/08, Slg. 2009, I-6653 – Mono Car Styling.

134 Ebenso BAG v. 17.11.2009, 9 AZR 844/08, AP Nr. 65 zu § 11 BUrlG.

135 So ausdrücklich EuGH v. 26.2.1986, Rs. C-152/84, Slg. 1986, 723 – Marshall; EuGH v. 14.7.1994, Rs. C-91/92, Slg. 1994, I-3325 – Faccini Dori. Ähnlich auch EuGH v. 5.2.2004, Rs. C-157/02, Slg. 2004, I-1477 – Rieser Internationale Transporte.

136 EuGH v. 26.2.1986, Rs. C-152/84, Slg. 1986, 723 – Marshall; EuGH v. 12.7.1990, Rs. C-188/89, Slg. 1990, I-3313 – Foster; EuGH v. 14.9.2000, Rs. C-343/98,

die unmittelbare Wirkung ist die Unbedingtheit und Genauigkeit der jeweiligen Richtlinienbestimmung.[137] Die zentralen mutterschutzrechtlich relevanten Vorschriften der Mutterschutz- und Gleichbehandlungsrichtlinien erfüllen diese Voraussetzungen. Insbesondere Art. 10 MuSchRL, Art. 11 MuSchRL,[138] Art. 14 GbRL und Art. 8 GbRL-Selbst. begründen eine hinreichend klare Handlungspflicht des nationalen Gesetzgebers. Aus den Richtlinien ergibt sich der notwendige Mindestschutz, der auf jeden Fall zu verwirklichen ist.[139] Deshalb hat es keinen Einfluss auf die Genauigkeit und Unbedingtheit der Richtlinienbestimmungen, dass die Richtlinien den Mitgliedstaaten einen gewissen Gestaltungsspielraum beim Erlass der Umsetzungsregelungen belassen. In der Folge entfalten die Mutterschutz- und Gleichbehandlungsrichtlinien unmittelbare horizontale Drittwirkung gegenüber staatlichen Arbeitgebern.[140] Somit können sich schwangere GmbH-Geschäftsführerinnen, die bei öffentlichen Unternehmen in Privatrechtsform angestellt sind, unmittelbar auf die aus den Richtlinien resultierenden Rechte bezüglich des Mutterschutzes berufen.[141]

Bei GmbH-Geschäftsführerinnen in rein privatwirtschaftlichen Unternehmen zeitigt der Verstoß gegen die Mutterschutz- und Gleichbehandlungsrichtlinien hingegen keine unmittelbaren Folgen. Diese GmbH-Geschäftsführerinnen können durch die Richtlinien weder unmittelbar berechtigt noch verpflichtet werden.[142] Vielmehr trifft die nationalen Gerichte infolge der Umsetzungsverpflichtung aus Art. 288 Abs. 3 AEUV und dem Grundsatz der Unionstreue aus Art. 4 Abs. 3 EUV die

---

Slg. 2000, I-6659 – Collino und Chiappero; EuGH v. 5.2.2004, Rs. C-157/02, Slg. 2004, I-1477 – Rieser Internationale Transporte. Ähnlich *Thüsing*, NJW 2003, 3441.

137 St. Rspr., vgl. vor allem EuGH v. 19.1.1982, Rs. C-8/81, Slg. 1982, 53 – Becker; EuGH v. 4.12.1986, Rs. C-71/85, Slg. 1986, 3855 – Federatie Nederlandse Vakbeweging; EuGH v. 8.10.1987, Rs. C-80/86, Slg. 1987, 3969 – Kolpinghuis Nijmegen; EuGH v. 19.11.1991, Rs. C-6/90, 1991, I-5357 – Francovich u. a.; EuGH v. 7.9.1996, Rs. C-246/94, Slg. 1996, I-4373 – Cooperativa Agricola Zootecnica; EuGH v. 17.7.2008, Rs. C-226/07, Slg. 2008, I-5999 – Flughafen Köln/Bonn; EuGH v. 1.7.2010, Rs. C-194/08, Slg. 2010, I-6277 – Gassmayr.

138 Zur unmittelbaren Wirkung des Art. 11 MuSchRL ausführlich EuGH v. 1.7.2010, Rs. C-194/08, Slg. 2010, I-6277 – Gassmayr.

139 Vgl. EuGH v. 5.10.2004, Rs. C-397/01, Slg. 2004, I-8835 – Pfeiffer u. a.

140 Ähnlich *Oberthür*, NZA 2011, 253 (255).

141 In diese Richtung *Thüsing*, NJW 2003, 3441 (3442). Vgl. grundsätzlich auch EuGH v. 26.2.1986, Rs. C-152/84, Slg. 1986, 723 – Marshall; EuGH v. 22.2.1990, Rs. C-221/88, Slg. 1990, I-495 – Busseni; EuGH v. 4.12.1997, Rs. C-97/96, Slg. 1997, I-6843 – Daihatsu Deutschland; EuGH v. 7.1.2004, Rs. C-201/02, Slg. 2004, I-723 – Wells; EuGH v. 5.10.2004, Rs. C-397/01, Slg. 2004, I-8835 – Pfeiffer u. a.; EuGH v. 16.7.2009, Rs. C-12/08, Slg. 2009, I-6653 – Mono Car Styling.

142 Vgl. grundlegend EuGH v. 5.2.1963, Rs. C-26/62, Slg. 1963, 1 – van Gend & Loos; EuGH v. 9.3.1978, Rs. C-106/77, Slg. 1978, 629 – Simmenthal; EuGH v. 29.4.1999, Rs. C-224/97, Slg. 1999, I-2517 – Ciola; EuGH v. 17.9.2002, Rs. C-253/00, Slg. 2002, I-7289 – Muñoz. Ähnlich *Oberthür*, NZA 2011, 253 (255).

Pflicht, nationales Recht soweit so weit wie möglich anhand des Wortlauts und des Zweckes der entsprechenden Richtlinie auszulegen.[143] Sofern eine richtlinienkonforme Auslegung nicht die vollständige Wirksamkeit der Richtlinie entsprechend ihres Regelungsziels gewährleisten kann,[144] kommt ein Anspruch der GmbH-Geschäftsführerin auf Schadensersatz nach den Grundsätzen der Staatshaftung in Betracht.[145]

II. Erfüllung der Umsetzungspflichten durch richtlinienkonforme Auslegung?

Aufgrund der fehlenden unmittelbaren Wirkung der Mutterschutz- und Gleichbehandlungsrichtlinien für in privatwirtschaftlichen Unternehmen beschäftigte GmbH-Geschäftsführerinnen rückt die richtlinienkonforme Auslegung als Möglichkeit zur Erfüllung der mitgliedstaatlichen Umsetzungsverpflichtungen in den Fokus der konkreten Folgen. Es ist daher ein Blick auf § 1 MuSchG und die sich daran anschließende Frage nach der Reichweite der richtlinienkonformen Auslegung zu werfen.

1. Grundsatz der europarechtskonformen Auslegung

Der Grundsatz der europarechtskonformen Auslegung ergibt sich aus der Verpflichtung der Mitgliedstaaten zur Unionstreue nach Art. 4 Abs. 3 EUV. Er verlangt, dass die Mitgliedstaaten alle geeigneten Maßnahmen ergreifen, um dem Geltungsanspruch des Unionsrechts Ausdruck zu verleihen.[146] Diese den Europäischen Verträgen immanente Pflicht bindet alle Träger der öffentlichen Gewalt und damit auch die nationalen Gerichte. Sie sind im Rahmen ihrer Zuständigkeit verpflichtet, das gesamte nationale Recht so auszulegen, dass die vollständige Wirksamkeit des Unionsrechts gewährleistet wird.[147] Darüber hinaus müssen die Fachgerichte bei

---

143 St. Rspr., vgl. EuGH v. 10.4.1984, Rs. C-14/83, Slg. 1984, I-1891 – Colson und Kamann; EuGH v. 10.4.1984, Rs. C-79/83, Slg. 1984, I-1921 – Harz; EuGH v. 13.11.1990, Rs. C-106/89, Slg. 1990, I-4135 – Marleasing; EuGH v. 14.7.1994, Rs. C-91/92, Slg. 1994, I-3325 – Faccini Dori; EuGH v. 23.2.1999, Rs. C-63/97, Slg. 1999, I-905 – BMW; EuGH v. 27.6.2000, Rs. C-240/98, Slg. 2000, I-4941 – Océano Grupo Editorial und Salvat Editores; EuGH v. 23.10.2003, Rs. C-408/01, Slg. 2003, I-12537 – Adidas Salomon u. a.

144 Vgl. EuGH v. 10.4.1984, Rs. C-14/83, Slg. 1984, 1891 – von Colson und Kamann.

145 Grundlegend EuGH v. 19.11.1991, Rs. C-6/90, Slg. 1991, I-5357 – Francovich. Ähnlich *Frenz*, Band 5, Kapitel 1, § 1 Rn. 36; *Hetmeier* in Lenz/Borchardt, Art. 288 AEUV Rn. 15.

146 Grundlegend EuGH v. 10.4.1984, Rs. C-14/83, Slg. 1984, I-1891 – Colson und Kamann. Ebenso EuGH v. 22.5.2003, Rs. C-462/99, Slg. 2003, I-5197 – Connect Austria; EuGH v. 5.10.2004, Rs. C-397/01, Slg. 2004, I-8835 – Pfeiffer u. a.; EuGH v. 8.9.2011, Rs. C-177/10, Slg. 2011, I-7907 – Rosado Santana.

147 Statt vieler nur EuGH v. 10.4.1984, Rs. C-14/83, Slg. 1984, I-1891 – Colson und Kamann; EuGH v. 13.11.1990, Rs. C-106/89, Slg. 1990, I-4135 – Marleasing; EuGH

nationalen Regelungen, die der Umsetzung von Richtlinienvorgaben dienen, grundsätzlich davon auszugehen, dass der Gesetzgeber seine aus Art. 288 Abs. 3 AEUV resultierenden Verpflichtungen in vollem Umfang erfüllen wollte.[148] Bei einem Widerspruch zwischen nationalem Recht und einer europäischen Richtlinie haben sich die Fachgerichte deshalb am Wortlaut und Zweck der entsprechenden Richtlinie zu orientieren.[149] Die Fachgerichte müssen nach einem Auslegungsergebnis suchen, bei dem eine Kollision mit dem Unionsrecht und insbesondere eine Verletzung der mitgliedstaatlichen Umsetzungspflicht vermieden wird.[150] Ähnlich wie die verfassungskonforme Auslegung[151] setzt der Grundsatz der europarechtskonformen Auslegung damit voraus, dass eine nationale Norm unter Anwendung der herkömmlichen Auslegungsmethoden mehrere mögliche Bedeutungsvarianten zulässt, von denen eine im Einklang mit dem Unionsrecht steht.[152] Von der Pflicht zur richtlinienkonformen Auslegung werden aber nicht nur die unmittelbaren Umsetzungsgesetze erfasst, sondern alle nationalen Maßnahmen, die die Erreichung des mit der Richtlinie verfolgten Zieles gewährleisten sollen. Es kommt mithin nicht darauf an, ob die fragliche Regelung des nationalen Rechts die Umsetzung einer konkreten Richtlinie bezweckt oder nicht.[153] Ebenso irrelevant ist, ob das nationale Recht vor oder nach der maßgeblichen Richtlinie erlassen wurde.[154] Erfasst werden daher auch

v. 14.7.1994, Rs. C-91/92, Slg. 1994, I-3325 – Faccini Dori; EuGH v. 5.10.2004, Rs. C-397/01, Slg. 2004, I-8835 – Pfeiffer u. a.; EuGH v. 15.4.2008, Rs. C-268/06, Slg. 2008, I-2483 – Impact.

148 EuGH v. 16.12.1993, Rs. C-334/92, Slg. 1993, I-6911 – Wagner Miret; EuGH v. 5.10.2004, Rs. C-397/01, Slg. 2004, I-8835 – Pfeiffer u. a.

149 EuGH v. 19.1.2010, Rs. C-555/07, Slg. 2010, I-365 – Kücükdeveci.

150 Vgl. *Ruffert* in Callies/Ruffert, Art. 1 AEUV Rn. 24.

151 *Thüsing* spricht deshalb von der europarechtskonformen Auslegung als dogmatischem Zwilling der verfassungskonformen Auslegung, vgl. NJW 2003, 3441 (3442). Siehe auch BAG v. 18.2.2003, 1 ABR 2/02, AP Nr. 12 zu § 611 BGB Arbeitsbereitschaft; BAG v. 18.9.2003, 2 AZR 79/02, AP Nr. 14 zu § 17 KSchG 1969; *Oberthür*, NZA 2011, 253 (256).

152 So ausdrücklich der EuGH v. 5.10.2004, Rs. C-397/01, Slg. 2004, I-8835 – Pfeiffer u. a., Rn. 116; ähnlich BVerfG v. 26.9.2011, 2 BvR 2216/06 u. a., NJW 2012, 669 (670); BAG v. 18.11.2003, 1 AZR 637/02, AP Nr. 76 zu § 118 BetrVG 1972; BAG v. 30.3.2004, 1 AZR 7/03, AP Nr. 47 zu § 113 BetrVG 1972.

153 Vgl. EuGH v. 8.5.2003, Rs. C-14/02, Slg. 2003, I-4431 – ATRAL. ErfK-*Wißmann*, Vorbem. zu AEUV Rn. 35; *Höpfner/Rüthers*, AcP 209, 1 (25).

154 EuGH v. 13.11.1990, Rs. C-106/89, Slg. 1990, I-4135 – Marleasing; EuGH v. 16.12.1993, Rs. C-334/92, Slg. 1993, I-6911 – Wagner Miret; EuGH v. 5.5.1994, Rs. C-421/92, Slg. 1994, I-1657 – Habermann-Beltermann; EuGH v. 22.5.2003, Rs. C-462/99, Slg. 2003, I-5197 – Connect Austria; EuGH v. 4.7.2006, Rs. C-212/04, Slg. 2006, I-6057 – Adeneler u. a.; EuGH v. 23.4.2009, Rs. C-378/07, Slg. 2009, I-3071 – Angelidaki u. a.

Regelungen, mit denen die bereits erlassenen nationalen Rechtsvorschriften nach der eigentlichen Umsetzung ergänzt oder geändert werden.[155]

Die Pflicht zur Verwirklichung des Richtlinienziels im Wege der Auslegung findet ihre Grenzen dort, wo die anerkannten innerstaatlichen Auslegungsgrundsätze an ihre Grenzen stoßen.[156] Die Gerichte müssen die Auslegungsmethoden so anwenden, dass die Schranken herkömmlicher Gesetzesinterpretation und richterlicher Rechtsfortbildung nicht überschritten werden. Maßgeblich sind primär der Wortlaut und der Wille des Gesetzgebers, wie er im Gesetz Ausdruck gefunden hat.[157] Trotz des Vorrangs des Unionsrechts müssen die Gerichte ihre innerstaatlichen Grenzen, insbesondere ihre Bindung an Recht und Gesetz und das Gewaltenteilungsprinzip beachten.[158] Eine eindeutige Entscheidung des Gesetzgebers darf weder verändert noch in ihr Gegenteil verkehrt werden.[159] Eine Auslegung *contra legem* kann daher nicht erfolgen.[160] Des Weiteren muss die richtlinienkonforme Auslegung den Grundsatz der Rechtssicherheit beachten.[161] Sie darf deshalb nicht zu einer echten Rückwirkung nationaler Regelungen führen.

Ausgehend von diesen Grundsätzen ist zu betrachten, ob § 1 Nr. 1 MuSchG in der Weise richtlinienkonform ausgelegt werden kann, dass die europäischen Mindestanforderungen an den Mutterschutz für GmbH-Geschäftsführerinnen erfüllt und die Verstöße gegen die aus der Mutterschutzrichtlinie und den Gleichbehandlungsrichtlinien resultierenden Umsetzungsverpflichtungen

---

155 EuGH v. 22.11.2005, Rs. C-144/04, Slg. 2005, I-9981 – Mangold; EuGH v. 23.4.2009, Rs. C-378/07, Slg. 2009, I-3071 – Angelidaki u. a.

156 BVerfG v. 26.9.2011, 2 BvR 2216/06 u. a., NJW 2012, 669 (671); ebenso BAG v. 18.9.2003, 2 AZR 79/02, AP Nr. 14 zu § 17 KSchG 1969.

157 BVerfG v. 26.9.2011, 2 BvR 2216/06 u. a., NJW 2012, 669 (671 f.); BAG v. 5.3.1996, 1 AZR 590/92 u. a., AP Nr. 226 zu Art 3 GG; BAG v. 18.2.2003, 1 ABR 2/02, AP Nr. 12 zu § 611 BGB Arbeitsbereitschaft; BAG v. 18.9.2003, 2 AZR 79/02, AP Nr. 14 zu § 17 KSchG 1969.

158 Vgl. BAG v. 24.3.2009, 9 AZR 983/07, AP Nr. 39 zu § 7 BUrlG; BAG v. 17.11.2009, 9 AZR 844/08, AP Nr. 65 zu § 11 BUrlG; BGH v. 26.11.2008, VIII ZR 200/05, NJW 2009, 427 (430). In diese Richtung auch *Preis/Sagan*, ZGR 2013, 26 (52); *Thüsing*, NJW 2003, 3441 (3442). Ausführlich zur richtlinienkonformen Rechtsfortbildung *Roth/Jopen* in Riesenhuber, Europäische Methodenlehre, § 13 Rn. 48 ff.

159 BAG v. 18.11.2003, 1 AZR 637/02, AP Nr. 76 zu § 118 BetrVG 1972; BAG v. 23.3.2006, 2 AZR 343/05, AP Nr. 21 zu § 17 KSchG 1969; BAG v. 17.11.2009, 9 AZR 844/08, AP Nr. 65 zu § 11 BUrlG.

160 EuGH v. 4.7.2006, Rs. C-212/04, Slg. 2006, I-6057 – Adeneler u. a.; EuGH v. 15.4.2008, Rs. C-268/06, Slg. 2008, I-2483 – Impact; EuGH v. 23.4.2009, Rs. C-378/07, Slg. 2009, I-3071 – Angelidaki u. a.; EuGH v. 16.7.2009, Rs. C-12/08, Slg. 2009, I-6653 – Mono Car Styling; EuGH v. 10.3.2011, Rs. C-109/09, Slg. 2011, I-1309 – Deutsche Lufthansa. Ebenso BAG v. 17.11.2009, 9 AZR 844/08, AP Nr. 65 zu § 11 BUrlG.

161 Vgl. nur EuGH v. 8.10.1987, Rs. C-80/86, Slg. 1987, 3969 – Kolpinghuis Nijmegen; EuGH v. 26.9.1996, Rs. C-168/95, Slg. 1996, I-4705 – Arcaro; EuGH v. 28.6.2005, Rs. C-189/02, Slg. 2005, I-5425 – Dansk Rørindustri u. a./Kommission.

vermieden würden. Hierzu müsste § 1 Nr. 1 MuSchG auf GmbH-Geschäftsführerinnen erstreckt werden können.

2. *Richtlinienkonforme Erstreckung von § 1 Nr. 1 MuSchG auf nichtbeherrschende GmbH-Geschäftsführerinnen*

§ 1 Nr. 1 MuSchG verwendet mit dem Begriff der Arbeitnehmerin einen gesetzlich nicht definierten Begriff, der grundsätzlich auslegungsbedürftig ist.[162] Konkretisierung hat der Arbeitnehmerbegriff im nationalen Recht allein durch die Rechtsprechung erfahren. Ein Auslegungsspielraum für eine richtlinienkonforme Auslegung ist somit gegeben.[163] Zugleich regelt § 1 MuSchG den Anwendungsbereich abschließend.[164] Nur Arbeitnehmerinnen und Heimarbeiterinnen soll Mutterschutz durch das MuSchG gewährt werden.[165] Dementsprechend würde eine richtlinienkonforme Erstreckung des MuSchG auf erwerbstätige Frauen, die nicht unter den Arbeitnehmer- oder Heimarbeiterinnenbegriff subsumiert werden können, dem Wortlaut und dem Zweck der gesetzlichen Regelung widersprechen. Die anhand der Grundsätze des Danosa-Urteils vorgenommene Einordnung der GmbH-Geschäftsführerin ist deshalb auch bei der richtlinienkonformen Auslegung von § 1 Nr. 1 MuSchG zu beachten. Demzufolge kann eine Auslegung von § 1 Nr. 1 MuSchG dahingehend, dass GmbH-Geschäftsführerinnen, die nicht die Voraussetzungen der Arbeitnehmereigenschaft erfüllen – namentlich Mehrheits- und Alleingesellschaftergeschäftsführerinnen – von § 1 Nr. 1 MuSchG erfasst werden, nicht erfolgen.[166] Insoweit muss eine richtlinienkonforme Auslegung ausscheiden. Dagegen erfordert die unionsrechtliche Determination des Arbeitnehmerbegriffes in § 1 Nr. 1 MuSchG, dass am Stammkapital nichtbeteiligte Fremdgeschäftsführerin und die nichtbestimmend beteiligte Minderheitsgesellschaftergeschäftsführerin vorbehaltlich abweichender Satzungs- und Einzelfallgestaltungen als Arbeitnehmerinnen im Sinne des § 1 Nr. 1 MuSchG anzusehen sind.[167] Folglich ist in Abweichung von der bisherigen nationalen Rechtsprechung die Arbeitnehmereigenschaft von GmbH-Geschäftsführerinnen nicht mehr nur im Ausnahmefall anzunehmen.

Der richtlinienkonformen Erstreckung von § 1 Nr. 1 MuSchG auf als Arbeitnehmerin zu behandelnde GmbH-Geschäftsführerinnen kann nicht entgegengehalten werden, sie missachte die zuvor dargestellten Grenzen. Weder der Wortlaut noch die Systematik des MuSchG stehen der Eröffnung des Anwendungsbereichs für

---

162 Ebenso *Leopold*, ZESAR 2011, 362 (366); *Oberthür*, NZA 2011, 253 (256); *Reiserer*, DB 2011, 2262 (2266).

163 Vgl. BAG v. 23.3.2006, 2 AZR 343/05, AP Nr. 21 zu § 17 KSchG 1969 m. w. N.

164 Ausführliche Stellungnahme im 1. Kapitel, 1. Abschnitt unter III., S. 15 ff. Ebenso *Schubert*, EuZA 2011, 362 (369).

165 Statt vieler *Neuvians*, S. 119 ff.

166 Ebenso *Pepping* in HK-MuSchG/BEEG, § 1 MuSchG Rn. 28.

167 I.E. ebenso Tillmanns/Mutschler-*Tillmanns*, § 1 MuSchG Rn. 19.

nichtbeherrschende GmbH-Geschäftsführerinnen entgegen.[168] Der Gesetzgeber hat in § 1 MuSchG auf einen expliziten Ausschluss von GmbH-Geschäftsführerinnen, wie er ihn beispielsweise in § 14 Abs. 1 Nr. 1 KSchG oder § 6 Abs. 3 AGG vorgesehen hat, verzichtet. Ein etwaig eindeutiger Wille des Gesetzgebers, GmbH-Geschäftsführerinnen aus dem MuSchG auszuschließen,[169] hat somit im Wortlaut keine Verankerung gefunden.[170] Ebenso wenig lassen sich hieraus Rückschlüsse auf die Haltung des Gesetzgebers gegenüber der Arbeitnehmereigenschaft von GmbH-Geschäftsführerinnen im Allgemeinen ziehen. Weder im MuSchG noch in anderen Gesetzen finden sich Anhaltspunkte dafür, dass der Gesetzgeber GmbH-Geschäftsführerinnen grundsätzlich nicht als Arbeitnehmerinnen behandelt wissen wollte.[171] Vielmehr ist anzunehmen, dass der Gesetzgeber bis zur *Danosa*-Entscheidung des EuGH davon ausging, nach Inkrafttreten der Mutterschutzrichtlinie alle erforderlichen Maßnahmen ergriffen zu haben und seinen Umsetzungsverpflichtungen nachgekommen zu sein.[172] Erst durch die Danosa-Entscheidung des EuGH ist die Frage nach der Eröffnung des Anwendungsbereichs für GmbH-Geschäftsführerinnen in das Bewusstsein des Gesetzgebers geraten. Der Gesetzgeber ist somit unbewusst von den europäischen Vorgaben abgerückt.[173] Er hat dem Arbeitnehmerbegriff mithin keinen abweichenden Wortsinn beigemessen, der einer richtlinienkonformen Auslegung entgegenstünde.

Schließlich verstößt die richtlinienkonforme Auslegung von § 1 MuSchG auch nicht gegen den Grundsatz der Rechtssicherheit. Bereits aus dem Grundsatz der Gewaltenteilung ergibt sich, dass die Rechtsprechung und Gesetzgebung zwei getrennte Elemente sind. Die höchstrichterliche Rechtsprechung ist selbst kein Gesetzesrecht. Ihr kommt daher keine vergleichbare Rechtsverbindlichkeit zu.[174] Die richtlinienkonforme Auslegung führt vorliegend lediglich zu einer abweichenden Gesetzesauslegung, für die ausschließlich das jeweilige Fachgericht zuständig ist. Eine Bindung an frühere Rechtsprechungsgrundsätze besteht grundsätzlich nicht.[175]

---

168 So aber *von Medem*, ArbAktuell 2010, 654, allerdings ohne weitere Begründung.

169 Ebenfalls ohne nähere Begründung *Lunk/Rodenbusch*, GmbHR 2012, 189 (192).

170 *Pepping* in HK-MuSchG/BEEG; § 1 MuSchG Rn. 8. In diese Richtung auch *Preis/Sagan*, ZGR 2013, 26 (54).

171 Zur Neutralität der Bereichsausnahmen bereits im 1. Kapitel, 2. Abschnitt, I. 1., S. 24 ff.

172 Vgl. hierzu BT-Drs. 13/2763, S. 1 und BT-Drs. 14/8525, S. 1.

173 *Oberthür*, NZA 2011, 253 (256); *Preis/Sagan*, ZGR 2013, 26 (55); *Reiserer*, DB 2011, 2262 (2266).

174 BVerfG v. 26.6.1991, 1 BvR 779/85, BVerfGE 84, 212 (227); BVerfG v. 15.1.2009, 2 BvR 2044/07, BVerfGE 122, 248 (277); BAG v. 23.3.2006, 2 AZR 343/05, AP Nr. 21 zu § 17 KSchG 1969; BAG v. 23.3.2010, 9 AZR 128/09, AP Nr. 3 zu § 125 SGB IX; BAG v. 19.6.2012, 9 AZR 652/10, NZA 2012, 1087 (1089). Ebenso *Preis/Sagan*, ZGR 2013, 26 (54).

175 Vgl. BVerfG v. 26.6.1991, 1 BvR 779/85, BVerfGE 84, 212 (227). Ebenso *Oberthür*, NZA 2011, 253 (256).

Zudem begegnet eine Rechtsprechungsänderung dann keinen verfassungsrechtlichen Bedenken, wenn es für sie einen Anlass gibt – sie also begründet werden kann[176] – und die Entwicklung vorhersehbar war.[177] Dies ist hinsichtlich des Arbeitnehmerstatus von GmbH-Geschäftsführerinnen der Fall. Die arbeitsrechtliche Behandlung von GmbH-Geschäftsführern ist seit jeher heftig umstritten.[178] In der Literatur begegnete die bisherige Rechtsprechung des BGH immer wieder der Kritik[179] und bereits 1999 äußerte das BAG abweichend vom BGH die Tendenz, dass die Einordnung des Anstellungsvertrages einer GmbH-Geschäftsführerin als Arbeitsvertrag möglich sei.[180] Die Rechtslage war zu keinem Zeitpunkt eindeutig.[181] Überdies muss spätestens seit der *Danosa*-Entscheidung mit einer richtlinienkonformen Auslegung des MuSchG gerechnet werden. Ein etwaig verfassungsrechtlich zu gewährender Vertrauensschutz schließt folglich die zukünftige Erstreckung des MuSchG auf Fremd- und Minderheitsgesellschaftergeschäftsführerinnen nicht aus.[182]

Somit sind zukünftig je nach Einzelfall die Voraussetzungen für ein Arbeitsverhältnis zu prüfen, um eine richtlinienkonforme Auslegung von § 1 MuSchG vornehmen zu können.[183] Die Prüfung hat sich dabei an den vom EuGH in der Rechtssache *Danosa* geäußerten Grundsätzen zur Annahme eines Unterordnungsverhältnisses bei GmbH-Geschäftsführerinnen zu orientieren. Mithin kann die Europarechtswidrigkeit der Rechtslage *de lege lata* zumindest zum Teil, namentlich für nichtbeherrschende GmbH-Geschäftsführerinnen, die als Arbeitnehmerinnen im Sinne der Mutterschutzrichtlinie eingeordnet wurden, aufgelöst werden. Folglich kann der herausgearbeitete Handlungsbedarf durch eine richtlinienkonforme Auslegung von § 1 MuSchG teilweise befriedigt werden.[184]

---

176 Vgl. BVerfG v. 4.8.2004, 1 BvR 1557/01, NVwZ 2005, 81.

177 BVerfG v. 28.9.1992, 1 BvR 496/87, AP Nr. 32 zu Art 119 EWG-Vertrag; BVerfG v. 15.1.2009, 2 BvR 2044/07, BVerfGE 122, 248 (277); BVerfG v. 26.9.2011, 2 BvR 2216/06 u. a., NJW 2012, 669 (670); BAG v. 23.3.2010, 9 AZR 128/09, AP Nr. 3 zu § 125 SGB IX; BAG v. 19.6.2012, 9 AZR 652/10, NZA 2012, 1087 (1089).

178 Vgl. nur die Dissertationen von *Diller*, *Groß*, *Kitzinger* und *Namendorf*.

179 Zum Streitstand statt vieler nur *Fleck*, FS Hilger/Stumpf, S. 197 ff.; *Goette*, FS Wiedemann, S. 873 ff.

180 BAG v. 6.5.1999, 5 AZB 22/98, AP Nr. 46 zu § 5 ArbGG 1979; BAG v. 26.5.1999, 5 AZR 664/98, AP Nr. 10 zu § 35 GmbHG; BAG v. 20.8.2003, 5 AZR 79/02, AP Nr. 58 zu § 5 ArbGG 1979; BAG v. 25.10.2007, 6 AZR 1045/06, AP Nr. 11 zu § 14 KSchG 1969.

181 *Reiserer*, DB 2011, 2262 (2266).

182 So auch *Preis/Sagan*, ZGR 2013, 26 (54). A.A.: *Lunk*, FS Bauer, S. 705 (716).

183 Ähnlich *Linck* in Schaub, ArbR-Hb., § 166 Rn. 8; *Schneider/Schneider/Hohenstatt* in Scholz (11. Aufl.), § 35 GmbHG Rn. 507; *Schrader/Hilgenstock*, ArbR 2011, 370.

184 Im Ergebnis ebenso *Baeck/Winzer*, NZG 2011, 101; *Bauer*, GWR 2010, 586; ErfK-*Schlachter*, § 1 MuSchG Rn. 3; *Fischer*, NJW 2011, 2329 (2331); *Junker*, NZA 2011, 950 (951); *Leopold*, ZESAR 2011, 362 (366); *Oberthür*, NZA 2011, 253 (257); *Preis/Sagan*, ZGR 2013, 26 (55); *Reinhard/Bitsch*, ArbRB 2011, 241 (243); *Schubert*, ZESAR 2013, 5 (10 f.); *Wilsing/Meyer*, DB 2011, 341 (342 f.).

Mit diesem Ergebnis darf sich die vorliegende Betrachtung möglicher Lösungsansätze zur Herstellung der Europarechtskonformität aber nicht zufriedengeben. Der Grundsatz der europarechtskonformen Auslegung des nationalen Rechts betrifft zwar primär die zur Umsetzung der jeweiligen Richtlinie erlassenen innerstaatlichen Regelungen. Allerdings muss das gesamte mitgliedstaatliche Recht daraufhin überprüft werden, inwieweit es im Einklang mit Unionsrecht steht.[185] Ein den Zielen der Mutterschutz- und Gleichbehandlungsrichtlinien widersprechendes Ergebnis droht durch die im Grundsatz unbeschränkte Abberufbarkeit der GmbH-Geschäftsführerin nach § 38 Abs. 1 GmbHG, die auch für schwangere GmbH-Geschäftsführerinnen gilt. Vor diesem Hintergrund stellt sich die Frage, inwiefern § 38 GmbHG ebenfalls richtlinienkonform auszulegen wäre.

3. *Richtlinienkonforme Einschränkung von § 38 Abs. 1 GmbHG?*

Die Notwendigkeit zur richtlinienkonformen Auslegung von § 38 Abs. 1 GmbHG bei frei abberufbaren GmbH-Geschäftsführerinnen könnte sich aus Art. 10 Nr. 1 MuSchRL ergeben. Nach Art. 10 Nr. 1 MuSchRL sind die Mitgliedstaaten verpflichtet, für jede Arbeitnehmerin ein Verbot der Kündigung aus einem mit der Schwangerschaft zusammenhängenden Grund für die Zeit der Schwangerschaft und des vierzehnwöchigen Mutterschaftsurlaubes nach Art. 8 S. 1 MuSchRL einzuführen. Hierdurch wird zugleich dem Diskriminierungsverbot nach Art. 14 Abs. 1 lit. c GbRL Rechnung getragen. Eine Entlassung aufgrund der Schwangerschaft kann nur Frauen betreffen und wäre daher als unmittelbare geschlechtsspezifische Diskriminierung anzusehen.[186] Ferner besteht nach Art. 10 Nr. 2 MuSchRL eine Begründungspflicht für Kündigungen des Arbeitgebers.

Nach dem Wortlaut von Art. 10 Nr. 1, Nr. 2 MuSchRL und Art. 14 Abs. 1 lit. c GbRL wird zunächst lediglich auf vertraglicher Ebene ein Kündigungsverbot statuiert.[187] Da für Fremd- und Minderheitsgesellschaftergeschäftsführerinnen aufgrund der richtlinienkonformen Erstreckung von § 1 Nr. 1 MuSchG bereits der Sonderkündigungsschutz nach § 9 Abs. 1 MuSchG gilt, könnten die mitgliedstaatlichen Umsetzungsverpflichtungen damit als erfüllt angesehen werden. Gegen eine richtlinienkonforme Übertragung des Sonderkündigungsschutzes auf das Organverhältnis spricht sich insbesondere die gesellschaftsrechtliche Literatur aus. Sie kritisiert, dass der EuGH in der Rechtssache *Danosa* nicht eindeutig zwischen Anstellungs- und

185 EuGH v. 25.2.1999, Rs. C-131/97, Slg. 1999, I1103 – Carbonari; EuGH v. 5.10.2004, Rs. C-397/01, Slg. 2004, I-8835 – Pfeiffer u. a.

186 EuGH v. 8.11.1990, Rs. C-179/88, Slg. 1990, I-3979 – Handels- og Kontorfunktionærernes Forbund; EuGH v. 30.6.1998, Rs. C-394/96, Slg. 1998, I-4185 – Brown; EuGH v. 8.9.2005, Rs. C-191/03, Slg. 2005, I-7631 – McKenna; EuGH v. 11.10.2007, Rs. C-460/06, Slg. 2007, I-8511 – Paquay; EuGH v. 26.2.2008, Rs. C-506/06, Slg. 2008, I-1017 – Mayr.

187 Ähnlich *Preis/Sagan*, ZGR 2013, 26 (39); *Schubert*, ZESAR 2013, 5 (9).

Bestellungsverhältnis unterschieden habe.[188] Die Aussagen zum Arbeitnehmerstatus bezögen sich aber auf die reinvertragliche Ebene. Der europarechtliche Mutterschutz verlange nur eine ausreichend soziale Absicherung in Bezug auf das Anstellungsverhältnis.[189] Eine Ausdehnung des Schutzes auf die gesellschaftsrechtliche Ebene sei daher nicht zwingend.[190] Als weitere Argumente werden die Funktionstüchtigkeit der Gesellschaft und die Organisationsfreiheit der Gesellschafter angeführt.[191]

Der Kritik an einer richtlinienkonformen Auslegung des § 38 Abs. 1 GmbHG ist zuzugeben, dass der Bestand des Arbeitsverhältnisses als solches durch die Abberufung nicht berührt wird.[192] Eine Ausnahme hierzu bilden vertraglich vereinbarte Koppelungsklauseln. Allerdings weist *Mankowski* zutreffend daraufhin, dass die Differenzierung zwischen Anstellungs- und Bestellungsverhältnis bei Organmitgliedern primär der deutschen Perspektive entspringt und keinesfalls eine europäische Notwendigkeit darstellt.[193] Demgegenüber sprechen Sinn und Zweck der Mutterschutzrichtlinie, die EU-weite Einführung eines Mindeststandards im Bereich des Mutterschutzes zu gewährleisten,[194] dafür, einheitliche Auslegungsgrundsätze als Maßstäbe zu verwenden.[195] Zudem erfasst das Kündigungsverbot in Art. 10 MuSchRL nicht nur die Kündigungserklärung während der Schwangerschaft und der Schonzeiten, sondern auch jede vorbereitende Handlung im Vorfeld einer Kündigung.[196] Sinn und Zweck des Kündigungsverbotes ist es nämlich, schwangere Frauen und Mütter vor den negativen Folgen einer Beendigung ihres Beschäftigungsverhältnisses zu bewahren.[197] Insbesondere die physische und psychische

---

188 *Bauer*, GWR 2010, 586; *Reinhard/Bitsch*, ArbRB 2011, 241 (244).

189 *Preis/Sagan*, ZGR 2013, 26 (39); *Reinhard/Bitsch*, ArbRB 2011, 241 (244). So für das AGG *Bauer/Arnold*, ZIP 2008, 993 (997); *Reufels/Molle*, NZA-RR 2011, 281 (283).

190 So schon *Gissel*, S. 144 f.

191 *Baeck/Winzer*, NZG 2011, 101; *Bauer*, GWR 2010, 586; *Lunk/Rodenbusch*, GmbHR 2012, 188 (192); *Reinhard/Bitsch*, ArbRB 2011, 241 (244).

192 Ebenso *Lunk/Rodenbusch*, GmbHR 2012, 188 (192); *Reufels/Molle*, NZA-RR 2011, 281 (284); *Schubert*, ZESAR 2013, 5 (9); *Schulze/Hintzen*, ArbRAktuell 2012, 263 (265).

193 *Mankowski*, RiW 2004, 167 (171).

194 Vgl. Bericht der Kommission über die Durchführung der Richtlinie 92/85/EWG, KOM (1999) 100 endg., S. 25.

195 So für den der MuSchRL zugrunde liegenden Arbeitnehmerbegriff bereits im 3. Kapitel, 2. Abschnitt, II. 1. a. ii., S. 206 f.

196 EuGH v. 11.10.2007, Rs. C-460/06, Slg. 2007, I-8511 – Paquay. In diese Richtung auch *Oberthür*, NZA 2011, 253 (257); *Pepping* in HK-MuSchG/BEEG, § 9 MuSchG Rn. 54.

197 EuGH v. 14.7.1994, Rs. C-32/93, Slg. 1994, I-3567 – Webb; EuGH v. 30.6.1998, Rs. C-394/96, Slg. 1998, I-4185 – Brown; EuGH v. 4.10.2001, Rs. C-109/00, Slg. 2001, I-6993 – Tele Danmark; EuGH v. 8.9.2005, Rs. C-191/03, Slg. 2005, I-7631 – McKenna; EuGH v. 11.10.2007, Rs. C-460/06, Slg. 2007, I-8511 – Paquay; EuGH v. 26.2.2008, Rs. C-506/06, Slg. 2008, 1017 – Mayr; EuGH v. 11.11.2010, Rs. C-232/09, Slg. 2010, I-11405 – Danosa.

Gesundheit von Schwangeren soll geschützt werden.[198] Die Abberufung als GmbH-Geschäftsführerin kann die Gesundheit und den erfolgreichen Verlauf der Schwangerschaft im gleichen Maße wie eine Kündigung gefährden. Die Belastungen, die von einer Abberufung ausgehen, sind nicht weniger gravierend als eine unmittelbare Kündigung des Anstellungsverhältnisses,[199] denn nach der Abberufung bliebe nur ein inhaltsloses Anstellungsverhältnis übrig.[200] Ein Weiterbeschäftigungsanspruch als GmbH-Geschäftsführerin wird überwiegend abgelehnt.[201] Das Anstellungsverhältnis wird nach erfolgter Abberufung mit an Sicherheit grenzender Wahrscheinlichkeit nach Ablauf der Mutterschutzzeiten beendet werden. In diesem Falle würde die Abberufung zugleich die Kündigung des Anstellungsverhältnisses vorbereiten.[202] Schließlich vermögen Praktikabilitätsschwierigkeiten, die sich in Anbetracht der besonderen Stellung der GmbH-Geschäftsführerin als Organ mit unbeschränkter Vertretungsmacht im Außenverhältnis aus einer eingeschränkten Abberufbarkeit besonders im Falle eines gravierenden Vertrauensverlustes ergeben, eine Verletzung der mitgliedstaatlichen Umsetzungspflichten nicht rechtfertigen.[203] Vor diesem Hintergrund scheint zumindest für die als Arbeitnehmerin im Sinne der Mutterschutzrichtlinie zu behandelnde Fremd- und Minderheitsgesellschaftergeschäftsführerin die Notwendigkeit zu bestehen, § 38 Abs. 1 GmbHG richtlinienkonform beschränkend auszulegen.[204]

Inwiefern eine solche Auslegung aber tatsächlich *möglich* ist, ohne die Grenzen zu überschreiten, ist zweifelhaft. Auf europarechtlicher Ebene konfligieren der Mutterschutz und die Gleichheitsrechte der GmbH-Geschäftsführerin mit den Eigentümer- und Unternehmerbefugnissen der Gesellschafter.[205] Der Anteilserwerb an einer Gesellschaft und die damit verbundene Möglichkeit, sich tatsächlich an

---

198 So ausdrücklich der 15. Erwägungsgrund der MuSchRL.

199 Ähnlich *Schubert*, ZESAR 2013, 5 (9).

200 Ohne Bestellung kann das Arbeitsverhältnis nicht durchgeführt werden, vgl. BGH v. 23.4.2012, II ZR 163/10, NJW 2012, 2346 (2347). Ähnlich *Eßer/Baluch*, NZG 2007, 321 (328); *Hoefs/Rentsch*, DB 2012, 2733; *Schubert*, ZIP 2013, 289 (293).

201 BGH v. 11.10.2010, II ZR 266/08, NJW 2011, 920; *Kleindiek* in Lutter/Hommelhoff, Anh. zu § 6 GmbHG Rn. 28; *Schneider/Schneider/Hohenstatt* in Scholz (11. Aufl.), § 35 GmbHG Rn. 409. Ausführlich hierzu auch *Lunk/Rodenbusch*, NZA 2011, 497 m. w. N.

202 In diese Richtung auch *Oberthür*, NZA 2011, 253 (257).

203 Vgl. grundlegend EuGH v. 11.4.1978, Rs. C-100/77, Slg. 1978, 879 – Kommission/Italien; EuGH v. 7.2.1979, Rs. C-128/78, Slg. 1979, 419 – Kommission/Vereinigtes Königreich; EuGH v. 12.2.1998, Rs. C-144/97, Slg. 1998, I-613 – Kommission/Frankreich; EuGH v. 13.4.2000, Rs. C-274/98, Slg. 2000, I-2823 – Kommission/Spanien; EuGH v. 28.2.2013, Rs. C-483/10, zit. nach Juris – Kommission/Spanien. Siehe auch *Nettesheim* in Grabitz/Hilf/Nettesheim, Art. 288 AEUV Rn. 115; *Ruffert* in Callies/Ruffert, Art. 288 AEUV Rn. 28 m. w. N.

204 So *Pepping* in HK-MuSchG/BEEG, § 9 MuSchG Rn. 28; Tillmanns/Mutschler-*Tillmanns*, § 1 MuSchG Rn. 17.

205 Ebenso *Schubert*, ZIP 2013, 289 (295).

der Verwaltung der Gesellschaft zu beteiligen, werden als Direktinvestition von der Kapitalverkehrsfreiheit geschützt.[206] Diese würde durch eine Erstreckung des Sonderkündigungsschutzes auf das Bestellungsverhältnis beschränkt werden.[207] Die GmbH-Geschäftsführerin bliebe im Falle einer gegen den Sonderkündigungsschutz verstoßenden Abberufung selbst dann im Amt, wenn das Vertrauensverhältnis zwischen ihr und den Gesellschaftern grundlegend zerrüttet ist.[208] In Anbetracht der unbeschränkten und unbeschränkbaren Vertretungsmacht der Geschäftsführerin im Außenverhältnis ist dies problematisch. Die Gesellschafter könnten bei einer schwangeren GmbH-Geschäftsführerin ihre Eigentümerbefugnisse nicht mehr beliebig ausüben.[209] Zwar könnte die Beschränkung der Kapitalverkehrsfreiheit durch den grundrechtlich in Art. 21 Abs. 1, Art. 23 und Art. 33 Abs. 2 EGRC verankerten Mutterschutz und Diskriminierungsschutz legitimiert werden.[210] Allerdings müsste die konkrete Beschränkung der Gesellschafterbefugnisse den Anforderungen der Verhältnismäßigkeit genügen.[211] Es ist ein angemessener Ausgleich zwischen dem Mutterschutz und dem Interesse der Gesellschafter, die Geschäftsführung der Gesellschaft effektiv ausgestalten zu können, erforderlich.[212] Ein vollständiger Abberufungsausschluss für die Zeit der Schwangerschaft und des Mutterschutzurlaubes würde daher zu weit gehen.[213] Ferner ist zu berücksichtigen, dass eine richtlinienkonforme Rechtslage auf verschiedene Weise erreicht werden kann. Zunächst wäre es möglich, in entsprechender Anwendung des § 9 Abs. 3 S. 1 MuSchG einen

---

206 EuGH v. 4.6.2002, Rs. C-503/99, Slg. 2002, I-4809 – Kommission/Belgien; EuGH v. 13.5.2003, Rs. C-463/00, Slg. 2003, I-4581 – Kommission/Spanien; EuGH v. 13.5.2003, Rs. C-98/01, Slg. 2003, I-4641 – Kommission/Vereinigtes Königreich; EuGH v. 23.10.2007, Rs. C-112/05, Slg. 2007, I-8995 – Kommission/Deutschland; EuGH v. 10.11.2011, Rs. C-212/09, zit. nach Juris –Kommission/Portugal.

207 Ebenso *Schubert*, ZIP 2013, 289 (297); *dies.*, ZESAR 2013, 5 (13).

208 *Schubert*, ZIP 2013, 289 (296); *dies.*, ZESAR 2013, 5 (12).

209 *Schubert*, ZIP 2013, 289 (296).

210 Vgl. EuGH v. 12.6.2003, Rs. C-112/00, Slg. 2003; I-5659 – Schmidberger; EuGH v. 14.10.2004, Rs. C-36/02, Slg. 2004, I-9609 – Omega; EuGH v. 14.2.2008, Rs. C-244/06, Slg. 2008, I-505 – Dynamic Medien; *Kokott/Sobotta*, EuGRZ 2010, 265 (269); *Schubert*, ZIP 2013, 289 (290, 298).

211 So explizit EuGH v. 4.6.2002, Rs. C-503/99, Slg. 2002, I-4809 – Kommission/Belgien; EuGH v. 13.5.2003, Rs. C-98/01, Slg. 2003, I-4641 – Kommission/Vereinigtes Königreich; EuGH v. 23.10.2007, Rs. C-112/05, Slg. 2007, I-8995 – Kommission/Deutschland. *Khan/Eisenhut* in Vedder/Heintschel von Heinegg, Art. 65 AEUV Rn. 17; *Schürmann* in Lenz/Borchardt, Art. 65 AEUV Rn. 13, 15; Streinz-*Sedlaczek/Züger*, Art. 65 AEUV Rn. 45 ff.

212 Vgl. insbesondere zur Erforderlichkeit EuGH v. 14.12.1995, Rs. C-163/94, Slg. 1995, I-4821 – Sanz de Lera u. a.; EuGH v. 14.3.2000, Rs. C-54/99, Slg. 2000, I-1335 – Église de scientologie; EuGH v. 28.9.2006, Rs. C-282/04, Slg. 2006, I-9141 – Kommission/Niederlande. *Schubert*, ZIP 2013, 289 (298).

213 In diese Richtung *Reinhard/Bitsch*, ArbRB 2011, 241 (244); *von Steinau-Steinrück/Mosch*, NJW-Spezial 2011, 178 (179).

Zustimmungsvorbehalt für die Abberufung zu statuieren.[214] Wer für die Zustimmung zuständig sein soll, lässt sich nicht eindeutig bestimmen. Einerseits dürfte die in § 9 Abs. 3 S. 1 MuSchG angegebene Behörde für Abberufungsentscheidungen von Gesellschaften nicht zuständig sein.[215] Andererseits ist unsicher, ob sich über § 39 GmbHG eine Zuständigkeit des Registergerichts begründen ließe, denn ein ausdrückliches Zustimmungserfordernis würde über das rein formale Prüfrecht des Registergerichts hinausgehen.[216] Daneben könnten die Richtlinienvorgaben auch dadurch erfüllt werden, dass für eine Abberufung einer schwangeren GmbH-Geschäftsführerin generell das Vorliegen eines wichtigen Grundes für die Abberufung gefordert wird.[217] Die Gesellschaft müsste dann das Vorliegen eines solchen durch eine Begründung der Kündigung darlegen. Schließlich könnte dem notwendigen Diskriminierungsschutz auch über § 242 BGB Rechnung getragen werden.[218] Wegen des mitgliedstaatlichen Gestaltungsspielraums bei der Umsetzung des Mutterschutzes und des Gleichbehandlungsschutzes würde die Auswahl einer konkreten Gestaltungsmöglichkeit die Grenzen der richtlinienkonformen Auslegung überschreiten und eine unzulässige richterliche Rechtsfortbildung darstellen. Dementsprechend ist eine richtlinienkonforme Auslegung von § 38 Abs. 1 GmbHG nicht möglich.[219]

4. Keine Möglichkeit zur richtlinienkonforme Auslegung von § 6 AGG

Wie bei der europarechtlichen Prüfung gezeigt, wird die Rechtslage *de lege lata* ungeachtet der Mutterschutzrichtlinie auch durch die Anforderungen der Gleichbehandlungsrichtlinien maßgeblich beeinflusst. Demnach besteht für als Arbeitnehmerinnen im europäischen Sinne geltende Fremd- und Minderheitsgesellschaftergeschäftsführerinnen zusätzlich nach Art. 14 Abs. 1 lit. c GbRL die Notwendigkeit, einen ausreichend effektiven Diskriminierungsschutz während der Schwangerschaft und nach der Geburt zu gewährleisten. Da § 38 Abs. 1 GmbHG nicht richtlinienkonform ausgelegt werden kann, müsste auf anderem Wege ein Minimalschutz vor diskriminierenden Abberufungen im nationalen Recht gewährleistet werden. Hierfür käme das AGG in Betracht.

---

214 Vgl. *Kruse/Stenslik*, NZA 2013, 596 (598).

215 Ebenso *Junker*, NZA 2011, 950 (951).

216 Vgl. zum Prüfrecht des Registergerichts *Kleindiek* in Lutter/Hommelhoff, § 39 GmbHG Rn. 10; MüKo-GmbHG/*Stephan/Tieves*, § 39 Rn. 39 ff.; *Schneider/Schneider/Hohenstatt* in Scholz (11. Aufl.), § 39 GmbHG Rn. 21 ff.; *Zöllner/Noack* in Baumbach/Hueck, § 39 GmbHG Rn. 18 ff.

217 Darauf hinweisend *Kruse/Stenslik*, NZA 2013, 596 (598); ähnlich *von Steinau-Steinrück/Mosch*, NJW-Spezial 2011, 178 (179).

218 So *Schubert*, EuZA 2011, 362 (370).

219 A.A.: ErfK-*Schlachter*, § 9 MuSchG Rn. 4; *Kruse/Stenslik*, NZA 2013, 596 (598).

Dazu müssten § 6 Abs. 3 AGG und § 6 Abs. 1 AGG richtlinienkonform ausgelegt werden.[220]

Der in § 6 Abs. 1 AGG verwendete Arbeitnehmerbegriff könnte zwar dahingehend richtlinienkonform ausgelegt werden, dass er auch nichtbeherrschende Fremd- und Minderheitsgesellschaftergeschäftsführerinnen erfasst.[221] In der Folge würde sich der Anwendungsbereich des AGG uneingeschränkt auf nichtbeherrschende GmbH-Geschäftsführerinnen erstrecken. Sie würden sowohl in Bezug auf ihr Anstellungsverhältnis als auch hinsichtlich ihres Organverhältnisses durch das AGG geschützt. Ein solch weitreichender Schutz von GmbH-Geschäftsführerinnen widerspräche jedoch der eindeutigen gesetzlichen Anordnung in § 6 Abs. 3 AGG. In § 6 Abs. 3 AGG hat der Gesetzgeber seinem Willen, dass AGG nur teilweise auf GmbH-Geschäftsführerinnen anwenden zu wollen, unmissverständlich Ausdruck verliehen.[222] § 6 Abs. 3 AGG bezweckt die Funktionstüchtigkeit der Gesellschaft und die Organisationsfreiheit der Gesellschafter sicherzustellen, indem der Gesellschafterversammlung eine freie, allein am Wohl der Gesellschaft ausgerichtete unternehmerische Entscheidung ermöglicht wird.[223] Dieser Zweck würde durch eine richtlinienkonforme Auslegung von § 6 Abs. 1 AGG vereitelt werden. Dies wäre auch dann der Fall, wenn § 6 Abs. 3 AGG wegen des Vorrangs des Unionsrechts nicht anwendbar wäre. Die Intention des Gesetzgebers wird hierdurch nicht verändert, sodass die Auslegung *contra legem* erfolgen würde.[224] Sie muss deshalb ausscheiden.[225]

Für beherrschende Mehrheits- und Alleingesellschaftergeschäftsführerinnen hingegen ist eine richtlinienkonforme Auslegung des § 6 Abs. 1 AGG bereits mangels Arbeitnehmereigenschaft nicht möglich. Deshalb bleibt es insgesamt für alle GmbH-Geschäftsführerinnen beim begrenzten Anwendungsbereich des AGG nach § 6 Abs. 3 GG.[226] Folglich wird die schwangere GmbH-Geschäftsführerin nicht durch das AGG vor einer Abberufung geschützt.[227]

---

220 Ausführlich hierzu *Eßer/Baluch*, NZG 2007, 321 (323 f.); *Preis/Sagan*, ZGR 2013, 26 (59 ff.); *Schubert*, ZIP 2013, 289 ff. Zur vergleichbaren Problematik bei § 2 Abs. 4 AGG vgl. BAG v. 6.11.2008, 2 AZR 523/07, AP Nr. 182 zu § 1 KSchG 1969 Betriebsbedingte Kündigung m. w. N.

221 Ebenso *Bauer/Arnold*, ZIP 2008, 993 (995); *Reufels/Molle*, NZA-RR 2011, 281 (283); *Schubert*, ZIP 2013, 289 (290 f.).

222 Vgl. hierzu auch BT-Drs. 16/1780, S. 34.

223 So ausdrücklich der BGH v. 23.4.2012, II ZR 163/10, NJW 2012, 2346.

224 Vgl. *Roth/Jopenj* in Riesenhuber, Europäische Methodenlehre, § 13 Rn. 55 ff.. A.A.: *Dzida/Naber*, ArbRB 2012, 373 (374); *Leopold*, ZESAR 2011, 362 (367); *Reufels/Molle*, NZA-RR 2011, 281 (283); *Schubert*, ZIP 2013, 289 (291); *Ziemons*, KSzW 2013, 19 (24), wobei lediglich *Schubert* den Wortlaut und Zweck des § 6 Abs. 3 AGG berücksichtigt.

225 *Bauer/Arnold*, ZIP 2008, 993 (996). In diese Richtung wohl auch *Oberthür*, NZA 2011, 253 (258).

226 Im Ergebnis ebenso *Schubert*, ZIP 2013, 289 (293); *Ziemons*, KSzW 2013, 19 (24).

227 *Preis/Sagan*, ZGR 2013, 26 (66); *Schubert*, EuZA 2011, 362 (370).

Nach alledem kann bei GmbH-Geschäftsführerinnen auf gesellschaftsrechtlicher Ebene kein Schutz vor diskriminierenden Abberufungen erreicht werden. Lediglich das Anstellungsverhältnis wird durch das MuSchG geschützt.

5. Ergebnis

Insgesamt kann dem durch die Richtlinienvorgaben und die EGRC ausgelösten Handlungsbedarf nur teilweise durch eine richtlinienkonforme Auslegung im nationalen Recht entsprochen werden. So können in entsprechender Übertragung der Grundsätze der Danosa-Entscheidung auf § 1 Nr. 1 MuSchG je nach Einzelfall Fremdgeschäftsführerinnen und Minderheitsgesellschaftergeschäftsführerinnen ohne Sperrminorität im Wege der richtlinienkonformen Auslegung unter den Arbeitnehmerbegriff des MuSchG subsumiert werden. Dies hat eine unbegrenzte Anwendung des MuSchG auf das Anstellungsverhältnis zur Folge. Bei einer unter die Mutterschutzrichtlinie fallenden Fremd- und Minderheitsgesellschaftergeschäftsführerin ohne Sperrminorität, die nach § 38 Abs. 1 GmbHG jederzeit frei abberufen werden kann, ist zudem eine Einschränkung der Abberufungsmöglichkeit erforderlich. Eine solche kann jedoch nicht durch eine restriktive Auslegung von § 38 Abs. 1 GmbHG erreicht werden. Ebenso scheidet eine richtlinienkonforme Auslegung von § 6 AGG aus. Beide richtlinienkonformen Auslegungen würden *contra legem* erfolgen.

Für beherrschende GmbH-Geschäftsführerinnen muss eine richtlinienkonforme Auslegung indessen von vornherein ausscheiden. Mangels gesetzlicher Regelungen, die der Umsetzung der aus Art. 8 GbRL-Selbst. dienen, bleibt es insoweit bei der vollständigen Europarechtswidrigkeit der Rechtslage *de lege lata.*

Dieses zwischen den verschiedenen Arten der GmbH-Geschäftsführerin variierende Ergebnis hat wegen der nur ausnahmsweisen unmittelbaren Wirkung von Richtlinien weitreichende Folgen für die Individualrechtsschutzmöglichkeiten einer betroffenen GmbH-Geschäftsführerin.

III. Folgen für Individualrechtsschutzmöglichkeiten einer betroffenen GmbH-Geschäftsführerin

Grundsätzlich sind die nationalen Gerichte wegen des den gemeinsamen Verfassungstraditionen der Mitgliedstaaten zugrundeliegenden und nunmehr in Art. 19 Abs. 1 Unterabs. 2 AEUV verankerten Grundsatzes des effektiven Rechtsschutzes verpflichtet, den Rechtsschutz zu gewährleisten, der sich für den Einzelnen aus den unionsrechtlichen Vorschriften ergibt.[228] Deshalb müssen die maßgeblichen nationalen Regelungen von den Fachgerichten so weit wie möglich anhand des

---

228 EuGH v. 15.5.1986, Rs. C-222/84, Slg. 1986, 1651 – Johnston; EuGH v. 1.4.2004, Rs. C-263/02, Slg. 2004, I-3425 – Kommission/Jégo-Quéré; *Wegener* in Calliess/Ruffert, Art. 19 AEUV Rn. 40 f.

Wortlauts und des Zweckes der Richtlinien ausgelegt werden, um zu einem Ergebnis zu gelangen, das mit den unionsrechtlich verfolgten Zielen vereinbar ist.[229]

In Bezug auf die Rechtslage *de lege lata* bedeutet dies, dass ein angerufenes Zivilgericht die volle Wirksamkeit der Mutterschutzrichtlinie sicherstellen und § 1 Nr. 1 MuSchG richtlinienkonform auslegen muss. Es hat deshalb die Anwendbarkeit des MuSchG auf die betroffene GmbH-Geschäftsführerin zu prüfen und die Grundsätze des Danosa-Urteils zu berücksichtigen. In der Folge müsste es das MuSchG vollumfänglich auf Fremd- und Minderheitsgesellschafterinnen anwenden. Auf diese Weise könnte ein ausreichender Individualrechtsschutz für nichtbeherrschende GmbH-Geschäftsführerinnen erreicht werden.

Dabei ist allerdings zu beachten, dass das zuständige Zivilgericht bei Zweifeln, inwiefern die Grundsätze des EuGH auf die deutsche GmbH-Geschäftsführerin zu übertragen sind, das Verfahren nach Art. 267 Abs. 2 AEUV aussetzen und dem EuGH die Frage zur Vorabentscheidung vorlegen könnte. Gleichermaßen könnte es die Frage nach der Reichweite der richtlinienkonformen Auslegung hinsichtlich der Abberufung und einer notwendigen Einschränkung des § 38 Abs. 1 GmbHG an den EuGH richten. Hierzu sind nationale Instanzengerichte, deren Urteile noch mit Rechtsmittel angreifbar sind, nach dem eindeutigen Wortlaut von Art. 267 Abs. 2 AEUV aber nicht verpflichtet, sondern *berechtigt*.[230] Eine Pflicht zur Vorlage besteht nur bei letztinstanzlichen Gerichten, gegen deren Urteile keine Rechtsmittel mehr statthaft sind.[231] Denn obgleich der EuGH gesetzlicher Richter im Sinne von Art. 101 Abs. 1 S. 2 GG ist,[232] ist ein nationales Gericht lediglich unter den Voraussetzungen des Art. 267 Abs. 3 AEUV von Amts wegen gehalten, den EuGH anzurufen.[233] Dies hat zur Folge, dass die GmbH-Geschäftsführerin zwar die Gründe für eine richtlinienkonforme Auslegung von § 1 Nr. 1 MuSchG vorbringen

229 St. Rspr., EuGH v. 13.11.1990, Rs. C-106/89, Slg. 1990, I-4135 – Marleasing; EuGH v. 14.7.1994, Rs. C-91/92, Slg. 1994, I-3325 – Faccini Dori; EuGH v. 23.2.1999, Rs. C-63/97, Slg. 1999, I-905 – BMW; EuGH v. 13.7.2000, Rs. C-456/98, Slg. 2000, I-6007 – Centrosteel; EuGH v. 5.10.2004, Rs. C-397/01, Slg. 2004, I-8835 – Pfeiffer u. a.; EuGH v. 24.1.2012, Rs. C-282/10, AP Nr. 7 zu Richtlinie 2003/88/EG – Dominguez; EuGH v. 27.6.2013, Rs. C-457/1 u. a., zit. nach Juris – VG Wort.

230 So ausdrücklich EuGH v. 15.9.2005, Rs. C-495/03, Slg. 2005, I-8151 – Intermodal Transports. Vgl. auch EuGH v. 17.2.2011, Rs. C-283/09, Slg. 2011, I-601 – Weryński; EuGH v. 20.10.2011, Rs. C-396/09, Slg. 2009, I-9915 – Interedil.

231 Vgl. EuGH v. 4.6.2002, Rs. C-99/00, Slg. 2002, I-4839 – Lyckeskog.

232 Grundlegend BVerfG v. 22.10.1986, 2 BvR 197/83 u. a., BVerfGE 73, 339 (366 f.); BVerfG v. 8.4.1987, 2 BvR 687/85, BVerfGE 75, 223 (233 f.).

233 Vgl. EuGH v. 6.10.1982, Rs. C-283/81, Slg. 1982, 3415 – Cilfit u. a.; EuGH v. 6.12.2005, Rs. C-461/03, Slg. 2005, I-10513 – Gaston Schul Douane-expediteur; BVerfG v. 31.5.1990, 2 BvL 12/88 u. a., BVerfGE 82, 159 (192 ff.); BVerfG v. 6.7.2010, 2 BvR 2661/06, BVerfGE 126, 286 (315 ff.); BVerfG v. 19.7.2011, 1 BvR 1916/09, BVerfGE 129, 78 (105). Zu den weiteren in der Rechtsprechung entwickelten Konkretisierungen siehe *Hofmann*, S. 573 (593 ff.).

kann, das Gericht hieran aber nicht gebunden ist.[234] Maßgeblich ist allein die in Ausübung seines Ermessens gebildete Überzeugung des Richters.[235] Das Gericht kann daher den Vortrag mit der Feststellung, dass die bisherige Handhabung der Rechtslage *de lege lata* unionsrechtskonform ist, zurückweisen.[236] Erst wenn das letztinstanzliche Gericht von den Grundsätzen des EuGH abweicht und eine Vorlage gänzlich ablehnt, käme eine Verfassungsbeschwerde wegen Verletzung des Rechts auf den gesetzlichen Richter in Betracht.[237] Eine Vorlage an den EuGH kann somit innerhalb des Instanzenzugs nicht erzwungen werden.[238]

Eine weitere Schwierigkeit für den Individualrechtsschutz einer betroffenen GmbH-Geschäftsführerin ergibt sich aus der fehlenden Anwendbarkeit des AGG auf die Abberufung von GmbH-Geschäftsführerinnen. Zwar würden Abberufungen aus Gründen der Schwangerschaft nach §§ 138, 242 BGB letzten Endes als unwirksam bezeichnet werden.[239] Allerdings wird der GmbH-Geschäftsführerin der Nachweis mangels Anwendbarkeit des § 22 AGG erheblich erschwert. Dies führte beispielsweise in der an den lettischen obersten Gerichtshof zurückverwiesenen Rechtssache *Danosa* dazu, dass Frau Danosa zwar als Arbeitnehmerin im Sinne des EuGH-Urteils der Mutterschutzrichtlinie angesehen, ihre Abberufung aber dennoch nicht für unwirksam erklärt wurde. Frau Danosa habe nicht ausreichend Tatsachen dazu vorgetragen, dass ihre Abberufung aus einem mit der Schwangerschaft zusammenhängenden Grund erfolgte.[240] Die Klage von Frau Danosa hatte daher keinen Erfolg. Gleiches droht der Klage einer deutschen GmbH-Geschäftsführerin.

Nichtbeherrschende GmbH-Geschäftsführerinnen können sich somit vor den Zivilgerichten auf die Europarechtswidrigkeit der Rechtslage *de lege lata* berufen. Sie können die Beachtung europarechtlicher Vorgaben vor den Zivilgerichten einfordern, eine verbindliche Entscheidung durch den EuGH während des Instanzenzuges aber nicht erzwingen. Erst bei einer Verletzung der Vorlagepflicht

---

234 *Lunk*, FS Bauer, S. 705 (718).

235 So ausdrücklich EuGH v. 27.10.1993, Rs. C-127/92, Slg. 1993, I-5535 – Enderby; EuGH v. 15.12.1995, Rs. C-415/93, Slg. 1995, I-4921 – Bosman; EuGH v. 5.2.2004, Rs. C-380/01, Slg. 2004, I-1389 – Schneider. *Borchardt* in Lenz/Borchardt, Art. 267 AEUV Rn. 24; *Frenz*, Band 5, Kapitel 20, § 3 Rn. 3288; Schwarze-*Schwarze*, Art. 267 AEUV Rn. 34. Zur Ermessensentscheidung ausführlich *Karpenstein* in Grabitz/Hilf/Nettesheim, Art. 267 AEUV Rn. 61 ff.

236 Vgl. EuGH v. 22.10.1987, Rs. C-314/85, Slg. 1987, 4199 – Foto-Frost; EuGH v. 6.7.2000, Rs. C-402/98, Slg. 2000, I-5501 – ATB u. a.; EuGH v. 10.1.2006, Rs. C-344/04, Slg. 2006, I-403 – IATA u. a.

237 BVerfG v. 25.2.2010, 1 BvR 230/09, AP Nr. 65 zu Art 101 GG; BVerfG v. 19.7.2011, 1 BvR 1916/09, BVerfGE 129, 78 (106); BVerfG v. 24.10.2011, 1 BvR 1103/11, zit. nach Juris; BVerfG v. 17.1.2013, 1 BvR 121/11 u. a., GmbHR 2013, 598.

238 *Frenz*, Band 5, Kapitel 20, § 3 Rn. 3291.

239 *Schubert*, ZIP 2013, 289 (293).

240 Urteil des lettischen obersten Gerichtshofes v. 19.1.2011, SKC-1/2011, abrufbar unter: http://at.gov.lv/files/uploads/files/archive/department1/2011/1-11.pdf (Stand: 7.3.2016).

durch das letztinstanzliche Gericht wäre eine Verfassungsbeschwerde der GmbH-Geschäftsführerin möglich. Bis dahin hängt die Effektivität des konkreten Individualrechtsschutz von der pflichtgemäßen Ausübung des gerichtlichen Ermessens ab.

Ungleich höhere Hürden stellen sich Mehrheits- und Alleingesellschaftsgeschäftsführerinnen, wenn sie vor den Zivilgerichten die Europarechtswidrigkeit der Rechtslage *de lege lata* geltend machen wollen. Zum einen kommt eine richtlinienkonforme Auslegung der bestehenden nationalen Regelungen nicht in Betracht. Zum anderen können wegen der fehlenden horizontalen Drittwirkung keine unmittelbaren Ansprüche auf Mutterschaftsleistungen aus der Gleichbehandlungsrichtlinie für Selbstständige abgeleitet werden. Einen Anspruch auf Mutterschutz können sie daher nicht erfolgreich gerichtlich durchsetzen. In der Folge sind – selbst wenn die Fachgerichte aufgrund des Vorrangs des Unionsrechts verpflichtet wären, entgegenstehende nationale Regelungen unangewendet zu lassen[241] – die Möglichkeiten der richterlichen Rechtsfortbildung begrenzt.[242] Bestehende Lücken im Mutterschutz und im Diskriminierungsschutz von beherrschenden Gesellschaftergeschäftsführerinnen könnten allenfalls über die zivilrechtlichen Generalklausel nach §§ 138, 242 BGB geschlossen werden.[243] Der hierdurch erreichte Schutz würde jedoch nicht die Anforderungen des Art. 8 GbRL-Selbst. erfüllen.[244] Folglich können Mehrheits- und Alleingesellschaftergeschäftsführerinnen keinen effektiven Rechtsschutz durch die Zivilgerichte erlangen. Ihnen bleibt nur ein Anspruch auf Schadensersatz nach den Grundsätzen der Staatshaftung wegen mangelhafter Umsetzung der Gleichbehandlungsrichtlinien.[245]

Nach alledem zeitigt die Europarechtswidrigkeit der Rechtslage *de lege lata* zumindest für Minderheitsgesellschafter- und Fremdgeschäftsführerinnen unmittelbare Folgen.

IV. Ergebnis

Die im vorangegangenen Kapitel vorgenommene Einordnung der GmbH-Geschäftsführerin auf europäischer Ebene und die damit verbundene Unterscheidung zwischen Fremd- und Minderheitsgesellschaftergeschäftsführerinnen einerseits und Allein- und Mehrheitsgesellschaftergeschäftsführerinnen andererseits setzt sich in den Lösungs- und Individualrechtsschutzmöglichkeiten fort. Dabei sind die konkreten europarechtlichen Folgen von einer großen Rechtsunsicherheit gekennzeichnet.

---

241 In diese Richtung *Oberthür*, NZA 2011, 253 (257); *Reiserer*, DB 2011, 2262 (2267); *von Steinau-Steinrück/Mosch*, NJW-Spezial 2011, 178 (179).

242 Vgl. BVerfG v. 17.1.2013, 1 BvR 121/11 u. a., GmbHR 2013, 598.

243 *Schubert*, ZIP 2013, 289 (294).

244 Zu den Anforderungen des Art. 8 GbRL-Selbst. bereits ausführlich im 3. Kapitel, 2. Abschnitt, II. 3. c. und d., S. 247 ff.

245 Grundlegend EuGH v. 19.11.1991, Rs. C-6/90, Slg. 1991, I-5357 – Francovich. Ähnlich *Frenz*, Band 5, Kapitel 1, § 1 Rn. 36; *Hetmeier* in Lenz/Borchardt, Art. 288 AEUV Rn. 15.

Zwar ist nach der bisherigen Rechtsprechung des EuGH eine unmittelbare Geltung von Richtlinien im Privatrechtsverhältnis abzulehnen, jedoch mit Blick auf die in der *Mangold*- und *Kücükdeveci*-Entscheidung geäußerten Grundsätze zukünftig nicht mehr völlig ausgeschlossen. Bis zu einer gegenteiligen Entscheidung des EuGH kann für die als Arbeitnehmerin im unionsrechtlichen Sinne zu behandelnde nichtbeherrschende GmbH-Geschäftsführerin ein Verstoß gegen Unionsrecht durch eine richtlinienkonforme Auslegung von § 1 Nr. 1 MuSchG zumindest insoweit vermieden werden, als dass ein ausreichender Schutz des Anstellungsverhältnisses erreicht wird. Deshalb können sich Fremd- und Minderheitsgesellschaftergeschäftsführerinnen im Zivilverfahren auf die Eröffnung des Anwendungsbereichs des MuSchG berufen und so ihre Rechte mittelbar geltend machen. Die Abberufung der GmbH-Geschäftsführerin während der Schwangerschaft wird hingegen nicht durch eine entsprechende Beschränkung von § 38 Abs. 1 GmbHG oder durch ein Diskriminierungsverbot nach dem AGG verhindert. In dieser Hinsicht ist ein Rechtsschutz durch die Zivilgerichte ausgeschlossen. Nichtbeherrschenden GmbH-Geschäftsführerinnen stehen somit teilweise Rechtsschutzmöglichkeiten zur Verfügung.

Unterdessen haben Mehrheits- und Alleingesellschaftergeschäftsführerinnen wie schon in Bezug auf die Verfassungswidrigkeit kaum Möglichkeiten, ihre Rechte gerichtlich geltend machen. Sie können die Europarechtswidrigkeit der Rechtslage *de lege lata* nicht erfolgversprechend geltend machen. Weder die vorhandenen Regelungen für Arbeitnehmerinnen in § 1 Nr. 1 MuSchG noch der Anwendungsbereich des AGG nach § 6 AGG können richtlinienkonform erweitert werden. Bei ihnen fehlt es daher an gesetzlichen Regelungen, die in unionrechtskonformer Auslegung Ansprüche vermitteln könnten.

Mithin kann die auf verfassungsrechtlicher Ebene als unbefriedigend empfundene Situation nur partiell abgemildert werden. Vor diesem Hintergrund ist der Gesetzgeber aufzufordern, seinen verfassungsrechtlichen und europarechtlichen Verpflichtungen nachzukommen und für alle erwerbstätigen GmbH-Geschäftsführerinnen ein Mindestmaß an Mutterschutz und Chancengleichheit zu gewährleisten. Ferner ist wegen der verbleibenden Rechtsunsicherheiten an die Rechtsprechung zu appellieren, ein Vorlageverfahren anzustreben – erzwingbar ist dies aber ebenso wenig wie ein Handeln des Gesetzgebers.

Zusammenfassung und abschließende Würdigung

Die Anwendung deutscher Arbeitnehmerschutzgesetze hängt grundsätzlich von der Arbeitnehmereigenschaft eines Beschäftigten ab – daran vermag die vorliegende Untersuchung nicht zu rütteln. Auch nicht daran, dass GmbH-Geschäftsführerinnen diese Eigenschaft zumindest im Zivilrecht nach dem derzeitigen Stand der deutschen Rechtsprechung und der überwiegenden Literatur nicht zugeschrieben wird, wobei die Begründungen hierfür variieren. Während der BGH und die gesellschaftsrechtliche Literatur die Arbeitnehmereigenschaft generell für unvereinbar mit der Organstellung und der Position der GmbH-Geschäftsführerin im Unternehmen ansehen, weicht das BAG von dieser Position ab und hält die Qualifikation einer GmbH-Geschäftsführerin als Arbeitnehmerin im Ausnahmefall für möglich. Dennoch hatte diese Abweichung der arbeitsrechtlichen Rechtsprechung bisher nicht zur Folge, dass GmbH-Geschäftsführerinnen als Arbeitnehmerinnen qualifiziert worden wären. Denn maßgebliches Kriterium für die Arbeitnehmereigenschaft bildet auch weiterhin die persönliche Abhängigkeit, die sich bei GmbH-Geschäftsführerinnen in einer über die gesellschaftsrechtlichen Weisungen der Gesellschafterversammlung hinausgehenden Weisungsgebundenheit zeigen müsse. An dieser fehlte es bislang in den wegen der gesetzlichen Fiktion in § 5 Abs. 1 S. 3 ArbGG wenigen von den Arbeitsgerichten entschiedenen Fällen.

Allerdings hat die vorangegangene Untersuchung verdeutlicht, dass die derzeitige Beurteilung des Status von GmbH-Geschäftsführerinnen zahlreichen methodisch und rechtsdogmatisch fundierten Kritikpunkten begegnet. So kann die herrschende Ansicht nicht überzeugen, soweit sie sich auf die Ausübung von Arbeitgeberfunktionen oder von originärer Leitungsmacht durch die GmbH-Geschäftsführerin beruft. Auch das Inkompatibilitätsargument kann nicht schon per se die Unanwendbarkeit arbeitsrechtlicher Normen rechtfertigen. Das Primat der Organstellung eignet sich ebenso wenig zur Lösung der Rechtsgebietskonkurrenz wie die strikte Trennung zwischen korporationsrechtlicher und arbeitsrechtlicher Weisungsgebundenheit. Die Auseinandersetzung mit den wesentlichen Argumenten der herrschenden Meinung führte hingegen zu der Annahme, dass eine rechtsdogmatisch zutreffende Einordnung der GmbH-Geschäftsführerin nur aufgrund einer Gesamtwürdigung aller Umstände des Einzelfalls erfolgen kann. Es ist zu prüfen, ob die jeweilige GmbH-Geschäftsführerin die wesentlichen Eigenschaften einer Arbeitnehmerin – die Weisungsgebundenheit und die betriebliche Eingliederung – aufweist. Erst im Anschluss ist sodann zu betrachten, inwiefern der Arbeitnehmerstatus einer GmbH-Geschäftsführerin die Anpassung oder Einschränkung gesellschaftsrechtlicher Normen bedingt.

Diese allgemeinen Betrachtungen zur Arbeitnehmereigenschaft der GmbH-Geschäftsführerin werden im Bereich des Mutterschutzes durch das Urteil des EuGH in der Rechtssache *Danosa* untermauert, wonach auch Mitglieder der Unternehmensleitung einer Kapitalgesellschaft in einem für die Arbeitnehmereigenschaft im unionsrechtlichen Sinne notwendigen Unterordnungsverhältnis tätig sein können. In entsprechender Übertragung der maßgeblichen Urteilsgrundsätze sind deutsche GmbH-Geschäftsführerinnen dann als Arbeitnehmerinnen zu behandeln, wenn sie in die Gesellschaft eingegliedert sind, den Weisungen oder der Aufsicht eines anderen Organs unterliegen und jederzeit ohne Einschränkung vom Amt abberufen werden können. Eine wie von der herrschenden Meinung im nationalen Recht favorisierte Trennung zwischen gesellschaftsrechtlicher und dienstvertraglicher Ebene findet auf europäischer Ebene zumindest im Rahmen der Mutterschutzrichtlinie nicht statt. Vielmehr können als maßgebliche Indizien für eine Weisungsgebundenheit unterschiedlich stark ausgeprägte Berichts- und Unterrichtungspflichten sowie die Pflicht zur Rechenschaftsablegung, infolge derer eine Überwachung der Geschäftsführerin durch die Gesellschafterversammlung ermöglicht wird, herangezogen werden. Ferner können die konkreten Umstände der Bestellung sowie die Bedingungen, unter denen die Abberufung der GmbH-Geschäftsführerin erfolgt, eine persönliche Abhängigkeit begründen. Damit sind die Anforderungen an die Weisungsgebundenheit aus europarechtlicher Perspektive weniger restriktiv als nach der nationalen Rechtsprechung.

Ausgehend von diesen Grundsätzen hat eine Analyse der gesetzestypischen Ausgestaltung der Pflichten der GmbH-Geschäftsführerin offenbart, dass Fremd- und Minderheitsgesellschaftergeschäftsführerinnen ohne Sperrminorität, die jederzeit nach § 38 Abs. 1 GmbHG abberufen werden können, Arbeitnehmerinnen im Sinne der Mutterschutzrichtlinie sind. Fremd- und Minderheitsgesellschaftergeschäftsführerinnen ohne Sperrminorität haben keinen beherrschenden Einfluss auf die Geschicke der Gesellschaft, sondern setzen als bloße Ausführungsorgane die unternehmerischen Ziele, die von der Gesellschafterversammlung nach § 45 Abs. 1 GmbHG und entsprechend der Bestimmungen in der Gesellschaftssatzung festgesetzt werden, in die Tat um. Etwas anderes gilt jedoch dann, wenn sie GmbH-Geschäftsführerin einer paritätisch mitbestimmten GmbH sind. Ebenso sind Minderheitsgesellschaftergeschäftsführerinnen mit Sperrminorität sowie Mehrheits- und Alleingesellschaftergeschäftsführerinnen nicht als Arbeitnehmerinnen im Sinne der Mutterschutzrichtlinie anzusehen. Sie verfügen gewöhnlich infolge ihrer Kapitalbeteiligung über eine Unabhängigkeit, welcher der Annahme einer weisungsgebundenen Tätigkeit entgegensteht. Die Frage nach der Anwendbarkeit der Mutterschutzrichtlinie auf Geschäftsführerinnen ist mithin dahingehend zu beantworten, dass sich dies im Einzelfall danach richtet, ob die Arbeitsleistung der Geschäftsführerin infolge einer umfassenden Rechenschaftspflicht gegenüber der Gesellschafterversammlung oder einem Aufsichtsrat als fremdbestimmt anzusehen ist und ob ihre Dispositionsfreiheit aufgrund der jederzeitigen Abberufbarkeit nach § 38 Abs. 1 GmbHG erheblich eingeschränkt ist. Dies ist ein wesentliches Ergebnis der vorliegenden Arbeit.

Die vorgenommene Einordnung der Fremdgeschäftsführerinnen als Arbeitnehmerin im Sinne der Mutterschutzrichtlinie gab den Anstoß dafür, den nationalen

Mutterschutz für GmbH-Geschäftsführerinnen insgesamt einer näheren Betrachtung zu unterziehen. Der deutsche Mutterschutz verfolgt neben der Verwirklichung des aus Art. 6 Abs. 4 GG resultierenden Anspruchs einer jeden Mutter auf Schutz und Fürsorge durch die Gemeinschaft weitere Ziele, wie den Gesundheitsschutz von Mutter und (ungeborenem) Kind, die Förderung der Frauenerwerbstätigkeit durch eine Verbesserung der Vereinbarkeit von Familie und Beruf, die Ermöglichung der persönlichen Betreuung des Kindes nach der Geburt oder die Herstellung von Chancengleichheit zwischen den Geschlechtern. Obgleich diese Ziele nicht spezifisch an die Arbeitnehmereigenschaft anknüpfen, sondern gleichermaßen für alle erwerbstätigen Mütter gelten, hat sich die Regelungsabsicht des nationalen Gesetzgebers auf den Schutz von Arbeitnehmerinnen konkretisiert. Deshalb bedingen weder die kodifizierten, legislativen Intentionen noch die Historie des deutschen Mutterschutzes eine Abstraktion des Begriffes der Arbeitnehmerin in § 1 Nr. 1 MuSchG dahingehend, dass auch Nichtarbeitnehmerinnen vom Geltungsbereich des MuSchG erfasst werden. Allerdings ergibt sich die Notwendigkeit zur Erweiterung des nationalen Mutterschutzes aus den verfassungsrechtlichen Wertentscheidungen des Art. 6 Abs. 4 GG, Art. 3 Abs. 1 und Abs. 2 GG. So unterschreitet die Rechtslage *de lege lata* für alle GmbH-Geschäftsführerinnen die Mindestanforderungen des Art. 6 Abs. 4 GG. Schwangeren Frauen außerhalb des MuSchG werden kein Gesundheitsschutz am Arbeitsplatz, keine angemessene Schonzeiten vor und nach der Geburt, kein effektiver Schutz vor einer einseitigen und ungewollten Beendigung des Beschäftigungsverhältnisses und keine ausreichende Unterhaltssicherung während schwangerschafts- und geburtsbedingter Abwesenheiten gewährt. Diese mutterschutzspezifischen Maßnahmen würden zugleich die Vereinbarkeit von Familie und Beruf fördern und dadurch Chancengleichheit zwischen den Geschlechtern gewährleisten. Deshalb leistet der Mangel an entsprechenden Regelungen zudem einer Diskriminierung von schwangeren GmbH-Geschäftsführerinnen Vorschub. Schließlich stellt der gänzliche Ausschluss aus dem MuSchG für Fremd- und Minderheitsgesellschaftergeschäftsführerinnen eine verfassungswidrige Ungleichbehandlung im Sinne des Art. 3 Abs. 1 GG dar. Es besteht mithin auf nationaler Ebene in mehrfacher Hinsicht Handlungsbedarf.

Zu einem ähnlichen Ergebnis hat die Überprüfung des nationalen Mutterschutzes an den europäischen Vorgaben geführt. Auch das unionsrechtliche Sekundärrecht bedingt eine Wende in der Behandlung von GmbH-Geschäftsführerinnen auf nationalrechtlicher Ebene. So weichen in Bezug auf Fremd- und Minderheitsgesellschaftergeschäftsführerinnen ohne Sperrminorität die Anwendungsbereiche der Mutterschutzregelungen auf europäischer und nationaler Ebene erheblich voneinander ab. Da der Gesetzgeber außerhalb des MuSchG keines der in der Richtlinie 92/85/EWG und in Art. 33 Abs. 2 EGRC verankerten Leitprinzipien – wie der Sicherheits- und Gesundheitsschutz durch Prävention, Vorsorge und risikobedingter Anpassung der Arbeitsbedingungen, das Recht auf Abwesenheit vom Arbeitsplatz vor und nach der Geburt und die ergänzende Beschäftigungssicherung – Ausdruck verliehen hat, bestehen im nationalen Recht erhebliche Umsetzungsdefizite für nichtbeherrschende GmbH-Geschäftsführerinnen. Diese werden wegen der Geltung der Grundsätze der *Danosa*-Entscheidung zur Einordnung von deutschen GmbH-Geschäftsführerinnen für die Richtlinie 2006/54/EG um gleichbehandlungsrechtliche Anforderungen ergänzt, denen das AGG in seiner derzeitigen Ausgestaltung nicht genügt. Schließlich hielt der Gesetzgeber bislang zu Unrecht gesetzliche Regelungen zur Umsetzung des in Art. 8 der Richtlinie 2010/41/EG enthaltenen Anspruchs von Allein- und Mehrheitsgesellschaftergeschäftsführerinnen auf Mutterschaftsleistungen für entbehrlich.

Insgesamt hat die vorstehende Untersuchung verdeutlicht, dass sich der Gesetzgeber auch im Bereich des Mutterschutzes nicht auf die Selbstregulierung der Rechtsbeziehungen durch die Parteien- und Privatautonomie zurückziehen darf. Denn das Prinzip der Privatautonomie vermag einen hinreichenden Schutz nur insoweit gewährleisten, als dass zwischen den Vertragsparteien ein annäherndes Kräftegleichgewicht besteht, infolgedessen in freier Selbstbestimmung ein sachgerechter Ausgleich der gegenläufigen Interessen der Parteien erfolgen kann. Bestehen aber zwischen den Parteien soziale und wirtschaftliche Ungleichgewichte, so ist der Gesetzgeber gehalten, diesen entgegen zu wirken. Dies gilt umso mehr, als dass die der freien Parteienautonomie unterliegende Rechtslage vorliegend im Widerspruch zu den verfassungsrechtlichen Wertentscheidungen des Grundgesetzes und den unionsrechtlichen Umsetzungsverpflichtungen des Gesetzgebers steht. Den Gesetzgeber trifft daher die Pflicht, seiner aus Art. 6 Abs. 4 GG resultierenden Schutz- und Fürsorgepflicht und dem in Art. 3 Abs. 2 GG kodifizierten Förderungsgebot, das auf die Durchsetzung der Chancengleichheit in der Zukunft gerichtet ist, durch gesetzliche Regelungen zum Mutterschutz für GmbH-Geschäftsführerinnen nachzukommen. Da § 1 Nr. 1 MuSchG einer verfassungskonformen Auslegung nicht zugänglich ist, scheidet eine Interimskorrektur durch die Zivilgerichte aus. Hingegen können die unionsrechtlichen Umsetzungsverpflichtungen teilweise, nämlich für nichtbeherrschende Fremd- und Minderheitsgesellschaftergeschäftsführerinnen, durch eine richtlinienkonforme Auslegung von § 1 Nr. 1 MuSchG erfüllt werden. Da hierdurch aber nur das Anstellungsverhältnis dem Mutterschutz unterworfen wird und selbstständige GmbH-Geschäftsführerinnen außen vor bleiben, besteht weiterhin ein erheblicher Umsetzungsbedarf, der ein Handeln des Gesetzgebers erfordert.

Den Gesetzgeber trifft daher die Pflicht, seinen umfangreichen Verpflichtungen durch eine Neuregelung des Mutterschutzes für GmbH-Geschäftsführerinnen nachzukommen. Eine Neugestaltung könnte beispielsweise dadurch erfolgen, dass der Anwendungsbereich des MuSchG vollständig auf nichtbeherrschende GmbH-Geschäftsführerinnen ausgedehnt wird, während dem niedrigeren Schutzbedürfnis von Allein- und Mehrheitsgesellschaftergeschäftsführerinnen durch ein abgestuftes Schutzsystem unter Berücksichtigung der gleichbehandlungsrechtlichen Wertungen des Art. 3 Abs. 1 GG Rechnung getragen wird. Dem Gesetzgeber bieten sich unzählige Gestaltungsmöglichkeiten. Nur ein kompletter Ausschluss von GmbH-Geschäftsführerinnen vom Mutterschutz ist, wie gezeigt, nicht möglich. In jedem Fall gilt es, den Mutterschutz künftig entsprechend der verfassungsrechtlichen Wertentscheidung in Art. 6 Abs. 4 GG als gemeinschaftliche Verpflichtung sozialverträglich für Beschäftigte und Beschäftigungsgeber auszugestalten. Zudem muss den sozialen Herausforderungen, denen sich unsere Gesellschaft im Hinblick auf Demographiewandel und Gleichstellung der Geschlechter ausgesetzt sieht, begegnet werden. Vor diesem Hintergrund ist eine grundlegende Reform des nationalen Mutterschutzes angezeigt.

Bis dahin sind die zukünftigen Entwicklungen in diesem Bereich mit Spannung abzuwarten. In Anbetracht der langjährigen und von der bisherigen Kritik unbeeindruckbaren Rechtsprechung des BGH lässt besonders die Reaktion der Zivilgerichte auf ihre aus Art. 288 Abs. 3 AEUV und Art. 4 Abs. 3 EUV resultierende Verpflichtung zur Übernahme der Grundsätze der *Danosa*-Entscheidung Raum für Spekulationen. Es ist zu erwarten, dass die Zivilgerichte ihre Haltung zur Arbeitnehmereigenschaft von GmbH-Geschäftsführerinnen frühestens nach einem aus Sicht einer betroffenen GmbH-Geschäftsführerin erfolgreich durchgeführten Zwischenverfahren nach Art. 267 AEUV oder nach der positiven Feststellung einer Vertragsverletzung durch die Bundesrepublik Deutschland ändern werden. Gleichzeitig begründet die *Danosa*-Entscheidung aber keine Pflicht zu einem umfassenden Paradigmenwechsel. Die Folgen des Urteils gehen nämlich nicht so weit, als dass das gesamte unionsrechtlich determinierte Arbeitnehmerschutzrecht pauschal auf nichtbeherrschende GmbH-Geschäftsführerinnen Anwendung finden müsste. Der EuGH hat keinen unionsrechtlich-einheitlichen Arbeitnehmerbegriff statuiert. Deshalb muss der verwendete Arbeitnehmerbegriff auch weiterhin für jede Unionsvorschrift gesondert überprüft werden. Nur wenn die Ziele und Intentionen der zugrunde liegenden unionsrechtlichen Regelungen eine unionsautonome Bestimmung des Arbeitnehmerbegriffes im Sinne der *Danosa*-Entscheidung erfordern, ist eine Anwendung auf GmbH-Geschäftsführerinnen möglich. Damit könnten Fremd- und Minderheitsgesellschaftergeschäftsführerinnen unter den Anwendungsbereich weiterer Richtlinien, wie beispielsweise der Urlaubsrichtlinie 2003/88/EG, fallen. Mithin ist die Rechtsentwicklung im Bereich der arbeitsrechtlichen Stellung der GmbH-Geschäftsführerin noch nicht abgeschlossen. Vielmehr werden sich neben dem Mutterschutz zukünftig weitere Spannungsfelder zwischen unionsrechtlich determinierten Arbeitnehmerschutz und Gesellschaftsrecht eröffnen.

Literaturverzeichnis

Adamy, Wilhelm: »Stellenwert der IAO-Normen für Arbeitsschutz und frauenspezifische Antidiskriminierungspolitik« in Bundesministerium für Arbeit und Sozialordnung / Bundesvereinigung der deutschen Arbeitgeberverbände / Deutscher Gewerkschaftsbund (Hrsg.), Weltfriede durch soziale Gerechtigkeit – 75 Jahre Internationale Arbeitsorganisation, S. 179–203, Baden-Baden, 1994. Zitiert als: *Adamy*.

Albers, Marion: »„Inländerdiskriminierung" am Beispiel des Handwerkrechts«, JZ 2008, 708–714.

Amberg, Irmgard: Divergierende höchstrichterliche Rechtsprechung, Berlin, 1998.

Archiv der Münchner Arbeiterbewegung e.V. u. a. (Hrsg.): Macht und Gesellschaft – Männer und Frauen in der NS-Zeit: Eine Perspektive für ein künftiges NS-Dokumentationszentrum München, Tagungsband der Tagung vom 18. / 19. Juni 2004, München, 2004.

Ascheid, Reiner / Preis, Ulrich / Schmidt, Ingrid (Hrsg.): Kündigungsschutzrecht, München, 4. Auflage 2012. Zitiert als: *Bearbeiter* in Ascheid/Preis/Schmidt.

Aubel, Tobias: Der verfassungsrechtliche Mutterschutz, Berlin, 2003.

Baeck, Ulrich / Winzer, Thomas: »Mitglied des Vertretungsorgans einer Gesellschaft als Arbeitnehmer«, NZG 2011, 101.

Bauer, Jobst-Hubertus: »Anmerkung zu EuGH-Urteil v. 11.11.2010, Rs. C-232/09«, GWR 2010, 586.

Bauer, Jobst-Hubertus /Arnold, Christian: »AGG-Probleme bei vertretungsberechtigten Organmitgliedern«, ZIP 2008, 993–1003.

Bauer, Jobst-Hubertus /Arnold, Christian: »Kann die Geltung des KSchG für GmbH-Geschäftsführer vereinbart werden?«, ZIP 2010, 709–713.

Bauer, Jobst-Hubertus /Arnold, Christian: »Altersdiskriminierung von Organmitgliedern«, ZIP 2012, 597–605.

Bauer, Jobst-Hubertus / Göpfert, Burkhard / Krieger, Steffen: »Diskriminierungsrisiken bei Organmitgliedern«, DB 2005, 595–599.

Bauer, Jobst-Hubertus / Gragert, Nicola: »Der GmbH-Geschäftsführer zwischen Himmel und Hölle«, ZIP 1997, 2177–2184.

Baumbach, Adolf (Begr.) / *Hueck, Alfred* (Hrsg.): GmbHG, München, 20. Auflage 2013. Zitiert als: *Bearbeiter* in Baumbach/Hueck.

Becker, Ulrich / Kingreen, Thorsten (Hrsg.): SGB V – Gesetzliche Krankenversicherung, Kommentar, München, 4. Auflage 2014. Zitiert als: *Bearbeiter* in Becker/Kingreen.

Bergmann, Jan (Hrsg.): Handlexikon der Europäischen Union, Baden-Baden, 5. Auflage 2014. Zitiert als: *Bearbeiter* in Bergmann.

Berghahn, Volker / Haverkamp, Alfred (Hrsg.): Gebhardt – Handbuch der deutschen Geschichte, Band 16: Das Kaiserreich 1871–1914. Industriegesellschaft, bürgerliche Kultur und autoritärer Staat, Stuttgart, 10. Auflage 2003. Zitiert als: *Berghahn.*

Bettermann, Karl August / Nipperdey, Hans Carl / Scheuner, Ulrich (Hrsg.): Die Grundrechte – Handbuch der Theorie und Praxis der Grundrechte, Dritter Band, 1. Halbband, Berlin, 1958. Zitiert als: *Bearbeiter*, GRe III/1.

Beuthien, Volker / Wehler, Thomas: »Stellung und Schutz der freien Mitarbeiter im Arbeitsrecht«, RdA 1978, 2–10.

Boemke, Burkhard: »Das Dienstverhältnis des GmbH-Geschäftsführers zwischen Gesellschafts- und Arbeitsrecht«, ZfA 1998, 209–235.

Brand, Jürgen: Untersuchungen zur Entstehung der Arbeitsgerichtsbarkeit in Deutschland, Band 1: Zwischen genossenschaftlicher Standesgerichtsbarkeit und kapitalistischer Fertigungskontrolle, Pfaffenweiler, 1990. Zitiert als: *Brand*, Band 1.

Brand, Jürgen: Untersuchungen zur Entstehung der Arbeitsgerichtsbarkeit in Deutschland, Band 2: Von der Ehre zum Anspruch, Frankfurt a. M., 2002. Zitiert als: *Brand*, Band 2.

Brand, Jürgen: Untersuchungen zur Entstehung der Arbeitsgerichtsbarkeit in Deutschland, Band 3: Die Rechtsprechung der rheinischen Gewerbegerichte von 1840 bis 1891 unter besonderer Berücksichtigung des Gewerbegerichts in Elberfeld, Frankfurt a. M., 2008. Zitiert als: *Brand*, Band 3.

Braun, Lily: Die Frauenfrage, Bonn, 1979 (Nachdruck der 1901 im Verlag S. Hirzel, Leipzig erschienenen 1. Auflage).

Bross, Nikolaus / Flohr, Eckhard (Hrsg.): Vertragshandbuch Geschäftsführer, Vorstand, Aufsichtsrat – Rechtliche Darstellung, Vertragsmuster, Satzungsklauseln, Münster, 1. Auflage 2011. Zitiert als: *Bearbeiter* in Bross/Flohr.

Buchner, Herbert: »Mutterschutz auf dem Wege vom Arbeitsrecht zur Familienpolitik – Das Gesetz zur Einführung eines Mutterschaftsurlaubs«, NJW 1979, 1793–1802.

Buchner, Herbert /Becker, Ulrich: Mutterschutzgesetz und Bundeselterngeld- und Elternzeitgesetz, Kommentar, München, 8. Auflage 2008. Zitiert als: *Buchner/Becker.*

Bumke, Christian / Voßkuhle, Andreas: Casebook Verfassungsrecht, München, 7. Auflage 2015. Zitiert als: *Bumke/Voßkuhle.*

Bundesagentur für Arbeit (Hrsg.): Statistik / Arbeitsmarktberichterstattung, Juni 2015: Der Arbeitsmarkt in Deutschland – Frauen und Männer am Arbeitsmarkt 2014, Nürnberg, 2015. Zitiert als: Frauen und Männer am Arbeitsmarkt 2014.

Bundesministerium für Familie, Senioren, Frauen und Jugend (Hrsg.): Leitfaden zum Mutterschutz, 10. Auflage 2015. Zitiert als: Leitfaden des BMFSFJ zum Mutterschutz.

Callies, Christian / Ruffert, Matthias (Hrsg.): EUV / AEUV: Das Verfassungsrecht der Europäischen Union mit europäischer Grundrechtecharta – Kommentar, München, 4. Auflage 2011. Zitiert als: *Bearbeiter* in Callies/Ruffert.

Czycholl, Roland / Frieling, Tino: »Auswirkungen der Europäischen Sozialcharta auf das Arbeitskampfrecht – Das Streikrecht aus Art. 6 Abs. 4 ESC als vorrangige gesetzgeberische Entscheidung«, ZESAR 2011, 322–327.

Dahm, Katharina: »Die neue Richtlinie zum Elternurlaub«, EuZA 2011, 30–52.

Däubler, Wolfgang: »Die Implementation von ILO-Übereinkommen – Erfahrungen und Überlegungen in Deutschland« in: Bauer, Jobst-Hubertus / Beckmann, Paul Werner / Lunk, Stefan / Meier, Hans-Georg / Schipp, Johannes / Schütte, Reinhard (Hrsg.), Arbeitsgemeinschaft Arbeitsrecht im Deutschen Anwaltverein – Festschrift zum 25-jährigen Bestehen, Bonn, 2006, S. 1183–1205. Zitiert als: *Däubler*, FS ARGE.

Däubler, Wolfgang / Bertzbach, Martin (Hrsg.): Allgemeines Gleichbehandlungsgesetz – Handkommentar, Baden-Baden, 3. Auflage 2013. Zitiert als: HK-AGG/*Bearbeiter*.

Deutscher Bundestag / Bundesarchiv (Hrsg.) / *Pikart, Eberhard / Werner, Wolfram (Bearb.)*: Der Parlamentarische Rat 1948–1949 – Akten und Protokolle, Band V/2: Ausschuss für Grundsatzfragen, Boppard am Rhein, 1993. Zitiert als: ParlRat, V/2.

Deutscher Bundestag / Bundesarchiv (Hrsg.) / *Hollmann, Michael* (Bearb.): Der Parlamentarische Rat 1948–1949 – Akten und Protokolle, Band VII: Entwürfe zum Grundgesetz, Boppard am Rhein, 1995. Zitiert als: ParlRat, VII.

Deutscher Bundestag / Bundesarchiv (Hrsg.) / *Feldkamp, Michael F.* (Bearb.): Der Parlamentarische Rat 1948–1949 – Akten und Protokolle, Band XIV/1: Hauptausschuss, Boppard am Rhein, 2009. Zitiert als: ParlRat, XIV/1.

Deutscher Bundestag /Bundesarchiv (Hrsg.) /*Feldkamp, Michael F.* (Bearb.): Der Parlamentarische Rat 1948–1949 – Akten und Protokolle, Band XIV/2: Hauptausschuss, Boppard am Rhein, 2009. Zitiert als: ParlRat, XIV/2.

Diller, Martin: Gesellschafter und Gesellschaftsorgane als Arbeitnehmer, Köln, 1994.

Dreier, Horst (Hrsg.): Grundgesetz – Kommentar, Tübingen

- Band 1: Art. 1–19, 3. Auflage 2013,
- Band 3: Art. 83–146, 2. Auflage 2008.

Zitiert als: Dreier-*Bearbeiter*.

Duden: Das große Wörterbuch der deutschen Sprache in zehn Bänden, Band 3: Einl – Geld, Mannheim, Leipzig u. a., 1999. Zitiert als: *Duden*.

Dzida, Boris / Naber, Sebastian: »Diskriminierungsschutz für GmbH-Geschäftsführer und Vorstandsmitglieder – Auswirkungen der neuen BGH-Rechtsprechung auf die Beratung von Führungskräften und Unternehmen«, ArbRB 2012, 373–376.

Enneccerus, Ludwig / Kipp, Theodor / Wolff, Martin (Begr.) / *Nipperdey, Hans Carl*: Lehrbuch des Bürgerlichen Rechts, Allgemeiner Teil des Bürgerlichen Rechts, Erster Halbband, Tübingen, 15. Auflage 1959. Zitiert als: *Enneccerus-Nipperdey*.

Ebert, Oliver: »Sozialversicherungspflicht von GmbH-Geschäftsführern – Prüfungskriterien für die verschiedenen Geschäftsführer-Konstellationen im Überblick«, ArbRB 2012, 24–27.

Edel, Ute: Die Entwicklung des Mutterschutzes in Deutschland, Baden-Baden, 1993.

Erbs, Georg (Begr.) / *Kohlhaas, Max* (vorm. Hrsg.) / *Ambs, Friedrich* (Hrsg.): Strafrechtliche Nebengesetze, Band III, München, 204. Ergänzungslieferung (Stand: September 2015). Zitiert als: *Bearbeiter* in Erbs/Kohlhaas.

Eßer, Walter / Baluch, Christina: »Bedeutung des Allgemeinen Gleichbehandlungsgesetzes für Organmitglieder«, NZG 2007, 321–332.

Fabisch, Dieter: Die unmittelbare Drittwirkung der Grundrechte im Arbeitsrecht – Die Auswirkungen der von Hans Carl Nipperdey begründeten Lehre auf die Rechtsprechung des Bundesarbeitsgerichts, Frankfurt a. M. u. a., 2010.

Fischer, Ulrich: »Die Fremdgeschäftsführerin und andere Organvertreterauf dem Weg zur Arbeitnehmereigenschaft«, NJW 2011, 2329–2332.

Fleischer, Holger / Goette, Wulf (Hrsg.): Münchener Kommentar zum GmbHG, Band 2: §§ 35–52, München, 2. Auflage 2015. Zitiert als: MüKo-GmbHG/*Bearbeiter*.

Fleck, Hans-Joachim: »Das Organmitglied – Unternehmer oder Arbeitnehmer?« in: Dieterich, Thomas / Gamillscheg, Franz / Wiedemann, Herbert (Hrsg.), Festschrift für Marie Luise Hilger und Hermann Stumpf, München, 1983, S. 197–226. Zitiert als: *Fleck*, FS Hilger/Stumpf.

Forst, Gerrit: »Unterliegen Geschäftsführer dem Bundesurlaubsgesetz (BUrlG)?«, GmbHR 2012, 821–827.

Freckmann, Anke: »Der GmbH-Geschäftsführer im Arbeits- und Sozialversicherungsrecht – Ein Überblick unter Berücksichtigung der neuesten Rechtsprechung«, DStR 2008, 52–60.

Frenz, Walter: Handbuch Europarecht,

- Band 4: Europäische Grundrechte,
- Band 5: Wirkungen und Rechtsschutz,

Berlin, Heidelberg, 2009 / 2010. Zitiert als: *Frenz*.

Friauf, Karl Heinrich / Höfling, Wolfram (Hrsg.): Berliner Kommentar zum Grundgesetz, Band 1: Art. 1–15, Berlin, 47. Ergänzungslieferung (Stand: September 2015). Zitiert als: *Bearbeiter* in Friauf/Höfling.

Friedrich-Marczyk, Marion / Schulte, Bernd: »Vom Mutterschaftsurlaub zum Elternurlaub – Verfassungsrechtliche und rechtpolitische Überlegungen zur Einführung eines Mutterschaftsurlaubs«, ZRP 1980, 317–320.

Frisch, Burkhard: Haftungserleichterungen für GmbH-Geschäftsführer nach dem Vorbild des Arbeitsrechts, Berlin, 1998.

Gamillscheg, Franz: »Die Grundrechte im Arbeitsrecht«, AcP 164 (1964), 385–445.

Gamillscheg, Franz: Die Grundrechte im Arbeitsrecht, Berlin 1989.

Gamillscheg, Franz: »Mutterschutz und Sozialstaat« in: Nipperdey, Hans Carl (Hrsg.), Festschrift für Erich Molitor zum 75. Geburtstag, München, Berlin, 1962, S. 57–82. Zitiert als: *Gamillscheg*, FS Molitor.

Geiger, Rudolf / Khan, Daniel-Erasmus / Kotzur, Markus: EUV/AEUV – Vertrag über die Europäische Union und Vertrag über die Arbeitsweise der Europäischen Union, München, 5. Auflage 2010. Zitiert als: *Geiger/Khan/Kotzur.*

Geyer, Karl Heinrich / Knorr, Gerhard / Krasney, Otto / Schmatz, Hans (Begr.) / *Fischwasser, Gerd* (Begr.): Entgeltfortzahlung – Krankengeld – Mutterschaftsgeld, Erläuterungen zu den arbeits- und sozialversicherungsrechtlichen Vorschriften über die Entgeltfortzahlung an Feiertagen und im Krankheitsfall, das Krankengeld der gesetzlichen Krankenversicherung und die Geldleistungen bei Mutterschaft, Berlin, 7. Auflage, Ergänzungslieferung 3/2010 (Stand: Januar 2010). Zitiert als: *Geyer/Knorr/Krasney.*

Gissel, Ralf: Arbeitnehmerschutz für den GmbH-Geschäftsführer, Köln u. a., 1987.

Goette, Wulf: »Der Geschäftsführerdienstvertrag zwischen Gesellschafts- und Arbeitsrecht in der Rechtsprechung des Bundesgerichtshofes« in: Wank, Rolf / Hirte, Heribert / Frey, Kaspar / Fleischer, Holger / Thüsing, Gregor (Hrsg.), Festschrift für Herbert Wiedemann zum 70. Geburtstag, München, 2002, S. 873–888. Zitiert als: *Wank*, FS Wiedemann.

Goette, Wulf: »Zur individualvertraglich vereinbarten entsprechenden Anwendbarkeit des Kündigungsschutzgesetzes in organschaftlichen Anstellungsverträgen« in: Burgard, Ulrich / Hadding, Walther / Mülbert, Peter O. / Nietsch, Michael / Welter, Reinhard (Hrsg.), Festschrift für Uwe H. Schneider zum 70. Geburtstag, Köln, 2011, S. 353–361. Zitiert als: *Goette*, FS Schneider.

Grabitz, Eberhard (Begr.) / *Hilf, Meinhard / Nettesheim, Martin* (Hrsg.): Das Recht der Europäischen Union,

- Band I: EUV, Art. 1–89 AEUV,
- Band II: Art. 90–304 AEUV,

München, 57. Ergänzungslieferung (Stand: August 2015). Zitiert als: *Bearbeiter* in Grabitz/Hilf/Nettesheim.

Graf Vitzthum, Wolfgang (Hrsg.) / *Proelß, Alexander*: Völkerrecht, Berlin, Boston, 6. Auflage 2013. Zitiert als: *Bearbeiter* in Graf Vitzthum, Völkerrecht.

Graue, Bettina: Mutterschutzgesetz – Basiskommentar, Frankfurt a. M., 2002. Zitiert als: *Graue.*

Grobys, Marcel / Panzer, Andrea (Hrsg.): StichwortKommentar Arbeitsrecht, Alphabetische Gesamtdarstellung, Baden-Baden, 2. Auflage 2014. Zitiert als: *Bearbeiter* in SWK ArbR.

Groß, Volker: Das Anstellungsverhältnis des GmbH-Geschäftsführers im Zivil-, Arbeits-, Sozialversicherungs- und Steuerrecht, Köln, 1987.

Haase, Karsten: »Der Anspruch des Geschäftsführers einer GmbH auf Fortzahlung seiner Vergütung im Krankheitsfall«, GmbHR 2005, 1260–1270.

Hanau, Peter: »Die europäische Grundrechtecharta – ein arbeitsrechtliches Paradies?«, StudZR 3/2010, 333–341.

Hanau, Peter: »Die Europäische Grundrechtecharta – Schein und Wirklichkeit im Arbeitsrecht«, NZA 2010, 1–6.

Hanau, Peter / Steinmeyer, Heinz-Dietrich / Wank, Rolf: Handbuch des europäischen Arbeits- und Sozialrechts, München, 2002. Zitiert als: *Bearbeiter* in Hanau/Steinmeyer/Wank.

Hausen, Karin: »Arbeiterinnenschutz, Mutterschutz und gesetzliche Krankenversicherung im Deutschen Kaiserreich und in der Weimarer Republik. Zur Funktion von Arbeits- und Sozialrecht für die Normierung und Stabilisierung der Geschlechterverhältnisse« in: Gerhard, Ute (Hrsg.), Frauen in der Geschichte des Rechts, Von der Frühen Neuzeit bis zur Gegenwart, München, 1997, S. 713–743. Zitiert als: *Hausen*.

Hauser, Karin: Die Anfänge der Mutterschaftsversicherung – Deutschland und Schweiz im Vergleich, Zürich, 2002.

Heilmann, Joachim: Mutterschutzgesetz – Kommentar, Baden-Baden, 2. Auflage 1991. Zitiert als: *Heilmann*.

Henssler, Martin: »Das Anstellungsverhältnis der Organmitglieder«, RdA 1992, 289–302.

Henssler, Martin / Braun, Axel (Hrsg.): Arbeitsrecht in Europa, Köln, 3. Auflage 2011. Zitiert als: *Bearbeiter* in Henssler/Braun.

Hirt, Ludwig: Die gewerbliche Thätigkeit der Frauen vom hygienischen Standpunkte aus, Breslau, Leipzig, 1873.

Hirte, Heribert: Kapitalgesellschaftsrecht, Köln, 7. Auflage 2012. Zitiert als: *Hirte*.

Hoefs, Christian / Rentsch, Robert: »Altersdiskriminierung von Organmitgliedern – Zugleich Besprechung des BGH-Urteils vom 23.4.2012, II ZR 163/10, DB 2012, 1499«, DB 2012, 2733–2738.

Hohenstatt, Klaus-Stefan / Naber, Sebastian: »Diskriminierungsschutz für Organmitglieder: Konsequenzen für die Vertragsgestaltung – Zugleich Besprechung BGH v. 23.4.2012 – II ZR 163/10, ZIP 2012, 1291«, ZIP 2012, 1989–1996.

Hoffmann-Becking, Michael/ Rawert, Peter (Hrsg.): Beck'sches Formularbuch: Bürgerliches, Handels- und Wirtschaftsrecht, München, 11. Auflage 2013. Zitiert als: *Bearbeiter* in Hoffmann-Becking/Rawert.

Hofmann, Jens: »Grundrechtsschutz durch BVerfG, EuGH und EGMR – Komplementärer, kooperativer und subsidiärer Grundrechtsschutz im Europäischen Rechtsprechungsverbund« in: Emmenegger, Sigrid / Wiedmann, Ariane (Hrsg.), Linien der Rechtsprechung des Bundesverfassungsgericht – erörtert von den wissenschaftlichen Mitarbeitern, Band 2, Berlin, Boston, 2011, S. 573–603. Zitiert als: *Hofmann*.

Holthausen, Joachim / Steinkraus, Astrid: »Die janusköpfige Rechtsstellung des GmbH-Geschäftsführers im Arbeitsrecht«, NZA-RR 2002, 281–288.

Hömig, Dieter (Hrsg.) / *Seifert, Karl-Heinz* (Begr.): Grundgesetz für die Bundesrepublik Deutschland, Baden-Baden, 10. Auflage 2013. Zitiert als: *Bearbeiter* in Hömig/Seifert.

Höpfner, Clemens / Rüthers, Bernd: »Grundlagen der europäischen Methodenlehre«, AcP 209 (2009), 1–36.

Horstmeier, Gerrit: »Geschäftsführer und Vorstände als Beschäftigte – Diskriminierungsschutz für Organe nach dem Allgemeinen Gleichbehandlungsgesetz«, GmbHR 2007, 125–129.

Hromadka, Wolfgang: »Arbeitnehmerähnliche Personen – Rechtsgeschichtliche, dogmatische und rechtspolitische Überlegungen«, NZA 1997, 1250–1256.

Huber, Peter: »Auslegung und Anwendung der Charta der Grundrechte«, NJW 2011, 2385–2390.

Hueck, Alfred / Nipperdey, Hans Carl: Lehrbuch des Arbeitsrechts, Erster Band, Berlin, Frankfurt a. M., 7. Auflage 1963. Zitiert als: *Hueck/Nipperdey*.

Hueck, Götz: »Bemerkungen zum Anstellungsverhältnis von Organmitgliedern juristischer Personen« in: Dieterich, Thomas / Gamillscheg, Franz / Wiedemann, Herbert (Hrsg.), Festschrift für Marie Luise Hilger und Hermann Stumpf, München, 1983, S. 365–380.Zitiert als: *Hueck*, FS Hilger/Stumpf.

Hueck, Götz: »Zur arbeitsrechtlichen Stellung des GmbH-Geschäftsführers«, ZfA 1985, 25–37.

Hümmerich, Klaus: »Grenzfall des Arbeitsrechts: Kündigung des GmbH-Geschäftsführers«, NJW 1995, 1177–1182.

Isensee, Josef / Kirchhof, Paul (Hrsg.): Handbuch des Staatsrechts der Bundesrepublik Deutschland, Band 9: Allgemeine Grundrechtslehren, Heidelberg, 3. Auflage 2011. Zitiert als: *Bearbeiter* in HStR IX.

Jansen, Guido: Die betriebliche Mitbestimmung im Arbeitskampf – Zugleich ein Beitrag zum arbeitskampfrechtlichen Paritätsprinzip, Berlin, 1999.

Jarass, Hans Dieter: Charta der Grundrechte der Europäischen Union unter Einbeziehung der vom EuGH entwickelten Grundrechte und der Grundrechtsregelungen der Verträge – Kommentar, München, 2. Auflage 2013. Zitiert als: *Jarass*.

Jarass, Hans Dieter: »Die Grundrechte: Abwehrrechte und objektive Grundsatznormen – Objektive Grundrechtsgehalte, insbes. Schutzpflichten und privatrechtsgestaltende Wirkung« in: Badura, Peter / Dreier, Horst (Hrsg.), Festschrift 50 Jahre Bundesverfassungsgericht, Band 2: Klärung und Fortbildung des Verfassungsrechts, Tübingen, 2001, S. 35–53. Zitiert als: *Jarass*, FS BVerfG, Band 2.

Jarass, Hans Dieter /Beljin, Saša: »Die Bedeutung von Vorrang und Durchführung des EG-Rechts für die nationale Rechtsetzung und Rechtsanwendung«, NVwZ 2004, 1–11.

Jarass, Hans Dieter / Pieroth, Bodo: Grundgesetz für die Bundesrepublik Deutschland – Kommentar, München, 13. Auflage 2014. Zitiert als: *Jarass/Pieroth.*

Jungmann, Carsten: »Ein neuer „horror pleni" in den Zivilsenaten des Bundesgerichtshofes? Zum sachgerechten Umgang mit Divergenz- und Grundsatzvorlagen gemäß § 132 GVG zur Sicherung einer einheitlichen Rechtsprechung«, JZ 2009, 380–388.

Junker, Abbo: »Auswirkungen der neuen EuGH-Rechtsprechung auf das deutsche Arbeitsrecht«, NZA 2011, 950–958.

Kahl, Wolfgang / Waldhoff, Christian / Walter, Christian / Dolzer, Rudolf / Graßhof, Karin (Hrsg.): Bonner Kommentar zum Grundgesetz,

- Band 1: Einleitung – Art. 1 Abs. 3
- Band 1a: Art. 2 – Art. 4
- Band 3: Art. 6 Abs. 2–14
- Band 13: Art. 89–104,

Heidelberg, 175. Ergänzungslieferung (Stand: Oktober 2015). Zitiert als: *Bearbeiter* in BK.

Kamanabrou, Sudabeh: »Das Anstellungsverhältnis des GmbH-Geschäftsführers im Licht neuerer Rechtsprechung«, DB 2002, 146–150.

Keilich, Jochen A.: Die Auswirkungen der Grundrechte / Menschenrechte für das Arbeitsrecht in Deutschland und England, Frankfurt a. M., 2004.

Kilger, Joachim / Schmidt, Karsten: Konkursordnung mit Gesamtvollstreckungsordnung, München, 16. Auflage 1993.

Kirchhof, Ferdinand: »Grundrechtsschutz durch europäische und nationale Gerichte«, NJW 2011, 3681–3686.

Kitzinger, Jürgen: Der GmbH-Geschäftsführer zwischen Arbeits- und Gesellschaftsrecht – Im Blickpunkt: Zuständigkeit der Arbeitsgerichte, Frankfurt a. M., 2001.

Klein, Oliver: »Das Untermaßverbot – Über die Justiziabilität grundrechtlicher Schutzpflichterfüllung«, JuS 2006, 960–964.

Kloepfer, Michael: Verfassungsrecht, Band II – Grundrechte, München, 2010. Zitiert als: *Kloepfer.*

Kluge, Friedrich / Seebold, Elmar (Bearb.): Etymologisches Wörterbuch der deutschen Sprache, Berlin, New York, 24. Auflage 2002. Zitiert als: *Kluge.*

Knigge, Kirsten: »Mutterschaftsleistungen für Selbstständige: Umsetzung der Richtlinie 2010/41/EU«, ZESAR 2013, 24–30.

Kocka, Jürgen / Ritter, Gerhard (Hrsg.): Geschichte der Arbeiter und Arbeiterbewegung in Deutschland seit dem Ende des 18. Jahrhunderts, Band 2: Arbeitsverhältnisse und Arbeiterexistenzen: Grundlagen der Klassenbildung im 19. Jahrhundert, Bonn, 1990. Zitiert als: *Kocka.*

Kokott, Juliane / Sobotta, Christoph: »Die Charta der Grundrechte der Europäischen Union nach dem Inkrafttreten des Vertrages von Lissabon«, EuGRZ 2010, 265–271.

Kollmer, Norbert / Klindt, Thomas (Hrsg.): Arbeitsschutzgesetz – Kommentar, München, 2. Auflage 2011. Zitiert als: *Bearbeiter* in Kollmer/Klindt.

Konzen, Horst: »Geschäftsführung, Weisungsrecht und Verantwortlichkeit in der GmbH und GmbH & Co KG«, NJW 1989, 2977–2987.

Konzen, Horst: »Europäische Grundrechte im aktuellen Arbeitsrecht« in: Joost, Detlev / Oetker, Hartmut / Paschke, Marian (Hrsg.), Festschrift für Franz Jürgen Säcker zum 70. Geburtstag, München, 2011, S. 229–246. Zitiert als: *Konzen*, FS Säcker.

Körner, Anne /Leitherer, Stephan /Mutschler, Bernd (Hrsg.): Kasseler Kommentar Sozialversicherungsrecht, München, 87. Ergänzungslieferung (Stand: September 2015). Zitiert als: KassKomm-*Bearbeiter.*

Krause, Nils: »Auswirkungen des Allgemeinen Gleichbehandlungsgesetzes auf die Organbesetzung«, AG 2007, 392–397.

Krause, Rüdiger: Mitarbeit im Unternehmen – Tätigkeitsverhältnisse im Spannungsfeld von Gesellschafts-, Dienstvertrags- und Arbeitsrecht, Tübingen, 2002.

Krebber, Sebastian: »Soziale Rechte in der Gemeinschaftsrechtsordnung«, RdA 2009, 224–236.

Kruse, Cornelius / Stenslik, Bastian-Peter: »Mutterschutz für Organe von Gesellschaften?«, NZA 2013, 596–601.

Kuhn, Norbert: Abgestuftes Arbeitsrecht am Beispiel des abhängigen GmbH-Geschäftsführers (mit europäischen Bezügen), Frankfurt a. M., 2006.

Landau, Eve C. / Beigbeder, Yves: From ILO Standards to EU Law – The case of Equality between Men and Women at Work, Boston, 2008.

Langheid, Theo / Wandt, Manfred (Hrsg.): Münchener Kommentar zum Versicherungsvertragsgesetz, Band 3: §§ 192–215 VVG, München, 2009. Zitiert als: MüKo-VVG/*Bearbeiter.*

Larenz, Karl (Begr.) / *Canaris, Claus-Wilhelm*: Methodenlehre der Rechtswissenschaft, Berlin, Heidelberg, New York, 3. Auflage 1995.

Leinemann, Wolfgang: »Die Bedeutung internationaler und europäischer Arbeitsrechtsnormen für die Arbeitsgerichtsbarkeit«, BB 1993, 2519–2523.

Lenz, Martin: Mutterschutzgesetz, Baden-Baden, 2004. Zitiert als: *Lenz.*

Lenz, Carl Otto / Borchardt, Klaus-Dieter (Hrsg.): EU-Verträge, Kommentar EUV, AUEV, GRCh, Köln, Wien, 6. Auflage 2012. Zitiert als: *Bearbeiter* in Lenz / Borchardt.

Leopold, Anders: »Mutterschutz für Mitglieder der Unternehmensleitung«, ZESAR 2011, 362 – 368.

Lingemann, Stefan / Weingarth, Markus: »Zur Anwendung des AGG auf Organmitglieder – Zugleich Besprechung des BGH-Urteils vom 23.4.2012 – II ZR 163/10, DB 2012, S. 1499«, DB 2012, 2325–2332.

Lorz, Rainer / Pfisterer, Benedikt / Gerber, Olaf (Hrsg.): Beck'sches Formularbuch: GmbH-Recht, München, 2010. Zitiert als: *Bearbeiter* in Lorz/Pfisterer/Gerber.

Löw, Hans-Peter: »AGG-Schutz für Geschäftsführer?«, GmbHR 2010, R 305 – R 306.

Lücke, Oliver: »Der Status des GmbH-Geschäftsführers: (K)ein Arbeitnehmer!?«, NJOZ 2009, 3469–3477.

Lunk, Stefan: »Mutterschutz für die GmbH-Geschäftsführerin? Deutsches Arbeitsrecht im Widerstreit mit Verfassungs- und Europarecht« in: Baeck, Ulrich / Hauck, Friedrich / Preis, Ulrich / Rieble, Volker / Röder, Gerhard / Schunder, Achim (Hrsg.), Festschrift für Jobst-Hubertus Bauer zum 65. Geburtstag, München, 2010, S. 705–719. Zitiert als: *Lunk*, FS Bauer.

Lunk, Stefan: »Allgemeine Gleichbehandlung von Beschäftigten: Anspruch eines GmbH-Geschäftsführers auf Ersatz des Erwerbsschadens wegen Benachteiligung aufgrund Ablehnung seiner erneuten Bewerbung nach Ablauf der befristeten Amtszeit – Besprechung des Urteils des BGH v. 23.4.2012 – II ZR 163/10«, RdA 2013, 110–115.

Lunk, Stefan / Rodenbusch, Vincent: »Der Weiterbeschäftigungsanspruch des GmbH-Geschäftsführers«, NZA 2011, 497–500.

Lunk, Stefan / Rodenbusch, Vincent: »Der unionsrechtliche Arbeitnehmerbegriff und seine Auswirkungen auf das deutsche Recht – Eine Prognose am Beispiel des GmbH-Geschäftsführers«, GmbHR 2012, 188–195.

Lutter, Marcus: »Anwendbarkeit der Altersbestimmungen des AGG auf Organpersonen«, BB 2007, 725–731.

Lutter, Marcus /Hommelhoff, Peter (Hrsg.): GmbH-Gesetz, Kommentar, Köln, 18. Auflage 2012. Zitiert als: *Bearbeiter* in Lutter/Hommelhoff.

Mankowski, Peter: »Organperson und Internationales Arbeitsrecht«, RiW 2004, 167–172.

Martens, Klaus-Peter: »Vertretungsorgan und Arbeitnehmerstatus in konzernabhängigen Gesellschaften«, in: Dieterich, Thomas / Gamillscheg, Franz / Wiedemann, Herbert (Hrsg.), Festschrift für Marie Luise Hilger und Hermann Stumpf, München, 1983, S. 365–380. Zitiert als: *Martens*, FS Hilger/Stumpf.

Martens, Klaus-Peter: »Anmerkung zum BAG-Urteil v. 9.5.1985–2 AZR 330/84«, AP Nr. 3 zu § 5 ArbGG 1979.

Maunz, Theodor / Dürig, Günter (Begr.) / *Herzog, Roman u. a.* (Hrsg.): Grundgesetz, Kommentar,

- Band 1: Art. 1–5,
- Band 2: Art. 6–15,
- Band 3: Art. 16–22,
- Band: 4: Art. 23–53a,
- Band 5: Art. 54–85,

München, 74. Ergänzungslieferung (Stand: Mai 2015). Zitiert als: Maunz/Dürig-*Bearbeiter.*

Maunz, Theodor (Begr.) / *Schmidt-Bleibtreu, Bruno / Klein, Franz / Bethge, Herbert u. a.* : Bundesverfassungsgerichtsgesetz, Kommentar,

- Band 1: §§ 1–57,
- Band 2: §§ 58–107,

München, 47. Ergänzungslieferung (Stand: August 2015). Zitiert als: *Maunz/Schmidt-Bleibtreu/Klein/Bethge.*

Meisel, Peter G. / Sowka, Hans-Harald: Mutterschutz und Erziehungsurlaub – Kommentar, München, 5. Auflage 1999. Zitiert als: *Meisel/Sowka.*

Meyer, Jürgen (Hrsg.): Charta der Grundrechte der Europäischen Union, Baden-Baden, 4. Auflage 2014. Zitiert als: Meyer-*Bearbeiter.*

Meyer-Landruth, Joachim / Miller, Georg / Niehus, Rudolf: GmbHG einschließlich Rechnungslegung zum Einzel- sowie zum Konzernabschluss, Kommentar, Berlin, New York, 1987. Zitiert als: *Meyer-Landruth/Miller/Niehus.*

Michalski, Lutz (Hrsg.): Kommentar zum Gesetz betreffend die Gesellschaften mit beschränkter Haftung (GmbHG-Gesetz), Band 2: §§ 35–85 GmbHG, §§ 1–4 EGGmbHG, München, 2. Auflage 2010. Zitiert als: Michalski-*Bearbeiter.*

Miller, Fritz Georg: »Der Anstellungsvertrag des GmbH-Geschäftsführers – Rechtliche Einordnung und gesetzliche Mindestkündigungsfrist«, BB 1977, 723–726.

Morhard, Thilo: Die Rechtsnatur der Übereinkommen der Internationalen Arbeitsorganisation, Frankfurt a. M., 1988.

Muckel, Stefan : »Unzulässige Vorlage eines Gesetzes zur Umsetzung von Europarecht«, JA 2012, 77–79.

Müller-Glöge, Rudi: »Aufstieg und Fall eines Arbeitnehmers« in: Maschmann, Frank (Hrsg.), Festschrift für Wolfgang Hromadka zum 70. Geburtstag, München, 2008, S. 255–273. Zitiert als: *Müller-Glöge*, FS Hromadka.

Müller-Glöge, Rudi / Preis, Ulrich / Schmidt, Ingrid (Hrsg.): Erfurter Kommentar zum Arbeitsrecht, München, 16. Auflage 2016. Zitiert als: ErfK-*Bearbeiter.*

Nägele, Stefan: »Der Anstellungsvertrag des Geschäftsführers – Eine Bestandsaufnahme«, BB 2001, 305–312.

Nägele, Stefan (Hrsg.): EG-Arbeitsrecht in der deutschen Praxis, Frankfurt a. M., 2007. Zitiert als: EG-Arbeitsrecht-*Bearbeiter*.

Namendorf, Annette: Der arbeitsrechtliche Status von GmbH-Geschäftsführern, Berlin, 2003.

Nebe, Katja: Betrieblicher Mutterschutz ohne Diskriminierung – die RL 92/85 und ihre Konsequenzen für das deutsche Mutterschutzrecht, Baden-Baden, 2006.

Neubeck, Xenia: Die Europäische Sozialcharta und deren Protokolle: Einfluss und Bedeutung der sozialrechtlichen Bestimmungen der Europäischen Sozialcharta auf das deutsche Recht und auf das Recht der Europäischen Union, Frankfurt a. M. u. a., 2002.

Neuvians, Nicole: Die arbeitnehmerähnliche Person, Berlin, 2002.

Niehuss, Merith: »Eheschließung im Nationalsozialismus« in: Gerhard, Ute (Hrsg.), Frauen in der Geschichte des Rechts: Von der Frühen Neuzeit bis zur Gegenwart, 1997, S. 851–870. Zitiert als: *Niehuss*.

Oberthür, Nathalie: »Unionsrechtliche Impulse für den Kündigungsschutz von Organvertretern und Arbeitnehmerbegriff«, NZA 2011, 253–258.

Oppenländer, Frank / Trölitzsch, Thomas (Hrsg.): Praxishandbuch des GmbH-Geschäftsführers, München, 2. Auflage 2011. Zitiert als: *Bearbeiter* in Oppenländer/Trölitzsch.

Paeffgen, Walter G.: »Anmerkung zu BGH, Urt. v. 23.4.2012 – II ZR 163/10, ZIP 2012, 1291«, ZIP 2012, 1296–1299.

Pestalozza, Christian: »Anmerkung zu BAG v. 31.1.1985–2 AZR 486/83«, SAE 1987, 68–69.

Pieroth, Bodo / Schlink, Bernhard (Begr.) / *Kingreen, Thorsten / Poscher, Ralf*: Grundrechte Staatsrecht II, Heidelberg u. a., 31. Auflage 2015. Zitiert als: *Pieroth/Schlink/Kingreen/Poscher*.

Porsche, Stefanie: »Auswirkungen der Selbständigen-RL 2010/41/EU auf das deutsche Recht – Anmerkung zum EuGH-Urteil v. 11.11.2010 – C-232/09 – Danosa«, STREIT 2013, 64–70.

Pottschmidt, Daniela: Arbeitnehmerähnliche Personen in Europa – Die Behandlung wirtschaftlich abhängiger Erwerbstätiger im Europäischen Arbeitsrecht sowie im (Arbeits-) Recht der EU-Mitgliedstaaten, Baden-Baden, 2006.

Prechal, Sacha / Burri, Susanne: EU Rules on Gender Equality: How are they transposed into national law? (Dt. Ausg.: Die EU-Vorschriften zur Geschlechtergleichstellung: Wie wurden diese in nationales Recht umgesetzt?), Amt für Amtliche Veröffentlichung der Europäischen Union, Luxemburg, 2009. Zitiert als: *Prechal/Burri*.

Preis, Bernd: »Entgeltsschutz und Arbeitgeberlasten im Mutterschutzrecht«, ArbuR 1972, 42–50.

Preis, Ulrich: »Der Kündigungsschutz außerhalb des Kündigungsschutzgesetzes«, NZA 1997, 1256–1270.

Preis, Ulrich / Sagan, Adam: »Der GmbH-Geschäftsführer in der arbeits- und diskriminierungsrechtlichen Rechtsprechung des EuGH, BGH und BAG«, ZGR 2013, 26–75.

Preis, Ulrich / Temming, Felipe: »Der EuGH, das BVerfG und der Gesetzgeber – Lehren aus Mangold II«, NZA 2010, 185–198.

Priester, Hans-Joachim / Mayer, Dieter (Hrsg.): Münchener Handbuch des Gesellschaftsrechts, Band 3: Gesellschaft mit beschränkten Haftung, München, 4. Auflage 2012. Zitiert als: MünchGesR-*Bearbeiter.*

Raiser, Thomas / Veil, Rüdiger: Recht der Kapitalgesellschaften – Ein Handbuch für Praxis und Wissenschaft, München, 6. Auflage 2015. Zitiert als: *Raiser/Veil.*

Rancke, Friedbert (Hrsg.): Mutterschutz, Elterngeld, Elternzeit – Handkommentar, Baden-Baden, 4. Auflage 2015. Zitiert als: *Bearbeiter* in HK-MuSchG/BEEG.

Rauchfuss, Martina: Bio-psycho-soziale Prädiktoren der Frühgeburtlichkeit und Differentialdiagnose zur intrauterinen fetalen Retardierung – Ergebnisse einer prospektiven Studie, 2003.

Rebhahn, Robert: »Die Arbeitnehmerbegriffe des Unionsrechts in der neueren Judikatur des EuGH«, EuZA 2012, 3–34.

Reichold, Hermann /Heinrich, Martin: »Zum Diskriminierungsschutz des GmbH-Geschäftsführers« in: Aderhold, Lutz / Grunewald, Barbara / Klingberg, Dietgard / Paefgen, Walter G. (Hrsg.), Festschrift für Harm Peter Westermann zum 70. Geburtstag, Köln, 2008, S. 1315–1330. Zitiert als: *Reichold/Heinrich*, FS Westermann.

Reiner, Michael: »Schwanger oder nicht schwanger: Die Rechtssache Mayr«, EuZA 2009, 79–87.

Reinhard, Barbara / Bitsch, Christian: »Sind GmbH-Geschäftsführer Arbeitnehmer? – Folgerungen aus der EuGH-Entscheidung „Danosa"«, ArbRB 2011, 241–244.

Reiserer, Kerstin: »Die ordentliche Kündigung des Dienstvertrages des GmbH-Geschäftsführers«, DB 1994, 1822–1826.

Reiserer, Kerstin: »Der GmbH-Geschäftsführer – ein Arbeitnehmer? Eine völlige Kehrtwende in der Rechtsprechung«, DStR 2000, 31–34.

Reiserer, Kerstin: »Arbeitnehmerschutz für Geschäftsführer? – Die Danosa-Entscheidung des EuGH und ihre Auswirkungen«, DB 2011, 2262–2267.

Reufels, Martin / Molle, Karl: »Diskriminierungsschutz von Organmitgliedern«, NZA-RR 2011, 281–286.

Reuter, Dieter: »Die Wandlung des Arbeitnehmerbegriffs – Befund und Konsequenzen« in: Hanau, Peter / Heither, Friederich / Kühling, Jürgen (Hrsg.),

Festschrift für Thomas Dieterich zum 65. Geburtstag, München, 1999, S. 473–495. Zitiert als: *Reuter*, FS Dieterich.

Richardi, Reinhard: »Arbeitnehmerbegriff und Arbeitsvertrag« in: Wilke, Dieter (Hrsg.), Festschrift zum 125jährigen Bestehen der Juristischen Gesellschaft zu Berlin, Berlin, New York, 1984, S. 607–624. Zitiert als: *Richardi*, FS Juristische Gesellschaft Berlin.

Richardi, Reinhard / Wißmann, Hellmut / Wlotzke, Otfried / Oetker, Hartmut (Hrsg.): Münchener Handbuch zum Arbeitsrecht,

- Band 1: Individualarbeitsrecht,
- Band 2: Kollektivarbeitsrecht/Sonderformen,

München, 3. Auflage 2009. Zitiert als: MünchArbR-*Bearbeiter*.

Riesenhuber, Karl: Europäisches Arbeitsrecht, Heidelberg, 2009. Zitiert als: *Riesenhuber*.

Riesenhuber, Karl (Hrsg.): Europäische Methodenlehre – Handbuch für Ausbildung und Praxis, Berlin, New York, 3. Auflage 2015. Zitiert als: *Bearbeiter* in Riesenhuber, Europäische Methodenlehre.

Ritter, Gerhard A. / Tenfelde, Klaus: Geschichte der Arbeiter und Arbeiterbewegung in Deutschland seit dem Ende des 18. Jahrhunderts, Band 5: Arbeiter im Deutschen Kaiserreich 1871 bis 1914, Bonn, 1992. Zitiert als: *Ritter/Tenfelde*.

Roggenkamp, Heidi: »Gesetz zum Schutz der erwerbstätigen Mutter (MuSchG)«, PersR 1999, 444–451.

Rolfs, Christian / Giesen, Richard /Kreikebohm, Ralf / Udsching, Peter (Hrsg.): Beck'scher Online-Kommentar Arbeitsrecht, München, 37. Edition (Stand: September 2015). Zitiert als: BeckOK-*Bearbeiter*.

Roos, Elke / Bieresborn, Dirk (Hrsg.): Mutterschutzgesetz, Bundeselterngeld- und Elternzeitgesetz, Kommentar, Köln, 2014. Zitiert als: Roos/Bieresborn-*Bearbeiter*.

Rowedder, Heinz (Begr.) / *Schmidt-Leithoff, Christian* (Hrsg.): Gesetz betreffend die Gesellschaften mit beschränkter Haftung (GmbHG), Kommentar, München, 5. Auflage 2013. Zitiert als: *Bearbeiter* in Rowedder/Schmidt-Leithoff.

Ruchti, Ulrich: Das ILO-Übereinkommen Nr. 94 – Möglichkeiten der Umsetzung unter Zugrundlegung der aktuellen Rechtsprechung des BVerfG und des EuGH, Frankfurt a. M., 2010.

Rupp, Hans Heinrich: »Bemerkungen zum Individualrechtsschutz gegen die Verfassungswidrigkeit von Rechtsnormen und unterlassenen Rechtsnormen« in: Depenheuer, Otto / Heintzen, Markus / Jestaedt, Matthias / Axer, Peter (Hrsg.), Staat im Wort, Festschrift für Josef Isensee, Heidelberg, 2007, S. 283–292. Zitiert als: *Rupp*, FS Isensee.

Sachs, Michael (Hrsg.): Grundgesetz, Kommentar, München, 7. Auflage 2014. Zitiert als: Sachs-*Bearbeiter*.

Saenger, Ingo / Inhester, Michael (Hrsg.): GmbHG, Handkommentar, Baden-Baden, 2. Auflage 2013. Zitiert als: HK-GmbHG / *Bearbeiter*.

Schaub, Günter (Begr.): Arbeitsrechts-Handbuch, Systematische Darstellung und Nachschlagewerk für die Praxis, München, 16. Auflage 2015. Zitiert als: *Bearbeiter* in Schaub, ArbR-Hb.

Schlaich, Klaus (Begr.) / *Korioth, Stefan*: Das Bundesverfassungsgericht: Stellung, Verfahren, Entscheidungen – Ein Studienbuch, München, 10. Auflage 2015. Zitiert als: *Schlaich/Korioth*.

Schlegel, Rainer: »Versicherungspflicht von Geschäftsführern einer GmbH« in: Hanau, Peter / Röller, Jürgen / Macher, Ludwig / Schlegel, Rainer (Hrsg.), Personalrecht im Wandel – Arbeitsrecht, Lohnsteuerrecht, Sozialversicherungsrecht, Festschrift für Wolfdieter Küttner zum 70. Geburtstag, München, 2006, S. 31–50. Zitiert als: *Schlegel*, FS Küttner.

Schleicher, Hans: »Verfassungsrechtliche Aspekte des Mutterschutzes«, RdA 1984, 280–284 = »Rechtsprobleme beim Mutterschutzgesetz«, ZfSH/SGB 1984, 433–442 = »Mutterschutz und Grundgesetz«, BB 1985, 340–344.

Schliemann, Harald: »Mutterschutz und Ordnungspolitik« in: Bauer, Jobst-Hubertus / Kort, Michael / Möllers, Thomas M. J. / Sandmann, Bernd (Hrsg.), Festschrift für Herbert Buchner zum 70. Geburtstag, München, 2009, S. 797–809. Zitiert als: *Schliemann*, FS Buchner.

Schmidt, Karsten: Gesellschaftsrecht, Köln u. a., 4. Auflage 2002. Zitiert als: *Schmidt*, GesR.

Schmidt-Bleibtreu, Bruno / Klein, Franz (Begr.) / *Hofman, Hans / Henneke, Hans-Günter* (Hrsg.): GG – Kommentar zum Grundgesetz, Köln, 13. Auflage 2014. Zitiert als: *Bearbeiter* in Schmidt-Bleibtreu/Klein.

Schmitt-Rolfes, Günther: »(Ex-) Abteilungsleiter als GmbH-Geschäftsführer, NZA-Beilage 2014, 37–42.

Schoch, Friedrich / Schneider, Jens-Peter / Bier, Wolfgang (Hrsg.): Verwaltungsgerichtsordnung – Kommentar, Band I: §§ 1–80b, München, 28. Ergänzungslieferung (Stand: März 2015). Zitiert als: *Bearbeiter* in Schoch/Schneider/Bier.

Scholz, Franz (Hrsg.): Kommentar zum GmbH-Gesetz, Band 2: §§ 35–52, Köln,

- 10. Auflage 2007,
- 11. Auflage 2013.

Zitiert als: *Bearbeiter* in Scholz (Auflage).

Schrader, Peter / Hilgenstock, Christopher: »Ist der Geschäftsführer Arbeitnehmer oder nicht?«, ArbRAktuell 2011, 370.

Schrader, Peter / Schubert, Jens: »Der Geschäftsführer als Arbeitnehmer«, DB 2005, 1457–1463.

Schrader, Peter / Schubert, Jens: »Der „getarnte“ Arbeitnehmer-Geschäftsführer«, BB 2007, 1617–1620.

Schubert, Claudia: Der Schutz der arbeitnehmerähnlichen Personen – Zugleich ein Beitrag zum Zusammenwirken von Arbeits- und Wirtschaftsrecht mit den zivilrechtlichen Klauseln, München, 2004.

Schubert, Claudia: »Kündigungsschutz für die Geschäftsführerin einer Kapitalgesellschaft während der Schwangerschaft – Gesundheitsschutz und Diskriminierungsschutz«, EuZA 2011, 362–371.

Schubert, Claudia: »Arbeitnehmerschutz für GmbH-Geschäftsführer«, ZESAR 2013, 5–15.

Schubert, Claudia: »Der Diskriminierungsschutz der Organvertreter und die Kapitalverkehrsfreiheit der Investoren im Konflikt«, ZIP 2013, 289–299.

Schulte, Martin: Rechtsprechungseinheit als Verfassungsauftrag, Berlin, 1986.

Schulte Langforth, Marie: »Erwerbstätige Mütter und Frauenarbeitsschutz«, RdA 1961, 315–324.

Schulze, Marc-Oliver / Hintzen, Martina: »GmbH-Geschäftsführer als Arbeitnehmer?«, ArbRAktuell 2012, 263–267.

Schwab, Norbert: »Das Dienstverhältnis des GmbH-Geschäftsführers insbesondere unter arbeitsrechtlichen Aspekten«, NZA 1987, 839–842.

Schwarze, Jürgen /Becker, Ulrich / Hajte, Armin / Schoo, Johann (Hrsg.): EU-Kommentar, Baden-Baden, 3. Auflage 2012. Zitiert als: Schwarze-*Bearbeiter*.

Sodan, Helge (Hrsg.): Grundgesetz – Beck'scher Kompakt-Kommentar, München, 3. Auflage 2015. Zitiert als: BeckKK-*Bearbeiter*.

Späth, Wolfgang: »Der Gemeinsame Senat der obersten Gerichtshöfe des Bundes: Seine Stellung und Aufgabe – Umgehungstendenzen in der Rechtsprechung«, BB 1977, 153–157.

Spickhoff, Andreas (Hrsg.): Medizinrecht, München, 2. Auflage 2014. Zitiert als: *Spickhoff*-Bearbeiter.

Stagat, Rolf: »Risiken und Nebenwirkungen von Geschäftsführer-Anstellungsverträgen«, NZA-RR 2011, 617–623.

Stern, Klaus / Becker, Florian (Hrsg.): Grundrechte-Kommentar, Köln, 2. Auflage 2015. Zitiert als: *Bearbeiter* in Stern/Becker.

Stern, Klaus / Sachs, Michael /Dietlein, Johannes: Das Staatsrecht der Bundesrepublik Deutschland, Band IV/1, Die einzelnen Grundrechte – Der Schutz und die freiheitliche Entfaltung des Individuums, München, 2006. Zitiert als: *Stern/Sachs/Dietlein*, StR IV/1.

Stier-Somlo, Fritz / Elster, Alexander (Hrsg.): Handwörterbuch der Rechtswissenschaft, Band 2: Deichverbände – Giroverkehr, Berlin, Leipzig, 1927. Zitiert als: *Bearbeiter* in Handwörterbuch der Rechtswissenschaft.

Störring, Lars Peter: Das Untermaßverbot in der Diskussion – Untersuchung einer umstrittenen Rechtsfigur, Berlin, 2009.

Streinz, Rudolf (Hrsg.): EUV / AEUV – Vertrag über die Europäische Union und Vertrag über die Arbeitsweise der Europäischen Union, München, 2. Auflage 2012. Zitiert als: Streinz-*Bearbeiter*.

Strelau, Susanne: Wettbewerbsverbote für den GmbH-Geschäftsführer und Befreiungsmöglichkeiten unter besonderer Berücksichtigung des Gesellschaftergeschäftsführers, Marburg, 1999.

Tempelmann, Achim / Stiebert, Bastian-Peter: »Altersgrenzenregelungen im Arbeitsrecht«, DStR 2011, 577–581.

Thomas, Werner: »Kritische Anmerkungen zu Entscheidungen betreffend den Mutterschutz « in: Bauer, Jobst-Hubertus / Kort, Michael / Möllers, Thomas M. J. / Sandmann, Bernd (Hrsg.), Festschrift für Herbert Buchner zum 70. Geburtstag, München, 2009, S. 875–884. Zitiert als: *Thomas*, FS Buchner.

Thüsing, Gregor: »Richtlinienkonforme Auslegung und unmittelbare Geltung von EG-Richtlinien im Anti-Diskriminierungsrecht«, NJW 2003, 3441–3445.

Thüsing, Gregor / Siebert, Tom: »Altersgrenzen bei Organmitgliedern«, NZG 2011, 641–646.

Tillmanns, Christoph /Mutschler, Bernd (Hrsg.): Mutterschutzgesetz, Bundeselterngeld- und Elternzeitgesetz, Praxiskommentar zum MuSchG und BEEG sowie zu angrenzenden Vorschriften mit Gestaltungshinweisen und Beispielen, Freiburg, 2014. Zitiert als: Tillmanns/Mutschler-*Bearbeiter*.

Triepel, Heinrich: Völkerrecht und Landesrecht, Leipzig, 1899.

Trinkhaus, Hans: »Aktuelle Probleme des Rechts der leitenden Angestellten (im weitetesten Sinne) – 1. Teil«, DB 1968, 1756–1761.

Vedder, Christoph /Heintschel von Heinegg, Wolff (Hrsg.): Europäisches Unionsrecht: EUV, AEUV, Grundrechtecharta – Handkommentar, Baden-Baden, 2011. Zitiert als: *Bearbeiter* in Vedder/Heintschel von Heinegg.

von Alvensleben, Volker / Haug, Isabel / Schnabel, Astrid: »Der Fremdgeschäftsführer im Spannungsfeld zwischen Arbeitgeberposition und Arbeitnehmereigenschaft«, BB 2012, 774–778.

von der Groeben, Hans / Schwarze, Jürgen: Kommentar zum Vertrag über die Europäische Union und zur Gründung der Europäischen Gemeinschaft, Band: 3 Art. 98–188 EGV; Baden-Baden, 6. Auflage 2003. Zitiert als: *Bearbeiter* in Groeben/Schwarze (Altauflage).

von der Groeben, Hans / Schwarze, Jürgen / Hatje, Armin: Europäisches Unionsrecht, Vertrag über die Europäische Union, Vertrag über die Arbeitsweise der Europäischen Union, Charta der Grundrechte der Europäischen Union, Band 1: Art 1–55 EUV, Art. 1–54 GRC, Art. 1–66 AEUV, Baden-Baden, 7. Auflage 2015. Zitiert als: *Bearbeiter* in Groeben/Schwarze/Hatje.

von Doemming, Klaus-Berto / Füsslein, Rudolf Werner / Matz, Werner (Bearb.): »Entstehungsgeschichte der Artikel des Grundgesetzes im Auftrage der Abwicklungsstelle des Parlamentarischen Rates und des Bundesministeriums des Innern auf Grund der Verhandlungen des Parlamentarischen Rates«, in: Leibholz, Gerhard / v. Mangoldt, Hermann (Hrsg.), Jahrbuch des öffentlichen Rechts der Gegenwart, Neue Folge / Band 1. Zitiert als: *v. Doeming/Füsslein/Matz,* JÖR 1 (1951), S. 1.

von Medem, Andreas: »Anmerkung zu EuGH-Urteil v. 11.11.2010, Rs. C-232/09«, ArbAktuell 2010, 654.

von Mangoldt, Hermann (Begr.) / *Klein, Friedrich / Starck, Christian* (Hrsg.): Das Bonner Grundgesetz, Kommentar, Band 1: Präambel, Art. 1–20, München, 1999. Zitiert als: *Bearbeiter* in Bonner GG-Kommentar.

von Mangoldt, Hermann (Begr.) / *Klein, Friedrich / Starck, Christian* (Hrsg.): Kommentar zum Grundgesetz,

- Band 1: Präambel, Art. 1–19,
- Band 2: Art. 20–82,
- Band 3: Art. 83–146,

München, 6. Auflage 2010. Zitiert als: *Bearbeiter* in v. Mangoldt/Klein/Starck.

von Münch, Ingo (Begr.) / *Kunig, Philip,* (Hrsg.): Grundgesetz, Kommentar,

- Band 1: Präambel – Art. 68,
- Band 2: Art. 70–146,

München, 6. Auflage 2012. Zitiert als: *Bearbeiter* in v. Münch/Kunig.

von Staudinger, Julius (Begr.): J. von Staudingers Kommentar zum Bürgerlichen Gesetzbuch mit Einführungsgesetz und Nebengesetzen, Buch 2, Recht der Schuldverhältnisse, §§ 611–619, Berlin, 12. Auflage 1993. Zitiert als: Staudinger-*Bearbeiter* (1993).

von Staudinger, Julius (Begr.): J. von Staudingers Kommentar zum Bürgerlichen Gesetzbuch mit Einführungsgesetz und Nebengesetzen,

- Buch 2, Recht der Schuldverhältnisse, Vorbem. zu § 611 ff., §§ 611–613 (Dienstvertragsrecht 1),
- Buch 2, Recht der Schuldverhältnisse, §§ 613a - 619a (Dienstvertragsrecht 2),

Neubearbeitung, Berlin, 2011. Zitiert als: Staudinger-*Bearbeiter* (2011).

von Steinau-Steinrück, Robert / Mosch, Ulrich: »Schwangere Geschäftsführerin: Managerin oder Arbeitnehmerin?«, NJW-Spezial 2011, 178–179.

Wagner, Regine / Knittel, Stefan (Hrsg.): Soziale Krankenversicherung – Pflegeversicherung, Kommentar, Band 1: SGB I, SGB IV, §§ 1–88 SGB V, Anhang, München, 89. Ergänzungslieferung (Stand: August 2015). Zitiert als: *Bearbeiter* in Soziale KV/PV.

Walz, Robert (Hrsg.): Beck'sches Formularbuch Zivil-, Wirtschafts- und Unternehmensrecht, Deutsch-Englisch, München, 3. Auflage 2014. Zitiert als: *Bearbeiter* in Walz.

Wank, Rolf: Arbeitnehmer und Selbstständige, München, 1988.

Wank, Rolf: »Der Fremdgeschäftsführer der GmbH als Arbeitnehmer« in: Wank, Rolf / Hirte, Heribert / Frey, Kaspar / Fleischer, Holger / Thüsing, Gregor (Hrsg.), Festschrift für Herbert Wiedemann zum 70. Geburtstag, München, 2002, S. 587–615.Zitiert als: *Wank*, FS Wiedemann.

Wank, Rolf / Maties, Martin: »Arbeitnehmer oder Gesellschaftsorgan oder Vereinsmitglied?«, NZA 2007, 353–358.

Wank, Rolf: »Die personellen Grenzen des Europäischen Arbeitsrechts: Arbeitsrecht für Nicht-Arbeitnehmer?«, EuZA 2008, 172–195.

Wank, Rolf: »Fremdgeschäftsführer einer GmbH als Verbraucher; zweistufige Ausschlussfrist – Besprechung des Urteils BAG v. 19.5.2010–5 AZR 253/09«, RdA 2011, 178–181.

Wank, Rolf: »Anmerkung zur Entscheidung des EuGH vom 11.11.2010, C-232/09, ZIP 2010, 2414 – Zur Arbeitnehmereigenschaft des GmbH-Fremdgeschäftsführers«, EWiR 2011, 27–28.

Wendel, Mattias: »Neue Akzente im europäischen Grundrechtsverbund – Die fachgerichtliche Vorlage an den EuGH als Prozessvoraussetzung der konkreten Normenkontrolle«, EuZW 2012, 213–218.

Willemsen, Heinz Josef / Sagan, Adam: »Die Auswirkungen der europäischen Grundrechtecharta auf das deutsche Arbeitsrecht«, NZA 2011, 258–262.

Willikonsky, Birgit: MuSchG – Kommentar zum Mutterschutzgesetz, Neuwied, 2. Auflage 2007. Zitiert als: *Willikonsky*.

Wilsing, Hans-Ulrich / Meyer, Daniel: »Aktuelle Entwicklungen bei der Organberatung«, DB 2011, 341–345.

Zeuner, Albrecht: »Überlegungen zum Begriff des Arbeitnehmers und zum Anwendungsbereich arbeitsrechtlicher Regeln«, RdA 1975, 84–88.

Ziegler, Katharina: Arbeitnehmerbegriffe im Europäischen Arbeitsrecht, Baden-Baden, 2011.

Ziemons, Hildegard: »Der Vorstand als Arbeitnehmer – Umfassender Diskriminierungsschutz für Vorstandsmitglieder mit Hilfe des Europarechts«, KSzW 2013, 19–29.

Zmarzlik, Johannes: »Verfassungsmäßigkeit des Mutterschaftsurlaubs – Sozial-, Arbeitsmarkt- und familienpolitische Fragen«, DB 1981, 843–847.

Zmarzlik, Johannes / Zipperer, Manfred / Viethen, Peter / Vieß, Gerhard: Mutterschutzgesetz, Mutterschaftsleistungen – Kommentar, Köln u. a., 9. Auflage 2006. Zitiert als: *Zmarzlik/Zipperer/Viethen/Vieß*.

Schriften zum Arbeitsrecht und Wirtschaftsrecht

Herausgegeben von Abbo Junker

- Band 1 Christoph-N. Lerche: Der Europäische Betriebsrat und der deutsche Wirtschaftsausschuß. Eine vergleichende Analyse der betrieblichen Mitwirkung der Arbeitnehmer vor dem Hintergrund der Globalisierung der Märkte. 1997.
- Band 2 Christian Walter Mecke: Zur rechtlichen Verbindlichkeit kollektiver Vereinbarungen in England. 1997.
- Band 3 Katja Francke: Die betriebliche Mitwirkung der Arbeitnehmer in Belgien. Unter Berücksichtigung vergleichender Aspekte zum deutschen Betriebsverfassungsrecht. 1997.
- Band 4 Christian Schulze: Die Zulässigkeit einstweiliger Verfügungen gegen Betriebsänderungen. 1998.
- Band 5 Stefan Miersch: Die Rechtsfolgen mitbestimmungswidriger Maßnahmen für das Arbeitsverhältnis. Eine zivilrechtsdogmatische Untersuchung. 1998.
- Band 6 Heike Wegner: Internationaler Verbraucherschutz beim Abschluß von Timesharingverträgen: § 8 Teilzeitwohnrechtegesetz. 1998.
- Band 7 Julia Wichmann: Dienstleistungsfreiheit und grenzüberschreitende Entsendung von Arbeitnehmern. 1998.
- Band 8 Johann-Volker Peter: Société par actions simplifiée (S.A.S.). Die Vereinfachte Aktiengesellschaft in Frankreich, eine Rechtsform für die Kooperation von Unternehmen. 1999.
- Band 9 Sylvia Schnelle: Der Europäische Betriebsrat in Spanien. Zugleich eine Einführung in das spanische Recht der Arbeitnehmervertretung. 1999.
- Band 10 Viktoria Bornhagen: Die Zumutbarkeit als Rechtsgedanke im Arbeitsrecht. 1999.
- Band 11 Thorsten Schacht: Der Übereilungsschutz beim arbeitsrechtlichen Aufhebungsvertrag. Arbeitnehmerschutz bereits de lege lata? 2000.
- Band 12 Marcus Hellmann: Immobilienkauf nach spanischem Recht. 1999.
- Band 13 Nicolaus Johannes Ehinger: Die juristischen Personen des öffentlichen Rechts als herrschende Unternehmen. 2000.
- Band 14 Alexander Lentz: Das kollektive Arbeitsrecht der Republik Südafrika. Eine Untersuchung mit Bezügen zum deutschen Recht. 2000.
- Band 15 Michaela Brunssen: Der Arbeitgeberverbandswechsel. Tarifrechtliche und arbeitskampfrechtliche Konsequenzen. 2000.
- Band 16 Morten Petersenn: Das Recht des Grundstückskaufs in Südafrika. 2000.
- Band 17 Stefan Krüger: Die umwandlungsrechtliche Haftungsregelung bei der Betriebsaufspaltung und ihre Analogiefähigkeit. 2001.
- Band 18 Jürgen Kitzinger: Der GmbH-Geschäftsführer zwischen Arbeits- und Gesellschaftsrecht. Im Blickpunkt: Zuständigkeit der Arbeitsgerichte. 2001.
- Band 19 Anja Ruge: Die Lohnersatzansprüche ehemaliger Zwangsarbeiter gegen deutsche Industrieunternehmen. 2001.
- Band 20 Michael Knoll: Die Sozialauswahl im Arbeitsrecht. 2001.
- Band 21 Britta Albrecht: Mediation im Arbeitsrecht. Individualarbeitsrecht und Betriebsverfassungsrecht. 2001.
- Band 22 Annusch Barten: Das System der Arbeitnehmervertretung in Frankreich. 2001.

Band 23 Diane Westera: Der Wiedereinstellungsanspruch nach wirksamer Kündigung. 2001.

Band 24 Kristin Doerlich: Die Tariffähigkeit der Gewerkschaft. Eine Analyse der Mächtigkeitsrechtsprechung des Bundesarbeitsgerichts im Lichte neuerer Erfahrungen. 2002.

Band 25 Tina Witten: Vertragsgestaltung und Gesetzesbindung im Recht der Zeitarbeit. 2002.

Band 26 Martin Hellfeier: Die Leistungszeit im Arbeitsverhältnis. Eine Untersuchung zum Fixschuldcharakter der Arbeitspflicht und zu den Folgen ihrer Nichterfüllung. 2003.

Band 27 Almut Maulshagen: Betriebliche Arbeitskampfregelungen. 2003.

Band 28 Maren Band: Tarifkonkurrenz, Tarifpluralität und der Grundsatz der Tarifeinheit. 2003.

Band 29 Manuela Schulz: Der Bereitschaftsdienst in öffentlich-rechtlich organisierten Krankenhäusern. Eine rechtliche Bewertung. 2003.

Band 30 Felix Benedikt: Die Kürzung von Tariflöhnen zur Sanierung. Eine verfassungskonforme Auslegung des § 3 III TVG entsprechend § 626 BGB. 2003.

Band 31 Tim Kaden: Individuelle Bündnisse für Arbeit und Günstigkeitsprinzip. 2003.

Band 32 Simone Kreiling: Die Erstreckung betrieblicher und betriebsverfassungsrechtlicher Tarifnormen auf Außenseiter. 2004.

Band 33 Carsten Beck: Betriebliche Mitbestimmung und Kündigungsschutz. Die Funktionen betrieblicher Mitbestimmung im und deren Einfluß auf den Kündigungsschutz nach dem KSchG. 2004.

Band 34 Jost Eder: Die Regelungsabrede als Alternative zur Betriebsvereinbarung bei der Gestaltung materieller Arbeitsbedingungen. 2004.

Band 35 Christian Pfab: Wirkungsweise und Reichweite tarifvertraglicher Öffnungsklauseln. 2004.

Band 36 Julia Amlang: Die unternehmerische Entscheidungsfreiheit bei „betriebsbedingten Kündigungen" im europäischen Rechtsvergleich. Kündigung aus wirtschaftlichen Gründen in Deutschland, Frankreich, Spanien, Großbritannien und Schweden. 2005.

Band 37 Alida Milthaler: Das Fragerecht des Arbeitgebers nach den Vorstrafen des Bewerbers. 2006.

Band 38 Doreen Peter: Nebentätigkeiten von Arbeitnehmern. Interessenkollisionen von Arbeitgebern und Arbeitnehmern. 2006.

Band 39 Julia V. C. Bartlog: Das Verhältnis von Gesetz und Tarifvertrag. 2006.

Band 40 Michael Fuhlrott: Der geschädigte Arbeitnehmer. Zur Verfassungsmäßigkeit des Ausschlusses von Schmerzensgeld in der Unfallversicherung sowie zur Herleitung der Haftung bei Eigenschäden im Hinblick auf das Verschuldensprinzip. 2006.

Band 41 Femke Reinecke: Leistungsbestimmung des Arbeitnehmers. 2006.

Band 42 Maria M. Bausback: Der Bestandsschutz des Arbeitsverhältnisses auf europäischer und internationaler Ebene. Entwicklungen vom Mittelalter bis zur Gegenwart. Teil 1 / Teil 2. 2007.

Band 43 Jens Günther: AGB-Kontrolle von Arbeitsverträgen. Analyse der deutschen Rechtslage nach der Schuldrechtsreform und vergleichende Betrachtung des österreichischen Kontrollsystems. 2007.

Band 44 Claudiana Triskatis: Ethikrichtlinien im Arbeitsrecht. 2008.

Band 45 Annette Bruder: Die Weitergabe von Insiderinformationen durch Arbeitnehmervertreter. 2008.

Band 46 Ute Dietrich: Nichtraucherschutz am Arbeitsplatz. 2008.

Band 47 Markus Ebert: Übertragung und Zuordnung von Versorgungsverpflichtungen gegenüber Arbeitnehmern im Rahmen einer umwandlungsrechtlichen Spaltung. 2008.

Band 48 Susanne Schneider: Broad-based Black Economic Empowerment in der Republik Südafrika. 2008.

Band 49 Mandy Reichel: Die Einbeziehung des Außenseiter-Arbeitgebers in den Verbandsarbeitskampf. 2008.

Band 50 Abbo Junker (Hrsg.): Betriebsübergang in Europa. Symposion aus Anlass des 10-jährigen Bestehens der Schriften zum Arbeitsrecht und Wirtschaftsrecht am 10.10.2008 in München. 2009.

Band 51 Till Bender: Vorschläge zur Neuordnung des Sonderkündigungsschutzes nach MuSchG und SGB IX. 2009.

Band 52 Manuela Rauch: Die geschlechtsbezogene Diskriminierung am Arbeitsplatz nach kalifornischem Recht. 2009.

Band 53 Tina Luise Allenberg: Das französische règlement intérieur d'entreprise. Die Arbeitsordnung im französischen Arbeitsrecht. 2009.

Band 54 Bernd Haas: Anwaltliches Mandatsverhältnis zum Betriebsrat. 2009.

Band 55 Martin Fröhlich: Die erweiterte Weisungsbefugnis des Arbeitgebers im spanischen Recht. 2009.

Band 56 Stefanie Lorenzen: Inhaltskontrolle beim Betriebsübergang. Die Anpassung tariflicher Arbeitnehmerpflichten nach Privatisierungen. 2009.

Band 57 Oliver E. Aldea: Das französische Kündigungsrecht im Spannungsfeld von Abfindungen und Bestandsschutz. 2010.

Band 58 Wolfgang Stock: Die Einsetzung einer Transfergesellschaft. Unter besonderer Berücksichtigung betriebsverfassungs- und arbeitsförderungsrechtlicher Vorgaben. 2010.

Band 59 Claudia Hagedorn: Zulässigkeit und Grenzen von Tarifsozialplänen. 2010.

Band 60 Daniela Quink: Inhaltskontrolle von Freiwilligkeitsvorbehalten in Arbeitsverträgen. 2010.

Band 61 Kathrin Kentner: Arbeitskampfmittel der Arbeitgeber. 2010.

Band 62 Angela Nunes Fernandes Gil Wolf: Arbeitnehmereinsatz im Ausland. Das auf doppelte Arbeitsverhältnisse anwendbare Recht am Beispiel der Vertragsgestaltung eines internationalen Konzerns. 2010.

Band 63 Annemarie Berthold: Whistleblowing in der Rechtsprechung des Bundesarbeitsgerichts. 2010.

Band 64 Malte Koch: Die Beteiligung von Arbeitnehmervertretern an Aufsichtsrats- und Verwaltungsratsausschüssen einer Europäischen Aktiengesellschaft. 2011.

Band 65 Agnes Maria Kollerbaur: Die französische Arbeitsinspektion. Eine Untersuchung unter besonderer Berücksichtigung ihrer Rolle bei Kündigungen. 2011.

Band 66 Marcus Christian Leinenweber: Landesschlichtungsgesetze? 2011.

Band 67 Frederike Cathérine Gärtner: Die gesetzliche Regulierung von Bahnstreiks in Frankreich. Arbeitskampf vs. Kontinuität öffentlicher Dienstleistungen. 2011.

Band 68 Carolin van Straelen: Der Rollenkonflikt des Arbeitnehmervertreters zwischen Betriebsratsmitglied und Gewerkschaftsfunktionär. 2012.

Band 69 Anna Maria Jordan: Entgeltdiskriminierung in Frauenberufen? 2012.

Band 70 Dominic Köstner: Compliance-Richtlinien im Unternehmen. Arbeits- und datenschutzrechtliche Implementierungsaspekte. 2012.

Band 71 Michael Kobler: Fremdeinflüsse auf die tarifliche Willensbildung. 2012.

Band 72 Anne Kraas: Zulässigkeit und Grenzen der arbeitsvertraglichen Entgeltflexibilisierung. 2012.

Band 73 Melanie Amann: Die Belegschaftsabstimmung. 2012.

Band 74 Christina Mennemeyer: „Dritter Weg" und rechtliche Grenzen der Flexibilisierung des Arbeitsrechts der katholischen Kirche. 2012.

Band 75 Joël Philipp Hofmann: Rechtsmissbrauch und Verwirkung bei Widerspruch gegen den Übergang des Arbeitsverhältnisses nach § 613a BGB. 2013.

Band 76 Jennifer Junker: Das Recht der Arbeitnehmerüberlassung in Japan. 2013.

Band 77 Gabriele Geiselhart: Tarifliche Regelungsmacht bei Haustarifverträgen und Unternehmerfreiheit. Dargestellt am Beispiel von Standortgarantien und Zeitarbeitsquoten. 2013.

Band 78 Lorenz Sylvester Mitterer: AGB-Korrektur in Dauer- und Langzeitschuldverhältnissen. 2013.

Band 79 Janina Morgenweck: Die Arbeitsgerichtsbarkeit in England. 2013.

Band 80 Christoph B. Kistler: Die Rechtmäßigkeit von Spartenstreiks. Alte Kriterien in neuem Licht. 2013.

Band 81 Julia Strasser: Die Haftung bei Lohnwucher im Arbeitsrecht der USA. 2014.

Band 82 Stephanie Amschler: Constructive dismissal. Fingierte Arbeitgeberkündigung im englischen Kündigungsschutzrecht. 2014.

Band 83 Felix Berding: Die Urabstimmung im britischen Arbeitskampfrecht im Licht der EMRK. 2014.

Band 84 Christine Kumpf: Multinationalität der SE-Mitbestimmungsordnung. 2014.

Band 85 Florian Schiffer: Der Leistungsmaßstab im Arbeitsverhältnis. 2014.

Band 86 Stefan Hoffmann: Unterrichtungspflicht und Widerspruchsrecht bei Betriebsübergang gemäß § 613a Abs. 5 und 6 BGB – Grenzen, weitere aktuelle Rechtsprobleme und Strategien zur Risikominimierung. 2015.

Band 87 Marie-Theres Boetzkes: Die Konzernmutter als Mitarbeitgeberin im französischen Recht. 2015.

Band 88 Ines Kranz: Landesarbeitskampfgesetze? 2015.

Band 89 Hendrik Schulte-Wrede: Die Beteiligung der Arbeitnehmer in der Europäischen Privatgesellschaft – SPE. 2015.

Band 90 Kathrin Charlotte Enke: Beteiligungsvereinbarungen nach § 21 SEBG. 2015.

Band 91 Tom Christopher Pröstler: Modelle betrieblicher Arbeitnehmerbeteiligung. Ein historisch-europäischer Rechtsvergleich zwischen Deutschland und dem Vereinigten Königreich. 2015.

Band 92 Achim Engel: Collective Governance in Tarifverbänden. 2015.

Band 93 Michaela Felisiak: Reglierungsbedarf grenzüberschreitender Betriebsübergänge. Zweifel an der grenzüberschreitenden Anwendbarkeit des § 613a BGB. (Urteil des BAG vom 26. Mai 2011). 2015.

Band 94 Robert Cornelius Richard: Inhaltliche Grenzen des Zeugnisanspruchs des Arbeitnehmers. 2015.

Band 95 Martina Reiser: Umgehung des § 613a BGB durch Aufhebungsvereinbarung und Neuvertrag. 2015.

Band 96 Peter Illes: Das betriebsverfassungsrechtliche Verbot parteipolitischer Betätigung im Betrieb. 2016.

Band 97 Marc Bohlen: Die arbeitsvertragliche Befristung mittels eines gerichtlichen Vergleichs. 2016.

Band 98 Reimo Robin Richarz: Insolvenzrechtliche Einordnung von Ansprüchen des Arbeitnehmers. 2016.

Band 99 Christine Hepp: Mutterschutz für GmbH-Geschäftsführerinnen. Rechtslage de lege lata im Lichte verfassungsrechtlicher und europäischer Vorgaben. 2016.

www.peterlang.com

www.ingramcontent.com/pod-product-compliance
Ingram Content Group UK Ltd.
Pitfield, Milton Keynes, MK11 3LW, UK
UKHW021833290926
8980IPUK00004B/433

9 783631 665794